安德森 作品集

民族主義、東南亞與全球

THE SPECTRE *of* COMPARISONS

Nationalism, Southeast Asia, and the World

BENEDICT ANDERSON
班納迪克·安德森
著
陳信宏｜翻譯

獻給

我的老師：*George Kahin*

我的家人：*Rory*、*Malanie*與*Louisa*

我的同志：*Ben Abel*、*Pipit*與*Komang*；*Charvitt*、*Kasian*與*Thanet*；*Ambeth*與*Doreen*

我的小傢伙：*Benny, Ade*與*Yudi*；*Ali*；*Tuy*與*Tuey*；*Henry*、*Badick*與其他小鬼靈精。

Svetit vsegda,

Svetit vezde,

Do dnei poslednikh dontsa,

Svetit—

I nikakikh gvozdei!

Vot lozung moi—

I solntsa!

永遠散發光芒，

不論到哪裡都要散發光芒，

直到末日的深淵，

散發光芒——

其他一切都下地獄去吧！

這是我的座右銘——

也是太陽的！

——馬雅可夫斯基（Vladimir Mayakovsky），〈馬雅可夫斯基在夏日小屋遭遇的一場奇特冒險〉（Neobychainoe Priklyuchenie, Byvshee s Vladimirom Mayakovskim Letom na Dache），一九二〇年

福建
臺灣
太平洋
呂宋
碧瑤
海
丹轆
蘇比克灣
巴丹
馬尼拉
八打雁
薩馬島
班乃島
宿霧島
菲律賓
伊洛伊洛
宿霧市
卡蘭巴
卡加延德奧羅
達畢丹
民答那峨島
霍洛島
沙巴
摩鹿加群島
蘇拉威西島
布魯島
西伊利安
印尼
帝利
峇里島
東帝汶

不丹
印度
中國
孟加拉
伊洛瓦底江
雲南
廣東
湄公河
達卡
紅河
曼德勒
加爾各答
莫邊府
東京
香港
阿瓦
蒲甘
緬甸
河內
末羅漢
龍坡邦
永珍
孟加拉灣
仰光
昭披耶河
廊開
寮國
那空沙旺
南中國
猜納
泰國
大城
順化
巴吞他尼
湄公河
佛統
曼谷
吳哥
巴南
春武里
東埔寨
越南
金邊
西貢
安德曼海
洛坤
博達倫
檳城
亞齊
馬來西亞
吉隆坡
印度洋
麻六甲
新加坡
婆羅洲
蘇門答臘
雅加達
井里汶
爪哇
日惹
泗水

目次

II 東南亞：國家研究
SOUTHEAST ASIA: COUNTRY STUDIES

III 東南亞：比較研究 SOUTHEAST ASIA: COMPARATIVE STUDIES

IV 還剩下什麼？ WHAT IS LEFT?

作者的話
Author's Note

一九九八年五月二十一日，就在本書的校樣正在受到修改的時候，印尼總統蘇哈托在掌權三十二年後突然辭職下臺。他做出這項決定的導火線，是軍方領導階層提出的最後通牒——威脅他要是不立刻下臺就會遭到彈劾。軍方之所以會這麼做，為的是要因應當週稍早發生在雅加達的嚴重暴動。而引發暴動的原因是六名在特利剎蒂大學（Trisakti University）從事和平示威活動的學生，竟在手無寸鐵的情況下遭到殺害。那些暴動本身其實是持續了數週的全國性抗議活動所匯集而成的結果，而抗議的肇因則是亞洲金融風暴。這場風暴造成印尼幣值暴跌，不僅擊垮該國金融機構而導致龐大的失業現象，也使得基本商品的價格飆漲。而蘇哈托遂行竊盜統治的獨裁政權所採取的裙帶主義（cronyism）、高壓以及見利忘義的政治操弄，就為這場金融風暴做出了核心的貢獻。當三十年前遭到蘇哈托推翻下臺的蘇卡諾在軟禁中去世之時，有數百萬人為他的離去而流淚。但當後來年邁的蘇哈托去世之後，則是完全沒有人為他哀悼。

蘇哈托的繼任者是副總統哈比比（B. J. Habibie）。他是布吉人，擁有航空工程師的背景；但由於他是蘇哈托提拔上來的人物，所以我們不該預期他能夠撐得很久。若不加以徹底改造印尼的經濟與政治制度，則獨裁政權倒臺所釋放出來的力量將絕對無法滿足任何人。第一個關鍵步驟，將會是印尼從一九五五年以來的第一場全國的自由選舉，幸運的話將在今年底前舉行。[1]

1 編按：安德森所指為一九九九年六月七日的印尼立法機構大選。該次選舉為一黨專政長達三十二年的蘇哈托政權自垮臺後的第一場自由普選，該場選舉共計有四十八個政黨投入大選，爭取國會四百六十二個席次。

引言
Introduction

比較的幽靈

一九六三年二月二日，在我與過去的訓練教導我想像為「東南亞」的區域初步接觸了約一年後，我遭遇了一項在當時不曉得該怎麼描述的古怪經歷。時任印尼總統的蘇卡諾（Sukarno）即將獲頒印尼大學的榮譽學位，於是他邀請外交使團、該校學生，以及教職員一同出席那場典禮。結果在典禮上，我坐在一名年老的歐洲外交官身旁，負責低聲為他翻譯。蘇卡諾當時談論著他最喜歡的兩個主題：民族主義與領導。原本一切都進行得很順利，但他卻突然開始談起希特勒，而且談的方式很奇怪：他不把希特勒視為殺人屠夫，甚至也不當他是法西斯主義者與反猶主義者，而是將他視為民族主義者。在我們兩人耳中聽來更覺得奇怪的是，蘇卡諾無疑認為臺下的學生都沒聽過希特勒，於是試圖藉著角色扮演的方式，以他自己獨特的公眾演說風格，賦予希特勒那遙遠的幽靈某種當地色彩：[1]

1 這篇演說的官方印刷版本為：蘇卡諾，《以科學知識做為成就事物的工具》（*Ilmu Pengetahuan Sekadar Alat Mentjapai Sesuatu*，Jakarta: Deparemen Penerangan

> 拿希特勒來說吧——哇，希特勒真是聰明得不得了——他可能想要說快樂不可能純粹在物質的基礎上達成，所以宣告了另一種理想，也就是他叫做第三帝國的理想。這個第三帝國會為德國人民帶來真正的快樂。第一帝國是老弗里茨（der alte Fritz）的王國；第二帝國是世界大戰前的那個帝國，後來在世界大戰當中遭到摧毀。「來吧，我們來建造一個第三帝國。在這個第三帝國裡，嘿，各位姐妹，你們會過著快樂的生活；嘿，各位兄弟，你們會過著快樂的生活；嘿，孩子們，你們會過著快樂的生活；嘿，各位德國的愛國者，你們將會看到德國登上寶座，高高坐在全世界所有的民族之上。」各位兄弟姐妹，希特勒描繪這些理想的方式是多麼聰明啊！

我一面低聲翻譯，只見那位年老的外交官愈來愈坐立不安而且不敢置信。「你確定他真的是這麼說的嗎？」他一再這麼問我。我經常聽到蘇卡諾以這種角色扮演的方式談論孫逸仙、凱末爾（Kemal Atatürk）、甘地、德瓦勒拉（Eamon de Valera）與胡志明，目的在於提醒他的同胞，民族主義是普世現象，而且與國際主義密不可分。我試著向那位外交官解釋這一點，但沒有成功。他後來氣沖沖地返回大使館，內心更加確定蘇卡諾是個心智不正常而且危險的江湖騙子。

至於我本身，則是感到一陣暈眩般的感受。當時年輕的我第一次彷彿透過倒轉的望遠鏡觀看我自己出身的歐洲。蘇卡諾自詡為左派，也非常明白希特勒的統治有多麼恐怖。不過，他似乎能夠以一種平靜的態度看待那些恐怖現象，就像虔誠的基督徒平靜思索著數百年來標舉上帝之名所犯下的屠殺與凌虐；或者也像我的學校老師談到成吉思汗、宗教裁判、暴君尼祿或西班牙征服者皮薩羅時，所展現出來的那種事不關己的距離感。從此以後，我將很難再以過往那種方式思考「我的」希特勒。

一直等到將近二十五年後，我在菲律賓跌跌撞撞地閱讀荷西・黎剎（José Rizal）那部非凡的民族主義小說《不許犯我》（*Noli Me Tangere*），藉此自學西班牙文的時候，才終於為這項經歷找到了適當的名稱。小說開頭不久有一個令人眩惑的時刻：年輕的麥士蒂索人（mestizo）主角在歐洲停留了很長一段時間後，回到一八八〇年代殖民統治下的馬尼拉，當他從馬車的車窗往外望著市立植物園時，他發現自己也彷彿透過倒轉的望遠鏡望著自己的祖國。這些植物園自然而然——黎剎使用的字眼是「maquinalmente」——也無可避免地令他聯想到歐洲的植物園。他已不再能夠單純地體驗這些植物園，而是同時以近距離但又遙遠的眼光看著它們。黎剎以極為迷人的方式，將這種無可救藥的雙重觀點稱為「el demonio de las comparaciones」。[2]於是我對自己說，原來這就是我在一九六三年經歷的感覺：比較的幽靈。

Republik Indonesia, Penerbitan Chusus no. 253，1963）。這篇演說的更多內容、對於其中主題的分析，以及與戴高樂的修辭方式所進行的比較，可見於拙著《語言與權力：探究印尼的政治文化》（*Language and Power: Exploring Political Cultures in Indonesia*，Ithaca, NY: Cornell University Press，1990）第二章（〈魅力的進一步探險〉〔Further Adventures of Charisma〕）。

2 這個時刻出現在第八章（〈回憶〉〔Recuerdos〕）。見黎剎，《不許犯我》（*Manila: Instituto Nacional de Historia*，1978；由一八八七年的原始柏林版本膠印而成），p. 43。這部小說有一本相當不錯的英文新譯本，採用原文書名，在一九九七年由夏威夷大學出版社出版。

「東南亞」的起源

對我來說，「東南亞」是個特別適當的「地點」，可以讓我試圖習慣這種揮之不去的感覺。作為一個有意義的虛構地域，東南亞這個概念的壽命非常短，比我自己的人生還短。不意外，這個名稱來自外界，而且即便到了今天，居住在這片面積約有一百七十五萬平方英里的陸地上（暫且不計其中的海域），為數將近五億的人口當中，也極少有人認為自己是「東南亞人」。中國以往的「南洋」概念只是模糊指涉一個越過海洋才能抵達的「南方」區域。[3]後來日文由此衍生而來的「南方」，則是更加廣泛而且具有彈性地延伸至美國人所謂的西南太平洋。所謂的東南亞是在一九四三年夏季才成為一個重要的「政治」用詞，原因是當時蒙巴頓（Louis Mountbatten）成立了東南亞司令部，是較為傳統的印度司令部的分支。不過，這個司令部位於康提（Kandy），轄區包括錫蘭與英屬印度的東北邊境（兩者都不在今天的「東南亞」範圍內），但排除了荷屬東印度（直到一九四五年七月為止）與菲律賓。不過，這項命名無疑是對於一項事實的回應，亦即歷史上首度有個單一勢力——也就是昭和天皇的軍隊——有效控制了從英屬緬甸到先後受西班牙與美國統治的菲律賓之間的那一整塊區域。[4]

學者幾乎就是在同一個時間開始把「東南亞」當成正式的用語使用，尤其是來自兩個盎格魯撒克遜海洋帝國主義國家的那些學者。[5]這波新潮流可以說是始於一九四一年，當時弗尼瓦爾（John Furnivall）這位傑出的緬甸學者暨前英國殖民地公務員，在紐約出版了他的《東南亞的福利與進步》（*Welfare and Progress in South-East Asia*），兩年後又同樣在紐約出版了《東南亞的教育進展》

（*Educational Progress in Southeast Asia*）。一九四二年，美國政治學家艾默森（Rupert Emerson）與同僚米爾斯（Lennox Mills），以及湯普森（Virginia Thompson）三人共同發表了《東南亞的政府與民族主義》（*Government and Nationalism in Southeast Asia*）。左翼美國作家拉斯克（Bruno Lasker）在一九四四年出版《東南亞的民族》（*Peoples of Southeast Asia*），接著又在一九五〇年出版了傑出的《東南亞的奴役現象》（*Human Bondage in Southeast Asia*）。英國殖民地公務員巴素（Victor Purcell）在一九五一年寫

3 這個詞語字面上的意思是「南方的外國」，而且是「北洋」的反義詞。不過，「洋」也有海洋之意，所以這兩個詞語都用於指稱北京認為與海有關的地區。說來奇特，「北洋」不僅用於指涉遼寧與山東這兩個半島，也包括了中國首都所在的直隸省這個沿海省分。（因此，在一九二〇年代期間，以北京為根據地的軍閥就稱為北洋軍閥。）長城以北的廣大地區則是從來沒有被稱為北洋。同樣地，「南洋」不但用於指涉中國東南部的沿海省分，尤其是廣東與福建，也用於指涉馬來半島（今天的馬來西亞、印尼與菲律賓），卻不用於指涉可由陸路抵達的緬甸或寮國。（感謝許慧文〔Vivienne Chue〕向我闡明這一點。）

4 英屬緬甸、馬來亞、新加坡、美屬菲律賓以及荷屬東印度全都遭到直接軍事攻擊。由於維琪法國（Vichy regime）是軸心國的盟友，因此日本直到一九四五年三月才驅逐了法國勢力。不過，日本在那之前就以「盟友」的身分在這個區域握有支配性的地位，因此維琪法國的殖民政權對日本也必須唯命是從。在暹羅，鑾披汶（Ph.bunsongkhram）這位精明的軍事獨裁者為了避免最糟的狀況，早就與東京建立了盟友關係。但儘管如此，他還是必須允許日本軍隊穿越他的國家，並且屈服於他們的其他要求。

5 一個重量級的例外，也許是法國殖民時期學者賽代斯（Georges Coedès）的巨作《印度支那與印尼的印度教國家》（*Les états hindouisés d'Indochine et d'Indonésie*，Paris: E. de Boccard，1948）。在這部針對十五世紀前的「東南亞」梵語國家進行比較研究的宏大著作當中，「印度支那」與「印尼」雖然只是指涉地理位置的簡稱，但已足以顯示緬甸與菲律賓並不在其探討範圍內。這部著作終於在二十年後譯成英文之時，卻因美國冷戰時期的時代錯亂觀念，將書名轉變為《東南亞的印度化國家》（*The Indianized States of Southeast Asia*）。

了一本充滿不安氣息的《東南亞華人》（*The Chinese in Southeast Asia*）。次年，英國史學家卡里奇・威爾斯（Quaritch Wales）在《古代東南亞戰爭》（*Ancient South-East Asian Warfare*）這部著作裡犯了時代錯誤的毛病，而將「東南亞」一詞套用在比歐洲人抵達的時間早了好幾個世紀的過去。隨著前英國殖民地公務員霍爾（D. G. E. Hall）在一九五五年出版權威性的《東南亞史》（*A History of South-East Asia*），這個概念也就正式地受到了正常化（霍爾在這部著作的第一版當中雖然沒有納入菲律賓，但後續的版本對這項欠缺進行了局部的彌補。）

為什麼這麼晚？又為什麼在突然之間開始重視這個區域？首先，東南亞沒有一個歷史上的霸權，例如近東或中東的鄂圖曼帝國、「拉丁」美洲的哈布斯堡王朝與波旁王朝、「印度」的蒙兀兒帝國，或是像北京一系列的朝代那樣，使得「中國」這個想像能成為一片可信的統一地域。接著，東南亞又存在驚人的宗教異質性，原因是伊斯蘭教（始自十三世紀）與基督教（始自十六世紀）打破了這個地區融合印度教與佛教的文明，而那個文明留下的殘跡至今仍是舉世知名的奇景：柬埔寨的吳哥、爪哇的婆羅浮屠、暹羅的大城，還有緬甸的蒲甘與末羅漢。[6]今天，緬甸、暹羅、寮國與柬埔寨信奉佛教的不同教派，馬來西亞、印尼與汶萊以穆斯林為主，菲律賓主要信奉天主教，越南則是主要承繼了儒家、道家與大乘佛教思想。不過，核心因素無疑是斑駁的帝國主義在該區域造成的古怪歷史。[7]在這個區域唯一缺席的只有比利時人與義大利人。英國人染指的地區是緬甸、馬來亞、新加坡與婆羅洲北部，荷蘭人是東印度，葡萄牙人是帝汶東部，西班牙人與美國人是菲律賓，法國人是寮國、柬埔寨與越南；再加上半獨立的暹羅這個緩衝國，在互相競爭的倫敦與巴黎這兩方的殖民地之間的夾縫中求生存。此外，東南亞的斑駁帝國主義也不是像非洲大部分地區那樣集中發生於十九世紀末，而是橫跨了好幾個世紀：葡萄牙人與西班牙人抵達於封建的十六世紀末，荷蘭人在重商的十七世紀，英國人在啟蒙的十八世紀，法國人在工業化的十九世紀，美國人則是在機動化的二十世紀。每個帝國主義強權都對競爭者抱持妒忌與敵對的心態，因此致力把自己的屬地封閉起來，與外界隔絕。於是，在這個世紀初始，巴達維亞（雅加達）受過教育的年輕人對阿姆斯特丹的瞭解勝過柬埔寨，儘管他們的祖先曾與柬埔寨有過密切關係；另一方面，他們在馬尼拉的同輩對於馬德里與紐約的瞭解，也勝過與他們僅隔南海相望的越南沿海地區。此外，即便在飛機、電報與電話普及的時代，這些殖民地也仍是最為偏遠的地區。越南到巴黎的距離、菲律賓到馬德里或華盛頓的距離、東帝汶到里斯本的距離、馬來亞到倫敦的距離（僅有的例外是斑駁的澳洲與紐西蘭），都比這些殖民母國和其他屬地的距離來得遠。遙遠、缺乏同質性，而且又受到不同帝國的分割，難怪這個區域的統一命名會出現得這麼晚。

然而，到了本世紀初，這個地帶已首度受到邊界的劃分，一大原因是麥卡托投影法帶來的影響。[8]今天的緬甸在一八八五至一九三七年間原是受到殖民的印度當中的一部分，而且是印度唯

6 為了避免誤解，且加以進一步說明：印度教與祕密大乘佛教在西元初期就傳到了東南亞的部分地區，而且至少從四世紀開始即是宮廷信仰的基礎。但可以確定的是，在長達幾百年的時間裡，大部分的人口都是信奉泛靈信仰。印度教與佛教的教派可以互相競爭或者混合，而不會造成難以化解的衝突。重大變化直到十二世紀末才發生，當時來自錫蘭的一種較為嚴厲的佛教（小乘佛教或上座部佛教），愈來愈將先前的佛教派別推到一旁。

7 「斑駁」一詞（色彩相雜不純）看來在視覺上比較精確，而且也比較不像「白人」或「高加索人」那樣帶有道德上的譴責意味。

8 在地圖學革命中已具有權威地位的著作是頌猜（Thongchai Winichakul），《圖繪暹羅：一部國家地緣機體的歷史》

一的佛教省分。但在那段期間，緬甸已經被賦予繪製於地圖上的連續邊界，而且大致上保存至今。巴黎明白標誌了中國與法屬越南東京（Tonkin）之間的界線，消除了這個邊界地區數百年來的交流聯繫，更遑論今日越南有部分地區在過去一千年間曾經納入中國領土。[9]在本世紀初始，新幾內亞位於經度一百四十一度以西的那一半被涵蓋在荷屬東印度當中，雖位在今天屬於東南亞的範圍內，但東半部卻不是。新幾內亞東半部的北半部在一八八五年至第一次世界大戰爆發之前稱為威廉皇帝領地（Kaiser Wilhelmland），是德國的殖民地，且歸屬於名稱同樣荒謬的俾斯麥群島。至於南半部則是屬於英國所有。一九二〇年後，這兩個地區分階段轉變為受到澳洲次帝國主義（secondary imperialism）所控制的同一個脆弱地區。如果不只思考巴布亞紐幾內亞被排除在東南亞以外的情形，而且還顧及東南亞國家協會（ASEAN）在不久之前否決了錫蘭／斯里蘭卡的加入申請，那麼即可看出這份地圖的實際重要性。錫蘭在文化、商業，甚至是政治方面與東南亞的關聯長達一千年之久，而且與緬甸、暹羅、柬埔寨以及寮國一樣信仰上座部佛教（橫越孟加拉灣的雙向朝聖之旅至今仍然絡繹不絕，就和過去數百年來一樣）。錫蘭的農業、氣候、飲食與文化都與東南亞大部分地區極為相似，但是卻被劃分在「南亞」當中，而且可能感到格格不入。

東南亞的概念之所以在一瞬間出現，原因是太平洋戰爭、戰後的迅速去殖民化、冷戰的展開，以及美國持續不斷試圖取代日本成為該區域的單一霸權。該區域所有的斑駁帝國主義在一九四二年初至一九四五年間驟然且難堪的垮臺、日趨絕望的日本從一九四三年開始武裝「土著」並且給予軍事訓練、偶爾受到同盟國從遠方提供協助的反日游擊隊的崛起，還有日本在緬甸與菲律賓面對同盟國所打的慘烈戰役，這些全都表示日本在一九四五年八月投降之後，歐洲人在這個區域就再也無法有效地捲土重來。這種現象完全沒有發生在亞洲與非洲等其他受到殖民的區域。這也表示東南亞是繼一百四十多年前的西班牙美洲之後，唯一一個普遍以武裝活動爭取獨立以及其他更多目標的殖民區域。奇特的是，這個過程在一八九六年始於拉丁美洲最西端的菲律賓：當時波尼費希歐（Andrés Bonifacio）、埃米利奧・阿奎納多（Emilio Aguinaldo）與馬比尼（Apolinario Mabini）率領了一場起義行動（對於亞洲而言發生得很早，對於拉丁美洲而言則是發生得很晚），並於一八九八年成立了自由的菲律賓共和國，儘管隨即就遭到美國粉碎。緬甸、寮國、柬埔寨、越南與印尼實際上都必須以武裝反抗爭取獨立，甚至連馬來亞也以某種方式這麼做，而且大部分都只獲得慘勝的結果；此外，這些地方的人民也愈來愈知覺到彼此的獨立抗爭。早在一九四七年初，抱持進步主義理念的暹羅總理普里迪（Pridi Phanomyong）在遭到軍方推翻之前的短暫任職期間，就發起過一個胎死腹中的東南亞聯盟，希望藉此建立區域性的互助網絡，共同對抗帝國主義。[10]

不過，正是因冷戰在亞洲揭開序幕之後，東南亞才展開變成今天這種想像實體的漫長過程。從美國的眼光來看，大亞洲的主要國家多少都已經有了穩定不變的地位。日本受到美國占領，完

（*Siam Mapped: A History of the Geo-Body of a Nation*，Honolulu: University of Hawaii Press，1994）。

9 始自西元第一世紀下半葉，持續至十世紀中葉為止。這方面的標準著作是泰勒（Keith Welker Taylor），《越南的誕生》（*The Birth of Vietnam*，Berkeley: University of California Press，1983）。

10 可是當時沒有集團的意識。所有群體都尋求與殖民母國首都裡的進步團體結盟。印尼革命分子與澳洲、埃及以及尼赫魯領導之下剛獨立的印度建立了有效的紐帶。所有的激進左派組織都與蘇聯以及（在一九四九年之後）俄國共產黨建立了程度不一的連結。

全臣服於華府的軍事與經濟機器之下。印度經歷印巴分治危機之後，在尼赫魯與印度國民大會黨不受挑戰的霸權下似乎維持了穩定的半英國色彩。中國雖然在一九四九年之後「淪陷」於共產主義，但這個國家本來就太過龐大，頂多只能用半祕密干預這種打帶跑的方式。至於在印巴與中國之間那個地帶的新國家則是另一回事。那些國家幾乎全都有本土發起、受到共產黨領導並且通常擁有武裝的運動，試圖挑戰同盟國建立的戰後秩序。一九四九年，在緬甸達成正式獨立之後一年，兩個互相競爭的共產黨連同各種民族反抗團體，導致吳努政府有效控制的地區，差不多只剩下仰光而已。一九四六年底，在東側的法國殖民地，就在胡志明宣布越南獨立的一年後，爆發第一次印度支那戰爭。隨著這場戰爭在奠邊府（Dien Bien Phu）慢慢邁向終點，共產運動則是擴張到了寮國這座山丘國家，並且在好一陣子之後延伸到西哈努克（Sihanouk）治下的柬埔寨。在菲律賓，這個國家獲得形式上的獨立之後（在一九四六年，日期自然是挑在七月四日），因美國恢復以腐敗的酋長式秩序來領導這個國家，結果引發了一場大規模的共產叛亂（從一九四八到一九五四年左右），以戰時的抗日游擊勢力虎克軍（Hukbalahap）為基礎。在印尼，本土左派原本看起來像是已在一九四八年遭到效忠於革命總統蘇卡諾與副總統哈達的軍隊殲滅，但在主權移轉之後，共產黨卻以合法方式出人意料地捲土重來，並在短短十餘年內成為共產集團以外最大的共產黨。直到一九五七年才正式獨立的馬來亞，讓倫敦於一九四八年春季以來，遭遇了英國現代帝國史上面臨時間持續最長，也最猛烈的抗爭，而抗爭發動者乃是衍生自馬來亞人民抗日軍的一個馬來亞共產黨。只有暹羅的情形顯得「正常」：武裝共產運動直到一九六〇年代中期才開始出現。

世界上的其他區域，包括拉丁美洲、近東、非洲以及南亞，都沒有這種令人驚恐的現象。

新霸權下定決心，東南亞絕對不能像中國那樣「淪陷」。這項決心在一九五四年促成了東南亞公約組織（SEATO），成立於美屬馬尼拉，後來總部設立於曼谷，目的在於避免這整個後殖民區域落入共產主義的手中。[11]在後續的十年裡，東南亞的當地政府兩度嘗試成立比較不那麼完全受到外人支配的區域性組織，結果都以失敗收場。在一九六一年由暹羅、菲律賓以及當時仍是馬來亞的地區所共同成立的東南亞聯盟（ASA），完全無力解決馬尼拉對北婆羅洲（沙巴）主張所有權而引發的日益嚴重的爭執。[12]印尼的激進民粹總統蘇卡諾在一九六三年發想並成立了馬菲印組織（Maphilindo）——目的在於含括印尼、馬來西亞與菲律賓這三個「馬來」國家——結果在英國政府以馬來亞、新加坡、北婆羅洲以及由一度聞名的白人拉惹（White Rajahs）所統治的砂拉越（Sarawak）[13]組成「馬來西亞」之後，該組織就立刻沒落了。[14]直到一九六七年，在蘇卡諾於一場

11 在東南亞公約組織的成員國當中，仍然可以看出東南亞的若干不穩定性。在當地國家裡，只有暹羅與菲律賓加入其中，其他成員國則包含了美國、烏克蘭、法國、紐西蘭、巴基斯坦與澳洲。

12 這個偏遠而且人口稀少的地區，在十九世紀末以來即由北婆羅洲公司治理，直到日本趕走這個商業政權為止。英國政府在太平洋戰爭結束後接管了這個地區。

13 編按：白人拉惹是英國布魯克家族的王朝君主制。該家族於一八四一至一九四六年建立並統治了位於婆羅洲島西北海岸的砂拉越拉吉。第一位統治者是英國人詹姆斯·布魯克（James Brooke）。他因為幫助汶萊蘇丹國打擊原住民的海盜和叛亂事件，所以於一八四一年被授予古晉省（Kuching）作為獎勵，該省被稱為砂拉越（Sarawak Asal），並獲得獨立王國地位。二戰期間，日軍侵略婆羅洲島，末代國王查爾斯·維納·布魯克（Charles Vyner Brooke）沒有實權。但戰後，他也決定退位，並將主權交給英國，王朝至此結束。

14 蘇卡諾對於倫敦這項舉動氣憤不已，而終究導致他的政府與英國首相哈羅德·威爾遜（Harold Wilson）在東方的殘餘帝國產生了一場半武裝衝突。大部分的戰鬥都發生在婆羅洲，而且可能是廓爾喀族（Gurkha）傭兵從事的最後一

大屠殺當中被趕下臺之後，才終於成立了一個較為恆久的組織：東南亞國家協會。這個組織經過三十一年的間隔之後，在最近接納了越南、緬甸與寮國成為成員國，而且未來可能也會納入洪森（Hun Sen）治下的柬埔寨與古斯芒（Xanana Gusmão）治下的東帝汶。[15]

東南亞研究、東南亞人、東南亞學者

在一個與外交官、軍事將領、情報機構以及國家元首的世界相當不同的領域裡，東南亞在更早之前就已經更加成功地成為了一種現實。正如異質性的殖民主義造就了許多由每個殖民地為自己建立的學術研究領域（在英語當中是緬甸與馬來亞，美語當中是菲律賓，荷語當中是東印度／印尼，法語當中是越南、柬埔寨與寮國），戰後的美國反共霸權也為東南亞研究這個新領域奠定了初步的基礎。第一門從事這種研究的課程在一九四七年開設於耶魯大學，不久之後就由我自己所屬的康乃爾大學開設了一門姐妹課程。在蘇聯於一九五七年十月發射史潑尼克衛星，以及第二次印度支那戰爭展開所帶來的驚恐之下，類似的課程於是在美國各地大量出現。後來，這種模式也散播到了澳洲、日本、英國、法國、加拿大、德國、斯堪的納維亞等等，只是各有不同的強調重點。

從一開始，美國開創的東南亞研究與在那之前的殖民時期學術研究之間就存在著一項關鍵差異。[16]幾乎所有殖民時期的傑出學者，例如弗尼瓦爾與盧斯（Gordon Luce）（緬甸）、馬伯樂（Henri Maspéro）與穆斯（Paul Mus）（印度支那）、文思德（Richard Winstedt）與威金蓀（R. J. Wilkinson）

（馬來亞）、皮若（Theodoor Pigeaud）與施里克（Bertram Schrieke）（荷屬東印度），以及巴頓（Roy Barton）與海登（Ralston Hayden）（菲律賓），都是殖民地公務員，或者曾經擔任過殖民地公務員。他們在殖民地長期居住過，對那些地方相當瞭解。不過，融入當地是有代價的：就算他們私底下對於殖民事業有所疑慮，也不能公開表達。[17]在戰後的後殖民時代，這類人消失了。東南亞（或者至少是東南亞當中沒有受到共產統治的國家）迎來了大量的美國官員，他們處理的事務無所不包，從軍事、情報、教育乃至資本主義的發展。不過，那些官員都是大忙人，極少懂得當地方言，也沒有時間或興趣從事當初平靜的殖民地環境所允許的那種從容研究，而且他們輪調的速度很快，以致於無法深入瞭解任何事物。

因此，東南亞研究成了住在大都市的教授們手上所把持的領域，他們獲得的金錢資助主要不

項戰鬥任務。

15 在這段期間，也就是從東南亞公約組織成立乃至創立東南亞國家協會之間的時期，暹羅已成了美國干預東南亞地區內陸國家的軍事、經濟與政治樞紐。（編按：越南於一九九五年七月二十八日加入東南亞國協，而緬甸與寮國則於一九九七年七月二十三日加入。再兩年後的一九九九年四月三十日，柬埔寨也加入東南亞國協。）

16 這個主題充分闡述於拙著〈美國東南亞研究的生態變化，一九五〇－一九九〇〉（The Changing Ecology of Southeast Asian Studies in the United States, 1950-1990），收錄於赫胥曼（Charles Hirschman）、凱耶斯（Charles F. Keyes）與胡特爾（Karl Hutterer）編，《東南亞研究前景展望：來自美國的省思》（*Southeast Asian Studies in the Balance: Reflections from America*；Ann Arbor: The Assoication for Asian Studies，1992），pp. 25-40。

17 弗尼瓦爾是個局部的例外。他早在一九三〇年代就開始針對英國在緬甸的殖民發表尖銳的批評文章，但這也是在他辭去殖民地公務員工作之後的事情。

是來自美國民族國家，而是來自私立或州立大學，以及私人基金會（尤其是福特基金會與洛克斐勒基金會）。由於他們的研究框架——東南亞——是針對那個區域去殖民化後以及美國試圖建立的冷戰霸權，所共同造成的結果，所以他們的研究都大量聚焦於和殖民時期的學者相當不同的領域：主要是政治學，但也包括現代史與人類學，而不是考古學、古代史與古典文獻。這項轉變表示此一研究的領導人沒有公務員的想法，也不受制於官僚體系（其中許多人都對非共產的反殖民民族主義公開表達同情，也有不少人公開批評華府的政策）。[18]

在一個擁有龐大財務資源與遠大政治野心的大陸強權中，創立一個稱為「東南亞研究」的制度化研究領域，就本書探討的議題而言，造成了兩項重要後果。第一，不同學科領域的教授與研究生被歸類在一起，不是依據他們感興趣的個別國家，而是依照區域。他們教導以及修習的課程包括「東南亞歷史」、「東南亞政治」、「東南亞的經濟體」、「東南亞的神話與符號」等等。[19]這類課程具有一項實際效益，就是迫使所有學生多多少少從比較性的角度思考這個極度多樣化的「區域」，並且把學生聚集在一起，儘管其中一人鑽研的可能是越南古代史，另一人研究菲律賓公共行政，又一人感興趣的則是爪哇的神祕教派。（但這類課程也有一個缺點，就是經常把這些學生和研究韓國、斯里蘭卡、中東以及中國等地的教授與學生區隔開來。）學生在課堂上以及私下之間的緊密關係終究延展至學術生涯當中，而他們的學術生涯都與一個被視為真實存在的東南亞區域密不可分，也把心力完全投注在這個區域當中。這樣的心力投注超越了冷戰時期的分類方式，而認為共產國家、中立國家與親美國家在原則上都應該放在單一架構中並置研究。[20]就這方面而言，東南亞的真實性在一九五〇與六〇年代期間對於美國大學師生而言，比起對於其他任何人都還要高。第二，美國在那個時候有資源可以設立舉世無雙的「東南亞」圖書館；[21]也有學術資金可以從許多不同國家引進有興趣的學生，而其中最重要的就是來自於東南亞本身的學生。他們在長年的學生生活中有著相同的修習學科，建立了跨國的友誼或者戀情，偶爾也有人結為連理，而這樣的經歷早在一九五〇年代就已開始形塑年輕人，使得他們在認為自己是印尼人、菲律賓人或者暹羅人的同時，也能夠把自己想像為東南亞人。[22]他們返鄉之後，經常在國立大學、國家教育

18 不過，必須指出的是，許多的第一代「東南亞學者」都在太平洋戰爭期間進入美軍服務，或者從戰前的大學圈子被吸收進入戰略情報局以及美國海軍情報局。戰爭結束後，有些人在國務院裡又繼續待了幾年，形成一個進步主義的反殖民核心，直到麥卡錫主義的興起將他們趕走為止。（身為中情局前身的戰略情報局〔OSS〕，成立於一九四二年，後來在一九四五年十月解散，其職務與人員都由國務院與戰爭部吸收。中情局直到一九四七年才成立。）

19 這類課程的形式，要求提出冷戰前的統一元素，而且必須是比那些年間的政治衝突更加「深入」的元素。這點並不容易做到：一個明顯的徵兆是，這個區域的標準（集體）歷史教科書（原本在一九七一年由牛津大學出版社出版於吉隆坡）在當今的更新修訂版當中，書名仍然是帶有感嘆意味的《找尋東南亞》（*In Search of Southeast Asia*）。最值得注意的「統一元素」，無疑是雙邊親屬系統與從妻居（uxorilocal）模式的普遍性，這兩種現象都使得女性得以享有相對良好的社會地位。這種情形與在中國、日本以及印度占有主要地位的父系從夫居（virilocal）系統那種深深把女性置於從屬地位的做法形成鮮明的對比。一個比較不那麼重要的共同元素，則是東南亞沿海地區都習於使用以魚和軟體動物發酵製成的調味料，因此那些地方的料理都帶有一種相似的獨特風味。

20 相較於此，同樣在冷戰期間劃分了「西歐」與「東歐」的那條界線就強硬得多。

21 最特別的例子就是康乃爾大學的伊格斯東南亞圖書收藏（Echols Collection on Southeast Asia），目前藏有將近五十萬筆印刷書、縮影捲片與縮影單片，包括西方語言與當地方言的資料，還有兩萬三千冊期刊，比國會圖書館的收藏數量多了一半。在同一個時期，歐洲帝國中心那些資金拮据的大學就算在名義上設有東南亞課程，也還是傾向於聚焦在本國的前殖民地，並且使用本國既有的大量殖民地檔案。

22 來自東南亞的大多數學生，雖然在攻讀碩士與博士學位之時都頗為自然地以自己的國家做為研究對象，但早在一九

機構以及品質較高的大眾媒體當中擔任重要職務，而他們的這些個人關係也經常會維持長達數十年之久。此外，這些學生當中有不少人都因為到美國留學，而得以利用同一個共通語言發表他們的研究（不論是在美國還是在其他地方）。對於這類人而言，英語成了東南亞真正的通用語言——就某方面而言也是東南亞這個概念真實性的保證——而且是早在外交官、政治人物、軍事將領乃至技術官僚開始以英語為共同語言之前就已經如此，儘管這個現象絲毫沒有受到強調。

在一九六〇年代後半，越戰被深化成為第二次印度支那戰爭，而這樣的發展帶來了一項副作用，就是東南亞進一步的具體化，包括在學術界以及其他領域都是如此。在美國大眾媒體眼中，越南幾乎總是毫無疑問地屬於東南亞；但是就這個國家數百年來與中國時斷時續的密切關係，以及就河內的共產政府來看，應該有可能把越南視為中國影響圈的一部分。隨著徵兵制開始產生影響，修讀東南亞課程的大學生人數於是大幅增加；探討東南亞的書籍也愈來愈容易取得。事後回顧起來更加引人注目的是，許多教授與學生在沒有專精研究越南也不懂越南語言的情況下，卻認為自己有道德上的義務以及智識上的能力公開談論這個國家與這場戰爭，並且展現出東南亞研究的權威姿態。[23]更值得注意的是，戰爭對校園生活造成的政治化與兩極對立現象（實際上的確深深分裂了東南亞學者）也影響了留學於美國及其他國家的東南亞學生。當時泰國與菲律賓的政府雖然與美國戰爭機器存在著深刻的共謀關係，但這兩個國家的學生卻對戰爭發起示威抗議活動，並與印度支那的民族團結站在同一陣線上。[24]這些學生上街遊行，自然有他們自己國家的政治因素以及激進的人道理由，但最重要的是他們將彼此視為示威同志，而這些同志也包含遠在美國、歐洲、澳洲與加拿大和他們一同抗議的東南亞學生。這些學生當中有些人在後續幾十年間成了最為認真而且學識廣博的代言人，倡導一個真正民主而且包容的東南亞國家協會。他們這一類人，就是在曼谷呼籲泰國政府公開支持翁山蘇姬的那些人，也在馬尼拉與吉隆坡反抗菲律賓與馬來西亞政府的可惡作為，原因是這兩個國家為了討好蘇哈托政權而熱切於壓抑為東帝汶爭取自由的研討會。當然，這些抗爭並沒有多少成果。

身為東南亞勞工與資本家的「華人」

史學家在不久之前，才開始把東南亞想像成一個早在冷戰與殖民之前就已存在的古老現實，而他們挖掘並檢視此現實的一個關鍵處，就是龐大而且歷史長達數百年之久的中國檔案。中國的佛教朝聖者取道東南亞沿岸地區往返當今南亞的聖地，其中有些人留下了詳細的旅行記述。在遭

六〇年代末期與七〇年代初期，已有一些人開始研究該區域的其他國家：這種情形在那個時代之前是幾乎無法想像的。

23 我首度注意到這種古怪的權威究竟有多麼出人意料地真實，原因是我發現從來沒有人怒氣沖沖地質問我的國籍（實際上是愛爾蘭），儘管我說話時明白聽得出來不是美國口音。十年後，我受到美國眾議院的委員會小組傳喚，針對印尼占領下的東帝汶這項主題作證，又再次體驗到了那種輕微的訝異。我從來沒去過東帝汶，對其語言一無所知，對於其歷史與政治也只有模糊的概念：但我這個資深的東南亞學者，卻沒有因此而覺得自己欠缺提供意見的資格；而那個委員會小組更是從一開始就沒有打算要懷疑我的證詞。

24 這種認同不是偶然出現。在一九六二年三月的政變之後，緬甸軍事獨裁政府即禁止學生出國留學。至於備受戰爭摧殘的印度支那國家，則是在戰場上損失了大量的青年。一九六五至六六年間的恐怖事件對印尼人造成了心理創傷。而在當時仍然親英的馬來西亞，則是沒有送什麼學生到美國。

到歐洲人阻止之前，東南亞許多比較重要的王國都習於派遣使節團晉見中國皇帝，藉此獲取貿易、情報，以及政治正當性；中國朝廷雖然喜歡把這些使節團視為「進貢團」，卻也還是會利用他們蒐集中國南方邊界那些「蠻荒」地區的資訊。（在這點上，古代的北京與現代的華府存在著反諷的相似之處。）因此，也無怪乎當代最傑出的「古東南亞」史學家沃爾特斯（O.W. Wolters）——他的著作恢宏地涵蓋了當今由印尼、馬來西亞、越南、泰國與柬埔寨構成的地域——在年輕的時候原本是漢學家，服務於馬來西亞殖民地公務機關中一個命名荒謬的部門，叫做「華民護衛司」（Chinese Protectorate）。[25]

福建與廣東這兩個當今中國東南沿海省分當中的男性，在很早以前就開始迴避朝廷對於人口移動所經常施行的那些極為嚴厲的禁令，而偷偷移居東南亞。這些男性藉著婚姻融入當地的家族，並且擔任工匠、商人與港務長等工作，有些人甚至成為權高勢大的朝臣。偶爾還有人爬得更高：暹羅當今的王朝就有五〇%的「華人」血統，柬埔寨的諾羅敦王室也差不多。大多數華人都是在一貧如洗的情況下抵達陌生的環境，而以他們自己當初受到養育的方式養育了他們的混血後代。除非遭到意料之外的外來干預，否則他們的後代都融入了當地人口。這種融入又因為原本的那些移民根本不認為自己是「華人」而更為容易。他們絕大多數都不識字，而且主要使用的也是彼此不通的語言，例如閩南語和廣東話；因此他們都是依據職業、宗族以及故鄉劃分自己的認同，而不是依據一種在幾百年後才出現的國籍身分。

三股基本力量改變了這種逐漸的滲透交融。第一股力量是歐洲人的抵達。由於他們完全不懂得這些語言，眼中所見又只有人口的外貌、服裝與職業，而且滿心只想控制這個區域的貿易，因此認定這類人全都是「華人」，並且依據此一認定採取行動。[26]（東南亞「華人」遭到屠殺的現象，是在十八世紀由該區域最早的種族歧視分子所發起：巴達維亞／雅加達的荷蘭人以及馬尼拉的西班牙人。）第二股力量是十九世紀中葉的太平天國起義，不但嚴重摧殘了中國東南部，也導致清廷對南部海上邊界幾乎徹底喪失控制。汽船也在幾乎同時間出現，加上資本主義殖民下的東南亞所帶來的勞動力需求龐大的市場，使得不同語族的年輕男性得以從事規模空前的大批遷徙。[27]第

25 這裡有些矛盾之處。沃爾特斯至今仍然深深仰慕鄧普勒（Gerald Templar）。這位軍事總督不惜艱難地在戰後的馬來亞中，鎮壓了共產叛亂活動，對當地「華人」社群造成的沉重代價——約有二十五萬人被迫隔離於「新村」當中。不過，沃爾特斯成為學者之後，就一直堅決而且欣然將自己的研究侷限於尚未受到歐洲人污染的東南亞。他有一本精湛而簡短的著作，充分呈現了他的觀點與學問：《東南亞觀點中的歷史、文化與宗教》(*History, Culture and Religion in Southeast Asian Perspectives*，Singapore: Institute for Southeast Asian Studies，1982)。

26 不是全都採取一模一樣的方式。如同我在其他地方提過的，（幾乎不受荷蘭控制的）聯合東印度公司採取了一切手段——包括禁令、居住區隔離、強制遺產規範，以及拉攏與當權者合作的商業菁英——藉此堅持那些人口的華人性，儘管他們根本不懂任何「中國」語言。在菲律賓群島，這類人在法律上被劃分為「麥士蒂索人」，有其專屬的稅賦和居住規定等等。「麥士蒂索」總是間接代表了異族的意思。（見拙著〈東南亞的人口普查與政治〉（Recensement et politique en Asie du Sud-est），《起源》（*Geneses*），26【一九九七年四月】，pp. 55-76。）「華人」應該理解為如同當今的「亞裔」。西方國家的人口認為世界上存在著為數龐大的「亞裔」人口，但「亞洲」卻極少有人懷有這種奇特的觀念。

27 海德斯（Mary Somers Heidhues）對於不同族群的遷徙提供了生動的概述。福建人在菲律賓與爪哇占絕大多數，還有在麻六甲、檳城、新加坡與西貢堤岸（Cholon）的商業飛地也是如此；廣州人在馬來亞鄉下占絕大多數，在柬埔寨則是持續至第二次世界大戰爆發為止；潮州人在暹羅、蘇門答臘與戰後的柬埔寨；客家人在婆羅洲北部與西部；晚來的海南人則是主要定居於越南南部與暹羅。在緬甸，有相當數量的外來移民都是從雲南取道陸路而來。聚落的密度也差別極大。殖民下的馬來亞屬於一個極端；在第二次世界大戰前夕，馬來半島上的「華人」實際上比「馬來人」還多。相較之下，在荷屬東印度、緬甸與寮國，「華人」比例則是可能從來不曾超過五%。見海德斯的《東南亞的

三股力量是中國民族主義在世紀末的出現，不只是在中國本身的都市裡，也在南洋地區，而且在南洋的發展有時候還更早。[28]尤其在今天的印尼、馬來西亞與新加坡這片區域，民族主義的發展更是伴隨著對於中文與羅馬拼音的識字率提升、報紙的出現，還有外來移民性別比例的正常化，從而造成更多的家庭定居。相對之下，在暹羅與菲律賓，同化由於不同的原因而進展得相當迅速而且順利，所以這種傾向就遠遠沒有那麼強烈，對於暹羅與菲律賓民族主義的認同程度也高得多。

隨著清朝在一九一一年遭到推翻，以及一個中華民族共和國在不穩定的情況下成立，對於東南亞那些在某些面向上把自我認同為華人，或者被當地人口與殖民政府視為華人的人口而言，國籍與公民身分的問題就開始變得頗為迫切。這個問題在後殖民時代又因為地方性、區域性以及國際性的原因而更顯急迫。在地方層面上（至少在資本主義國家裡），歐洲人被剝奪了政經控制權之後，即為迅速崛起的華人企業家開啟了經濟力量快速提高的道路，同時也導致他們更易於遭到本土菁英的勒索以及本國大眾的厭惡。[29]在區域層面上，隨著資本家尋求分散風險與機會的方式，中國商業利益也因此跨越了國界。另一方面，以左翼的北京與右翼的臺北為首都的兩個相互競爭的中國，都各自以自己的方法在當地的民族國家菁英、反對勢力以及流亡華人之間爭取朋友。後來，又出現了新加坡這個異數：形式上是多族裔或多種族社會，但實際上卻是第三個華人國籍的可能性，[30]由李光耀及其黨羽永無止盡的政權所統治。[31]

在後殖民時代，那些認定華人這種奇特群體確實存在的人士（通常是外部的觀察者），已習於認為真正屬於東南亞的經濟必須在華人這個獨特且必要的跨區域基礎上發展。隨著冷戰在亞洲逐漸消退，電子通訊日益發展，而且一九七〇與八〇年代的長期繁榮也愈來愈深化，於是有愈來愈多人認為華人能夠為東南亞經濟帶來如同東南亞國協的外交官在政治與策略方面所帶來的幫助。不過，這種觀點是否合乎事實卻頗有疑問。首先，東南亞的民族國家（除了新加坡以外）基本上都是彼此競爭而不是互補。引人注意的是，即便在亞洲金融風暴前的一九九〇年代初期，區內貿

華人少數族群》(*Southeast Asia's Chinese Minorities*，Hawthorn, Victoria: Longmans Australia，1974)，pp. 2-5。

28 見鄭力人，〈英屬馬來亞的海外中國民族主義，一八九四—一九四一〉(Overseas Chinese Nationalism in British Malaya, 1894-1941，Ph.D. thesis, Cornell University，1997)。

29 我熟悉的三種東南亞國家語言，都有對於「華人」的貶稱用語，但只有蘇哈托領導下的印尼堅持把這種蔑稱當成官方用語。因此也就造成了一種頗為令人感嘆的情形，亦即年輕的華人後裔在問答專欄中利用「Chinese」這個英文詞語描述自己。(「Saya seorang Chinese」【我是華人】，而不是帶有自我貶抑意味的「Saya seorang Cina」【我是中國豬】。) 大眾對於華人的厭惡雖然在這個區域的各地都極為普遍，但暹羅與菲律賓都沒有在本世紀發生過排華屠殺事件或種族暴動；相對之下，印尼自從在一九一〇年代進入現代政治以來，這種暴力現象就一直持續不斷發生。

30 我在一九九六年秋季於耶魯大學教導一門研究所課程的時候，體驗到了這項難題的影響有多麼強烈。我的課堂上有一名在美國土生土長而且說起話來完全是美語風格的學生，但他卻堅稱自己「絕對」是中國人。另外有一名學生誕生在中國的菁英國民黨家族，但他對我說他認為自己是臺灣人，到耶魯就讀有一部分目的就是要學會流利的臺語。第三名學生則是對於自己在美國一再被視為中國人深感氣憤。「我不是中國人，」他說，臉上露出一道決心堅定的迷人微笑：「我是新加坡人。」

31 李光耀最早在一九五七年當上首席部長，原因是他得到了當時勢力龐大的左派組織支持。掌權之後，他卻與英國合作而試圖消滅這些盟友。由於倫敦不願讓新加坡落入左派的手裡，尤其是觀及鄰近的激進印尼政府之後，因此想出了成立馬來西亞的點子，以便吸收不穩定的新加坡。保守的馬來領袖原本對於那麼多華人進入他們的政體頗感猶豫，後來因為英國同意將他們認為也屬於「本土」的沙巴與砂拉越同時交給他們而受到說服。這個聯盟只維持了兩年（一九六三—六五），主要是因為李光耀不滿於只擔任市長。在當時，他已對新加坡握有絕對控制，因此能夠決定將這座城市建立為國家。

易的重要性也不高。舉例而言，在一九九二年，東南亞國協內部的出口額僅占總出口額的一七．四％。[32]而且就連這個數字也不盡真實，原因是進入新加坡的商品主要不是供當地消費，而是為了轉口至東南亞以外。[33]菲律賓（五．九％）、暹羅（一二．七％）與印尼（一一．六％）的數字更是不值一顧。東南亞國協內部進口額的資料也幾乎一模一樣。[34]同樣除了新加坡以外，東南亞的國家都沒有對彼此的發展做出重大投資。在亞洲金融風暴之後，再加上中國與臺灣迅速增長的經濟實力，即便是這些低落的百分比也很有可能再進一步下探。觀察者都注意到，一旦遇到艱困時期，東南亞國協的成員國及其資本家都沒有什麼能力互相幫助，而是傾向於奉行「人各為己」這項古老而明智的原則。

東南亞政治集團？

引人注意的是，東南亞國協在一九六七年成立之時，曾向東南亞所有國家發送加入邀請（而且完全沒有發給東南亞以外的國家）；這些國家不僅包括新加坡（當時新加坡才剛成為獨立國家），還包括了兩個越南、柬埔寨、寮國、緬甸，甚至是汶萊這個石油酋長國（汶萊直到十七年後才正式脫離英國而獨立）。除了新加坡以外的這些國家雖然在當時都沒有接受這項邀請，但這份草擬於越戰春節攻勢過後才沒幾個月的邀請名單，在原則上卻是背離了冷戰傳統。今天回顧起來，可以被視為是企圖建立像非洲、美洲與西歐那種區域性外交集團的第一步。其中的核心觀念是創立制度性的安排，以便在不受強權干預的情況下化解區域內的爭端，並且藉此創造出一種共同的「世界存在感」，而這是那些國家各自靠本身的力量所無法達成的結果。

這些目標實際上達成的程度相當有限，而且也含糊不清。衝突之所以結束，不是因為東南亞國協的成立，而是因為蘇哈托將軍推翻了東南亞國協的創立者蘇卡諾。馬可仕（Ferdinand Marcos）決定不繼續主張菲律賓對沙巴的所有權，原因是他發現馬來西亞的政治人物可以對菲律賓採取傷害極大的報復行動，亦即幫助一九七二年——就在馬可仕的獨裁統治開始之際——爆發於菲律賓南部的穆斯林（摩爾人）分離運動。不過，英國軍隊在一九六〇年代末期撤離東南亞，以及美國在印度支那的勢力於一九七五年潰敗，則是為東南亞國協提供了一個比較有利的環境，使其能夠在當地展現實力。[35]不出意外，展現此一實力的焦點就是在印度支那。在暹羅、馬來西亞與新加坡這三個國家的主要領導下，一場大張旗鼓的運動就此展開，其目的在於避免東南亞國協國家被迫接收大量難民，而這些難民則是為了脫離河內、永珍與金邊這三個獲得勝利的共產政府，循著海路或陸路逃亡出來的。越南軍隊在一九七八—七九年間於柬埔寨獲得壓倒性的成功之後，東南亞國協立即與北京和華府密切合作，避免河內扶植的韓桑林（Heng Samrin）政府奪取柬埔寨在聯

32 見傑拉德・譚（Gerald Tan），《東南亞國協：經濟發展與合作》（*ASEAN: Econoic Development and Cooperation*，Singapore: Times Academic Press，1996），pp. 188-90。

33 傑拉德・譚是忠實的「新加坡人」暨「東南亞國協學者」，所以謹慎地避談這項不便面對的事實。

34 見傑拉德・譚，《東南亞國協》，p. 12。

35 這的確是唯一的可能。所有的成員國都沒有足以從事國家間傳統戰爭的軍隊。無論如何，那些軍隊大部分也都忙著鎮壓自己的國民以及維持既有的專制政權。

合國的席次，並且為波布（Pol Pot）的部隊以及其他反抗越南扶植政權的團體提供各種支持。在一九七〇年代末期與一九八〇年代期間，東南亞國協以這種方式發揮的功能比較不像是反共集團，而是反越集團。後來，這種情形不是在東南亞國協的努力下結束，而是因為世界主要強權透過聯合國所進行的協同干預，也是因為河內認定自己已經基本上達成了在柬埔寨的目標。

東南亞國協之所以缺乏力量，也是因為其中大多數政府的專制本質。這些政權都不容忍國內的批評聲音，而且他們的合作從一開始就是奠基在「不干預」彼此自我界定的事務這項原則上。[36]因此，東南亞國協對於菲律賓的摩爾人問題或是雅加達在東帝汶那種自我挫敗的帝國主義都無能為力。即使近來將越南、寮國與緬甸等獨裁國家納入東南亞國協，也不太可能會改變這種無能的現象。東南亞國協對於該怎麼處置洪森統治下的柬埔寨所表現出的那種可恥的猶豫態度（更遑論緬甸與越南先前還拒絕接受東南亞國協所提出的，允許人民不持簽證即可跨越國界的原則），更是證明了這種印象。另一方面，過去十年來卻也可以明白看出東南亞國協在國際外交當中得以讓自己愈來愈受到正視，而且該區域在政治領導上遲到已久的世代更替，也可能促成民主化的發展以及減少缺乏原則的結盟。[37]

個人影響

我在一九五八年一月來到康乃爾大學就讀，是因為一項極為膚淺的原因：好奇心。當時印尼一再登上報紙頭版，原因是該國有個龐大而且合法的共產黨，也因為一場由中情局策動的內戰即將爆發。當時大多數的美國人與歐洲人大概在地圖上都找不到印尼在哪裡，但針對這個國家的現代政治撰寫了開創性著作的學者喬治・凱亨（George Kahin），卻正巧在康乃爾大學教書。[38]不過，他也是美國第二個東南亞學程深具創意的執行長，不但召集了一群耀眼的教授級人才，也積極吸收對於每個新興東南亞民族國家感興趣的學生，認定這些學生絕對應該共同就學並且從彼此身上學習。（對我來說，這樣的制度使得我無法單獨研究印尼，而只能在區域性的脈絡下對印尼進行研究。）凱亨的形塑性影響力當中的最後一個決定性面向，則是他的愛國心。正因為他希望對自己的國家感到自豪而不是羞恥，所以他的學術生涯從以前到現在都受到他對政治運動的積極參與

36 在此也許值得談一下為了替這種策略性原則賦予正當性而提出的唯一一項意識形態公式：「亞洲價值」。首先，最明白可見的是，這些價值**不是**「東南亞價值」（所幸如此）。理由也很充分：以基督徒為主的菲律賓在一九八六年擺脫了獨裁政權，信奉佛教而採行君主制的暹羅自從一九七〇年代末期以來就一直有斷斷續續的「民主化」。這兩個國家對於「亞洲價值」都沒有表現出多少興趣。不過，只關注自己而且嚴重分歧的印尼也是如此，儘管該國經歷了長達數十年的蘇哈托獨裁統治。雜音主要來自新加坡獨裁政權，另外一個程度較低的來源則是吉隆坡的永久性馬來政府；這兩者各因其本身的原因而熱切於以非宗教理由為自己的行為賦予正當性（在後共產時代，「亞洲」一詞主要是為了掩飾／取代宗教歧異），並且與北方及東方的「儒家」世界建立有利可圖的橋梁。

37 截至本書寫作期間，菲律賓、印尼、馬來西亞、越南、暹羅與寮國的領導人都已年逾七旬，緬甸的「政界元老」尼溫年紀又更大。奇特的是，只有柬埔寨是由年輕的「強人」統治。

38 他的著作即是經典的《印尼的民族主義與革命》（*Nationalism and Revolution in Indonesia*，Ithaca, NY: Cornell University Press，1952）。這本書有一項引人注目的特色，就是假設了印尼的徹底現代性，只可惜這項特色在他的學生所寫的著作裡卻消失無蹤。凱亨在書中沒有提及「爪哇人」、古代的王國與事件，甚至連早期的殖民都沒有提。他的著作假設印尼是隨著其民族主義運動而誕生。

所形塑。他在一九五〇年代初期因為尖銳批評美國外交政策而遭到註銷護照。後來，隨著美國對印度支那的干預愈來愈深化，他也將自己的主要焦點轉向那裡，而不是維持在他自己原本熱愛的印尼。[39]現在回顧起來，我認為凱亨猶如一股邏輯與歷史的力量，與美國的戰後東南亞霸權計畫正好恰恰相反。他的學生從他身上學到了政治與學術的不可區分。

在一九五〇年代末期與六〇年代期間，相較於其他東南亞的國家，印尼無疑是個特殊的研究對象。凱亨找來了彬彬有禮的語言學家暨辭典編纂者伊格斯（John Echols），他不但出版了後殖民時代第一本良好的東南亞國家語言辭典，也藉著自己的教導而使得年輕的「印尼學者們」成為第一群人數可觀的、通曉東南亞國家口語的東南亞學者。[40]凱亨還找來了出生於里加（Riga）的猶太裔俄籍舞蹈家、考古學家暨藝術史學家霍特（Claire Holt）——她在一九三〇年代期間大半的時間都居住在荷屬東印度就學，後來在一九五〇年代返回獨立後的印尼接續並且擴展她先前的研究。[41]在幾小時車程外的耶魯大學，則有猶太裔捷克籍的史學家班達（Harry Benda），他在一九三〇年代末期曾服務於東印度的一家奧地利公司，後來遭到日本人監禁。這兩名老師都針對美國東南亞研究的帝國主義面向，為學生灌輸了歐洲人的懷疑態度，而且也都讓學生鮮明體會到殖民時期與獨立時代之間的連續性與不連續性。最後，還有一項意外——如同他本人後來記錄的——就是一九六〇與七〇年代期間最具影響力的美國人類學家克利弗・紀爾茲（Clifford Geertz）在爪哇與峇里從事了他最重要的實地研究。

印尼在那個時候雖然有其特殊之處，但仍然還是在東南亞的框架中受到思考與研究。越戰期間的經歷又進一步強化了這個框架，原因是各個學者與學生研究的國家與問題雖然非常不同，但這場戰爭卻在不同程度上迫使他們必須以東南亞學者的身分選取支持或反對戰爭的立場。而且，還不只是因為智識上或政治上的理由，不論我們各自的學術研究興趣為何，我們都一同長大、一同就學，也相互閱讀以及批評彼此的著作；就某方面而言，我們幫自己把賦予某種真實性的東南亞與自身連結在一起。

就是因為這樣的制度環境，我在一九七二年四月被逐出印尼之後，才有可能毫無窒礙地轉而研究暹羅（在一九七四－七五年間），接著又在十年後轉向研究菲律賓（儘管我曾有一小段時間認真考慮過採取前所未聞的做法，也就是跳出東南亞的範圍研究斯里蘭卡）。暹羅與菲律賓看起來

39 在形塑東南亞研究最優秀的傳統當中，凱亨具有不可忽視的核心地位。他在太平洋戰爭初始開始建立與亞洲的連結，當時他幫助了一場貴格會的運動，為遭到監禁於美國西岸的日裔美國人強迫他們的債務人清償債務。他後來加入陸軍，接受了馬來語（印尼語）訓練，以便在爪哇或蘇門答臘空降潛入日軍陣線後方。不過，軍隊就是軍隊，他後來實際上的服役地點竟是義大利。一九四八年，印尼反抗荷軍的革命戰爭仍在進行中，就讀約翰霍普金斯大學的他前往當地從事實地研究。他成了許多印尼領袖的好友，回到美國後也在華府為他們追求的目標積極進行遊說。《印尼的民族主義與革命》對我這一代的東南亞學者具有強大的學術與道德政治影響力。在一九六〇與七〇年代，他是美國干預印度支那的行動最早也最著名的批評者。他因為這項經歷而與約翰．劉易斯（John F. Lewis）合寫了《美國在越南》（*The United States in Vietnam*；New York: Bell，1967），另外也寫了立論精闢的《干預：美國如何涉入越南》（*Intervention: How America became Involved in Vietnam*；New York: Knopf，1986）。一九九〇年代期間，他回歸對印尼的研究，而與妻子奧黛麗．凱亨（Audrey Kahin）合寫了《以顛覆為外交政策：艾森豪與杜勒斯在印尼潰敗的秘辛》（*Subversion as Foreign Policy: The Secret Eisenhower and Dulles Debacle in Indonesia*；New York: New Press，1995）。

40 不久之後，就接著出現了泰國專家。不過，通曉越南語、緬甸語和菲律賓語的能力，卻是直到一九八〇年代才被認為是這三個國家的研究專家必備的要件。

41 她在戰爭期間至戰後曾經服務於國務院，後來為了抗議麥卡錫主義造成的傷害而辭職。

像是印尼的「自然」比較對象，而且康乃爾大學也有可供我從事此一轉變與比較的一切資源：優秀的語言教學、傑出的師資，又因為當時美元的強勢，加上伊格斯無私的努力，所以康乃爾大學也有全世界最頂尖的東南亞圖書館。另外，由於東南亞納入了前印度支那當中那些先前的革命國家，我才得以在研究範圍上遊蕩得更遠。在一九八二—八三年間促使我撰寫《想像的共同體》的原始動力，是爆發於一九七八—七九年間的第三次印度支那戰爭，衝突的三方是中國、越南與柬埔寨（如果這樣的擬人式說法可以受到允許的話）。不過，我也忘不了從雅加達看待希特勒的那種遙遠觀點，使得我再也沒有辦法將歐洲視為理所當然。

幾年後，蘇聯的瓦解終結了冷戰以及實際存在的共產主義，並且為西方的官方想像喚起了新的幽靈：其中最引人注意的就是（惡性）民族主義。在這種情況下，加上種種因素，我的人生愈來愈難以在當時的東南亞從事嚴肅且專注的實地研究工作，於是我逐漸轉向範圍比較寬廣，也比較矯揉造作的理論性與普世性的考量與框架。然而，這些近期的研究仍然或多或少牢牢植根於東南亞。所以，我在本書中就算觸角伸到了秘魯（我實際上到過最接近秘魯的地方，只不過就是在里約熱內盧待了幾天），也是在菲律賓轉往那個方向；而就某種觀點來看，菲律賓也彷彿是從拉丁美洲的安地斯山區沿海飄往了遙遠的西方。

本書的形貌

最後剩下的，僅是需要稍微談談本書頗為古怪的形貌。本書的用意在於呈現出嚴格界定下的國家研究與區域研究還有「理論」之間的關係，以及這三者如何集體嵌入屬於我們的這段同質而空洞的時間。

本書的核心，是幾篇探討三個東南亞國家的文章：印尼、暹羅與菲律賓。我在這三個國家都從事過長期的實地研究工作，對其語言也有相當程度的瞭解。跟在這些國家研究之後的是一批論文，試圖在東南亞的框架中針對這三個國家進行主題性的比較。而在本書前後夾著這些章節的則是五篇理論性文章，幾乎完全聚焦於探討民族主義的不同面向。如此安排的想法是要邀請讀者首先省思一些理論問題，然後閱讀由此產生的實證研究，最後再回到原本那個比較清高的理論氛圍。

自從我被逐出蘇哈托將軍治下的印尼，至今已經超過了二十五年，但那個國家在我的情感與想像當中仍然持續占有重要地位。如同我在其他地方描述過的，「放逐」所代表的意義，就是我在一九七二年之後針對印尼撰寫的著作，大部分都是奠基於文件研究之上，而不是對於那個活生生的社會的直接體驗。[42]不過，這點帶來的好處是把我的探究焦點推回到十九世紀，也從日常政治推向意識上的轉變，而正是那些意識上的轉變使得當今的印尼變得可以想像。最早發表於一九七九年的〈黑暗時代與光明時代〉，探究了爪哇人蘇托莫醫生（Raden Soetomo）這位印尼最早期也最有魅力的民族主義領袖所寫的非凡自傳。（不過，那本書真的是自傳嗎？）現在回顧起來，我已能夠明白看出《想像的共同體》的種子早就播在了這篇文章裡，因為那部自傳談論的就是在

42 在《語言與權力：探索印尼的政治文化》（*Language and Power: Exploring Political Cultures in Indonesia*，Ithaca, NY: Cornell University Press，1990）的引言裡。

民族主義的想像中揮之不去的兩個最顯著的徵象：死亡與光明。第二篇文章〈職業夢想〉寫於十年後，探究兩首爪哇語長詩的部分內容。這兩首詩在當代印尼人眼中是頗為驚世駭俗的作品，其中一首寫於十九世紀初，另一首寫於一八六〇年代，可能是爪哇殖民史上最黑暗的時代，而且只比蘇托莫誕生早了一個世代。我書寫這篇論文的時候，正在思考怎麼修訂以及校正《想像的共同體》，尤其是如何解釋為什麼在一八一〇年之後，全新的民族主義都開始認為自己具有古老的歷史。思考那兩首詩與民族主義者蘇托莫的回憶錄之間的知識鴻溝，為我的理論性結論提供了基礎，而該項結論就是民族主義的興起代表了極度徹底的意識改變，以致於前民族主義時代的意識已不復返，因此必須以歷史與傳統加以取代。

這兩篇研究文章也許帶有古老的光環，也無法充分傳達我與當代印尼的持續接觸。在〈黑暗時代與光明時代〉發表前後，我獲致了一項對我而言相當不尋常的經驗：也就是受到傳喚向美國國會的兩個小組委員會提供專業證詞，由於蘇哈托政權在印尼國內犯下駭人聽聞的侵害人權罪行，還有殘暴侵略（在一九七五年的珍珠港事件紀念日）並且占領前葡萄牙殖民地東帝汶的行動，所以當時國會正在考慮是否應該以及可以採取哪些作為。如同我先前提過的，我從沒去過東帝汶，也不懂那裡的語言，但至少我已成了那個帝國主義侵略者的專家。此外，我也擁有遭到印尼禁止入境的絕佳優勢，所以我就再也不必害怕因為說出實話而遭到該國拒絕入境的懲罰：我大多數的印尼專家同事們就是因為害怕遭到這樣的懲罰，而保持了謹慎的沉默。奇特的是，準備以及發表那份證詞的經驗，把我帶回了越戰時期的感受。那種感覺就像是「敵人」從來沒有改變過：同樣是說起話來模稜兩可的國務院發言人、同樣是滿口謊言的外交大使、同樣是身為冷戰分子的軍事與情報官員。從那時開始，我和流亡海外的東帝汶愛國分子的接觸就愈來愈多，連同一個日益成長的國際網絡，由支持東帝汶的人士組成。這樣的接觸在近期所帶來的成果，就是〈雅加達鞋子裡的沙礫〉這篇文章，試圖解釋蘇哈托政權為什麼在經過二十年的占領之後還是無法將東帝汶人轉變為印尼人，為什麼東帝汶的民族主義在今天比起二十多年前遭到雅加達侵略之時散播得更為廣泛也更為深入，以及印尼人為他們領導人的野蠻愚行付出了什麼代價。

我在暹羅待了一年（一九七四—七五），學習主要語言、鑽研歷史，以及關注政治。我那時身在暹羅可說正是時候，因為在一九七三年十月爆發於曼谷的一場大規模非武裝民眾起義造就了良好的條件，使得長期以來由沙立（Sarit Thanarat）及其副手他儂（Thanom Kittikajon）、巴博（Praphat Jarusathien）接續把持，並且一再受到美國支持、武裝和資助的軍事政權就此垮臺。在一九七四年與一九七五年的大部分時間，暹羅是個極度自由而且活力充沛的地方，滿是學生示威、工人罷工、農民動員以及尖銳的政治辯論。一九七五年春天，該國舉行了有史以來第一次真正的自由選舉，結果許多左翼人士首次——但也是最後一次——當選進入國會。與蘇哈托治下的印尼相互比較，實在很難想像出比這更加鮮明的對比。然而，幾乎就在這場選舉的同時，美國在印度支那的勢力卻瞬間粉碎，而在隔鄰暹羅的保守圈子裡引起恐慌。一九七六年間，被視為左派的人士遭到愈來愈激烈的恐怖暴力對待，最後演變成一九七六年十月六日的政變，伴隨了在曼谷市區對學生的血腥屠殺。經過這起暴力事件之後，數以百計最為頂尖也最為投入的左翼青年紛紛逃入叢林，獲得泰國共產黨的歡迎。

〈戒斷症狀〉寫於政變與屠殺事件的幾個月後，也是我首次發表關於暹羅的文章。在撰寫那篇文章的當時，沒有人能夠預測到在未來不到兩年的時間裡，越南會成功侵略柬埔寨、中國則是侵略越南失敗，而且那場三方戰爭會迅速導致泰國共產黨的瓦解，因此那篇文章將一九七六－七七年間的國內極化分歧視為一種無可逆轉的結果，肇因為冷戰以及美國在過去二十五年來的高度控制與轉變性影響。[43]所以，文中對於一九七六年十月六日那場政變的分析在今天看來雖然仍舊正確，但文末的預測卻在不久之後即被證明錯誤。〈現代暹羅的謀殺與進步〉發表於超過十年之後，當時該國一個腐敗的保守派文人政權隨著所有左派組織的消滅而似乎獲得了穩定地位。這篇文章可以說是感傷地對〈戒斷症狀〉予以修正，也為探討東南亞「資產階級民主」的一些作品開了頭。這項主題在〈東南亞的選舉〉這一章裡受到了更完整的探討。

我在一九七二年初短暫走訪菲律賓，主要是去探望朋友，卻在那場旅程中產生了馬可仕即將宣告獨裁統治的預感。這項預感後來就在這名大酋長於同年九月宣布戒嚴而獲得證實。我直到一九八六年二月之後才再度回到馬尼拉，當時這個年老病弱的暴君，連同他那個可笑的妻子以及她那些俗麗的奢侈品，被美國人匆匆送去了夏威夷。那時又是一段美好時光，就像一九七四－七五年間的暹羅一樣。我有許多學生都湧入艾奎諾（Cory Aquino）治下的菲律賓，而我也跟著他們到了那裡去。我自從青少年時期以來就一直想要學西班牙文，而現在正有了著手實現這項願望的充分理由：因為在現代菲律賓歷史的英雄時代，也就是這個國家在亞洲的民族主義興起當中扮演了先驅的一八八〇至一九〇〇年代期間，幾乎所有的文件都是以西班牙文寫成。藉著辭典、我記憶中殘存的法文與拉丁文，以及一本作弊用的英文譯本，我於是以最充滿樂趣的方式自學了這個語言：也就是閱讀黎剎的《不許犯我》與《起義者》（*El Filibusterismo*）這兩部充滿煽動性的傑出小說的原文本。不過，令我為之著迷的不只是黎剎，還有原本的起義者波尼費希歐所懷有的勇氣、馬比尼這位一八九八年革命共和國主導人的深厚學識與堪稱典範的品格、安東尼奧・盧納（Antonio Luna）的軍事天才，以及德爾皮拉爾（Marcelo del Pilar）的明晰口才與組織能力。然而到了美國在一九〇三年大致鞏固了對於菲律賓的統治之時，這些人物都已不在人世。[44]在一九八八－八九年間住在馬尼拉，看著岌岌可危的艾奎諾政權一再遭到右翼上校發動的古怪政變行動打擊，[45]實在不可能不讓人想到為什麼菲律賓後來再也沒有出現過這樣的卓越人物，以及美國這個最強大的資本主義國家轄下的殖民地，何以淪為東南亞地區除了共產集團以外最貧困的獨立國家。

43 拙著《鏡中：美國時期的暹羅文學與政治》（*In the Mirror: Literature and Politics in Siam in the American Era*，Bangkok: Duang Kamon，1985）透過泰國文學的觀點審視了整個「美國時期」：始於美國對一九四七年十一月那群政變者的支持，終於美國在一九七五－七六年間撤離最後的駐軍以及關閉美國軍事設施。

44 黎剎在一八九六年底遭到西班牙人處死，德爾皮拉爾在六個月前在巴塞隆納死於窮困之中，波尼費希歐遭到篡奪其地位的阿奎納多的追隨者謀害於一八九七年五月。盧納也是遭到阿奎納多的手下刺殺，在一八九九年六月。美國征服菲律賓之後，腰部以下癱瘓的馬比尼拒絕向新的殖民政權宣誓效忠，而被流放到美國新近取得的另一塊土地：西屬馬里亞納群島。在返回馬尼拉的幾個月後，他還是在一九〇三年死於霍亂。

45 我在這裡忍不住要講述一段範例性的經歷。在最嚴重的最後那場政變臻於高峰之際，我一度在首都的摩門教堂裡蹲伏在牆邊，以免遭到坦克車與直升機可能發射的炮火所波及。我身邊有個反抗勢力的低階軍官高喊著怒罵美國人的話語，因為他認為美國為艾奎諾政權提供了幫助。我原本擔心他會把我當成美國人而將怒氣發洩在我身上，不過他卻把目標對準另一個同樣蹲伏在牆邊的人士：一個身形高大圓胖的男子，身上帶著兩部相機。不過，那人卻緊張地表明自己是德國人。更令我震驚的是，那個年輕的反抗軍隨即對那名壯碩的德國人行了個「希特勒萬歲」的納粹禮，並且熱切問候隆美爾元帥的身體健康。我立刻利用這個機會溜到教堂後面。

〈酋長式民主〉寫於一九八八年，比〈現代暹羅的謀殺與進步〉只早了一點，而且語調也相同，只不過探討範圍及於菲律賓的整個現代史。我也利用這個機會針對美國帝國主義進行了一項距離較遠的省思（我先前就曾在印尼、印度支那與暹羅以不同方式遭遇過美國帝國主義帶來的影響），因為美國對馬尼拉的統治比冷戰早了將近半個世紀。此外，黎剎與他在一八八〇及九〇年代期間的同志，都和東南亞其他地區我能想到的人物極度不同，而且他們的「時代」步調也與東南亞的極為不同，以致於我必須將他們放在標準的東南亞框架之外加以思考。在思考這個問題上，也許可以把一八八七年當成樞紐：也就是《不許犯我》在柏林出版的那一年。當時蘇托莫醫生還沒出生，英國剛在兩年前完成對於緬甸的征服，而法國則是在黎剎完成他的手稿之際開始建立其印度支那聯邦。在南方，倫敦對馬來半島的主權也在一八七四年才正式確立。

要思考十九世紀末的菲律賓，首先最明顯可見的背景脈絡，就是在四分之三個世紀之前開始在南美洲瓦解的那個搖搖欲墜卻又開明的西班牙帝國；接著，則是斑駁帝國主義這個更大的比較性架構。寫於相當晚近的〈第一個菲律賓人〉試圖將黎剎擺在這些背景脈絡當中，同時也玩弄東南亞研究日趨僵硬的框架。若再早個十年，我絕對不可能寫出這篇文章，但就原則上而言，《想像的共同體》當中對於世界的框架方式，尤其是探討克里奧人先驅的那個章節，應該會驅使我朝著這個方向思考。起草於一九九〇年代初期的〈難以想像〉，探究了《不許犯我》在官方民族主義與獨立後酋長式民主的時代當中所遭遇的奇異命運。

接下來的那批文章就如先前提過的，試圖在東南亞的框架裡做出形式上的比較。頭兩篇寫於一九九〇年代初，雖然風格上非常不同，卻是密切相連。〈東南亞的選舉〉探討在暹羅、印尼與菲律賓的冷戰與後冷戰發展進程中紛紛冒出的「自由選舉」所帶有的矛盾性質。這個矛盾還位在兩個極端上：為什麼數十場「自由選舉」對於菲律賓的悲慘狀態毫無助益，但「自由選舉」的欠缺卻對印尼造成了災難性的影響。〈共產主義之後的激進主義〉比較暹羅與印尼的共產主義運動截然不同的命運，以及在距今已久的那個時代，為了當時所謂的「歷史的終結」而殘留下來的抗拒。我也利用撰寫這篇文章的機會向暹羅與印尼幾位令我深感仰慕的人物致敬。今天，在亞洲泡沫經濟體紛紛崩潰之際，這篇文章的語調可能顯得過度傷感。

〈人各為己〉是我臨時被迫撰寫的一篇文章，原因是本書的出版日期恰好在這場金融危機之後的一年左右。這場金融危機發生得極為意料之外，在當地造成的立即後果亦極為痛苦，對於世界經濟的長期影響又極不確定，因此在這本以「民族主義、東南亞與全球」為副標題的書中，自然不能對其視而不見。不過，與其將焦點放在這場危機現已廣為人知的立即原因，我試圖提出這些比較少人問的問題：是什麼條件使得過去二十五年來的（東南）亞洲「奇蹟」成為可能？這些條件在當今有多少已經消失？當代東南亞各國的金融崩潰程度，可以被合理認定與該國的政權性質之間具有什麼樣的關聯？不過，這篇文章僅是初步的概述，這點必須請讀者包涵。

〈多數與少數〉產生自一九八七年的一場會議，由梅伯利路易（David Maybury-Lewis）的文化續存組織（Cultural Survival Organization）主辦，與會者以人類學家為主，目的在於探討東南亞後殖民民族國家中，那些遭到圍困以及壓迫程度不一的「部落少數族群」所面臨的命運和前景。這場舉行於麻州劍橋的會議在兩個面向上對我深有助益。首先，會議中那些為數龐大又多樣的深度資料，迫使我找尋一套有用而且穩定的框架，好讓這些資料的併置能夠受到理解。我後來找到了這套框架，方法是省思「少數族群」這個概念在東南亞產生並且受到具體化的方式：也就是在十九世紀末開始傳入殖民世界的人口普查這種殖民母國制度，還有圍繞著人口普查而建立起來的行政措施，以及把真實性押注在人口普查上的「科學」人類學。從那時開始，我對於將人口普查視為權力論述的理論興趣就持續增長，而因此在幾年後為《想像的共同體》添加了一段重大內容，也就是標題為〈人口普查、地圖、博物館〉(Census, Map, Museum) 的那個章節。第二，我長久以來對於反殖民民族主義的同情與興趣，導致我未能看出人口普查與國家結合之後可能產生的威脅性。對於這項威脅的認知展開了一段進程，而在十多年後造成本書第十六章的那篇文章，探討尤薩 (Mario Vargas Llosa) 的《敘事人》(*El Hablador*) 這部令人困惑但非凡的民族主義小說，講述現代秘魯及其亞馬遜「少數部落」。我原本只是隨手拿起這本書來看，結果卻出乎意料地因此湧現關於東南亞過往的鮮明記憶。

安排在本書首尾的研究文章，原本只有三篇「理論性」文章，試圖以我過去未能達到的深度探索民族主義的起源、本質與前景。這三篇文章源自我在一九九三年四月獲邀於芝加哥大學發表的卡本特講座 (Carpenter Lectures) 的雜亂內容，依序探究民族主義的深層基本規則、民族主義形象身為複製品卻沒有原版的古怪現象，以及當代大規模遷徙還有通訊和交通革命造成民族國家與民族認同的日益脫節。在每一個主題中，我都先從距離我最近的「東南亞」談起：殖民地爪哇的產糖地帶、當代馬尼拉市區的黎剎紀念碑，還有曼谷的機場。在這座機場，每天都有孱弱的移民出發前往他們看不到的雇主所在的那個世界。

在本書的結尾，則是加以省思先前提過的尤薩及其《敘事人》這本小說所造成的影響；至於

〈民族之善〉一文，則簡短探討在民族主義誕生後約兩百年的現在，為什麼有可能而且還必須在違反證據的情況下，以正面觀點看待民族主義。

第一部　民族主義的漫長發展歷程

THE LONG ARE OF NATIONALISM

1

民族主義、認同，以及連續性的邏輯

Nationalism, Identity, and the Logic of Seriality

老虎如果在喝水的時候看見自己的倒影，往往會變得凶猛危險。

——布萊希特

這篇文章的目的主要有三。第一，同時也是最重要的一點，就是重新爬梳現代世界的集體主體性（collective subjectivities）形成問題，方法是思考其物質性、制度性與推論性基礎，而這些基礎必然會產生兩類構成深刻對比的連續性，我將分別稱之為無邊界的連續性（unbound seriality）與有邊界的連續性（bound seriality）。無邊界的連續性源自印刷市場，尤其是報紙，還有公眾演出的表現當中，而體現這種特色的就是民族主義者、無政府主義者、官僚與勞工等等對世界開放的多數人士。舉例而言，聯合國就是因為這種連續性而得以成為一個正常並且完全不矛盾的機構。而有邊界的連續性則源自治理性（governmentality），尤其是在人口普查與選舉這類制度當中，而體現這種特色的則是亞裔美國人、法國的北非移民後裔以及圖西族人（Tutsis）這類有限連續體。這種連續性使得聯合族裔或者聯合認同令人無法想像。第二個目的，是在民族主義與族裔之間畫出盡可能明白的分析界線，而且也在間接相關的普世性與「世界主義」的揉雜性之間這麼做。第三個目的，是在對於民族主義以及一種深刻的標準化政治概念，這兩者擴散至全球的這種驚人現象所進行的理解當中，去除「衍生性論述」與「模仿」這類惹人厭惡的東西；其中的部分做法是省思植根於工業物質文明當中的日常實踐——那些實踐將宇宙推到了一旁，以便為世界騰出空間。我舉的例證將會有許多取自往昔的第三世界，因為那些地區在過去一個世紀以來所經歷的變化，其速度與規模都極為迅猛，所以能夠將這兩種連續性更鮮明地突顯出來。

無邊界的連續性

一九二〇年二月二十九日，德蘭古（Delanggu）這座中爪哇的小鎮舉行了該地區有史以來第一次的露天公眾集會，周圍環繞著殖民者以及當地王室種植的甘蔗園。對現場那群可能有些不知所措但興奮不已的農民與糖廠勞工發表演說的一連串講者當中，從今天看來最為奇特的一位（也許在當時也是如此）乃是密斯巴赫（Haji Misbach）。他是一位從麥加返回的虔誠朝聖者，也是狂熱的共產主義者，黝黑的臉龐上方是一頂白得發亮的遮陽帽，下方則是他身上所穿的一件剪裁合身的白色荷蘭式西裝外套。在他的演說中，他高聲疾呼了以下這段話[1]：

> 當下這個時代可以名正言順地稱為一個「djaman balik boeono」【這是爪哇語的古老俗語，意為「世界顛倒的年代」】，因為以前在上的，現在已確實在下。據說在Oostenrijk【荷語的「奧匈帝

> 國」】這個以前由一個*Radja*【印尼語的「君主」】領導的國家，現在就發生了balik boeono的狀況。現在那個國家已經成為一個共和國，許多ambtenaar【荷語的「政府官員」】都被那個共和國殺了。要是有任何一個前ambtenaar膽敢露臉，就會被割斷喉嚨。所以，各位弟兄們請記住！這片土地不是別人的，而是只屬於我們所有。

沒錯，查理七世**確實**在一九一八年宣布放棄了他的王朝權利。維也納與布達佩斯**確實**跟著發生了「balik boeono」般的變動。庫恩（Béla Kun）領導的匈牙利共產黨也**確實**在一九一九年三月二十一日掌權，而且這個政權在四個月後遭到捷克與羅馬尼亞入侵而垮臺之前，也**確實**迅速處決了不少階級敵人。不過，到了十一月二十五日，同盟國已協助海軍上將霍爾蒂（Miklós Horthy）把持統治權，而他也隨即展開了一輪恐怖屠殺。可惜，密斯巴赫的這段話在當時已經過時了七個月（但只有七個月！），不論他自己是不是曉得這一點。

無論如何，就許多方面來看，他的話語對於中爪哇而言，就像他面前的那場集會一樣新鮮，因為他發表這段演說的時候，儘管他本身的語言在當時還沒有稱呼那個國家的名字，而且他也從沒親眼看過那個國家，但他內心全然相信「世界」的另一側存在著一個叫做Oostenrijk的國家。此外，他也把那些革命事件描述為與爪哇的事件同時發生，因此可以說是相互配合於同一段時間

1 白石隆，《變動的年代，爪哇的大眾激進主義，一九一二—一九二六》（*An Age in Motion, Popular Radicalism in Java, 1912-1926*，Ithaca, NY: Cornell University Press，1990），p. 193。

裡：也就是那個世界顛倒的年代。這樣的相互配合使得他心懷預期，認定發生於奧匈帝國的君主與政府官員身上的事情，也將在不久之後發生於荷屬東印度當中的同一類人身上。不過，更加令人震驚的是密斯巴赫使用的「一個」這個小小的量詞：「一個」君主、「一個」世界顛倒的年代、「一個」共和國、「一個」前政府官員。在這些案例當中，每個「一個」都顯示了後續的詞語所指的將會是某個單一類別連續體的一個組成單元，而且那些類別連續體都橫跨了看得見的爪哇與看不見的奧匈帝國。此外，那些類別名稱可以隨意使用的語言，像歐洲荷語、印尼馬來語或者爪哇語等，也顯示了對於當時非常新穎的一種生活方式所懷有的理解：亦即不同的語言對彼此而言可以是透明的，是可以互相滲透、闡述彼此的領域，而且和物質世界的距離一樣遠，或是一樣近。這樣的平等情形要成為可能（這種情形在密斯巴赫父親的年輕時期就不可能出現），荷語就必須捨棄自己身為殖民強權語言的地位，爪哇語也必須捨棄自己身為祖先真理的語言這種地位。最後，我們在「bocono」的語義當中也能夠發現一種無疑是無意間造成的深刻轉變。這個詞語原本的意義近似於「宇宙」，是一種劃分出垂直階級的自然體系，由最高的一神或者多神往下排列，包括國王、貴族、農民，乃至動植物以及牠們所身處其中的地貌。這個意義能夠解釋為什麼無足輕重的爪哇國君會以各種浮誇的頭銜稱呼自己，例如「Paku Buwono」（宇宙的釘子）以及「Hamengku Buwono」（宇宙的維繫者），而絲毫不覺得這樣的稱謂有任何荒謬之處。不過，密斯巴赫口中的「bocono」明顯可見是採用「世界」這個頗為新穎的意義：一種由可見與不可見的人類構成的水平宇宙，而火山、妖魔、水牛與神明在這個宇宙裡都已消失無蹤。

只要看看另一項爪哇與荷屬東印度的比較，即可明白看出其中涉及的改變有多麼突然。在

《想像的共同體》當中，我討論了一九一三年一篇優異的報紙文章，作者是蘇瓦爾迪（Soewardi Soerjaningrat），他是與密斯巴赫同時代的貴族以及反殖民同志。[2]那篇文章的標題是〈Als ik eens Nederlander was〉，最貼切的翻譯是：「我如果在當下這個時刻是一個荷蘭人。」這篇文章的目的在於指出荷蘭殖民者的自相矛盾之處，一方面歡慶荷蘭脫離拿破崙的控制而獨立，同時卻又強迫他們自己控制下的土著居民貢獻慶祝活動的花費。[3]不過，我們也可以看出蘇瓦爾迪的諷刺文辭將荷蘭人這個沒有面孔的連續體毫不當一回事地視為理所當然。相較之下，我們可以看看蒂博尼哥羅王子（Diponegoro）這位與他相隔不是太久遠的祖先所留下的回憶錄：蒂博尼哥羅因為在一八二五至一八三〇年間領導了一場反抗荷蘭殖民的漫長軍事抗爭，而成為今日印尼獨立的首要歷史英雄，他在遭到流放囚禁期間寫下一部回憶錄，其中完全沒有出現所謂的「荷蘭人」。[4]他那些獲得勝利的敵人都是以封建體制的手稿方式依個人姓名與階級而記載。如果說這些敵人不是「荷蘭人」連續體的一分子，那麼他本身也不是「一個」王子或者「一個」爪哇人。

2《想像的共同體：民族主義的起源與散布》（*Imagined Communities: Reflections on the Origin and Spread of Nationalism*, rev. edn.; London: Verso，1991），p. 117。

3 奇特的是，蘇瓦爾迪並未注意到這場紀念活動的滑稽與反動性質。這場活動不是向荷蘭的男男女女提醒他們的祖先在一五八一年宣布脫離腓力二世的帝國而獨立的那項真正英勇之舉，也不是紀念馬德里在一六四八年終於接受荷蘭的獨立，而是慶祝神聖同盟打敗拿破崙、維也納會議將一套平庸的君主制度強加在一個擁有漫長共和傳統的民族身上，以及把今天的比利時那片區域強迫納入這座新王國。

4 這部韻文回憶錄的一大部分內容可見於庫瑪爾（Ann Kumar），〈蒂博尼哥羅（一七八七？—一八五五）〉（Dipanegara (1787?-1855)），《印尼》（*Indonesia*），13（一九七二年四月），pp. 69-118。

蒂博尼哥羅的憂鬱省思還欠缺另一個字眼，也就是任何能夠翻譯為「政治」的字眼。這樣的欠缺絲毫沒有奇特之處。過去一百年來，亞洲與非洲的幾乎所有地區都必須創造新詞以傳達這項概念，而且每一個新詞的誕生時間都與民族主義的誕生時間頗為相近。「政治」要讓人可以想像，要成為一個明確界定的生活領域，必須先出現兩個條件。（一）專門的制度與社會慣例必須明白可見，而且不能隨便用過往由宇宙論與宗教維繫的君王體制之下的那種古老語彙加以指涉：也就是普通選舉、總統、審查機構、政黨、工會、集會、警察、領袖、立法機關、杯葛等等——還有民族。（二）世界必須被認知為一體，所以不論世界上存在著多少不同的社會與政治制度、語言、文化、宗教與經濟體，都有一項共同的活動（「政治」）明顯可見地發生於**所有地方**。

舉例而言，我們知道「工業主義」和「軍國主義」這兩個詞語是在其所指涉的現象出現數十年之後才在歐洲被創造出來，但「政治」的詞彙卻幾乎總是在那些制度落實於亞洲與非洲之前就先行出現。那些詞彙受到閱讀，然後再加以仿效：因此，最早的本土迷你辭典經常都是政治的「實踐指南」詞彙表。

報紙

由於這類詞彙表通常透過早期的報紙與期刊傳播，因此我們也就能夠思考仿效過程的特殊性質以及潛藏在背後的基本規則。這種仿效基本上比較是以連續體化（serialization）的方式進行，而不是任何單純的模仿。我在一九八三年探討報紙如何創造出對於時間的領會這項民族想像的必備條件之時，曾經強調這一點：每天的報紙向讀者提供那些看似隨機發生的事件所具有的日曆同時性，是一件極為重要的事情。[5]不過，我現在已確信自己對這一點的強調僅是單方面的觀點而已。我當時完全忽略了另外兩項互相關聯的一致性原則。第一項原則是世界各地的報紙都把「這個人類的世界」(this world of mankind）視為其報導範疇，[6]不論那些報紙對於這個世界的觀點有多麼不完全。一份報紙如果將報導對象侷限於其出版地點的政治領域內的事件，將是違反自然的做法。東京的報紙報導盧安達的駭人屠殺，斯德哥爾摩的報紙報導皮納圖博火山（Mount Pinatubo）的爆發，仰光的報紙報導歐洲足球錦標賽的決賽，這些報導全都以相同的方式顯得完全自然。第二項原則是這種自然的普世性在世界各地都透過一種不自覺的標準化詞彙所強調，而且這種標準化詞彙徹底凌駕於報紙對本地新聞與外國新聞的任何正式區分之上。這不是一種近期的發展。在密斯巴赫的時代，秘魯、奧匈帝國、日本與鄂圖曼帝國都受到一種深刻同質化的方式報導，不論這些國家的人口、語言、信仰與生活條件存在著多麼龐大的真實差異。日本也許有天皇，但他在其他地方的報紙當中都會被呈現為（一個）皇帝。甘地在孟買也許是聖雄，但他在其他地方卻會被描述為「一個」民族主義者、「一個」煽動者、「一個」【印度】領袖。聖彼得堡、卡拉卡斯（Caracas）與阿迪斯阿貝巴（Addis Ababa）都是首都，而牙買加、柬埔寨與安哥拉則都是殖民地。

5 《想像的共同體》，pp. 22-36。
6 這是偉大的印尼作家帕拉莫迪亞（Pramoedya Ananta Toer）針對印尼民族主義起源所寫的小說四部曲當中的第一部《*Bumi Manusia*》的英文譯名。

這不是說真正的相似性並不存在，因為日常制度的仿效在十九與二十世紀期間正如火如荼地發生於全球各地。應該是說報紙的形式以其不斷改變的內容所帶有的隨機性，而使得其他一切無法受到想像。我們甚至可以說，猶大之獅與中國的天子只有兩小群全然無關的朝臣和官員能被看見，但由於他們偶爾會出現在世界各地千百萬人口的同時想像當中，因此也就必須將他們歸屬於同一個類別連續體：君主。這類連續體是尋常的普世性概念，滲透於所有的印刷語言當中，而且不必然是單向的流動。且舉一個例子：「sakdina」這個詞語自從中世紀以來就是以畢恭畢敬的態度指涉暹羅當中以君主為中心的地位體系，後來年輕的泰國馬克思主義者們在一九五〇年代開始使用這個詞語並且翻轉其意義之後，即認為把這個詞語當成普世性的用語使用是頗為正常的情形，於是撰文探討了中世紀歐洲的「sakdina」社會體系。[7]在某種程度上，「sakdina」與「封建」可以互相替代（就像「balik boeono」與「革命」也可以互相替代一樣）。不是說這兩個詞語指的是一模一樣的東西，而是說有兩種平行的連續體分別從曼谷與伯明罕往外延伸，且毫無縫隙地闡述了一個單一的世界。這個例子也象徵了這種新式的連續思考方式如何從一開始就能夠以歷時性的方式運作於同質而空洞的時間上，而且也能夠以共時性的方式運作於報紙的頁面上。

從這種連續體的邏輯當中，誕生了一種呈現上的新式基本規則，而這種新式的基本規則也是民族想像的前提要件。過往的殖民環境尤其適合觀察這種發展，因為我們在那種環境裡可以看到這種邏輯如何在不同的制度背景當中以相同的方式運作於白人統治者與有色人種的被統治者之間。為了闡釋這個過程，且讓我們暫時繼續談論十九世紀末與二十世紀初的荷屬東印度。

市場表演

在這個時期之前，所有形態的熱門本土劇場表演，包括知名的傳統皮影戲，都是奠基於一種也許可以稱為象徵性的邏輯之上。由真人演員表演或者由操偶師配音的戲偶所演出的故事，都取自當地傳說或者《摩訶婆羅多》與《羅摩衍那》這兩部史詩當中的情節。這些故事經過幾百年來已經深深本土化，所以只有極少數的識字菁英曉得其印度根源。這些故事不僅深受觀眾所熟知，而且也有固定的象徵性呈現方式。節目手冊是無法想像的東西，因為所有的角色都受到體態、髮型、服裝、說話方式以及動作姿勢的仔細區別。因陀羅、羅摩與阿周那等角色都只有一種表演方式，所以他們只要一出現在舞臺上，觀眾立刻就認得出來。由於這類角色在表演之外經常被視為相當真實的人物，因而在演出中沒有所謂的「詮釋」問題。如此一來，演員的身分乃至性別也就都不重要。矛盾的是，由於羅摩能夠說什麼話的象徵性規則極為嚴格，以致於從來沒有人認為有需要準備劇本，因此簡單的即興演出也就成了習以為常的現象。

不過，到了十九世紀末，一種新的戲劇形態卻出現於有報紙的城鎮中，以其獨特的方式取材自歐亞與歐洲巡演戲班的歌舞雜耍與清歌劇演出。本土演員開始賣票演出當地語言版本的《威尼斯商人》，其吸引人之處正是那個帶有異國色彩的戲名所呈現出來的神祕性（威尼斯？那是什麼

7 關於這一點的高深討論，見雷諾茲（Craig J. Reynolds），《泰國激進論述：今日泰國封建制度的真正面貌》（*Thai Radical Discourse: The Real Face of Thai Feudalism Today*，Ithaca, NY: Cornell University, Southeast Asia Program，1987）。

地方？不過，那個地方又可以在任何一張印刷的「世界」地圖上找得到，而那些地圖並沒有嵌入天堂或地獄）。[8]如同這類戲劇裡大多數的角色，夏洛克無法以象徵性的方式演出。他該呈現出什麼樣的外貌、服裝、言語以及動作，都還沒有慣例可循。傳統戲劇裡從來沒有出現過猶太人，也沒有出現過借貸放款人。因此，要飾演夏洛克就只能藉著半社會學的方式把他呈現為一種「社會類型」，或是多種類型的結合。這時候，因飾演角色而必須受到性別束縛的演員已不再能夠即興演出，而是必須藉著劇本與排演的幫助，呈現出一名可信的猶太高利貸放款者，而且要達成這樣的可信度，就必須說服觀眾接受夏洛克的社會逼真度，換句話說即是能夠將他定位在各種相互交會的普世性連續體當中（同時也能夠將他取代為這些連續體），包括狠心的借貸放款人、慈愛的父親，以及執迷不悟的守財奴。然而，他的代表性不只奠基於殖民地生活的經歷當中（當然，所有人都見過借貸放款人、守財奴，以及慈愛的父親，但猶太人在荷屬東印度不僅少之又少，也幾乎完全看不見），也奠基於再現的王國本身，奠基於印刷的世界當中。在那裡，虛構的夏洛克、哈姆雷特與珍妮維芙都在「文法規則上」與各種事物達成一致，不只是真實而連續性的首都、罷工、選舉以及足球賽，也包括圖像廣告：這種廣告總是不知所云，唯一的理解方式就是視之為一種誘人的代稱，代表連續豐盛的迷人商品。

有邊界的連續性

另一方面，在權勢階級當中，連續性則是從一個頗為不同的方向推進。在一九二〇年，就在密斯巴赫於爪哇中部的產糖地帶推動革命之際，殖民政權則是在其領土當中執行了第一次的「科學人口普查」。[9]從世界時間觀之，這項措施無疑來得有點晚，但也不是太晚。剛獨立的美國在一七九〇年從事了粗略的「全國」人口計算，是第一個從事原始科學與公眾人口普查活動的國家，比法國、荷蘭與英國早了十年。[10]不過，在一八五〇年以前，人口計算的單位是戶，而且只有戶長的姓名會受到記錄。直到一八八〇年，華府才設置了中央的人口普查辦公室，而且這間辦公室要到一九〇二年改名為人口普查局之後，才成為國家的恆久正式機構。放大範圍來看，可以發現一直到了一八五三年，舉行於布魯塞爾的第一屆國際統計大會，才剛受到一八四八年的歐洲民族主義動盪的影響而通過決議，建立基本的「科學」要求，以便達成人口普查資料的國際可比較性

8 見馬努薩瑪（A. Th. Manusama），《東印度歌劇之伊斯坦堡式戲劇》（*Komedie Stamboel of de Oost-Indische Opera*，Batavia [Jakarta]: n.p.，1922）當中的精彩記述。馬努薩瑪提及四十三齣表演，正好例示了我上述的論點，因為那些表演的主題性質都帶有徹底的國際與當地色彩：九齣取材自《一千零一夜》，九齣取材自當地的故事與傳說，六齣取材自波斯，六齣取材自印度【興都斯坦】，三齣取材自中國，還有十齣則是取材自歐洲（pp. 24-27）。在最後這十齣表演當中，不但有《威尼斯商人》與《哈姆雷特》，而且還有《珍妮維芙》（*Geneveva*）【中世紀傳說中遭到誤解的貞潔妻子布拉班特的珍妮維芙（Geneviève de Brabant）】、《夢遊女》（*La Sommambula*），以及《*Robertson de duiker*》【可能是惡魔羅伯特（Robert de Duivel）】等等。

9 布姆加德（Peter Boomgaard），《人口趨勢，一七九五－一九四二》（*Population Trends, 1795-1942*，Amsterdam: Royal Tropical Institute，1991）充分論述了這項措施，以及這項措施和先前為了課稅與徭役目的而從事的人口調查之間的對比。

10 美國之所以較早起步的原因將在後續探討。

以及內容與技術的標準化。[11]

這麼一項決議竟然必須受到一次又一次的投票表決，包括在一八五五年的巴黎大會、一八六〇年的倫敦大會以及一八六七年的佛羅倫斯大會，可見統計學家為了促成人口統計處理方式的現代化與跨國化而發起的政治運動，並不算順利。我們也許不該感到意外的是，這項運動直到國際聯盟誕生之後才多多少少算是達到了成果；[12]而更不該令人意外的是，這點正與女性投票權極為突然而且迅速的散播同時發生。

如同許多觀察者指出的，人口普查不僅是一項繁複、昂貴又徹底公眾性的活動，而且除了某些頗能預見得到的例外，人口普查結果在公共文獻當中也具有極高的可見度。因此，人口普查在原則上應該也會受到我們概括應用於報紙與大眾戲劇上的那種「文法規則」所檢視。就這個角度來看，我傾向於將焦點集中在人口普查慣例當中的三個獨特面向。

第一個慣例是禁止零碎化，或者用另一個方式來說，就是一種幻想般的全體完整性。舉例而言，如果有一套假設性的簡單分類系統，提議將一群人口分為黑人與白人，結果卻發現這群人口當中有許多人都混有不同比例的黑人與白人血統，這時一項合乎邏輯的選擇，就是在黑人與白人的分類當中再細分為二分之一、四分之一、八分之一與十六分之一血統。不過，由於慣例禁止這種做法，因此實際上的選項就是將那些人獨斷地歸入黑人或白人的類別，或是劃分出許多的類別與次類別，例如二分之一黑人血統的穆拉托人（mulatto）、四分之一黑人血統的四分人（quadroon）以及八分之一黑人血統的八分人（octoroon）。如此一來，混血現象或者零碎現象即可重獲完整地位。[13]當然，這點完全不表示每一名受到統計的人口不會在同一份人口普查當中重複出現於其他數十個分類當中，每次都以一個整數的樣貌呈現；不過，這點確實表示那種複雜的零碎現象潛藏在普查結果裡。從一個角度來看，每一名受到統計的人口都是一個不可區分的整體；從另一個角度來看，每一名人口又僅是相互交會的連續體所構成的迷宮所在之處。

第二個慣例是匿名性。我們也許可以說完整記錄在個別人口普查表格裡的姓名是那些文件當中高度保密的部分，由國家密切守護且不對外透露。令人莞爾的是，美國把這些姓名視為最高機密的時效是七十二年。（此外，個人在自己的表格中如果「祕密」對國家說謊，也可能因此遭到懲罰。）[14]套用羅蘭．巴特的話，匿名性的慣例具有兩項相關的現實效應。一方面，這種做法有助於強化人口普查的真實性，也就是說任何人都幾乎不可能把人口普查結果拿來比對自己的個人知識與社群裡認識的對象。另一方面，透過整數的等價性，人口普查於是描繪了一個穩定（十年）的社會領域，由一頁頁望之儼然並且羅列成排的加總數字所確立。舉例來說，丹麥便是這樣一個無名而且表格交錯的領域，不僅受到連續性與共時性的想像，而且也是一種自我寫照。

11 一八二〇與三〇年代被描述為「統計狂熱」的年代，統計學會在這段期間首度成立於英國與美國。見仕達（Paul Starr），〈官方統計的社會學〉（The Sociology of Official Statistics），收錄於阿朗索（William Alonso）與仕達合編，《數字的政治》（*The Politics of Numbers*，New York: Russell Sage Foundation，1986），pp. 24與15。

12 感謝史丹福大學的溫特萊斯卡（Marc Ventresca）為我提供上述的大多數資料。

13 舉例而言，在一八四〇至一九一〇年間，美國人口普查當中的「尼格羅人」（Negro）這個大分類就含有四個次類別：穆拉托人、四分人、八分人，以及黑人。見彼特森（William Petersen），〈政治與族裔的量測〉（Politics and the Measurement of Ethnicity），收錄於阿朗索與仕達合編，《數字的政治》，p. 208。

14 感謝人口普查局紐約市辦公室在電話上提供這項資訊。

第三個慣例是總體性，這點與報紙的連續性想像所帶有的那種充滿活力的無邊界性形成鮮明的對比。總體性（在社會科學的專門用語當中美妙地膨脹為「宇宙」[15]）實際上是大多數次級統計計算的必備要件。不過，總體性有其本身的政治起源，在此簡短敘述一番可能會有所幫助。其中一個起源是配第（William Petty，一六二三—八七），他是霍布斯的追隨者，也啟發了亞當・斯密。他的著作《政治算術》（*Political Arithmetic*）雖然在他死後才於一六九一年出版，卻為他帶來了歷久不衰的聲名，其中可以相比的分析單位是當時存在的政治國家。[16]另一個起源是十七與十八世紀針對國家（Staaten）進行**比較**研究的「日耳曼」重商經濟傳統，後來使得哥廷根（Göttingen）教授阿亨瓦爾（Gottfried Achenwall，一七一九—七二）得以藉此衍生創造出「統計學」（Statistik）一詞。這個詞語一創造出來就隨即跨越英吉利海峽傳入英格蘭，而辛克萊（John Sinclair）長達二十一冊的《蘇格蘭統計報告》（*Statistical Account of Scotland*）就出版於一七九一至一七九九年間——自然是以連續性的方式陸續出版。[17]實際上，在受到統計學本身的內部邏輯確立之前，開明專制時代那種受到政治劃分的國家就已為「總體性」賦予了基本態樣——正來得及迎接民族主義的時代。

結合於人口普查當中的統計邏輯與政治，都在同一個時間邊緣切斷了每一個連續體（在二十世紀的美國人口普查當中，「女性」、「黑人」與「行醫人士」的西進都形構相同地終止於太平洋與白令海沿岸）。但另一方面，這兩者的互動也創造了報紙無力產生的東西：連續、可聚合又相互對立的多數與少數，剛開始是形式實體，終究則是會採取適當定位以獲取政治真實性。（就在大西洋兩岸的英語國家於一八三〇年代開始成立統計協會的時候，托克維爾〔Alexis de Tocqueville〕即是在這樣的環境中開始熱切想像各種終將奠基於人口普查之上的暴政。[18]）

當然，其中的銜接橋梁就是選舉權。初生的美國之所以能夠領先這個宏偉的世界，純粹就是因為其新奇的共和與聯邦性質。在缺乏君主體制與龐大私有地產的情況下，統治權似乎只能體現在公民透過選舉程序表達的意志當中。一七九〇年的全國人口普查，以及後續直到密斯巴赫的時代每十年舉行一次的人口普查，主要目的都是在算術上確保國會兩院選舉代表的公平分配。並不是說擁有選舉權的人數在任何明顯可見的面向上，合乎人口普查的計算結果，而是這種普查假設了不具選舉權的女性與未成年男性平均分布於各州，因此戶長（如同我先前提過的，一八五〇年以前的人口普查記錄裡都只登記了戶長的姓名）即可在統計分配的意義上代表他們。不過，奴隸的分布並不平均。他們雖是財產，但美國南方的奴隸主卻不願放棄每隔十年將他們當作人口計算的機會。於是出現了一種古怪的妥協式安排（由此也可看出配第的政治算術已完全受到應有的重視），也就是在人口普查中的每一名非自由美國人，記錄上都被算成五分之三個人，以便調整國會代表的分配比例。

15 編按：此乃社會科學的專有名詞，特別是統計學中，「全體」的英文為universe，和宇宙為同一個詞。

16 年輕時的配第是個冷酷無情的激進分子，他在一六五四年受到護國公派往愛爾蘭計算當地的人口與財產，藉此做為系統性殖民剝削與壓迫的基礎。

17 尤見仕達，〈官方統計的社會學〉，pp. 13-15，以及其中引用的其他文獻。

18 見《民主在美國》（*De la Démocratie en Amérique*，Paris: Pagnerre，1850）當中備受讚譽的第十二章，pp. 226-34，尤其是p. 230。「*De nos temps*, la liberté d'association *est devenue* une garantie nécessaire centre la tyrannie de la majorité」（在**當今這個時代**，集會自由**已成**為反抗多數暴力的必要保障；字體強調為我所加）。所謂的多數，更遑論是多數暴力，在法國的**舊制**度下真的是可以想像的嗎？

選舉主義從美國往外擴散，而對人口普查的進行方式產生了愈來愈大的影響，原因是人民主權的概念日益擴散、國家開始追求福利與發展的使命，選舉權也傳播得愈來愈廣。不久之後，選民即開始對計算體系賴以運作的類別產生影響。[19]在這種新的情況下，受到計算的充分理由首度出現曙光（儘管可能是希望受到特定形式的計算），而不希望自己再被前身為人口普查員的稅吏們所忽略。到了二十世紀初，「選舉」模式的人口計算方法已在殖民母國達成高度的正常性，因此甚至也悄悄滲入了殖民地的專制統治當中。在殖民地裡，這種人口計算方式只有可能帶來長期的顛覆性效果。

菲律賓為這種過程提供了一個鮮明的例子。第一次認真的計算始於一八一八年，[20]其中的類別包括了許多非選舉人的古怪同伴，例如：「difuntos」（死者）、「negros infieles」（黑人異教徒）、「tributos」（進貢者）、「mestizos españoles」（混血西班牙後裔）、「morenos」（褐膚色人），以及「individuos contribuyentes」（個別納稅人）。這些類別的設計者無疑是在高位上主要從教會與財務的角度進行思考。在那當中，既是最後一次，同時也是第一次出現了「almas」（靈魂）一詞，以及「infieles」與「convertidos」（異教徒與歸信基督教者）。跨類別總數是多數族群與少數族群分組的必要基礎，但在其中卻極為少見。其中看不到屬地主義的蹤跡，也看不到分布於諸島上的數十個語族群體的蹤跡。[21]至於舉行於下一次，也就是一八七七年的人口普查，則是全然世俗性的，而且稅吏的影子也已經消失。這次人口計算所奠基於其上的三個簡單軸心，標誌了居民是否常住於當地、他們身為「españoles」（西班牙人）或「extranjeros」（外國人）的身分，以及他們的膚色：「blancos」（白色）、「pardos」（淺褐色）以及「morenos」（深褐色）。[22]此處的一切都散發出落後但無疑屬於十九世紀的專制統治氣息。不過，美國在殘暴的征服戰爭正式結束後不到幾個月而於一九○三年舉行的人口普查中，卻已經以獨特的美國方式採取了原始選舉式的架構，劃分出許多類別（而且還依照字母順序排列！），包括二十五個被界定為「野蠻」或「文明」的本土語族群體、從白到黑的五種膚色色調，以及眾多的出生地，在適當的情況下也納入公民身分。[23]在這次人口普查的公開內容當中，泰加洛語和伊洛卡諾語這兩個詞語首度附上了數字，完全可供泰加洛語和伊洛卡諾語人士閱讀。這項官方人口普查的現實效應，就社會意義而言，即宣稱那些受到計算的對象是確實「存在」的，也為這些數字賦予了一種平靜的宏偉性。更引人注目的是，在這種類別結構下，菲律賓的美國人由於在當地擁有極為醒目的地位，而無法想像不把自己計算在內，於是他

19 在此處也許適合提醒讀者，人口普查至今仍然包含了兩種相互對比的連續體——類型連續體與純量連續體。前者的典型案例是性別，只有兩種互斥的終生可能性存在；後者的典型案例是所得分配，藉由一長串有著模糊結尾的漸進梯級進行，因此在其中看不見億萬富翁與貧民的身影。純量的形式提供了所有的可能性，讓人在一生中能夠在這些梯級上下移動。由此即產生了一種討人喜歡的烏托邦人口普查觀念，亦即性別成為純量形式，具有數個漸進式梯級，所得則是成為二元類別：也就是單純區分為貧與富。

20 不過，這場人口普查的資助者不是殖民地政府，而是馬尼拉市政府；並且也是仰賴教會的組織執行，而不是國家的組織。

21 當時並未試圖計算為數眾多的穆斯林與山區部落異教人口，儘管他們都居住在書面上劃定的西屬菲律賓境內。

22 在此同時，馬尼拉率先對國際貿易開放，接著其他港口也陸續如此，於是外國人首度出現於這些地方。此外，汽船的抵達使得居民是否常住在當地成了一個真正的問題。

23 對於菲律賓人口計算以及其中涉及的政治，最詳盡的探討可見於柯爾普茲（Onofre Corpuz），《菲律賓民族的根》（*The Roots of the Filipino Nation*，Quezon City: Aklahi Foundation，1989）第一冊的附錄，pp. 515-70。

們就在其中呈現為一個明白可見、封閉而且人數明確的「少數族群」。一模一樣的情形也發生在一九二一年的荷屬東印度人口普查當中，更廣泛而言也可見於整個二十世紀的殖民世界裡。從一個特定的角度，我們可以把每一次的人口普查視為熱騰騰的內臟，可讓人從中解譯某個特定殖民政權即將崩垮的原因。[24]

實踐

從兩種連續體化方式的對比當中（一種以報紙為代表，沒有邊界也不受列舉；另一種以人口普查為代表，有邊界而且受到列舉），可以看出兩種政治化與政治實踐的輪廓，但這兩者都顯示了在對於集體的現代想像當中，連續性一直以來占有多麼基本的地位。

我們可以從以下這段文字鮮明感受到第一種政治化與政治實踐的動態。我從印尼最著名的作家帕拉莫迪亞在一九五二年出版的《放棄的她》（*Dia Jang Menjerah*）這篇引人入勝的故事當中翻譯了這段文字，其中描寫了身為青少女的姐姐伊思（Is）這名女主角，如何在日本占領印尼的殘暴統治（一九四二—四五）結束後隨即大量激增的革命活動中，加入了印尼社會青年黨（Pesindo）這個激進組織：

在這個時代，對於政治的狂熱也像海嘯一樣狂暴而失去控制。每個人都覺得自己如果不投入政治，不辯論政治問題，彷彿就不能夠算是真正活著。實際上，他們彷彿就算沒有米飯也可以活下去。即便是向來都過著「中立」生活的學校教師，也被這項鋪天蓋地的政治狂熱所感染，而在自己能力所及的範圍內，紛紛以自己認同的政治立場影響學生。每個人都致力為自己支持的黨派爭取新成員，而學校正是這項鬥爭的絕佳戰場。政治！政治！就像日本占領之下的米飯一樣。不久之後，課程隨之出現。才剛對資本主義—社會主義—共產主義獲得粗淺瞭解的人，就爭相在小吃攤、街角以及建築物裡高談闊論，儘管他們自己也搞不清楚自己說的內容。印尼社會青年黨也從我們村裡貧瘠的石灰岩土壤當中冒了出來。到了現在，伊思已熟知自己進入的社會。她發現了一個交際圈，比起她的兄弟、姐妹與父母所構成的圈子遠遠大出許多。現在，她已在那個社會裡占有確切的位置：身為一個女人、一個政府機關裡的打字員、一個自由的個體。她已成了一個新的人，擁有新的理解、有新的故事可以述說、新的觀點、新的態度、新的興趣——她從自己認識的那些人身上摘取並且組合了這些新的特質。而且這一切都是在日常生活的苦難當中不受干擾地進行。[25]

伊思的兄弟、姐妹與父母所構成的圈子不帶有連續體。但在她做出自身的小小貢獻的那個革命時刻，她卻在自己青春的人生當中首度把自己想像成連續體當中的一員：是「一個」女人、「一個」打字員、「一個」自由的個體、「一個」新的人。這種連續體化深深轉變了她的意識，於是一

24 編按：部分古代文明會藉由觀察、分析獻祭動物的內臟進行占卜，以預測吉凶。
25 這篇故事可見於他的作品集《布洛拉故事集》(*Tjerita dari Blora*，Jakarta: Balai Pustaka，1952)，p. 279。

切事物在她的眼中都散發出新的光芒。不過，這些帶有可塑性與普世性的連續體，卻絕不可能出現在人口普查當中，而且不只是單純因為這些連續體無法受到列舉和加總而已。[26]此外，她也明顯將這些連續體視為同一類，所以身為一個女人、一個打字員以及一個新的人，都能夠實現而不是抵銷她對於爭取國家自由的奉獻。我們也明白其中提到的那些連續體在任何一個時刻都能夠出現千變萬化的轉變、放大，與縮小。沒有任何東西是受到命運的注定而固定不變。明天，她可能會成為「一個」革命分子、「一個」囚犯、「一個」年輕人、「一個」間諜，更絕對是「一個」民族主義者：這個無邊界但有根據的普世連續體在一九四六年包含了艾德禮（Clement Attlee）與尼赫魯，但永遠都只有在暫時的基礎上是如此。伊思如果在當下把自己理解為變動世界中的一部分，因此可以說是受到尋常的普世性號召而參與戰鬥，那麼我們也是以同樣的符號解讀她。我們也許不像她是個年輕的女子，也沒有她的打字技術、不懂得她的母語、不信奉她的宗教，也不屬於她的文化，但就民族誌而言，她並不是以線民的身分對我們說話，而是身為連續體的成員，而且只要我們想要依據那些連續體採取行動，那麼那些連續體也同樣對我們開放。

必須注意的是，她認為自己加入其中的那些連續體，大多數所要求的加入代價都是她必須積極扮演自己的角色。她必須學習如何「扮演」印尼社會青年黨的革命成員，就像其他人學會了如何「扮演」哈姆雷特、罷工組織者，或者民族主義者。不過，她把這一切都理解為解放，至於她的身分認同或根源則是她最不在乎的事情。（我們從一開始就可以察覺到她將會把自己推向後續的悲劇當中。）

現代人口普查連續體的邏輯所進行的方向似乎恰好相反。我們一開始追求這項邏輯的做法，可能是思考人口普查似乎會默默引發的那種原始行為：也就是投票。在最好的狀況下，這種行為需要個人加入眾人在特定的某天所排成的隊伍當中，輪流進入一個像公共廁所一樣，帶有古怪隱私特質的封閉空間裡，而拉上的簾幕有如體面的衣裝。進入那個空間之後，這些人都會拉下相同的拉桿，或者在一模一樣的紙張上寫下標準的文字或符號。就在那一刻，不論他們喜不喜歡，他們就不再「是」選民（除非是在一種歸屬的意義上而言），而必須等到下一次的這種活動盛會來臨時才能夠再度扮演這個角色。

投票行為非凡的極簡性與定期性提醒了我們，選票與人口普查表在形構上有多麼相同，包括拒絕零碎化、採取精心維持並且可以合計的匿名性，並且終究安置於明確受到邊界侷限的合計總數當中。不過，這點也可讓我們看出選票的真正與象徵性政治效力奠定在什麼基礎上。這個基礎就是「權利」（entitlement：包括這個字眼的詞源所帶有的各種反諷與古老的色彩）。一個人要能夠「從事」投票行為之前，必須先擁有投票的權利，並且是透過一種絕對不會只有單獨一個受益者的法律行為。此外，個人也不只是單純「有權」投票：投票的行為本身就會為別人「賦權」，促使他們為了你的利益而採取行動。不過，這個別人不是藉著授權委託採取行動，而是身為一個有邊界的連續體的代表。這類連續體的有限數目則是運作於相互重疊而且分層的多數決／少數決環境裡。舉例而言，就是因為這一點，所以才有可能出現我們習以為常的這種狀況：也就是選舉一結

26 我們也許會認為「一個」政府機關裡的「一名」打字員應該能夠在職業上受到調查統計，但這整段文字顯示了此處的「打字員」是一種全球性的連續體。

束之後，只有政治專業人士能夠為勝選人贏得的票數差距賦予重要性，而且即便是投票給敗選者的選民，也會在選舉次日覺得自己完全有權對勝選者提出要求。一個更高的整體總是概括了每一個層次的選票多數。選民的心中總是懷有全體（也就是「所有」有權投票者的）的概念。

這個框架對於集體主體性的發展產生了兩大後果，在過去這半個世紀以來尤其如此。這兩者都指向同一個方向，儘管原因不盡相同。

第一個後果是基於「投票權人總數」按比例分配的權利。隨著二十世紀以選舉為基礎的服務國家發展出愈來愈多的功能，並且擴大了其福利能力，日趨詳盡的人口普查也愈來愈成為每一種規劃和預算分配的整合資料基礎。因此，人口普查本身也就成了一種能見度較高的政治化的對象。舉一個極端的例子，在奈及利亞，人口普查多年來因為政治因素而根本不可能施行，原因就是掌權者擔憂普查結果會對該國自我想像的族裔團體呈現出「真實」的人數，從而對政治權力與經濟利益的分配做出暗示。另外一個比較正面的例子，則是荷蘭在動盪不安且「漫長」的一九六〇年代期間，因為選民的壓力而禁止了人口普查（最後一次普查舉行於一九七一年），於是荷蘭至今仍是全世界唯一拒絕使用這項強大治理工具的國家。[27] 一九八〇年的美國人口普查引發的動盪，更是彰顯了人口普查對於類別的定義，已經透過影響經濟及其他利益的分配還有對於這些利益的預期，而高度具體實現為本質化的政治現實。[28] 在這些類別當中，最重要的即是在一百年前的前福利時代，為了監控來自歐洲各地的移民而設計的族裔類別。不過，在一九二〇年代阻絕了大規模新進的外來移民之後，這些類別卻因為通訊革命而成了選舉動員的基礎，即便在國家層級的選舉也是如此。人口普查的分類與權利政治之間強大的相互連結效應，可以從美國近期出現的政治想像看得出來，例如西班牙裔選票，以及亞裔美國人選民，甚至可能也包括在選舉中去除「黑人」的種族，而只留下族裔。

這種二十世紀末的政治認同，由人口普查及其新興的近親隨機抽樣調查取代鄰里與故鄉，不但政治的重要性與日俱增，而且也可讓我們更清楚看出族裔與民族主義之間那條脆弱但鮮明的界線。族裔政治立基於眾人先前身為選民的「國民」權利上，並且基於既有人口普查框架當中的比例性而獲得正當性。一個所謂的族裔團體一旦（更適切的說法是如果）把自己重新想像為一個民族（例如魁北克人就是如此），並且尋求建立獨立的國家，即是揚棄了既有的人口普查，而標舉另一個他們自身所認定的一種新的人口普查。不過，就在獨立的那一刻，按比例分配的邏輯又會在一個新的「投票權人總數」當中再度出現。

至於第二個後果是強化認同政治。我先前曾提過，那種數目明確且有邊界連續體的人口普查，其作為最佳範例所帶來的本質上的影響。不過，我猜測這個連續體雖是朝同一個方向運作，卻是在不同的層次上。可以這麼想：身分認同就邏輯上而言是一個二元性的函數，身分認同存在於「b」遇上「＝b」的時刻。這是以一種枯燥的代數陳述法，評註索因卡（Woyle Soyinka）[29]對於桑

27 見沃提爾（J.J. Woltjer），《不遠的過往》（*Recent Verleden*，Amsterdam: Balans，1992），p. 414。

28 見康克（Margo A. Conk）所寫的章節〈以歷史觀點看待一九八〇年人口普查〉（The 1980 Census in Historical Perspective），以及彼特森的〈政治與族裔的量測〉，收錄於阿朗索與仕達合編，《數字的政治》。彼特森在〈「西班牙裔」的創生〉（The Creation of the 'Hispanics'）當中所寫的尖銳內容尤其深具揭示性。

29 編按：渥雷・索因卡，奈及利亞作家、詩人、劇作家，於一九八六年獲諾貝爾文學獎。著有《死亡與國王的侍從》

戈爾（Léopold Sénghor）[30]的「黑性」（négritude）所提出的那句尖銳的貶抑之詞：老虎不需要虎性。換句話說，只有在兩頭猶疑不定的野獸映照於彼此那雙流亡的眼睛裡，虎性才顯得有其必要。

「流亡」一詞在這裡並不是隨便使用的字眼。我們都非常清楚，一般人有多常提起「尋覓」自己的「根」，而且不僅如此，他們也經常提及「探索」、「找到」，以及「差點喪失」自己的「身分認同」。不過，這些找尋雖然在修辭上是朝內趨向靈魂以往棲息的處所，實際上卻是往外趨向真實與想像中的人口普查，而在資本主義、國家機器與數學的作用下，使得整體性的個體變得完全相同，也因此能夠連續性地聚合成虛幻的共同體。

此外，在我們這個時代，這類共同體也不再侷限於早已存在的民族國家內。如同我在其他地方詳細論述過的，第二次世界大戰後的通訊和運輸革命結合了後工業化世界的資本主義，而造就了規模史無前例的跨國人口流動。[31]

這些力量也造就了「離散」的集體主體性，並且受到人口普查式的想像，而被視為有邊界的連續體。對於這種轉變最具象徵性的觀點，可見於立意良善的《企鵝出版社流散者地圖集》（*Penguin Atlas of Diasporas*）這部文獻當中。[32]這部地圖集一開始先以超過七十頁的篇幅介紹始自西元前八世紀的猶太人流散現象，接著探討亞美尼亞人、吉普賽人、黑人、華人、印度人、愛爾蘭人、希臘人、黎巴嫩人以及巴勒斯坦人，最後則是越南人與高麗人。引人注目的是，作者堅持為每一個群體提出全體人口數與區域人口數，例如全世界的亞美尼亞人總數，還有法國、喬治亞、澳洲或者阿根廷等地個別的亞美尼亞人口數。同樣頗具啟發性的是，這些總數也都是乾淨俐落但令人難以置信的整數：肯亞在一九二〇年有四萬兩千名「印度人」，葡萄牙在一二五〇年有四萬名「猶太人」。

我們有必要強調這幾項事實嗎？明顯可見，這些數字是帝國的國家機器依據其本身的理由與奇特的邏輯而統計出來的結果，我們也不確定那些四萬兩千名「印度人」當中究竟有多少人實際上把自己視為印度人，而且決定十三世紀的葡萄牙有哪些人是猶太人這件事本身也充滿了模糊性與獨斷性。事實是，像這樣的仿造性歷史地圖集根本無助於描繪歷史主體性，而只是代表了一種現代的世界主義觀點，奠基在有界身分認同的半全球性離散分布上。所謂的「華人」不論流徙到牙買加、匈牙利、南非，還是其他任何地方，都仍然可以被算成是華人，至於他們是否也是那些民族國家的公民則不重要。像這樣的書，絕對有可能在今天獲得特定群體的歡迎，原因是那些群體的成員都深受自己「處於流亡狀態」的概念所吸引，認為自己應當屬於古老的有界共同體，儘管這些共同體在全球化的時代已廣泛延展至全球各地。

這一切是否代表有意義的世界主義，在我看來實在是非常令人懷疑，因為這終究只是一種人口普查式的族裔認同概念，缺乏任何普世性的基礎。最強烈的對比就是一名年輕的爪哇女孩，她認為自己是個「新人類」，不是爪哇流散族群的一員；而且她就像密斯巴赫那樣，把自己視為變

（*Death and the King's Horseman*）、《詮釋者》（*The Interpreters*）、《恐懼的氣氛》（*The Climate of Fear*）等作品。

30 編按：李奧波德・桑戈爾，塞內加爾詩人、政治家、文化理論學者。他自一九三〇年代開始從事黑性運動，喚起一種黑人意識，主張黑人文明與價值觀的獨特性，且亟欲擺脫法國的殖民主義和種族主義。桑戈爾在一九六〇至八〇年代期間擔任塞內加爾總統，被認為是非洲活躍的公共知識分子之一。

31 見〈出走〉（Exodus），《思辨探究》（*Critical Inquiry*），20（一九九四年冬），pp. 314-27。

32 夏利安（Gérard Chaliand）與赫朱（Jean-Pierre Rageau），《企鵝出版社流散者地圖集》（*Harmondsworth: Viking*，1995）。這本書的法文原版《*Atlas des Diasporas*》由Éditions Odile Jacob出版社出版於一九九一年。

動世界裡，這個沒有邊界的連續體中一個具有確切地方性的成員。

2

複製品、光環，以及晚期民族主義想像
Replica, Aura, and Late Nationalist Imaginings

「紀念碑是這個世界上最難以看見的東西，」穆齊爾（Robert Musil）[1]在他的著作《*Nachlass zu Lebzeiten*》當中寫道。這本書的英文書名譯得相當優雅，叫做《一位活生生的作者的死後遺作》（*Posthumous Papers of a Living Author*）。

樹立紀念碑無疑是為了要讓人看見——為了要吸引目光。但另一方面，紀念碑卻也帶有某種排斥目光的特質，令觀者的眼光直接滑開，就像水滴滑過油布表面，一刻也不停留。你有可能連續幾個月每天固定走過同一條街道，熟知那條街道上的每一個門牌號碼、每一面櫥窗、路上的每一位員警，甚至連掉在人行道上的硬幣也不會忽略掉。然而，有一天你在一棟建築物的一樓抬頭望向一名漂亮的女僕，才突然驚訝地注意到一面一點都不小的金屬牌匾，而從銘刻在上面的文字得知從一八多少年到一八多少年曾經有某位令人難忘的人物住在這裡進行創作。許多人對於巨大的雕像也有過相同的經驗……你從來不會把目光投向那些雕像，

1 編按：羅伯．穆齊爾，奧地利作家。其未完成之作《沒有個性的人》（*Der Mann ohne Eigenschaften*）被認為是最重要的德文現代主義小說之一。

也通常完全不曉得那些雕像代表了什麼，頂多只知道雕像的人物是男性或女性。

穆齊爾接著以挖苦的語氣指出：

> 如果說我們樹立紀念碑的用意是良善的，那麼我們必然得出這項結論：亦即紀念碑對我們提出的要求違反了我們的本性，而要滿足那樣的要求，其實需要非常特殊的準備……紀念碑實在應該多努力一點，就像現在我們所有人都必須更加努力一樣……我們那些銅鑄的英雄人物為什麼不至少採用那種在其他地方早已過時的技倆，也就是用手指敲打玻璃窗？大理石雕像群當中的人物為什麼不像商店櫥窗裡那些製作更加精良的人偶那樣轉動，或者至少眨一眨眼睛？為了讓紀念碑能夠吸引目光，我們最少應該要求它們加上證明有效的標語，例如：「歌德的《浮士德》最出色！」或者「名詩人X的戲劇性觀念最廉價！」可惜我們的雕刻家都沒有採用這些標語。他們似乎不理解我們這個吵雜繁忙的時代。[2]

這位活生生的作者所言整體來說大概沒錯，但他那故作漫不在乎的文字卻讓人覺得特別符合晚期官方民族主義——也就是那些在二十世紀末已和國家融為一體的民族主義——在紀念方面所遭遇的困難。[3]在這篇論文裡，筆者企圖探索這些民族困境的潛在本質，以及這種民族主義的想像僵局，方法是省思某些為了已故的民族人物設置公共紀念碑所遭遇的個別命運。本文中大部分的材料都是指涉美國及其已幾乎受到遺忘的前殖民地菲律賓，一方面是因為後者的想像深受前者的形塑，另一方面也是因為後者提供了頗具啟發性的例子，可讓人看出晚期官方民族主義如何在政治上受到抗拒。至於發明了官方民族主義的歐洲，自然不免在文中偶爾出現。

※

華盛頓特區的林肯紀念堂在一九二二年揭幕。當時早已是無線電、福特T型車以及飛機的時代。不過，林肯並沒有像穆齊爾所嘲諷的那樣在基座上緩慢旋轉；他的眼睛不會眨、腳趾不會敲打地板，在他的身形底下也沒有妝點著簡單的標語，例如「林肯——第一名的總統」。另一方面，負責主導這項計畫的官僚則是精心記錄著，除了林肯的雕像之外——

> 閣樓空間裡安裝了一百二十五盞附有X光反射鏡的馬自達電燈……此外，紀念堂中央的天花板有十二塊玻璃，每一塊寬約三十呎，長約四十七呎，而其上方約二十呎處也裝設了二十四

2 由沃茲曼（Peter Wortsman）翻譯（Hygiene, Col.: Eridanos Press，1987），pp. 61-3。

3「官方民族主義」一詞由賽頓華生（Hugh Seton-Watson）所創，見他的出色著作《民族與國家：探究民族起源與民族主義政治》（*Nations and States: An Enquiry into the Origins of Nations and the Politics of Nationalism*；Boulder, Col.: Westview，1977）。我在拙著《想像的共同體：民族主義的起源與散布》（London: Verso，1983；revised, enlargec edn.，1991）當中採用並且擴大了這項概念，尤其是在第六章。在十九世紀的起源當中，官方民族主義就是馬基維利式的「政策民族主義」，王朝國家與古老貴族企圖藉著利用大眾民族主義的既有模式（「克里奧人共和式」以及「語族式」）中的元素，以維繫自己的生存。民族國家在一九一八年之後的大幅激增，幾乎在世界各地都鼓勵了這些國家採用王朝的政策工具。

盞強力泛光燈，目的在於消除陽光透過入口射入之時投在雕像上的不自然陰影。4

不僅如此，在雕像頭部後面的牆上也確實有一句標語，內容是：「在這座廟宇中／一如在眾人的心中／如他為其挽救了聯邦的那些大眾／永久供奉著／對於林肯的緬懷。」5

此處有一項特別帶有晚期民族主義的特色。林肯的雕像擺放在一座「廟宇」裡，由建築師亨利．培根（Henry Bacon）模仿希臘那不具威脅性的異教宗教建築。在這座廟宇內部，則是以精巧的設計借助馬自達公司，以抵擋那漫不在乎又不自然的陽光，從而仿造了中世紀教堂的光影效果。（我們如果把歷史想像成一場接力賽，那麼這就是民族從宗教疲累的手中接過棒子的時刻。）

那句標語也依循平行的邏輯。我們一開始先受到保證，指稱我們踏進的這幢建築物是一座廟宇，而且是「真正」的廟宇，因為我們單從這幢建築的正面外觀可能猜不到這一點，畢竟其風格和許多銀行、大學生聯誼會所、保險公司以及法院都沒什麼差異。此外，這座廟宇是「供奉場所」這種連續體的一部分，而那些供奉場所都是「民心」所屬之處；或者，也許「民心」實際上就純粹是廟宇的連續體。受到供奉的不只是林肯自己一人的骨骸——彷彿他是後期聖徒一樣——而是某種一方面似有若無，同時又可無盡複製的東西：也就是對他的「緬懷」。除此之外，這樣的供奉是「永久」的——這種「永久」明顯可見是連結於「大眾」，也就是這個民族，而不是指向審判日。

以上概述的這種巧妙舞臺設計，無疑能夠創造出一種聲光表演般的效果，尤其是在天黑之後——不過，一旦把那尊雕像搬到赫斯特城堡（Hearst Castle），並且把那座廟宇搬到達特茅斯學院，這種效果就會立刻消失。另一方面，林肯紀念堂也和穆齊爾嘲諷的那些紀念碑一樣，帶有某種引人注意的共同點：也就是從眾人的注視目光當中消失這種揮之不去的可能性。由這座紀念堂無法為人提供指示的情形即可看出這一點。跪下？脫鞋？逆時針方向繞行七圈？唱歌？祈禱？祈求祝福？鞠躬？尋求忠告？奉獻什麼東西？注目二十分鐘？這些做法看起來都不是特別令人信服。[6]原因是幾乎所有人都知道那尊雕像以及其周遭環境乃是複製品，而且是古怪的複製品，**因為這些複製品沒有原作**。[7]（也許這就是為什麼許多想要感受虔敬之心的人，都認定正確的做法就是拍照，可能只拍林肯，也可能是自己、自己的家人、朋友或者愛人一起和林肯合照——在紀念堂管理當局允許他們參觀的時間當中為之。）

但在此同時，林肯紀念堂的複製品也令人直接聯想到鄰近的傑佛遜雕像那件複製品。就是在這一點上，我們才會開始體認到，晚期官方民族主義的人物形象帶有一種獨特性，也就是它們永

4 康克林（Edward F. Concklin），《林肯紀念堂》（*The Lincoln Memorial*，Washington, DC: Government Printing Office，1927），p. 45。

5 同上，p. 44。

6 卡通影集《辛普森家庭》中有一集為〈花枝走訪華盛頓〉（Mr. Lisa Goes to Washington）。這集曾以引人發噱的手法呈現了這種不盡可信的情形。在片中，霸子．辛普森的妹妹花枝向林肯雕像尋求忠告，但她的聲音卻隱沒於眾多成人遊客的請求當中：「我的兒子刷牙都一直刷不好」、「現在是買房子的好時機嗎？」、「我要怎麼做才能讓這個國家變得更好？」、「我留八字鬍會不會好看？」林肯的靜默不語完全不會引人惱怒。《辛普森家庭》的這一集有一個深富機鋒的分析，可見於伯爾蘭（Lauren Berlant），〈幼稚公民理論〉（The Theory of Infantile Citizenship），《公共文化》期刊（*Public Culture*），第五冊（一九九三年春），pp. 1-16（翻印於埃萊〔Geoff Eley〕與蘇尼〔Ronald Gregor Suny〕編，《成為國民》〔*Becoming National: A Reader*，New York and Oxford: Oxford University Press，1996〕，pp, 495-508）。

7 這種情形的終極範本，就是每個國家的國旗。

遠不可能獨特。我們只要注意到馬志尼（Giuseppe Mazzini），就會聯想起馬基維利、加富爾（Camillo Cavour）、但丁以及鄧南遮（Gabriele D'Annunzio）；他們都可以毫不猶疑地替代彼此的國家英雄身分，因為這是連續體對他們的要求。我們在拉什莫爾山（Mount Rushmore）看到的總統雕像就具有這種漫不在乎的替代性。這表示英雄性的國家紀念碑沒有光環，也就是我們在下列這些例子的「原創性」當中所感受到的那種光環：例如委拉斯奎茲（Diego Velázquez）的畫作〈宮女〉（*Las Meninas*）——這件作品的光環不論在何種光線照射下都可以感受得到，就算是不自然的光照也不例外[8]——還有哭牆，或是吳哥窟。在這些例子當中，我們絕不會對於禁止攝影的規定感到意外，而且這種禁忌通常會令人感到滿意：一件物品一旦不能受到相機鏡頭拍攝，我們就知道自己身在神聖的事物面前。在這一刻當中，我們不再是遊客，而是成了朝聖者。另一方面，國家英雄紀念碑沒有光環的現象，也表示這種紀念碑極易流通於不同的媒體——郵票、T恤、明信片、壁紙、海報、錄影帶、餐具墊等等——而完全不會有人認為這是一種褻瀆。最典型的例子也許就是美國的貨幣。重點不只是五張喬治．華盛頓能夠買到一根像樣的雪茄而五張安德魯．傑克森能夠讓你在一家中等旅館住上一夜，而是紙鈔上這些人物的聲望高低順序——華盛頓、林肯、傑佛遜、傑克森——正與那些鈔票的購買力恰恰相反（所以，印有華盛頓肖像的紙鈔，購買力只有傑克森的二十分之一，而林肯則是傑佛遜的一半），但是卻沒有人介意，甚至根本連想都沒想到這一點。

若是思及光環在複製連續體中，那些讓人出乎意料地注意到其存在的情形，我們就更能夠明白理解這種現象。一八九六年十二月三十日，偉大的小說家、詩人暨道德家黎剎在馬尼拉市區遭到公開槍決。這支行刑隊是由本土人員組成，但卻由西班牙軍官所指揮。在他的逝世一週年紀念日，阿奎納多領導的革命政府發布了一項公告，敦促愛國人士以自己認為適當的方式紀念黎剎的殉難。第一座「黎剎紀念碑」在革命仍在持續進行的時候就樹立了起來。不過，那座紀念碑不是黎剎的雕像，而是一件帶有共濟會色彩的抽象物體，上頭只銘刻了他那兩部激動人心的小說的書名——彷彿告訴著觀眾：閱讀這兩本小說！然後為國家的自由而戰！

革命後不久，菲律賓共和國就遭到美國帝國主義的征服，原本僅存在於教堂內以及大門前的雕像，突然紛紛冒出於菲律賓各地平靜的廣場上。這些雕像幾乎全都是由當地的農場主或者其他顯要人物設立，在基座上刻有自己的名字，而且其中有極高的比例都是黎剎的複製雕像。於是，黎剎的連續體化就此展開，不僅是因為他本身的形象受到機械式的複製，也因為他和其他英勇死者的雕像並立的現象。在美國人開始對「菲律賓人」進行人口普查之後不久，接受英語教育的新一代菁英即開始稱他為「第一個菲律賓人」。後來，殖民政權終於准許在據傳為黎剎處決地點設置一座黎剎紀念碑，上頭樹立一尊這位烈士的雕像，現在這座紀念碑就成了規劃完善的盧內塔公園（Luneta Park）當中的焦點。自從美國於一九四六年同意菲律賓二度獨立以來，政府內閣就建立了一項慣例，在這位烈士殉身的黎明時分，閣員需聚集於這座紀念碑，舉行一場短暫的正式典禮。然而對於這個場合而言顯得頗不相襯的是，馬尼拉港內的戰艦也會在同時發炮致敬。幾個月後，

8 這種光環就是「偉大藝術品」所帶有的部分光環，可見於原作與技藝最精湛的複製品這兩者的市價之間那種天文數字般的差異。不過，〈宮女〉有其本身的特殊光彩。就我印象所及，在普拉多美術館裡，只有這幅畫擁有專屬的展示間。

另一場規模較小的類似典禮也會舉行於「第二個菲律賓人」——也就是當初遭到阿奎納多下令處決的革命分子波尼費希歐——位於馬尼拉的紀念碑。截至這裡為止，這都是很典型的做法。

不過，我們如果在盧內塔公園等到上午稍晚一點，就會看到各式各樣的朝聖者從各方湧入，其中許多人都身穿白衣，或是穿著一八九六年革命旗幟顏色的服裝。這些人都非常清楚該做什麼：他們會各自依照自己的方法高呼口號、歌唱、祈禱、下跪、閉眼冥想、列隊遊行、互相牽手、流淚哭泣，以及請求賜福。一般人都把他們稱為黎剎信徒，意指其中有些人相信黎剎是再度受難的基督，或是菲律賓基督，因此盧內塔公園就是各各他山（Golgotha）[9]；另外有些人相信他其實沒有死，而是藏身在某一座神聖的山頂上，時間一到就會回來救贖他這些受苦的人民；[10]還有些人則是相信他強大的靈魂可以藉由密法接觸，在特定的聖地或時間施行尤其有效——包括在盧內塔紀念碑以及國家訂定的黎剎日。簡而言之，他並未遠去。這些人信任媒介，而不是媒體。政府刻意對這些朝聖者視而不見，[11]不只是因為政府對於第一個菲律賓人可能會回來審判眾人的觀念沒什麼好感，主要更是因為政府本身的行事準則仰賴於黎剎的可取代性。然而，對於那些朝聖者而言，黎剎卻是唯一的救世主——無可取代、無可交易、沒有連續體化——而他那充滿磁性的光環就是來自於他像〈宮女〉一樣的獨特性。

※

我們現在如果把焦點從已故國家人物的複製品，轉向他們的遺骸受到埋葬的正式地點，就不難發現林肯與黎剎迥異的命運之間有些近似之處。

美國似乎開創了國家公墓這種做法，但不該感到意外的是，美國在獨立戰爭過了將近一百年之後才開始設置這種公墓。在蓋茨堡戰役結束後，國會通過撥款在戰場當地為剛陣亡的那些士兵——包括北方聯邦的士兵、南方邦聯的士兵，以及沒有人認得的士兵——設立一座特殊的墓園。每一名陣亡的選民以及即將獲得投票權的年輕人，都獲得屬於自己的墳墓與墓碑。[12]不過，蓋茨堡公墓帶有倉促而且實驗性的特質，而且南北戰爭其他重大血腥戰役的死者都沒有受到這種政治上的待遇。就我們所知，是在第一次世界大戰期間以及戰爭剛結束之後，國家公墓的原型才開始受到大量生產。一如預期，最成功的國家公墓製造者就是最有經驗的工業資本國家，也就是當時剛併吞了愛爾蘭的英國。

如同拉科爾（Thomas Laqueur）所充分描述的，為陣亡將士與未來陣亡將士而設立的墓地登記

9 編按：各各他山，又名「髑髏地」，為《聖經》所記載之耶穌被釘十字架與復活之處。與十字架類似，後衍伸為耶穌基督受難的標誌。

10 舉例而言，見伊雷多（Reynaldo Clemeña Ileto），《受難與革命：菲律賓群眾運動，一八四〇—一九一〇》（*Pasyón and Revolution: Popular Movements in the Philippines, 1840-1910*，Manila: Ateneo de Manila Press，1979），pp. 77與206-7.

11 這些朝聖者在每年的黎剎日都會固定前來，但不會有官員招呼他們或者對他們致詞，也不會有警察驅趕他們。

12 到了一八六〇年代，美國政府在一個世代以上的時間裡都是由白人成年男性近乎普遍的投票權選出，而戰時的美國部隊則是由選民—公民強制徵召制度招募而成。因此，政治人物強烈意識到那些死者都是選民，或者如果還是青少年，也必然會成為選民；而在他們身後存活下來的男性親屬也仍然會持續投票。這點與（國家）獨立戰爭的狀況所形成的對比顯然無需多加強調。這點不就能夠讓我們理解到何以福吉谷（Valley Forge）的死者沒有受到標誌嗎？

委員會於一九一五年三月成立，就在布魯克（Rupert Brooke）[13]死於斯基羅斯島（Skyros）的前夕，接著即是與巴黎協商，在法國為英國士兵設置永久公墓。[14]到了一九一六年三月，倫敦已選定了【兩百塊】左右的外國土地「的「角落」，而且還有另外設置三百至三千座公墓的計畫，依據未來的戰鬥情形而定。這麼一項程序於是就此展開，直到一九三八年才告結束，當時已經設置了一千八百五十座這類墓園，其中大多數都位於法國與比利時。英國政府從蓋茨堡接收了每一名死者都應當擁有其個人墳墓與墓碑的觀念，但必須盡可能整齊聚集在他們喪命的戰場周圍。到了一九三〇年，已有五十五萬七千五百二十名左右的大英帝國士兵——其中五分之四來自英國——受到辨識身分並且埋葬於標記有名字的個別墳墓裡。另外十八萬零八百六十一具身分不明的屍體，也被埋葬於個別分開的墳墓裡。至於另外受到列舉的三十三萬六千九百一十二名死者，由於其屍體已然消失、被炸成碎片或者被壓進了深深的泥土裡，因此唯一能做的就是把他們的名字記錄在石碑上，而將這些石碑盡可能樹立在他們生前最後受到記得的地點附近。這些死者總計超過一百萬人。

英國真正的創新在於維繫這些公墓的存在，而英國做到這一點的方式尤其具有啟發性。其中最關鍵的步驟就是國有化——而且是徹底如此。首先，國家對所有屍體、所有紀念碑以及所公墓都取得了獨占控制權。法律禁止陣亡將士的家屬將親人的遺體運回國。換句話說——而這點必然會令布魯克深感訝異——是英國政府確保了那麼多外國土地的角落「永遠維持為英國所有」。第二，英國政府竭盡全力把死者變為而且保持為國家所有（也許是依循薩克森—科堡—哥達王朝的喬治【亦即喬治五世】所秉持的精神：他在一九一七年七月十七日發布一份王室公告，宣告他與他的祖母維多利亞的其他所有男性後代，只要是英國子民，就都將改姓「溫莎」這個國姓）。達到這個目標最重要的手段，就是堅持所有的墳墓及其墓碑都必須盡可能一致，並且安排在被仔細規範的格狀空間裡。在這種經常遭到強烈的國內反對聲浪的堅持之下，沒有任何明顯可見的差異能夠區分出中產階級與勞動階級的死者，也區分不出軍官、士官與士兵，或是英格蘭人、蘇格蘭人、威爾斯人與愛爾蘭人。家屬僅可提出六十六個字母內的銘文，而且不但必須通過墓地委員會的審核，[15]還得依字母數繳交費用。因此，即便是近距離觀看，也沒有任何一塊墓碑會顯得特別醒目。訪客也許會覺得，在每一座廣大的公墓裡，那些死者雖然橫躺著，卻彷彿仍然處於立正狀態。此外，這種環境也會鼓勵訪客開始計算那些互可替代的象徵性整數。經常標誌在支離破碎的士兵遺體身上的這些整數，讓我們得以看到人數統計對於晚期官方民族主義具有多麼核心的重要性，而且不只在人口普查當中或者投票日上是如此。

巴黎與華盛頓在這方面顯然不如倫敦成功，而背後的原因也深具啟發性。法國政府不像英國

13 編按：盧伯・布魯克，英格蘭詩人。他於一戰期間發表兩篇十四行詩〈死亡〉（The Dead）和〈士兵〉（The Soldier）後，便開始聲名大噪。但就在一九一五年二月二十八日隨地中海遠征軍出征時，被宣布罹患敗血病。即使做了兩場手術，但他最終仍在同年四月二十三日下午於停靠在希臘斯基羅斯島的法國醫院船上去世。

14 以下這個段落大量參考了拉科爾，〈大戰的記憶與命名〉（Memory and Naming in the Great War），收錄於格里斯（John R. Gillis）編，《紀念活動：國家認同的政治》（*Commemorations: The Politics of National Identity*，Princeton, NJ: Princeton University Press，1994），pp. 150-67。

15 此處有兩股力量的作用：統治階級的傲慢與官方民族主義。英國工務部常務次長寫道：「我們必須竭盡全力把這些公墓打造得盡可能優美迷人，並且避免親屬經常傾向於樹立的那種醜陋雕像，以免這些公墓淪為法國鄉間礙眼的景觀」（同上，p. 155）。不過，強迫那些粗俗的「親屬」缺席，也確保了陣亡者的遺體一致維持為「國家財產」。

那樣有英吉利海峽能夠幫助維繫其獨占主張。「親屬」很快就開始採取竊盜屍體的做法，而且這種行為也隨著時間過去而愈來愈大膽。勢力龐大的天主教會明白表示他們對這類公墓的厭惡，因為這種公墓很明顯與傳統的宗教崇拜場所不同，而且似乎帶有第三共和的反教權主義色彩。事實證明死者不可能不受到信仰區分——基督徒的墳墓有十字架（不論是新教徒還是天主教徒），猶太教徒的墳墓有大衛之星，穆斯林的墳墓設有清真寺般的圓頂（許多穆斯林都來自已經受到法國殖民的阿爾及利亞）。在美國，則是歷史上弱勢的聯邦政府治理強勢的公民社會，因此完全沒有機會仿效英國政府的官方民族主義式國有化做法。儘管有些富有影響力的政治人物努力想要把美國的死者埋葬在法國、比利時與英國領土內的「美國」公墓裡，以便代表美國在歐洲獲致的軍事榮耀，包括近期乃至未來的這種成就，但終究沒有達到任何系統性的成果。[16]只有三〇％的死者沒能跨越大西洋返回家鄉，而且決定另外那七〇％的死者要私自埋葬，還是埋在州立或國家公墓裡的也是他們的親屬，而不是國家。這項勝過國家巨獸的民主勝利之所以能夠達成，其中一個原因無疑是這個共和國最近的戰爭發生於古巴與菲律賓這兩個野蠻地區，所以絕對不會有美國人想要被埋葬在那裡。而這樣的做法也就此形成傳統，後來更在韓戰與越戰期間，確保許多陣亡的美國人都得以千里迢迢地被運回家鄉。更奇特的是，後來國會又覺得有義務為埋葬於歐洲的美國死者盡一份心力，只要是他們的母親（但沒有包含妻子）想到歐洲弔祭自己的兒子，即可獲得來回船票及其他開支的補助。然而，這樣的補助當中卻帶有一項典型的美國差異。白人母親搭乘豪華遠洋客輪的二等艙，住宿頭等飯店；黑人母親則只能搭商業汽船，住宿地點也絕對不會是五星級。

若國家當中沒沒無名的陣亡者所得到的紀念待遇既是如此，那麼官方民族主義又會怎麼對待那些大多在自家床上去世的著名傑出人士？法國提供了一個特別具有啟發性的例子。

一七六四年，在路易十五的命令之下，建築師索弗洛（Jacques-Germain Soufflot）開始興建一座供奉巴黎主保聖人聖珍妮維葉芙（Sainte Geneviève）的教堂，但設計採取倫敦聖保羅大教堂的那種「古典」風格。也許就是因為這樣的風格，這座教堂才得以在法國大革命期間改用於遷葬伏爾泰與盧梭等民族聖人。[17] 這座教堂的所有者從世襲君主轉變為民族國家的事實，可見於添加在其正面的這句顯眼的宣傳詞：「Aux Grands Hommes, La Patrie Reconnaissante.」（偉大的人們，國家感謝你們。）這座建築在一八二八至一八三〇年間短暫回復宗教用途，接著在一八五·至一八七〇年間又在拿破崙的假面姪孫統治期間再度恢復宗教用途。直到一八八〇年代，這座建築的先賢祠身分才終於獲得穩固的法律地位，而不再以供奉聖珍妮維葉芙為務。不過，先賢祠雖是個可靠的觀光景點，卻一直未能獲得耀眼的光環。如果有人納悶為什麼會這樣，那麼部分的解釋應該來自於思考先賢祠與拉什莫爾山**國家**公園的比較，以及先賢祠裡那些「偉人」的可取代性這種邏輯。不管是華盛頓、傑佛遜、老羅斯福，還是林肯，都不是葬在拉什莫爾山，但就算他們實際上是葬在

16 這一段的許多內容都取自皮耶勒（G. Kurt Piehler），〈陣亡將士與金星：美國的第一次世界大戰紀念活動〉（The War Dead and the Gold Star: American Commemoration of the First World War），收錄於格里斯編，《紀念活動》，pp. 168-85。

17 關於先賢祠的歷史，見約弗爾（Valérie-Noëlle Jouffre），《先賢祠》（*Le Panthéon*，Paris: Éditions Ouest-France，1994）。這項改變發生於一七九一年四月，在米拉波（Mirabeau）去世之後。制憲議會投票決定將他的遺骸安置在一個能夠與他對法國大革命的英勇貢獻相配的地點。（可嘆的是，後來在一七九三年十一月發現了與他的政治過往有關的不利文件，結果他就立刻被「逐出先賢祠」。）伏爾泰的遺骸在一七九一年七月遷入，盧梭則是在兩年之後。馬拉（Marat）的遺骸在一七九四年九月遷入先賢祠，但隨即就在一七九五年二月遭遇了和米拉波相同的命運。

那裡，也不會有任何差別。遊客站在一個巨大停車場邊緣的一道欄杆前方，仰望「我們最偉大的總統」的頭像，其中每一人的地位都受到另外三人的保證。看完之後，遊客就往東或往西開車離去。在先賢祠也是如此：遊客看著那幾位「偉大法國人」的姓名，全部排列成一個有邊界的連續體，伏爾泰與盧梭在其中都代替了其他人。看完之後，遊客就各自離開。[18]雖然那些人物的遺骸實際上葬在那裡，也受到官方民族主義囚禁，但這點在這種聖殿裡根本不重要，因為遊客的目光在這裡唯一不會注意的就是地面。

正如我們經常看到的情形，「不成功」的陵墓尤其能夠揭露成功的陵墓背後的機制。一九一〇年代初，在馬尼拉北部公墓（Cementerio del Norte）這座由一名美國都市設計師規劃的全新市立公墓裡，建造了一座小型先賢祠以埋葬菲律賓的民族英雄；而且在美國統治期間，也確實有幾位受到官方認可的這種英雄人物葬在那裡。今天，菲律賓幾乎沒有人知道有這座破敗的先賢祠存在。現在，從外觀仍然看得出這是一座什麼樣的建築物，但內部已經成了管理員及其家人居住的公寓，牆上的壁龕現在主要都塞滿了玩具、錄音帶、罐頭以及廚房用具。在這裡發生的實際情形是，菲律賓的伏爾泰與盧梭逃了出去，號召忠心而且經常具有親屬關係的屍體竊盜者把他們搬遷到家鄉的神龕，好讓他們能夠獲得子孫祭拜，而且在擺脫了官方民族主義的監看之後，也許還能夠獲得獨特性的這種神奇光環。另一方面，馬尼拉北部公墓也備受重視，在每年的萬聖夜（La Víspera de Todos los Santos）臻於高峰，只見數以千計的家庭湧向此處，各自前往自己親人的墳墓，在墳前度過歡樂的一天，放風箏、打牌或打麻將、抽菸或抽大麻、喝酒、祈禱、賭博、祭拜，以及打罵小孩。這裡有一種在國家慶典中罕見的喜慶氣氛，也許是因為這種儀式的結構並非連續體，而是全然的單元化（cellular）。每個家庭所做的事情也許大同小異，但每個家庭的祖先都絕對無可取代，也和別人完全無關。菲律賓大多數的總統都長眠於此，在公墓主要走道兩旁浮誇的墳墓裡，但沒有人注意他們，也沒有人會像拉什莫爾山的遊客那樣瞻仰他們；因為只有他們各自的後代會來弔祭他們。

※

在複製品的雕像與死者之間，還有官方民族主義造就的兩種怪東西：無名戰士墓與戰爭紀念碑。不過，如同在以下將可明白看出的，這兩種東西原本獲得的巨大成功其實充滿了矛盾，而且仰賴於某種獨特性的光環，但這種光環卻因為創造者的潛在計畫而必然無以為繼。

這類紀念建物似乎是在第一次世界大戰結束後由英國政府所開創，而英國政府從一開始就深深擔憂無名戰士的身分如果能夠被辨識，就可能會像馬尼拉北部公墓的死者那樣逃走或者被人竊

18 約弗爾列出了墳墓或骨灰罈位於先賢祠裡的七十一位人物。鑒於這座建築起起伏伏的歷史，難怪那些人物大多數都活躍於法國大革命與拿破崙時代，而且今天都已鮮為人知。先賢祠到了第三共和才再度成為重要的愛國地點，尤其是隨著雨果在一八八五年下葬。在那之後，接著又有左拉、饒勒斯（Jean Jaurès）與慕蘭（Jean Mculin），最近的一位則是讓．莫內（Jean Monnet）。

取。舉例而言，寇松（Lord Curzon）[19]就強硬堅持無名戰士必須「維持無名的狀態」。[20]於是，找尋正確遺體的行為僅限於那些死於第一次世界大戰頭幾個月的軍人，所以那些遺體經過最大程度的腐爛之後，就會變得有如沙塵，看起來一點都不像屍體。軍事官員挑了四具這類遺骸，然後抽籤選出其中一具，成為英王喬治五世的臣民戰死之後不得運回國這項禁令的唯一例外。實際上，由一艘海軍驅逐艦橫越英吉利海峽運回英國的東西，乃是十六個大桶，裝有五十袋法國土壤。然而，在西敏寺舉行的葬禮卻引來了令人震驚的情感流瀉。在一九二〇年十一月十一日之後的幾天期間，超過一百二十五萬人依序排隊緩緩走過那個墓坑。英王在同一天揭幕的戰爭紀念碑也產生了類似的效果，數以千計的哀悼者紛紛在紀念碑周圍放置花環。

關於統治階級對這些事件的觀點，最值得參考的是倫敦《泰晤士報》的評論：

> 從來沒有這麼一項被欣然提出的宣言，聲稱我們完全平等，全都是一個團體的成員，或者該說是一個靈魂的成員……我們所有人都是一個合奏樂團的成員……那場靜默的儀式帶有一致性的忘卻自我，一致性的對於預言實現的渴望……希望我們所有人都能夠成為一個政治實體與一個不朽靈魂的成員。[21]

添加在「宣言」與「我們完全平等」前面的「欣然提出」這個昭然若揭的詞語，顯示這是官方民族主義虛情假意的空話。但值得注意的問題是，這些新奇的典禮為什麼對一般人「有用」。比較好的解釋也許出在兩個不同的層次上。其中一個無疑是國家對於陣亡將士的民族化所帶來的計畫之外的後果，以及他們遭到強制隔離於大不列顛以外的情形。那些喪失親人的數百萬人口，都不准採取像馬尼拉北部公墓那樣以單元的方式埋葬他們心愛的人。戰爭紀念碑的空虛和無名戰士的單一豐富性，以彼此互補的方式讓人得以在其中插入私人的記憶與哀傷。眾人列隊緩慢行經的景象之所以美妙，就在於每個哀悼者都有個短暫的機會能夠從事這樣的插入，但同時又意識到那些排在自己前面與後面的人也都各自從事了他們自己的插入，而且每個人當然都無從得知別人插入的內容。這莫非是萬聖夜？另一個答案則是單純在於這些儀式本身的新奇性。眾人參與之時，並不認為這些儀式會每年不斷重複舉行於好幾百個不同的地方——換句話說，這些儀式仍未受到連續性的把持，也沒有納入那個無來源複製品的邏輯當中。在一九二〇年那個時候，這些儀式帶有獨特性的光環。[22]不過，這種位於晚期官方民族主義與私人哀傷交會處的成功，總是有時而盡。連續化與複製化的邏輯在不久之後即介入其中。現在，阿靈頓有四個無名美國戰士，分別陣亡於第一次世界大戰、第二次世界大戰、韓戰與越戰，另外還有一個無名南方邦聯戰士。陣亡將士紀念日總是落在週五與週一之間，在一個個曆年構成的無盡連續體當中確保這一天會是個悠閒的晚

19 編按：寇松侯爵，為英國保守黨政治家，於一八九八到一九〇五年間任印度總督。寇松侯爵曾在決定英國的政策方面起主要作用，包括一戰期間擔任英國指導政策的內閣成員，晚年更擔任外交大臣。

20 見拉科爾，〈大戰的記憶與命名〉，p. 163。

21《泰晤士報停戰日增刊第一號》（*Times Armistice Day Supplement I*），一九二〇年十一月二十日，p. 1，引用於同上，p. 158。

22 在我們這個時代，華府那面刻滿姓名的黑色花崗岩「越戰紀念牆」也帶有這種光環，許多人至今仍會在那面牆前方各自默默哀泣。

春假日。

※

在真實的死者同時受到遺忘、複製、隔離、連續化而且無名化之際，我們就必須回歸這個矛盾的問題：也就是我們只能夠稱之為無來源（originalessness）的那個源頭。在《想像的共同體》的最後一章裡，我提到十八世紀晚期的斷裂——那些斷裂本身即是長期轉變的向量關頭——突然間產生了一種新的意識。這種深植於同質性空洞時間裡的意識，創造了失憶和疏隔的現象，正與青春期所帶來的對於童年的遺忘完全平行。一道深淵因此裂開，使得米什萊（Jules Michelet）[23]必須提出一項史無前例的主張——這項主張也是因為那道深淵的出現才得以提出——也就是為世世代代已經死亡的「法國」男女發言，儘管他們並不知道自己是法國人。民族的敘事就在這個節骨眼上冒了出來，以其古怪的反世系目的論，沿著「時間回溯……【前往】考古的燈光斷斷續續照亮的任何地方」。[24]

在米什萊宣稱要「拯救」無法說話的死者這項激切、開創又個人化的主張裡，他尚未真正意識到自己是個暫時性的創始者。不過，一旦他受到所有人的閱讀，就有了可讓任何人竊取模仿的模型。反諷的是，最適合從事這種竊取模仿行為的人或機構，正是希望藉著來自過往的出身而主張正當性的那一群——例如貴族、後殖民菁英分子等等。逼迫約翰王簽署拉丁文《大憲章》的那些人，據說是說諾曼法語的男爵的後代，而他們就是透過米什萊對於目的論的反轉，崛起成為英格蘭民族主義的正當旗手。

23 編按：儒勒・米什萊，法國歷史學家，其史學著作風格洋溢著充沛的文學情感，擅長以文學手法描述歷史事件。著有《法國大革命史》（*The History of the French Revolution*）、《法國史》（*The History of France*）等多部作品。

24 就是這種反向目的論把大戰轉變為第一次世界大戰，並且使得以色列成為華沙起義的先驅。因此，民族沒有創始者，或者應該說創始者就是當下這個不斷變化的「我們」。

3

長途民族主義
Long-Distance Nationalism

在一篇寫於一八六〇年代的著名文章裡，聲名顯赫的自由派天主教徒，並出身於那不勒斯與英格蘭的政治家暨史學家艾克頓勳爵（John Dahlberg-Acton），提出了一項富有先見之明的警告，指稱三種強大的顛覆性觀念對於「現有的文明」造成了威脅。這三種觀念分別為平等主義，目標在於推翻貴族社會的原則；還有共產主義（他心裡想的是巴貝夫〔Gracchus Babeuf〕，而不是馬克思），目標在於推翻財產原則；以及民族主義（或民族性），目標在於推翻法統原則。針對其中的第三種觀念，他指稱其「出現的時間最為晚近，在目前最具吸引力，也承諾了最多的未來權力」。[1]在一百三十年後的今天，我們如果環顧自己周遭的世界，就會發現艾克頓勳爵的話似乎非常正確。貴族制度已不再是一種受到認真看待的政治觀念，成人普選權幾乎在世界各地都已成為現行的事實或者無可避免的近期發展。[2]各種形態的共產主義似

1 艾克頓，《自由詮釋歷史論文集》（*Essays in the Liberal Interpretation of History*；Chicago and London: University of Chicago Press，1967），第五章，p. 134。

2 這不表示選舉舞弊就不普遍存在；但這類舞弊行為之所以有其必要性，就是因為選舉已經成為現代性與文明的象徵，甚至是在信奉伊斯蘭教的伊朗也是如此，儘管他們極為強調抗拒「西方」的政治價值觀。即便是沙烏地阿

乎都即將被掃進歷史的垃圾桶。不過，法統也幾乎在世界各地都遭到推翻，因此聯合國當前的成員國數目比起七十年前的國際聯盟竟是四倍之多。經歷數百年而建造起來的多語帝國一個接著一個解體：那些國家一度以倫敦、伊斯坦堡、莫斯科、馬德里、里斯本、海牙、維也納、巴黎，甚至是阿迪斯阿貝巴為首都，而統治龐大的疆域。只有天朝中國的殘蹟多多少少仍然存在，但又有誰敢說西藏與臺灣——可能還有內蒙古與新疆——不會有一天在聯合國裡獲得席次？此外，我們也不難想像東帝汶、波多黎各、庫德斯坦（Kurdistan）或科索沃（Kosovo）在不久之後取得獨立。

然而，就在這項巨大的解體暨解放過程發生的同時，世界卻也愈來愈緊密整合為一個單一的資本主義經濟體——在我們這個時代，只要按下電腦上的一個按鍵，數十億美元就可以在一瞬間移轉到地球的另一端。我們要怎麼理解這種整合與解體的矛盾性雙重進程？這兩股力量到底是互相對立，還是僅僅是單一歷史進程的兩面？再進一步問，永遠躁動不停的資本主義是不是造就了新形態的民族主義？

※

要探究這些問題，一個良好的起點是艾克頓那篇文章裡的另外兩段文字。第一段文字其實是摘錄了傑出的十七世紀宗教演說家博須埃（Jacques-Bénigne Bossuet）的一篇講道內容，艾克頓以讚許的態度引用如下：

Ainsi la société humaine demande qu'on aime la terre où l'on habite ensemble; on la regarde comme une mère et une nourrice commune . . . Les hommes en effet se sentent liés par quelque chose de fort, lorsqu'ils songent, que la mêne terre qui les a portés et nourris étant vivants, les recevra dans son sein quand ils seront morts.

（因此，人類社會要求我們鍾愛我們共同居住於其上的土地；我們將她視為母親以及共同的保姆……實際上，人一旦想到那塊孕育並且餵養了他們的土地，在他們死後又會將他們接收於其子宮中，就會覺得有某種強而有力的東西將他們凝聚在一起。）

第二段文字是艾克頓自己提出的名言：「放逐是民族性的溫床。」[3] 艾克頓是想要彰顯兩種政治效忠的對比，一種完全與法統相容，另一種則是對法統懷有深切的敵意。博須埃沒有提到法國（更遑論法國人），而是談論一種一般性的社會狀況，人在其中覺得自己由那個養育了他們的大地母親以強大的力量連結在一起，而且夢想著自己也將在大地母親的懷抱裡安息。在他看來，人會夢想死在自己出生長大的地方，是絕對正常的情形。這種受到無可選擇且影響重大的生死時刻所限制的不動性，正合乎封建社會的社會公理：亦即這種社會乃是

拉伯與科威特，也都走上了選舉的道路。

3 艾克頓，《論文集》，pp. 154與146。艾克頓引用博須埃的那段文字，在此處以原本的法文錄出。〈聖經裡的政治〉(Politique tirée de l'Ecrirure sainte)，收錄於《博須埃作品全集》(*Oeuvres de Bossuet*，Paris: Firmin Didot Frères，1870)，第一冊，p. 304。

建構成一套神賜而不可變的階級制度。和對於當地土壤的深刻情感結合起來之後，此一公理就使得數以百計的這類社群有可能以平靜而莊嚴的方式聚集成巨大而鬆散的法統帝國，並且在必要之處透過通婚、外交與戰爭而脫離其他帝國。[4]因此，博須埃的焦點乃是在於「Heimat」（家鄉），或者更貼切的可能是「patria」：這個美妙的伊比利亞詞語所代表的意思，可以從「家鄉村莊」延伸為「家鄉城鎮」與「家鄉區域」，乃至於「祖國」。

相對之下，艾克頓認為「民族性」產生於放逐當中，原因是人在這時無法再輕易夢想回歸那個誕生了他們的滋養懷抱。這位自由派歷史學家心中想到的主要人物，很可能是他那個時代傑出的民族主義領導人——諸如馬志尼、加里波底與科蘇特（Lajos Kossuth）——這些人物當中有許多都因為明顯可見的政治原因，而有很長的時間都居住在自己的家鄉以外，有時也死在異鄉。不過，艾克頓的放逐其實開始得遠遠更早。博須埃早已是個時代錯誤的人物，因為他出生於一六二七年，在清教徒朝聖先輩於普利茅斯岩上岸的七年後，距離信奉天主教的科爾特斯征服阿茲特克皇帝蒙特蘇馬傳說中的首都則是超過了一百年。自從十六世紀晚期以降，數以百萬計至少在名義上自由的歐洲人，以及數百萬受到奴役的非洲人，都橫越大西洋「遭受放逐」。這些在規模與距離上都史無前例的移民，使得里斯本、馬德里與倫敦必須發明「crioulo」、「criollo」（克里奧人）與「the colonial」（殖民地居民）這種古怪的新詞以指稱這種新式的流離他鄉的人口與文化。對於這種新興的流離意識描繪得最為生動的，當屬瑪麗・羅蘭森（Mary Rowlandson）充滿天真的回憶。她是一名剛結婚的十九歲麻州女子，在一六七五年二月短暫遭到一群當地的阿岡昆人（Algonquin）與納拉甘西特人（Narragansett）戰士劫持。她以引人憐憫的文字寫道：

我看到了一個英格蘭牛隻原本所在的地方：這點為我帶來了安慰，雖然不多：不久之後，我們來到一條英格蘭小徑，我非常喜愛那條小徑，覺得大可躺下來死在那裡。那一天，在中午過後不久，我們來到了斯夸克希格（Squaukheag），那些印第安人立刻在那片荒廢的英格蘭田地上散開來。[5]

我們可以看到她的話語當中帶有徹底克里奧式的那種互相衝突的古怪元素。一方面，她不覺得自己有需要向讀者說明斯夸克希格位於哪裡，更遑論是這個引人注目而且明顯不屬於歐洲的地名該怎麼發音。她這樣的熟悉度並不令人意外，因為斯夸克希格對她來說就是附近不遠處的那個地方。還年輕的她，從小就在同樣明顯不屬於歐洲的麻州出生長大。另一方面，她雖然

4 參照《理查二世》第二幕第一景當中那段著名的文字，經常受人引用而主張莎士比亞在早期就已有民族主義的觀念：「這帝王們的寶座，沐浴王恩的島嶼，／好一片錦繡山河，這戰神的營地；／這本是人間的伊甸園，下界的天堂……這一片福地，這一方領土；英格蘭。」（譯注：譯文引自《理查二世》，威廉．莎士比亞著，方平譯；臺北縣：木馬文化，2002）然而，除了戰神與若干國王之外，這個下界的天堂卻沒有可見的居民，至少絕對沒有一群混雜在一起的蘇格蘭人、威爾斯人、英格蘭人與康瓦爾人，其中許多人都聽不懂對方的語言。

5 瑪麗．羅蘭森，〈瑪麗．羅蘭森女士在一六八二年被俘與獲救的經歷〉（A Narrative of the Captivity and Restauration of Mrs. Mary Rowlandson, 1682），收錄於查爾斯．林肯（Charles H. Lincoln）編，《印第安戰爭敘事，一六七五—九九》（*Narratives of the Indian Wars, 1675-99*; New York: Barnes & Noble, 1952），p. 132。斯夸克希格是今天的斯夸奇格（Squakeag），位於麻州諾斯菲爾德（Northfield）的熊平原（Bear's Plain）附近。

不曾到過距離英格蘭三千英里以內的地方，卻認為自己看到的是「英格蘭牛隻」、「英格蘭小徑」與「荒廢的英格蘭田地」。她看到的這些景象不是來自於科茲窩（Cotswolds）或唐斯（Downs）等真實的英國地點，而是出自內心的想像，但這樣的想像絕不會出現在十七世紀的格羅斯特郡（Gloucestershire）或薩里（Surrey）的一名年輕牧師夫人的心中。那些牛隻、小徑與田地之所以帶有「英格蘭」的色彩，就是因為它們位在麻州，而不是在英格蘭，並且也是因為它們在瑪麗眼中帶有她的「英格蘭」同胞從事農作所留下的痕跡。不過，我們也可以猜想她在遭到劫持之前，只是單純把牛隻視為牛隻，田地視為田地而已。她的「民族化」時刻之所以會出現，原因是阿岡昆人與納拉甘西特人把她從她的日常生活中強制帶走，導致她在自己土生土長的麻州發現自己處於可怕的放逐狀態。她蹣跚走在一條小徑上，而且正是在她認定自己無法躺下來死在那裡的時候，那條小徑就產生了英格蘭的色彩。等到她後來終於被贖回而返回自己生長的社區之後，這種「民族主義」的激動也隨之消失，因為她已算是回到了家。不過，這個家是蘭開斯特（Lancaster），在當時還不是美國。[6]此處的矛盾在於，我們今天之所以能夠輕易把瑪麗．羅蘭森筆下的文字視為出自一名「美國人」之手，原因就是她在遭到劫持的時候在自己眼前看到了英格蘭田地。

瑪麗．羅蘭森的敘事在麻州當地初版上市不到一年後，即在大西洋彼岸跟著出版，並且廣受喜愛，在十八世紀期間前後共出了三十個版本。[7]在新近統一的大不列顛王國裡（瑪麗遭到劫持是在蘇格蘭與英格蘭合併的二十年前），迅速成長的閱讀大眾開始意識到那些以英文書寫的異常女子：她們雖然不曾到過英格蘭，卻遭到「野蠻人」拖著行經英格蘭田地。她們是什麼人？她們真的是英國人嗎？有如攝影負片般的「殖民地居民」形象，也就是那些非英格蘭的英格蘭婦女，開始受到大眾的注意。

由於西班牙人在加勒比海地區與中南美洲的征服活動比北美英國人的永久聚落早了一百年，因此非西班牙的西班牙人很早就已出現。早在一六一二年，出身馬德里的道明會神學家德拉布恩岱（Juan de la Puente）就寫道：「美洲的天空會引發不忠、淫亂與謊言：這些都是印第安人典型的惡行，天上的星座也使得生長在那裡的西班牙人出現這樣的典型特色。」[8]克里奧人先在比喻上受到發明，後來才實現於文化與政治上。[9]我們可以發現，特別是如果我們還記得，那時因為大西洋兩岸文字媒體的雙向交流，而導致對於德拉布恩岱長達百年的憤怒，即可看出「土著」真正的歷史源頭：這種有時採取其他不同名稱的形象，一直延續到我們這個時代，不管在歐洲還是其他地方都是如此。

6 引人注意的是，即便過了一百年後，《獨立宣言》也還是沒有提及「美國人」，而是在開頭那幾個經常受到引用的精彩段落之後，懷著滿腹的牢騷列出了喬治三世令其身在大西洋彼端的「英國臣民」深感不滿的各項措施。

7 見阿姆斯特朗（Nancy Armstrong）與滕農豪斯（Leonard Tennenhouse），《想像中的清教徒：文學、腦力勞動，以及私人生活的起源》（*The Imaginary Puritan: Literature, Intellectual Labor, and the Origins of Personal Life*，Berkeley: University of California Press，1992），p. 204以及其中引用的參考資料。

8 引用於布拉丁（D.A. Brading），《第一個美國：西班牙君主政體、克里奧愛國分子，以及自由主義國家，一四九二—一八六七》（*The First America: The Spanish Monarchy, Creole Patriots, and the Liberal State, 1492-1867*，Cambridge: Cambridge University Press，1991），p. 200。

9 布拉丁也提到，早在十六世紀，有些克里奧知識分子對於自身祖先的追溯就已不只限於西班牙征服者，而是也包括了印加帝國的皇族。同上，第十四章。

因為，土著就像殖民地居民還有克里奧人一樣，都是黑底白圖的負片。土著的本土性向來都沒有受到固定，其真正的意義也是由各種不同元素混合而成的矛盾綜合體。這種形象出現之時，正值摩爾人、異教徒、穆罕默德追隨者、野蠻人與印度教徒等概念逐漸過時之際；也就是說，在真正的印刷文字問世後，當時不只是大量的越南人開始讀寫法文，甚至也可能懂得說法語，而且捷克人與猶太人也分別就德文還有匈牙利文建立了相同的關係。民族主義的純粹性（因此也包括排他的效果）就即將從這種混合性當中冒出。

是什麼啟動了所有這些引擎？或換個稍微不一樣的說法，是什麼因素使得瑪麗．羅蘭森——後來也包括倫敦在內——能夠具有那種不穩定的英格蘭性質？簡單的答案就是資本主義，因為這種制度在十六世紀中葉以來使得大量人口得以藉由船運橫越好幾千英里的海面，其中包括了數以百萬計的自由人、契約勞工與奴隸。不過，這種運輸活動的物質面向——船隻、槍砲與航海裝備——所受到的引導，卻是來自於經由數學啟發的麥卡托式地圖，以及經由印刷媒介儲存與散播的大量累積而來的知識。英格蘭性質與西班牙性質那種想像出來的不穩定世界，也是透過印刷媒介在海上的往返移動才得以創造出來。

長途運輸與印刷資本主義傳播的本質核心奠定了基礎，於是最早的民族主義運動才能夠在十八世紀末開花結果。引人注意的是，這樣的開花結果先是發生於北美，接著則是在南方信奉天主教的伊比利半島殖民地，而這些地方的經濟全都屬於前工業時代的經濟。最能突顯這項過程的事實，就是在十八世紀下半葉，北美洲殖民地的印刷機數量比殖民母國還要多。所以，套用邁克．華納（Michael Warner）所寫的文字，到了一七六五年，「印刷媒介已被視為政治生活不可或缺的元素，而且可能被亞當斯這樣的人視為是世界解放的首要推動者。印刷的這項轉變之所以特別引人注目，原因是這項轉變不同於十九世紀的印刷大爆炸，幾乎完全沒有涉及這門行業當中的科技進展」。[10]

另一方面，在大西洋彼岸以及後來的世界各地，一種新進工業化的資本主義已開始創造出更具地方形態的放逐。在《唐葵：新十字軍》（*Tancred, or The New Crusade*）這部出版於一八四七年的古怪小說裡，迪斯雷利（Benjamin Disraeli）指稱「倫敦是現代的巴比倫」。[11]在這個矛盾修辭裡，羈縛敘事（captivity narrative）的色彩就像是奢華與腐敗的常見描寫方式那麼鮮明。這點以頗為合乎

10 邁克．華納，《共和國的讀寫文化：十八世紀美國的出版與公領域》（*The Letters of the Republic: Publication and the Public Sphere in Eighteenth-Century America*：Cambridge, Mass.: Harvard University Press，1990），p. 32。此一證據強烈顯示蓋爾納（Ernest Gellner）主張工業化是民族主義興起的歷史源頭這項論點站不住腳。（見其著作《民族與民族主義》〔*Nations and Nationalism*：Ithaca, NY: Cornell University Press，1983〕，書中各處。）我們可以進一步指出，在十九世紀初歐洲民族主義能見度最高的大部分區域——例如愛爾蘭、希臘、波蘭與波希米亞——幾乎全都沒有出現工業進展。

11 迪斯雷利，《唐葵：新十字軍》（1847：London: Longmans, Green & Co.，1882），p. 378。書中主角是年輕的蒙塔庫特動爵（Lord Montacute），他認為自己的英格蘭與歐洲遭到了啟蒙運動的理性主義、中產階級的商業主義以及法國大革命的遺緒所帶來的致命威脅，於是搭乘自己的帆船航向聖地，在「那個全世界唯一獲得造物主惠臨的地區」尋求靈命的復興（p. 421）。這趟旅程導致他在巴勒斯坦與黎巴嫩涉入了有如阿拉伯的勞倫斯（T.E. Lawrence）那樣的政治冒險。他在冒險中獲得富有智慧與勇氣的希伯來人引導，後來則是必須由他身為貝拉蒙公爵與公爵夫人的父母救出。這部小說最引人注意之處，就是身為猶太人但在十三歲因父命接受英國國教施洗而英國化的迪斯雷利，在巴比倫的放逐當中發現了自己的「族裔」。極度富有、具備貴族身分、非英格蘭人但性靈上屬於猶太人的蒙塔庫特——迪斯雷利一再堅稱基督及其門徒都是猶太人——是後來成為英國保守黨首相的迪斯雷利以自我投射而成的人物，但他對這個人物的描寫卻矯飾得令人發噱。

邏輯的方式從迪斯雷利出版於兩年前的《西比爾：兩個民族》（*Sybil, or The Two Nations*）這部小說的著名副標當中衍生而來。日益深化的工業資本主義在當時已在這個極小的領土國家當中——如果排除愛爾蘭，則疆域面積比賓州與紐約州相加起來還小——創造了「兩個民族」，但這兩個民族卻絲毫不對應於任何一個已知的族裔或宗教社群。恩格斯在一八四二年抵達曼徹斯特，開始研究勞動階級的處境之時，史蒂芬生已比他早了一步。這座世界紡織品首都早就有了一座火車站。火車頭已展開把數以百萬計的鄉下村民運入都市貧民窟的世界歷史任務，其劃時代的意義並不亞於無數帆船在先前橫跨大西洋的三百年間所從事的類似任務。[12]只有少數人會在晚年返回家鄉，而選擇在小村莊裡那些樸拙的、狹小的先祖埋身之地裡安息。工業生活的新奇體驗如何巨幅轉變這些人的生活，以及這種轉變如何使得他們易於受到民族主義的影響，蓋爾納都有精彩的描寫，但他的描寫應該放在放逐的標誌下閱讀。當時已開始有可能在英格蘭看見「英格蘭田地」——從火車上的車窗對外眺望。在此同時，另一種類型的放逐也出現於工業資本主義為歐洲國家製造的財富當中，原因是這種財富促使中心化、標準化而且高度階級體系的公共教育得以擴散開來。霍布斯邦（Eric Hobsbawm）提醒我們，在《唐荄》出版之時，也就是一八四八年的動盪前夕，整個歐洲只有四萬八千名左右的大學生，這個數字連當今俄亥俄州立大學的學生人數都還遠遠比不上。[13]不過，在十九世紀下半葉，教育主管部門卻如雨後春筍般四處冒出——一八五二年在瑞典，一八七〇年在英格蘭，一八八二年在法國——而且兒童也開始被迫遷移到學校去。[14]

年老的菲律賓人卡羅薩（Pedro Calosa）在一九六〇年代中葉接受訪問，訪問者請他比較當時的狀況與他在一九三一年領導反美國殖民起義運動之時的情形，結果他以懷舊的得意姿態指出：

以前「沒有青少年」。[15]在當時，因為這種新分類——介於幼童與投身工作的成人之間——才剛開始從帝國主義者的平民教育這種新奇機制當中出現。但是更廣泛來看，自從十九世紀下半葉以來，青少年正是國家強制推行標準口語的對象。不管這種口語是該國臣民之間廣泛通行的各式語言裡所受到社會肯定的一種方言（例如英格蘭的標準英語），還是從眾多口語當中挑出來的一種口語（例如奧匈帝國的德語），造成的影響通常都是對各口語和方言的政治階層進行重新分層與合理化；尤其是新教育又愈來愈連結於就業機會以及社會流動機會。難怪大眾愈來愈意識到自己的語言實踐以及那些實踐造成的結果。由此造成的效果，經常是一種放逐。一種標準化口語一旦愈來愈不再只是官員之間的內部語言，而是成為宣傳式國家的官方語言，就愈來愈有可能會在歐洲舊大陸出現有如克里奧人或土著的現象：不真正算是德國人的德國人，不太算是義大利人的義大利

12 這項褻瀆性的任務有多麼快受到理解，可見於《唐葵》當中一段頗具娛樂性的對話（p. 162）。在那段對話裡，主角提議柏蒂暨貝萊爾夫人（Lady Bertie and Bellair）偕同其丈夫和他一起踏上一場耶路撒冷朝聖之旅：

「那是絕對不可能的，」柏蒂夫人說：「奧古斯圖一定不肯；他沒辦法離開倫敦六個星期以上，他太喜歡他的俱樂部了。耶路撒冷如果是個容易到的地方，那就可能還有辦法；例如說如果有鐵路通到那裡的話。」

「鐵路！」唐葵驚呼一聲，臉上露出驚恐的表情。「通到耶路撒冷的鐵路！」

「是啊，我也覺得不可能，」柏蒂夫人若有所思地說：「沒有那麼多人要到那裡去。」

13 見霍布斯邦，《革命的年代，一七八九—一八四八》（*The Age of Revolution, 1789-1848*，New York: Mentor，1962），pp. 166-7。

14 此一過程的一種典型工業面向，就是成人教育的正式發明。

15〈卡羅薩訪談錄〉（An interview with Pedro Calosa），收錄於斯特提凡（David Sturtevant），《菲律賓的人民起義，一八四〇—一九四〇》（*Popular Uprisings in the Philippines, 1840-1940*，Ithaca, NY: Cornell University Press，1976），p. 276。

人，非西班牙人的西班牙人。如同在美洲，一種不穩定的負面性質就此出現。因此，在一九一九年之前轉變了歐洲地圖的那些民族主義運動經常都是由年輕的雙語人士領導，實在是一點都不令人意外的發展，而且到了一九一九年以後，這種模式也在亞洲與非洲受到延續。一個從母親那裡學會了捷克語，接著又在學校教育中學會了德語的男孩，怎麼可能忘卻那種沒有在他那些說德語的同學身上留下任何影響痕跡的捷克語？他怎麼可能不透過自己的德語這個倒過來的望遠鏡，而把自己的捷克語視為彷彿遭到了放逐？

從以上概述的這種觀點，我們也許會傾向於把民族主義運動的興起，以及這些運動在成功的民族國家裡各自達到的不同成果，視為一種從放逐當中返回家鄉的計畫，藉此解決混合性，就像在政治抗爭的暗房裡把負片反轉為正片。如此一來，捷克人將會終於出生並且終究埋葬於捷克斯洛伐克，波蘭人也出生並埋葬於他們自己的波蘭。文化生活與政治效忠將可以說是透過博須埃那樣的方式終究達成穩定的一致性。在歐洲以外的殖民區域，同樣的邏輯也受到追求，不論是有意識還是無意識，不情不願還是充滿熱忱。現代而且有邊界的國家地域受到麥卡托式的方法測繪出地圖，並且受到或多或少的有效控制，彷彿只是在等待適當的居民。在這方面，從特定的觀點來看，殖民主義就像是個遭到夢魇糾纏的口吃者。之所以是口吃者，原因是殖民主義因其本質而無法為自己的居民命名。菲律賓就是一個最好的例子。到了西班牙統治末期，這個地方早已在那三百五十年的期間被人想像為生養當地人口的「Las Filipinas」（菲律賓）。但「Filipino」（菲律賓人）呢？這只是一個貶稱，由殖民母國用來指涉一個小小階層的當地克里奧人：那些人身在菲律賓沒錯，但他們身邊環繞著遠遠更多的半島人、麥士蒂索人、華人與菲律賓土著。「菲律賓人」原本不是這塊土地上所有人民的統稱。直到一八九〇年代，隨著革命人士終於包含了前述所有類別的人口之後，他們才憑著意志為自己創造出一種共同的菲律賓人性質。殖民主義也受到夢魘糾纏，原因是我們可以依照證據提出可信的論點，主張早在民族主義者本身出現於歷史上之前，殖民主義就已夢到了民族主義即將來臨。[16]從此以後，如同共和美國的舊模式原本暗示的那樣，已繪製出地圖的馬利必須找到馬利人，已繪製出地圖的錫蘭必須找到錫蘭人，已繪製出地圖的巴布亞紐幾內亞必須找到巴布亞紐幾內亞人。不過，這樣的作為絕不是一定能夠獲得完全的成功。

因此，我們可以看出民族國家地位對於十九與二十世紀的民族主義計畫為什麼會具有那麼核心的重要性——那些民族主義計畫摧毀了承襲自專制時代的龐大多語帝國王朝領域，還有繼那些領域之後仍然存續下來的更加龐大的殖民帝國主義混合體。因為當時的人認為，帶有典型共和制度的民族國家符合了想像中的家園與想像中的家園主人之間新發現的一致性，並且藉由其政治權力與經濟資源的組織性布局確保該一致性的穩定。因此，德國經濟學家李斯特（Friedrich List）所夢想的那種受到如同護城河般的關稅予以保護的自給性「國家經濟」才會頗具可信度。

但反諷的是，就在這種古典民族國家計畫隨著國際聯盟在一九一九年成立而真正成熟之際，日益發展的資本主義已開始削弱其基礎。如同在先前的時代，最明顯可見的轉變也是出現在運輸與通訊領域當中。在陸地上，機動車輛愈來愈取代了火車頭，而供那些車輛行駛的碎石道路也廣泛普及，但從未受限於國界。在空中，商業航空也是從一開始就以跨國發展為主，只有在少數幾

16 這項主題闡述於拙著《想像的共同體》第十章，見修訂版（London: Verso，1991）。

個非常龐大富裕的國家例外，例如美國。乘客搭機是為了離開或返回自己的民族國家，而不是在國家內部移動，而且「國家領空」的概念也在短短一段時間之後就因為衛星出現而宣告過時。這些變化的步調與力道鮮明呈現於以下這些統計數據，也就是歷史上由外來移民組成的美國所接收的非移民外國人入境人數[17]：

一九三一—四〇年	1,574,071人
一九四一—五〇年	2,461,359人
一九五一—六〇年	7,113,023人
一九六一—七〇年	24,107,224人
一九七一—七九年	61,640,389人
一九八一—九一年	142,076,530人

（一九三〇年代是非移民外國人入境人數超過移民的頭一個十年期間，而且在當時這兩者的差距就已高達三比一。）

收音機使得大眾媒體得以將不識字的人口也納入其播送對象，而且其受眾也不僅限於民族國家的聽眾當中。沒有一家報社可望獲得像ＢＢＣ或美國之音那麼廣泛的全球受眾。後來，電話與傳真、電影、電視、錄音帶、錄影機以及個人電腦更是把收音機開創的一切進一步加速發展並大幅放大。

這些發展造成了巨大的影響，而且也將持續帶來巨大影響，原因是這些發展是先進資本主義的跨國化與全球經濟的經濟階層深化當中不可或缺的元素。以目前的狀況來看，全世界不到二五%的人口占據了八五%的世界收入，而且貧富之間的落差也不斷拉大。在一九八〇年代，超過八億人——比美國、歐洲共同體與日本的人口加總起來還多——「變得更加貧苦，而且每三名兒童就有一人挨餓」。[18]然而，多虧了飛機、公車、卡車，甚至是老式的火車頭，這種不平等與苦難在各種意義上都比以前更加拉近了與特權還有財富的距離。因此，移民不再像先前幾世紀那樣遷往新大陸或紐澳的邊緣地區，而是往內湧向都市核心。

在一八四〇至一九三〇年間，約有三千七百五十萬名外來移民進入美國，其中絕大多數都來自歐洲；每年平均約四十一萬六千人左右。一九七〇年代期間，每年的人數將近五十萬，在一九八〇年代則是將近七十四萬；此外，八〇%的新進人口都是來自「第三世界」。[19]保羅·甘迺迪（Paul Kennedy）指出，目前有些人口統計學家認為往後三十年的每十年都會有多達一千五百萬名移民進入美國，也就是一年平均一百五十萬人，為一九八〇年代的兩倍。[20]

17《一九八七年資訊年鑑》（*Information Please Almanac, Atlas, and Yearbook, 1987*，Boston: McGraw-Hill，1987），p. 787，以及《一九九三年資訊年鑑》（*Information Please Almanac, Atlas, and Yearbook, 1993*，Boston: McGraw-Hill，1993），p. 830。其中缺乏一九八〇年的數據，而那一年的數字大概介於八百萬至九百萬之間。

18 佩里·安德森（Perry Anderson），《交鋒地帶》（*A Zone of Engagement*，London: Verso，1992），p. 353。另見其中引用的書目。

19〈外來移民〉，《新馮華百科全書》（*The New Funk and Wagnalls Encyclopedia*，25 vols.，New York: Unicorn，1945-46），vol. 19，p. 6892。《一九九二年世界年鑑》（*The World Almanac and Book of Facts, 1992*，New York: World Almanac，1992），p. 137。

20 見保羅·甘迺迪，〈美國前景〉（The American Prospect），《紐約書評》（*New York Review of Books*），一九九三年三月四日，

這些估計早已受到事實證明只有些微的誇大。一九九七年初，美國移民及歸化局宣布先前的四年間有不下五百萬名非法移民（更遑論合法移民）進入美國——平均一年一百二十五萬人。[21]在第二次世界大戰結束後到一九七〇年代初期的石油危機這三十年間，西歐吸收了超過兩千萬名移民。（如果不是因為史達林的鐵幕，這個數字還會遠遠更高。）但在一九八〇年代下半葉，這些數字已更加膨脹，在一九九〇年代可能也會持續如此。在德國的七千九百萬居民當中，五百二十萬（七％）是外來移民；法國的數字是五千六百萬對三百六十萬（七％）；英國是五千七百萬對一百八十萬（二％）；瑞士是六百八十萬對一百一十萬（一六・三％）。[22]（即便是與外界隔絕而且限制嚴格的日本，據說也有一百萬左右的合法與非法外來居留者。）此外，蘇聯的經濟與政治崩盤所造成的人口移動，已是十九世紀末的大陸封鎖完全無法遏止的狀況。

與此同時，我們這個時代的通訊革命也深深影響了遷徙的主觀經驗。身在墨爾本的泰米爾公車司機，距離他的家鄉只有十幾個小時的飛行距離而已。阿姆斯特丹的摩洛哥建築工人，可以每晚聆聽摩洛哥首都拉巴特的廣播服務，也能夠輕易買到摩洛哥熱門歌星的盜版錄音帶。先在黑社會協助下非法移民日本，而後在東京市郊擔任酒保的泰國人，向他的泰國同胞出示才剛生產於曼谷的卡拉ＯＫ伴唱帶。香港的菲律賓女傭打電話給她住在馬尼拉的妹妹，並且在一瞬間就把錢匯給了她住在宿霧的母親。溫哥華一位成績優秀的印度學生，也可以和她先前在德里的同學透過電子郵件每天聯絡。此外，更遑論愈來愈多的大量傳真訊息。

這種情形彷彿是說，瑪麗・羅蘭森如果今天還活著，那麼她在自己的小公寓裡，即可在電視螢幕所顯示出來的那徹底安全的電子畫面中看見「真正」的英格蘭田地與牛隻。不過，其意義當然會變得完全不同。其中一個原因是她只能看見操控螢幕的人選擇讓她看見的東西。她的目光投射範圍絕不可能超過電視螢幕的外框。那些田地的「英格蘭性質」不是來自於內在，而是來自她身外的一道聚集性敘述聲音。更具體來說，想想那張著名的照片：一名孤獨的伯羅奔尼撒外籍勞工坐在陰暗骯髒的房間裡，地點也許是在法蘭克福。在他的房間牆上，唯一的裝飾是漢莎航空一張耀眼的帕德嫩神廟旅遊海報，邀請身在德國的他到希臘度個「沐浴在陽光下的假期」。他很可能從來沒看過帕德嫩神廟，但在漢莎航空的拍攝呈現下，這張海報為他和任何一名觀光客確立了一種也許只有法蘭克福才會鼓勵他採取的希臘認同。另一方面，這張海報也提醒他與希臘之間只有幾個小時的飛行距離，只要他存夠了錢，漢莎航空就會欣然協助他到自己的「祖國」享受兩個星期的「陽光假期」。他大概也知道自己在假期之後就會再回到法蘭克福的放逐生活。或是說，就長期來看，他將會每年短暫把自己放逐於伯羅奔尼撒？還是在這兩個地方都同樣處於放逐的狀態？至於他的子女又將如何呢？

概略描寫了一九三〇年代後期的這種遊牧（nomadism）情形之後，但在我們把目光轉向其政治後果之前，必須先短暫強調後工業資本主義當中兩項比較小但是相當重要的相關影響。想想兩

p. 50。

21《紐約時報》，一九九七年二月八日。

22 見〈歐洲動盪導致外國人被拒於門外〉（In Europe's Upheaval, Doors Close to Foreigners），《紐約時報》，一九九三年二月十日。值得注意的是，這些數字沒有包含世界各地據估為數兩千五百萬的政治難民，大多數都身在自己祖國外，居住於髒亂的「臨時」居所中。

種廣泛且頗為現代的正式個人身分證件：出生證明與護照。這兩種證件都誕生於民族主義的十九世紀，並且在後來變得彼此相連。在世界上信奉基督教的區域，出生登記這項做法確實早在資本主義興起之前就已存在。不過，這些出生資料都是在地方性與宗教性的層面上記錄於教區教堂裡；這些出生登記預示了即將舉行的洗禮，代表的是基督徒靈魂以新的肉體形態出現。但在十九世紀，這種登記的做法卻受到了愈來愈帶有民族色彩的國家所把持。舉例而言，在工業發展傑出的英格蘭，直到一八三七年才成立了登記總署；而所有新生兒不論是否會受洗都必須強制接受出生登記，更是直到一八七六年才出現。這種國家證件註明了每一名嬰兒的父親與出生地，因此創造出一種基礎文件，決定嬰兒會受到公民身分的納入或排除（依據屬人主義或屬地主義的標準）。（自此以後，一個人不再是出生於埃格姆〔Egham〕教區，而是出生於聯合王國。）護照這種因為工業時代的移民與民族主義交會而造成的產物，則是在嬰兒長大成人之後用於確認其政治認同。

在出生證明與護照的連結受到制度化的時代中，女性還沒有合法參與政治的權利，父系家庭也是大體上不受質疑的常態。但在我們當今的這個時代，這一切都已大為改變。在國際聯盟成立之時——而且婦女選舉權也逐漸受到確立之際——美國的離婚與結婚數比例約是一比八；今天則是將近一比二。美國由未婚婦女產下的嬰兒人數百分比，更是從一九六〇年的四·二%大幅增長至一九九〇年的三〇·六%。[23]現代生活的國內與國際遊牧現象，也促使十九世紀的出生證明變成一種偽鈔。舉例而言，我們如果在出生證明上看到瑪麗·瓊斯在一九七〇年十月二十五日出生於杜魯斯，父母為羅伯·梅森與維吉妮亞·瓊斯，或甚至是羅伯與維吉妮亞·梅森，我們並不能隨意推斷她也是在杜魯斯受孕，或是在那裡長大，或是現在還住在那裡。我們不曉得她的祖父母是否埋葬於杜魯斯，而且就算他們是埋葬在那裡，我們也沒有理由假定瑪麗有一天將會和他們埋在一起。維吉妮亞現在還姓梅森嗎？還是姓瓊斯？或是又改了別的姓？瑪麗除了偶爾打長途電話給羅伯或維吉妮亞之外，與他們有更頻繁聯繫的機會有多少？她在別人眼中還有自己眼中，有多高的程度算是杜魯斯人，或是梅森家的人，或是瓊斯家的人？

出生證明的偽造性質，或者該說是低落的市場價值，也許可受到這種偽造行為的相對罕見性所證明。相反地，大量的護照偽造行為以及那些贗品能夠賣得的高價，顯示了在當今這個每個人都應當屬於聯合國當中某個國家的時代，這種證件帶有很高的真實性宣稱。不過，護照同樣也具有偽造性，因為護照真正的重點並不在於證明身分，更遑論證明個人對於一個保護性民族國家「祖國」的效忠，而是在於宣稱個人在勞動市場中的參與。葡萄牙與孟加拉護照，就算是真的，也無法讓我們知道持有者的效忠對象或者慣習（habitus），但是卻可充分揭露他們在米蘭或哥本哈根獲准求職的相對可能性。我們所有人在機場入境查驗處都體驗過的那些各自隔離的排隊隊伍，標誌的遠非政治取向，而是經濟地位。實際上，那些隊伍呈現的是對於人類勞動力課徵的差別關稅。

現在，讓我終於把目光轉向政治領域。以上闡釋的那些過程，可能至少在兩個不同但相關的政治地點，對古典的十九世紀民族主義計畫造成破壞——那些計畫的目標在於追求慣習、文化、依附以及專一性的政治參與。

第一個地點多多少少與後工業核心相同。在十九世紀與二十世紀初期，所謂的移民移入

23 資料摘自《一九九二年世界年鑑》引用的美國普查局數據，pp. 942，944。

國——主要是美洲，但也包括紐澳——都有驚人的能力將其數以百萬計的外來移民歸化以及民族化。加爾提里、艾森豪、藤森、范布倫、奧希金斯與杜魯道等姓氏即講述了這樣的故事。[24]不過，當時的出生證明主要帶有政治上的重要性，例如美國憲法就規定美國總統必須出生於美國境內。因此，一個人要嘛是美國人，要嘛就不是。此外，美國國民如果參與其他國家的軍事服務，就會遭到剝奪公民身分的懲罰，儘管這項規定並不是向來都受到嚴格執行。這套體系在什麼時候開始弱化呢？也許是在劃時代的一九三〇年代，原因是當時美國人獲准加入西班牙內戰當中的國際縱隊？或是在一九四〇年代晚期，原因是當時美國人獲得默許參與防衛剛建國的以色列？不過，我認為這些違反既有規則的做法之所以獲得准許，正是因為當時存在著一種自信，認為這些法外事務僅是小事，只涉及能見度不高的小人物而已。此外，參與那些事務的美國人所具有的美國性質從來沒有遭到嚴重質疑。不過，在一九六〇年代中葉以後，這些狀況就開始出現改變。帕潘德里歐（Andreas Papandreou）出生為希臘公民，後來成為美國公民，接著又在機會叩門的情況下恢復希臘公民身分，並且成為希臘總理。在他的這種演變當中，還是明白可以看見特定的規則。不過，對於白手起家的長灘百萬富翁克塔維（Kim Kethavy）在一九九三年競選柬埔寨總統的行為，我們又該怎麼看待？《紐約時報》嚴肅地指出，他「持有美國護照……他的競選總部辦公室也滿是美國國旗。（依據美國移民法，克塔維先生要是真的跌破眾人眼鏡而獲得當選，可能會被迫放棄美國公民身分。）」[25]此處的一切都頗具象徵性：克塔維先生的公民身分是在括號當中的補充資訊裡受到提及，而且這份新聞紀要認為他只有在成為柬埔寨的總統之後，才「可能」會被迫放棄其公民身分。從那篇報導中完全看不出一九九〇年代的《紐約時報》對於克塔維先生——或是美國政府——的行為覺得有任何的奇怪或是不安。畢竟，美國公民帕尼奇（Milan Panič）與薩西爾貝（Mohammed Sacirbey）也在不久之前分別擔任南斯拉夫的總理以及波士尼亞的駐聯合國大使，而在加州大學爾灣分校持有終身教授資格的塔格佩拉（Rein Taagepera）則是參選愛沙尼亞的總統落敗。此外，這也不是美國獨有的現象：身為加拿大公民的電腦系統資本家蒂明斯基（Stanislaw Tyminski）也參選波蘭總統，與華勒沙競爭。

這枚硬幣的反面，則是近代在美國以及其他歷史較久的民族國家當中出現的一種族裔性，與古典民族主義相較之下有如是個私生子。在美國，這種現象的象徵可能是幾年前的波拉德（Jonathan Pollard）間諜案[26]。在古典民族主義的時代，如果有人認為一名美國公民為了其他國家而監視美國是值得稱許的行為，必定令人深感荒謬。但是在許多同情波拉德的猶太裔美國人眼中，這名心懷不滿的間諜卻被視為代表了一種跨國族裔性。還有什麼能夠以如此顛覆性的方式模糊美國與以色列之間的公民身分界線？另一個象徵是在一九七七年深受海利（Alex Haley）的迷你影集

24 譯注：加爾提里（Galtieri）這個姓氏源自義大利，在美洲的代表名人為阿根廷前總統；艾森豪（Eisenhauer）源自日耳曼，在美洲的代表名人為美國前總統，藤森（Fujimori）源自日本，在美洲的代表名人為秘魯前總統；范布倫（Van Buren）源自荷蘭，在美洲的代表人物為美國前總統；奧希金斯（O'Higgins）源自愛爾蘭，在美洲的代表人物為智利獨立運動領袖；杜魯道（Trudeau）源自法國，在美洲的代表人物為加拿大前總理。

25〈柬埔寨大選帶有美國國慶色彩〉（For the Cambodian Vote, a Fourth of July Flavor），《紐約時報》，一九九三年二月十七日。

26 編按：該案為波拉德在一九八四年六月至一九八五年十一月被捕之間所從事的一系列間諜活動，主要向當時的以色列提供極機密的軍事資料。由於以色列是美國的盟友，因而當此案曝光時，也破壞了以、美兩國之間的信任關係。而波拉德本人被捕前，在美國海軍擔任情報分析師，他出身於猶太家庭的背景，讓他一直都對以色列懷有好感。

《根》（*Roots*）所吸引的龐大非黑人觀眾。（最後一集的收看戶數達到令人震驚的三千六百萬戶。）這個節目的拍攝目的在於反駁大熔爐的意識形態，而強調海利的祖先在美國化的過程中仍然維繫了下來的「非洲性質」。《根》的深受喜愛無疑有一大部分是來自於這項可以移植套用的主題。畢竟，許多徹頭徹尾屬於美國人的年輕人——尤其是在一九八〇年代期間——都紛紛遊說大學開設各種族裔研究課程，並且熱切於修習他們的父母經常堅決想要拋棄的語言。這樣的衝動促成了多元文化主義意識形態方案的出現，其中隱含的意義就是十九世紀那種單純版本的美國性質已不再足夠，也不再可以接受。（但有什麼版本是足夠而且可以接受的？美國選舉的參與率已經下滑了很長一段時間，以致在一九九〇年的統計當中，只有將近三六％的合格選民投下選票。）

舉個例子來說，從美國人到亞美尼亞裔美國人再到亞美尼亞人的改變，受到了兩種發展所強化，一是先前討論過的運輸與通訊革命，二是蘇聯與南斯拉夫在不久之前的解體。例如克里夫蘭的斯洛維尼亞裔人口，就比斯洛維尼亞首都盧比安納（Ljubljana）還要多；而在斯洛維尼亞已經成為獨立國家的現在，身為美國克里夫蘭州的斯洛維尼亞裔也就具有更重要的意義。這類族裔性通常與《根》同樣帶有強烈的虛構性質。我們不免會對這種情形感到莞爾：一個波士頓人可能堅持認為自己是「愛爾蘭人」，卻沒有讀過愛爾蘭文學、不從事愛爾蘭運動、不繳愛爾蘭的稅、沒有在愛爾蘭的軍隊服役過、不曾在愛爾蘭的選舉當中投票過，也只有在度假的時候才看見愛爾蘭當今的樣貌。不過，要是想到科克（Cork）的聖派翠克節慶祝活動中有同性戀者參與，但紐約的聖派翠克節活動卻無法感染同樣的熱情，恐怕就讓人笑不太出來了。[27]

歐洲也有同樣的傾向，甚至可能還受到歐洲共同體的經濟整合與勞動力自由移動所強化。法國的民族陣線（National Front）、勒朋（Jean-Marie Le Pen）的運動，以及右翼極端主義在德國的崛起，全都是「族裔化」（ethnicization）進程的跡象。[28] 原因是他們的宣傳主旨，基本上就是在政治民族與假定的原始「族裔」之間畫出一條鮮明的界線。英國的一名黑人就算是出生在英國、從頭到尾都在英國接受教育、在英國繳稅、在英國投票，而且死後也將埋葬於英國，這個人在民族陣線眼中也永遠不可能是真正的英國人。同樣地，在勒朋的想像當中，今天的法國也充斥了外國人，不是仍然帶有阿爾及利亞護照的外來移民，而是政治法國的「非法國人」公民。[29] 因此，我們可以想像他望出火車的車窗外，看到的不是田地，甚至也不是「法國田地」，而是「可惡的法國田地」。種族歧視是這些運動當中非常強烈的元素，但我認為在長期之下，隨著歐洲人更大量移動於歐洲各地，種族歧視的重要性將比不上族裔化。

27 去年，同性戀花車在科克贏得首獎。然而，紐約的古愛爾蘭人會社（Ancient Order of the Hibernians）卻持續擺出同性戀不見容於愛爾蘭人的姿態。實際上，「真正的愛爾蘭」已往西移到了橫越大西洋的一個新地點。（編按：作者這裡指的是一九九二年在科克舉辦的聖派翠克節，其中同性戀遊行隊伍獲得當年遊行隊伍的首獎。然而相隔大西洋的另一地，位於紐約的聖派翠克節官方，卻仍不容許同性戀團體參加遊行，而且恰好就在本書原文出版的前三年，也就是一九九五年，美國最高法院還判決，遊行主權方對於自身不認同的團體有權拒絕加入遊行的行列，兩地對照更顯諷刺。）

28 一九八〇年代晚期的倫巴第聯盟（Lega Lombarda）——現稱北方聯盟（Lega Nord）——雖然嚴格來說並不近似於這些運動，卻也顯示了類似於族裔化的發展，即便是對於一個受到認定的核心民族，也可能帶來加以拆解的威脅。倫巴第聯盟對於南方義大利人的態度總是極盡輕蔑之能事，彷彿他們屬於另一個比較低劣的人種。

29 這方面和十九世紀相比有一項重要的改變。今天，我們有可能要求這樣的人被送回「**他們自己**的民族國家」，但這種合乎天理的家鄉在一百年前還不存在。

我先前討論的所有這些迅速改變所造成的第二種政治後果，則是涉及移民本身。在富裕的後工業國家裡，政治生活的族裔化所造成的其中一項結果，就是所謂的長途民族主義已明顯興起。這種主要指向先前的第二與第三世界國家的政治，從一個不同的方向裂解了古典的民族國家計畫。一個引人注目的例子，就是阿約提亞（Ayodhya）的巴布里清真寺（Babri mosque）在不久之前遭到摧毀的這項重大事件。[30]這起事件導致印度落入了自從印巴分治以來最大的危機。拆毀那座清真寺的行動經過精心計畫，由退休軍警人員進行了大量的預演與訓練，並且受到世界印度教議會（Vishwa Hindu Parishad）的正式資助，該組織「在北美與英國向其支持者募集了鉅額資金」。[31]不消說，絕大多數的那些支持者都是定居在海外的印度人。[32]最堅不妥協而且狂熱支持卡利斯坦（Khalistan）獨立的人士，並不是住在旁遮普，而是在墨爾本與芝加哥經營成功的生意。賈夫納（Jaffna）的泰米爾之虎[33]所採取的暴力抗爭行動，也獲得多倫多、倫敦及其他地方的泰米爾人支持，他們全都透過電腦而由《泰米爾網》（Tamilnet）這個新聞網站連結在一起。[34]想想海外的克羅埃西亞人——不僅在德國，也包括澳洲與北美——所扮演的邪惡角色：他們為圖季曼（Franjo Tudjman）所率領的，脫離南斯拉夫聯邦而獨立的克羅埃西亞，提供金援與武裝，並且促使德國與奧地利對這個新國家政權作出既不週全且影響重大的承認。[35]還有一個不容忽視的例子，則是一名富有的亞美尼亞僑民籌募資金與武器，而確保了該國對亞塞拜然獲得軍事上的勝利。[36]

如果認為長途民族主義必然帶有極端主義的色彩，這樣的想法無疑是錯的。有許多住在菲律賓以外的菲律賓人，就在沒有遭到政治放逐的情況下貢獻心力支持反馬可仕的運動；而且今天的菲律賓經濟，也深深仰賴由波斯灣、義大利、沙烏地阿拉伯、英格蘭、加州、香港、日本與西班

30 編按：巴布里清真寺毀壞事件發生於一九九二年十二月，由一群激進的印度教右翼分子所策畫。傳說巴布里清真寺原址同時也是印度教主神羅摩（Rama）的出生聖地，而事件最終在伊斯蘭教與印度教對聖地爭奪的背景下展開。

31 比德外（Praful Bidwai），〈拆毀寺廟：印度民主身處危險之中〉（Bringing Down the Temple: Democracy at Risk in India），《民族報》（*The Nation*），一九九三年一月二十三日，p. 86。

32 這類人口為數非常多。根據官方統計數據，定居於南亞以外的南亞人將近八百七十萬人。其分布情形如下：歐洲有一百四十八萬兩千零三十四人（其中一百二十六萬人在英國）；非洲有一百三十八萬九千七百二十二人；亞洲有一百八十六萬兩千六百五十四人（其中一百一十七萬人在馬來西亞）；中東有一百三十一萬七千一百四十一人，大多在波斯灣國家裡；拉丁美洲與加勒比地區有九十五萬七千三百三十人（其中七十三萬零三百五十人在蓋亞那與千里達）；北美洲有七十二萬八千五百人（其中五十萬人在美國）；太平洋則有九十五萬四千一百零九人（其中八十三萬九千三百四十人在斐濟）。韋納教授（Myron Weiner）熱心向我告知，這份表格雖是統計海外的南亞人口，主要的外移地區在長久以來卻一直都是在當今的印度國界以內。他也認為這些數字太保守：舉例而言，美國近期的人口調查顯示美國境內的印度人口將近九十萬人。依據他的估計，海外印度人的真實總數應該介於一千一百至一千兩百萬之間。〈南亞僑民研究主題入門〉（Introduction: Themes in the Study of the South Asian Diaspora），收錄於克拉克（Colin Clarke）、皮屈（Ceri Peach）與范托維克（Steven Vertovec）編，《海外南亞人：移民與族裔》（*South Asians Overseas: Migration and Ethnicity*：Cambridge, Mass.: Harvard University Press，1990），p. 2。

33 編按：泰米爾之虎，全名為泰米爾伊蘭猛虎解放組織（Liberation Tigers of Tamil Eelam），是曾以斯里蘭卡東部和北部為據點的一支民族主義武裝組織。該組織活躍年代為一九七六年至二〇〇九年間，成員皆為泰米爾族，擅長游擊戰術，目標為建立一個獨立的泰米爾國家，因此曾對斯里蘭卡政府進行多次恐怖攻擊。

34 見《亞洲週刊》（*Asiaweek*）當中的詳盡報導，一九九六年七月二十六日。

35 一個代表性人物是加拿大公民舒沙克（Goyko Šušak）。在渥太華經營披薩餐廳的他，是一名事業成功的百萬富翁。他在長年來建立了一套龐大的「海外」北美克羅埃西亞人右翼網絡，而利用藉此取得的資金把首度競選總統的圖季曼送上總統寶座，也因此獲得圖季曼的酬庸，而得以當上克羅埃西亞的國防部長（實際上應該說是戰爭部長）。見《紐約時報》在一九九四年一月十六日刊登的精彩訪問。他在五角大廈裡的人脈使他獲得美國退役將領相助，為他規劃閃電戰法而擊敗了米洛塞維奇的部隊。

36 見〈亞美尼亞僑民的復仇〉（Revenge of the Armenian Diaspora），《金融時報》，一九九四年九月十五日。

牙等地的海外菲律賓人匯寄回國的款項。遭到天安門事件打壓的民主運動所獲得的資金及其他支持，也是來自許多不住在中國的中國人，而且他們經常是其他國家的公民。

儘管如此，當今的長途民族主義在整體上還是讓人覺得恐怕是預示了一個充滿威脅性的未來。首先，這種民族主義是資本主義不停加速轉變所有人類社會所帶來的產物。第二，這種民族主義造成了一種嚴肅的政治，但同時又深深缺乏究責性。那些政治參與者極少在自己參與政治的國家裡繳稅；他們不受那個國家的司法制度控制；他們甚至可能也無法在那個國家的選舉中從事不在籍投票，因為他們是別的國家的公民；他們不需要擔心自己可能會遭受逮捕、刑求或者殺害，而且他們的家人也不需要有這樣的擔憂。然而，這些安然居住在第一世界的人口，卻可寄送金錢與槍枝、傳播宣傳訊息，並且建立跨越洲際的電腦資訊網絡，而對這些作為的目標地點造成無可估算的影響。第三，他們的政治和那些爭取全球人權或環保目標的運動不一樣，並非斷續進行，也不是偶然發生，而是深植於他們內心的一種意識，認為自己的放逐是自我選擇的結果，而且他們在電子郵件裡宣稱的民族主義也是自己立足的根據，藉此在自己決定居住於其中的族裔化民族國家裡，形塑自己處境艱困的族裔認同。那些將他們邊緣化並且汙名化的殖民母國，同時也使得他們能夠在一瞬間於世界的另一端扮演民族英雄的角色。

第二部　東南亞：國家研究

SOUTHEAST ASIA: COUNTRY STUDIES

4

黑暗時代與光明時代
A Time of Darkness and a Time of Light

在梭羅（Surakarta）這座古王國首都，最後一位爪哇宮廷詩人朗喀瓦西塔（Radèn Ngabèhi Ronggawarsita）在一八七三年去世之前，寫下了一首充滿絕望的詩，標題為〈黑暗時代之詩〉（*Serat Kala Tidha*）。[1]這首詩的語調可從以下這幾行的內容裡看得出來：

這個國度的光輝，
現已消失不見。
引人為善的教導已崩毀頹圮，
因為模範早已蕩然無存。
學識廣博的詩人，
內心纏繞著滿滿的擔憂，
望著眼前所有的苦難，
只見萬物籠罩於陰暗裡，
世界沉溺在悲慘當中。
國王具有王者的完美無瑕，

1 朗喀瓦西塔，〈黑暗時代之詩〉（[Surakarta]: Persatuan, [1933]）。

首席大臣奉真理為首，
攝政王忠心不二，
低階官員也是傑出的英才，
然而卻沒有人能夠遏止
毀滅的時代來臨……
在這個瘋狂的時代，
加入瘋子的行列令人無法忍受，
苦難的內心充滿悲痛；
但不加入他們的行列，
即不免失去一切，
終致陷入饑寒之中。[2]

若拆開來看，這些詩句都只不過是以平淡無奇的方式表達了爪哇文化的古典主題而已。爪哇民俗傳說與宮廷文學都含有高度俗成化的末世描寫——描述自然界的洪水、地震與火山爆發，以及人類社會當中的饑荒、暴力與道德淪喪。此外，這兩種傳統也呈現長久流傳的黃金時代形象——在那樣的時期當中，宇宙秩序井然，社會運作健全，每個人都稱職扮演自己的角色，階級體系受到維繫，天下一片和諧。根據傳統爪哇思想，[3]世界之所以會擺盪於這兩種時代之間，原因在於統治者是否能夠透過自律無私地獻身於義務之中，而把宇宙的內在力量集中於自己的身上與周圍，以及是否有能力吸引或吸收其他充滿力量的人或物體。統治者愈完美，社會就愈光輝幸福。

我引用的那幾節詩句本身既然如此平淡無奇，那麼我們閱讀了之後為什麼會產生怪異而痛苦的感受？純粹是那些文句非凡的「並置」呈現。因為第二節與第八節屬於「黑暗時代」的主題，而第三節的前四句則是「光明時代」古典形象的核心元素。根據傳統爪哇邏輯，如果「國王具有王者的完美無瑕，首席大臣奉真理為首」，那麼宇宙與社會必然會井然有序。然而，後續的兩句卻顯示了恰恰相反的情形。其中的「parandéné」（然而）這個可怕的字眼，表達了朗喀瓦西塔充滿絕望而且頗不傳統的感受，認為過去對於世界運作的概念已不再適用，宇宙節律已然瓦解，而且爪哇力量也已陷入無能。爪哇人在其歷史上經歷過許多「黑暗時代」，但總是確信終將會出現一位完美的統治者，能夠重新集中力量，而開創一個新的「光明時代」。但在一八七三年，這位臨終的詩人表達了自己的恐懼，擔心眼下的這個「黑暗時代」恐怕永遠沒有結束的一天。[4]

2 我在此處鬆散粗劣地翻譯了第二、第三與第八節。其爪哇語原文如下：Mangkya darajating praja / Kawuryan wus sunya ruri / Rurah pangrèhing ngukara / Karana tanpa palupi / Ponang para mengkawi / Kawileting tyas maladkung / Kungas kasudranira / Tidhem tandhaning dumadi / Ardayèng rat déning karoban rubéda / / Ratuné ratu utama / Patihé patih limuwih / Pra nayaka tyas raharja / Panekaré becik-becik / Parandéné tan dadi / Paliyasing kalabendu . . . / / Amenengi jaman édan / Éwuh ayahing pambudi / Mèlu édan nora tahan / Yèn tan mèlu anglakoni / Boya kaduman melik / Kaliren wekasanipun. 在這裡，「bupati」指的是不具王室血統的高階朝臣。我之所以會注意到這首詩，是因為戴伊（Tony Day）的介紹。

3 拙著《語言與權力》的第一章對於爪哇在傳統上看待力量的概念與形象有更廣泛的探討。

4 十九世紀的爪哇人，隨著荷蘭殖民統治的鞏固而陷入了精神上的整體危機，而朗喀瓦西塔的文字也許就是對於此一危機最尖銳也最明確的表達。不過，其他許多文本則是以比較含蓄的方式傳達同樣的感受。比較以下這兩部文本的三十五年後的一九〇八年五月二十日，在殖民地首都巴達維亞，一小群爪哇青年學生成立了一個組織，稱為至善社（Budi Utomo）。在當今的印尼，每年的五月二十日被訂為民族覺醒日。日本籍的東南亞史家永積昭對於此一組織初年的精闢研究，從其書名《印尼民族主義的黎明》[5]——黎明代表了從黑暗到光明、從沉睡到清醒的過程——就可以看到其適切性。永積昭與當代印尼人談到一九〇八年五月二十日時，都採用這種比喻式用語，而這並不是刻意要造成時代的錯亂。看看本世紀初有多少報紙和期刊的名稱裡帶有耀眼光芒的意象！[6]卡蒂妮（Radèn Adjeng Kartini）著名的書信集《從黑暗到光明》（*Door Duisternis tot Licht*），也帶有同樣的象徵印記。[7]

我們該怎麼理解這種意象的變化？有些學者傾向於認為這點象徵了從傳統到現代的轉變，彷佛「行走在黑暗中的人看見了明亮的光芒」。舉例而言，范尼爾（Robert Van Niel）寫道：

> 在西化學校的氛圍裡……爪哇的年輕人發現了一種不同於他們在自己的故鄉環境中所知的生活。這樣的不同不僅在於實體環境裡，而且更加重要的是在心理環境裡：我們可以用只有些微不盡精確的方式將其概述為科學理性態度與神祕泛靈論態度的差別。[8]

從這個觀點來看，至善社代表的純粹就是印尼最早試圖以西方（現代）方式因應殖民狀況的一項嘗試。儘管至善社的名稱本身其實比較帶有爪哇而不是印尼的色彩；儘管其成員在族裔上僅限於克利弗·紀爾茲所謂的「內印尼」（Inner Indonesia），在社會上也僅限身居博雅易（priyayi）地位的學生與官員；[9]儘管其正式目標不包含政治獨立；[10]但其結構的新穎性卻似乎清楚地標誌了風格與主題，可以讓我們獲得啟發：一部是十九世紀前的一部重要文本，稱為《爪哇國土史》（*Babad Tanah Jawi*），另一部是古怪但典型屬於十九世紀的詩，稱為《蓋陀洛可傳》（*Suluk Gatholoco*）。《爪哇國土史》以平淡樸實的文字講述前殖民時代的爪哇歷史當中的血腥事件；《蓋陀洛可傳》主要描述一項想像中的神學辯論，一方是幾名「阿拉伯化」的爪哇穆斯林，另一方則是一名「爪哇」伊斯蘭教的擁護者，其外形為一根四處遊走而進行哲學思考的陰莖（「gatho」意為陰莖，「ngloco」意為自慰），雙方沒有發生暴力衝突。不過，詩中使用的文字華麗猛烈得令人難忘。

5 永積昭，《印尼民族主義的黎明：至善社初年，一九〇八－一九一八》（*The Dawn of Indonesian Nationalism: The Early Years of Budi Utomo, 1908-1918*：Tokyo: Institute of Developing Economics, Occasional Papers Series no. 10，1972）。

6 在南恩（Godfrey Raymond Nunn）的《印尼報紙聯合目錄》（*Indonesian Newspapers: An International Union List*：Taipei: Chinese Materials Research Aids Service Center, Occasional Series no. 14，1971）所列出名單裡，一九〇〇－二五年間的印尼報紙約有二五%都在其名稱裡至少帶有以下其中一個字眼：「matahari」（太陽）、「surya」（太陽）、「bintang」（星星）、「nyala」（火焰）、「suluh」（火炬）、「pelita」（燈）、「sinar」（光芒）、「cahaya」（光輝）、「api」（火）以及「fajar」（黎明）。其他報紙的名稱則是帶有「muda」（年輕）、「baru」（新）與「gugah」（覺醒）等字眼。

7 這個書名其實是由卡蒂妮的編輯艾本達儂（Jacques Henry Abendanon）所取，他在她去世之後於一九一一年出版了這部書信集。不過，他與「覺醒」運動關係密切，也支持這項運動，而他挑選的這個書名正合乎那樣的背景。見希爾蕊．紀爾茲（Hildred Geertz）為卡蒂妮，《爪哇公主書信集》（*Letters of a Javanese Princess*：New York: Norton，1964）所寫的引言，尤其是pp. 15-16，23。（編按：卡蒂妮於一八七九年四月二十一日出生於印尼中北部的一個貴族家庭。由於自小好學，家庭氣氛也開明，故她父親允許她在家自學。透過閱讀書籍，引發她對歐洲女性主義思潮的興趣，也讓她開始構思爭取印尼女性平權的可能。即使她二十五歲便香消玉殞，但是對於推動印尼女性受教權益卻功不可沒。印尼政府也將四月二十一日訂為婦女節，以紀念卡蒂妮。）

8 范尼爾，《現代印尼社會精英之形成》（*The Emergence of the Modern Indonesian Elite*：The Hague: van Hoeve，1950），p. 173。

9 「內印尼」指的是爪哇、峇里與馬都拉等島嶼以及其「印度化」的人口。「博雅易」指的是官員與文人等傳統爪哇上層階級。實際上，至善社的創始成員完全都是爪哇裔。見永積昭，《印尼民族主義的黎明》，p. 39。

10 關於這些目標的細節，見同上，pp. 157-60。

與過往的斷裂。如同范尼爾所言：「出現在印尼社會當中的至善社，是一個由眾多個人聯合以自由而有意識的努力，所建立的組織。」[11] 由其計畫、分部、支持群眾、報告和聚會看來，至善社似乎沒有本土的先例，而是一顆隨風飄送的種子，從中長出了印尼民族主義運動。[12]

印尼的作家如果通常不願接受范尼爾的這種心理與教學法的二分觀點，那麼他們也發展出了屬於他們自己的二分觀點，並立基於道德、政治與世代之上。這點可以見證於普遍受到使用的種種對比，包括「maju / kolot」（進步／落後）、「muda / tua」（年輕／老邁）以及「sadar / masih bodoh」（覺醒／依然無知）等。[13] 在這兩種觀點當中，至善社都被人視為意識根本轉變的核心。然而，這種轉變仍有許多晦澀難解之處。以下就是闡明這些難解之處的一項初步嘗試。

※

至善社由巴達維亞的本土醫生培訓學校[14]當中的醫學院學生所創立，領導者是一名十九歲的東爪哇少年，名叫蘇托莫（Soetomo）。他後來成為他那個世代最著名的一位民族主義領袖。范尼爾寫下的這句話也許稍有些微的誇大：「在一九二〇年代形塑印尼人生活的人物當中，恐怕沒有一個人比他更重要。」[15] 不過，在一九二四年於泗水創立印尼讀書會、一九三〇年創立印尼民族黨（Partai Bangsa Indonesia），接著又在一九三五年創立大印尼黨（Parindra）的蘇托莫，在獨立前的印尼無疑是政治上的一位核心人物。[16] 他在一九三八年去世之時，成千上萬的民眾都為他哀悼，認為他是印尼人民的忠誠僕人。[17] 身為荷屬東印度最先進西式學校的一名成功畢業生，他在本世紀的頭二十年可以被視為進步（maju）、年輕（muda）與覺醒（sadar）的典範。[18] 蘇托莫也在偶然間成為第一位寫下類似於自傳著作的印尼名人，也就是廣為人知的《回憶》——其原文書名「Kenang-Kenangan」，也可以譯為「回憶錄」，但比較貼切的翻譯應是「回憶」。因此，我們也就可以合理認為，

11 范尼爾，《現代印尼社會精英之形成》，p. 57。字體強調為我所加。

12 就是這種明顯源自西方的組織新奇性促使部分西方學者把印尼（以及東南亞）的民族主義解讀為從西方引進的產物，並且認為這種民族主義始於西式組織的成立。（例如一九〇六年在仰光成立的佛教青年會，就經常被視為是緬甸民族主義運動的起點。）參照布萊恩・哈里森（Brian Harrison），《東南亞簡史》（*Southeast Asia, A Short History*，London: Macmillan，1954），pp. 236-7。

13 舉例而言，西托魯斯（Lintong Mulia Sitorus）在他的著作《印尼民族主義運動史》（*Sedjarah Pergerakan Kebangsaan Indonesia*，Jakarta: Pustaka Rakjat，1951）當中寫道：「直到十九世紀末以前，有色人種都還在沉睡，而白人則是忙著占據每一片田野。」（p. 6）。

14「School tot Opleiding van Inlandsche Artsen」，簡稱「STOVIA」。

15 范尼爾，《現代印尼社會精英之形成》，p. 224。

16 關於這些政黨的細節，見普魯維葉（Jan Meinhard Pluvier），《一九三〇至一九四二年間的印尼民族主義運動發展概觀》（*Overzicht van de ontwikkeling der nationalistische beweging in Indonesië in der jaren 1930 tot 1942*，The Hague: van Hoeve，1953）。

17「五萬人跟隨著他的棺木，這位愛民者的身影長存於深深受惠於他的大眾心中。蘇托莫的確是一位非凡的人物，是歷史已有數十年的民族運動當中最高尚的領袖之一。」柯赫（Daniel Marcellus Georg Koch），《良好的平衡：古東印度群島人物》（*Batig Slot: Figuren uit het oude Indië*，Amsterdam: De Brug/Djambatan，1960），p. 145。關於蘇托莫一生的標準概述，見蘇帕蒂，《蘇托莫醫生的生平與奮鬥》（*Dr. Soetomo—Riwajat Hidup dan Perdjuangannja*，Jakarta: Djambatan，1951）。

18 這是永積昭提出的評斷，《印尼民族主義的黎明》，p. 34。關於本土醫生培訓學校的演變細節，以及其課程與全體學生的性質，見范尼爾，《現代印尼社會精英之形成》，p. 16。

研讀這部「自傳」也許能夠提供線索，讓人知道身為「覺醒」世代的一員具有什麼意義，以及當時最歷久不衰的政治人物，在那一代人的心目中是怎麼認知過去、現在與未來，又是怎麼把它們連結起來。[19]

不過，在探究《回憶》之前，我們可以先提醒自己蘇托莫一生中的主要事實。他在一八八八年七月三十日出生於額佩（Ngepèh）這座村莊，鄰近於東爪哇的岸朱（Nganjuk）。[20]他的外祖父是一名富裕的村莊首領（kepalang），曾在內政部（Binnenlandsch Bestuur）服務過。他的父親是一名出色的教師與行政人員，晉升到了區長（wedana）的階級——而「區長」在當時是非出生於貴族的bupati家庭裡的爪哇人所能夠膺任的最高官階。[21]蘇托莫在六歲以前由外祖父母撫養，接著被送到邦義爾（Bangil）的一所荷蘭語小學（ELS）就讀。他的入學時間大概是在一八九五年，而當時在整個荷屬東印度就讀這種小學的印尼人不超過一千一百三十五人，由此即可看出他享有多麼優渥的教育背景。[22]一九〇三年，主要在他父親的堅持下，他進入了本土醫生培訓學校就讀，當時他十四歲。他在二十二歲那年的一九一一年畢業，而依據當初入學的合約規定，這些醫學院的畢業生必須在爪哇與蘇門答臘若干地點擔任政府醫生。一九一七年，他在派駐於布洛拉（Blora）的期間結識一名喪夫的荷蘭護士，而娶她為妻。兩年後，他獲得機會前往荷蘭繼續修習醫學，直到一九二三年才返回家鄉。到了那個時候，他已頗有名氣，而得以被選為泗水議會的議員。不過，他在不久之後就辭掉這項職務，而成立了一九二〇年代第一個也是最有名的政治「讀書會」。從那時開始直到他在一九三八年去世為止，他都全心投入於民族主義政治。[23]

以上就是蘇帕蒂（Imam Supardi）所寫的平實傳記，並根據傳記簡化蘇托莫生平的概要。蘇托莫的「自傳」在哪些面向上與此一輪廓相對應呢？幾乎沒有。舉例而言，其中幾乎完全沒有提及他在創立了至善社之後的三十年間於政治上得到的成功或失敗。只有在順帶提到的內容裡，我們才有機會得知他的政治活動——例如他以充滿同情的語調談到他們住在荷蘭的時候，他的太太必須不斷做菜招待如流水般不斷來到他們家作客的學生。[24]這部自傳的結構頗為怪異，也沒有依循蘇托莫的人生曲線進行敘述。頭四十八頁都在講述他的父母與祖父母，最後的五十七頁則是在講述他的同學（還有政治上的同志）、他的太太，還有幾名家族僕人。只有中間的三十頁具體談論了他自己的人生——而且這段內容乃是以他在巴達維亞就學的時期作結。

19 關於印尼自傳的討論，見薛爾（Savitri Scherer），〈和諧與異議：爪哇的早期民族主義思想〉（Harmony and Dissonance: Early Nationalist Thought in Java，M.A. thesis, Cornell University，1975），pp. 188-9。關於印尼傳記與自傳的個別研究，見薛爾對於蘇托莫、基普托．曼根庫蘇摩（Tjipto Mangoenkoesoemo）與德宛達拉（Ki Hadjar Dewantara）的探討；阿巴達拉（Taufik Abdullah），〈米南佳保人的現代化：二十世紀頭數十年的西蘇門答臘〉（Modernization in the Minangkabau World: West Sumatra in the Early Decades of the Twentieth Century），收錄於霍特編，《印尼的文化與政治》（*Culture and Politics in Indonesia*，Ithaca, NY: Cornell University Press，1972），pp. 179-245；穆雷查克（Rudolf Mrázek），〈陳馬六甲：一名政治人物的經驗結構〉（Tan Malaka: A Political Personality's Structure of Experience），《印尼》（*Indonesia*），14（一九七二年十月），pp. 1-48；以及列格（John D. Legge），《蘇卡諾政治傳記》（*Sukarno: A Political Biography*，New York: Praeger，1972）。

20 因此，他與胡志明還有緬甸的第一任總理巴莫博士幾乎是完全同時代的人。

21 進一步的細節請見薛爾，〈和諧與異議〉，pp. 191-200。此處的「bupati」指的是爪哇的傳統地方貴族。

22 同上，p. 30。

23 蘇帕蒂，《蘇托莫醫生》，pp. 2-8。

24 蘇托莫，《回憶》（Surabaya: n.p.，1934），pp. 118-19。

在一段敬告讀者的文字以及一篇簡短的序言裡，蘇托莫稍微解釋了採取這種書寫架構的原因：

如同本書引言中所提，作者撰寫這本回憶之書的目的，乃是希望順應若干人的要求，讓他們知道我的人生故事【riwayat】。在本書裡，我沒有以最平鋪直敘的方式陳述我的人生故事，[25]原因是如同引言裡提到的，由我撰寫我自己的故事並不恰當。【因此，】我只針對若干與我的人生有所關聯的人士，陳述他們故事裡的若干摘要內容【pungutan】；如此一來，從那些人的故事摘要裡，即可窺見我的故事……[26]長久以來，我已收到來自各方的請求，希望我寫下自己的人生歷史（biografie）。尤其是在我自己的團體內，更有不少人提出這樣的要求。此外，也有一些記者提出同樣的要求。不過，我全都予以拒絕，原因是我認為一個人如果尚未回歸永恆【belum pulang ke zaman yang baka】，那麼他的人生就不該被寫為歷史；換句話說，那個人的人生圖像還沒有完成……[27]於是，我採取另一種做法，藉此讓我能有充分機會向我的祖先以及其他幫助過我的人致意，[28]從而使我自己的 lelakon 能夠獲得揭露。[29]爪哇人有一句俗語：kacang mangsa ninggal lanjaran，意思是說一個人的子孫永遠不會拋棄他的性情，所以從我描述祖先的性格當中，讀者即可輕易瞭解我真正的性格。[30]作者希望……這本回憶錄……可以用來比較過往【zaman dahulu】與當下【masa sekarang】的狀況。[31]

《回憶》裡有些比較重要的主題，已經呈現於這些平實的說明文字裡，而這段文字也值得在我們進一步探究這部文本之前稍加評論。

首先，引人注意的是，儘管西方學者習於把《回憶》稱為自傳，蘇托莫自己卻從來不曾用過這個字眼，也沒用過任何與此同義的印尼文詞語，因為他提及自己長久以來一再拒絕別人希望他撰寫自身「傳記」的請求。然而，《回憶》絕非一般意義的傳記。即便在他詳細描寫自己的祖先之時，我們讀到的也不是他們的傳記，而只是從他們的「故事」裡陳述一些「摘要」內容。蘇托莫

25 在現代的印尼語當中，「penghidupan」與「kehidupan」這兩個詞語的意義雖然頗為不同（也許分別代表「人生形態」與「人生」），蘇托莫在這段文字裡卻似乎將這兩者當成同義詞。

26 同上，封面內裡。

27 同上，p. 3。蘇托莫以括號加上「biografie」這個荷文詞語，彷彿不確定他的印尼讀者是否能夠理解「人生歷史」是什麼意思。

28 讓我們比較另一名同為爪哇人的印尼領袖所說的話——共黨總書記蘇迪斯曼（Sudisman）在一九六七年判處他死刑的特別軍事法庭上發表的辯護中指出：「我是個出生於爪哇的共產主義者，因此我有義務依照爪哇人的習俗在離開前說：首先，matur nuwun，我感謝所有在奮鬥過程中幫過我的人」（蘇迪斯曼，《責任分析》〔*Analysis of Responsibility*〕，班納迪克・安德森譯〔Melbourne: The Works Cooperative，1975〕，p. 24）。

29 「Lelakon」是個極度難以翻譯的爪哇詞語。有時候，這個詞語的意思大概包含了「命運」、「角色」、「人生目標」以及「道德責任」。

30 蘇托莫，《回憶》，p. 4。這句俗語的字面意義為：「豆子怎麼可能拋棄豆稈呢？」此處譯為「性格」的「tabi'at」一詞，也可譯為「本性」。

31 同上，p. 6。

沒有把這些祖先人物放在逐漸成熟的個人或歷史脈絡當中。他們出現在無法得知確切時間的事件裡，唯一的例外——我們將會看到——是「zaman dahulu」與「masa sekarang」的重要標記。

我認為，我們如果要理解這種寫作方法，就必須先清楚知道現代西方傳記與自傳的本質與假設。這兩種文學形式基本上就是關於「人」與「歷史」的相互作用。「歷史」是一套用來理解人與社會演變的全球性、線性的框架。「人」則是體驗此一「歷史」並且參與其中的主觀個體。因此，研究一個人的生平，即是研究他如何朝著自己的歷史角色前進，以及如何融入這種角色當中。父母與祖父母如果出現在這種著作裡，功用即是在於闡釋形塑出那個「人」的社會、經濟與心理背景——或是一條起跑線，用於評判他在即將來臨的比賽當中的表現。於是，這類文本的根本動向乃是遠離祖先而移向「個人」。這類文本就像是畫布上的油畫一樣，藉著不斷添加一筆一筆的色彩，而終究形成一個出人意料的整體——也就是最後完成的藝術作品。

我認為《回憶》的寫作方法則是比較類似於古典雕塑——也就是在石頭或其他原料的偶然形體當中發現一個基本的形象。在「kacang mangsa ninggal lanjaran」這句民間俗語當中，隱含的是另一種對於人與時間的認知方式，非常不同於西方傳記或自傳當中的那種典型觀點。如同我們將會看到的，《回憶》當中的歷史不是為人生賦予實質意義的畫家，而是一種偶然，是讓人在其中找尋基礎本質的石頭原料。蘇托莫描寫他父母的那些內容，目的不在於呈現這位民族主義領袖是從什麼樣的社會與心理環境當中起身面對他的命運，而是要揭露「豆子」在找尋回家的路途上所尋求的「豆稈」。實際上，他向我們呈現的就是他祖先的性格（本質），而他的人生就是朝著那個方向前進。這種旅程追求的不是個人成就或歷史獨特性，而是團圓與認同。就是在這種意義當中，蘇托莫才能藉著呈現他祖先的本質，而邀請對他的歷史角色相當熟知的讀者看出他真正的本質。[32]在歷史時間如此不定的情境中，時序的重要性必然不高；我認為這就是為什麼蘇托莫自己的人生以及他祖先的人生在《回憶》當中會呈現得如此零碎、片段而且缺乏焦點。[33]

其次，《回憶》當中帶著哀傷的整體筆調也是從一開始就已確定。在基本草稿寫成之後不久，他心愛的妻子即告去世，而蘇托莫為了她而在最後一刻添加的獻詞，則是簡短而充滿悲痛。他也悼念了另外兩名他最仰慕的人士：一人是他的朋友根納萬・曼根庫蘇摩（Goenawan Mangoenkoesoemo），根納萬的哥哥基普托・曼根庫蘇摩說他們的交情要好得就像是「wayang」（木偶）與「dhalang」（操偶師）一樣親近；[34]另一人是他的父親——他指出，父親去世是他突然竄起成為至善社領袖的關鍵因素。不過，這種哀傷筆調的根源比失去親友的經歷更深刻。我認為

32 這點也同樣適用於出現在《回憶》裡的其他人物。其中有些人在少數幾個場合中似乎出現了改變——例如蘇托莫充滿抱負的母親經由痛苦的經驗而發現官方職務不一定會帶來快樂。不過，蘇托莫明白指出真正的「她」完全沒有改變。她只是對世界的本質拋棄了一些幻想而已。同上，p. 25。

33 這方面最引人注目的一點，就是《回憶》絲毫沒有提及東南亞人在二十世紀初年所經歷的三項「震撼世界」的事件：亞洲的日本在一九〇五年令人震驚地打敗歐洲的俄羅斯；一九一四年爆發第一次世界大戰；還有一九一七年的布爾什維克革命。相對之下，印尼後來的其他回憶錄幾乎全都緊密連結於不斷前進的世界史。舉例而言，見夏赫里爾（Sutan Sjahrir），《擺脫放逐》（*Out of Exile*），沃爾夫（Charles Wolf, Jr.）譯（New York: John Day，1949）；辛蒂・亞當斯（Cindy Adams），《蘇卡諾自傳：由辛蒂・亞當斯記述》（*Sukarno: An Autobiography as Told to Cindy Adams*；Indianapolis: Bobbs-Merrill，1965）；以及沙斯特羅阿米佐約（Ali Sastroamidjojo），《人生旅途上的里程碑》（*Tonggak-tonggak di Perjalananku*；Jakarta: Kinta，1974）。

34 據傳基普托在根納萬去世之時說道：「這下子，蘇托莫失去了他的 dhalang。」蘇托莫，《回憶》，p. 95。

這樣的哀傷衍生自前引蘇托莫序言的最後一段，在該段以及整本《回憶》裡一再顯示於「*zaman dahulu*」與「*masa sekarang*」的對比當中。在書中的部分段落裡，我們似乎可以明白看出這些「時代」之間的對比本質，儘管我們可能看不出其間的轉換時間點。蘇托莫記錄了他在額佩詢問村民過往的日子是什麼模樣：「村民回答：『先生，什麼都比不上魯拉．卡吉（Lurah Kadji，蘇托莫的祖父）的時代。』差別在哪裡？『**在那個時候**，在魯拉．卡吉的時代，所有人都【受到魯拉．卡吉的】絕對禁止，不得把土地租給【製糖】工廠。』」[35]他這麼描述他祖父的教育：

> 他的父親相當富有，曾經是那裡的首領。因此，**若以他的時代來看**，他其實接受了足夠的教育。他被送往一所又一所的*pesantrèn*，[36]哪裡有著名的老師就往哪裡去。我的祖父因為這樣四處移動，所以擁有相當寬廣的觀點。根據別人所言，他是在塞潘姜（Sepanjang，鄰近泗水）的*pesantrèn*才獲得廣泛而充足的*ilmu*。[37]**在那個時候**，還沒有*sekolahan*。[38]除了背誦古蘭經以外，他還學會了讀寫爪哇語和馬來語，並且研習*ilmu falak*【天文學】，這門學問解釋了星辰與月亮的運行。他還學習*ilmu kebatinan*[39]與*ilmu kedotan*（這種知識可以讓人遭刺的時候不會受傷，遭到毆擊也不會感到疼痛）[40]……在我祖父的時代，年輕人非常喜愛運動與藝術（*kunst*）。如果有人不會騎無鞍馬，不敢站立在馬背上，就不算男人。如果有人不會拉弓射箭，不會使長矛，就不算男人。舞蹈與*nembang*【古典爪哇歌唱】是懂得自重的年輕人必須要有的藝術能力，*rampok harimau*則是廣受大眾喜愛的運動。[41]

蘇托莫還這麼描述他祖父招待客人的方式：「若以**那個時代**來看，對於我祖父向他的工人招待荷蘭琴酒的做法就不會感到意外。除此之外，在**那個時代**，雖然眾人已開始覺醒【sadar】，也開始有了羞恥心【malu】，我的祖父卻還是會在許多場合上向客人招待鴉片……在古時候【zaman kuno】，抽鴉片是崇高地位與奢華的象徵。」[42]

我原本認定那兩個「時代」如果不是對應於兩個歷史時期，就是對應於「傳統」與「現代」；但這些描述的模稜兩可，卻使我不敢再那麼確定。[43]蘇托莫從頭到尾不曾對他祖父接受的教育表

35 同上，p. 13。字體強調為我所加。

36 「Pesantrèn」是傳統的爪哇伊斯蘭教學校。一如其他地方，蘇托莫在這裡也是先寫出爪哇語的字眼，再翻譯成印尼文給他的非爪哇語讀者看。

37 這段文字的語義相當重要。蘇托莫總是以「ilmu」這個帶有高度敬意的「深邃」詞語（顯然是由爪哇語的「ngèlmu」翻譯而來）指涉「傳統」爪哇與伊斯蘭學問。這個字眼是指：總是「真實」或者本體為真的知識。就我所知，他從來不曾使用這個字眼指涉在荷蘭學校裡學到的東西。

38 「Sekolahan」是荷蘭語的「學校」一詞經過本土化演變而成的詞語，並沒有特別的弦外之音。蘇托莫在此處的簡短指涉令人難以確定他對這些西化學校的態度。我們也許會認為這句話應是與「沒有人把土地租給糖廠」平行。

39 「Ilmu kebatinan」——內在的知識——是傳統爪哇宗教學習的最高形式，西方人通常稱之為「爪哇神祕主義」。

40 蘇托莫，《回憶》，pp. 10-11。

41 同上，p. 12。「Rampok harimau」是「rampog macan」這個爪哇語字眼的印尼文翻譯，指的是一種由黑豹或老虎與一群武裝男子搏鬥的運動。

42 同上，p. 17。字體強調為我所加。譯為「崇高地位」的詞語是「kebangsaan」，通常意為「國籍」或「種族」。我猜這個詞可能是誤植，而正確的詞語應該是「kebangsawanan」（高尚階級）。

43 但必須注意的是，從我們的歷史觀點來看，所謂的「古時候」必然大略相當於朗喀瓦西塔的黑暗時代。

達懷舊的嚮往或者鄙夷，只有「若以那個時代來看」這個難以捉摸的句子。荷蘭琴酒是爪哇進口自荷蘭的舶來品，鴉片可能也是，至少在大規模上是如此，但這兩者在這裡都呈現為「zaman kuno」（古時候）的象徵。[44]此外，文中也沒有明白顯示「sadar」與「malu」之間的關係（這是這兩個字眼出現在《回憶》裡的罕見時刻）。到底是社會革命？政治發展？文化啟蒙？還是希爾蕊·紀爾茲描述的那種從「durung Jawa」（尚非爪哇人、未覺醒、不懂得羞恥）到「wis Jawa」（身為爪哇人、已覺醒、懂得羞恥）的轉變，從爪哇兒童身上轉而套用在整個爪哇社會上？[45]

蘇托莫生動描寫了自己對於他的祖父行使的村莊正義所感到的不自在，而這項事件正好最能看出過去與現在的含糊關係。他的祖父會把村裡犯了過錯的人綁在pendhapa（這是首領的住家前方一種沒有牆壁的棚子）的柱子上，就這麼綁上幾天。「我成年之後，已受到穆爾塔圖里（Multatuli）[46]的著作影響——他是為我們的人民爭取並保護權利最首要的擁護者——於是問我祖父，是什麼力量【kekuasaan】賦予他這樣的權利，讓他膽敢以這種方式懲罰村民。」[47]在這裡，我們也許會預期他做出傳統與現代、舊與新的對比。不過，故事接下來的發展方向卻出人意料，因為祖父解釋說自己採取的懲罰方式其實已是經過「改革」的結果——以前，罪犯都是被送去城鎮裡的監獄。在他的觀點中，那些罪犯服刑之後通常會變得比較堅強，所以他就創造了一種新式的當地司法系統，以便將那些罪犯留在村莊社群裡。蘇托莫以這段文字作結：「所以，我雖然沒有辦法同意他的立場，卻可以理解我的祖父為什麼建立了這些規則。因此，我雖然已經受到新思潮【aliran baru】的影響，對他的尊敬之心卻絲毫沒有減損，尤其是如果以他的時代來看的話。」[48]

蘇托莫提及自己受到穆爾塔圖里以及頗為模糊不清的「新思潮」所影響，是《回憶》裡提到「新思想」的極少數例子。不過，我們在這裡並沒有強烈感受到他暗示這種思想是一種發展或者進步。成年的蘇托莫純粹只是在一開始並不理解祖父的改革而已。他沒有支持他祖父的行為，也沒有堅持「新思潮」才是正確。我們只是單純感受到某種道德立場上的不對稱分離而已。站在自身道德立場上的蘇托莫，學會理解祖父以及保有對他的尊敬。不過，他的祖父對於自己的良好判斷力深懷自信，卻沒有以同樣的態度回應他。[49]

這種相連與分離的圖像在《回憶》裡一再出現。祖先仍然是「有所成就」的獨立人物，完全展現並且代表了他們的祖傳性質。他們如果吵架，就像蘇托莫的祖父與父親所受到描述的那樣，也是以毫不反諷又具有代表性的方式吵架。[50] 對於自己的兒子應該踏上什麼樣的職業道路，父親

44《蓋陀洛可傳》裡那個陰莖樣貌的主角，就被描寫為鴉片的忠實吸食者。

45 希爾蕊．紀爾茲，《爪哇家族：親屬關係與社會化的研究》（*The Javanese Family: A Study of Kinskip and Socialization*；Glencoe: The Free Press，1961），p. 105。

46 他指的是殖民地著名的權威反抗者戴克爾（Eduard Douwes Dekker；一八二〇—八七年），在一八五九年以筆名穆爾塔圖里（意為「我吃了許多苦」）出版了一本深具自傳色彩的小說，書名為《馬格斯．哈弗拉爾》（*Max Havelaar*）。這部小說尖銳抨擊了十九世紀殖民政府的不義，以及受到殖民政府籠絡的爪哇統治階層所表現出來的殘暴與貪腐，結果大為轟動，並且在東印度促成了一場改革運動。

47 蘇托莫，《回憶》，p. 13。

48 同上，p. 14。字體強調為我所加。

49 蘇托莫呈現了一個與穆爾塔圖里形成鮮明對比的形象。最令那名荷蘭人感到憤怒的其中一件事，就是權高勢大的本土官員所施行的個人（獨斷）「正義」。

50 見下述，p. 144。《回憶》裡的相關篇章在pp. 66-8。

反對岳父的觀點，但理由完全就事論事，認為對方的觀點在實際上與道德上都是錯的。這兩個人因為這樣的爭吵而分離，卻又以填滿他們同根的血肉這種具體方式連結在一起。蘇托莫作為他們的下一代，不僅在「性質」與「性格」上與他們緊密聯繫，而且是以一種古怪而且疏離的新方式看待這種「聯繫性」。他沒有說他祖先的觀點「錯」了，原因正是他認為那些觀點沐浴在「時代」當中。蘇托莫與父祖的分開，正是在此概念的層次上：他認為自己和他們置身於不同的時代。而他們之間的「連結」，則是在這種複數化了的感受覺知上。在這裡，可以見到一個全新的「觀看自我」(watching self) 的跡象，拉開人與文化之間的距離。此外，看起來也彷彿像是蘇托莫著手建構一種「有關傳統的觀念」。畢竟，傳統歸根究柢不就是一種在分開中找連結，但不重蹈覆轍的認知方式嗎？因此，「zaman dahulu」(過往) 與「masa sekarang」(當下) 的差別可能比較不在於歷史時期，而是在於不同的意識狀態。

另一方面，我們如果要窮盡「zaman dahulu」一語的意義，就必須將其和「zaman」這個詞的其他用法放在一起互相比較。舉例而言，蘇托莫認為比較好的做法應該是「在我脫離匆匆流逝的時間【zaman yang fana】之後」再由別人撰寫他的人生故事；[51]也就是說一個人的歷史不該在他回歸「永恆的時間【zaman yang baka】」之前受到書寫。[52]他一再指出，在這個匆匆流逝的時間裡，「任何快樂或痛苦都不會永久持續」。[53]在另外一段文字裡，他則是使用了「旋轉的世界」這個老意象。[54]這些用語中當然存在著某種帶有傳統爪哇色彩的東西，但光是強調這一點並不足夠。更重要的是這些用語和「zaman」的其他用法之間的新關係。在傳統的爪哇思想當中，一個人的人生動態和宇宙的動態之間可以說是存在著一種自然的和諧性。轉動的輪子是一種移動與靜止、啟程與回歸的意象。普世時間的形式即是創造與毀滅，接著又是再次的創造與毀滅。[55]人誕生在這個匆匆流逝的時間裡，度過一生，然後就像蘇托莫說的那樣，「回歸」永恆的時間。循環就此完成，於是另一個世代再度展開新的循環。因此，對於傳統爪哇人而言，生命就是朝著死亡移動，而就某種意義上來說，成為爪哇人即是學習隨著這種移動的韻律而活。[56]

明白可見，蘇托莫瞭解並且接受這樣的時間概念，亦即時間可以是稍縱即逝，也可以是永恆不滅。實際上，在這樣的概念裡，那兩者之間的區別凌駕於其他一切區別之上。就此一意義而言，他是傳統爪哇人。不過，他也在西式醫學院接受過教育，在那樣的學校裡，達爾文主義是宇宙的基礎，死亡則是被視為失敗。[57]在這種意識模式當中，宇宙不再是循環運轉，而是往上以及向前移動；此外，死亡也不是「回歸」，而是一個人真正的終點。因此，蘇托莫完全暴露於進步西方

51 同上，p. 4。
52 同上，p. 3。
53 同上，p. 7。
54 同上，p. 22。
55 見拙著《語言與權力》，第一章，尤其是pp. 33-5。
56 我清楚記得我在雅加達的音樂老師，他是他那個世代數一數二傑出的古典音樂家，但隨著他意識到自己的人生即將走到盡頭，他就開始逐漸捨棄自己的財物與家庭責任。我無法想像比這更加柔和而堅定的行為。
57 關於達爾文主義概念在二十世紀初於爪哇造成的衝擊，見達姆（Bernhard Dahm），《二十世紀印尼史》（*History of Indonesia in the Twentieth Century*；New York: Praeger，1971），p. 30；永積昭，《印尼民族主義的黎明》，pp. 45, 53, 185（n. 80）。

思想的那種根本性分離——把歷史視為物種的發展，生命則是個體的腐朽。《回憶》顯示他不僅受到「新思潮」(連同一切伴隨著這個字眼的反諷）影響，而且是在兩種極為不同的時間概念當中看待這種思潮——從而在其中發現了一個記錄的自我。

在《回憶》的核心部分，蘇托莫的人生來到了與當今所謂的民族史交會的部分——也就是至善社的成立。蘇托莫對於自己人生的敘述，首先是提及他在額佩的祖父家中所度過的六年快樂時光。而這一段的特點在於兩個互相對比的主題：村莊生活的基本和諧性，以及蘇托莫自己在這種生活中的破壞性粗魯行為。村莊生活的和諧性非但不是以後來許多印尼民族主義領袖所認為的那種方式傳達，也不是陳述那樣的和諧還有其背後的意識形態與文化基礎，而是以一種特殊的方式浮現。這種方式不僅帶有典型的爪哇色彩，又令人不禁聯想起印尼最偉大的作家帕拉莫迪亞的作品。以下是蘇托莫對於村莊裡一項重大活動的描述：

> 到了 sambatan 的時候——也就是請求眾人協助執行一項需要許多人力的計畫——有一場非常盛大的招待會舉行於我祖父家中的 pendhapa。數十人在那裡被招待食物，所以寬廣的 pendhapa 裡擠滿了人。廚房裡也滿是工作人員，忙著服務那些享用著食物的人。Sambatan 通常舉行於眾人在稻田裡工作的時候。在 sambatan 期間，稻田上都滿是歡欣不已的村民。數十人肩併著肩，犁田耙土。「嘿，嘿，嘿」或者「呀，呀，呀」這類用於叫喚公牛或水牛的呼聲此起彼落。那些人一面工作一面唱著〈tembang〉與〈uran-uran〉，[58]使得看見以及聽到他們歌聲的人都感到滿心喜悅。

由這種喜悅與歡樂所影響而成的氛圍，不只人類受到了吸引，也不只人類能夠體驗得到。公牛與水牛也彷彿分享了這種喜悅，而共同參與在〈tembang〉與〈uran-uran〉那旋律悠揚又歡樂的樂音當中。公牛與水牛以穩定的步伐緩慢前進，一面拖著犁與耙，一面反芻著食物。有時候，為了驅趕停留以及爬行在牠們身體上的蒼蠅，牠們會左右搖晃帶有長角的頭，並且甩動尾巴。在鞭子的劈啪聲之下，公牛與水牛雖然備受蒼蠅騷擾，還是不斷前進，惦記著並且履行牠們的任務。看著這樣的祥和景象，有誰不會在內心感受到這種清新的平靜狀態，覺得一切都靜謐怡人？而面對這樣的情景，還有什麼好奢求的呢？也許就是因為這種感覺，因為這種自然與生物的安祥與和睦，所以農夫才會難以改變本性，亦即熱愛這種平靜與祥和的本性。他們在十一點左右停止工作之後，pendhapa裡就擺出了成排的米飯、盤子與水壺，等待眾人前來進食。人群湧向pendhapa的聲響相當喧鬧……我經常坐在pendhapa裡其中一個人的大腿上，面對著各種竹盤以及裝滿了檳榔與菸草的木托盤，內心歡悅不已，原因是我聆聽著那些正在進食的人所說的笑話。每個人一旦吃飽之後，就一個接一個到我面前來領取屬於他們的份額——一顆伴隨配料與菸草的檳榔。只要是認識我或是比較大膽的人，就會帶著和善的表情與歡笑，而藉著撫摸我身上那個不適合在此處提及的部位逗我玩。在這種情境當中，誰會不覺得快樂，誰會不懷著滿心的愛而希望與那些農夫同為一體？[59]

58〈Tembang〉是傳統爪哇歌曲，〈uran-uran〉則是民俗歌謠。
59 蘇托莫，《回憶》，pp. 15-16。

我的玩伴是薩迪敏（Sadimin）與堅格（Tjengek），他們在當時都是少年。他們一起負責藉著吹笛子照顧我。堅格是個失明的男孩，但他卻似乎從來沒有心情低落的時候，隨時總是歡欣愉快地開著玩笑。只有在他吹笛子的時候，發出的樂音才會令人感到害怕而悸動，彷彿盼望著某種永遠無法企及的願望。[60]

這段描述當中最引人注目的一點，就是其中充滿了聲響而不是話語。話語也許受到間接提及，例如堅格的笑話，但我們完全不曉得其內容為何。除了沒有意義的話語之外，[61]其他話語都沒有必要轉述，原因是快樂的感受（以及堅格的痛苦）都來自於純粹的聲音。和諧的形象正是被這種聲音與意義之間的毫無區別所傳達。（唯一「破壞」了這種和諧的是成年的蘇托莫，因為他藉著書寫文字而試圖捕捉那種無法由言語捕捉的東西。）

相較之下，蘇托莫對於童年的自己則是以絲毫不顧形象的方式加以描寫。他深受寵溺，可以任意操弄他的祖父母，而總是樂於向他們抱怨他的叔伯與姑姑，再看著那些長輩遭到訓斥落淚。[62]「我覺得自己極度調皮，像國王一樣為所欲為，而且以相當霸道的方式……對待我身邊的人。」[63]後來他開始上學之後，則是「極為揮霍、目中無人，而且以騙取父母的錢為傲。我總是謊稱需要買書或外套而要求爸媽給我額外的錢，但實際上卻是拿去買零食招待我的朋友或者其他人」。[64]他喜歡打架，對於課業很懶惰，而且經常在考試當中作弊。[65]他嫉妒自己的弟弟，因為他認為爸媽比較偏愛弟弟。有一次，他因為對這樣的偏心深感痛苦，而騎車衝進樹林裡，忍不住流下憤怒與自怨自艾的淚水。[66]他以前也常偷東西。[67]童年的他只有一個面向讓成年的他在事後回顧起來能夠予以肯定——也就是對不公正感到憤怒並且一心想要加以對抗。[68]但整體而言，他筆下描寫的這個人物明顯帶有爪哇人最不認同的特徵，也一點都不像他以各種不同方式描述為認真、勤奮、具有遠見、充滿責任感以及富有「深度」的祖先。毋需懷疑，他對童年自我的描寫必然有部分的真實性，而且小時候的蘇托莫的確是個備受溺愛而且令人頭痛的孩子。不過，引人注意的是他竟然如此詳細描寫自己的不良行為。[69]如同後續將會明白看到的，重點絕對不是蘇托莫這個「人」的發展演進，如何從調皮的孩子變為廣受敬重的民族領袖。

如同先前提過的，蘇托莫在進入本土醫生培訓學校就讀之前，曾被送到邦義爾的一所荷語小

60 同上，p. 58。比較帕拉莫迪亞的〈私生子〉（Anak Haram）這則優美的故事，收錄於其著作《來自布洛拉的故事》（*Tjerita dari Blora*，Jakarta: Balai Pustaka，1952），pp. 227-62。

61 例如「嘿」與「呀」等用來呼喚公牛左右轉的叫聲。

62 蘇托莫，《回憶》，p. 55。

63 同上，p. 56。

64 同上，p. 68。

65 同上，p. 65, 68。

66 同上，p. 64。

67 同上，pp. 61-2。

68 同上，p. 65。關於這一點另見下述，p. 141。

69 這項強調將在後續受到完整討論，見pp. 144-7。這一切可以在另一部自傳裡見到令人驚奇的平行內容，也就是緬甸領導人吳努（U Nu）的自傳，《週六的兒子》（*Saturday's Son*），U Law Yone譯（New Haven, Conn.: Yale University Press，1975）。在第一章「熱血的青年」（Flaming Youth）裡，吳努興高采烈地描述自己在年輕的時候經常說謊、作弊、偷竊、造訪妓院，而且偶爾還會吸食古柯鹼與鴉片。但在這個例子裡，我相信作者是刻意要與佛陀的人生結構做出對應。

學接受教育。在邦義爾，他住在一個舅舅的家裡。對於人生中的這段時期，他為我們提供了兩個主要的回憶。第一個回憶是他從這位舅舅身上學到的東西，而且他向讀者介紹這位舅舅的方式頗為奇特。蘇托莫寫道：

【他】這個人吃喝的方式非常奇怪，睡覺就更不用說了……【他】極少以近似於一般人的方式進食，而且睡覺主要都是睡在一張擺在地板中央的椅子上。所以，我受到伊斯蘭化【diselamkan：亦即割除包皮】之後，就因為他的教導而認為吃飯吃到覺得肚子飽是一件可恥的事情。在那個時候，我一天通常只吃一餐，而且總是會刻意不讓自己感到飽足。我的舅舅教導我，人如果發現自己正在吃的東西非常美味，就應該停下來，而不能繼續吃下去。此外，我每個晚上都必須踏出屋外至少兩次，而且他也要求我必須學習掌控【berkuasa】自己的思緒。思緒必須收到引導，就像我內心的欲望一樣。為了達到這個目的，我每天晚上都必須帶著平靜的心思望向西方、東方、北方與南方，而且天與地也不能受到忽略。在那個時候，我並不完全瞭解這種種做法的目的。不過，我要是不履行這種義務，就會覺得自己的思緒顯得不潔而混亂；向前、向後、向左、向右，還有向上、向下眺望的動作，則是會讓我的心感到清新。[70]

這段文字值得注意之處不是那個舅舅的行為，因為他的行為對於一位奉行「爪哇神祕主義」文化的爪哇「博雅易」而言其實相當正常。值得注意的反倒是蘇托莫竟然把這樣的行為描述為奇怪——接著卻又指出自己後來對這種行為習以為常。我猜想我們應該以兩種方式理解「奇怪」一詞：一方面是舅舅的行為看在年幼的蘇托莫眼中頗為奇怪，原因是他在當時「尚非爪哇人」；另一方面是現在的「觀看自我」因為記錄內在自我（batin）在許久以前經歷過的體驗而感到的奇怪感受。

蘇托莫的邦義爾歲月引人注意的第二個面向，則是他講述了自己在那所菁英小學（sekolahan）當中的活動：「我的老師還有荷蘭同學從來沒有羞辱過我——恰恰相反。不過，我要是聽到有人對別的爪哇學生說出辱罵的字眼，例如penthol[71]或者『爪哇鬼』——我就會覺得自己的耳朵像是著了火一樣。此外，如果有任何不公正【tidak adil】的情形，我也會採取行動，所以我在那所學校也就經常和同學打架。我從來沒有打贏過，因為荷蘭學生都比我的朋友高大強壯，所以能夠輕易把我打倒。」[72]這段描述頗為平鋪直敘，但這卻是蘇托莫在《回憶》裡首度提到自己的優點，儘管語氣中也許帶有挖苦的意味。讀者在先前的篇章裡已經得知，蘇托莫父親的本性當中有一個根本面向，就是對於正義（keadilan）的關注。[73]因此，我們可以說年輕的蘇托莫已開始逐步趨近於祖

70 蘇托莫，《回憶》，p. 65。這段文字的後半段很難確認該怎麼翻譯，因為印尼文沒有自然的標記能夠顯示時態。蘇托莫在此可能是同時指涉過去與現在。

71「Penthol」是個粗俗的爪哇詞語，意為「白痴」或「笨蛋」。即便到了今天，也還是可以聽到非爪哇人吐出這個字眼。

72 蘇托莫，《回憶》，p. 65。

73 在許多生動的例子裡，最動人的也許是蘇托莫描述他父親看待女性的「超現代」態度。他想要讓女兒接受良好荷蘭教育的想法極為「進步」，以致他的鄰居不禁懷疑他搞不好已經成了基督徒！「晚上工作結束之後，他經常會把女兒們一一抱到大腿上，或是緩慢低聲吟唱著〈tembang〉哄她們。他也經常會提及我們的同胞對待女性的不公正

先的特質。不過，他也特地指出自己沒有受到荷蘭老師或同學惡待，而是「恰恰相反」。必須注意的是，他這麼說並不是在吹噓自己深受荷蘭人接納，[74]而是要顯示爭取正義必然不能摻雜個人利益（pamrih）。[75]在爪哇傳統當中，個人追求正義不是為了自己，而是忠於個人的darma（義務）。這則故事因此具有雙重意義：一方面顯示他對於殖民社會的種族不正義產生愈來愈高的（社會學）意識，而後來激烈的民族主義運動即是由此而生；另一方面則是顯示了一名「深度」的爪哇人已開始成形。

描述了自己與荷蘭學生的衝突之後，蘇托莫接著寫到他放假返回額佩的生活。回到他祖父的家，即是「享有調皮與玩樂的自由。我在那裡深受寵溺與誇獎，以致我覺得自己真的是個與眾不同的孩子」。[76]然而，他接下來記錄的事情卻是自己害怕閃電打雷的這種再尋常也不過的恐懼。暴風雨一旦來襲，他就會跑到祖母身邊，把頭鑽進她的懷裡。但在這種時候，他的祖父總是會拉起他的手，以「溫柔體貼」的嗓音對他說：「*Lé, kowé aja wedi karo bledhèg. Kowé rak turuman Ki Ageng Séla, mengko bledhèg rak wedi dhéwé.*」蘇托莫為他的非爪哇人讀者將這句話翻譯如下：「孩子，[77]不要怕閃電。你難道不是塞拉的子孫嗎？以後一定是閃電會怕你。」蘇托莫指出：「由於他話語中的堅定信念，我於是逐漸不再害怕打雷與閃電，不論其聲音有多麼嚇人。」[78]

緊接在蘇托莫遭到荷蘭學童打敗之後的這段記述，很難不讓人認為是在影射印尼人對於荷蘭人的反抗，「不論其聲音有多麼嚇人」。不過，我們另外也可能會注意到這裡的勇氣來自於回憶——對於個人起源的回憶。人的長大，乃是朝著源頭成長。

接著，在一個標題為「我為什麼遵從父親的願望」的段落裡，[79]蘇托莫說明了他進入本土醫生培訓學校就讀的原因。他描述了自己的父親與祖父為了他的未來而起的激烈爭執。他的祖父一心希望蘇托莫當上高官，而敦促年輕的蘇托莫拒絕父親要他上醫學院的期望。他的父親則是受夠了本土官員所遭遇的種種挫折與羞辱，而不希望自己的兒子落入同樣的下場。蘇托莫為自己為什麼遵從父親的願望提出了兩個原因，而且頗為令人意外的是，還明白指出這兩個原因分別在什麼年齡產生效果。在八歲那年，他幼小的心靈對於本土醫生培訓學校學生的白色制服產生憧憬，覺得那樣的制服比政府官員所穿的黑色服裝看起來神氣得多。第二個原因則是「發生」在他十三歲左

【ketidakadilan】態度。」同上，pp. 48-9。

74 與此相對的一個例子，是蘇托莫之後那個政治世代的領袖人物哈尼法（Abu Hanifah）。他以殖民者那種自鳴得意的態度描述自己獲得荷蘭人的完全接納，而不像他的朋友與同學那樣遭到排擠，原因是他對荷語以及西方人的生活方式所擁有的理解勝過其他人。哈尼法，《革命的故事》（*Tales of a Revolution*，Sydney: Angus & Robertson，1972），pp. 39-40。

75 關於爪哇人對「pamrih」的觀點，見拙著《語言與權力》，pp. 51-3。

76 蘇托莫，《回憶》，p. 66。注意他在此一道德情境裡對於「kemerdékaan」（自由）一詞——後來一個世代的印尼人對於這個詞語視如珍寶——奇特的負面用法。

77 「Lé」大概沒有辦法翻譯。這個詞由「kontholé」（他的陰莖）簡化而成，是爪哇人用來稱呼小男孩的親暱用詞。爪哇民俗傳說指出，閃電曾經想要攻擊擁有法力的塞拉（Ki Ageng Séla），結果那位智者抓住閃電，而將其緊緊綁在身旁的一棵樹上。後來，啜泣的閃電承諾永遠不會再擊打塞拉的後代子孫，才因此獲得釋放。這些後代子孫——也就是爪哇人——將會由他們別在帽子上的毒樹葉子而受到辨識。直到今天，有些爪哇村民只要在打雷的天氣身在戶外，還是會別上這樣的樹葉。

78 蘇托莫，《回憶》，p. 66。如同先前提過的，令蘇托莫感到驚奇的是對於話語的信念，也就是話語的聲音比意義更重要。

79 同上，pp 66-8。

右的時候：

那時候，我爸爸是草埔（Glodok）的助理區長。有一次，我正好在家，結果我爸爸必須在清晨搭乘一輛bèndi前往馬格丹（Magetan）。[80]早上四點左右，我媽媽就已經坐在炭火前烤著早餐要吃的麵包，我和我弟弟也都醒了。我們看到爸爸從他的房間裡走出來，身上已經穿著正式服裝，站在我們面前自言自語地埋怨著在內政部擔任博雅易的人所處的地位【derajat】……由於我爸爸一直嘟囔不休，我於是問他：「爸爸，那你為什麼要做這個工作？」他立刻回答了我的問題：「我如果不做這個工作，你們會有麵包和奶油可以吃嗎？」[81]我當時還不懂「korban」這個字眼的意思，但我內在深處的自我【batin】聽到這個字眼，就對我爸爸深感尊敬。「我對你們只有一個要求，」我爸爸接著說：「我希望我的孩子長大以後絕對不要成為內政部的博雅易。」[82]

在這個段落裡，我們看到的蘇托莫仍是個「還不懂」（belum mengerti）的孩子——也許值得一提的是，他從來沒有利用這個片語指涉他後來接受的西式教育。不過，此處的敘事其實比那起事件更引人注意。我們雖然可以確定蘇托莫的父親「在歷史上」乃是以爪哇語對兒子說話，但他的話語在此處卻是以印尼文寫出。[83]此外，我們還可以看到「korban」這個字眼引起了蘇托莫的注意——但這個詞語卻沒有出現在他父親說的話裡面！就一方面而言，我們可以明白看出這是怎麼一回事。蘇托莫在自己的記憶裡必定是以爪哇語回想著父親的話，而且其中很可能包含了「ngurban」一詞。「Ngurban」是爪哇語當中帶有深邃道德與情感的一個詞語，意思是為了達成某個重大目標或者幫助身處匱乏的人而有所犧牲。這樣的概念正呼應了蘇托莫在邦義爾的那位舅舅對他的教誨。[84] 因此，年幼的蘇托莫注意到了一個自己還不懂的字眼，一個自己還沒有「知覺」的字眼，但後來卻因為懂得這個字眼而得以「成為爪哇人」。不過，這裡的奇怪之處乃是在於語言之間的落差。他寫下的印尼文句，未能呈現出其中影射的那種道德交流——實際上，那樣的道德交流也是主要在爪哇語的情境裡才有意義。蘇托莫在先前如果把他祖父的話語翻譯為印尼文，那麼現在他也許是在無意間採取了相反的做法，從印尼文回歸爪哇語。這也許就是為什麼他沒有明白指出自己學到的教訓。蘇托莫可能是對他父親的犧牲有所理解，所以才出於感恩與尊敬之情而同意就讀醫學院，不去擔任「內政部的博雅易」。或者是「ngurban」這種觀念的暗示——亦即為了某種更重大的目標而引導自己的思緒和渴望——使得他決意進入這麼一所學校就讀，而從此將他徹底排除於舊爪哇官員菁英以及傳統地位階層體系之外。

接下來的段落陳述了本土醫生培訓學校的歲月，而進一步描寫了作者骯髒、調皮、懶惰又揮霍的性格。他對什麼事情都不認真，因為他要是遭到退學，祖父一定會非常開心，而且反正他的

80「Bendi」是兩輪馬車。在爪哇的部分鄉下地區，這種兩輪馬車直到今天都仍然是地位的象徵。

81 奇特的是，蘇托莫並沒有特別強調他們吃的這種歐式早餐。畢竟，這種早餐在十九世紀末的茉莉芬（Madiun）當地的爪哇世界裡必定相當罕見。

82 蘇托莫，《回憶》，pp. 67-8。

83 蘇托莫引述他父親的話語總是採取這樣的寫法，但他祖父的話語則都是先寫出爪哇語，再翻譯成印尼文。

84 見他講述自己的祖父如何藉著長期禁慾苦修而贏得地位比他高的妻子的芳心。同上，p. 11。另參照《語言與權力》，pp. 24-5。

父母無論如何都會供養他。[85]他幾乎完全沒有提到西式課堂裡的狀況，只談及各種幼稚的惡作劇。不過，這個段落卻以這段深具意義的文字作結：「我雖然還是揮霍、頑固又調皮，但在我爸爸離開人世而投入永恆的時間【zaman yang baka】之前的一年左右，我才突然瞭解到自己在課業上也能夠不必抄襲（nurun），並且因此知覺到【kesadaran】抄襲是一種可恥的事情。」[86]

乍看之下，這點似乎頗為直截了當：一個懶惰的男孩終於發現作弊是不好且幼稚的行為。然而，我認為其中涉及的元素還不只如此。蘇托莫使用的語言，尤其是「nurun」與「kesadaran」等字眼，顯示了兩種不同的複雜性。他先是利用「meniru」（模仿，抄襲）這個印尼詞語給了我們一個提示，然後再以括號加上「nurun」這個衍生自爪哇的詞語。[87]一方面，這點似乎清楚影射了現代化即是對於西方的「模仿」，而這正是蘇托莫那一代的印尼領袖念茲在茲的問題。[88]蘇托莫在一九三〇年代的讀者看到「抄襲是一種可恥的事情」這句話，必定會從殖民經驗的角度加以解讀。這段小小的課堂情節使用了「kesadaran」這個早期民族主義思想的關鍵詞，就顯示了這項敘事背後更大的意義。另一方面，我們不該忘記「turun」的觀念在爪哇文化當中所帶有的重要性。身為真正的「turunan」（後代子孫）意指不拋棄祖先的本性或特質。趨近於這種本質的模仿，是爪哇人道德世系的核心。[89]我們早已看到，在蘇托莫至今為止所接受的教育裡，最重要的部分就是他學會模仿自己的祖父、舅舅以及父親。因此，針對他受到雙重教育所帶有的相反方向，以上引述的段落為我們提供了一個深具意義的形象，由「模仿」在荷蘭語和爪哇語當中互相對立的意義作為象徵。在荷蘭人的課堂上，「不模仿」就表示「模仿」荷蘭文化，換句話說即是認真吸收荷蘭人的價值觀；但這麼做又隱含了不模仿爪哇傳統，因為爪哇傳統讚揚模仿。此外，這點也預示了民族主義的解方——藉著不模仿自己的祖先而模仿他們。藉著成為良好的印尼人而成為良好的爪哇人。

最後，我們終於來到蘇托莫的《回憶》當中的道德核心，也就是他稱為「本性改變」【Perobahan Perangai】的段落。[90]其內容相當簡單，但是出人意料，而且也許是為了額外強調，因此實際上講述了兩次。蘇托莫已習於抄襲比較用功的同學所寫的作業。後來有一天，老師向全班提出了兩個問題——一個是代數的問題，另一個是物理的問題。蘇托莫看到沒有人主動回答，就連最聰明的同學也默默坐在位子上，於是一時興起而舉手回答，結果「訝異」地發現自己竟然多多少少知道正確的答案。他把這項突然發現的能力放在一個奇特的情境當中：「學校的校長在我們班施行一套新制度，堅持數學必須重新教過，好讓學生能夠持續運用智力……讀者應當要知道的是，我們班在這之前所上的課都不需要發揮什麼智力，只要有足夠的記憶力【geheugen】就行。」[91]在此處

85 蘇托莫，《回憶》，p. 69。

86 同上。

87 這是《回憶》裡極為罕見的一個例子，蘇托莫先是使用一個印尼文詞語，然後再以爪哇語加以「解釋」，而不是採取反過來的做法。把「nurun」解讀為藉著模仿而作弊的意思，似乎是頗為晚近才從爪哇語流入印尼語當中。舉例而言，在波瓦達爾敏達（Welfridus Joseph Sabarija Poerwadarminta）的標準《印尼語大辭典》（*Kamus Umum Bahasa Indonesia*；Jakarta: Perpustakaan Perguruan Kementerian P.P. dan K.，1954）當中，就找不到這個意思的解釋。

88 我認為這種觀點可以受到這個段落在文本中安排的位置所支持——就在蘇托莫的「本性改變」之前。見下述，pp. 147-50。

89 不論在當時還是現在，模仿都是傳統爪哇教學法的一項核心工具，包括在舞蹈學校與pesantrèn都是如此。

90 蘇托莫，《回憶》，pp. 69-73。

91 同上，p. 70。注意這裡所使用的荷語用詞——「intellect」（智力）與「geheugen」。其中暗示了西方人與爪哇人對於人

的敘事當中，教學法的改變連結於蘇托莫的發現：「『嘿，』我心想：『原來我也有頭腦。』」換句話說，荷蘭人的課程一旦不再只是背誦與模仿，蘇托莫就察覺到了自己的特質與能力。[92]「從那時候開始，我就羞於再抄襲【nurun】別人的作業。」[93]蘇托莫就是以這種對於羞恥的知覺——這樣的表現即可說是「成為爪哇人」，只不過是在西式課堂的情境裡——展現自己的本性已然改變，所以他現在可以寫道：「在我父親離開我的大概兩年前，他臉上的神情才顯示出他對我有些期望。這點可以理解，原因是我的本性在那時候開始改變。直到那個時候之前，我向來都是依賴別人過活。」[94]

大約在那個時候，他與父親的關係所帶有的性質也開始改變。他寫信回家不再只是為了討錢，而是在與父親往來的書信當中討論弟妹應當接受什麼樣的教育。「我父親開始逐漸看重我，而我則是更為親近於他的**內在自我**。在這種幸福的狀況下，我家人的美好發展充滿了希望，而且當時的時代【zaman】也充盈著光輝的理想，我卻猝不及防而且出乎意料地在一九〇七年七月二十八日收到一份電報，得知了我父親的死訊。」[95]

鑒於蘇托莫先前曾經提到自己和父親的感情並不親近，[96]因此他描寫自己喪父次日的心情，讀來可能會讓人覺得頗為奇怪。

> 誰能夠感受到當時纏繞在我心上的苦惱？[97]只有那些和我處在類似情境裡的人才有可能感受得到。就算在那個時候——更遑論是現在——我也無法描述我心中的苦惱與黑暗；而我最親近的朋友雖然對我的哀傷感同身受，卻也無法撫慰我。我想到我母親的生活，想到我的弟妹在我父親去世之後的生活。他們就像是失去了保護傘，失去了他們倚靠的支柱，失去了一切，失去了他們

發展茁壯所需的一切前景和基礎。我們到底做錯了什麼？上帝是公正的嗎？……我父親在那時去世對我而言帶有這樣的意義：我彷彿遭到了懲罰，而且是一項出乎意料並且極度嚴厲的懲罰，令我喪失尊嚴、深受羞辱，以及其他種種……我覺得別人對待我還有我家人的態度都變了。他們畢恭畢敬的話語、慷慨的姿態、委婉的語氣，以及有些熟人對我們的和善關懷，感覺都不真誠，而只是表面工夫——這都是我父親去世所造成的影響。[98]

前來悼慰家屬的人經常竊取他父親的物品、對他的債務說三道四，並且擅自猜測他為子女留

格的組成元素懷有極為不同的觀點。比較先前提到的「batin」，還有以下將會談到的「budi」，p. 156。

92 模仿的矛盾現象所出現的進一步複雜化。

93 蘇托莫，《回憶》，p. 71。但蘇托莫又接著指出，由於他深深明白那些被視為「蠢材」的學生有多麼可憐，於是開始經常幫助他們的課業，並且允許他們抄襲他的作業（p. 72）。這樣的做法彷彿是說，作弊如果是以正當方式提供，就不涉及個人利益（pamrih）的問題。

94 同上，p. 69。

95 同上，p. 74。字體強調為我所加。

96 「直到我父親去世之前，我和我父母的關係，以及我對他們的愛，都不是非常親密深厚。我和父母相處並不是很自在，所以我對他們說話都使用高級爪哇語【bahasa kromo】。此外，我對他們的感受也比較不是愛，而是尊敬（eerbied）。在那個時候，我愛的對象只有祖父與祖母」（同上，p. 63）。

97 這句話在文法上似乎有些問題。蘇托莫寫的是「tiada merasai」（感受不到），但此處的意思應該只需要寫「merasai」即可。

98 同上，pp. 74-5。

下了多少財產。「所以我覺得煩惱又痛苦、深感羞辱、覺得尊嚴遭到剝奪、覺得自己像是在大庭廣眾下被人剝個精光……在這個深沉悲痛的時期，在這個太陽彷彿不再閃耀的時刻，只有我的祖父和舅舅能夠減輕我內心的重擔。」[99]在學校，他徹底改變了自己的行為：他不再揮霍、調皮以及懶惰——而且改變之大造成了他與朋友之間因此產生隔閡。「於是，我的人生就此改變。在夜裡，星星與月亮成了我的朋友，幫助我集中注意力【mengheningkan cipta】，使得身為長子的我能夠盡到我的責任……[100]我的思緒和情感從此與我所處的環境脫離，尋求另一條發展道路，朝著另一個方向追求可讓它們開花結果的機會。」[101]

這時候，蘇托莫成了這個遭遇變故的家庭當中的家長，而必須負起由此帶來的責任。不過，在他對於那段時期的描述當中，引人注意的是他對於外在與內在（lahir與batin）所帶有的新觀點，以及他記錄自己體驗到的與世界的分離。[102]這樣的分離為一個結局鋪下了道路：《回憶》當中雖然描寫出這個結局，但是卻預示於前引的段落當中。現在的蘇托莫尋求與父親「相會」，並且致力於善盡家庭與傳統的道德責任。[103]不過，他將會藉著「找出另一個方向」而做到這一點。

五個月後，在一九〇七年底的雨季開始之際，瓦希丁・蘇迪羅胡索多醫師（Wahidin Soedirohoesodo）抵達了巴達維亞。他長期致力於籌募資金以協助聰明的爪哇年輕人接受西方教育，這時則是到巴達維亞來稍事休息。在他停留於這裡的期間，他到了本土醫生培訓學校向學生發表演說。以下是蘇托莫對於這次會面的描述，而至善社即是因此而在幾個月後誕生：

> 與瓦希丁・蘇迪羅胡索多醫師會面之後，他平和的神情、充滿智慧的姿態和語調，以及他說

明自身的理想之時所表現出來的信念，都讓我留下了深刻的印象。他悅耳又平靜【爪哇語：sarèn】的嗓音啟發了我的思想與精神，並且為我帶來新的理想以及一個新的世界，感覺似乎能夠撫慰我受傷的心靈。與瓦希丁醫師談話，聆聽他的目標……消除了那些僅限於我自身需求的一切狹隘感受與目標。人會因此變成另一個人，覺得自己活躍不已，全身上下都在顫抖，視野因此開闊，情感因此昇華【halus】，理想因此美好……簡言之，人會感受到自己在這個世界上的最高義務。[104]

99 同上，p. 75。

100 同上，p. 76。「Mengheningkan cipta」（在爪哇語當中為「ngeningaken cipta」）意指為了讓內在自我集中注意力而進行冥想的行為。在這裡，蘇托莫應用了邦義爾那位舅舅的教誨。

101 同上，p. 78。

102 這點可見於他對鄰居的話語及其意義之間不一致所提出的描述。與這種不一致性形成對比的，是蘇托莫對於額佩的sambatan所提出的陳述（見前述）以及他對瓦希丁醫師的感受（見下述）之間的高度一致性。

103 這段陳述也許近似於爪哇偶戲的一項基本主題：也就是年輕主角與父親的分離，以及為了找尋父親而經歷的漫長旅程。最深切分離的時刻發生在那名鍥而不捨的年輕人僅與一名富有智慧的導師（瓦希丁醫師？）身在森林裡，而藉著冥想尋找完成這場追尋之旅的方法。他的深度專注造成了「gara-gara」，也就是宇宙的翻騰（至善社的成立？）。偶戲的結尾通常是由失落許久的父親肯定主角是他真正的子孫（turunan）。關於這項主題，見芒古尼伽羅七世（K.P.G.A.A. Mangkunagara VII），《論哇揚皮影偶戲及其象徵與神秘元素》（*On the Wayang Kulit (Purwa) and Its Symbolic and Mystical Elements*），霍特譯（Ithaca, NY: Cornell University, Southeast Asia Program Data Paper no. 27，1957），pp. 11-16。

104 蘇托莫，《回憶》，pp. 80-81。一如往常，蘇托莫在這段文字裡也從荷語或印尼文轉向爪哇語以表達他內心的細微感受。值得注意的是，最後一句話的句法——從「我」轉變為「人」（這是我對「orang」一詞的拙劣翻譯）——表達了對於自我與個人利益的揚棄，也可能是從蘇托莫自己一個人轉為整體的爪哇男孩聽眾。

《回憶》的自傳部分就在這裡結束，蘇托莫才十九歲，而且至善社也還沒成立。這本書後續的內容記錄了蘇托莫身邊的人所做出的服務，包括他的朋友、僕人，尤其是他的妻子。從這些內容裡，我們可以多少推論出他下半生的樣貌，但那不是這本書的焦點所在。我想，從蘇托莫的觀點來看，必要的重點早就已經說完了。

在他的眼中，他的人生如果是線性發展，如果是與世界的運轉呈現某種平行的狀態，那麼一九〇七至〇八年的政治事件就只是一個起點。不過，我認為我們現在應該已經可以明白看出他認為自己的人生進展具有另一種不同的形態，比較不是帶有我們所謂的政治色彩，而是道德色彩。為了更清楚說明這種形態，也許應該把焦點轉向蘇托莫自己在其他地方使用過的一個詞語：「lelakon」，意為人生中受到指定的進程，介於義務（darma）與命運之間。發生於一九〇七至〇八年間的事件——失去父親以及找到瓦希丁醫師，離開家人而找到自己的導師——反映了爪哇男人的人生進程，也就是從kesenangan（享樂）轉向kewajiban（責任），從kenakalan（調皮）轉變為kemuliaan（卓越），從模仿轉變為樹立榜樣。[105]

在這樣的聯想當中，最引人注意的乃是以下這兩者之間的奇特連結：一邊是蘇托莫記錄自己因為會見瓦希丁醫師而湧現的強烈情緒，幾乎有如生理反應，而且因為視野獲得巨幅開展而有飄飄然的感受；另一邊則是他對於瓦希丁醫師本身的描述。我們瞥見的不僅是一位極度傳統而且堅定的爪哇紳士，[106]而且又被帶回一個統合的世界裡，其中的視覺、聲音與意義再度相互疊合。「平和」、「悅耳」、「平靜」——蘇托莫對於瓦希丁醫師的樣貌與聲音所使用的描述字眼，就是他先前用於描述額佩的村莊生活、描述古時候（zaman kuno）的生活圈所使用的字眼。當時「尚非爪哇人」的他是個破壞性元素，而現在成為爪哇人的他，則是重新加入了父祖的行列。

然而，如果說他找到了自己的 asal（源頭），那我們讀到的就並非只是一名爪哇人長大的簡單故事而已。傳統的瓦希丁為年輕的蘇托莫帶來了「新的理想以及一個新的世界」。這些新的理想和這個新世界是什麼呢？是范尼爾書寫的西方科學與理性主義嗎？在這問題上，蘇托莫受到的教育早已遠勝於那位年老的醫生。就讀過荷蘭語小學和本土醫生培訓學校而且精通荷蘭語的蘇托莫，遠比他的啟發者更接近西方人構思的那個「新世界」。因此我認為實際上是這樣：蘇托莫——可能也包括其他同樣出身自本土醫生培訓學校的人——在瓦希丁身上看到了一個榜樣，發現不必模仿也能夠進入殖民西方世界的方法；在更深的層次上，則是得知了如何以不模仿的方式模仿自己的祖先、如何在個人已不再生活於爪哇傳統的情況下仍然不必捨棄爪哇傳統，以及如何讓觀看自我

105 比較朗喀瓦西塔的〈黑暗時代之詩〉最後兩個部分，標題分別為「必要之語」（Sabda Tama）和「普世之語」（Sabda Jati）。

106 在緊接於前面的一個段落裡（p. 80），蘇托莫轉述了瓦希丁告訴他的一則有關他自己的故事。在一個他希望召集一場會議以募集獎學金基金的地方，荷蘭副駐紮官充滿敵意，以致於當地的博雅易雖然想要參加，卻不敢出席。於是，瓦希丁走進那名荷蘭人的辦公室（句法在這時改變，敘事者從瓦希丁改為蘇托莫）靜靜站著，直到副駐紮官抬頭看他。他裝出敬畏的模樣，俯伏在那名荷蘭人的桌子底下，擺出深表敬意的 sembah 姿勢，並以最謙卑的用語對他說話：「副駐紮官因此 sabar【冷靜了下來】，而且他的表情在那一刻變得和善並且帶有微笑。副駐紮官對他說：『醫生，你追求的目標應當獲得最大的支持。你最好可以在一場會議上發言，好讓我所有的官員都能夠聽到。』於是，這個原本打算阻擋這項目標的副駐紮官，反倒幫助【瓦希丁醫師】獲得高度注意。」這起事件的輕微反諷，就像是為了達成崇高的目標而不惜接受屈從的地位一樣，都是典型的爪哇特色。

與內在自我（batin）達成一致。朗喀瓦西塔以無能的王者之完美這種嚴格的矛盾修辭呈現黑暗時代。王者的完美無暇（ratu utama）原是光輝爪哇的象徵，現在卻已不再可信。然而，瓦希丁卻證明了形容詞有可能和名詞脫鉤，而且這麼做甚至是必要之舉。一旦脫鉤之後，其意義的重點就從我們所謂的政治效能轉為道德投入：簡言之，就是完美的道德能力（budi utama）。此外，這種道德投入是任何人都可以承當的——也包括爪哇青少年在內，尤其是自己的名字裡結合了「su」（卓越）與「utama」（完美）的蘇托莫。[107]

可是，究竟是對什麼投入？在爪哇的舊傳統當中，王者的完美無瑕就表示對於王者權力的投入。集中的權力造就了豐饒、繁榮，以及社群的和諧。社會福祉是權力對自身的投入所產生的副產品。[108]可是，王者權力一旦受到證明無能為力，那麼副產品即可立刻成為中心目標。

只要看蘇托莫終其一生抱持的觀念，就會發現一套前後極為一致的語彙和表達方式。舉例而言，他幾乎從不使用奠基於西方社會學的政治概念。[109]在蘇卡諾那一整個世代——不論是保守派還是激進派——的政治語言當中占有核心地位的馬克思主義分類，在蘇托莫的筆下完全看不到。蘇卡諾和他那個時代的人總是把「Indonesia Merdéka」（自由印尼）掛在嘴邊，蘇托莫則是通常把自己的理想稱為「Indonesia Mulia」（光輝或完美的印尼）。代表解放的「merdéka」自然隱含了遠遠更加激進而且**政治性**的目標。這個詞語在印尼語——或稱「革命馬來語」[110]——當中帶有獨特的榮光，但在爪哇語當中卻不帶有什麼共鳴。「Mulia」則是恰恰相反。在前引的《回憶》內容當中（p. 148-9），我們可以看出「mulia」與什麼能夠形成自然的搭配，而且那個搭配對象看起來正是「kemerdékaan」（自由）的相反，也就是「kewajiban」（責任）。

如同薛爾細膩地指出，蘇托莫把完美的印尼比擬為一個甘美朗樂團，每個成員在其中都盡力演奏自己受到分配的樂器。這些受到履行的音樂責任相互交織之下，就會產生甘美朗音樂的光輝（kemuliaan）聲響。[111]演奏自己的樂器就是履行自己的「lelakon」，善盡自己承繼而來或者落在自己肩頭上的責任。蘇托莫認為，要提升社會，就是讓所有的樂器都能夠受到盡可能完美的演奏。農夫與工人都必須吃得飽、享有良好的照顧，並且接受教育以成為良好的農夫與工人，隨時把自己的責任放在心上，也有能力履行那些責任。[112]蘇托莫在一九三〇年代爭取與殖民者合作的貴族及博雅易支持——而因此令部分年紀較輕的民族主義同志深覺反感——所採取的方法就是敦促他們「勿忘自己的源頭」；換句話說，就是接受自身傳統的道德義務。[113]

107 柯赫在《良好的平衡》當中寫道：「對於社會改善的追求，比政治更吸引他【蘇托莫】。他對自己的國家與人民充滿了愛」（p. 139）。

108 見拙著《語言與權力》，第一章。

109 見薛爾，〈和諧與異議〉，pp. 212-13。關於蘇托莫政治思想的完整討論，另見pp. 207-47。

110 見《語言與權力》，第一章。

111 比較他對額佩的sambatan活動當中的和諧景象所採取的那種全然**聽覺**式的描述（見前引）。

112 薛爾，〈和諧與異議〉，pp. 218-39。把甘美朗音樂和政治聯想在一起，並非蘇托莫的獨創。我在梭羅聽過年老的宮廷樂師提及一種特殊的甘美朗樂曲，稱為「Dendha Séwu」，傳統上都是在當下的朝代遭遇嚴重困境的時候演奏。這種樂曲本身在技巧上並不困難，所以宮廷的樂師如果無法將其完美演奏出來，就會被視為是證實了災難即將降臨的凶兆。

113 蘇托莫針對他自己的政黨指出，大印尼黨「竭盡全力拉攏他們【上層博雅易】，好讓他們對於這塊土地與人民的奉獻可以依循他們自己的義務而加快速度。由於他們擁有貴族血統，因此他們的義務即是真正戰士的義務」。摘自蘇托莫在一九三五年十二月二十五日的大印尼黨創黨大會上的演說，講題為「Bekerdja dengan tiada mengenal buahnja」，因此，我們也許可以用音樂比喻蘇托莫的民族主義使命，指稱他系統性地把舊旋律轉移為新調、採用不同的音階，並且改變了配器。《回憶》在這方面提供了一些醒目的例子。他的舅舅在自己的爪哇住家裡冥想，蘇托莫則是在西式的本土醫生培訓學校裡。他的祖父在額佩創造了一套「有用的司法」制度，蘇托莫則是投注一生為誕生中的印尼尋求一套有用的司法。[114]他的父親努力在殖民官僚體系的束縛當中過著有尊嚴的生活，蘇托莫則是以一名接受外國人訓練的醫生這種身分同樣努力著。如同他所描述的，他的祖先認為婚姻在爪哇世界裡是對於團結的鞏固；而在蘇托莫對自己的荷蘭妻子所提出的動人描述當中，顯然也是以這樣的觀點看待婚姻。[115]不過，轉調的核心形象卻是蘇托莫所創立的那個創造了歷史的組織：至善社，因為這個組織的名稱「Budi Uromo」不論是在爪哇語還是印尼語的調性當中都完全讓人看得懂。[116]這個名稱橫跨兩種語言，同時展望未來與過去，象徵全心全力——後來的那個世代會稱之為奮鬥[117]——達成某種早就已經存在於記憶與想像當中的東西。

在至善社那些年間充斥於出版品當中的光芒、黎明與太陽等意象，不但是爪哇與印尼的歷史進程所特有，同時也廣泛象徵了復興與重生。[118]這些是在人的生活與世界同方向前進的情況下才能召喚出來的意象。在這些意象出現的情境當中，時間的進步概念如果富有影響力，我們就會預期這些意象會與青春的意象有所關聯。在至善社的初年，明顯可見就是如此。人生時刻與線性歷史之間的關係有多麼緊密，可以由蘇托莫最親密的朋友根納萬．曼根庫蘇摩所說的話加以判斷。他說至善社當中的年輕成員的目標，是要「持續扮演馬達的角色，以便在後方推動前輩前進」。[119]這句話不僅採用了二十世紀特有的工業隱喻，而且在爪哇語的情境中，更是徹底翻轉了這句老掉

114 引述於薛爾，〈和諧與異議〉，p. 235。
在《回憶》，p. 20，蘇托莫提到他的祖父對於他不進入內政部任職深感失望，而要求他至少必須保有一匹騎乘用的馬，以表徵自己的博雅易地位。「出乎意料的是，我後來得以滿足我祖父的渴望。成為醫生之後，我為了幫拉武火山（Mt. Lawu）地區的居民看診，因此養了兩匹馬，每天輪流載我去看那些村民。」這是一種頗為巧妙的形象轉調：鄉下醫生成了新的博雅易。蘇托莫也回憶指出，（p. 42）他的父親堅持對幾乎所有人說話都使用高級爪哇語，因此是在這方面最早推廣「民主方式」的人士之一。蘇帕蒂（《蘇托莫醫生的生平與奮鬥》，pp. 36, 38）指出，蘇托莫也採取一模一樣的做法，而習於以「krama」這種爪哇語對他的駕駛蘇莫（Pak Soemo）說話。儘管如此，在ngoko（非正式的低等爪哇語）和krama之間，蘇托莫與他的父親會選擇「廢止」ngoko，也許是合乎他們性情的做法（亦即是一種向上升級的做法）。永積昭（《印尼民族主義的黎明》，p. 193, n. 26）提及至善社成立之後不久，出現了一項稱為加瓦德維帕（Jawa Dwipa）的運動，主張廢止krama（亦即向下降級）。差不多同時期的薩米主義運動（Saminist movement）也堅定拒絕對官員使用krama。見本達（Harry J. Benda）與卡索斯（Lance Castles），〈薩米運動〉（The Samin Movement），《東南亞人文暨社會科學期刊》（*Bijdrage tot de taal, land- en volkenkunde*），125（1969），p. 234。

115 「我應當在此表達我對她的深切感激。我太太真心熱愛自己的國家，所以她瞭解也知曉我內心的感受，而一再鼓勵並且敦促我對自己的土地與人民培養更加深厚的愛，並且把那樣的愛真實表達出來。我太太也深愛她的人民，所以她同樣瞭解我對我的人民所負有的義務，也一再敦促我證明自己對人民的愛。我太太不認為自己高於她的人民之上，而是認為自己是他們當中的一員，所以她的愛確實是活生生的愛。身為一名真正的荷蘭女性，我太太熱愛自由、正義與平等；因此她無法忍受充滿歧視的狀況，也痛恨對她國家的名譽有所損害的行為。就是因為這些感受，她才會一再敦促我繼續奮戰，加入廢止這種歧視的抗爭行列」（蘇托莫，《回憶》，pp. 127-8）。

116 「Budi utama」雖然稍嫌生硬，但仍是道地的印尼文。

117 比較蘇迪斯曼，《責任分析》：「我們活著就是為了奮鬥，奮鬥則是為了活下去。我們不只是為了生命而活；我們只要活著，就要以勇氣捍衛那樣的生命，直到我們的心臟停止跳動為止。自從一個人出生開始，從他在嬰兒時期發出的第一道哭聲，到他最後的一口氣，人生都是一場奮鬥。有時候，他會面臨極為困難的抗爭，有時候會面臨艱苦的奮戰。這樣的競爭不一定都能夠以勝利收場。不過，人生的目標是要有勇氣投入這場艱苦的奮戰，並且同時贏得勝利。這是每個努力奮鬥的人所懷有的夢想，包括共產黨人在內。這也是我的人生夢想。如果沒有夢想，沒有理想，人生就會荒蕪而空洞」（p. 24）。

牙的教學箴言：「tut wuri andayani」——要達到完美，就必須由老人在後方引導年輕人。[120]這是一句屬於年輕人的話語，尖銳而熱切。

在蘇托莫的《回憶》裡完全找不到類似的文字。光芒與黎明的意象在其中極為罕見。這本書的語調頗為陰鬱，關注焦點在於死而不是生。我們如果自問為什麼會是如此，我想答案其實相當直截了當。到了一九三四年，蘇托莫雖然在政治上獲得了許多成功，[121]卻已不再是民族主義運動的先鋒。身為那個時代的人物，而且又是爪哇人，他看得出民族主義運動的進展與他自己的人生發展已逐漸分歧。他的妻子已經回歸「永恆的時間」，而他也準備在時機來臨之後跟隨她的腳步。他已經到了必須思考遺贈（warisan）的時間，而《回憶》實際上就是他留給後代的「warisan」。

朗喀瓦西塔感嘆說「模範早已蕩然無存」，他的意思是說舊的模範已經不再有用，所以無法傳承下去。蘇托莫重拾自己的祖先，並且因此找到能夠遺贈給後代的模範，乃是他（還有他的世代）默默達成的一項勝利。

118 見阿巴達拉，〈米南佳保人的現代化〉，pp. 215-18。他提及西蘇門答臘一位早期現代化主義者：「馬來新聞之父」馬哈拉惹（Datuk Sutan Maharadja），他從一八九一到一九一三年間陸續涉入幾份報紙，那些報紙的名稱分別為《*Palita Ketjil*》【小檯燈】、《*Warta Berita*》【新聞報導】、《*Tjaja Soematera*》【蘇門答臘之光】、《*Oetoesan Melajoe*》【馬來信使】、《*Al-Moenir*》【啟蒙】以及《*Soeloeh Melajoe*》【馬來火炬】。比較另一部著作對於在差不多同一個時期出現於中國的類似意象所進行的精彩討論：邁斯納（Maurice Meisner），《李大釗與中國馬克思主義的起源》（*Li Ta-Chao and the Origins of Chinese Marxism*，Cambridge, Mass.: Harvard University Press，1967），尤其是pp. 21-8。

119 引用於永積昭，《印尼民族主義的黎明》，p. 42。

120 與蘇托莫同時代的著名人物德宛達拉所創辦的學生樂園（Taman Siswa）學校系統，把這句箴言奉為中心主旨。

121 舉例而言，他在東爪哇成立的農民組織「農民和諧」（Rukun Tani），在一九三三年共有一百二十五個分會，成員總數達兩萬人，是與民族主義運動有關的鄉村組織當中最大的一個。見英格森（John Edward Ingleson），〈印尼的世俗暨不合作民族主義運動，一九二三—一九三四〉（The Secular and Non-Cooperating Nationalist Movement in Indonesia, 1923-1934，Ph.D. thesis, Monash University，1974），p. 419。關於大印尼黨的順利成長，見阿貝雅瑟可（Susan Abeyasekere），〈印尼合作民族主義者與荷蘭人的關係，一九三五—一九四二〉（Relations between the Indonesian Cooperating Nationalists and the Dutch, 1935-1942，Ph.D. thesis, Monash University，1972），pp. 127-31。

5

職業夢想
Professional Dreams

馬克・吐溫以他典型的風格指出：「經典就是所有人都希望自己讀過，但沒有人想讀的作品。」在傳統爪哇文學晚期的重要著作當中，最符合這項描述的莫過於《真提尼之書》（*Serat Centhini*）。[1]這部著作雖然向來被描述為一部經典，而且更值得注意的是（我們後續將會看到這一點），還被描述為爪哇文化的百科全書，但是卻從來不曾完整印刷過。唯一一部算是有分量且出版過的版本共有八冊，由羅馬拼音印成，出版於七十五年前。[2]除了少數值得注意的例外，這部作品向來都遭到西方與現

1 貝赫倫（Timothy E. Behrend）指出，在印尼與荷蘭當今的各個公共收藏當中，可以見到這首詩的九十八種不同手稿，概分為八種主要版本。目前所知最古老的版本，源自於一六一六年的一部井里汶（Cirebon）手稿。他主張認為，最完整的《真提尼》是一部含有將近二十五萬行詩句的巨大作品，完成於一八一四年。這部作品據認為由當時的梭羅王儲隨從當中的一群詩人共同寫成，而那位王儲即是後來的巴古布瓦納五世（Pakubuwana V）。傳說王儲派遣使者前往爪哇與馬都拉各地收集一切形態的爪哇知識，以便納入最後完成的文本中。見貝赫倫，〈賈提斯瓦拉之書：一首爪哇詩作的結構與變化，一六〇〇－一九三〇〉(The Serat Jatiswara: Structure and Change in a Javanese Poem, 1600-1930，Ph.D. thesis, Australian National University，1988），pp. 79-84。

2《*Serat Tjentini*》，蘇拉迪佩拉（R.Ng. Soeradipoera）、波瓦蘇維尼亞（R.

代爪哇學者的忽略。[3]就算受到注意，也主要是為了挖掘其中有關爪哇藝術與宗教傳統的大量資訊。不過，這部文本對於爪哇政治文化的歷史發展也是一個重要的里程碑。

《真提尼之書》如果算得上有故事，那麼其故事內容大致如下：繁榮的吉里（Giri）是一個信奉伊斯蘭教，位於爪哇東部港口的王國，在一六二五年遭到爪哇中部王國馬塔蘭（Mataram）的蘇丹阿貢（Agung）手下的軍隊攻陷，於是戰敗國統治者的三名子女（二男一女）被迫逃命。他們在馬塔蘭的間諜追捕下走散了：長子葸彥葛雷斯米（Jayèngresmi）（後來以阿蒙格拉加教長〔Sèh Amongraga〕之名為人所知）逃往西方，他的弟妹兩人（葸彥薩里〔Jayèngsari〕與蘭康卡普蒂〔Rancangkapti〕）則是往東南方奔逃。書中描述他們為了重聚而歷盡艱險。不過，他們卻由瑟伯朗（Cebolang）這個古怪的人物連結在一起。他首先出現在阿蒙格拉加的一小批隨從當中，最後則是娶了蘭康卡普蒂為妻。瑟伯朗被描述為一名獨子，父親是一位深受尊崇的智者，住在索卡亞薩山（Mount Sokayasa）上。不過，那位智者卻因為兒子賭博、偷竊以及縱情肉慾的積習難改，而與他斷絕了關係。被逐出家門的瑟伯朗為了謀求溫飽，而四處流浪表演音樂與舞蹈，以及扮演巫師（我稱之為巫師〔conjuror〕，原因是沒有其他更適當的字眼）。

由於書中的主角都是不斷遊走的逃亡者或被放逐者，所以《真提尼》當中的場景也就與傳統爪哇文學當中常見的內容非常不同，沒有發生在戰場、宮殿與首都裡的情節。馬塔蘭的統治者只是個充滿威脅但沒有在書中露臉的人物。書中大部分的場景都是一連串的村落與鄉下伊斯蘭習經院（pesantrèn），而書中出現的各種男女人物則是奇阿依（kyai；傳統的伊斯蘭學者）、敬虔派穆斯林（santri；他們的學生）、村長、商人、職業樂師、歌手、舞者、妓女，以及尋常的村民。這些場景以及各種人物在其中的邂逅，提供了詳細描寫許多爪哇鄉村生活傳統面向的機會，包括民俗藝術、建築、料理、種植活動、儀式、動植物、宗教信仰、醫藥、性活動等等——《真提尼》即是因此而被譽為舊爪哇的百科全書。

百科全書的政治

安・庫瑪爾（Ann Kumar）對於十八世紀的爪哇與法國的鄉下社會秩序做出了明確的比較，因

Poerwasoewignja）與維拉岡薩（R. Wirawangsa）編（Batavia [Jakarta]: Ruygrok，1912-15）。貝赫倫認為這項出版計畫是由時任巴達維亞藝術與科學協會（Bataviaasch Genootschap van Kunsten en Wetenschappen）會長的學者官僚林克斯（Douwe Rinkes）發起，他在萊登編訂文本，接著送到梭羅接受蘇拉迪佩拉與他的助理校訂，最後由協會出資印刷於巴達維亞。〈賈提斯瓦拉之書〉，p. 89。另一部也稱得上是夠分量的羅馬拼音版本則出現於六十年後，共有四冊，涵蓋的內容不及一九一二—一五年版本的一半：《真提尼之書》，哈迪惹加（Tardjan Hadidjaja）編（Yogyakarta: U.P. Indonesia，1976-77）。

3 對於《真提尼》的龐大資源挖掘得最為深入的著作，是皮若（Theodoor Gautier Thomas Pigeaud）針對爪哇與馬都拉的傳統表演藝術所寫的百科全書式作品：《爪哇民間戲劇》（*Javaansche Volksvertoningen*：Batavia: Volkslectuur，1938）。著名的民族音樂學家孔士特（Jap Kunst）把許多有關音樂的簡短篇章引述於其巨作《爪哇的音樂：歷史、理論與技藝》（*Music in Java: Its History, Its Theory and Its Technique* [3rd enlarged edn., ed. Ernst L. Heins]：The Hague: Nijhoff，1973；原本由Nijhoff出版於一九三四年，書名為《*De Toonkunst van Java*》）。另見蘇巴迪（S. Soebardi），《查寶雷克之書》（*The Book of Cabolèk: a Critical Edition with Introduction, Translation, and Notes: a Contribution to the Study of the Javanese Mystical Tradition*：The Hague: Nijhoff，1975；改寫自他的一九六七年澳洲國立大學博士論文）。

此大幅促進了將舊爪哇的歷史有意識地納入現代世界的廣大歷史當中。[4]我認為我們可以從她的比較加以推論，而思考地主與佃農以外的其他階級關係。只要看看兩部編撰時間相差不及半個世紀的百科全書——一部是《真提尼》，另一部則是狄德羅、達朗貝爾及其同僚所寫的那部百科全書——即可發現一個引人注意的思考起點。[5]百科全書派（encyclopédiste）雖然確實預示了法國中產階級的崛起，但百科全書派的成員卻是包含了各種不同的社會出身；[6]此外，他們的《百科全書》所特有的革命性質，在歐洲其他地方的中產階級崛起的歷史中並沒有平行的案例。他們的計畫是要打造出一部龐大而且條理井然的彙編，納入當時的專業學者所累積並且能夠獲得的各類知識。其編撰動機是深切的敵意，對象不僅是反動的傳統觀念，也包括在背後支持那些觀念的宗教與政府權威。為了對抗教會和君主的**整體**（文化與政治）權力，狄德羅與他的同僚號召了一群勢力龐大的聯盟，涵蓋各種**特定**技藝的人士。實際上，其目標就是要證明在幾乎任何的主題上——不管是磁力的本質還是語言的起源——這群（大多數）身為平民的專家都比那些所謂的社會與宗教高層人士「懂得更多」。就此意義而言，《百科全書》可以被理解為一個世俗職業知識階層為了對抗舊制度的霸權結構而使用的武器。

我認為我們可以主張《真提尼》也反映了類似的動機，只不過是在一個非常不同的政治、社會與文化環境當中。提出這項論點的時候，我們可以先指出這首巨幅詩作的三項引人注目的整體特色。第一項是這首詩就像是一部奇怪的百科全書，其中充滿了看起來非常像是百科全書條目的內容。[7]舉例而言，其中有許多段落都完全由清單構成，有些甚至長達好幾個詩節。那些清單羅列的內容包括：爪哇甜食、可食的淡水魚、桁與榫、神學用語、音樂作品、山岳名稱、布料、舞蹈等等。這些段落都沒有句法，讀起來就像是沒有按照字母順序排列但具有詩文結構的電話簿一樣。此外，這些段落也非常不符合爪哇詩作的傳統美學，因為爪哇的詩作都是為了用於吟唱而寫。（那種感覺就像是有人以完全正經的姿態寫出一首英文詩，但內容卻僅是由四十五個早餐麥片的品牌名稱構成一樣。）因此，我們能夠清楚感受到這類段落其實用意不在於讓人吟誦，而是要用於閱讀（查閱？）。換句話說，爪哇讀者（而不是聽眾）如果想要查找各種不同種類的爪哇餅乾或甘美朗樂曲，就可以翻閱《真提尼》找出答案。而且，所有這些知識（ngèlmu）的來源都不是神職人員、智者或者貴族，而是技藝精湛的專業人士與編纂者。

《真提尼》第二項引人注意的特色，是對於和國王與宮廷有關的超自然個體與神聖物品的處理方式；也就是把它們和魚類、植物或食物一視同仁，同樣以那種就事論事的百科全書寫法予以處

4 庫瑪爾，〈爪哇的農民與國家：十七至十九世紀的關係改變〉（The Peasantry and the State on Java: Changes of Relationship, Seventeenth to Nineteenth Centuries），收錄於麥基（James Austin Copland Mackie）編，《印尼：澳洲的觀點》（*Indonesia: Australian Perspectives*；Canberra: Australian National University, Research School of Pacific Studies，1980），pp. 577-99。她在這篇論文裡參考了自己先前的幾部研究專著，還有艾爾森（Robert Elson）、王福涵（Onghokham）、皮若與施里克的深入研究。

5 我認為貝赫倫把完整的《真提尼》定年在一八一四年相當合理，而一七七七年則是《百科全書或科學、藝術與工藝詳解詞典》（*Encyclopédie ou Dictionnaire Raisonné des Sciences, des Arts et des Métiers*）最後一本增補冊的出版時間。

6 孟德斯鳩與達朗貝爾都擁有貴族背景，但達朗貝爾是私生子。狄德羅、伏爾泰與盧梭都出身中產階級或更低的社會階層。

7《百科全書》早已採用最簡易的分類原則——字母順序——安排其條目。《真提尼》則是沒有任何排列原則，只遵循敘事和韻律的要求。要找到其中的條目，唯一的方法就是要對這首詩的內容非常熟悉。

理。舉例而言，第八十五章第四—五節就以一派正經的樣貌為讀者列出了一批典型的爪哇鬼魂與妖怪，不是按照字母順序或鬼怪嚇人的程度排列，而只是純粹依循「Wirangrong」這種格律的要求而安排。

第三項特色則是個引人注目的空缺，也就是完全沒有描述統治階層的成員使用「kasektèn」（魔法力量），也沒有描述任何人使用這種力量。[8]只要把《真提尼》拿來和哇揚普爾瓦（wayang purwa）這種傳統皮影戲的故事或是《爪哇國土史》這類王室編年史互相比較，即可明顯看出此空缺的重要性。在哇揚皮影戲的故事裡，身為貴族的主角在冥想之時能夠讓天為之顫抖，海洋也為之翻騰；他們在戰鬥中射出的箭則是會變為數以千計的蛇或者惡魔。一名英雄也許能夠輕易飛過空中；另一人也許能夠同時讓數十名仙女受孕；又一人可能潛入海底深處，並且鑽進一個神明的耳朵裡，而那個神明則是一個迷你版本的他自己。在編年史當中，可以看到下列的記載：注定成為國王的人物，會有發出魔法光芒的球降落在他們的頭上；一個朝代的歷代國王，都會與奈伊蘿拉姬都（Nyai Lara Kidul）這位法力強大的南海女神進行神祕的交合等等。我們很難不把《真提尼》拒絕描寫這類奇事的做法視為一種低調的表態，有如英國史家吉朋對於偶像的破除。

我上面簡短概述的這些奇特性質，有可能立足在什麼社會基礎上呢？和十八世紀的法國互相比較，能夠讓我們得到任何啟示嗎？有兩點似乎特別值得注意。第一，在狄德羅與他的同僚眼中，他們自己乃是富有技術的專業人士，致力於精通以及發展特定種類的知識。第二，由於印刷資本主義早自十五世紀末以來就已在歐洲興起，因此作家在專業人士群體當中的重要性非常高。[9]（這就是為什麼在我們的心目中，十八世紀中葉歐洲的代表人物是狄德羅與伏爾泰，而不是莫札特與海頓等職業音樂家或者提也波洛〔Giovanni Battista Tiepolo〕與福拉哥納爾〔Jean-Honore Fragonard〕等職業畫家。）相對之下，爪哇直到十九世紀末才接觸到資本主義。儘管如此，卻不表示舊爪哇就沒有專業階層，只是因為印刷資本主義直到十九世紀下半葉才抵達，所以文人在這個階層裡也就沒有特殊的聲望或者政治地位。[10]在他們的身旁（地位不在他們之上），還有構思、規劃以及監造爪哇眾多清真寺、宮殿與要塞的建築師；世世代代以來建立了各種皮影戲傳統的操偶師（dhalang）；創造了各式各樣爪哇音樂類型的專業樂師；精通各門伊斯蘭知識的學者；更遑論還有舞者、演員、雕刻家、鐵匠、畫家、治療師、占星家、魔術師、民俗植物學家、武術教師、盜賊等等。[11]這類人幾乎全都是平民，但絕不是一般人。其中有些人受到王室宮廷與地方首長的延攬，尤其是他們的知識與技藝如果需要大量的人力與資本支持才能施行（例如建築師），那麼就只有這類政治與經濟中心才能夠提供他們所需的資源。另外有些人則是偏好四處遊走的自由——加入了皮若那群令人難忘的漂泊流浪者（zwervers en trekkers）[12]——在廣泛的社會市場上兜售他們

8 見拙著《語言與權力》第一章對於爪哇人的權力觀所進行的討論。

9 見拙著《想像的共同體：民族主義的起源與散布》（London: Verso，1983），第三章。

10 我們可以注意到，宮廷詩人與編年史家所獲得的職銜，都極少高過統治者為資深舞師與宮廷甘美朗樂團團長賦予的職銜。

11 有些引人注意的手稿，以百科全書般的詳盡程度記載侵入家宅的科學。

12 在《爪哇民間戲劇》，pp. 35-6，皮若指稱巡迴藝人「無疑是為數龐大的漂泊流浪者當中的一部分，而那些漂泊流浪者必然是爪哇古代社會流動當中的一個關鍵要素」。他提及的其他要素包括小販、商人、敬虔派穆斯林，還有「sarria lelana」（遭到放逐或者沒有主人的「武士」）及其隨從，這種人經常「與盜匪難以區分」。

的專長（例如演員以及武術教師）。另外還有一些人，例如奇阿依與「guru ngèlmu」（神祕傳說的教導者），則是隱居於鄉下的僻靜處所，藉著接觸過他們的人滿懷敬意或驚奇的口耳相傳，而吸引追隨者與客戶。

我們雖然沒有令人滿意的方式能夠評估這個專業階層的人數，究竟在十九世紀下半葉的爪哇人口當中占了多少比例，[13]但絕對是遠大於統治階級。不同種類的專家有多麼能夠看出彼此屬於同一個階層，也是無法猜測的事情。明白可知的是，他們在不同程度上意識到自己懂得統治者不懂的事物，也擁有統治者不可能會有的技藝。（爪哇貴族一出生就擁有統治者的身分，所以不需要培養專門知識，而且就像英國的紳士一樣具有專制業餘者的地位。）不過，由於社會聲望、經濟資源與政治權力的既有分配，因此專業人士幾乎總是被迫聽從這類握有特權的業餘者，也必須仰賴他們維持生計。專業人士雖然整體上居於這種從屬位置，但不表示他們不以自己的專業為傲，只是通常必須隱藏或掩飾這樣的自傲而已。（我清楚記得我在一九六〇年代初期造訪梭羅的老舊宮廷之時，年老的宮廷樂師面無表情地端坐聆聽一名同樣年老的王子針對爪哇音樂本質發表一場冗長的演說；直到那名王子離開之後，那些樂師才微微露出嘲諷的微笑，開始挖苦起那名王子。）唯一在本質上能夠允許各種專業譏嘲以有意識而且秩序井然的方式聯合起來的那種媒介——也就是大量生產的印刷文字——在當時還不存在。[14]

因此，我們也許會把這種沒有受到全然掩飾的階級敵意視為一種競逐「生產工具」的鬥爭，而且是知識的生產工具。這種鬥爭的一方是才華洋溢的平民，擁有各類的特殊技藝與ngèlmu（知識）；另一方則是王室兼貴族成員，對於神聖權威與kasektèn（魔力）握有一般性的主張權。

雜姦與戲法

以上討論的都是廣泛的一般性假設。為了讓這些假設顯得可信而且鮮明生動，我們接下來要探討兩項主題：這兩者在當代對於「傳統爪哇文化」的探討當中幾乎從來不曾受到提及，但在《真提尼》這部爪哇文化最具盛名的經典著作當中卻具有顯著地位。這兩項主題以互相對比的方式，為上述的早期階級敵意提供了一幅特別清楚的輪廓。

13 不過，孔士特在一九三〇年代初期蒐集的大量數據頗具啟發性（《爪哇的音樂》，pp. 570-71）。在那個時候，爪哇與馬都拉的人口還不滿四千一百萬，但他的統計卻顯示有一萬七千兩百八十二個管弦樂合奏團，包括一萬兩千四百七十七個「完整的銅管甘美朗樂團」，採用皮洛格（pélog）或斯陵多（sléndro）音階的調音，還有六千三百六十二個各種類型的哇揚皮影戲組，大多數都是哇揚普爾瓦。保守假設一個完整的銅管甘美朗樂團需要十到十二名技藝精良的樂師（包括候補團員與學徒），我們可以估計技藝精良的樂師人數約是12×12,000=144,000。（我假定那些規模比較小而且不完整的甘美朗樂團也是由同樣的這些樂師組成。）如果排除女性（她們極少公開演奏甘美朗樂器，唯一的例外是任德爾〔gender〕這種有如鐵琴的樂器）與兒童，那麼這樣的技藝密度就約是每十名青少年或成年男性當中占有一人。無可否認，大多數的這些樂師都不是流浪樂師，而是主要藉著務農為生的村民。但儘管如此，他們在技藝與天賦上的深度仍然相當驚人。認知到大多數的哇揚皮影戲組都是由操偶師所擁有，並且只由他的家人「演出」，我們可以估計技藝良好的操偶人口約有一萬五千人，相當於每一百二十名青少年或成年男性當中有一人。同樣地，只有少數人以這種技藝作為主要生計來源。

以這些數據推算十九世紀初的情形顯然免不了有其問題。不過，我想不出什麼明顯可見的理由去宣稱那時候的比例何以會比較低，尤其考慮到初等教育和中等教育在一九〇〇年之後興起，而逐漸吸納了傳統學徒制當中的年輕人，則早年的比例可能還會稍微高出一些。

14 我在此處使用「專業」一詞，除了指高度的技藝與知識之外，也代表主要收入來源與社會地位。

在十九與二十世紀殖民官員與傳教士的「人類學」書寫當中，有一項典型的主題，就是以令人沮喪的愉悅姿態，指出土著無可救藥地沉迷於孌童與同性雞姦。達雅族（Dayak）、亞齊人（Acehnese）、峇里人、布吉人（Buginese）、爪哇人、巴塔克人（Batak）、米南佳保人或者中國人——不論這些種族在別的面向上有多麼不同，卻都據說同樣熱切沉迷於這類惡行。[15]這項主題證明了當地人口的原始或者墮落，也彰顯了對他們施以教化、促使他們信奉基督教，以及利用其他方式提升他們的迫切需要。孌童與雞姦也被人用來突顯出強烈的道德對比，一方是「放蕩」的土著，另一方則是正直的荷蘭人，他們自然而然對這種違反自然的行為懷有老練的厭惡。（不消說，印尼一旦獨立之後，這種說法就翻轉了過來：那些可憎的惡行原本並不存在於印尼群島上，是在敗德的荷蘭人抵達印尼之後才開始出現。）《真提尼》的一個好處，就是藉由其內容中提供的許多例子以及其全然屬於爪哇所有的術語，可以讓人看出在高度多元化的傳統爪哇性文化裡，男性同性戀行為至少是一種沒有問題的日常元素。（其中的內容包括了對於雞姦、口交、互相手淫、多伴侶性交以及變裝癖的詳細描述。異性戀性行為也受到完全類似的描述。《真提尼》內容的涵蓋範圍相當全面性——或者應該說是有如百科全書一樣詳盡？）

正是因為男性同性戀關係的尋常無奇，所以書中的一段雞姦情節才會顯得深具啟發性。這段情節的背景可以簡短描述如下：瑟伯朗因為犯了許多錯誤，包括和許多已婚婦女通姦，而遭到父親逐出家門，於是只好透過率領一小群流浪藝人謀生，其中最重要的一名團員是個頗為陰柔的年輕舞者，名叫納維翠（Nurwitri）。這個團體演奏各種類型的音樂（但特別擅長一種阿拉伯風的合奏樂曲，稱為德邦鼓樂〔terbangan〕），也表演舞蹈以及各式「sulapan」（也許可以權且翻譯為「戲法」）。在四處表演的旅程中，這個團體來到了答哈（Daha）的「kabupatèn」（地方行政中心），而立刻受到當地的阿迪帕蒂（adipati：地方長官）雇用。一如他的許多妻妾、官員、僕人以及食客，這名地方長官也對於這群藝人的技藝深感著迷，尤其是身穿女性服裝而且舞姿優美的納維翠。表演結束後，這名年輕的明星獲邀和慾火焚身的阿迪帕蒂同床，書中還描述那名阿迪帕蒂「徹底忘

15 舉例而言，著名的民族學家威爾肯（George Alexander Wilken）就曾經指出：「孌童【是】普遍存在於達雅族當中的一種惡行」（《論文彙編》〔*Verspreide Geschriften*〕，凡奧森布魯金〔Frederik Daniel Eduard van Ossenbruggen〕編【The Hague: van Dorp，1912】，3，p. 389）；聲名顯赫的伊斯蘭研究學者許爾赫洛涅（Christiaan Snouck Hurgronje）提及「亞齊人當中普遍存在著最糟的不道德行為」，而其象徵就是廣受喜愛的斯達帝舞（Seudati）演出，其中吟唱的詩歌帶有「孌童的性質」（《亞齊人》（*The Achehnese*：Leiden: Brill，1906），2，pp. 246與222）。舌尖嘴利的醫師朱利厄斯・雅各在一八八〇年代初期走訪了峇里之後，提到有許多舞蹈表演都是由男孩裝扮成女人，而評論指出：「一看即可知道他們是男孩，而看到峇里社會各階層的男子紛紛掏出方孔錢（kèpèng）以爭取和那些孩子共舞的機會，有時更擺出怪異至極的姿勢，實在令人噁心；更令人反胃的是，那些孩子有時在直立運動了幾個小時之後，儘管已經疲憊不堪，卻又被迫必須與出價最高者進行橫躺的活動，而且在這之前就已經受到許多男人的撫摸與親吻」（《峇里人社會旅居見聞：遊記，附記峇里島與龍目島的衛生、土地與民族學》〔*Eenigen tijd onder de Baliërs, eene reisbeschrijving, met aanteekeningen betreffende hygiène, land- en volkenkunde van de eilanden Bali en Lombok*：Batavia: Kolff，1883〕，p. 14，字體強調在原文即有）。這方面的討論在殖民時期的尾聲開始變得比較冷靜：舉例而言，關於布吉人與望加錫人，見沙博（Hendrik Chabot），《南蘇拉威西的土地、地位與性》（*Verwantschap, Stand en Sexe in Zuid-Celebes*：Groningen-Jakarta: Wolters，1950），pp. 152-8（〈同性戀〉〔Homosexualiteit〕），以及諾特博姆（C. Nooteboom），〈論布吉人與望加錫人的文化〉（Aantekeningen over de cultuur der Boeginezen en Makassaren），《印尼》（*Indonesiè*），2（1948-49），pp. 249-50。關於爪哇與馬都拉，皮若，《爪哇民間戲劇》，pp. 299-304, 322-4；以及德里昂（J.B.M. de Lyon），〈波諾羅戈虎頭面具舞者的孌童關係〉（Over de waroks en Gemblaks van Ponorogo），《殖民地雜誌》（*Koloniale Tijdschrift*，1941），pp. 740-60。

卻了對於女人的愛」（supé langening wanita）。[16]納維翠習以為常地接受雞姦，以他的床技大大取悅了那名長官，因此連續幾天都在侍寢的隔日上午獲贈金錢與昂貴服裝等禮物。經過幾夜的春宵之後，阿迪帕蒂的目光轉向了比較男性化的瑟伯朗，而命令他穿上女裝跳舞。一如先前，音樂與舞蹈挑起了這個大人物的性慾，而他也隨即把瑟伯朗找來與自己同床。第四章第五十四—六十節描述了那名阿迪帕蒂如何雞姦瑟伯朗，並且從中獲得多大的滿足。文中描述瑟伯朗「在床上的表現更勝納維翠」（lan Nurwitri kasorèki），事後也獲得相應的獎賞。[17]

截至這裡為止，看起來都相當正常。這幾個男性之間的性關係看起來和許多男女之間的性關係極為類似，由一名年紀較大但有錢有勢的高階男性享受一個具有性魅力的低階年輕人「被動」提供的性服務，然後再以金錢或其他方式賞賜對方。不過，接著卻出現了一個奇特的轉折，就我所知在其他印尼文學裡都找不到同樣的案例。那名阿迪帕蒂問瑟伯朗說，在雞姦當中，哪一方獲得的快感比較大——主動方還是被動方。瑟伯朗回答：「被動方獲得的快感大得多」（mungguh prabédaning rasa / asangat akèh kaoté / mirasa kang jinambu），於是阿迪帕蒂說他想要親身體驗過後再自己決定。[18]說完之後，他就讓瑟伯朗雞姦他。結果，他的體驗卻與瑟伯朗聲稱的非常不一樣。一部分是因為瑟伯朗的陽具太大，讓阿迪帕蒂吃盡了苦頭。另外，他的肛門也嚴重撕裂，以致於第二天都沒有辦法坐下來。瑟伯朗還必須在傷口處為他敷上藥膏以緩解痛苦。（這是《真提尼》裡唯一一個性交造成痛苦的案例，而這點也許顯示了這首詩的「政治立場」。）

第二場雞姦最引人注意之處，就是一般的性關係受到了翻轉：由年輕迷人的低階男性支配年紀較大也比較沒有魅力的高階男性。不過，若是與第一場雞姦仔細比較，即可得出更多具有啟發性的洞見。

在第一場雞姦裡，我們注意到以下這些細節[19]：經驗豐富的瑟伯朗應付阿迪帕蒂的陽具輕鬆寫意。書中描述他「各種動作都相當靈活又有技巧」（aluwes awasis ing satata taténing pratingkah）。他在被動接受雞姦當中的「熟練度」（baudira）遠勝於他的朋友納維翠。實際上，他被描寫為「積極被動」，而且他與阿迪帕蒂的交合被描述為一場「甜蜜的戰鬥」（adu manis）。一再使用反身動詞的做法，突顯了他們在性行為當中的相互性：「他們一同扭動身體，朝著相反方向推送」（dia-dinia dinaya-daya / dinua-dua）。阿迪帕蒂的性器官受到瑟伯朗熟能生巧的括約肌「擠壓」（sinerot）。這名年輕人的「反應」也「不下於」對方（tan wiwal dènya kiwul）。他一度以最為恭敬的 krama[20] 勸告對方「冷靜點」（ingkang sarèh kèwala）——意思彷彿是說：「你在床上如果要表現得好，就要放慢步調。」書中描述他「筋疲力盡」（lempé-lempé），不過是有如傑出的體操選手經過嚴苛訓練之後的那種疲憊。（阿迪帕蒂則是被描述為稍稍沒有那麼疲累。）納維翠在黎明走進屋裡看見這兩人，而狡黠地逗了逗他的同伴，於是瑟伯朗也笑著對他眨了眨眼，並且漫不在乎地對他說：「對我們兩人

16《*Serat Tjentini*》，第二章第十七節至第四章第三十節。引文摘自第四章第二十九節。在此處以及後續的所有引文當中，我都把原文的文字轉變為現代拼法。

17 同上，第四章第五十四—六十節。引文摘自第五十七節。

18 同上，第七十四—八十四節。引文摘自第七十六節。

19 以下的引文摘自同上，第五十六—六十節。

20「Krama」是爪哇語言中充滿禮貌與敬意的語言層級。

來說都是一樣」(aran wong wus padha déné)。最後，我們看到作者意在描寫瑟伯朗與納維翠私下串通惡搞阿迪帕蒂。瑟伯朗「對【他】做了個祕密記號」(ngeblongken)，表示他們成功作弄了那名貴族。阿迪帕蒂還傻傻地得意大笑，以為自己在性事上宰制了那兩名年輕的演員，但那兩人卻巧妙地達成了他們的目的：金錢、優待、自由進出這座地方行政中心的女性居所、在心理上掌控了他們的雇主（他被誘騙而落入了瑟伯朗的角色調換陷阱）——而且還得以享受肉體的歡愉。

這些細節明白顯示了（一）瑟伯朗受到（刻意）描寫為一名技巧精湛的性專業人士（在此處為褒義）；（二）他聲稱性交中的被動方所獲得的快感可能大於主動方並不是說謊——只是被動方必須要有適當的 ngèlmu（知識）與經驗；（三）他從頭到尾都保有自己的男子氣概，應對那名阿迪帕蒂的方式，就像是優秀的拳擊手、摔角手或舞者因應對手一樣。的確，他的動作極為輕柔，讓阿迪帕蒂覺得他就像是個美女，但瑟伯朗在心理上卻從來不曾「屈從」於那名阿迪帕蒂。

反向雞姦幾乎在每個面向上都呈現了鮮明的對比。[21] 阿迪帕蒂先是放棄了自己在社會與政治上的優越地位，允許那名年輕的流浪藝人以 ngoko 這種親密而且地位平等的語言層級（koko-kinoko kéwala）對他說話。接著，他又探詢知識，不但承認自己的無知，而且實際上還請求對方這個經驗豐富的老師教導他。書中特地強調瑟伯朗的陽具尺寸有多麼驚人（暗指阿迪帕蒂的尺寸和他沒得比）。那名阿迪帕蒂被描述為「徹底屈服」(anjepluk)。更重要的是，文中明確指出他「忘卻了自己的男子氣概」(supé prianè)，而且「覺得自己像是女人」(lir dyah raosing kalbu)。回想一下，在瑟伯朗受到雞姦的時候，書中描述他在對方眼中看起來像是女人，甚至還更勝於女人。相對於瑟伯朗熟練地接受肛交，那名阿迪帕蒂則是承受不了一開始的疼痛。「淚水從他的臉龐流瀉而下，他嗚咽討饒」(barebel kang waspa / andruwili sesambaté)。「唉喲，停……夠了……拜託，不要……抽出來……噢……噢……求你快停」(lah uwis aja-aja / / wurungena baé adhuh uwis)。他甚至徹底失去自制力，而在床墊上忍不住失禁（*kepoyuh*）。瑟伯朗心生「憐憫」(ngres tyasira)，於是加快抽送速度，好讓這場苦難早點結束。（與此對比的是，瑟伯朗在先前接受雞姦的時候，還建議對方放慢速度。）最後，阿迪帕蒂「疲憊不已地癱倒在床上」(ngalumpruk marlupa capé)，而瑟伯朗則只是為他感到可憐（sungkawa），但文中沒有提到瑟伯朗有任何疲憊之感。阿迪帕蒂在先前擔任主動方，也還是頗為疲累。不消說，瑟伯朗同樣非常清楚該用哪一種葉子，以壓碎製成的膏藥，來塗敷這名貴族的肛門。這一幕的結尾沒有歡樂逗趣的笑話。

這兩場雞姦，由雙方輪流擔任主動者與被動者，顯示了瑟伯朗把他的雇主操弄在掌心之中。在男性之間的性交活動裡，他在其中的所有面向上都是技巧精熟的專家，所以從頭到尾都沒有失控或是失去自己的男子氣概。實際上，正是因為他保有了這些特質，才能夠以明顯可見的真誠語氣，堅稱性交中的被動方所獲得的快感勝過主動方。他首先迫使他的雇主在語言上與他處於平等地位，接著更迫使對方在性活動當中對他稱臣。另一方面，那名阿迪帕蒂就算是在性交當中擔任主動方的時候，也沒有取得上風。等到他擔任被動方之後，則是表現得有如處女，或是初入門的學生。

另一方面，我們也不該忘記這兩場雞姦活動在《真提尼》的數千節詩句當中只占了十幾節而

21 本段的引文皆摘自《*Serat Tjentini*》，第七十四—八十四節。

已。這部作品不是某種爪哇版的《查泰萊夫人的情人》。那名阿迪帕蒂沒有因此體驗到某種性覺醒，對他的年輕床伴也沒有心懷愛意或者厭惡。等到他肛門的傷口癒合，而能夠再度安然坐下之後，那座地方行政中心當中的生活就又恢復了往常的樣貌。瑟伯朗終究遭到驅逐，不過原因是他被人發現與阿迪帕蒂的眾妾恣意往來。所以，實在很難相信那兩場雞姦的情節只是單純描寫性事或是同性之間的性行為。我們若是比較一下有關戲法的內容，也許就能夠更清楚瞭解那兩場雞姦真正的重點所在。

※

如同先前提過的，戲法是《真提尼》裡許多漂泊流浪者主要的一項表演節目。瑟伯朗是書中最早出現的這種人物，但他的煙火表演雖然引人讚嘆，終究還是不免有其他表演者勝過他。不論演出的「大師」是誰，所有的戲法表演都帶有特定的一般特色。這種表演總是以節目（tontonan）的方式呈現——也就是說戲法師及其同事都是受雇在觀眾面前展現他們的才華，而且是安排在一整套盛大的慶祝活動當中。這種表演總是伴隨著音樂，也經常伴有特定種類的舞蹈與舞者，而且通常會焚上大量的香。戲法中的「變換」大致上可以分為三類：（一）無生命物體在一段時間內顯得彷彿有了生命一般。例如在沒有人拿取的情況下，一根碓杆就在米臼裡自行上下捶擊，或是一把彎刀和鐮刀自行砍劈。[22]（二）各種物品暫時轉變為不同的形態。例如戲法師用一個kurungan（半球形的藤籃）把幾杯米飯（tumpeng）、若干葉子或者椰青蓋起來；等到藤籃掀開之後，那些物品已分別變成幾束花、幾隻烏龜以及幾條蛇。接著藤籃又再度蓋上再掀開，那些物品就恢復了原本的樣貌。[23]（三）戲法師製造出可怕的事件，然後再予以逆轉。這個類別相當引人注意，因此值得在此詳細舉出三個典型的例子。

在一些慶祝活動的過程中，瑟伯朗把他的一名樂師手腳綁縛起來，然後連同一個輪子放進半球形藤籃裡。[24]在其他樂師演奏著奇南提維拉楚納（Kinanthi Wiratruna）這種樂曲，而且香煙裊裊飄升的同時，瑟伯朗與他的變裝舞者圍著藤籃繞行七次。揭開藤籃之後，剛剛那名樂師已經擺脫了綁縛，並且騎在一頭老虎的背上。觀眾驚恐奔逃，互相踐踏。阿迪帕蒂待在原位不動，但問了瑟伯朗「那隻老虎是不是真的」（apa nora anemeni ingkang sima）。獲得保證不是之後，他便要求這名年輕的戲法師「立刻把牠消除掉」（yèn mengkono nuli racuten dèn-ènggal）。於是，老虎與騎士又再度被藤籃蓋上。第二次揭開以後，只見又恢復了先前的狀況，只有受到綁縛的樂師和輪子。在另一項表演中，觀眾身處的大廳遭到龐大的火柱（ègrang）侵襲，而且那些火柱似乎會互相追逐打鬥，[25]看起來彷彿整棟建築就要陷入火海當中，導致眾人驚恐不已。接著，現場一名經驗豐富的老翁對劇團喊話，說他們玩過頭了，必須結束這項表演。其中一名變裝舞者一甩披肩，火柱就隨即消失。不過，在眾人慌忙逃離那些火柱幻影的時候，卻有一名孩子因為遭到踐踏而陷入了昏

22 同上，第三章第十九—二十三節；第三十七章第三三二節。
23 同上，第三章第一—十八節。
24 同上，第三十九—四十八節。
25 同上，第四十八章第二十八—三十三節。

迷。[26]那名老翁於是又要求劇團恢復他們造成的傷害。其中兩人把那個孩子抬到一張地毯上，然後用一把尖銳的大刀把他的身體切成兩半。那個男孩的母親悲痛若狂地撲倒在屍身上之後，他們又一刀砍掉了她的頭。驚駭至極的觀眾認定自己所見的乃是真實的狀況，於是在恐懼之中認定瑟伯朗的團員必定是遭到了惡靈附身。這時候，變裝舞者用布把那兩具屍體裹了起來，然後站在周圍形成一個圓圈，從自己服裝上的花圈摘下花朵拋在裹屍布上。就這樣，那對母子又活了過來。第三個例子是瑟伯朗的劇團裡兩名年紀較輕的演員——賈瑪爾（Jamal）與賈米爾（Jamil）——所演出的一場決鬥。[27]在打鬥過程中，賈瑪爾的前額被鐵撬擊中，以致血流滿面倒在地上。他的對手隨即衝上前去用大石頭猛砸他的頭部和身體。再一次，觀眾又被嚇得目瞪口呆。接著，在首席戲法師的命令下，賈瑪爾的屍體被一條長布裹了起來，然後變裝演員在周圍跳舞歌唱，由一個小小的昂格隆合奏團伴奏，還有繚繞不絕的香煙。[28]然後，賈瑪爾就立刻坐了起來，不但安然無恙，而且還喘著氣。如同每一次最令人驚駭的表演，觀眾也瘋狂歡呼喝采。（戲法與音樂結合之下的效果，經常都會引起無法克制的性慾；觀眾因此互相撫摸彼此的胸部與生殖器，甚至當眾性交。）

我們該怎麼看待所有的這些戲法，尤其是第三類的這一種？換個方式說，這些戲法當中運用了什麼樣的ngèlmu（知識）？再進一步說，以「戲法」指稱這些sulapan表演是否恰當？

我們可以從兩個方向確認這是一項需要專門技術的職業。首先，那些sulapan表演不是超自然現象，也不是鬼魂附身的情形。若是想想哇揚皮影戲的劇目、編年史、民間故事，甚至是在當今的雅加達口耳相傳的流言，可以發現其中提到真實力量（kasektèn）受到施行的結果，總是會對世界造成真實的影響，從而帶來無可逆轉的改變。王國因此傾頽、國君與妖怪受到殺害、村莊裡的壞孩子永久變成猴子、血腥的政變（不論成不成功）因此發生。相較之下，sulapan表演對於世界則是毫無影響；一切總是會回復成原本的樣子。活人被「殺害」之後，隨即又會復活。葉子變成烏龜，然後又變回葉子。沒有任何東西會真正出現改變。每個「變換」都像我們先前討論過的雞姦那樣不會造成任何後果。

不過，如果說sulapan與kasektèn完全不同，那麼戲法與附身也是如此嗎？就一方面來說，這兩者明顯有所不同。在瑟伯朗的演出當中，觀眾誤解了自己看見的情景；戲法師創造出來的可怕幻覺讓人覺得他們似乎真的受到了附身。而附身就像「kasektèn」一樣，確實會對世界造成影響。另一方面，瑟伯朗的團員所表演的若干變換，則是在《真提尼》裡獲得賦予特定的名稱，例如gabus、réog，以及jaran képang。直到今天，這些名稱仍然用於指稱帶有迷恍附身狀態的特定儀式表演。然而，如果說某些sulapan表演當中的變換與特定形式的附身可能彼此相似，那麼其內在本質則是被視為具有根本上的不同。由於sulapan畢竟是一種商業表演，因此其內容全都直接受到人力控制，而在附身當中，人力控制則是屈服於靈界的影響，至少在當下是如此。

第二，sulapan表演醒目地涉及一種特別的技術與一套專用術語。《真提尼》不厭其煩地詳細告訴讀者每一場表演必須使用哪些樂器組合、演奏哪些樂曲、搭配哪些舞蹈，以及穿著哪些服裝。

26 同上，第四十二—五十二節。
27 同上，第三十七章二五六—六一節。
28 昂格隆（angklung）是一種樂器，由竹管懸掛構成，只要受到演奏者敲擊，竹管就會互相碰撞發出聲響。

其中的道具幾乎都固定不變——半球形的藤籃、線香、特定種類的披肩。有些變換有其本身的專門名稱。最引人注目的也許是「racut」這個詞語，大致上可以翻譯為「終結」（一項行為）或者「消除」（一個幻象）。從我引述的例子裡，也可以注意到總是有少數觀眾（通常是老翁）不會被騙。如同那名阿迪帕蒂，他們也許會對眾人驚慌奔逃的模樣感到莞爾，但也會確保玩笑不至於開過頭。這時候，他們就會要求演出者「racut」幻象，將其「收回袋子裡」。此外，「racut」總是那麼的容易（幾乎就像是切斷電流一樣簡單），而不像終止附身那樣需要舉行繁複的儀式以及花費大量的時間！

然而，雖然針對技術說了那麼多，我們在《真提尼》當中卻不是在金賽（Alfred Kinsey）[29]或胡迪尼[30]的世界裡（雖然可能距離義大利術士卡里歐斯特羅〔Cagliostro〕[31]的世界不遠）。瑟伯朗受到雞姦的時候，詩裡並沒有告訴我們他利用哪些肛門肌肉讓阿迪帕蒂享有如此的快感，也沒有說明他是怎麼獲得這樣的肌肉控制力。同樣地，詩裡也從來沒有把我們帶到後臺，讓我們得知sulapan的特效究竟是用什麼方法達成。有時候，讀者也不禁懷疑那些特效究竟在多少程度上只是純粹的表演效果。因為瑟伯朗雖然向阿迪帕蒂保證他的老虎不是真的，但詩裡也以一派正經的態度把那個被切成兩半的男孩以及被砍頭的母親描述為已經死了。也許我們應該把「戲法師」一詞改為「魔術師」（magician），因為「魔術師」混合了兩種古老意義：一方面是技藝精湛的戲法人，以巧妙的方式運用尋常手段，製造出詭祕難解的幻象；同時也涉足真正的怪力亂神，但是卻以毫無意義的方式運用自己的力量，僅為了討好觀眾而已。從這個角度來看，瑟伯朗與他的魔術師同伴所擁有的技術在爪哇十八世紀晚期的文化景觀裡占有一個獨特的位置。那些技術不是作假的技術，但也不是kasektèn那種在較高層級上支配俗世的一般性力量。

此處若再度與十八世紀的法國互相比較，是很有用的做法。狄德羅的《百科全書》所具有的決定性特色，就是其目的在於提供知識。其中的條目乃是一份清單，*解釋*內容則是說明這個世界如何運作，並且依循哪些原則。百科全書的目的在於盡可能把啟蒙精神推廣到全世界。不過，《真提尼》裡的清單卻沒有解釋任何東西。《真提尼》裡的清單雖也指涉知識，但那些知識卻多多少少仍然奧祕難解。只有早已擁有必要的ngèlmu（知識）的人，才能夠以適當的方式加以閱讀。這份文本無意啟蒙一般的爪哇人，更遑論世人。

既然如此，該怎麼說呢？雞姦與變魔術也許能夠為人帶來樂趣，但要主張這兩者中的任一方對於一個社會的生活具有核心重要性，絕對是很難的事情，就算是對於舊爪哇而言也是一樣。我在此處強調這兩者，原因是這兩者以極為醒目的方式將其精通者和其他社會階層區隔開來。雞姦活動把這種技術的精通者和握有權勢者區隔開來，魔術把戲則是把相同的精通者和大眾區隔開

29 編按：阿弗雷德・金賽，美國當代著名生物學家、心理學家、人類性行為研究者。由於出版《男性性行為》（*Sexual Behavior in the Human Male*）和《女性性行為》（*Sexual Behavior in the Human Female*）這兩本統稱為「金賽報告」的書而成名，無論生前死後其為人與著作皆引發過巨大爭議。

30 編按：哈利・胡迪尼（Harry Houdini），美籍匈牙利裔魔術師，著名的逃脫術與特技表演者。一九二〇年代開始，由於胡迪尼本人熟悉魔術表演背後的手法，開始揭穿靈媒與詐術，最終導致與著名推理小說作家柯南・道爾爵士的公開決裂，因為後者是一名靈性主義者。

31 編按：卡里歐斯特羅，是朱塞佩・巴薩莫（Giuseppe Balsamo）的別名。他是十八世紀義大利的神祕學術士、魔術師、冒險家，專精於各種超自然治療與煉金術，因在歐洲各宮廷為王公貴族服務而聲名大噪。

來：在大眾眼中，瑟伯朗的「ngèlmu」就像他們領主的「kasektèn」一樣高深莫測（也許還猶有過之。雞姦與戲法的無用與不必要性，也有助於遏阻任何人把舊爪哇輕易假定為一面無縫的網，由相互連鎖的功能性角色或者相輔相成的侍從關係構成。（其他類型的「ngèlmu」，例如操偶或醫學的知識，正因為看起來有用而且能夠融入社會裡，因此可能導致解讀者鬆懈了對於普遍觀念的提防。）雞姦與戲法以極度世俗的方式連同其他許多知識呈現在《真提尼》裡，顯示了某種新的變化，是爪哇人對於領導地位的一種可見要求，儘管他們自己可能還沒有完全自覺到這一點——也就是由ngèlmu（知識）的結盟取代了kasektèn（魔力）。同樣重要的是，瑟伯朗就像《真提尼》裡的其他能人一樣，也藉著實踐其ngèlmu換取金錢。[32]地主與農民的舊爪哇已接近尾聲。

職業夢想

截至目前為止都很清楚。但也許太清楚了，因為我彷彿把《真提尼》視為是一面社會的鏡子，或者半民族學的論著，讓我們能夠推斷其內容多多少少直接記錄了十八世紀晚期的爪哇生活。樂師當然真的彈奏了他們的甘美朗，操偶師確實操弄了木偶，伊斯蘭神祕主義者也絕對指導了年輕的敬虔派穆斯林。不過，當時真的有像瑟伯朗這樣的人，不但優雅地雞姦自己的貴族雇主，還以自己變出的幻影嚇得村民驚慌逃跑嗎？誰能確定呢？另一方面，假設這首詩反映的不是現實，而是……職業夢想呢？

由於瑟伯朗的精湛技藝毫無必要性，因此可能會引人認為那些技藝只是「真實」傳統生活所有技藝當中最不重要的多餘元素。不過，只要以比較廣泛的視野概觀《真提尼》，就會立刻發現這部作品帶有夢幻般的本質。由其中所描寫生動的性生活，即可看出某種魔幻的特質。這部作品裡雖然充斥了各種年齡、各色男女之間的交合，卻只有一次順帶提到了懷孕或生產。（這就是為什麼其中的同性與異性之間的性交看起來都如此類似。其關注焦點在於性技巧的精湛表現——順帶一提，也包括女性的性能力——而完全不在人口學或者社會現實主義方面。）

不過，除了生殖以外，還有其他更大的欠缺。我們先前見到，除了那個阿迪帕蒂以外，詩中的爪哇統治階級都遭到邊緣化，甚至排除於讀者的視線範圍之外。更引人注意的是詩中全然沒有外國人的身影。阿蒙格拉加在一六二五年逃離他位於吉里的王室家宅，而那時聯合東印度公司早已在巴達維亞建立其亞洲帝國總部（一六一九年），位於西側直線距離僅有四百五十英里處的爪哇北岸。到了《真提尼》最後彙編完成的時候，荷蘭人進駐爪哇已有兩百年之久——但在這部作

32 關於中爪哇在「完整」的《真提尼》寫成的六十年前所經歷的經濟與社會變化，有一份簡要而深入的記述，見凱瑞（Peter Brian Ramsay Carey），〈爪哇人對於中爪哇華人社群的觀感變化，一七五五—一八二五〉（Changing Javanese Perceptions of the Chinese Communities in Central Java, 1755-1825），《印尼》，37（一九八四年四月），pp. 1-47。聯合東印度公司在一七四〇年併吞爪哇北部沿海地區，以及在一七五〇年代對於無窮無盡的王位繼承戰爭進行軍事鎮壓——那些王位繼承戰爭自從一六七〇年代以來就不斷摧殘這座島嶼的內陸地區——造成了互相矛盾的後果。一方面，和平的恢復促成農業生產與商業活動迅速增加；但另一方面，租稅的徵收也因此能夠以更有系統的方式推行。這個時代的租稅農場迅速擴散，通常都由華人經營，尤其是在鴉片、市場稅與鄉下收費站方面。稅款愈來愈必須以現金支付（通常是中國鉛幣或者東印度公司銅幣）。為了能夠以這種方式繳稅，農民因此必須抵押他們的作物獲取貸款，或者在市場上販售更多作物。於是，爪哇經濟在世紀之交出現了重大的貨幣化發展。

品裡，卻只有少數幾個荷蘭外來語能夠令人看得出他們的存在。《真提尼》當中完全沒有提及瀰漫於一六七〇年代至一七五〇年代之間的戰火。那些戰爭是爪哇史上第一次不僅由荷蘭人與爪哇人參與其中，還涉及布吉人傭兵隊長、馬都拉人軍閥，以及峇里人傭兵。詩中也絲毫沒有提到爪哇的北岸海港在一七四〇年之後就全都「合法」交到了東印度公司手中；更沒有提到四處征戰的馬塔蘭早已分裂成三個弱小的內陸國，而且其統治者都接受東印度公司供養。[33] 沒有戰爭，沒有瘟疫，沒有賦稅，沒有徭役，沒有死亡。

相反地，在《真提尼》大部分的內容裡，爪哇都將自我呈現為一個變幻不定的烏托邦：由許許多多的鄉間社群構成，那些社群全都繁榮、富足、寬容、政治自主而且在性方面又開明，可讓職業人士自由悠遊於其中。在他們遊蕩的過程裡，他們向大眾和彼此展現自己的知識，受到無與倫比的尊重，甚至是待以歡喜的敬畏之情。在這個爪哇當中，沒有政治詭詐，沒有恐懼，沒有人會對不學無術的貴族卑躬屈膝，也沒有人需要蒙受恥辱而依賴無能貪腐的統治者。[34]

正是由技藝精湛的專家所協調而成的這種性質——這個「完美的爪哇」——揭露了《真提尼》當中那種剛萌芽的激進主義所帶有的限制。瑟伯朗也許在性方面支配了他的雇主，而且還恣意玩弄那名雇主的妻妾，但這種支配只是戲法師的支配。如同先前提過的，阿迪帕蒂的肛門癒合之後，一切就回復到這兩人上床之前的狀況，什麼都沒有改變。職業人士的無害性質，就是精通傳統知識者的無害性質。這種性質與哲學家那種表面親切的惡意形成強烈對比。哲學家的知識一點都不傳統，而是暗中或者明確的帶有革命性。在爪哇，完美的社會是舊制度之前的時期；在法國，完美的社會則是在舊制度受到取代之後才會來臨。

《真提尼》的寫作方式突顯了這部作品的政治立場，在大部分時候都是想像統治階級與外國壓迫者並不存在，而不是攻擊他們。這部作品的語調總是平靜、甜美、帶有笑意——而不是疏離、

33 關於中爪哇在十八世紀末與十九世紀初軟弱無力的政治狀況，最出色的研究包括李克萊弗斯（Merle Calvin Ricklefs），《蘇丹芒庫布米治下的日惹，一七四九—一七九二》（*Jogjakarta under Sultan Mangkubumi, 1749-1792*；London: Oxford University Press，1974）；庫瑪爾，〈十八世紀末的爪哇宮廷社會與政治：一名女士兵的記錄。第一部分：宮廷的宗教、社交與經濟生活〉（Javanese Court Society and Politics in the Late Eighteenth Century: The Record of a Lady Soldier. Part I: The Religious, Social and Economic Life of the Court），《印尼》，29（一九八〇年四月），pp. 1-46；以及凱瑞編，《蒂博尼哥羅編年史：記述爪哇戰爭的爆發（一八二五—一八三〇）》（*Babad Dipanegara: An Account of the Outbreak of the Java War (1825-30)*；Kuala Lumpur: Art Printers，1981）。

34 最能充分揭露爪哇存續下來的世襲統治者——包括《真提尼》眾位作者的雇主——所帶有的那種路易十六式性格，莫過於他們完全沒有採取任何有創意的做法善加利用東印度公司與荷蘭在一七八〇年之後遭遇的災難。那些災難的起因，就是荷蘭在一七八〇年涉入了英國、法國與剛建國的美國之間的戰爭。一七九五年，法國革命軍占領低地國，成立巴達維亞共和國這個傀儡國，而倫敦採行的其中一項回應，就是從聯合東印度公司手中奪走錫蘭。一七九八年，已經破產了幾年的東印度公司受到巴達維亞共和國接管，由該共和國承擔其一億四千三百萬荷蘭盾的債務。（見岱伊〔Clive Day〕，《荷蘭人在爪哇的政策與行政》〔*The Policy and Administration of the Dutch in Java*；London: Macmillan，1904〕，pp. 80-81。）一八〇六年，拿破崙任命弟弟路易為史上第一位低地國王，但在一八一〇年卻因為他「對於人類的癡狂」而撤銷他的王位，並且斷然將低地國併入法國，倫敦的反應是在一八一一年奪取荷蘭的所有海外領地，包括爪哇也在同一年毫無抵抗就受到萊佛士（Stamford Raffles）的手下占領。這些發展有一段內容豐富的簡短記述，見弗雷克（Bernard Hubertus Maria Vlekke），《努山達拉：印尼的歷史》（*Nusantara: A History of Indonesia*；Brussels: Editions A. Manteau，1961），第十一章。拿破崙那句充滿他典型機鋒色彩的話語，摘自夏瑪（Simon Schama）的精彩著作《愛國者與解放者：荷蘭的革命，一七八〇—一八一三》（*Patriots and Liberators: Revolution in the Netherlands, 1780-1813*；New York: Knopf，1977），p. 543。

憤怒，或者絕望。其眾多作者並不故作謙虛，而是對於當時爪哇文學文化所擁有的各種風格形式、韻律變化以及繁複的修辭手法都展現了完全的掌控力。不過，這種驚人的掌控力從來不是以諷刺的方式運用，而是幾乎都總是用於達成形式與內容的一致。

《蓋陀洛可傳》

貝赫倫以頗具可信度的論點提出的主張如果沒錯，《真提尼》全本若真是完成於一八一四年，那麼那個時間點可能是這麼一部龐大、甜美又具克制力的爪哇巨作，所能夠出現的最後一個歷史時刻。萊佛士的手下在一八一二年進入日惹（Jogjakarta），廢黜了蘇丹，並且將這個區域分割成兩個迷你小國，就像東印度公司在一七五〇年代對於隔鄰的梭羅採取的做法一樣。此外，他在這四個小國都把持了統治者的財務命脈，自此以後皆由巴達維亞直接管理租稅農場。[35]一八一六年，由於維也納會議達成了一項複雜協議——奧蘭治親王威廉（William of Orange）因此成為他所屬世系當中的第一位君主（接任路易．波拿巴的王位），並且獲得東印度公司在東印度的領地，藉此補償英國永久占領錫蘭、好望角以及其他有價值的區域——荷蘭人又再度從萊佛士手中接掌了爪哇。但爪哇中部的經濟與政治情勢迅速惡化，導致蒂博尼哥羅王子的一八二五年叛亂以及隨之而來的五年爪哇戰爭，摧殘了這個區域的大部分地區。戰爭造成的高昂代價，以及荷蘭本身差點破產的危機（這是拿破崙時代的壓榨以及比利時在一八三〇年脫離荷蘭所造成的後果），造成高度剝削性的「耕種制度」（Cultuurstelsel）在那一年開始實施，而在一八三一至一八七七年間為荷蘭國庫挹注了多達八億兩千三百萬荷蘭盾。[36]為了確保不會再有進一步的政治騷亂，巴達維亞於是在爪哇中部的那些迷你王位擺上了一連串毫無主見、平庸又懶惰的小君主。在這段漫長的過程中，kasektèn 以及一般認為握有這種力量的人陸續流失了愈來愈多的可信度，以致朗喀瓦西塔這位梭羅的最後一位宮廷詩人，在一八七三年於臨終病榻上絕望地寫道：「模範早已蕩然無存」。[37]

此一背景也許有助於解釋《真提尼》與爪哇文化的下一部魔幻巨作《蓋陀洛可傳》之間的驚人對比。內部證據明白顯示這首長詩作於一八五四至一八七三年間（最有可能是在一八六〇年代）——可能是出自單獨一位不知名作者的手筆。[38]如果說《蓋陀洛可傳》是一部經典作品，那麼

35 見凱瑞，〈爪哇人對於中爪哇華人社群的觀感變化〉，第四、五小節。

36 針對耕種制度的政治與經濟面向所從事的研究當中，遠遠最傑出的是法瑟爾（Cornelis Fasseur），《耕種制度與殖民利益，荷蘭人對於爪哇的剝削，一八四〇—一八六〇》（*Kultuurstelsel en Koloniale Baten, De Nederlandse Exploitatie van Java, 1840-1860*，Leiden: Universitaire Pers，1975）。

37 見第四章。

38 在第七章第五十二節，這首詩提到了所謂的「rispis pérak」。「Rispis」明顯可見是荷文的「代幣」（recepis）一詞經過爪哇化之後的變體，指的是總督羅赫生（Rochussen）在一八四六年二月四日發行的一種特殊代幣。這是一項迫切措施，盼能藉此修補他的前任所留下的金融與貨幣亂象。這種代幣與荷蘭用白銀鑄成的錢幣以固定匯率兌換，而成為東印度地區第一種穩定的殖民地貨幣。一八五四年的貨幣法以銀荷蘭盾正式取代這種代幣，但這種代幣直到一八六一年才終於停止流通。見「貨幣」（Muntwezen）條目，《荷屬東印度百科全書》（*Encyclopaedie van Nederlandsch-Indië*，The Hague/Leiden: Nijhoff/Brill，1918），2，pp. 793-811，尤其是pp. 803-4。「Rispis-pérak」意為「銀代幣」，指的必然是在一八五四與一八六一年間取代了紙質代幣的銀幣。因此，《蓋陀洛可傳》不可能寫於一八五〇年代晚期之前。而且，由於一部印刷版本（見後注39）出現於一八七三年，因此我們可以假設這部作品可能完成於一八六〇年代。這首詩最有可能寫於東爪哇的諫義里（Kedhiri），遠離於王室宮廷，而且作者是一小群在當時不受雇於荷蘭人的文人當中

也是一部地下作品。聲名顯赫的傳教士學者寶恩生（Carel Poensen）在一八七三年把這首詩的一個版本（經過大幅刪節）付印，而評論指出：

> 從文學觀點來看，這部文本沒有什麼價值……但我們如果仔細檢視其精神，就會發現這位作者極為入世——包括他看待榮譽和德行的觀點，還有對於各種事物所抱持的明智看法，例如哪些食物可供人類食用——完全欠缺〈務朗．列〉（Wulang Rèh）與〈特卡瓦蒂王子〉（Sèh Tèkawardi）等作品所帶有的那種深刻宗教色彩，因此也缺乏那些作品的教養與氣質。實際上，他經常激起我們的反感，因為他總是不知節制地寫下最微不足道的東西，並以極度令人作嘔的方式仔細描寫言之不雅的事物。[39]

這段把《蓋陀洛可傳》描述為一種三流爪哇版《巨人傳》（*Pantagruel*）的文字，對於許爾赫洛涅這位最威風的殖民地學者領袖毫無影響。他把這首詩譴責為「一個無疑是吸鴉片吸糊塗了的爪哇神祕主義者的異端幻想！」[40]不過，開明的學者官僚林克斯卻完全不這麼認為，而在一九〇九年指稱這首詩是「對於那一切神祕主義廢話的深度諷刺」。[41]直到一九五一年，范艾克倫（Philippus van Akkeren）才在日本帝國主義的來臨，以及後續發生於一九四五－四九年間的民族革命之下，被迫放棄他在東爪哇的傳教活動，而出版了第一部內容完整的《蓋陀洛可傳》，並且附上翻譯、一份完整的評論文獻，還有一篇深入的人類學化的主題分析。[42]《蓋陀洛可傳》在爪哇只有印行過一個版本——一八八九年的一部限量泗水版本，在當時沒有受到多少注意。[43]不過，這首詩卻在一九一八年一場遍及全爪哇的爭議當中成為中心焦點，原因是伊斯蘭聯盟（Sarékat Islam；當時最廣受支持的反殖民運動）梭羅分部發行的宣傳刊物《*Djawi Hiswara*》刊登了一篇文章，文中引用了這首詩的部分段落，尤其有一段提到主角蓋陀洛可堅稱自己經常造訪鴉片館是效法先知穆罕默德。當時已經相當活躍的印尼語和爪哇語媒體因此展開一場激烈辯論，最後由倉促組成的大德先知穆罕默德軍（Army of the Most Reverend Prophet Muhammad）在泗水發動一場龐大的抗議活動。然而，那支大軍沒有武器，所以只好向總督請願，要求對《*Djawi Hiswara*》的編輯提起刑事訴訟。[44]在那之後，這首詩就永久潛入地下——再也沒有任何一個印尼

的一名成員。

39 寶恩生，〈一部爪哇作品〉（Een Javaansch geschrift），《荷蘭傳道會公告》（*Mededeelingen vanwege het Nederlandsche Zendelinggenootschap*），17（1873），p. 227。這位傳教士在此處還適時譏諷了伊斯蘭教的飲食禁令。

40 許爾赫洛涅，〈伊斯蘭教對於其東印度學者的意義〉（De beteekenis van den Islâm voor zijne belijders in Oost-Indië），《論文彙編》（*Bonn and Leipzig*: Schröder，1924），4，p. 15。這篇文章原本發表於一八八三年。

41 林克斯，《*Abdoerraoef van Singkel*》（Heerenveen: "Hepkema"，1909），p. 130。

42 范艾克倫，《雖是怪物，卻又是完美之人》（*Een gedrocht en toch de volmaakte mens: A Monster, Yet the Perfect Man*，The Hague: "Excelsior"，1951），p. 1。前注33-5的引文即是摘自范艾克倫這部著作的第一頁。

43 根據德魯維斯（Gerardus Willebrordus Joannes Drewes），〈由《德瑪干杜之書》探究爪哇人與伊斯蘭教的鬥爭〉（The Struggle between Javanese and Islam as illustrated by the Serat Dermagandul），《東南亞人文暨社會科學期刊》，122（1966），pp. 309-65，見p. 314。范艾克倫寫道，他為了自己的研究所使用的印刷版本，是諫義里的陳坤端這位知名華裔爪哇籍出版商發行的版本的「第二刷」。不過，他沒有敘明第二刷的印行日期，也沒有提及第一刷。

44 罪名是侮辱伊斯蘭教。這段記述參考自德魯維斯，〈由《德瑪干杜之書》探究爪哇人與伊斯蘭教的鬥爭〉，pp. 313-15。

出版商膽敢冒險被人指為叛教者，或是色情出版者。[45]

那樣的憤怒是怎麼一回事？共有三百九十七章的《蓋陀洛可傳》情節簡單又怪異。第一部分僅涵蓋第一章與第二章的十三個詩節，內容介紹了主角蓋陀洛可——他是哈加爾（Jajar）國王維瑟薩（Suksma Wisésa）的獨生子——以及和他形影不離的僕從德瑪干杜。國王對這個兒子醜怪的外貌驚駭不已，於是下令他在十六歲之前都必須閉關修行，只由德瑪干杜陪伴。這個孩子在滿十六歲之後回到家裡，由父親為他「修剪」頭髮。不過，由於這項儀式只是令他顯得益發醜陋，他於是又被送去從事四年的苦修，像蝙蝠一樣頭下腳上地懸掛在一棵神聖的菩提樹上。這次的修行令他獲得了無人可比的語言技藝。於是，國王將他取名為蓋陀洛可，然後派他出外遊歷天下，但也警告說他有個危險的對手，是個名叫佩吉瓦蒂的女隱士，在一座山洞裡修行。

第二章第三—五節對於蓋陀洛可與德瑪干杜的外形描寫，坦率暗示了他們的名字所帶有的含意。[46]「蓋陀洛可」（Gatholoco）由「gatho」（陰莖）與「ngloco」（摩擦，自慰）這兩個詞語結合而成；「德瑪干杜」（Dermagandhul）結合了「derma」（緊密連結）與「gandhul」（垂掛），意指睪丸；而「佩吉瓦蒂」（Perjiwati）的字根則是「parji」（女性生殖器）。換句話說，主角和他的僕從是一對能夠行走說話的陰莖與陰囊，而且在某個層次上，這首詩也可以被視為一則寓言，比喻一名男子的性發展。[47]

第三部分涵蓋第三至六章的一百九十一個詩節。內容描述了蓋陀洛可在旅程上的活動。除了賭博以及造訪鴉片館之外，他還與「正統」伊斯蘭導師（guru santri）從事一長串的尖銳辯論，探討神性、人類宇宙、伊斯蘭教以及其他許多事物的本質。在每一次的辯論裡，他都藉著自己的機智以及深厚知識（ngèlmu）而獲勝。一次又一次，伊斯蘭導師都不得不承認失敗，而深感羞辱地從他面前逃開。

第三部分涵蓋第七至十二章的一百九十三個詩節，描述蓋陀洛可遭遇佩吉瓦蒂與她的四名女侍。他破解了這五名女子所出的一系列難題之後，而得以進入佩吉瓦蒂那個從來不曾有人進入過的山洞。德瑪干杜跟在他身後，但卻擠不進去。第一部分的主題再度出現，也就是蓋陀洛可與佩吉瓦蒂的猛烈「戰鬥」僅是略加掩飾的性交描寫。他們在九個月後生下一個男孩，就和爸爸一樣醜陋，但卻深受父母兩人的疼愛。這首詩接著在最後對於這項誕生以及生命的本質提出了一段簡

45 在這段時期，這首詩對於糞便與性毫不掩飾的描寫（寶恩生所說的「極度令人作嘔」），令當時受過西方教育的新興爪哇中產階級深感尷尬，因為他們一心想要在自己眼中還有像寶恩生那樣的人士眼中把「爪哇主義」塑造成道德純淨的體面樣貌。

46「外形不像正常人／他的身體皺縮矮小／皮膚也是又乾又皺／臉上完全沒有鼻子／也沒有眼睛或耳朵；唯一的樂趣就是／成天不停睡覺／／但他一旦從沉睡當中被人叫醒／就任性行事，無法控制……他的身體相當醜陋，有如一個肉囊／他的沉睡之深無與倫比／睡著了就像屍體一樣／他也沒有眼睛或耳朵／只有一雙嘴唇／也沒有筋肉或骨頭。」爪哇原文如下：「warnané tan kaprah janmi / wandané apan bungkik / kulité basisik iku / kelawan tanpa nétra / tanpa irung tanpa kuping / remenané anéndra sadina-dina / Yèn ngelilir lajeng monthah / tan kena dèn arih . . . Awon dedegé lir keba / lèmboné kepati-pati / yèn néndra angler wong pejah / nora duwé mata kuping / among ing lambé iki / nora duwé otot-balung.」這段文字以及《蓋陀洛可傳》的其他引文，都是採用現代化的拼寫方法。此處有如打油詩的翻譯摘自我對這首詩的完整英文譯本，發表於《印尼》，32（一九八一年十月），pp. 108-50，以及33（一九八二年四月），pp. 31-88。

47 從這種觀點來看，這首詩的第一部分描述了男性器官／男人從蟄伏狀態經由割禮（「修剪」）達到成熟而有能力的狀態，以及未來可望獲得啟蒙而從事性交的前景。

短的省思。

要瞭解《蓋陀洛可傳》的立場和本質，最好的方法就是和《真提尼》互相比較。首先，我們會注意到這兩部作品的主角之間的對比。阿蒙格拉加是舊爪哇藝匠名家的典範，為人寬容而溫和。[48]他英俊、有禮、熟悉融合爪哇（印度教）與伊斯蘭教的神祕主義、充滿性活力，而且精通傳統技藝。他以大哥般的莞爾姿態看待瑟伯朗和他那群流浪藝人。這兩人都是真真確確的人類。不過，蓋陀洛可則是相當獨特。他不但不合乎任何爪哇英雄人物的傳統形態（高雅的武士、苦修的賢哲僧人、穆斯林聖人，或者秉性正義的國王），而且彷彿是刻意塑造成與阿蒙格拉加相反的形象。如同第二章的第三節與第十一節還有第四章的第一到五節所揭露的，他是個外貌醜惡、臭氣沖天、滿口污言、嗜抽鴉片、脾氣暴躁、充滿哲思而且四處走動的陰莖。

第二，《真提尼》那種富有教養的百科全書主義已完全消失了。蓋陀洛可及其創作者對於清單以及那些清單所代表的各種知識毫無興趣。現在唯一重要的知識只有一種，就是完美男性的神祕知識，而且蓋陀洛可也以激烈的狂熱和下流又邪惡的機智，來闡釋以及辯護這種知識。他在這首詩篇幅甚長的第二部分所遭遇的神學對手，代表了某種完全超乎《真提尼》想像的東西：也就是自相矛盾的「偽知識」。前一個世紀那種自然而然的融合狀態，使得蘇菲神祕主義（Sufi mysticism）與前伊斯蘭教的印度－爪哇傳統能夠以富有彈性的方式彼此混合，但現在這種狀態已消失無蹤。那個古老的文化彷彿已被打破成嚴重敵對的兩半：一邊是以麥加為導向的正統伊斯蘭思想，另外一邊則是受到范艾克倫以頗有道理的方式稱之為爪哇（文化）民族主義，在被逼到牆角的情況下齜牙咧嘴，準備反擊。

第三，對於性生活的描寫不但是這首詩最終段落的重點所在，也詳盡強調了《真提尼》所略過的一切細節：臭味、體熱、黏液、鮮血、挫折、懷孕以及生產。蓋陀洛可只有一個（女性）性伴侶，而且他以極度粗魯甚至是殘暴的方式與她交合。[49]同樣也明白可見的是，這種性活動只有一個目的，就是產生一個新的蓋陀洛可，一個完美男性的胚胎，準備在未來的爪哇宗教戰爭中取代其父親。這一切都與《真提尼》完全不同。在《真提尼》裡，宗教與性有著嬉鬧而且揮霍無度的關係，最典型的例子就是瑟伯朗和兩名敬虔派穆斯林少年經過徹夜的口交與互相手淫之後，接著又若無其事地起床帶領伊斯蘭習經院的清晨禱告。[50]

最後，魔幻的場面調度。《真提尼》的簡略受到大幅延展，完美的爪哇轉變為一片詭異的月球景象。一如先前，荷蘭人也完全不見蹤影（儘管荷蘭外來語的出現頻率已顯著增加）。哈加爾王國只在第一節提到過一次，而且其「偉大的君王」也在第十一節之後就再也沒有出現過。充斥於《真提尼》詩中的那些演員、戲法師、樂師、工匠、商人、操偶師以及喧鬧擾攘的村民全都不復存在，蓋陀洛可與德瑪千杜在遊蕩的旅程上都只有他們兩人為伴。以這種方式呈現出來的爪哇，有如一個超現實的國度，其中僅有的地標就是鴉片館、洞穴、高山，以及伊斯蘭習經院。一個想像的國

48 阿蒙格拉加的頭銜「Séh」是「sheikh」（教長）的爪哇化拼法。由此可見當時伊斯蘭教與爪哇的舊傳統是如何自然而然地和諧交融在一起。

49 不過，應該指出的是，佩吉瓦蒂在性戰鬥中完全是能夠與蓋陀洛可匹敵的對手。實際上，詩中描寫蓋陀洛可最終敗在她的手下（在交合之後，陰莖癱軟地滑出陰道）。

50《真提尼之書》，第三十七章，第三〇九—二八節。

度，但不是理想化的國度。

不過，這一切本身並不足以讓《蓋陀洛可傳》成為「經典作品」的候選者。這首詩之所以成為典範，第一條線索是在第二章第八節，讀者由此得知年輕的主角在菩提樹上倒懸修行了四年之後，「獲得了wahyu（啟示）與技巧／能夠在言語上擊敗他的同胞／他雖不曾受過修辭教育，卻知道／爭辯的各種技藝。雖然不曾學過寫作／他卻知道所有的文學技藝」。[51]正是由於《蓋陀洛可傳》以憤怒的顛覆手法運用「所有的文學技藝」，而顯示了這首詩的作者是舊爪哇的文學專業人士當中最後僅存的成員。

以開頭的詩句為例：「以下講述的故事／涉及一座王國／遐邇聞名，稱為哈加爾／這座王國的偉大君王／在戰場上英勇無敵／他的王室稱謂是／維瑟薩大王／／國王的權威極大／邊遠地域都為之臣服。」[52]這一節本身是敘事詩的標準傳統開頭，理論上應該從容廣闊地敘述王宮的華美與王國的繁盛等等。不過，這一切都受到了省略，不到第十八行就開始描述起蓋陀洛可是個會走路的陰莖。這種敷衍寫法帶有一種非凡的高傲姿態（彷彿說著：「你和我都知道今天的爪哇沒有著名的王國、無敵的國王，也沒有臣服的邊遠地域。」）

或者，看看作者如何以輕鬆寫意的嫻熟手法仿效《真提尼》的高貴風格，運用引人遐思的押頭韻以及帶有雙關意義的半諧音，但卻是為了完全非傳統的目的。舉例而言，在第五章第三十四—五節，蓋陀洛可的對手辱罵他為一條「沒有尾巴的狗」，他卻立刻扭轉局勢，利用「asu」（狗）與「asal」（源頭，來源）的半諧音把這句侮辱詮釋為一項深刻的真理：也就是他的確是完美的男性。[53]在第四章第三十二—三節，主角又藉著玩弄「kèlèt」分別指涉「鴉片球」與「大便」的雙關

意義，而在一場神學辯論當中提出充滿機鋒的反駁。[54]在英文當中很難表達原文作者如何以流暢

51 爪哇原文為：sinung wahyu bisa nyrékal / iya sesamaning urip / nora sangu ing wicara / sakèhing bicara bangkit / nora sinau nulis / sakèhing sastra pan putus.

「Wahyu」一詞通常用於指稱落在命定之王頭上的那種神秘光芒。這個字眼在這裡用來代表文學修辭的天賦，顯示了王位在一八六〇年代的爪哇所陷入的困境，而且可能也暗示了爪哇唯一的希望在於其獨立的文學知識分子。

52 爪哇原文為：Wonten carita winarni / anenggih ingkang negara / Jajar iku ing naminé / pan wonten ratu digjaya / agagah tur prakosa / jejulukira sang Prabu / Mahraja Suksma Wisésa / Tuhu ratu kinuwasa / kéringan mancanegari.

53 我翻譯的版本是：「賈巴滿懷惡毒地說：／『我已經受夠了／和一條沒有尾巴的狗爭論！』／蓋陀洛可說：／『你為我取的那個名稱確實沒錯／因為我世世代代的祖先／／每一個人都沒有尾巴／確實沒有一個人有尾巴／至於「狗」，解讀起來的意思是「源頭」／「沒有尾巴」指的是／我的確是人／沒有尾巴，不像你的祖先／至於你呢／你是誰？頭髮剃得精光／你是來自荷蘭、中國、西北印度／／還是你來自孟加拉？』」爪哇原文是：Ngabdul Jabar ngucap bengis / apegel ati mami / rembugan lan asu bunting / Gatholoco angucap / bener gonira ngarani / bapa biyung kaki buyut embah canggah / / ya padha bunting sedaya, tan duwé buntut sayekti / basa asu makna asal / bunting iku wis ngarani / ulun jinis ng jalmi / tan buntut kaya bapakmu / balik sira wong apa / dhasmu gundhul anjedhindhil / apa Landa apa Cina apa Koja / / apa sira wong Benggala.

54「至於我每天吃的東西／我都會挑出最燙的／以及最苦的食物／因為這麼一來，我排出的每一坨大便／就都會變成一座高山／這就是為什麼那些山峰／全都會噴出煙霧／那些焦黑的殘餘物都是我吃的東西／（已成了外表堅硬的岩石）也就是／我吞食的*klèlèt*／／老實說，在我排下那些火燙的大便之前／這些山峰都不是真實存在／而且這些山峰也會立刻消失／只要我再度停止／排下大便。你們可以親自檢視／我說的話真實與否，就看／我的肛門裡噴出來的東西吧！」爪哇原文是：Kang sun-pangan dhéwé saban ari / ingsun pilih ingkang luwih panas / sarta ingkang pait dhéwé / déné tetinjaningsun / kabèh iki pan dadya ardi / milanya kang prawata / kabèh metu kukus / tumusiing geni sun-pangan / ingkang dadi padhas watu lawan curi / kalèlèt kang sun-pangan / / sadurungé ingsun ngising tai / gunung iku yekti during ana / ing bésuk iku sirnané é lamun ingsun wus mantun / ngising tai kang metu silit / lah iyu nyatakena / kabèh sakandhaku.

此處的「大便」指的是鴉片菸斗抽完之後留下的殘渣。因此，「排下大便」就暗指進入抽鴉片之後的神秘恍惚狀態。

的傳統文學技法，把「大便」與「狗」這兩個詞語暴力結合起來，而因此造就出那種令人不快的獨特詩文：這種多重調性對於爪哇文學而言頗為新穎。然而，讀者總是能夠察覺到這種多重調性極為嚴肅——不是對於形式的隨意玩弄，也不是對於古典傳統的刻意嘲諷。狗、真理、上帝、難題、鴉片、穆罕默德、大便——這些詞語相互之間都沒有優先的文學關係。這首詩的詞語仍然「入世」，屬於這個世界當中的真理，沒有任何反諷意味。

《蓋陀洛可傳》的多重調性不僅止於此。我們必須記住，這首詩就和這個世紀之前的所有爪哇詩作一樣，都是為了用於歌唱而寫，就算不是大聲唱給別人聽，至少也是低聲唱給自己聽。其中的十二章不是以主題區分，而是由七種音樂韻律形式區別：分別為阿斯瑪蘭達納（Asmarandana）、席納姆（Sinom）、彌吉爾（Mijil）、丹當古拉（Dhandhanggula）、干布赫（Gambuh）、金南提（Kinanthi）與龐庫爾（Pangkur）。至少自從十九世紀初始，這些音樂韻律就有廣受接納的使用方法：這些音樂能夠激起以及反映特定的情緒，而適合特定的主題。[55]《蓋陀洛可傳》的作者接著逐步打破所有的這些傳統聯想。舉例而言，詩中以阿斯瑪蘭達納這種韻律簡略描述哈加爾與維瑟薩的光耀之處，而這種韻律據說具有「入神、悲傷、哀痛，不過是屬於失戀的那種悲傷與哀痛，適合用於講述情愛痛苦的故事」，而且能夠「【引起】悲傷」。[56]用於討論大便與鴉片球的丹當古拉則是「富有彈性……用於說教非常明白；用於講述愛的狂熱相當迷人」，而且「靈活多變，討人喜愛……適合結束一首詩」。被人視為「適合道德教育，也適合愛情故事」的彌吉爾，則是用於講述蓋陀洛可與伊斯蘭導師的第一次凶猛爭辯。最引人注意的是，在第五章第五十八與五十九節裡，蓋陀洛可的對手把蓋陀洛可與他的母親辱罵為「豬的屁眼」（silit babi），而且主角也以同樣不堪的言詞回敬，使用的韻律形式卻是席納姆，其特色據說是「和善而明白」，「適合道德指導」。[57]

在每一個案例當中，其效果都是把書面文字粗暴地摩擦在柔和甜美的歌聲上。[58]這份文本的獨特力量，正是來自於其在形式與內容之間所劃開的傷口。這類專業技藝令人聯想到一名芭蕾女伶在懸崖邊緣轉圈的畫面。

後記

《蓋陀洛可傳》寫成之後不久，殖民地爪哇的變化即開始加速，最主要的驅動力是工業主義在歐洲的深化（即便是落後的荷蘭也不例外），還有通訊革命。一八七〇年代初，獨占性的耕種制度在荷蘭的自由派改革者與強大商業利益的壓力下受到廢止。接著即湧入大量的種植者、商人、

55 貝赫倫，〈賈提斯瓦拉之書〉，pp. 212-16。關於爪哇歌曲和詩文之間的關係，有一篇深入而細膩的探討，見哈奇（Martin F. Hatch），〈拉古、拉拉斯、拉揚：重新思考爪哇音樂裡的旋律〉（Lagu, Laras, Layang: Rethinking Melody in Javanese Music；Ph.D. thesis, Cornell University，1980）。

56 引自帕德墨索柯玖（S. Padmosoekotjo），《爪哇文學評論》（*Ngengrengan Kasusastran-Djawa*；Yogyakarta: Hien Hoo Sing，1960），pp. 22-3；以及哈究維羅格（R. Hardjowirogo），《*Patokaning Njekaraken*》（Jakarta: Balai Pustaka，1952），pp. 66-7。這一段的其他引文也是摘自這兩部文獻。

57 關於這一段的英文與爪哇文版本，見拙著《語言與權力》，p. 212。

58 我在幾年前做過一項實驗，請一名年輕的爪哇詩人在一場非正式派對上於眾人不知情的狀況下「朗讀」這段詩文。他試了兩次，但每一次都因為自己忍不住大笑而不得不中斷。

律師、醫師，以及新式的公僕。蘇伊士運河的開通加快了他們前來的速度，電報通訊的擴展則是讓他們得以和殖民母國保持史無前例的密切聯繫。一家當地媒體在一八六〇年代開始出現，首先由荷蘭人支配，但立刻就有愈來愈多的歐亞人、中國人與本地人參與其中。[59]一八八〇年代開始出現鐵路，原本是為了把可供出口的糖從爪哇內陸的龐大種植園運出，但不久之後就每年運送了數以百萬計的爪哇乘客。[60]鐵路沿線跟著出現了由國家支持並且出資的學校教育系統的初步形態——這是荷蘭人在東印度群島攪和了將近三百年來首度出現的發展。[61]

一九〇〇年之後不久，民族主義的嫩芽已明白可見，由晚期殖民資本主義產生的那些新式職業人士所培育而成：包括編輯與記者、技工與會計師、學校教師與藥劑師、政治人物與勘測員。隨著新世紀的時間慢慢過去，這類人士在文化、社會學以及經濟方面，都變得愈來愈有能力以百科全書派的方式協調專業知識，以用來對抗巴達維亞的舊制度。這些職業人士的夢想，表述於蘇卡諾、蘇托莫、夏赫里爾、司馬溫（Semaun）以及其他許多人的演說與書寫當中，看在我們眼中其實相當熟悉：「完美的印尼」——就在黃磚路的前方或遠或近之處。[62]不過，「完美的爪哇」與「完美的男性」在今天卻成了晦澀難解的想像，在那個「完美印尼」的夢想中更是如此。那種夢想就像所有新形態的意識一樣，也帶有其本身的失憶。因此，我們更該聽從馬克．吐溫的忠告，回頭研究舊爪哇的破損地圖。

59 見阿瑪特・亞當（Ahmat B. Adam）的傑出研究著作：《本土語言媒體與現代印尼意識的興起》（The Vernacular Press and the Emergence of Modern Indonesian Consciousness，Ithaca, NY: Cornell University, Southeast Asia Program, Studies on Southeast Asia no. 17，1995）。

60 見白石隆，《移動的時代：爪哇的民眾激進主義，一九一二—一九二六》（An Age in Motion: Popular Radicalism in Java, 1912-1926，Ithaca, NY: Cornell University Press，1990），pp. 8-9。

61 見凱亨，《印尼的民族主義與革命》（Ithaca, NY: Cornell University Press，1952），pp. 31-2。其中簡要敘述了殖民地教育系統斷斷續續的進展。

62 關於這方面，請參照拙著《語言與權力》，p. 267。

6

雅加達鞋子裡的沙礫
Gravel in Jakarta's Shoes

在歐洲的各個跨洲帝國當中，葡萄牙最為古老、持續時間最長、崩解得最快，事後造成的流血衝突與摧殘毀壞也最多。葡萄牙帝國的持久度必須歸功於葡萄牙本身的落後與貧窮——因此無法實施工業美國、法國、英國與荷蘭的那種野心遠大的現代化殖民主義——以及其位於西班牙腋窩與地中海出口的戰略位置，而因此在數百年來獲得倫敦強大的海軍撐腰。葡萄牙帝國之所以崩解得最快，原因在於薩拉查（António de Oliveira Salazar）[1]的獨裁統治持續時間長得令人費解，也因為他的政權堅決同時打三場越戰——分別在莫三比克、安哥拉與幾內亞比索這三個相距數千英里遠的地點——而且派去參戰的還是一支毫無勝算的非專業半傭兵軍隊。一群幻滅的軍官在一九七四年四月於里斯本發動政變之後不到一年，葡萄牙帝國就畫下了句點。不過，流血衝突與摧殘毀壞不是里斯本直接造成的結果。莫三比克長達十二年的殘暴「內戰」是由南非所策動以及資助。安哥拉長達二十年的衝突也

1 編按：安東尼奧·薩拉查為葡萄牙政治人物，是一九三三到一九七四年間統治葡萄牙的社團主義（corporatist）獨裁政府，葡萄牙第二共和國——俗稱「新國家」（Estado Novo）——的最高統治者。而薩拉查本人則於一九三二年至一九六八年間擔任葡萄牙總理，統治長達三十六年。

主要必須歸責於普利托利亞（Pretoria，編按：即斐京，為南非共和國行政首都）與華府。至於葡屬東帝汶這個位於澳洲北岸外海的半座小島上所發生的大屠殺，則是印尼前將軍蘇哈托的獨裁政權造成的結果——一開始由美國提供關鍵支持，後來也在較低的程度上獲得歐洲經濟共同體當中的幾個大國，還有日本與澳洲的政府所支持。

在薩拉查獨裁政府垮臺的時候，葡萄牙帝國的這個偏遠前哨並沒有發展出反殖民的游擊抵抗勢力。葡萄牙人雖然早自十六世紀中葉就已抵達，那裡卻幾乎看不到現代的道路與運輸系統；島上由信奉泛靈論為主的六十幾萬本土人口所組成，絕大多數都不識字，而且會說二十幾種以上的當地語言。在一小群葡萄牙神職人員與官員構成的上層階級之下，為數極少的識字菁英主要都是麥士蒂索人，其先人除了葡萄牙人與當地人之外，也有偶爾派駐島上的非洲士兵。那裡沒有議會，沒有政黨，只有一個勉強像個樣子的新聞媒體。不消說，那裡沒有絲毫的去殖民化活動。

在里斯本奪權的左傾軍官，全心關注葡萄牙本身的政治動盪以及非洲領地的問題，因為那些領地都有為數眾多的葡萄牙居民。東帝汶已大體上遭到捨棄，只能自生自滅。時任葡萄牙總統的戈梅斯將軍（Costa Gomes）後來宣稱自己認為東帝汶的下場會像果阿（Goa）一樣受到鄰近的印尼和平吞併，並不是全然的言不由衷。尼赫魯在一九六〇年派兵進占果阿，過程完全沒有流一滴血。不過，尼赫魯注重人道，而且是民主國家經由自由選舉選出的領導人；他讓果阿人擁有自主的邦政府，並且鼓勵他們徹底參與印度的政治。不論就哪個面向來看，蘇哈托將軍都與尼赫魯完全相反。

一九七四年四月之後過了一年左右，雅加達政府竭盡全力控制東帝汶，只差沒有發動侵略而已。東帝汶各新興政黨的領袖紛紛受到哄誘、賄賂以及威脅，他們相互之間的敵對關係也受到激化以及操弄。這些陰謀詭計終於在一九七五年八月促成一場由印尼在背後支持的政變，發動者是東帝汶民主聯盟（UDT；簡稱民盟），是兩大政黨當中比較保守的那一個。不過，這場政變迅速受到其左傾對手東帝汶獨立革命陣線（Fretilin；簡稱革陣）所反抗。一場短暫的內戰繼之而來，造成數千人喪生。民盟領袖越過邊界逃入印尼所屬的西帝汶，革陣因此掌控這座殖民地，而開始朝著正式獨立邁進。根據許多外國觀察者所言，革陣此舉獲得廣泛的民眾支持。

這麼一來，印尼擴張主義者唯一的選項就只剩下發動侵略。於是，他們在一九七五年的珍珠港紀念日展開行動，就在來訪的美國總統福特與國務卿季辛吉離開之後不到幾個小時。這場攻擊行動血腥又混亂，印尼部隊不但相互對彼此開火，而且還在東帝汶首都帝利（Dili）犯下無數令人髮指的暴行。東帝汶部隊從葡萄牙駐軍取得北約發放的高品質武器，在戰鬥中表現得相當出色；革陣政府守住了陣線以及大多數的人口，從而導致雅加達的挫折感愈來愈深。

蘇哈托與他的高階將領，以及強大的情報機構，為什麼都會採取這項做法？最簡單的答案就是他們認為發動侵略能夠輕易得手。在侵略行動之前的六個星期左右，東帝汶軍事政策的兩大主導者穆爾多波（Ali Murtopo）與摩達尼（"Benny" Murdani）這兩位將軍造訪我的大學，笑著向頗感不安的提問者保證說「只要三個禮拜就會結束了」。季辛吉本身也建議雅加達「動作要快」。不過，另外還有其他因素需要考慮。由於印度支那剛在幾個月前「淪陷」，而藉著在一九六五—六六年間屠殺了數十萬印尼共產分子（以及其他人士），因而在雅加達掌權的那些將領，絕對無法容忍他們的國界旁出現一個獨立的「左翼」國家。此外，東帝汶外海也已知可能有龐大的海底油田——

在世界油價於一九七三年秋季飆漲為原本的四倍，而且印尼國營石油公司帕塔米納（Pertamina）在一九七五年初負債一百億美元破產之後，這項發現更是顯得極為誘人。

美國在當時扮演的角色極為重要。如果沒有美國支持，侵略行動可能根本不會發生。侵略軍使用的武器約有九〇％都來自美國。美國與印尼在一九五八年訂立的一份協議雖然明文禁止印尼在國界外使用那些武器，但即使華府透過中情局充分掌握了雅加達的侵略準備活動，卻仍擺出視而不見的態度。一九七七年，印尼軍隊急迫尋求採購OV-10野馬反游擊戰鬥機，以便攻擊革陣的山上據點。卡特政府一面祕密提供戰機，一面向國會與大眾謊稱美國對印尼實施了軍事裝備禁運。在聯合國，美國大使莫尼漢（Patrick Moynihan）也竭盡全力爭取各國支持阻擋聯合國進行外交干預——他後來在回憶錄裡還誇耀自己的成功。

兩項因素決定了華府的政策。最首要的是越戰時期的美國政府對蘇哈托深懷感激，原因是他在一九六五—六六年間消滅了社會主義集團以外最大（而且還是合法）的共產主義政黨（過程中甚至沒有讓美國人流到一滴血），並且在後續採行的經濟政策中，開放富含自然資源的印尼接受外國投資與貿易。第二，則是在蘇聯軍事力量（尤其是海軍和空軍）臻於巔峰之際的戰略考量。印尼橫跨於印度洋與太平洋之間的航道上，因此蘇哈托暗中表示願意允許美國核子潛艇穿越印尼水域——並且包含東帝汶沿岸的深水海峽在內——而不必浮出水面遭到蘇聯的衛星監控，乃是一項令美國感到無法抗拒的提議。

一九七七年底，雅加達已準備好進行決定性的突破，尤其是利用野馬戰機投擲炸彈、燃燒彈與化學落葉劑摧毀內陸的田地與村莊。數以萬計的村民被迫逃往印尼所屬的沿岸平原，而被集中在環境惡劣的「安置」營地裡，由印尼軍隊直接控制。在一九七七至一九七九年間，飢荒、疫病與殘暴的戰鬥造成約三分之一的東帝汶人口喪生。如同凱瑞指出的，這樣的死亡人數在比例上比同時期受到波布統治的柬埔寨還要高。[2]不過，印尼政權早已將這座島嶼對外界封閉，而且美國駐雅加達大使又與印尼政權串通，不讓美國國會與大眾得知這項悲劇。另一方面，革陣的高階領導人物，包括能力出色的軍事指揮官洛巴托（Nicolau Lobato）在內，幾乎全部不是被殺就是投降。

到了一九八〇年代初，大多數關注東帝汶的觀察者都認為這場鬥爭已差不多結束。然而，東帝汶在今天卻比過去二十年來的任何一個時間點都更接近於真正獨立。荷蘭人沒有花費多少力氣，就從十七世紀初開始支配東印度群島直到二十世紀初，主要是因為在十八到二十世紀期間，荷蘭就像葡萄牙一樣，是個孱弱貧窮的小型帝國主義強權，因為在歐洲的戰略位置而成為一個對倫敦有用的從屬國。不過，到了二十世紀，荷蘭資本主義的引擎已經運轉得相當順利，而且「新帝國思想」也已在海牙紮根。由此帶來的結果，就是對殖民地的通訊基礎設施進行巨大投資；對土著人口施行必然偏向保守的現代教育；以及建立一個警察國家，能夠以一八八〇年代晚期無法想像的方式進行監控與壓迫。這種由發展、教育以及壓迫構成的爆炸性組合，造成了印尼民族主義的突然萌發，而在短短數十年之後終結了荷蘭人的統治。

可嘆的是，蘇哈托與他的將領對自己國家的現代史所知甚少，於是在一九八〇年代開始重蹈荷蘭人在二十世紀初的覆轍。此外，如同所有的「二手帝國主義者」（second imperialists），他們也

2 見考克斯（Steve Cox）與凱瑞，《世世代代的抵抗》（*Generations of Resistance*，London: Cassell，1995）。

一心想要突顯自己取代的那個老舊殖民主義所帶有的缺陷。因此，他們在東帝汶的基礎建設上投注了龐大的金額，雖然主要是為了軍事目的，卻絕非完全如此。他們建立了層級完善的學校體系，最終也成立了一所大學。註冊入學的學生人數比葡萄牙時期多了五十倍；不識字率也從一九七二年的九〇%降低到一九九〇年的四二%。這樣的做法原本是希望對當地人灌輸印尼語言、新秩序國家意識形態，以及對於雅加達的效忠。在摩達尼將軍這個信奉天主教的邪惡情報頭子支持下，一套壓迫機制受到了創立。由於這套機制不僅隱藏於外界的視線之外，也不為大多數印尼人所知，因此很快就凌駕於法律之上。各種暴行紛紛出現：系統性的刑求、人口失蹤、無期監禁等等。在一九八〇年代出現的後果，正是一九二〇與三〇年代期間發生在荷屬東印度群島的情形。

到了一九九〇年，帝利這個原屬葡萄牙的平靜小城，其人口已增加了五倍以上。受過教育的東帝汶識字人口大幅擴增，但雅加達的殖民地式經濟只能為他們提供有限而且附屬性的就業機會。如同七十年前精通荷語的印尼民族主義者，現在這些精通印尼語的年輕人也對他們的統治者極為熟悉，並且透過印尼語而得以接觸印尼知識分子與印尼媒體，再藉此與外界取得聯繫。此外，儘管蘇哈托政權吹噓自己在提倡同化上大獲成功，東帝汶人卻明白自己受到了殖民。這項現實最引人注目的徵象，就是雅加達一再譴責他們對於印尼為他們所做的一切「不知感激」。殖民者只要遭遇困境，總是會開始指責本土人口不知感激，這是民族主義者不會做的事情。一九七七—七九年的大屠殺是東帝汶年輕人口的兒時回憶，而且他們對於一九八〇年代的系統性壓迫也有直接的經驗。雅加達就以這些方式大幅深化並且擴展了東帝汶的民族主義。

蘇哈托政權又在無意間以另一項政策阻礙了自己的目標，也就是鼓勵信奉天主教。印尼為一九六五—六六年的屠殺所提出的辯護，有一部分即是指稱那是一場對抗共產無神論的運動，並且堅稱所有印尼人都應該歸屬於某個有組織並且獲得承認的宗教。由於印尼對於激進伊斯蘭教懷有疑慮，而鼓勵當地人信奉東帝汶天主教會，因為當時不論從哪個角度看，印尼都絕對可以信任這個宗教。天主教軍官與平民是東帝汶安全機構裡的一大勢力，而且為數不多的天主教信徒也總是默默依賴印尼政權的保護，以免遭到穆斯林迫害。到了一九六〇年代末期，絕大多數的東帝汶人口都已經是天主教信徒，而且不只是因為政府的鼓勵，也因為東帝汶人在面對軍方壓迫的情況下，教會是唯一能夠為他們提供有限保護的機構。不過，這一點卻出現了一個意料之外的問題。由於印尼在法律上對於東帝汶的併吞，只受到貪求石油的澳洲一國承認，因此梵蒂岡在龐大的外部壓力下，決定直接掌管東帝汶的信眾，而不是透過印尼的主教為之。迅速擴張的東帝汶教會於是由當地人擔任神職人員，結果他們都使用當地通用的德頓語（Tetum）從事教區的教牧工作，而且只要一有機會就以葡萄牙語和外界聯繫。如同較早之前的愛爾蘭，神職人員因此在遭到殘暴殖民的人口當中成為民族主義的化身。最能代表這項轉變的，莫過於一個看似膽小靦腆的年輕人，名叫貝羅（Carlos Ximenes Belo），在一九八三年獲得任命為帝利主教。到了一九八〇年代末期，他已成為一個勇敢而且積極發聲的象徵人物，代表了同胞的堅忍。

到了一九八八年底，蘇哈托撤除摩達尼的總司令職務之後，認定東帝汶的狀況良好，已可實施受到控制的開放政策。東帝汶因此開始審慎開放，不僅對印尼平民，甚至也包括外國遊客。印尼更派遣瓦沃（Rudy Warouw）這位能幹的年輕新教徒將軍前往當地執行「軟性」政策。不過，這個時機並不恰當，而且無論如何，這項舉動也已經來得太遲。

國際上，令蘇哈托深得華府喜愛的冷戰已接近尾聲。葡萄牙加入了歐洲共同體，該國良心發現的領導人物也開始利用否決權阻擋歐洲共同體與東南亞國協的商業關係，而印尼正是東南亞國協最大的成員。一九九〇年八月，海珊侵略了科威特這個地位不穩的公國更加以「併吞」，造成一九九一年二月一項龐大的國際軍事行動，其正式目標就是要阻止海珊做出蘇哈托在一九七五年所做的事情——占領並且「併入」一個鄰居小國。在非洲，門吉司徒（Mengistu）治下的衣索比亞在厄利垂亞民族主義者的軍事實力面前已逐漸崩解——這又是一個與東帝汶近似的案例。自從國際特赦組織在一九七六年贏得諾貝爾和平獎之後，國際人權運動的力量就不斷增強。

隨著東帝汶「開放」，數以千計的印尼投機商隨即湧入該國，以便把握政府政策與外國捐贈者所造就的商機。這場由私人企業進行的和平「二度入侵」，被東帝汶的年輕人廣泛視為雅加達的陰謀，目的是要把他們變成自己國家裡的少數人口——如此一來，東帝汶就算得以對自己的未來舉行公投，蘇哈托政權也能夠掌握支持合併的穩定多數。外來訪客的出現，尤其是一九八九年底到訪的教宗若望保祿二世，讓東帝汶人感受到自己並未遭到外界遺忘，因此他們也就愈來愈積極尋求機會與外界聯繫。他們首度開始舉行獨立示威活動。雖然遭到強力鎮壓，卻明白顯示抗爭的焦點已從散落於山裡的武裝團體轉移為廣大的都會區青年。

轉捩點出現於一九九一年十一月十二日清晨，當時一支由眾多年輕人組成的和平遊行隊伍穿越帝利前往聖克魯茲教堂（Santa Cruz Church）的公墓，要到不久之前遭到印尼保安部隊殺害的一名年輕社運人士的墳前獻花。不曉得什麼原因——極少有人相信是瓦沃將軍下達的命令——兩百名左右的重裝士兵突然出現，而開始對著困在公墓高牆內的哀悼群眾開槍。至少有兩百五十人當場喪命，還有許多人身受重傷，後續又有三百多人失蹤。這類屠殺行為在以前雖然也經常發生，但這次被斯塔爾（Max Stahl）與考克斯這兩名膽大無畏的英國人拍下了影片與照片，並且將底片偷渡運出國外。斯塔爾的錄影帶先是在英國的電視臺播放，接著又於世界各地播放，隨即造成強大的政治衝擊，比起人權組織針對過去十六年來的印尼殘暴統治所蒐集的那些堆積如山的書面證據還要有效得多。

那些影像在國際上引起的軒然大波，迫使蘇哈托立刻撤換瓦沃將軍及其直屬上司——瀟灑的第九軍區司令。（自此以後，東帝汶就不再是軍事將領尋求快速升遷的過水地點，反倒成了精明的軍官極力避免的地方。）在洛巴托死後成為地下游擊隊傳奇領袖的詩人古斯芒，終於在一九九二年底落入軍方手中之後，此時的印尼已不敢直接處死他。他受到順服於印尼政權的司法體系審判，但審理過程受到一定程度的公開，結果先是判決無期徒刑，接著又改為二十年有期徒刑。（荷蘭人在一九四八年底也因為類似的狀況無法處死民族主義領袖蘇卡諾，所以只好把他關進牢裡。蘇卡諾很快就領導他的國家經由協商而達成獨立。）

在聖克魯茲屠殺事件之後，壓迫雖然還是持續，但東帝汶已首度成為印尼內部公開的政治問題，因為到了這個時候，國家對於資訊的高度壟斷已逐漸瓦解。這點不但得歸功於CNN，更要歸功於傳真與電子郵件的革命。官方聲明的語調變得愈來愈處於守勢。外交部長阿拉塔斯（Ali Alatas）向印尼媒體表示，東帝汶是「我們鞋子裡的沙礫」，蘇哈托則說是「我們臉上的面皰」——他們絕對不會利用這樣的字眼描述任何一個他們真心認為屬於印尼的省份。於是，比較大膽的印尼記者首度到現場親自調查究竟發生了什麼事。雅加達的部分日報刊登了「短篇故事」，但內容明顯可見是記述一個慘遭摧殘的社會所遭遇的經歷。在爪哇的薩蒂亞瓦卡納大學（Satyawacana University），著名環保人士阿迪瓊德羅（George Aditjondro），公開支持東帝汶獨立，並且不理會政府禁令到葡萄牙出席一場關於東帝汶的國際研討會。印尼政權雖然因此對他多所騷擾，卻不敢監禁他。印尼政治的東帝汶化在後續又出現更加醒目的證據，也就是東帝汶學生在一九九四年底精心計畫了一場入侵美國駐雅加達大使館園區的盛大活動——時間就在蘇哈托歡迎柯林頓及其他國家領袖出席亞太經合組織高峰會之際。幾天後，精明而且富有野心的雅加達都會區司令亨德羅將軍（Hendro）就遭到撤職——他是三年裡第三個因帝汶人而下臺的將領。而且，印尼也別無他法，只能允許那些學生安全流亡至葡萄牙。

發生在雅加達的這場戲劇性變化，在東帝汶引起了強烈迴響。那裡的年輕人認為這又是一個徵象，顯示現在歷史已站在他們這一邊。由此造成的其中一個後果，就是東帝汶青年與支配了當地市場的投機商（大多數都是穆斯林）愈來愈常發生暴力衝突，最後在一九九五年十月造成東帝汶大部分地區紛紛發生都市暴動。數以百計，甚至可能是數以千計的近期外來移民，都被迫逃離他們在蘇拉威西（Celebes）與爪哇的家宅。印尼政權雖在先前宣稱情況的改善令他們得以撤離大量部隊，這時卻又不得不另外派兵進駐，而結果也可想而知，就是大規模的逮捕與各種暴行，代表了一種死胡同的政治措施。爪哇雖有少數的強硬派穆斯林知識分子，以偏激姿態代表那些逃離當地的同教派人士，要求懲罰「不忠的基督徒」，然而蘇哈托卻沒有本錢打這張牌，因為他有太多的政治和軍事夥伴都是天主教徒或新教徒；還有許多深富影響力的知識分子與勢力龐大的華裔印尼商人也都是。此外，他也知道東帝汶的宗教衝突如果延燒到印尼各地混雜的種族宗教群體之間，對他的政權絕對是有害無益。

這一切共同造成了美國政策明確而逐步漸進的轉變。美國在於維也納舉行的最後一場聯合國人權大會上投票反對印尼；國務院也阻擋對印尼出售特定軍機。柯林頓在東京的七大工業國峰會溫言責備了蘇哈托，並且在聯合國秘書長包特羅斯蓋里（Boutros-Ghali）的主導下，明白表態支持重啟印尼與葡萄牙之間的談判。另一方面，長期受美國國會兩黨關注的焦點也出現了細微的轉變：從東帝汶人的人權轉向他們的自決權。在此轉變當中，蘇哈托的年紀、印尼日益增長的民間動亂徵象，還有統治菁英之間的衝突，無疑都扮演了一定的角色。

雅加達面臨了無路可走的窘境。回歸一九七〇年代末期的殘暴做法是不可能的事情，而一九八〇年代的「發展」又造成了帝汶民族主義與天主教信仰的深化。最能顯示出時人對這項僵局的認知，莫過於近期剛出版的摩達尼將軍回憶錄。他在書中大肆誇耀自己的政治和軍事成就，但對於東帝汶卻一語不發，只提及一九七五年那場搞砸了的入侵行動，而將過錯歸咎於他在書中沒有指名的上司。最後的突破大概必須等到蘇哈托的政治權力或者肉身生命的終結，但他在過去也展現過面對現實的能力以及驚人的政治手腕。他的後繼者絕對沒有權力或能力可以長久抗拒印尼帝國主義走下坡的趨勢。

7

戒斷症狀
Withdrawal Symptoms

……在那段時期，所有的人與野獸
都必然不免遭遇致命危機
因為君主一旦違反
為君的十項德行
災難就會降臨，顯現的預兆
乃是十六個醜惡的鬼魂：
月亮、星星、大地與天空都將失去方向
厄運將散播於各地
迦梨的致命災禍
一片漆黑的雷雨雲將會噴發出
古怪的徵象將可見於
大地上的各處，昭披耶河也將翻騰
就像烏兒的心臟之血一樣鮮紅
瘋狂將會占據大地寬廣的胸膛
沉悶的天空呈現黃色
森林的精靈飛奔而出
纏擾城市，而逃向森林的
則是尋求避難的城市精靈……

琺瑯磁磚將會飄浮而起
輕盈的葫蘆沉入深淵。
《阿瑜陀耶預言輓歌》（西元十七世紀左右）

引言

軍事政變本身在泰國現代史當中沒有什麼新奇之處。自從一九三二年那場推翻了君主專制的政變之後，至少又發生了八場成功的政變，另外還有許許多多不成功的政變。[1]因此，有些西方記者與學者把一九七六年十月六日的事件[2]描述為泰國政治的典型狀況，甚至是經過三年不合適的民主嘗試之後一種回歸正常的表現，其實並不令人意外。[3]但實際上，十月六日卻至少因為兩個頗為不同的原因而算是泰國歷史上一個明確的轉捩點。第一，一九七三—七六年間合法左翼反對陣營的重要領袖，大多數都不像他們的歷史前輩那樣身在牢裡或者遭到流放，而是加入了愈來愈大膽，也愈來愈成功的地下反抗組織。第二，這場政變不是菁英階級臨時起意的突襲，而是右翼陣營長達兩年的公眾威嚇、攻擊與暗殺行動所造成的結果。那些行動的最佳象徵，就是十月六日那場精心策劃的群眾暴動。[4]

統治集團從事的政治謀殺是泰國現代政治的常見情形——不論是在一九三〇年代晚期鑾披汶元帥的獨裁統治之下，還是一九四〇年代晚期與五〇年代的鑾披汶—乃炮（Phao Sriyanon）—沙立三頭統治，[5]或是一九六〇年代與七〇年代初期的沙立—他儂—巴博政權，[6]都是如此。不過，這

1 舉例而言，見大衛．威爾遜（David Wilson），《泰國的政治》（*Politics in Thailand*，Ithaca, NY: Cornell University Press，1967），第九章；雷格斯（Fred W. Riggs），《泰國：一個官僚政體的現代化》（*Thailand: The Modernization of a Bureaucratic Polity*，Honolulu: East-West Center Press，1966），附錄B。

2 編按：即泰國法政大學大屠殺事件，或俗稱十月六日事件。發生背景為當時因一九七三年學運失勢而遭驅逐出境的他儂將軍返回泰國，引發學生強烈不滿，遂展開示威抗議，要求驅逐他儂。抗議過程中，學生抗議行為被泰國右派分子視為係來自共產黨的鼓吹，因而整起抗議活動被解讀為共產分子企圖顛覆泰國皇室和國家安全。因此，獨裁軍政府默示民間右翼武裝團體以包圍方式進入法政大學對抗議學生進行攻擊。屠殺事件最終造成超過兩百起死、傷，其中包括幾起零星的性侵事件。最終，這起事件有多達三千人遭到逮捕。

3 這種觀點的一個自由派版本，就是把十月六日描述為一項徒勞之舉，繼先前無數次把民主政府引進暹羅的嘗試之後，又是一次令人洩氣的失敗。關於這種論點的一個例子，見達爾令（Frank C. Darling），〈一九七六年的泰國：憲政民主的再次挫敗〉（Thailand in 1976: Another Defeat for Constitutional Democracy），《亞洲調查》（*Asian Survey*），17: 2（一九七七年二月），pp. 116-32。

4 一九七六年四月十六日的《遠東經濟評論》，在報導一九七六年四月選舉的文章裡，提及「一連串以左翼與改革派政黨為主要目標的槍擊、炸彈攻擊以及其他暴力事件」。《民族黨週報》（*Prachachart Weekly Digest*），20（一九七六年三月十六日）與21（一九七六年三月二十三日）列出了一九七四—七六年間遭到政治刺殺的將近五十名受害者的姓名，全部都是左翼人士。

5 關於一九三八年在素拉德（Phraya Song Suradet）「造反」之後的鎮壓行動，見威爾遜，《泰國的政治》，p. 261。一九四九年三月三日，四位著名的國會議員暨前內閣閣員在移監途中遭到乃炮手下的警察謀殺。見素拉哈卡（Samut Surakkhaka），《二十六場泰國革命與政變，一五四六—一九六四》（*26 Kānpattiwat Thai lae Ratthaprahān 2089-2507*；Bangkok: Sue Kānphim，1964），pp. 472-89。一九五二年十二月，蒲里帕（Thim Phuriphat）與西里康（Tiang Sirikhan）這兩位東北部的著名政治人物雙雙失蹤。後來發現他們遭到乃炮手下的警察絞殺。見凱耶斯，《依善地區：泰國東北的區域主義》（*Isan: Regionalism in Northeastern Thailand*，Ithaca, NY: Cornell University Southeast Asia Program Data Paper no. 65，1967），p. 34；以及查洛提亞拉納（Thak Chaloemtiarana），〈沙立政權，一九五七—一九六三：泰國現代政治的形成期〉（The Sarit Regime, 1957-1963: The Formative Years of Modern Thai Politics，Ph.D. thesis, Cornell University，1974），p. 118。

些偶爾伴隨著刑求的謀殺行為，通常都帶有「行政」色彩：由國家的正式部門執行，而且經常極為祕密。大眾對於發生的事情一無所知，所以自然也沒有以任何重要的方式參與其中。一九七四—七六年間的暴行之所以引人注意，原因是那些行為帶有非行政性的公眾色彩，甚至具有暴亂的特色。一九七六年八月，曼谷人目睹了以前根本無法想像的驚人景象，也就是首相克里·巴莫（Kukrit Pramote）的私宅遭到一群酒醉的員警闖入洗劫。[7]二月，社會黨祕書長汶沙儂博士（Boonsanong Punyothayan）在他位於市郊的住宅外遭到職業槍手伏擊刺殺。[8]受雇的惡棍愈來愈展現出一種相當不傳統的暴力形態，例如對公眾進行無差別的炸彈攻擊，[9]與先前那種低調而精準的謀殺行為構成強烈對比。新力量黨在一九七六年三月二十五日於猜納（Chainat）舉行選舉集會，結果遭人丟擲手榴彈，造成十名無辜民眾死亡。[10]十月六日的恐怖私刑更是發生在暹羅人潮最多的區域——皇家田廣場（Sanam Luang），也就是皇宮前方那座市中心的大廣場。

我希望藉由本文探究這種更高度的新式暴力，因為這種暴力顯示了暹羅當前的社會、文化與政治危機。我將沿著兩條彼此相關的思路闡述我的論點，其中一條思路是關於階級形成，另一條是關於意識形態動盪。

泰國社會的階級結構自從一九五〇年代晚期開始出現快速變化。最重要的是出現了新的資產階級，雖然又小又弱，但在許多重要面向都不與舊的封建官僚上層階級站在一起，並且在部分程度上與那個舊階級處於敵對立場。這些新階級——包括中產階級與小資產階級——是一九六〇年代的越戰繁榮期造成的結果，因為美國人與美國資金在當時以完全史無前例的規模湧入泰國（並且迅速受到日本人跟進）。就是這些階級為那些受到部分民眾歡迎的右翼運動——與先前的貴族

與官僚右派明顯不同——提供了社會基礎。這並不是說，由軍事將領、銀行業者、官僚以及王室

6 舉例而言，關於以下這幾個人物的公開行刑——一九五九年七月五日的希薩提（Suphachai Sisati）、五月三十一日的洪昌達旺（Khrong Chandawong）與素提瑪（Thongphan Suthimat），還有一九六一年四月二十四日的弗隆旺（Ruam Phromwong）——見〈沙立政權〉，pp. 266-9。他儂—巴博時代的受害者所屬的群體，遠遠超出了知識分子與政治人物的圈子。舉例而言，一九七五年由內政部督察長主持的一項正式調查證實了學生的指控，發現在一九七〇—七一年間，至少有七十人遭到博達倫府（Phatthalung）的鎮壓共黨行動司令部就地處決。該份報告指出：「遭到士兵逮捕的嫌疑共黨人士，大多數都遭到處死。士兵原本都是在路邊槍決嫌犯，但後來改變了殺人方法，以紅色汽油桶屠殺手段消滅一切可能的證據。帶隊士官會以棍棒把嫌犯毆打得不省人事，然後丟進汽油桶內活活燒死。」《曼谷郵報》（*Bangkok Post*），一九七五年三月三十日。關於在北方以燃燒彈無差別攻擊苗人（赫蒙人）村莊，見湯瑪斯・瑪克斯（Thomas A. Marks），〈泰國的苗族部落問題〉（The Meo Hill Tribe Problem in Thailand），《亞洲調查》，13: 10（一九七三年十月），p. 932；以及塔克斯頓（Ralph Thaxton），〈泰國的現代化與農民抗爭〉（Modernization and Peasant Resistance in Thailand），收錄於塞爾登（Mark Selden）編，《重塑亞洲》（*Remaking Asia*；New York: Pantheon，1971），pp. 265-73，尤其在p. 269。

7 這些身穿便服的員警受到閃著警燈的警車與開道摩托車護送。除了竊取白蘭地與香菸之外，他們對克里・巴莫的豪宅所造成的損失據估達五十萬美元。《紐約時報》，一九七五年八月二十日。就在同一個時候，作為學生激進主義精神故鄉的泰國法政大學（Thammasat University），也遭到紅衛隊（Red Gaurs；見後述）的右翼惡棍攻擊以及放火燒毀部分建築——結果那些人完全沒有受到懲罰。

8 這起謀殺案發生於二月二十八日。見《遠東經濟評論》，一九七六年三月十二日。

9 一九七六年二月十五日，溫和派的新力量黨（New Force Party）遭到右翼惡棍以汽油彈攻擊其曼谷總部。見《遠東經濟評論》，一九七六年二月二十七日。其中一個惡棍雖然在過程中被炸斷了一條手臂，卻因「缺乏證據」而獲得警方釋放。三月二十一日，曼谷市區一群要求完全撤除美國駐軍的遊行群眾遭人投擲一枚炸彈，而造成四人死亡，多人受傷。見《民族黨週報》，22（一九七六年三月三十日），p. 1。

10《遠東經濟評論》，一九七六年四月九日。

所構成的舊統治集團，不再握有通往真實政治權力的鑰匙；而是說這些集團找到了新的，而且可能頗具威脅性的「大眾化」盟友。[11]

這種意識形態動盪也有很大一部分是來自於美國勢力的進入所造成的衝擊，主要展現於一九七三—七六年間的「民主時期」所爆發的一場智識革命當中。面對沙立—他儂—巴博獨裁統治下的智識無效以及對於傳統主義象徵的粗糙操弄，許多泰國年輕人因此開始公然質疑舊霸權文化的若干中心元素。為了因應這種狀況，刻意傳播以及灌輸「國家—宗教—國王」這種激進意識形態的措施於是大量出現——而不是先前居於支配地位的那種正統且保守的「傳統主義」。「國家—宗教—國王」不再被廣泛視為「泰國的自然特色」，而是愈來愈明顯成為高度特定的社會形構下的意識形態俱樂部。這種充滿自覺的右派意識形態化，明顯可見是以新的資產階級為對象；那些宣傳者不但是這些階級裡的狂熱分子，也是統治集團裡的精明操弄者。

新階級的問題

在一九五〇與六〇年代期間，大多數的西方社會學家都認為暹羅是「官僚政體」——一種受到致力於自我存續的現代化官僚所完全支配的政治體系。[12]在此官僚階級之下，只有一個備受排擠的華人商業階級以及一個沒有受到區別的農民階級。這兩個階級的政治意識都相當低落，而且幾乎完全被排除於政治參與之外。一般認為官僚與農民之間的關係大體上和諧而不具剝削性，[13]僅涉及以賦稅、勞力與順從換取安全保障、光榮以及宗教認同這種典型的交易。多虧十九世紀查克里王朝（Chakkri）的一連串傑出統治者的精明與遠見，暹羅才得以在東南亞各國當中成為唯一沒有臣服於歐洲或美國帝國主義的國家，並且因此躲過殖民地普遍可見的高額地租、遙距地主制、農民長期負債與鄉村無產階級化等惡性發展。在一九六〇年代之前一直未曾達到高度發展的暹羅經濟，基本上是掌握在華人移民手裡，但由於他們身為外國人的邊緣地位，所以絕對無法扮演活躍且獨立的政治角色。[14]這幅和平、穩健又獨立的暹羅圖像，在許多重要面向上都不符現實。在一八五〇年代之後，西方資本、西方「顧問」以及西方文化傳教士都對暹羅歷史發揮了決定性的

11 我也許該在這裡特別指出，由於本文的核心關注是新的社會形構與新的文化傾向，因此刻意忽略這些舊統治團體，也刻意忽略軍方與內政部這類勢力龐大的官僚機構。這些團體與機構的政治角色已在探討泰國現代政治的文獻裡受到了廣泛討論。

12 我認為這個字眼是由雷格斯所創。見他的《泰國》，p. 11。不過，這種基本觀念在威爾遜的《泰國的政治》當中占有中心地位，而這部著作乃是對那個時代的研究當中最具影響力的作品。

13 傅勒德（Thadeus Flood），〈歷史脈絡中的泰國左翼〉（The Thai Left Wing in Historical Context），《關心亞洲問題學者公報》（*Bulletin of Concerned Asian Scholars*），7: 2（一九七五年四月—六月），p. 55。在這篇出色的文章裡，他從布蘭查德（Wendell Blanchard）等，《泰國》（*Thailand*；*New Haven:* Human Relations Area File，1957），pp. 484-5引用了以下這段深富娛樂性的文字：「【泰國農民】能否想像一種沒有高低地位之別的社會狀況，實在令人懷疑。農民和其他社會地位低落者從來不認為這種社會體系特別不合理或者艱困，而泰國也沒有整體社會壓迫的歷史。」

14 見施堅雅（G. William Skinner）的《泰國的華人社會》（*Chinese Society in Thailand: An Analytic History*；Ithaca, NY: Cornell University Press，1957）；以及他的《泰國華人社群的領導與權力》（*Leadership and Power in the Chinese Community in Thailand*；Ithaca, NY: Cornell University Press，1958）。比較亨德利（Donald Hindley），〈泰國：消極政治〉（Thailand: The Politics of Passivity），《太平洋事務》（*Pacific Affairs*），41: 3（一九六八年秋），pp. 366-7。

影響。[15]另一方面，如果和美國人與日本人在越戰時期湧入所帶來的改變相比，一九六〇年代之前的時期則是顯得比較「黃金」。遲至一九六〇年，曼谷都還能夠被描述為「東方威尼斯」：一座靜謐的老式皇家港口城市，充滿運河、寺廟與宮殿。十五年後，許多運河都已被填平並闢成道路，許多寺廟也都破敗失修。首都的整個重心已經東移，遠離王宮園區和昭披耶河畔的華人貧民窟，轉移到一個新的都會區域，不論在視覺或政治上都受到巨大的辦公大樓、銀行、旅館與購物廣場所支配。這座城市以癌變般的速度擴張，吞噬了周圍的鄉村地區，並且將稻田轉變為投機性的住宅區、瞬間成形的市郊，以及巨大的新貧民窟。[16]

這樣的轉變——在若干省分的首府也以較小的規模發生——是由來自於暹羅社會以外的力量所造成的結果。要描述這些力量，也許可由三種相互關聯的因素為之。第一項因素，同時也是最重要的因素，無疑是美國在一九四五年之後毫不客氣地將歐洲殖民強權從東南亞趕走，剝奪它們戰前在那裡的經濟、政治和軍事霸權。[17]第二項因素是華府決定把暹羅當成美國在東南亞區域擴張的樞紐。曼谷不只成為東南亞公約組織的總部所在地，也是美國在鄰近的寮國、柬埔寨、緬甸與越南進行的眾多公開與祕密行動的基地。[18]第三項因素——其重要性頗為不同——則是在第二次世界大戰之後把遠東的大眾觀光轉變為一門重大產業的科技革命。（在此之前，到這個區域觀光原本是上層階級才擁有的奢華享受。）對於這門產業而言，曼谷是個天然的中心：這裡不僅是此一區域的地理中心，在美國兵力與本土獨裁統治的保護下也徹底安全，而且更重要的是，這裡提供了一項令人無法抗拒的組合：現代奢華設施（國際旅館、舒適的空調運輸工具，以及最新的電影）以及異國古蹟。[19]在東南亞其他地方，殖民強權通常都把文化貧乏而以商業為導向的首都

城市興建於沿岸地區，遠離於古老的本土王室首都。（因此，觀光客在印尼要從雅加達前往梭羅、

15 達爾令，《泰國與美國》（*Thailand and the United States*，Washington, DC: Public Affairs Press，1965），p. 29指出，在一九三二年那場推翻君主專制的政變之時，泰國經濟有九五％都掌握在外國人與華人的手裡。

16 在二十五年的時間裡，曼谷－吞武里（Thonburi）都會區的人口成長如下：

1947	781,662
1960	1,800,678
1970	2,913,706
1972	3,793,763

見穆丹納亞克（Ivan Mudannayake）編，《泰國年鑑，一九七五－七六》（*Thailand Yearbook, 1975-76*，Bangkok: Temple Publicity Services，1975），p. E28。

17 達爾令，《泰國》，pp. 29，61，170-71。到了一九四九年，美國與暹羅的貿易已比戰前水準增加了二十倍。到了一九五〇年代晚期，暹羅生產的橡膠已有九〇％是由美國收購，還有大部分的錫也是。

18 這方面的分析有一項更為全面的闡述，見塔克斯頓的〈泰國的現代化〉，pp. 247-51。

19 此一觀光的規模可由下列數據看得出來：

	1965	*1966*	*1970*	*1971*	*1972*	*1973*	*1974*
外國遊客（單位：千）	225.0	469.0	628.7	638.7	820.8	1037.7	1107.4
美國	78.3	133.3	159.2	147.0	151.6	161.4	156.8
（休假士兵）	(15.0)	(70.7)	(44.3)	(26.6)	(7.7)	(4.4)	(3.5)
日本	17.3	42.9	47.0	55.8	935	151.9	132.7
觀光帶來的外匯收入（單位：百萬銖）	506	1770	2175	2214	2718	3399	4292
（休假士兵）	(50)	(459)	(390)	(240)	(63)	(13)	(11)

注：要評估一九七二－七四年間的數據所帶有的重要性，我們必須記住當時的高通膨率。資料來源：世界銀行，〈泰國：當前的經濟前景與特定發展問題〉（Thailand: Current Economic Prospects and Selected Development Issues）II（統計數據附錄），一九七五年十一月十四日，Table 8.7。在這些年間，觀光通常是外匯收入排名前八的產業。

在緬甸要從仰光前往曼德勒—阿瓦〔Mandalay-Ava〕、在越南要從西貢前往順化、在柬埔寨要從金邊前往吳哥，都需要經歷耗時的旅程。）

如果說美國進駐暹羅是後二戰時期的普遍特色，其程度與步調在沙立的獨裁專制政權於一九五九年成立之後，還是出現了明顯的差異。他的前任統治者鑾披汶元帥，是法國聖西爾軍校以及由歐洲支配的戰前世界所造就的產物，相較之下比較溫文爾雅。沙立則是出身鄉下，畢業於泰國皇家軍事學院，並且於戰後的美國全球霸權時代崛起。他在一九五〇年首度造訪華府之後，親自督導了泰國軍隊的美國化（在組織、準則、訓練、武器等等方面）。[20]由於他在掌權之前就與五角大廈建立了將近十年的緊密關係，因此在一九五九年之後，也就輕易而自然地把暹羅與美國的連結拉近到前所未有的程度。[21]在華府眼中，沙立在其他面向上也算是理想的獨裁者。他願意也樂於把「發展」當成他追求自身正當性的一部分，並且在擬定以及推行發展計畫之時，也樂於接受美國訓練的技術官僚所提供的建議。[22]身為毋庸置疑的「強人」，他比鑾披汶擁有更大的權力可以做出迅速而決定性的行動。[23]最重要的是，沙立竭盡全力吸引外國資金（尤其是美國資金）來到暹羅，認為這是一種必要手段，唯有如此才能鞏固他自己還有後繼者的統治。於是，罷工遭到禁止，工會也被強制解散。外國企業的分公司不僅獲准維持大部分原先外商擁有的優惠與特權，而且還能夠在暹羅購置土地，也大體上得以豁免繳稅，甚至可以任意引進技術人員，不受既有的移民法限制。[24]泰銖依據最正統的經濟原則管理，直到一九六〇年代末期都一直維持得極為穩定。

沙立在掌權五年之後因為肝硬化去世。不過，他的後繼者他儂與巴博仍然延續了他的基本政策要旨。他們的統治和詹森總統對於越戰的擴大幾乎同時展開，也隨即把握了因此出現的機會。

他們鼓勵華府把暹羅當成一艘巨大的不動航空母艦：在一九六八年的高峰時期，泰國境內駐紮了將近五萬名美國軍人，而且美國也獲准建造並營運至少八座大型基地以及數十處小型設施。[25]泰國統治者不只因此獲得軍事援助的豐厚獎勵，而且美國人員的大量進駐也造成經濟的迅速擴張，

20 關於沙立，最佳的參考文獻是查洛提亞拉納，〈沙立政權〉。關於他在泰國軍隊美國化當中所扮演的角色，尤其見pp. 120-22。不過，達爾令的《泰國》則是非常有助於我們從美國的角度看待沙立與華府的關係。

21 沙立尤其支持美國在寮國的凶悍作為。鑾披汶出生於泰國中部的大城附近，所以基本思想觀念都帶有「泰國中部」色彩，但沙立則是在許多面向都具有東北部人的特色。他的母親生長於泰寮邊界上的廊開（Nongkhai），他本身也在那裡度過部分的童年。他因為母親而與美國在永珍扶植的右派軍國主義強人諾薩萬將軍（Phoumi Nosavan）具有近親關係。

22 鑾披汶時代從來不曾有過全國性的計畫。暹羅為期六年的第一期國家發展計畫由沙立制定而成，並且在一九六一年正式實施。關於這項計畫，以及這項計畫如何毫無主見地遵循國際復興開發銀行的建議，見費斯提埃（Pierre Fistié），《當代泰國的演變》（*L'Évolution de la Thaïlande contemporaine*；Paris: Armand Colin，1967），pp. 334-5。另參考查洛提亞拉納，〈沙立政權〉，pp. 327-8，其中主張沙立並未任由自己完全跟從國際技術官僚的指導。

23 鑾披汶在一九三〇年代末至四〇年代初雖是實質上的獨裁者，但在他於一九四八至五七年間擔任第二任首相的漫長期間，他的地位卻是孱弱得多。一九四七年的政變集團把他找回來擔任名義上的領袖，以便為他們的政權賦予某種國際「格調」。鑾披汶得以持續在位，主要是因為美國的支持以及他自己巧妙平衡警察總監乃炮與沙立將軍之間愈來愈激烈的派別對立。到了一九五八與五九年的政變，沙立就剝奪了警察的權力，而把他自己控制的軍隊確立為泰國政治毋庸置疑的主宰。

24 關於泰國吸引外國投資者的措施概述，見費斯提埃，《當代泰國》，p. 337。

25 根據一九六八年四月十四日的《紐約時報》報導，當時美軍駐泰兵員有四萬六千人，每個月還有五千名從越南過來休假的士兵。《國家》（*Nation*），一九六七年十月二日，則是列出四萬六千名兵員、七千名從事經濟與宣傳活動的人員，以及八座空軍基地。

尤其是在營造與服務部門。[26]一項與戰爭相關的巨大榮景因此出現，雖是建立在沙立初年的「戰前」繁榮之上，卻遠遠超越了當初的繁榮程度。在他儂－巴博政權執政期間，大量湧入的白種商人、士兵與遊客造成了旅館、餐廳、電影院、超市、夜店與按摩院的數量激增。

如果說這項榮景本身基本上是由美國（與日本）的投資和消費所促成，那麼泰國對於其效益的參與模式，則是深受政權政策的影響。在這些政策當中，最具決定性的一項是沙立早期所頒布的一道命令：撤銷土地所有權的五十萊（約是二十英畝）面積上限。[27]這項命令為此榮景期間持續不斷加速的大規模土地投機奠定了法律基礎。此外，這場投機風潮也不僅限於曼谷。隨著美國闢建通往寮國與柬埔寨邊界的戰略公路（其中包括「友誼」公路），[28]都會與鄉村投機客也隨即跟進，以極低的價錢向根本不懂得土地可以當成投機商品的餬口農民，買下道路沿線的土地。[29]在土地投機這種經濟活動裡，法律技術、「內部資訊」、「影響力」，以及取得低利銀行貸款的能力都是特別重要的因素。所以，難怪不動產榮景的主要受益者不只有傳統華裔泰籍的商業階級，也包括高階與中階的官僚（軍官與文官）以及擁有良好政治人脈的鄉下地方顯要。受影響最嚴重的區域通常是最接近曼谷的地方，因為資金湧入的速度極快。泰國中部的狀況即是一個鮮明的例子：在鑾披汶時代，學者一致認為農田租佃不是嚴重問題；但到了一九六〇年代晚期，美國國際開發署的報告顯示只有不到三〇％的田地是由地主自己耕種。[30]

上述因素對於泰國經濟造成的整體「動態化」，創造或擴展了至少四種對於我們此處而言相當重要的社會形構——也就是說那些社會形構的存續大體上仰賴榮景的持續。在商業化過程散播最快的鄉下地區，身居有利地位的顯要人士、碾米坊主人、商人、首領人物等等，都突然獲得新增

26 這項轉變有一部分可以藉著比較各個部門在一九六〇年與一九七〇年的就業人數而看得出來：

	1960	*1970*	變化
農業	11,300,000	13,200,000	（+17%）
礦業	30,000	87,000	（+290%）
製造業	470,000	683,000	（+45%）
營造業	69,000	182,000	（+64%）
商業	779,000	876,000	（+13%）
運輸、倉儲、通訊業	166,000	268,000	（+62%）
服務業	654,000	1,184,000	（+81%）

以上這些取整數的數據，計算自世界銀行，〈泰國〉，II（一九七五年十一月十四日），Table 1.2。在一九六〇至六五年間，國民所得毛額年增七．五%，國內投資毛額年增一四．四%。見〈國際復興開發銀行總裁針對泰國產業金融公司貸款提議向世界銀行執行董事提出的報告與建議〉（Report and Recommendation of the President of the International Bank for Reconstruction and Development to the Executive Directors of the World Bank on a proposed loan to the Industrial Finance Corporation of Thailand），一九七六年九月一日，Annex I。內赫（Clark Neher），〈當代泰國的穩定與不穩定〉（Stability and Instability in Contemporary Thailand），《亞洲調查》，15: 12（一九七五年十二月），pp. 1100-101，指稱國民生產毛額在一九五九至六九年間平均年增八．六%。

27 舉例而言，見費斯提埃，《當代泰國》，p. 353；穆斯卡（Robert J. Muscat），《泰國的發展策略：對於經濟成長的研究》（*Development Strategy in Thailand: A Study of Economic Growth*；New York: Praeger，1966），p. 138。

28 關於其中的細節與一份手繪地圖，見查洛提亞拉納，〈沙立政權〉，附錄四。

29 關於這項效果的鮮明證據，見考夫曼（Howard Kaufman），《曼華：泰國社區研究》（*Bangkhuad: A Community Study in Thailand*；Rutland, Vt. And Tokyo: Tuttle，1976），pp. 219-20。考夫曼在一九五四年研究過曼華這座位於曼谷邊緣的小型鄉村社區，但他在十七年後舊地重遊，發現了這樣的狀況：在一九五四年，一萊的土地（一萊約等於〇．四英畝）價值三千泰銖（相當於一百五十美元），到了一九七一年卻已飆漲至二十五萬泰銖（相當於一萬兩千五百美元）。此外，最有價值的土地已不再是最肥沃的土地，而是最接近於當時開發中的道路系統。查洛提亞拉納，〈沙立政權〉，pp. 337-8，提及許多在主要公路沿線擁有土地的農民，都遭到勢力龐大的官員及其同夥趕走，而沒有獲得任何補償。

30 見匿名，〈美國對泰國的軍事與經濟侵略〉（The U.S. Military and Economic Invasion of Thailand），《太平洋研究》（*Pacific*

的財富，而且其中一大部分也都重新投資於土地上。隨著鄉下地主所有制興起，年輕人與財產遭到剝奪的人口於是紛紛出走至發展迅速的都市中心。[31]在城鎮裡，尤其是曼谷，移民的流動產生了兩種在政治上頗不穩定的社會群體：第一種群體是一大群失業或就業不足的年輕遊民，不論在城市還是他們故鄉的村莊裡，都沒有什麼具體的前景；第二種群體也為數不少，在迅速增長的各種服務類型職業當中得以找到立足的位置，而能夠藉此改善自己的處境。這群小資產階級包括理髮師、皮條客、美甲師、乾洗師傅、司機、裁縫師、按摩師、導遊、摩托車技工、酒保、接待員、出納員，以及小店鋪的老闆。在相當程度上，這群新興的小資產階級有助於第四個群體的繁盛，也仰賴那個群體的繁盛。這第四個群體是個大體而言新興的中產階級，主要都出身自都市，在某些面向上就和泰國的國家機器一樣與外國資金緊密連結。

表七．一與七．二也許有助於顯示這些泰國階級結構變化的本質，並且在非常粗略的程度上呈現出中產階級與小資產階級的絕對規模以及在整體人口當中所占的相對比例。B類的驚人增幅，以及A、F與I類（主要都是中／上層資產階級以及小資產階級的職業）頗大的增幅，明白揭示了此一榮景的本質，特別是在十年間所造成的社會學影響。[32]一九七〇年人口普查的資料仔細拆分了上述的大類別，而我們從中即可做出粗略的計算（見表七．二），藉此看出一九七〇年時，中上層資產階級已構成工作人口的三．五%左右（也許分別占三%與〇．五%），小資產階級則是七．五%左右。[33]

必須記住的是，社會群體只要透過「家族」鞏固自我——家族是在一個世代裡把權力、財富與地位連結起來並且傳遞給下一個世代的關鍵團體——就會成為社會階級。在沙立—他儂—巴博

Research），I: 1（一九六九年八月三日），pp. 4-55，引用商務部，OBR 66-60，一九六六年九月，p. 6。內赫，〈當代泰國〉，p. 1110，提及田地租佃與負債「急遽躍升」。本岡武的《泰國的農業發展》（*Agricultural Development in Thailand*，Kyoto: Kyoto University, Center for Southeast Asian Studies，1971），pp. 221 ff.，指出：（一）根據泰國政府的一九六三年農業調查，中部平原超過六〇．八％的農地都是由全佃農或半佃農耕作。（二）由他自己在巴吞他尼府（Pathum Thani：非常接近於曼谷）進行的當地研究，九〇％的耕作農夫都是佃農。另一方面，田地租佃迅速增加的論點在近來遭到斯蒂費爾（Laurence Stifel）強烈抨擊，見他的〈二十世紀泰國中部的土地所有權變化〉（Patterns of Land Ownership in Central Thailand during the Twentieth Century），《暹羅學會期刊》（*Journal of the Siam Society*），64: 1（一九七六年一月），pp. 237-74。在北部的清萊府（Chiengrai），日益增長的地主所有制、負債以及土地業權操弄提供了一些比較材料，見莫爾曼（Michael Moerman），《一座泰國村莊的農業變化與農民選擇》（*Agricultural Change and Peasant Choice in a Thai Village*，Berkeley: University of California Press，1968），第五章。

31 不過，這樣的人口流動早在榮景出現之前就已相當龐大。穆丹納亞克編，《泰國年鑑，一九七五—七六》，p. E30，提到在一九六〇年，曼谷的人口有四分之一以上都是在別的地方出生。

32 這個時代產生的這類「非官僚」新貴當中一個引人注目的例子，就是克林普拉圖姆（Thawit〔'Dewit'〕Klinprathum），在一九七四—七六年間擔任社會正義黨（Social Justice Party）這個大黨的黨主席。他是一名貧窮政府官員的兒子，只受過中等學校教育，從事的第一項工作是記帳員，月薪只有十美元。他後來陸續擔任過三輪車車夫、貨運業務員、公車營運商等等。如同他的正式傳記所記載的：「他接下快捷運輸組織（Express and Transportation Organization；簡稱ＥＴＯ——一個與美國聯合軍事顧問團關係密切的國營公司）卸載以及運輸器材的外包工作，而體認到拖車有其需求。他藉著自己的儲蓄以及向銀行貸款，而購買了兩輛拖車載運重機械與器材……他開始為美國聯合軍事顧問團以及加速鄉村發展組織（Accelerated Rural Development）載運器材。克林普拉圖姆先生購買拖車的時機恰好，因為機械化已逐漸成為經濟發展的必要條件。由於沒有別的當地公司擁有拖車和起重機，他的公司——推車運輸公司——因此取得了運輸軍事裝備的合約……**隨著國家的交通網絡逐漸擴張**，他的倉庫也隨之擴張，拖車與卡車也增長到數百輛之多。」《曼谷郵報》，一九七四年十二月二十四日（社會正義黨付費刊登的特殊廣告）。字體強調由我添加。到了一九七四年，克林普拉圖姆已是百萬富翁，擁有一棟八層樓的辦公大樓。

33 右側兩欄的數字可能太低。Ｅ類尤其必須納入鄉下商人與企業主，但這些人數連粗略估算都沒有辦法。

表七・一　依職業分類的十一歲以上經濟活躍人口

職業群體	*1960*	*1970*	增減百分比
總計	13,836,984	16,850,136	21.7
A 專業、技術性以及相關人員	173,960	284,104	63.3
B 行政、領導與主管人員	26,191	246,591	941.5
C 辦事人員	154,303	190,238	23.3
D 銷售人員	735,457	833,607	13.3
E 農民、漁民、獵人、伐木工以及相關人員	11,332,489	13,217,416	16.6
F 礦工、採石工與相關人員	26,255	42,605	62.2
G 運輸與通訊人員	144,610	225,204	55.7
H 工匠、製程人員以及不屬於其他類別的勞工	806,205	1,109,943	37.7
I 服務業、體育及休閒工作人員	273,375	471,999	72.7
J 無法分類的人員	99,259	30,560	-59.2
K 新進勞動人口	64,880	197,869	305.0

資料來源：取自國家經濟發展委員會、國家統計局以及朱拉隆功大學人口研究所，〈泰國的人口【一九七四】〉（The Population of Thailand [1974]），收錄於穆丹納亞克編，《泰國年鑑，一九七五—七六》，p. E41。

表七・二　依職業與階級分類的十一歲以上經濟活躍人口（一九七〇年）

職業群體	總計	受到國家雇用	受到國家雇用（%）	中、上層資產階級（估計）	小資產階級（估計）
A	284,104	198,792	70.4	250,000	35,000
B	246,591	212,752	86.3	230,000	15,000
C	190,238	108,632	57.1	微不足計	190,000
D	833,607	1,492	.2	微不足計	600,000
E	13,217,416	10,169	.1	微不足計	?
F	42,605	568	1.3	微不足計	微不足計
G	225,204	24,759	11.0	微不足計	100,000
H	1,109,943	106,292	9.6	微不足計	150,000
I	471,999	114,528	24.3	70,000	160,000
J	30,560	—	—	—	—
K	197,869	—	—	?	?
總計	16,850,136	777,984	4.7	550,000	1,250,000

資料來源：取自內政部勞工署，《勞動統計年鑑，一九七二—一九七三》（*Yearbook of Labour Statistics, 1972-1973*）【使用一九七〇年的人口普查數據】，引用於穆丹納亞克編，《泰國年鑑，一九七五—七六》，pp. E41-68。

時期的暹羅，階級形成的一個重要徵象是教育在各層級的巨大擴張，部分是因為美國顧問與泰國技術官僚提出的「現代化」要求，但也是因為官僚對於新社會群體——還有其中的家族——追求向上流動的要求所做出的回應。一九六一年，總計只有五所的大學，註冊學生人數共為一萬五千人；到了一九七二年，大學已增至十七所，學生人數也多達十萬人。[34]從一九六四到六九年間，在政府設立的中等學校裡，註冊學生人數從十五萬九千一百三十六人成長至二十一萬六千六百二十一人；私立中等學校的學生人數從十五萬一千七百二十八人成長至二十二萬八千四百九十五人；在政府設立的職業學校方面，學生人數則是從四萬四千六百四十二人成長為八萬一千六百六十五人。[35]「傳統上」（針對我們此處的探討目的所需，乃是指一八八〇年代至第二次世界大戰），

34 內赫，〈當代泰國〉，p. 1101；達爾令，〈泰國的學生抗爭與政治改變〉（Student Protest and Political Change in Thailand），《太平洋事務》，47: 1（一九七四年春），p. 6。要理解像泰國這種資本主義社會的階級形成，必須研究其中的「非生產性」元素（學童、學生等等）。為了建立自己的地位／財富並且長久延續下去，新興的資產階級與小資產階級群體於是紛紛把子女送進教育機構。我們只有在看到「天之驕子」——以及兩個世代掌握權力之後——才會知道一個階級已經真正出現（而不是突然崛起的菁英）。貴族可以藉著通婚鞏固地位，但資產階級沒有辦法，至少達不到同樣程度的效果。教育通常會取代婚姻。

35 見達爾令，〈泰國的學生抗爭〉，p. 6。這些數字應該放在查洛提亞拉納，〈沙立政權〉，pp. 437-8所引用的預算統計數據這樣的脈絡當中予以理解。那些預算統計數據呈現了一九五三—七三年間的教育部、國防部與內政部的支出在總預算當中所占的百分比。為了簡短起見，我只引用一九五八—七三年間的計算結果。

	1958	*1959*	*1960*	*1961*	*1962*	*1963*	*1964*	*1965*
教育	4.6	18.4	17.3	15.4	14.9	15.6	15.4	15.3
國防	10.2	19.6	17.8	16.6	16.9	15.6	15.4	15.5
內政	7.0	16.3	15.1	15.0	13.9	14.3	15.5	16.9

教育向來都呈現出鮮明的二分狀態。為數極少的一小群上層階級接受高雅的西式教育，而絕大多數的人口要不是沒受教育，就是就讀政府設立的小學，或者在佛教寺廟接受指導。[36]這兩種層級的教育都沒有造成對國家而言具有意義的社會流動，只是有助於把人口保留在他們既有的社會與經濟位置上。西式高等教育為那些天生居於統治地位的人賦予了優雅的外表。國家設立的初等教育極為基本，因此似乎沒有什麼實質效果：這種教育的存在，感覺只是泰國政府為了向外界展示現代面貌而擺出的姿態，不是真正對農民的要求做出回應。佛教教育基本上是道德和宇宙導向，而不是重在提供與職業生涯有關的技術（儘管對於一小群平民來說，在僧伽的層級式考試制度當中獲得成功，有可能帶來極大幅度的社會流動）。[37]

因此，一九六〇年代的教育擴張所帶有的真正重要性，就是那樣的擴張主要發生在中等與高等教育的層級。[38]為數眾多的泰國人首度開始渴望讓子女接受職業導向的教育，而且也在某種程度上希望他們的子女能夠得到這樣的教育。過去的歷史顯示，這樣的教育是高社會地位的表徵，或是通往高社會地位的道路——最重要的是能夠讓人進入穩固的國家官僚高層。[39]我們必須從這個角度理解大學在沙立及其後繼者的統治期間迅速激增所帶有的「政治」意義：這是一種象徵性的確認，顯示此一榮景不是幸運，而是進步的結果，而且其所帶來的效益，將會傳遞給家族的下一代。那樣的情形讓人有可能想像在一個家戶當中出現一名經營有成的乾洗商父親，與一名未來可望擔任內閣祕書的兒子。[40]於是，大學的繁榮發展在社會學方面鞏固了經濟的榮景，也在文化上予以確認。[41]

然而，泰國大學的數量、規模與註冊學生人數雖然迅速擴增，許多胸懷抱負的家庭卻無法把子女送進那些學校就讀：於是，被視為次佳選擇的技術、職業、商業及其他學院也同樣迅速擴增。在這一切階層動盪的情境當中，我認為我們必須理解「學生」一詞的語義所出現的重大轉變。在先前的時代裡，「學生」幾乎是「國家菁英成員」的同義詞——一種高高在上的個體，和其他同胞

	1966	*1967*	*1968*	*1969*	*1970*	*1971*	*1972*	*1973*
教育	14.3	13.2	5.8	5.5	5.9	6.2	6.0	6.7
國防	15.0	13.6	15.3	15.7	17.0	17.9	18.2	18.2
內政	17.1	15.6	20.7	21.3	20.7	21.5	22.1	23.5

一旦想到初等教育的開支來自於內政部的預算，中等與高等教育的支出規模（由教育部的預算為代表）就顯得相當驚人。

36 考夫曼，《曼華》，p. 220，提及在一九五四年，這個非常接近於曼谷的社群當中只有六％的青少年族群就讀了任何形態的中等學校。

37 舉例而言，見懷亞特（David K. Wyatt），《泰國的改革政治：朱拉隆功國王統治期間的教育》（*The Politics of Reform in Thailand: Education in the Reign of King Chulalongkorn*；New Haven, Conn.: Yale University Press，1969），第一章；以及他較早的〈在傳統泰國社會裡做為社會流動管道的佛教修行〉（The Buddhist Monkhood as an Avenue of Social Mobility in Traditional Thai Society），《*Sinlapakorn*》，10（1966），pp. 41-52。

38 參考前注，p. 149。考夫曼指出，到了一九七一年，該社群有六〇％的青少年族群都已進入中等學校就讀，見其《曼華》，p. 220。

39 同上，pp. 229-31，其中記錄了一些關於這項主題的絕佳材料。艾佛斯（Hans-Dieter-Evers）提到這種趨勢自從一九三二年政變以來就已逐漸出現，見其〈社會階級結構的成形：泰國的都市化、官僚化與社會流動〉（The Formation of a Social Class Structure: Urbanization, Bureaucratization, and Social Mobility in Thailand），收錄於內赫，《現代泰國政治》（*Modern Thai Politics*；Cambridge, Mass.: Schenkman，1976），pp. 201-5。在他研究的高等文官樣本當中，在一九三三年以前進入政府服務的文官有二六％擁有外國大學學位；在第二次世界大戰之後才進入政府服務的文官當中，此一比例則是九三％。

幾乎身處於不同的層級上。不過，到了一九六〇年代晚期與七〇年代初期，在社會流動性創造出的條件下，「學生」雖然可能還是帶有高高在上的意味，卻也可能用來指稱「那個鄰居的小孩，進了我孩子沒進成的法政大學」。這個時候，已有可能以一個世代前還令人感到格格不入的方式對學生感到嫉妒與厭惡。

不過，就算是對成功把子女送進大學的父母而言，「學生」的概念也開始出現了模稜兩可的含意。流動性的矛盾之處，在於向上的流動同時也是一種遠離。教育程度低落的父親，基本上都是以工具性的觀點看待大學教育，所以他們一旦看到自己的學生子女在言行舉止、人生目標與道德觀等方面都出現意料之外的變化，經常不免深感震驚，因為學生在大學與師範學院裡都受到從美國與中國流入的反傳統觀念所影響。[42]我們可以想像中產階級與小資產階級的父母，看到自己的兒子回家之時竟是留著「亂七八糟」的長髮、對長輩說話毫不恭敬、道德散漫，又抱持顛覆性的觀念，心中該會是多麼的擔憂與憤怒：他們這個模樣，怎麼可能成為成功的官員？

在一九七一或七二年左右，黃金時代已經過去的感覺逐漸開始擴散開來。美國撤離了印度支那的駐軍，而且長期以來對於共黨政權在暹羅的鄰國當中站穩腳跟的擔憂，也開始成為深富威脅性的事實。官僚作為許多社會希望的終極目標，已經擴張到了飽和點，於是大學學位也愈來愈不再能夠像一般認定的那樣，為人提供穩定而且高社會地位的就業機會。[43]經過長期的物價穩定之後，泰國經濟突然遭遇了兩位數的通貨膨脹。[44]隨著大榮景看似接近尾聲，其受惠者因此產生了一種不安與不滿的情緒。獨裁政權如果在經濟、安全與教育部門有其「成效」，百姓就還可以忍受自己被排除於政治參與之外；但隨著問題逐漸累積，百姓的忍受度不免愈來愈低。此外，他儂

40 可以受到想像的流動程度，是此處必須強調的重點，也就是公眾意識的變化。不意外，實際上的流動並沒有那麼可觀，正如克拉夫特（Richard Kraft）的樣本調查所示：

大學生父母的職業（一九六八年左右）		
父母的職業	註冊學生人數	註冊學生百分比（%）
業主與自營商	4,508	53.72
政府官員	2,020	25.12
雇員	657	8.19
農民	580	7.31
其他	437	5.31
不詳	29	.35
研究總人口數	8,231	100.00

資料來源：克拉夫特，《泰國的教育：學生背景與大學入學機會》（*Education in Thailand: Student Background and University Admission*，Bangkok: Educational Planning Office, Ministry of Education，1968），引用於穆丹納亞克編，《泰國年鑑，一九七五—七六》，p. 117。克拉夫特估計指出，政府官員的子女獲得大學接受入學的機會比農家子女高出兩百六十八倍（製造商與工業家的子女則是三十六倍）。

41 隨著世界權力在第二次世界大戰之後從歐洲轉移到美國，泰國教育金字塔的最頂峰也因此成為到加州、印第安納州以及紐約接受大學教育，而不是到倫敦或巴黎。舉例而言，哈維・史密斯（Harvey H. Smith）等，《泰國區域手冊》（*Area Handbook for Thailand*，Washington, DC: Government Printing Office，1968），p. 175 指稱在一九六六年留學海外的四千名泰國年輕人當中，留學美國的有一千七百人。（我們有充分理由認為這兩個數字都低得不符實際。）遲至一九五五年，留學海外的泰國人數只有一千九百六十九人（艾佛斯，〈社會階級結構〉，p. 202）。

42 舉例而言，見阿奉蘇萬（Thanet Aphornsuwan），〈早期的泰國學生運動〉（Khwām khluanwai khong nak suksā Thai nai yukh rāēk），收錄於奇恩康（Witthayakorn Chiengkun）等，《從古至今的泰國學生運動》（*Khabuankān nak suksā Thai adīt thung patchuban*，Bangkok: Samnakphim Prachan Siao，1974），p. 28；以及通普萊（Sawai Thongplai），〈部分成人對於部分年輕人的想法〉（Some Adults' Ideas about Some Youngsters），《民族黨週報》，22（一九七六年三月三十日），pp. 15-18。

43 內赫，〈當代泰國〉，p. 1101；達爾令，〈泰國的學生抗爭〉，pp. 8-9。

44 比較曼谷消費者物價指數的以下這些數據（一九六二年＝100）：一九六四，102.9；一九六五，103.8；一九六六，與巴博的個人氣勢都不像沙立那麼令人望而生畏。[45]

在這樣的背景下，如滾雪球般愈滾愈大的群眾示威——這些示威終於在一九七三年十月把他儂與巴博拉下臺，而世界石油危機也恰好開始於那個月——也就極度引人注意。[46]在走上街頭支持學生與知識分子並且要求政府實施憲法與尊重公民自由的龐大群眾當中，新出現的資產階級無疑做出了決定性的貢獻。實際上，我們可以主張這些新階級確保了示威活動的「成功」——示威群眾如果是貧民窟居民而不是衣著體面的都市人口，獨裁者的鎮壓行動說不定會獲得比較多的支持。

另一方面，這些資產階級的參與，也必須被理解為是他們的近期歷史經驗所造成的結果，而不是他們未來政治角色的預兆。實際上，他們明顯完全缺乏政治經驗，所以對於終結獨裁統治的後果毫無概念。該政權遭人指責未能促使美國對暹羅提出更多承諾，也遭到指控對華府過於卑躬屈膝。（與此相對的面向則是一種暴躁、困惑而反美的民族主義，表達於這類情緒組合當中：「你們在印度支那為什麼讓我們失望了？」以及「看看你們怎麼帶壞了我們的女兒！」）巴博的公然貪腐、他女兒與他儂的兒子納隆（Narong）兩人的權勢婚禮，還有他藉著裙帶關係在權力體系裡迅速竄升，都令資產階級深感不滿。另外也很重要的是，泰國國王與若干高階將領分別因為不同的理由而支持示威群眾，儘管只是間接支持。最後，我們必須記住學生的要求基本上都是法律性（要求憲政）與象徵性的。沒有人認為這樣的要求有可能會帶來危險或者不良的後果。學生確實在示威活動的最後幾天破壞了幾間警察局，但他們不也保持了交通順暢，並且在事後以全然負責任的態度清理了街道上的髒亂？趕走了腐敗無能的獨裁者之後，在仁慈的國王督導下，他身邊那群開明的人員，包括資深法官、備受敬重的教授，以及能力出色的銀行業者，即可恢復國家的繁榮、和平與進步。

結果，這些期望根本連接近實現的程度都沒有達到。全球石油危機幾乎和一九七三年十月的示威活動同時爆發，[47]於是到了一九七四年初，暹羅也開始感受到世界資本主義經濟因此陷入的混亂。一九七五年春天，美國在印度支那的地位以令人震驚的速度瞬間崩垮。這時候，暹羅已不再是美國在東南亞帝國當中的安全樞紐，而是接近其脆弱的外圍邊緣。在當時看來，新加坡顯然將開始扮演曼谷的角色，而泰國首都本身則是取代越南的角色。這些發生於泰國國界以外的事件所造成的直接後果，就是暹羅的經濟出現嚴重衰退。[48]一九七三年十月之後的自由派政府，對於

107.7；一九六七，112.0；一九六八，114.4；一九六九，116.8；一九七〇，117.7；一九七一，120.1；一九七二，124.9；一九七三，139.5；一九七四，172.0；一九七五年一月／八月，176.4。數據取自世界銀行，《泰國》(1975)，II，Table 9.1。內赫提及一九七二年的通膨率為一五%，一九七四年為二四%，見其〈當代泰國〉，p. 1100。

45 重要的是，這對獨裁者終於在一九六九年舉行全國選舉，結果在部分面向上代表了這個新資產階級的在野黨民主黨橫掃了曼谷的所有席次。此一現象應當視為是中產階級參與一九七三年十月十四日那些事件的預兆。關於十二月選舉的橫掃結果，見格令（J.L.S. Girling），〈泰國的新方向〉(Thailand's New Course)，《太平洋事務》，42: 3(一九六九年秋)，尤其是p. 357。

46 此處必須注意的，是最後那些反對他儂—巴博政權的示威活動的規模。內赫，〈當代泰國〉，p. 1103提出了五十萬人的數字——這是泰國歷史上前所未見的龐大示威活動。

47 編按：即一九七三年十月十四日爆發的泰國學運，結果造成反共意識強烈的他儂將軍失勢下臺。該事件為泰國當代政治史上極具意義的示威抗議行動，也突顯學生階級在七〇年代的泰國政治運動上愈來愈有影響力的現象。

48 國內投資毛額在一九六〇—六五年間每年增長一四．四%，在一九六五—七〇年間也有一三．五%，到了一九七〇—七五年間卻下滑至五．一%。國際收支狀況在一九七三年後即迅速惡化。

公民權與自由的公開保證，尤其是農民與勞工從事組織、示威與罷工的權利，似乎讓問題更加惡化。桑亞（Sanya Thammasak）領導的政府（一九七三年十月—一九七五年二月）對於勞工的要求做出了真正的直接回應，儘管回應幅度也許相當微小。[49]在某種程度上，特別不穩固的新企業確實深受利潤下滑與提高工資要求的雙重夾擊所苦。[50]在獨裁政權之下，勞工不得不接受低得可憐的工資，而眼睜睜看著中產階級昌盛發達；不過，現在終於輪到他們了。然而，整個資產階級日益增長的憤怒，卻有更為複雜的根源。首先，工會的發展本身就對在此之前盛行已久的「家族式」恩庇侍從的雇傭關係造成了威脅。[51]（我們絕不該低估充滿社會野心的資產階級成員，在員工面前扮演半封建主角色時，所獲得的心理利潤。）第二，許多罷工活動都發生在像是運輸這樣的領域裡，所以資產階級群體也就很容易把個人遭遇的不便解讀為危害公益。第三，而且可能是最重要的一點，則是泰國媒體當中深富影響力的區塊因為受到大企業的利益所控制，所以一再主張這類罷工是反國家的行為，也就是說罷工活動嚇跑了「國家經濟」深深依賴的外國投資人。因此，也就極易把整體的經濟衰退歸咎於勞工的不負責任。

最後，獨裁統治種下的惡因，也在另一個領域當中於自由化時期帶來了惡果：在高中、職業學校，甚至是大學的畢業生當中，失業率都迅速增長。[52]於是，承諾為學生帶來社會地位提高與生活保障的教育熱潮，就此陷入了衰退。在這種情況下，難怪新興資產階級會把學生當成他們心中種種不滿與挫折的主要發洩對象，因為學生在這時呈現出來的形象，如果不是找不到工作（還是根本不堪用？）並在家裡遊手好閒，就是在工廠當中到處惹是生非。[53]

因此，我們應該要想像一個極度缺乏安全感而且突然間創造出來的資產階級——曼谷嚴重的

年	國際淨收支（單位：百萬美元）
1973	-50
1974	-90
1975	-618
1976（估計值）	-745

資料來源：〈國際復興開發銀行總裁〉Annex I，一九七六年九月一日。

49 罷工與工會組織權實質上遭到沙立禁止，一方面藉此壓制左翼反對勢力，同時也是為了鼓勵外國投資。內赫，〈當代泰國〉，p. 1100 提到：「一九七三年有兩千起以上的罷工行動，幾乎全都發生於一九七三年十月的暴動**之後**【字體強調由我所加】，而且一九七四年的頭六個月也發生了一千五百起左右的罷工。相對之下，在一九六九至七二年的這三年間，總共只發生了一百起罷工。」桑亞政府提高了六十美分的最低每日工資，先是提高到一美元，接著（在一九七五年十月）是一．二五美元。《印度支那紀事報》（*Indochina Chronicle*），一九七五年五月—六月。

50 有些管理不良的泰國企業所獲得的淨利率，無疑直接仰賴獨裁政權所保證的那種成本極度低廉的勞動力。

51 在一九六六年，政府登記在案的三萬零六百七十二家製造企業當中，只有五％的雇用人數超過五十人。史密斯等，《泰國區域手冊》，p. 360。

52 「奇怪的是，職業學校畢業生很難找到工作。在鄉下地區，只有二五％的職校畢業生找得到工作，而大曼谷地區的狀況也好不到哪裡去，只有五〇％左右找得到工作。」穆丹納亞克編，《泰國年鑑，一九七五—七六》，p. 110。

53 極為重要的一點是，在一九七三—七六年間，最激進好鬥的工會是旅館業職業工會，由著名社運人士特蓬．猜迪（Therdphum Chaidee）所領導。（到了一九七六年，單是暹羅就至少有五十家頭等旅館，總共雇用超過三萬人。《曼谷郵報》，一九七五年五月二十二日。）工資低落的服務生或女清潔工目睹自己的部分同胞過著多麼奢華的生活，自然比其他人更容易心生怨懟。極具揭示性的是，工會的主要攻擊目標都不是外國人或華人經營的旅館（這些旅館通常相當樂於承認並以合理的方式對待工會），而是泰國人所經營的旅館（包括舊富與新富的泰國人），因為他們都堅持以恩庇者的姿態對待員工。一九七五年最猛烈的罷工爆發於市區的都喜天麗（Dusit Thani）豪華旅館，當時身為泰國人的管理階層也雇用紅衛隊的槍手鎮壓罷工行動。見一九七五年五月三十日的《曼谷郵報》報導，其中也引述了克里．巴莫的嚴厲批評，稱之為「私人軍隊」。

交通問題，有一部分就是突然湧現的大量「第一代」汽車車主暨駕駛人所造成的後果[54]——面對著日益惡化的經濟情勢，而且接下來可能還有更大危機的威脅。他們不只是擔心長期以來的榮景結束，更害怕那場榮景是歷史上唯一的一次、沙立治下的黃金時代將永遠不會再回來，而且從偏街陋巷崛起的他們也將跌落原地。此外，我們必須瞭解的是，這個資產階級因為缺乏政治經驗，對於國家治理的想法也相當簡單，而因**此**強烈認定「這團混亂不是自己的錯」，所以特別容易對自己的困境產生偏執的反應。（依據情況不同，我們可以想像他們把這種偏執情緒發洩在貪腐、學生、共產黨、外國人或者華人身上。）在一九七五—七六年的事件裡，由於以下將會討論的原因，偏激的學生成了這種恐慌憤怒的主要對象——這些學生是資產階級獲致成功之後的產物，但是卻似乎對那樣的成功不屑一顧。我認為這就是為什麼許多真心支持一九七三年十月那些群眾示威活動的人士，在三年後卻轉而歡迎獨裁統治回歸。

然而，他們並不是十月六日那些暴行的直接犯行者。因此，還是必須試圖找出禍首，並且將那些禍首放在我們至今為止所描繪的那個廣泛的社會學架構當中。最惡名昭彰的暴力人物——不僅在一九七六年十月六日當天，而是在那之前的兩年內都是如此——無疑是紅衛隊（Red Guars）。這群惡棍被記者與學者賦予了帶有部分社會學色彩的體面地位（我認為這是一種錯誤），原因是他們被視為僅僅只是職業學校的學生。這種論點認為，由於職校學生在一九七三年十月的警方鎮壓當中比大學生更加首當其衝，因此也就可以把紅衛兵攻擊大學生的行為，解讀成地位低落而且忍耐已久的職校學生，對於地位高而且傲慢又懦弱的「大學生」表達他們真心的厭惡。[55]來自對立職校的青少年在一九七四年底與一九七五年間一系列極度暴力（但大體上不涉入政治）的衝突，

可能又強化了許多人把紅衛隊視同職校學生的印象。[56]由於那些學生利用槍枝與炸彈互相攻擊，

54 尼提本（Chaktip Nitibhon），〈泰國的都市發展與工業區〉（Urban Development and Industrial Estate in Thailand），收錄於桑蒂蘇凡（Prateep Sondysuvan）編，《泰國的金融、貿易與經濟發展》（*Financial, Trade and Economic Development in Thailand*，Bangkok: Sompong Press，1975），p. 249，其中提到在一九六七至七一年間，曼谷的車輛登記數增加了一五%（道路面積只增加了一%）。一九七三年，在車輛登記數超過三十二萬的情況下，暹羅首都的車輛已占了全國總數的一半以上。

55 舉例而言，見桑猜（Somporn Sangchai），〈泰國：右翼鳳凰的崛起〉（Thailand: Rising of the Rightist Phoenix），收錄於《東南亞事務，一九七六》（*Southeast Asian Affairs 1976*，Singapore: Institute of Southeast Asian Studies，1976），pp. 361-2。

56 「警方表示，約有三百名烏天塔崴建築學校（Uthane Thawai Construction School）的學生帶著炸彈、棍棒、槍枝以及其他武器，【在昨天】集體走到國家體育館前方的巴吞旺工程學校（Pathumwan Engineering School），與三百名巴吞旺學生展開近身鬥毆。」（《民族報》，一九七五年六月十七日。）其他較早以及後續的衝突包括：（一）一九七四年十月二十九日，都喜建築學校（Dusit Construction School）、暖武里工程學校（Nonthaburi Engineering School）與邦松工程學校（Bangsorn Engineering School）的學生發生衝突，結果因為有人丟擲炸彈，導致一名小男孩喪生，還有十四個人受傷。（《曼谷郵報》，一九七五年十二月九日。）（二）十二月二十六日，邦松工程學校與北曼谷工程學校（Northern Bangkok Engineering School）的男學生持炸彈與來福槍互相攻擊，導致一名學生死亡，數人受傷。（《民族報》，一九七四年十二月二十七日。）（三）來自都喜建築學校與阿齊瓦希帕學校（Archivasilpa School）的幫派在一九七四年十二月二十七日發生鬥毆，導致三名學生遭受嚴重的刀傷與槍傷。（《曼谷郵報》，一九七四年十二月二十八日。）一九七五年一月二十二日，邦松與北曼谷之間另一場涉及汽油彈、來福槍與手榴彈的衝突導致一名《曼谷郵報》的攝影記者喪生。（《曼谷郵報》，一九七五年一月二十三與二十四日。）（四）六月十二日，拉瑪六世工程學校（Rama VI Engineering School）、邦松工程學校、烏天塔崴建築學校、暖武里工程學校、巴吞旺工程學校以及其他職業學校的男學生以汽油彈和塑膠炸彈進行了一系列的混戰，導致兩名學生死亡。（《民族報》，一九七五年八月十三日。）（五）六月十八日，阿齊瓦希帕的學生與公車人員以及營造工人發生口角之後，那些學生就以汽油彈炸毀了幾輛公車，造成多人重傷。（《民族報》，一九七五年六月十九日。）在這些學校當中，只有拉瑪六世工程學校稍微帶有（左翼）政

而這些東西又是紅衛隊偏好使用的武器，所以也就很容易認定紅衛隊在政治上代表了那些學生。

在保守派的《曼谷郵報》所刊登的一篇文章裡，以下這個段落為紅衛隊呈現了一幅比較複雜的圖像：

> 另一個引人注意的人物是多伊（Doui），他被任命為【紅衛隊】一個機動部隊的領導人，那個部隊可以在不同的地點之間迅速轉移。多伊蓄著一頭嬉皮式的長髮，臉上有一條大大的疤。他說自己手下有五十個人，其中大多數都是住在黎府（Loei）的傭兵，是當地道路建設的保全小組成員。
>
> 我以前是軍人，後來成了傭兵。我喜歡軍服，可是我不喜歡軍隊裡太多的紀律和規矩。我喜歡可以展現自己風格的自由，包括留長髮以及穿我自己喜歡的衣服。[57]

消息靈通的曼谷人士證實指出，紅衛隊的許多關鍵幹部都是前傭兵以及因為違紀而遭到勒令退伍的前軍人，而他們的手下主要都是無業的職校畢業生、高中輟學生、無業的街頭混混、貧民窟惡棍等等。[58]紅衛隊受雇於國內安全行動指揮部當中的各個派系，以及其他專門從事治安與情報工作的機關，[59]但他們接受雇用主要不是因為意識形態上的認同，而是為了那些機關承諾的高薪、免費供應的大量烈酒與妓院特權，還有打響自身名號的誘惑。引人注意的是，這些獎賞充分反映了成功的學生進入政府服務所預期能夠得到的特權（金錢、聲望、公費支付夜店與按摩院的花費）——至少這是紅衛隊中，那些出身於小資產階級的人所懷抱的期待。[60]換句話說，這些惡棍扮演的政治角色背後帶有社會學的基礎。身為一個新興而脆弱的小資產階級的子女，遭遇這個失業情形普及的時代，[61]未能進入公家機關就業，又瞧不起工廠的工作，他們於是成了反（不成功的）學生與反勞工宣傳輕易鎖定的目標。

治名聲。

57《曼谷郵報》，一九七五年六月一日。字體強調為我所加。

58 私人通信。比較先前注52提及的職校畢業生失業率。

59 紅衛隊集團當中兩個比較知名的領袖，都與國內安全行動指揮部具有直接關聯。其中一人是翁克罕（Praphan Wongkham），被描述為「國內安全行動指揮部的二十七歲雇員」；另一人是隨塞・哈查丁（Suebsai Hatsadin），他的父親是曾任國內安全行動指揮部山區部落部門主管的特別上校蘇德塞・哈查丁（Sudsai Hatsadin）。《曼谷郵報》，一九七五年六月一日；以及皮加姆（Norman Peagam），〈來自右派的不滿情緒〉（Rumblings from the Right），《遠東經濟評論》，一九七五年七月二十五日。已知紅衛隊還有其他團體受到亞薩瓦將軍（Withoon Yasawat）和春哈旺將軍（Chatchai Choonhawan）控制，前者曾是中情局在寮國雇用的泰國傭兵部隊領袖，後者是已故警察總監乃炮的連襟——乃炮是泰國黨（Chat Thai Party）的高層人物，也是克里・巴莫政府（一九七五年三月－一九七六年四月）的外交部長。應該指出的是，國內安全行動指揮部也高度滲透了教育部裡負責職業教育的部門，還是泰國國家職業學生中心（NVSCT）背後的祕密金主與黑手。NVSCT是個極度右翼的小型組織，與自由化時期作為左翼學生運動先鋒的泰國國家學生中心（NSCT）這個大型組織為敵。（編按：NSCT正是主要組織一九七三年泰國學運的學生團體。）

60 紅衛隊的大多數成員雖然可能都出身自小資產階級（泰國勞動階級不太可能讓子女讀到高中或職業學校），但有些成員還是有可能招募自先前在第226頁提及的無業遊民。

61 總理蓋威欽（Thanin Kraiwichian）在一九七六年十月十七日的電臺廣播裡指出：「另一群面臨貧窮的人士是季節性勞工、體力勞動者、**新進畢業生**以及其他失業人口。目前失業人數已達一百萬人以上。」外國廣播資訊處（Foreign Broadcast Information Service）每日報告，一九七六年十月十八日。字體強調為我所加。

另外還有一群人也同樣捲入了一九七四—七六年間的右翼暴力當中，[62]但擁有稍微比較體面的公眾形象，他們是是鄉村保皇軍（Village Scouts）。這支由邊境巡邏警察（Border Patrol Police）與內政部在一九七一年共同成立的鄉村保皇軍，當時成立的構想明顯是一個準軍事的反共鄉村保安組織。[63]不過，鄉村保皇軍在自由化時期發展出了一個重要的都會區組織，也在不少右翼勢力當中扮演了重要的動員角色。如果說鄉村保皇軍在一九七三年十月以前曾經是軍事強人暨內政部長巴博與在邊境巡邏警察當中深具影響力的泰國王室之間暗中較勁的場域，那麼在獨裁者垮臺以後，鄉村保皇軍就更是為保皇派吸引活躍支持者的公開手段。即便在獨裁統治下，王室也透過各種公關技巧努力把自己和榮景受益者綁在一起。[64]這項經驗後來在鄉村保皇軍於一九七三年十月以後的擴編行動收到了效果。保皇軍的領導階層大量取自富裕的中年人、地方官員、鄉下顯要以及都市新貴。[65]這些人不僅在意識形態上易於扮演這類角色，也擁有充足的私人經濟資源，可讓組織快速發展，並且在相當程度上不受國家官僚的干預。[66]由邊境巡邏警察統合的「訓練計畫」，基本上都帶有政治性質：右翼僧侶講座、遊行、立誓、敬禮、選美與舞蹈比賽、參訪軍事設施、王室捐贈典禮，以及「帶動唱」。[67]從右翼觀點來看，鄉村保皇軍的美妙之處在於這個組織藉著以下這種互惠方式運作：對於王室來說，鄉村保皇軍在曼谷上層階級之外，像是地方首府、小鎮，甚至是部分村莊的「當權派」當中，持續提供激進政治支持的公開證據。（其名稱當中的「鄉村」一詞呈現了一種具有誤導性但是令人安心的圖像，也就是鄉下社群共同組織起來，具體展現民族與國王之間的自然聯繫。）另一方面，對於保皇軍的領導人物而言，針對那些抗議農民和學運人士而採取私人與地方性的壓制行動，若有王室的支持，則能使他們為自己的行動賦予正當性，也

62 他們在許多事件裡扮演了重要角色，包括在一九七六年選戰期間威嚇自由派與左翼勢力、開除在村莊裡試圖組織農民與佃農工會的學生運動人士、在一九七六年十月六日的政變前夕要求色尼・巴莫（Seni Pramote）政府的三名「進步派」部長（馬斯迪特〔Surin Masdit〕、立派〔Chuen Leekphai〕以及拉塔菲帕〔Damrong Latthaphiphat〕）辭職下臺，還有在十月六日的暴力行動裡。舉例而言，見克里克柴（Sarika Krirkchai），〈請勿腐化鄉村保皇軍〉（Do Not Corrupt the Village Scouts），收錄於《民族黨週報》，23（一九七六年四月六日），pp. 14-15。

63 以下提到鄉村保皇軍的資訊，大部分都取自皮薩柴（Natee Pisalchai），〈鄉村保皇軍〉（Village Scouts），收錄於《泰國資訊資源》（*Thai Information Resource*，澳洲），no. 1（一九七七年五月），pp. 34-7。

64 查洛提亞拉納，〈沙立政權〉，pp. 414-25 對於三項這類技巧提供了相當有用的資訊。第一，國王主持的婚禮場次，不但絕對數目增加，而且以資產階級新人為主角的婚禮場次，相對於王室、貴族或軍人新人的婚禮場次也有所增加。第二，藉著正式授勛的巧妙分配，國王因此得以透過為慈善組織及慈善活動捐款的形式（在一九六六年之後，則是反共的組織及運動）而從新興的資產階級獲得極為大量的金錢。（不過，捐款甚至也取自貧窮的三輪車車夫，基本上是為了塑造「親民」的形象。）第三，統治者在極為顯著的程度上增加了自己和官場以外的圈子之間的私人聯繫。

國王與非官方團體的接觸頻率

年	私部門聚會	接見公民團體	會見學生	會見臣民
1956	17	1	–	–
1961	35	45	3	–
1966	71	116	9	5
1971	121	191	10	31

上表修改自〈沙立政權〉，p. 422。如同查洛提亞拉納正確指出的，這一切活動「明白顯示國王正在發展與新興（私人）中產階級部門的連結」。

65 皮薩柴指出，在一九七六年九月與他一起申請加入鄉村保皇軍佛統（Nakhon Pathom）分部的四百九十六人當中，有七〇%都介於三十五至四十二歲之間，二%－五%是年輕人，剩下的大多數人則是都已六、七十歲。他接著指出，「加入這個計畫的大多數人都頗為富裕」。見〈鄉村保皇軍〉，pp. 34-5。實際上也確實必須如此，因為受訓人員都必須購買昂貴的徽章與彩色團體照片、每天支付四十－五十泰銖的餐費、做出宗教奉獻，以及購買選美與舞蹈比賽穿著的華麗服裝。（同上，p. 36。）

就是稱之為保護「國家─宗教─國王」的必要做法。

除了紅衛隊與鄉村保皇軍以外，右翼暴力還有其他的使者，雖然沒有那麼良好的組織與指導，但也同樣是那場大榮景以及其充滿焦慮的後果所造成的產物。這些人通常來自安全官僚當中處於邊緣地位或是新近發展出來的部門：例如內陸警察與鎮暴人員，他們因為世界經濟蕭條與美國的策略性撤退，而眼見預算、人力以及晉升機會紛紛遭到削減；被指派到南方服務以致職涯無望再上一層樓的官員（可能是因為缺乏人脈，或是因為在別的地方表現不佳）；以及美軍基地的退休警衛。[68]這類人覺得自由化時代的經驗幾乎在每個面向上都令人深感挫折又驚恐。由於他們習於受到別人的畏懼順從、行使專斷的地方權威，而且幾乎完全免疫於法律制裁以及別人的批評，[69]因此對於新聞媒體在一九七三年十月以後竟敢以無禮的姿態揭發他們的弊端都深感憤怒。身為受薪族群，他們遭受通貨膨脹以及兼差與敲詐的機會減少所苦。他們當初因為一九六〇年代的官僚大擴張而得以進入政府服務，現在則是必須和新興的中產階級與小資產階級當中那些非官員人口面對相同的前景：經濟停滯，甚至是衰退。難怪他們會在挫折與怨恨的情緒下開始懷念起獨裁統治的鼎盛時期，並且對於反對獨裁的那些無禮人士深感憤怒。

意識形態動盪

要理解上述那些經濟與社會變遷所產生的文化危機有多麼龐大，一個方法是先檢視暹羅及其區域鄰國之間一項引人注目的對比。大多數的東南亞國家因為曾經遭受殖民，所以承繼了一種本質上屬於激進民粹乃至左翼的政治語彙和修辭。在這個區域很難找到平靜且充滿自信的保守意識形態，頂多也許在菲律賓可以找得到：的確，因為自從十九世紀以來，保守文化已陷入知識論上的休克狀態，並且在政治上處於守勢，其民族主義資歷深受懷疑。在暹羅，主要是因為這個國家躲過了直接殖民控制，因此直到近期之前，狀況都幾乎是正好相反。[70]在泰國學童的教科書裡，英雄人物不是曾被關入殖民地監獄的記者、工會領袖、教師以及政治人物，而是統治王朝的「偉大國王」。實際上，

66 府尹雖然通常是鄉村保皇軍的地方主席，籌措資金的工作卻刻意留給注重聲望與地位的地方顯要負責。（同上，pp. 34-5。）

67 關於這點的一項良好描述，見同上，pp. 34與37。皮薩柴的那個群體被帶去參觀位於華欣（Hua Hin）這座王室度假城鎮附近的納黎萱（Naresuan）傘兵訓練營。（在十月六日的暴力行動中，這些傘兵與鄉村保皇軍密切合作。）從受訓人員必須學習的歌曲當中，多少可以讓人看出他們接受的是什麼樣的指導。這些歌曲包括：〈泰國人覺醒吧！〉、〈王太后頌歌〉、〈國王頌歌〉、〈他們有如我們的父母〉、〈守時最重要〉以及〈全力以赴！〉。在他們觀看的戲劇裡，則是有共產黨人在地獄裡遭受折磨的場景。

68 一九七五年六月，隸屬於幾座美軍基地的兩千名「安全警衛」發起了一場相當受矚目的罷工。那些警衛不只要求政府保障他們的未來生計，還指控最高統帥部侵吞了美國提供給他們的八十億泰銖（相當於四億美元）的遣散費——最高統帥部參謀長差瑪南將軍（Kriangsak Chomanan）急忙否認這項指控。《民族報》，一九七五年六月十九與二十一日。泰國國家學生中心大力支持那些警衛的要求，而且奇特的是，還和部分警衛發展出了密切合作的關係。

69 我們不難想見，這些人士在一九七五年一月二十二日看到洛坤府（Nakhon Si Thammarat）府尹奇菲塔克（Khlai Chitphithak）的官邸遭到一群三千人左右的憤怒群眾放火燒毀之時，心中該有多麼震驚。在近期的嚴重洪災當中，那名府尹廣受懷疑在對於受害者援助物資的處理當中有貪腐失職的行為，後來不得不祕密逃往曼谷。《曼谷郵報》，一九七五年一月二十三與二十四日。

70 儘管傅勒德在〈歷史脈絡中的泰國左翼〉這篇傑出的文章裡蒐集了許多材料，但我還是這麼主張。傅勒德精湛地呈現出泰國左派真正的連續性元素，但也可能無意間顯示了那項元素直到最近之前都多麼深受壓迫以及邊緣化。

直到一九七三年為止，都很難想像泰國學童心目中的英雄會有曾經坐過牢的人物。泰國盛行的通常都是保守、順從而且擁護王室的修辭，反倒是左派一直處於守勢，忙著為自己的民族主義資歷辯護，反駁別人將他們稱為「華人」、「越南人」、「不是泰國人」以及「反君主」的指控（最後這項指控明白顯示了王室象徵成功令人視同為民族象徵）。我們甚至可以說，一直到十月六日的鎮壓之前，即便是立場堅定的左派人士也接受君主制度和國王本身都不得受到批評的禁忌。[71]

十九世紀那些能幹的國王，尤其是拉瑪四世與拉瑪五世，確實在某種意義上藉著對歐洲帝國主義強權明快讓步，並且在那些強權之間巧妙斡旋，而「拯救」了暹羅免於遭到征服與殖民。不過，我們也絕不能忘記另一面的影響：「拯救」暹羅的成果，使得這些統治者同時成為泰國歷史上最強而有力也最具依賴性的君主。因為，如果說歐洲人在十九世紀期間對暹羅造成威脅，那麼他們也徹底消除了暹羅傳統敵人的威脅，包括緬甸人、高棉人、越南人與馬來人。泰國軍隊在將近一百年的時間裡（約是一八四〇至一九四〇年間）完全沒有與**任何人**真正打過仗。[72]舊敵人太弱，新敵人又太強。這種由外部造成並且維繫的安全狀態，使得統治者能夠以前所未有的方式專注於鞏固自己的國內權力。不過，即便是這種權勢的鞏固，也在極高程度上依賴歐洲的顧問、科技、資本與武器。[73]這個王朝表現出一種預示了沙立的「專制政體」的行為模式，也就是能夠利用外部創造的安全與外部產生的資源最大化內部控制。泰國的「君主專制」最接近於實現的時刻，正是在暹羅最徹底受制於歐洲人的時候。[74]

一九三二年，巨幅擴張的「西式」文官與軍事官僚，在先前雖是王室提高權勢的工具，這時卻回頭反噬其主人。一九三二年政變的領導者決定性地終結了國王直接的實質政治權力，但是卻沒有嘗試對其文化中心地位以及「民族」聲望造成任何嚴重或是永久性的削弱。後來被鑾披汶命名為「泰國」的暹羅，仍然被定義為（憲政）君主政體。深深涉入一九二〇年末與三〇年代初那些政治危機的拉瑪七世在一九三五年退位之後，政變領袖隨即把王位交給傳奇國家救星拉瑪五世（朱拉隆功）的一名孫子——所幸，他在當時還沒有成年。[75]由於這個孩子在第二次世界大戰期間一直都在瑞士就學，王室因此得以不受鑾披汶與日本軍國主義的勾結所污染。

71 這點不但適用在試圖參與議會式政治的左翼成員，也同樣適用於身處反對立場的泰國共產黨。王室在一九三〇年代確實經歷了一段艱苦時期，拉瑪七世甚至自我放逐到英國。不過，泰國似乎不曾認真考慮過廢除君主制度，而只是要讓君主制度符合憲政制度那種受到國際社會敬重的標準。

72 泰國直到一八九四年才成立現代式的國防部。

73 這種依賴的事實，在現代暹羅史學當中相當常見，但在傳統上都是以正面的方式解讀，視之為統治者的「現代性」與「進步」的徵象。要深入理解暹羅東北部（依善〔Isan〕）如何在拉瑪五世、六世與七世統治期間受到曼谷征服，見凱耶斯，《依善地區》，第三章（「泰國控制的鞏固」）。他強調了以下這些因素的重要性：外部的和平，還有鐵路、道路、電報與電話系統的擴展，以及由國家控制的「現代」教育。

74 歐洲帝國主義對於泰國王室的影響還在另外兩個面向上具有重要性。第一，歐洲帝國主義把王位繼承的有效原則從政治能力與資歷深淺改變為準長子繼承制。拉瑪六世或七世在帝國主義尚未出現之前的環境下不太有可能繼位，因為他們都缺乏實質上的政治軍事能力。第二，歐洲帝國主義終結了新王朝出現的可能性。這點必然在世紀之交就已開始受到體悟。像是鑾披汶與沙立這類能幹而冷酷的人物，雖然在許多面向上都與拉瑪一世相當類似，卻已無法再開創新的王室世系。不過，在鑾披汶於一九三〇年代末與四〇年代初的擴張主義與領土收復主義政策當中，可以看出明確的王朝色彩。他可以說是致力於恢復大暹羅（包括緬甸、柬埔寨、寮國與馬來亞的部分地區），就像先前的達信（Taksin）與拉瑪一世等國王一樣。

75 見威爾遜，《泰國的政治》，p. 18。

然而，一九三〇年代末與四〇年代初的鑾披汶時代仍然在某個意義上，標誌了暹羅當中一項真正的文化意識形態改變，因為這個獨裁者努力藉著民族主義宣傳而為自己的權力賦予正當性。他在相當程度上得以把官僚體系——尤其是其中的軍事部門，也就是他的實質權力所在處——呈現為民族利益的公共捍衛者。在這個時候，民族與王室這兩個概念，在智識上變得比先前更清楚地被區分開來，而*國家*（基本上就是軍隊）一方面是前者的代表，另一方面又是後者的保衛者。[76]在若干重要的面向上，這項發展協助將王室奉為某種珍貴的民族守護神。[77]

儘管如此，由於鑾披汶深深涉入一九三二年政變，以及一九三四年對於波旺拉德親王（Boworadet）率領的王室反政變行動所進行的鎮壓，王室家族因此對他一直深懷敵意。於是，他在第二任的任期內（一九四八—五七年）也就無法依據自己的希望而充分利用王室的象徵資源。[78]也許因為沒有更好的選擇，所以他在一九五六年感到自己的權力逐漸流失之際，才會轉而向民主的象徵尋求幫助。[79]

後來是沙立元帥充分實現了鑾披汶那種早期軍國主義的「幕府將軍」潛力，從而大幅改變了泰國政治的整個意識形態氛圍。沙立是泰國皇家軍事學院培養出來的產物；他因為太年輕而沒有在一九三二年的政變以及其後果當中扮演任何重要角色；此外，他也和鑾披汶不一樣，從來不曾假裝自己對憲政或民主構想有興趣。因此，他和王室也就在沒有什麼障礙的情況下迅速達成和解。掌權之後不久，沙立就展開了一場「復興」王室的系統性運動，並且藉著恢復王室的光彩而強化了自己的地位。在鑾披汶的時代，國王與王后極少踏出國家首都，但現在他們卻得以前往世界各地和其他國家元首親近，尤其是歐洲的君主；歐洲王室禮尚往來的到訪也受到鼓勵——如此等

等。[80]自從君主專制時代以來就不曾舉行過的王室典禮，現在也恢復了舉行。[81]國王與王后不僅更

76 這種情形和德川日本的幕府將軍和天皇之間的關係有些奇特的相似之處——而鑾披汶可能也不是完全沒有注意到這一點。

77 在傳統暹國與暹羅的權力鬥爭當中，雙方爭奪的重要獎賞無疑都是深受尊崇而且具有神力的物品（尤其是佛像），許多西方的暹羅史學家都稱之為守護神。在一九三二年之後，可以察覺到開始出現一種把王室當成神聖物品而加以控制的興趣。王室家族的國內境況也許促進了這種傾向。在一九三〇年代末與四〇年代初這段期間，拉瑪八世尚未成年，大部分的時間都在海外就學。（實際上，當時幾乎完全沒有王室成員身在暹羅境內。）他在第二次世界大戰結束後不久回國，但幾乎立刻就在至今仍然籠罩在神秘之中的情況下死於一記槍傷。他的弟弟因此繼位而成為現任國王，但這位國王在當時還未成年，因此沒有能力扮演獨立的政治角色。（編按：拉瑪八世的弟弟是泰國史上統治時間最長的君主，蒲美蓬．阿杜德〔Bhumibol Adulyadej〕，即拉瑪九世，他已於二〇一六年駕崩。而即位的是他的長子，瓦吉拉隆功〔Vajiralongkorn〕，即拉瑪十世。）守護神化（palladium-ization）的發展在一九七一年達到某種驚人的高潮，當時他儂元帥對自己的政府發動政變之後現身於電視上，而在觀眾面前莊重展開了一封據說是守護神賜給他的贊同信，由工作人員以一個黃金托盤端到他面前。

78 不過，他確實企圖利用佛教為自己賦予正當性，尤其是在緊張時刻。舉例而言，在他的政權於一九五六年接近尾聲之際，他利用政府的資金重建了一千兩百三十九座佛寺。（佛寺的數目在一九五五年只有四百一十三座，在一九五四年更是僅有一百六十四座。）見查洛提亞拉納，〈沙立政權〉，p. 128。他也砸了許多錢舉辦佛曆兩千五百年慶祝活動（一九五七年），並且試圖阻擋王室分享那些活動帶來的榮耀。面對他的這種舉動，王室的回應則是與那些活動明白劃清界線。同上，pp. 129-30。

79 關於鑾披汶這項在一九五七年藉著舉行受到操縱的選舉而臻於高峰的「恢復民主運動」，見威爾遜，《泰國的政治》，pp. 29-31。現代泰國政治史上最古怪的一大諷刺，就是曼谷市中心的民主紀念碑雖然受到一九七三年十月十四日的示威活動以及往後的學生運動標舉為中心視覺象徵，卻是由暹羅在位最久的獨裁者建造而成。

80 沙立操弄傳統象徵的這個面向，分析於查洛提亞拉納，〈沙立政權〉，pp. 397-402。在一九五九年底與一九六〇年初，

常與泰國民眾接觸，也藉著友好的捐款協助「整合」部落少數族群。我們幾乎可以說，在沙立掌權下，出現了傳統角色的古怪錯置：陸軍元帥扮演統治者的角色（懲罰犯罪、[82]課徵稅收、部署軍隊，而且是整體上的政治大老闆），統治者則是扮演佛教高層的角色（權威的授與者以及無私德行的典範）。因此，在某些面向上，王室隨著獨裁政權愈趨牢固而變得愈來愈「神聖」，也就不是令人意外的發展。

沙立不以運用王室為足，也對佛教加以利用。他在一九六二年廢除了既有的那種頗為民主的分散式僧伽組織，而用另一套專制性的集權組織取代之，由僧王控制，然後再任命聽話的人士擔任僧王。[83]在他的煽動下，兩名懷有自由主義思想而且廣受喜愛的僧侶神職地位被剝奪，並且被憑空捏造的罪名指控（其中一人被控同情共產黨，另一人被控犯了雞姦行為）。[84]最後，僧伽當中的重要群體受到動員，以執行「整合」（對於非佛教徒的山區部落）與反叛亂方案，尤其是在動盪不安的北部與東北部地區。[85]佛教的象徵與制度愈來愈受到功利性的利用，以便促成政權的正當性。[86]「國家—宗教—國王」就是在沙立時代從靜態的口號轉變為戰鬥式的政治口號，也愈來愈被人視為如此。[87]

不過，如果單從以上的敘述而以為獨裁政權與那場大榮景是以相同的方式對王室與僧伽的聲望造成影響，那可就錯了。如同先前見過的，我們有充分理由認為至少王室的地位獲得了改善。「王室復興」與那場榮景同時展開，而在許多泰國新富眼中，這點看來實在不太可能會是巧合。在一種彼此互惠的關係中，發展證實了國王的正當性，而國王也為發展賦予了道德色彩。另一方面，資本主義強大的世俗影響力也很明顯地同時在侵蝕佛教的權威，尤其是在貴族與上層資產階國王與王后首度出國造訪西貢、雅加達與仰光。在一九六〇年六月至一九六一年一月之間，他們的足跡遍及美國、英國、西德、葡萄牙、西班牙、瑞士、丹麥、挪威、瑞典、義大利、比利時、法國、盧森堡，以及荷蘭（值得一提的是，其中半數的國家都是某種形式的君主政體）。在沙立於一九六三年底去世之前，國王與王后又進一步走訪了馬來西亞、巴基斯坦、澳洲、紐西蘭、日本與菲律賓。隨著馬來西亞與英國的王室成員來訪，泰國王室也因此獲得了國際「承認」。

81 精彩細節見同上，pp. 410-25。查洛提亞拉納也提及王室家族以有組織的方式直接參與了反共與反叛亂宣傳行動。

82 沙立願意為死刑以及他的政權所從事的其他暴力行為負起個人責任，正合乎十九世紀以前的泰國君主的行事風格。

83 關於一九六二年的法規以及受到此一法規取代的體系（可追溯至一九四一年），見摩訶蒙固教育委員會（Mahāmakuta Educational Council）編，《佛教僧伽制度行政法案》（*Acts on the Administration of the Buddhist Order of Sangha*，Bangkok: The Buddhist University，1963）。一九四一年的體系採三分制，由立法、行政與司法部門分掌權力。一九六二年的體系則是創造了一套單獨的行政司法階級制。如同石井米雄正確指出的，這些新規則完全消除了「民主的觀念，而這種觀念正是先前那套法律的精神」。（見他的〈泰國的教會與國家〉〔Church and State in Thailand〕，《亞洲調查》，8: 10【一九六八年十月】，p. 869。）我認為這些新規則也首度允許世俗當局（警方）不必諮詢僧伽當局即可逮捕僧侶。

84 關於這起案件，見桑猜，〈右翼鳳凰〉，p. 384；以及坦比亞（S.J. Tambiah），《世界征服者與棄世者》（*World Conqueror and World Renouncer*，Cambridge: Cambridge University Press，1976），pp. 257-60。這兩位名為菲蒙拉丹（Phra Phimonladham）與薩桑納索奉（Phra Sasanasophon）的僧侶雖然獲得法院徹底洗刷罪名，僧伽高層卻因為太過膽小、腐敗或者謹慎而沒有恢復他們原本的地位。在一九七三年十月以後，一場為他們兩人爭取恢復地位的運動悄悄展開，但是一開始沒什麼效果。接著，在一九七五年一月十二日，一群年輕僧侶採取了泰國現代史上前所未見的做法，在曼谷的瑪哈泰寺展開絕食抗議，在僧王同意重新調查這起案件之前拒絕進食。（《民族報》，一九七五年一月十三日）。這場罷工引起軒然大波，於是僧王在一月十七日屈服，承諾在當月結束前恢復他們的地位。（《曼谷郵報》，一九七五年一月十八日。）一月三十日，一個特別任命的僧伽委員會終於平反了這兩人。（《曼谷郵報》，一九七六年二月二十三日。）

當初與沙立密謀陷害那兩名僧侶的僧王阿力雅翁沙達（Somdet Phra Ariyawongsakhatayan），慘死於一九七一年十二月十八日的一場車禍裡。許多泰國人都認為他的死是濫權帶來的報應。

級的圈子裡。來自這些階層的男孩愈來愈不願出家為僧，就算只是短期為之也不願意，更遑論終生投入宗教修行。這時候，全心修道的年輕僧侶遠比先前更常是出身下層階級與鄉下地區的人口。不難預見，這種情形造成的結果就是激化了僧伽體系裡的政治宗教衝突。[88]愈來愈多的年輕僧侶，尤其是來自貧窮的東北部地區者，都受到社會運動[89]以及宗教信條的左翼解讀所吸引。[90]至於其他人，例如惡名昭彰的烏托（Kitti Wuttho），則是公然把佛教連結於極右派的意識形態。[91]因此，在所有這些面向上，僧伽就被直接帶入了政治衝突當中。

截至目前為止，我們只探討了霸權文化傳統當中的成員所出現的轉變。不過，如同傅勒德協助指出的，這項傳統的反對者也出現了改變。學生與知識分子尤其深受越戰影響。越南人抵抗美國巨獸所表現出來的勇氣與毅力，引起了泰國人愈來愈深的仰慕。許多在一九六〇年代晚期前往歐洲與美國留學的優秀學生，不但受到反戰運動影響，而且也參與其中。在中國，文化大革命正如火如荼地進行，毛澤東的反官僚思想在國際上的聲望也臻於高峰。在暹羅本身，美國的巨大身影造成了嚴重的社會問題——包括賣淫猖獗、出現許多父親身分不詳的混血寶寶，還有毒癮與污染問題，而且泰國生活的許多面向也都因為商業化而顯得烏煙瘴氣。到了一九七〇年代初期，強烈的反美（以及反日）民族主義情緒已愈來愈明顯可感，尤其具有代表性的是一九七一年出版的一本深具影響力的書籍，其書名為《白禍》（*White Peril*）。[92]一九七二年，學生在曼谷成功發起了一場抵制日本貨的活動。[93]

然而，獨裁政權施行的審查制度（在他儂治下無疑比沙立時代寬鬆）卻對幾乎所有人隱瞞了智識動亂的程度實際上有多麼嚴重。在一九七三年十月十四日之後，審查制度一夕之間消失，而令眾人深感震驚的是，為數極多而且還不斷增加的批判詩作、歌曲、戲劇、散文、小說與書籍先是充斥於首都，接著又湧入地方。許多這些作品都是在獨裁統治期間寫成，但從來不曾見過天

85 見凱耶斯，〈泰國的佛教與國家整合〉（Buddhism and National Integration in Thailand），《亞洲研究期刊》（*Journal of Asian Studies*），30:3（一九七一年五月），pp. 551-67，尤其是pp. 559-65；另見石井米雄，〈泰國的教會與國家〉，pp. 864-71。

86 提倡佛教的沙立死後，即爆出他藉由貪污而累積了一億四千萬美元的財產，並且可能擁有多達八十名情婦。見查洛提亞拉納，〈沙立政權〉，pp. 427-30，其中引用了大多數關於這項醜聞的泰國當代文獻。

87 這點有一項天真的描述，見史密斯等，《泰國區域手冊》當中的「教育與社會」一節，pp. 175-7。

88 如欲針對這一點獲得一些有用的材料，見柴押瓦（Chatcharintr Chaiyawat）的文章，〈抗議活動造成僧侶界的分裂〉（Protests divide the monkhood），刊登於《曼谷郵報》，一九七五年二月二十三日。關於地方社群環境裡的類似資料，見考夫曼，《曼華》，pp. 224-6。高階僧侶對於不當行為的諷刺評論，在一九七一年前後開始受到大眾聽聞。舉例而言，見普納瓦諾（Phra Maha Sathienpong Punnawanno），〈二十五年來的泰國僧伽〉（Phra Song Thai nai Rɔb 25 Pi），收錄於《社會科學評論》（*Sangkhomsat Parithat*），9:6（一九七一年十二月），p. 28。我要把這項引用資料歸功於一篇未出版的論文：頌蓬（Somboon Suksamran）的〈泰國政治當中的佛教僧侶〉（The Buddhist Monkhood in Thai Politics）。在造成他儂與巴博被推翻的那一系列抗議與示威活動當中，僧侶愈來愈以同情的觀察者身分到場。

89 一九七四年十一月十九日，一百名僧人勾著手臂形成一場龐大示威活動的前線。那是一場農民的示威活動，參與者在十一天前來到曼谷，爭取土地改革。頌蓬，〈泰國政治當中的佛教僧侶〉，p. 6。可想而知，這項舉動引起了「溫和派」與右翼媒體的激烈反應，以一副道貌岸然的姿態堅稱僧伽向來超越政治，也應該維持如此。在十二月八日，「激進」僧侶空素（Phra Maha Jad Khongsuk）宣布成立泰國佛教徒聯盟（Federation of Thai Buddhists），藉此倡導僧伽的民主化，並且將佛教教育轉向社會服務。《民主》（*Prachathipatai*），一九七四年十二月九日；另見《曼谷郵報》，一九七四年十二月十一—十二日。前注84提及一九七五年一月的絕食抗議，發起者是一個名為「青年僧侶」（Yuwasong）的團體。這個團體在政治組織方面，自一九七四年開始就從泰國國家學生中心學到了很多。

90 舉例而言，見空素在「泰國是不是一個貨真價實的佛教國家？」這場研討會上的演說，刊登於《剖析佛教》（*Phā Tat Phutsasanā*，Bangkok: Pharbsuwan Press，1974），pp. 48-9，引用於頌蓬，〈泰國政治當中的佛教僧侶〉，p. 22。

日。[94]另外有些作品所受到的促成力量，則是十月期間的激進化影響，還有學生在自由化時期不受拘束的氛圍下迅速增長的政治意識。

一九七三年十月的文化與意識形態後果，出現了兩個完全相反的形態。左翼人士感受到的是一種近乎飄然的振奮、破除傳統以及創意的感受。一時之間，感覺彷彿說話、唱歌以及行事都百無禁忌。右翼人士則是迅速產生了一種幻想，認為新成立的自由派政權是突然出現之眾多顛覆性觀念的「肇因」。民主立刻被怪罪為獨裁統治以及與美、日資本主義勾結所造成的結果。

不出所料，這項議題和沙立為了支撐其專制統治而刻意打造的意識形態工具連結了起來，而那項工具就是「國家─宗教─國王」。在這三者當中，宗教最不重要，一開始也沒有受到太多重視。但在國家議題上，左派迅速展開攻擊，多多少少沿著以下這樣的觀點提出論述：正如鑾披汶與日本人勾結，沙立及其後繼者也把國家出賣給了美國人。在泰國歷史上，從來不曾有過將近五萬名的外國官兵駐紮在泰國領土上。不僅如此，經濟也大幅落入了外國人的手裡。那些獨裁者雖然滿口民族認同，卻心懷自滿地任由泰國社會與文化陷入墮落。舊政權盲從地模仿美國的反共主義以及對於中國擴張的恐慌，以致面對尼克森與季辛吉基於權謀而與北京交往的情形，竟然陷入了不知所措的荒謬狀態。總的來說，右派的政策已受到事實證明不僅腐敗又投機，而且短視近利，終究有弊無利。

就長期而言更重要的是，泰國保守意識形態的核心元素——也就是王室的歷史中心地位以及民族主義正當性——所受到的看待，出現了大幅轉向的明確徵象。普米薩的《當今泰國封建制度的面貌》所受到的喜愛是這方面的一個徵兆，因為這本論述縝密的著作只純粹探究十九世紀以前

（也就是歐洲帝國主義之前）的暹羅，尤其是透過高壓統治者與困苦掙扎的被統治者之間的根本衝突，去解讀泰國的整個歷史進程。不過，普米薩的著作只是一九七三年之後出現的各式各樣學術與報導作品當中的一個元素，而那些作品賴以探究泰國過往的類別，都在沒有明言的情況下否

91 關於烏托的職業生涯與政治觀念，最詳盡的記述是凱耶斯，〈當代泰國的政治危機與激進佛教〉（Political Crisis and Militant Buddhism in Contemporary Thailand），收錄於博德威爾．史密斯（Bordwell Smith）編，《泰國、緬甸與寮國的宗教與權力正當化》（*Religion and Legitimation of Power in Thailand, Burma, and Laos*；Chambersburg, Pa.: Wilson，1977）。這篇論文仔細分析了烏托在一九七六年發表的著名演說：〈殺共產黨人於德無損〉（Khā Khōmmūnit mai bāp）。凱耶斯引用了這篇演說的內容如下：「【殺共產黨人不是殺人，】因為摧毀了國家、宗教或者王室的人，這種野蠻的東西算不上是完整的人。因此，我們的用意絕不是要殺人，而是要殺魔（Māra）；這是所有泰國人的義務……就像我們殺魚煮粥倒進僧侶的缽裡一樣。殺魚無疑於德有損，但把魚奉獻給僧侶之後，即可獲得遠遠更大的功德。」凱耶斯引用的這段文字譯自烏托的〈殺共產黨人於德無損〉（Bangkok: Abhidhamma Foundation of Wat Mahādhātu，1976）。自由派媒體與泰國國家學生中心以及其他人士，雖然強烈抗議這場演說的「反佛教」本質以及烏托身為極右派祕密組織納瓦朋（Nawaphon）成員的身分（關於這個組織，見後注96），僧伽高層卻連輕微譴責也不肯，儘管他們在先前曾以空素及其他人從事了「不符僧侶身分的政治活動」為由，而將這些僧侶逐出其所屬的僧院。

92 見阿奉蘇萬，〈早期的泰國學生運動〉，p. 30。

93 見內赫，〈當代泰國〉，p. 1101。（編按：抵制日貨的行動正是由泰國國家學生中心所主導，也是隔年爆發泰國學運的導火線之一。）

94 具有關鍵重要性的是普米薩（Jit Phumisak）這位才華洋溢的馬克思主義史學家、詩人、語言學家、散文家暨社會評論家所寫下的各種作品，但他在三十六歲就遭到獨裁政權的爪牙殺害。他大部分的著作不是在出版之後不久即遭到打壓，就是在一九七四年以前僅以手稿形式存在。實際上，在他儂－巴博政權下，甚至也不得公開提及普米薩的名字。不過，他的《當今泰國封建制度的面貌》（*Chomnā Sakdinā Thai nai Patchuban*）在一九七四－七五年間就出了三個版本，而在一整個世代的激進青年當中被奉為聖經。

決或者邊緣化了傳統的王室－民族主義神話。我們可以想像這種文化意識形態發展所造成的日常社會回應。泰國學生在父母面前討論十九世紀的暹羅之時，談到的必定不是偉大的國王拉瑪五世，而是農業的商業化、買辦社群的成長、外國勢力的滲透、官僚的權力擴張等等。單純使用社會進程與經濟力量的語彙，即是否決了泰國王室的中心地位，不再將其視為民族史的體現或是其中的英雄。實際上，這種*忽略傳統歷史類別*的做法——無疑經常由年輕人懷著天真的漫不經心或是不動聲色的鄙夷態度而表現出來——看起來可能比直接否認王室聲望與權威更具威脅性。[95]（我們絕不該低估跨世代敵意造成意識形態對抗更加惡化的力量。[96]）

現在，我們應該能夠更明白瞭解，在自由派民主政府成立而且審查制度受到廢止之後不久，為什麼會開始起訴冒犯君主罪（lese majesté）的罪行。[97]不只是因為統治集團對於激進學生充滿敵意的言語感到氣憤，更是因為泰國社會一連串的危機開始圍繞著王室象徵而成形。長期經濟榮景的結束、教育迅速擴張造成意料之外的挫折感、世代之間的疏離，[98]以及美軍的策略性撤退還有軍事領導階層遭到抹黑所引發的擔憂——缺乏安全感的新資產階級對於這些相互關聯的危機感受最是強烈。對於這些階級而言，王室不但是護身符，也是一種道德藉口。王室的歷史深度與牢固性，彷彿是一種對抗混亂與解體的符咒。不論他們的生活有多麼唯利是圖，或是在經濟與文化上有多麼依賴外國人，這些階級的成員都覺得自己對於王室的忠心在道德上保證了他們的民族自尊心，因為王室就是民族傳承的象徵。所以，對於王室的正當性所提出的任何攻擊，不論多麼不直接，都必然會被視為是對於那種藉口的威脅。

一九七四年那些促成第一場冒犯君主罪審判的不滿情緒，接著又受到發生在印度支那的事件大幅加深。在一九七五年春季的短短幾個星期裡，永珍、金邊與西貢全都受到共黨勢力征服。由此造成的短期影響，主要是首都人口因為驚慌而湧現出走潮。在稍微比較長期的時間裡，則是國王的實質角色——相對於其象徵角色而言——出現了重大變化。寮國君主在十二月遭到廢黜（高

95 這方面的一個徵兆，就是蓋威欽政權的公關部門在一九七六年十一月六日發表的這段憤怒言論：「我們的文化，由我們的祖先與習俗維繫至今，卻遭到忽略、被視為已經過時，就像是恐龍或者其他已經絕種的生物一樣。有些人對自己的父母毫不尊敬，學生也不理會老師。他們擁護外國意識形態，卻沒有體認到這種行為對我們的文化充滿危險，也不聆聽深刻理解那種意識形態的人士所提出的忠告。國家安全在過去三年來經常遭到威脅。任何人只要對國家安全表達擔憂，就會受到那些自認懷有進步思想的人士訕笑，被他們視為官僚社會所產生的廢物……」，外國廣播資訊處每日報告，一九七六年十一月八日。

96 值得注意的是，成立於一九七四年的極右派組織納瓦朋當中（總理蓋威欽據說也是該組織的成員），有一個重要群體是中老年的大學教授。這些人士中有許多都持有二流外國大學的碩士學位，也有諂媚獨裁政權的長期記錄。他們對於年輕人毫不保留地以批評甚至是鄙夷的姿態看待他們的方式深感氣憤（那些年輕人經常擁有一流大學的博士學位，並且受到反戰運動的理想主義所影響）。在不少重要案例當中，高階大學官員都因為貪瀆、引人反感的怠惰與無能，以及幫助國家官僚監視學生而遭到免職。關於納瓦朋，見凱耶斯，〈政治危機〉，pp. 8-12。

97 第一個案例，是左翼學生運動人士丹戎查倫（Praderm Damrongcharoen）。他為一本少有人知的學生雜誌寫了一首詩，而遭人指控在那首詩裡指桑罵槐地抨擊了國王。丹戎查倫相當幸運，後來在一九七五年二月底獲判無罪（詳見《民族報》，一九七五年三月一日）。第二個案例是記者宋納（Seni Sungnat），因為在狂熱右派的《暹羅之星》（*Dao Sayam*）當中批評了王后的一場演說，而被控侮辱王后。他在一九七六年二月四日遭到判處兩年有期徒刑。（見《民族黨週報》，15【一九七六年二月十日】，p. 36。）由這名右翼記者遭到的懲罰，即可明白看出冒犯君主罪的起訴不僅是保守派對付左派的一種憤世手段，而是源自貨真價實的文化意識形態恐慌。

98 考夫曼詳細描寫了地方社區情境裡的這種衝突，見他的《曼華》，pp. 229-31。

棉的君主統治在五年前遭到右翼勢力終結之時，實際上還受到了讚揚），[99]必然引起拉瑪九世內心的驚恐，只怕泰國王室會結束在自己手上。他的公開發言愈來愈呈現出強硬的反共立場。右翼團體立刻注意到國王在態度上的這種轉變，而因此大受激勵，開始發動猛烈攻擊。

由於右翼組織在在大眾媒體——尤其是廣播與電視[100]——當中地位根深蒂固，這項發動於一九七五年秋季的攻擊因此在一九七六年春季達到高峰，尤其是在四月的國會選戰期間。舉例而言，泰國黨主席阿狄列杉將軍（Pramarn Adireksan）就利用自己對於受到國家控制的媒體所握有的行政權，而公開推出「右派殺左派！」這句口號——這是他在一年前不可能敢做的事情。[101]右派控制的廣播電臺，尤其是極端主義的裝甲師電臺（Armored Division Radio），都不斷委託創作以及播放極度暴力的歌曲，例如〈重壓大地〉（Nak Phaendin）與〈人渣〉（Rok Phaendin）。烏托主張佛教支持殺害共產黨人行為的論點也持續受到廣泛宣揚。此外，這種暴力並不限於言語上。如同先前提過的，一九七六年的春季與夏季目睹了一系列令人髮指的暴行。

重點是，這一切右翼攻勢的關鍵就在於王室。這時候的王室不但愈來愈被人與自由派政權的敵人畫上等號，也愈來愈受其影響。因此，也就難怪自由派政權在一九七六年十月六日遭到推翻的導火線，即是一項捏造的冒犯君主罪名。在幾天前的九月二十四日，佛統府（Nakhon Pathom）有兩名工人因為張貼海報抗議前獨裁者他儂以僧侶身分重返暹羅，而遭到當地員警活活打死，屍體還被吊了起來。[102]在政變前兩天，一個激進學生劇團在一場驅逐他儂的全國運動當中，以戲劇演出的方式重現法政大學菩提樹庭園的謀殺事件。[103]狂熱右派報紙《暹羅之星》刻意編修這場表演的照片，使得其中一名遭到「勒斃」的演員看起來像是王儲。[104]在一項經過協調的詭計當中，裝甲師電臺播報了這則抹黑消息，鼓吹大眾購買《暹羅之星》，並且呼籲嚴懲這項對於王室的「殘忍攻擊」行為。[105]私刑暴徒因此而起，從而為後續的軍事接管舖平了道路。

99 他儂—巴博政府立刻與金邊重啟外交關係，而且在一九七〇年夏季也差點派遣泰國部隊進入柬埔寨支持龍諾政權以及美國與南越的「入侵」行動。即便在一九五〇年代初期，高棉國王西哈努克（Norodom Sihanouk）在他為了柬埔寨獨立而展開的「國王出征」行程中來到曼谷，鑾披汶政府也以近乎毫不遮掩的鄙夷態度對待他。見羅傑・史密斯（Roger M. Smith），《柬埔寨的外交政策》（*Cambodia's Foreign Policy*，Ithaca, NY: Cornell University Press，1965），p. 48。儘管如此，柬埔寨的政治變化並不是完全沒有受到鄰國利用，例如烏托就以柬埔寨內戰最後階段據傳共產黨屠殺高棉僧侶的事件，作為替自己的激烈反共態度辯解的理由之一。

100 在那個時候，單是軍方就擁有國內超過半數的電臺，以及曼谷除了一家以外的所有電視臺，見泰國全國反法西斯陣線（National Anti-Fascism Front of Thailand），〈泰國民主三年〉（Three Years of Thai Democracy），收錄於《泰國資訊資源》，No. 1（一九七七年五月），p. 3。

101 身為日本大企業知名合夥人的阿狄列杉，是備受唾棄的已故警察總監乃炮的連襟。先前曾經略述過乃炮在一九四〇年代晚期與五〇年代初期的暴行。

102 皮薩柴，〈鄉村保皇軍〉，p. 35指稱在這些謀殺事件發生的幾個小時前，佛統府的鄉村保皇軍訓練營舉行了對於「壞學生」加以殺害並且吊起屍體的演練活動。他也堅稱有些實際發生的謀殺案件乃是出自這座訓練營。

103 菩提樹庭園成了全國性的反抗獨裁象徵，因為在一九七三年十月造成他儂與巴博受到推翻的那些示威活動，就是始於這座庭園。

104 值得一提的是，由一名典型的新富人士所創辦的《暹羅之星》，有個報導鄉村保皇軍活動的常態專欄。富有的捐款人與政治活躍人士可以看到自己的名字刊登在這個專欄裡，甚至與王室、貴族以及重要政府官員相提並論。因此，鄉村保皇軍藉由這份報紙發動一場迅速而猛烈的動員運動，自然是合理的選擇。

105 裝甲師電臺的幕後老闆烏坦（Utharn Sanidwong na Ayutthaya）是王后的親戚——所以也是王儲的親戚。見《遠東經濟評論》，一九七七年二月十一日。他在十月五—六日的捏造罪名當中所扮演的關鍵角色，顯示王室涉入了推翻這個議會憲政政權的陰謀。另一個有效散播仇恨的人物是納撒瓦博士（Uthit Naksawat），他是康乃爾大學畢業生，也是也許值得強調的是，這種誣陷與協調式媒體宣傳運動在泰國政治當中是相當新穎的做法。當初沙立誣陷菲蒙拉丹與薩桑納索奉，或是乃炮謀害在野黨國會議員，都是以行政力量暗中進行。一九六〇年代的大眾媒體向來警告表示，「政府」會嚴厲對付共產黨人與顛覆人士。但在一九七六年，誣陷做法卻是公開為之，並且邀請「大眾」對於顛覆行為施行報復。

造成這種發展的原因是，舊統治集團受到國內與國外的發展削弱之後，一直致力找尋新的國內盟友。結果，他們在那些迷惘、備受打擊而且充滿憤怒的中產階級與小資產階級當中，找到了這樣的盟友——而這些盟友則是舊獨裁政權統治下所造就出來的。像是「國家—宗教—國王」這種公式受到闡述與推廣的粗糙手法，就顯示了兩種現象：一是一種日益增長的普遍認知，也就是體認到他們已不再真正握有霸權；二是一九七〇年代的文化革命所造成的真實恐懼和仇恨。[106]

因此，十月六日的後果指向兩個不同但彼此相關的方向。一方面，這場政變明顯加速了泰國政治的世俗化以及去神話化發展。直接而且公開抨擊王室的行為顯然即將成為普遍現象。[107]包括自由派與激進派的龐大群體，都理解到曼谷秩序當中沒有他們的地位，於是前所未有的大量人口紛紛逃亡或是潛入地下。另一方面，一度握有霸權的右派所採取的政治概念與象徵，在一群愈來愈「特定」的社會成員眼中，已成了令人彆扭的口號。在一九五〇與六〇年代期間，許多泰國保守派人士都能夠真心把泰國左派視為一種外國少數族群（「實際上」是越南人、華人，或者其他國家的人），並且把反共抗爭視為崇高的國家聖戰。今天，這類想法就連在右派人士眼中也顯得愈來愈不可信。十月六日的事件加速了一項進程，也就是右派在自己幾乎沒有察覺到的情況下，逐漸承認自己正在從事「內戰」。長期而言，這項改變又可能具備決定性的效果，因為現代史已明白顯示，除了列寧的布爾什維克黨以外，任何革命運動都必須贏得或者獲取民族主義的讚賞才有可能成功。[108]

泰國獨立電臺集團（Chomrom Witthayu Seri）的總裁。

106 蓋威欽政權竟然禁止泰國學校教導一切形態的政治理論（甚至連右翼政治理論也包含在內），即是一項令人匪夷所思但又典型的徵象，顯示了那種近乎全面性的恐慌。見《紐約時報》，一九七六年十月二十一日；以及《遠東經濟評論》，一九七六年十一月五日。

107 這點可以明白見於地下電臺近期的廣播內容以及流傳於曼谷的祕密傳單。引人注意的是，有些徵象顯示若干心懷不滿的右翼團體，對於王室愈來愈持批判態度。他們的批評對象如果不是整個王室制度，那麼至少也是現任國王及其配偶。

108 在本文提出的分析當中，我刻意聚焦於泰國政治圈裡的新元素。我絕對無意暗示新的資產階級在曼谷的權力架構裡不只是一個次要元素；從統治集團的觀點來看，他們可能甚至是個「不可靠」的次要元素。深具啟發性的是，在十月六日的政變之後，軍政府盡可能回歸了昔日的「行政式」壓迫。紅衛隊如果不是聲音遭到壓制，就是被送到北部、東北部以及南部的戰區（據說他們在那些地方的死傷極為嚴重）。納瓦朋受到鼓勵再度潛入地下。烏坦上校被剝奪了裝甲師電臺的控制權。目前掌權的將領——全都是「溫和派」——可能會以沙立—他儂—巴博的方式主掌政權。不過，這種做法恐怕已不再可行。新的資產階級已然存在，新的地方地主也已然存在——而這些先前的盟友若是遭到忽略或者拋棄，絕對不可能不出狀況。此外，這些階級遭遇的問題也無法由那些將領解決。經濟榮景可能永遠不會以過往的那種勢頭回歸；過去的意識形態統一不可能恢復；失業情形不斷惡化；官僚體系演變得比以往都更為擁擠也更為昂貴；大學的矛盾看似無可解決。新的右翼團體已經有過參與的經驗，所以不太可能有辦法再度被完全排除在外。惡虎已經出籠，不管是軍政府還是其後繼者都很難再把牠關回去。

8

現代暹羅的謀殺與進步
Murder and Progress in Modern Siam

一九八三年，暹羅有一部極為引人注目的賣座電影，片名為《*Mue Puen*》。英語廣告把這個片名翻譯為「槍手」，但比較貼切的翻譯也許是「兩位槍手」，因為導演邀請觀眾思考兩名受雇刺客之間的對比，一人是為私人企業工作的主角，另一人是為國家工作的反派。在影片一開頭的回憶片段當中，這兩人是一九六〇年代晚期一支「祕密」傭兵部隊當中的同袍，該部隊受僱於中情局在寮國作戰；在那裡，他們被訓練使用火力強大的自動步槍，雙雙成了神槍手。不過，在一場激烈的駁火當中，主角身受重傷，結果他那個懦弱的同袍拋下他自生自滅。接著回到故事主線，時空背景轉移到當代曼谷，內容講述兩名主要角色後續的職業生涯。因為當初受傷而導致一條腿嚴重殘障的主角，表面上藉著擔任理髮師謀生；不過，我們很快就得知他私底下是一名有極高酬庸的職業殺手。他的後臺老闆是財力雄厚的生意人——而他的目標對象也是。

另一方面，那個反派則是成了曼谷大都會警察局裡一支高知名度特種部隊的隊長。他專精於把罪犯誘騙到陷阱裡，然後以冷酷而精準的槍法擊斃對方。大眾媒體稱他為「黑手」，原因是他準備為自己的雇主——也就是國家——殺人的時候，都會故作姿態地為自己握槍的那隻手戴上黑色手套。如果是在別的社會裡，他必然會是天生的行刑隊頭頭。

這兩名殺手在道德上的區別，是他們呈現於銀幕上的處境與動機。主角遭到太太拋棄，只能自己一個人照顧重病的孩子，而殺人則是他為孩子不得不接受的昂貴手術籌錢的唯一方法。至於反派，殺人則是為了補償他先前的懦弱表現、獲取媒體的注意，以及討好他酗酒的妻子——而且他與妻子的性生活充滿了虐待色彩。因此，他利用自己受到國家認可的殺手地位滿足各種引人反感的私人慾望。不過，為了避免觀眾以為這名反派只是個病態的特例，導演於是為他安排了一個身為年輕員警的爪牙，更是以代表國家殺人為樂。

我們很難想像東南亞其他地區能夠拍出這樣的電影，更遑論登上銀幕。不僅如此，我認為暹羅也只有在一九八〇年代才有可能出現這麼一部電影。特別值得注意的是，泰國警方在這部片公開上映之前對於其內容提出的更改要求中，只有兩項獲得接受：主角的主要老闆不可以是一名兼職的高階警官，還有被黑手擊斃的蒙面摩托車幫派成員不可以是年輕女子。另一方面，這部片受到大眾喜愛的情形也頗為引人好奇。我們可以輕易理解年輕觀眾為什麼會喜歡在電影當中看到壞警察這種罕見的情節。不過，主角（雖然是由票房巨星索拉朋〔Soraphong〕飾演）竟然是個為了錢而殺害「無辜對象」的殺手？我猜這個問題的答案是「沒關係」，只要那些受害對象明白可見是非常富有的中年男性即可（換句話說，就是大資本家）。另一個條件是，銀幕上的情景必須在某種程度上呼應泰國社會的當代現實。

這個現實，或者應該說是這個現實在此處受到我所關注的部分，就是政治謀殺在一九八〇年代的暹羅，已產生了一種完全前所未有的性質；而且奇怪的是，這種發展對於未來而言，可能是個正面的預兆。原因是這種發展似乎與一項長期傳統的消退脫不了關係，而那項傳統就是軍方與官僚結合的獨裁政權，以及這種政權對於穩定的資產階級議會政治制度的打壓。要更精確聚焦於《槍手》與迅速改變的泰國政治結構之間的關係，頗有幫助的一個做法也許是簡要描繪出暹羅的政治謀殺先例所帶有的模式。

初期模式

一般認為暹羅歷史的現代時期始於一八五五年。身為維多利亞女王的代表，而且提出了「自由貿易是耶穌基督，耶穌基督就是自由貿易」這道不朽公理的寶靈爵士（John Bowring），在那一年藉著一份條約把他的商業神學強加在泰國身上，迫使該國廢止一切對於帝國主義經濟滲透的具體障礙。[1]在一八五五年以前，泰國社會的政治參與在大部分時候都僅限於一個非常小而且以內部通婚為主的「封建」上層階級，所以政治謀殺的模式也正合乎我們對於這麼一個社會所懷有的預期。政治謀殺的受害者通常都是這個階級的成員——王子、貴族、朝臣以及高階官員——而他們的刺客整體而言也是如此。如果有平民保鏢或士兵參與其中，也極少是自主為之，而是受到其贊助人要求的結果。當時的政治謀殺是一種家族內的事務，敵對的雙方可能是父子、叔姪、同父

1 這句話引自博克塞（Charles R. Boxer），《荷蘭海洋帝國，一六〇〇—一八〇〇》（*The Dutch Seaborne Empire, 1600-1800*；London: Hutchinson，1965），p. 249。

異母的兄弟。大部分的謀殺案件都發生在王室首都本身，因為那裡是唯一真正的政治競爭場域。那時的國家仍然極為古老，也深深屬於統治者本身所獨有，因此行刑與謀殺之間——亦即「國家」與「私人」的殺人行為之間——沒有明確的概念界線。

在一八五五至一九三二年間，這種上層階級內部謀殺的模式開始喊停，最有可能的原因是害怕遭到歐洲的政治干預，而且也必須歸因於歐洲的經濟干預。曼谷的政治領袖可以看到鄰近東南亞國家的例子：統治圈如果恣意從事太多的同族互弒，歐洲帝國主義者即可藉機入侵，號稱為該國建立法律和秩序，或是協助聽話的「合法」王位繼承人復位。另一方面，十九世紀下半葉迅速擴張的自由貿易經濟因為把餅變大，而降低了菁英間競爭的激烈程度。（有一項對比可讓我們對此獲得更多的理解，一邊是暹羅的經驗，另一邊則是緬甸王室最後數十年間的血腥衝突，原因是緬甸王室遭到兩場英緬戰爭剝奪了超過一半的領土收入基礎。）當時的狀況維持得相當穩定，所以就算舊貴族遭遇到由拉瑪五世（一八六八—一九一〇年在位）所創造之現代式官僚當中的「新人」所提出的政治與經濟挑戰，這些衝突也能夠在不流血的情況下解決。

一直到一九三二年之後，才開始出現和一八五五年以前的模式類似的情形，原因是一心追求專制統治的王室在那年被一場不流血政變所推翻。這場政變的策劃者是軍方與文官體系裡的平民公務人員，自稱為公民團體（Citizens Group）。[2] 在一九三〇年代後期，公民團體的兩名最高軍事領袖——披耶拍鳳（Phahon Phonphayuhasena）與鑾披汶這兩位將軍——被其圈子裡的成員發動刺殺數次；仍然深具個人色彩的國家也在事後採取猛烈的報復行動（透過「合法」處死的手段）。到了這時候，這類謀殺行為已不再有可能引來外部干預的實質擔憂，因為帝國主義強權就連長久以來的治外法權也都已經放棄了。另一方面，立憲君主制度的成立——以及二十世紀不再可能開展新王朝（例如鑾披汶王朝）的現實——表示原則上會有遠遠更多的人士參與政治和經濟主導地位之爭。此一模式在一九四〇年代末與五〇年代初又變得更加明顯，當時一九三二年公民團體的殘餘勢力，還有他們的追隨者以及若干潛在繼承者，爆發了嚴重的內部衝突。我們可以把一九四九年三月三日針對四名前閣員發動的刺殺行動視為這段時期的代表。那四名前閣員都是平民，也都來自貧窮的東北部，而刺殺者則是警察總監乃炮手下的凶猛「武士」（asawin）。[3]那四名受害者與乃炮身屬相同的社會環境；他們也都是在首都遭害；而且和階級或甚至是區域性的衝突無關。如同一八五五年以前的那個時代，詢問這些謀殺案件的凶手是國家還是個人幾乎可說是毫無意義。沒有任何形式的法律程序涉入其中；但是就算有，我們也可以從那個時期所謂的弒君審判當中遭到處死的無辜人士得知，法律機制可以輕易受到私人謀殺行為所利用。[4]然而，乃炮與鑾披汶為

2 關於這場政變最完整的英文記述，見莫卡拉朋（Thawatt Mokarapong），《泰國革命史：政治行為研究》（*History of the Thai Revolution: A Study in Political Behaviour*，Bangkok: Chalermnit，1972）。

3 詳見查洛提亞拉納，《泰國：獨裁家長式領導的政治》（*Thailand: The Politics of Despotic Paternalism*，Bangkok: Social Science Association of Thailand，1989），p. 48。

4 一九四六年六月九日，二十一歲的國王拉瑪八世被發現遭人槍殺陳屍於床上。他的遇害至今仍是 件懸案。不過，在一九四五年之後因為同盟國對於鑾披汶在戰時與東京結盟的行為深感憤怒而暫時沉寂的泰國軍方，隨即利用這起事件指控平民政府參與了謀害國王的罪行，而終於在一九四七年推翻平民政府。這起案件的作秀審判由警察總監乃炮主導。關於拉瑪八世之死以及後續審判最完整的陳述（並且深入探究了其他各種解釋），見克魯格（Rayne Kruger），《魔鬼的鐵餅》（*The Devil's Discus*，London: Cassell，1964）。這本書至今在暹羅仍是禁書。

了掩蓋這些謀殺案件而採取的拙劣手法，也顯示他們察覺到在第二次世界大戰結束後的世界裡，政治大眾已經有所擴張。

國家殺人

如同泰國現代史當中的其他許多元素，在一九五八年十月經由政變上臺的沙立元帥所領導的獨裁政權下，政治謀殺也產生了新的性質。[5]在他的統治期間，政治謀殺對象的範圍向外並向下擴張，殺手則是比先前更明確地成為國家本身以及其雇員。此一改變可見於幾場死刑當中，包括一九五八年處死五名「惡名昭彰」的縱火犯，一九六一年處死兩名左翼前國會議員，以及一九六二年處死一名被指控為共產黨領袖的人物。[6]這些死刑與先前不同之處，在於遭到處死的對象完全處於沙立的菁英圈之外（他可能從沒見過這些人）、受到指控的罪名全都是危害「國家」安全，而且死刑也是由國家認可的使者公開執行。[7]這些謀殺行為的真正原因，純粹只是為了在全國觀眾的心目中——那些觀眾包括報紙讀者與廣播聽眾，而他們也是潛在的選民——建立沙立身為極權強人的形象。[8]換句話說，這些殺人行為是帶有大眾媒體公關宣傳色彩的舉措。

這時既然出現了一群大眾媒體觀眾，而必須為他們上演政治謀殺的戲碼，那麼就表示另外也有一些政治謀殺不能讓那群觀眾知道。這種矛盾現象的一個典型例子，就是一九七一－七二年間發生在博達倫府（Parthalung）的紅桶屠殺（Tang Daeng）。[9]這些謀殺行為——目的在於威嚇當地那些被懷疑同情共產黨的農民人口——並不是全國性觀眾所能夠接受的做法。而即便是沙立的後繼者所主持的軍事政權，也覺得多少有必要尊重這群觀眾的好惡。同樣地，在軍事政權於一九七三年十月垮臺之後（見下述），學生運動人士也能夠藉著揭發在地方上廣為人知，但在全國層次上受到保密的班那塞事件（Ban Na Sai affair），而大幅削弱國家安全機構的正當性。[10] 法律國家與國家機器之間已經出現了一個醒目的鴻溝。

5 沙立政權最完整的陳述可見於查洛提亞拉納的《泰國》。「銅喉」沙立在一九六三年死於肝硬化，但他的政權卻存續至一九七三年十月，由他的兩名主要副手——他儂元帥與巴博將軍——共同把持。

6 見同上，pp. 193-5，203-4。

7 「縱火犯」的死刑舉行於曼谷市中心巨大的王宮廣場（Pramane Square），位於大王宮前方，而受刑者就排列於宏偉的瑪哈泰寺牆邊。

8 沙立掌權之後，即廢止憲法、關閉國會、解散政黨與工會，並且逮捕數以百計的知識分子、政治人物與記者，同時施行嚴厲的審查制度。在他死後，高壓措施多少受到放鬆，最後終於制定一部臨時憲法，並且舉行了（受到高度操弄的）選舉。

9 那些有少數已經死亡但大多數仍然活著的受害者，全部遭到安全部隊塞進裝有汽油的舊油桶燒成灰燼。見皮加姆，〈探究「紅桶」暴行〉（Probing the 'Red Drum' Atrocities），《遠東經濟評論》，一九七五年三月十四日。

10 班那塞這座村莊因為受到懷疑對共黨懷有同情，而遭到放火燒毀，許多村民也就地遭到處決。見瑪雷（Marian Mallet），〈一九七六年十月政變的肇因與後果〉（Causes and Consequences of the October '76 Coup），收錄於托爾頓（Andrew Turton）、法斯特（Jonathan Fast）與考德威爾（Malcolm Caldwell）編，《泰國：衝突的根源》（*Thailand: Roots of Conflict*，Nottingham: Spokesman，1976），pp. 80-103，在p. 82；以及莫瑞爾（David Morell）與沙木達凡加（Chai-anan Samudavanija），《泰國的政治衝突》（*Political Conflict in Thailand*，Cambridge, Mass.: Oelgeschlager, Gunn & Hain，1981），pp. 169-72。

武裝抗爭

在沙立、他儂與巴博的時代所出現的另一項重大改變，則是泰國政治冒出了兩種非常重要的新式參與者。第一種是泰國共產黨，在一九六五年之後就在國家的領土邊緣進行愈來愈成功的武裝抗爭。[11]泰國共產黨的領袖不屬於舊首都的政治菁英，也沒有嘗試直接參與首都的政治。他們把自己審慎保持在國家劊子手的觸及範圍之外，而在偏遠的鄉下地區持續從事他們的抗爭。這些地區在傳統上幾乎絲毫不具政治重要性，但在當下這個由領土界定的民族國家時代裡，已獲得國家接納為重要的政治場域。由於泰國共產黨在許多鄉下社區成功動員了低地農民與高地少數族群——促使他們參與一場國家權力鬥爭——因此這些人口也就開始成為政治謀殺的可能對象。在國家的反叛亂運動初期，對於鄉下人口施加暴力（包括謀殺在內）主要是屬於中央國家機器本身的特權。不過，隨著衝突日益深化以及擴大，泰國共產黨的分支不僅攻擊國家的正式使者，也開始攻擊國家的地方私人支持者，於是謀殺領域裡除了「國家部門」以外，也出現了一個重要的「私人組織」部門。在東北部、北部與南部地區，私法制裁團體、村莊暴徒以及兼職安全人員等等，活躍程度都開始提高。由於武器取得的容易性達到前所未有的程度——這點必須歸功於泰國軍警獲得的美援，以及美國在寮國從事的「祕密戰爭」——鄉下政治的暴力程度因此大幅提高。[12]特別引人注意的是，泰國有為數眾多的鄉下與小鎮人口在美援資金持續流入的期間加入了準軍事性的安全部隊，但在這筆資金來源消失之後就紛紛受到遣散。[13]遣散表示他們不再受到國家雇用，但他們卻把軍事化的態度與暴力威嚇的技能帶回私人生活裡，而我們後續將會看到這些技能在一九七〇年代開始產生了真正的商業價值。在此情境當中值得一提的最後一點，則是中情局的祕密部隊是**傭兵**部隊，而且那些受到招募的人員也完全理解這一點。就此而言，我們可以說受雇槍手的職業——這是一項對於暹羅而言相當新穎的職業——直接衍生自美國的印度支那戰爭，所以從一開始就帶有政治色彩。

新資產階級

泰國政治的第二種新式參與者，可以被概括描述為一種官僚外的資產階級。這個群體的起源是華裔泰籍商人與貿易社群，分布於曼谷、春武里（Chonburi）、巴南（Paknam）以及南部繁榮的幾座城鎮當中。[14]在一九四〇與五〇年代期間，他們的數量還不多，財富也有限，政治影響力更是不值一提（在許多例子裡，原因是融入的過程尚未完成）。不過，到了一九六〇年代初期，就

11 見莫瑞爾與沙木達凡加，《政治衝突》，pp. 80-81，以及德貝爾（Patrice de Beer），〈泰國共產黨的歷史與政策〉（History and Policy of the Communist Party of Thailand），收錄於托爾頓、法斯特與考德威爾編，《泰國》，pp. 143-94。

12 見托爾頓，〈意識形態宰制的侷限與社會意識的形成〉（Limits of Ideological Domination and the Formation of Social Consciousness），收錄於托爾頓與田邊繁治編，《東南亞的歷史與農民意識》（*History and Peasant Consciousness in Southeast Asia*，Osaka: National Museum of Ethnology, Senri Ethnological Studies no. 13，1984），pp. 19-73。

13 見本書第七章，尤其是p. 244。

14 這方面的標準著作是施堅雅所寫的兩本書，《泰國的華人社會》，以及《泰國華人社群的領導與權力》（Ithaca, NY: Cornell University Press，1957與1958）。

在越戰帶來的大榮景展開之際，一個完全融入當地社會的華裔泰國人世代，已到了就讀高中與上大學的年紀；他們正好得以受益於高等教育在一九六〇年代的巨大成長，以及那場大榮景為就業市場所帶來的巨幅擴張與多元化。[15]

暹羅有史以來從來不曾湧入如此大量的外來經濟資源——這不只是美國對軍事基地與戰略基礎建設發展投入資本所帶來的結果，也是因為美國對泰國政權的直接援助，還有日本與美國對於這個工資低廉又沒有工會的社會所從事的私人投資。這樣的資金泛濫帶來了三項特別值得注意的後果。第一，由此造成的影響絕非完全集中於大都會區域，而是對東北部、北部與南部的許多地區也都造成了直接和間接的重大影響。第二，在資金泛濫的鼓勵下，一個階級的生意人因此出現，他們遠遠不像先前的華裔泰籍商人那麼與現代官僚強烈對立。這個階級的領袖包括高級旅館、購物廣場、汽車經銷商、保險公司以及銀行的業主和主管。[16]這些人士的衣著有如官僚、與官僚一同住在新開發的市郊住宅區，也和官僚在相同的地方用餐、舉行派對、購物以及旅遊。自從一九六〇年代以來，他們愈來愈出身自同一種機構——也就是大學。第三，這種情形與那些由華裔泰籍人士所運作，且迅速崛起的銀行體系配合得相當好——實際上也正好可能是這種銀行體系崛起的主要因素。這個體系內的銀行沒有被日本與美國的銀行巨擘擠到邊緣，無疑是受益於外國人很難掌握泰語和華語之故，更遑論這兩種語言令人望之生畏的字符。這些銀行以明快的舉措發展國內資本市場，並且隨即發現在榮景期間可以藉著深化鄉下地區的營運而賺取可觀的利潤。一九六〇年代初，在泰國各府的府治裡，最宏偉的建築通常都是府尹官邸，象徵了昔日官僚對於泰國社會與政治生活的主宰。十年後，泰國許多愛德華式建築都已遠遠比不上由玻璃、混凝土與大理石所蓋成的壯觀大樓，而那些大樓即是曼谷各大銀行的地方分行所在處。

新興的議會民主

我們因此必須從兩個角度來看待官僚外資產階級的崛起。第一個同時也是最熟悉的角度，突顯當時出現一群為數極大且受過教育的青年（其中一部分使得泰國國家學生中心在一九七〇年代初期短暫成為一股強大的政治勢力）。早在一九六〇年代晚期，他們就已不再像先前的大學畢業生那樣輕易被官僚體系吸收。不過，他們知道自己接受教育的那些機構，在傳統上都是為了讓新一代的統治階級準備好擔負其任務：因此，他們認為自己有參與政治的自然權利。由於現在他們有許多人都是來自地方，所以他們期望行使這項權利的場所不只是在曼谷，而是在他們的職業生涯所帶領他們前往的任何地方。因此，泰國歷史上首度令人見到這樣的可能性：也就是在地方上出現重要的、非官僚的迷你知識階層。第二個但也相對不那麼熟悉的角度，則是聚焦於小鎮企業家——有些是獨立的企業家，有些是都會區大型公司的代理人——所受到的強化（基於銀行信貸以及鄉下生活整體的迅速商業化）。在大多數的鄉下城鎮裡，這類人物都很快地發展出不遜於地

15 見本書第七章對於這段時期的階級形成所提出的詳細探討。
16 見蘇逖（Suthy Prasartset），《泰國商業領袖：開發中經濟的男性與職涯》（*Thai Business Leaders: Men and Careers in a Developing Economy*，Tokyo: Institute of Developing Economics，1982）。

方國家官員的收入，於是生活形態與地位抱負也隨之跟進。此外，由於他們不像官員必須定期輪調，因此能夠在地方上紮下穩固的根基，包括在社會以及商業方面。這些根基如果要產生地方權力，就必須大幅削弱地方官僚背後那種中央國家機器所帶有的統一性與權威。

歷史性的「突破」隨著一九七三年的群眾運動而來，並且在十月十四日促成他儂－巴博政權垮臺。[17]無可否認，如果沒有國王與陸軍指揮官克立將軍（Krit Sivara）的高層派系干預，這個雙頭政權絕對不會倒臺。不過，克立得以不靠政變推翻自己的上級，而是藉著唆使學生與知識分子的抗議行動，加上有大批民眾在曼谷響應（包括中產階級與下層中產階級的部分區塊），就顯示了他本身體認到傳統的「合法政治」形態已不再可行。這個國家已經變得太多了。一九七三至七七年間的事件顯示，反動團體的勢力雖仍強大，但即便在國家機器中，這種體認卻已愈來愈普及，因此國家機器也就無法像先前那樣採取目標一致的行動。

當時浮現的東西，就是我們稱為議會民主的這種典型資產階級政治制度——所有胸懷抱負、事業成功而且富有自信的資產階級都對這種形式的政權最感自在，因為這種政權不但把他們的權力放到最大，也把他們的競爭對手的權力縮到最小。我們如果把一九七三年想成一七八九年的暹羅，就能夠從單一角度看待整個後續時期（截至今日）——也就是資產階級致力發展以及維繫自己新獲得的政治權力（以議會形態予以制度化），對抗來自左派與右派、民間部門以及國家機器的威脅。這十六年間的政治謀殺模式，充分證明了這樣的看待角度確實沒錯。

鞏固時期

這段時期也許能被合理地區分為兩部分：一九七三—七八年，以及一九七八—八九年。在充滿不穩定與不確定性的第一個時期裡，資產階級仍在摸索自己的路線，因此處於公開矛盾的立場。一方面，資產階級需要民間部門的支持，理想上主要是透過選舉機制獲取，透過強化其正當性與權力，以便抵抗軍方與文官官僚。因此在這項抗爭當中，「民主」是一件在國內極為有力而且在國際上也受到尊崇的武器。另一方面，資產階級也覺得有必要獲得國家機器的壓制性部門支持，以便在都會區遏阻「大眾的脫軌行為」、在鄉間對抗日益壯大的泰國共產黨，並且在美國於印度支那的勢力迅速消退的情況下，藉此保衛民族國家，以抗拒新近受到共黨統治的東邊鄰國。[18]在第二個時期，資產階級面臨的主要問題是抵擋安全官僚當中抱持機會主義與極右派意識形態的人士，因為他們企圖重拾自己先前的支配地位，做法是利用「外部威脅」以及採取假冒平民主義的「反資本主義」公共修辭。

在資產階級的成功抗爭當中，媒體的重要性不該受到低估。尤其是熱門報紙《泰國日報》（*Thai Rath*），挾著其龐大的讀者數量而代表了另一種想像性的全國社群，足以和議會制度召喚出來的想像社群或者舊政權提出的「國家—宗教—國王」信仰並列。大部分的媒體如果不是明確反對軍方

17 關於這點的一項簡短明晰的陳述，見莫瑞爾與沙木達凡加，《政治衝突》，pp. 146-50。
18 由於暹羅深深涉入美國的戰爭行動，因此泰國資產階級有充分的理由擔憂遭到報復。

與官僚的意圖（更遑論政變），那麼至少也是抱持懷疑和不信任的態度。畢竟，成功的報紙是大型企業，而它們之所以能夠成功，就是因為它們至少在某種程度上表達了讀者的渴望。相應之下，媒體在這個時期可以說是獲得新政治優勢的資產階級的盟友。不過，更引人注意的是，資產階級在這第二個時期已深深自豪於自己的力量，也確信自己的價值是保護議會制度的利益，所以願意容許凶猛的內部競爭。我們因此在一九八〇年代看到了這種非比尋常的狀況：國會議員遭到刺殺，但凶手不是共產黨人或軍事獨裁者，而是其他的國會議員或者有意成為國會議員的人士。

在更加仔細對比這兩個時期的政治謀殺模式之前，我們也許可以再度提醒自己，議會制度為何會如此吸引泰國當前的新中產階級。首先，面對跋扈的文官與軍事官僚，議會制度在縱向與橫向層面上都開啟了通往政治權力的管道。要當選成為國會議員，並不需要擁有大學學位，也不需要在年少時期就加入制度階級體系的低階層級。身為女性也不再是致命的政治劣勢。因此，教育程度較低者以及非男性人士的縱向社會與政治流動大幅增加——至少在理論上是如此。另一方面，在以地域為基礎的選舉制度裡，出身於地方也不再是特殊的障礙，甚至可能是優勢。就算是出身於那空沙旺（Nakhon Sawan），也還是有可能當上閣員；實際上，也許只有藉著在那空沙旺所擁有的堅實根基，才能讓人獲得閣員的位置。因此，議會為地方菁英提供了機會，讓他們繞過內政部那種以地域為基礎的強大階級體系，而能夠在官僚體系本身的大都會基地——也就是曼谷——以自己的方式讓別人注意到他們。用比較概括性的方法來說，立基在選舉之上的議會制度，比其他任何類型的政權都更能夠縮減地方與首都的權力鴻溝：當然，這正是為什麼議會制度會對地方顯要具有如此高度的吸引力。[19]第二，官僚權力的降低通常會削弱受到官僚控制與保護的獨占體系，而這種獨占體系總是會促使資產階級臣屬於國家機器。這類獨占體系雖然理所當然地有益特定生意人或商業集團，卻是有害於資產階級的整體利益。第三，選舉政治以比較狹隘而且技術性的方式偏好資產階級的利益。金錢是持續不斷獲取選舉成功的關鍵因素，而金錢正是資產階級擁有最豐厚的資源。[20]另一方面，選舉政治的威信如果可以穩固確立，即可消除議會外政治活動的正當性——尤其是罷工、示威以及群眾運動，因為資產階級比較難以控制這些活動，而且有時候也可能對這樣的活動深感害怕。最後，明顯可見的是，在像暹羅這種「封建」遺毒仍然強烈的國家，尤其是在鄉下地區，國會議員的位置也許可以讓人在地方層級獲得龐大權勢，而且是遠大於在工業社會裡能夠達到的程度。因此，難怪議會制度在暹羅獲得鞏固的時候，正是「昭魄」（chao phaw）大幅崛起之時——所謂的昭魄，是一種有如黑手黨般的政治人物暨資本家，藉著暴

19 見亞內（Anek Laothamatas）極度詳細而且深入透徹的文章，〈泰國的商業與政治：新的影響模式〉（Business and Politics in Thailand: New Patterns of Influence），收錄於《亞洲調查》，28: 4（一九八八年四月），pp. 451-70。亞內提到在一九七九年，只有四個府設有當地商會，但到了一九八七年，泰國全部的七十二個府都已設有商會。此外，跨府的商會結盟也利用國會管道而在與首都的競爭當中（競爭對象包括大都會的官僚與首都的大資產階級）成功擴張了影響力。

20 亞內以幾個引人注目的人物闡明了這一點。在沙立、他儂與巴博這三名軍事獨裁者統治下的一九六三—七三年間的三屆內閣裡，商界人士總共只有兩名——在所有閣員當中只占了不到四%。在一九七五—七六年間經由選舉而來的內閣當中，商界人士共有三十五人——約是四〇%。在一九七六年十月六日的政變之後（一九七六—一九八〇年初），這個比例則是降到了一三%。在一九八〇年代（一九八〇—八六年）受到恢復的選舉議會制度下，此一比例又再度迅速增長至將近四四%。同上，p. 455。

力、政治人脈、控制地方市場以及勒索等手段，而成為令人害怕的地方老大。

地方與國家層級的謀殺行為

現在，我們可以把目光轉回政治謀殺了。在一九七四年底到一九七六年十月六日爆發政變的這段期間，典型的遭害對象都是與泰國國家學生中心有關係的中產階級學生運動人士、農民組織的領導人、工會會員，以及左翼的揭弊記者。[21]這些謀殺案件似乎可分為兩大類。（一）地方謀殺：對象通常是農民領袖、工會會員，以及對地方顯要——包括地主、生意人，以及腐敗的村莊頭目——的權力或利潤造成威脅的記者。這些謀殺大部分都是由私人為之，槍手（mue puen）都是由那些地方顯要從越戰時期的職業殺手、前保全人員、兼職員警以及小混混當中雇用而來。[22]（二）國家謀殺：一個引人注目的例子，就是社會黨領袖汶沙儂在一九七六年二月二十八日於曼谷遭到埋伏刺殺。不過，以知名學生領袖為對象的週期性謀殺，尤其是在一九七六年十月六日當天發生於法政大學的屠殺，都屬於這個類別。這些受害者沒有對特定的私人利益造成威脅，而是被視為國家的敵人，或是因為權謀的原因而受到這樣的描述（例如為了製造氛圍好讓國家機器能夠逆轉議會浪潮）。因此，這些案件當中的殺手多多少少都是直接受雇於國家機器的使者。[23]法政大學學生在十月六日遭到的屠殺，尤其有助於讓人看出第一類與第二類謀殺行為的不同，因為那場屠殺的許多受害者都是資產階級那些享有優渥生活的下一代（只需在週間的任何一天看看法政大學門內的華裔泰籍學生和門外那些泰裔泰籍攤販的臉孔，即可察覺到這一點）。我們沒有理由認為泰國資產階級會希望發生這些殺戮行動——而且在首都以外也沒有發生類似的案件。

因此，由國家使者從事的這些「國家」謀殺乃是反中產階級的行為，用意在於回歸一九七三年十月十四日之前的政治秩序。由私人傭兵從事的「地方」謀殺，則是支持中產階級，用意在於恐嚇底層階級以及那些自命為民眾捍衛者的人士。

鄉下暴動的崩解

有人以頗具可信度的論點指出，泰國共產黨的鄉下暴動因一九七八年十二月展開的柬埔寨—越南—中國三角戰爭而崩解後，導致暹羅、泰國議會民主以及泰國中產階級都隨之受益。泰國共產黨確實因為領導階層決定完全忠於北京的立場而遭受嚴重傷害，失去了在寮國與柬埔寨的安全避難處，以及在越南訓練幹部的機會，甚至是該黨設置在雲南的強力無線電發報機。（總理差瑪南【將軍】相當精明，看出了與「小瓶」（鄧小平）及其黨羽建立緊密連結的好處。）[24]不過，我

21 關於這些謀殺案件的深入討論以及詳細統計數據，見莫瑞爾與沙木達凡加，《政治衝突》，pp. 225-53。

22 這些謀殺行為大多數都發生在小鎮與村莊。其地理分布的高度不平均（大多數都在北部）突顯了中央國家組織並未參與這些暴力案件。

23 最惡名昭彰的就是所謂的紅衛隊，其中許多成員都是中情局在寮國的「祕密部隊」裡的前傭兵，由軍方的國內安全行動指揮部當中的主要集團指使行動；另外還有鄉村保皇軍，這是由王宮支持的右翼私法制裁團體。見本書第七章，pp. 238-44，以及該處引述的文獻；還有莫瑞爾與沙木達凡加，《政治衝突》，pp. 241-6。

24 在一九七六年十月六日的政變之後，王宮與政變領袖立即達成一項彆扭的妥協，組成一個極右派的文人政府，由最

們可以說傷害之所以特別嚴重，原因是泰國共產黨早就已經面臨了一個頭痛問題，也就是數以百計的中產階級年輕運動人士在一九七六年十月六日的血腥政變之後紛紛逃入該黨把持的叢林裡，導致他們不曉得該怎麼處理。這些運動人士來自一個年輕許多的世代，來自生活優渥的家庭，讀過不少書也能言善道，對於國家層級的法律政治又有些真實的經驗，因此難以直接接受泰國共產黨的許多立場；而該黨對於一九七八—七九年危機的遲鈍反應，更是令那些運動人士無法接受。總理差瑪南以精明的判斷發布大赦，而使那些運動人士能夠平安回家。重要的是，泰國共產黨並沒有設法阻止他們回家，儘管「大規模退黨」的情景對於該黨原本就已遭受的嚴重政治傷害可說是雪上加霜。總而言之，泰國共產黨的衰退——其肇因不是泰國軍方在戰場上獲得的成功，而是國際政治發展以及該黨本身的內部失血——無疑是對新興的泰國資產階級有益。在一九七八—七九年之後，泰國資產階級就不再面臨來自左派或者下層的嚴重威脅。到了那個時候，儘管軍方竭盡全力炒作這種恐懼，資產階級也不再對該國東部邊界上的越南部隊感到驚恐。資產階級認知到了越南的力量具有實質上的限制，而暹羅又擁有美—中—日堅定支持的優勢。

不過，柬埔寨—越南—中國的衝突在一九七六年十月六日的右翼蓋威欽政權垮臺之後許久才爆發，而他的起落也才真正有助於我們理解泰國政治的動態在資產階級時代的變化。

蓋威欽政權

蓋威欽本身是華裔泰籍法官，懷有怪異而極端的觀點。[25]他沒有自己的政治支持群體，也不代表任何重要的團體或機構。他被任命為總理，反映了王宮與將領之間的衝突。王室對於和自己具有血緣關係的寮國君主在不久前遭到罷黜大感驚慌，因此希望總理是強而有力的反共人士，但又必須是文人（因為王室從來無法全心信任軍方）。將領對權力的興趣更勝於對反共的堅持，因此希望由他們自己人擔任總理。王宮一開始占上風，但沒有持續太久。蓋威欽政府因為言詞荒謬，很快就被人稱為「蛤蜊內閣」（Clam Cabinet），[26]並且因為無能以及極端意識形態而失去了幾乎所有人的支持。不過，這個政府的領導階層對於自己的歷史任務——除了反共以外，還有文人至上以及（右翼法律的）法治——看待得相當認真，因此做出了在泰國現代政治當中完全前所未見的事情：將一名高階將領判刑處死。當然，在一九七七年三月發動政變未遂的希蘭席里將軍（Chalard Hiransiri）確實在他短暫攫取權力的期間殺了王室鍾愛的德瓦塔辛將軍（Arun Dewathasin），但當時掌權的如果是個真正的軍政府，他應該不可能會遭到處死。[27]而之所以在次年十月那場不流血的成功政變中，差瑪南將軍從一開始就被宣傳為「溫和派」的擁護者，而且還

高法院法官蓋威欽擔任總理。幾乎剛好在一年後，這個政府又遭到差瑪南將軍這位手腕異常高明的軍方政治人物以不流血的方式推翻。當年說服北京不再支持泰國共產黨以換取暹羅支持紅色高棉抵抗越軍侵略，就是差瑪南的政策。後來，「小瓶」以貴賓身分出現在曼谷參加王儲剃度儀式（在暹羅，大多數少年都會短暫出家為僧），就公開確立了這項協議。

25 他針對強姦、洗腦以及共產威脅等主題出版過幾本怪書。

26 在早期的一場演說中，蓋威欽愚蠢地把他自己的政府比擬為嬌弱的軟體動物，需要軍方、王宮與迅速增長的右翼私法制裁團體所構成的硬殼保護。

27 這點並不排除有些將領也許樂於見到性情暴躁的希蘭席里被除掉的可能性。

規畫將將政府恢復為至少半議會的形式，其中一個原因無疑就是希蘭席里的命運。這項宣傳的對象不只有美國與西歐（「國際輿論」），更包含泰國資產階級。[28]在泰國政變的領袖裡，差瑪南是第一位特地在公開場合中，表現出和善愛家的資產階級形象的人。舉例而言，為了扭轉負面形象，他安排了一項吸睛的宣傳活動，讓媒體拍攝他在家裡煮麵招待曼谷十八人（也就是在一九七六年十月六日因為遭控冒犯君主罪這項嚴重罪名而入獄的十八名學生）。這一切的重點是，早在印度支那的紛擾及泰國共產黨瓦解之前，蓋威欽政權的起落就已見證了資產階級權力如何在泰國政治中持續鞏固著。

國會議員與槍手

最後，我們可以把目光轉向剛過去的這段時間以及「槍手」的議題。任何人只要閱讀過一九七八年之後的泰國媒體內容，必定會注意到昭魄與普米伊提彭（phu mi itthiphon，「權高勢大者」）的報導突然間變得極為醒目，還有地方政治生活新出現的危險性。「席亞」賈烏（"Sia" Jaew）這位春武里府的著名昭魄遭到刺殺的事件，雖是個特別引人矚目的特例[29]——他遭到軍事性的伏擊，被一群駕著裝甲車的刺客持衝鋒槍掃射而死——但「不知名槍手」殺害國會議員的案件卻已變得頗為普遍。除了國會議員以外，新富財閥、大投機者還有走私者與法官（地方上的老大或是潛在的老大）也是常見的受害者。這些對象似乎取代了農民領袖與學生運動人士——到了這個時候，學生運動人士已幾乎不再成為攻擊對象。不過，我們有充分理由認為這些殺手和一九七四—七六年間那些謀殺案件的殺手多多少少仍是同一群人，或者至少是同一類人：也就是受到雇用的槍手。他們的金主看來幾乎一成不變的都是與受害者同為資產階級的政治與商業競爭對手。（死者的地域分布高度不平均的狀況，顯示國家沒有涉入其中。）

這一切謀殺案件顯示的是，國會議員制度在一九八〇年代**已具有重要市場價值**。換句話說，擔任國會議員不僅能夠得到獲取財富與權力的重大機會，而且**在任期內可望讓人輕易地持續這麼做**。因此，謀害自己的國會競爭對手乃是值得的事情——而這種狀況在一九五〇與六〇年代期間根本不可想像，因為國會的權力和持續時間在當時都深受蔑視。

我們目前見到的狀況，就是暹羅在「美國時期」創造出來的經濟與政治圈開始合併。一場幾乎不間斷的三十年榮景，為這個國家賦予了東南亞最先進也最有生產力的資本主義經濟（除了新加坡以外）。曼谷的各大銀行為地方提供了過去根本無法想像的貸款，而這些資金不僅可供生產、創業活動使用，也可用於政治與幫派活動。銀行之間在各個層級的競爭，使得那些銀行對於培養政治代理人與盟友都懷有高度興趣。身為許多國會議員的財務來源，銀行也可以發揮直接而且獨立的政治影響力，而這是在中央集權的專制軍事政權下非常難以做到的事情。此外，由於國會議員代表了全國選民，因此為銀行的力量（以及大型工業與商業集團的力量）賦予了一種新的正當

28 軍方本身已愈來愈察覺到，在歷經大幅改變的泰國社會裡，建立沙立式軍事獨裁政權的夢想已然過時。

29「席亞」是中國潮州話的「財閥」一詞轉變為泰語發音的結果。這個詞語先前只用於華裔泰籍財閥身上（表達的意涵混雜了鄙視與敬畏），晚近則是愈來愈常被人用在新興的泰裔泰籍財閥身上，而且敬畏之情多於鄙夷之意。

性光環。這是一項真實又有價值的資產。因此，我們可以暫時斷定資產階級當中大多數層級的成員——包括身為百萬富翁的曼谷銀行家，乃至地方城鎮胸懷抱負的小型企業家——都認定議會制度是最適合他們的制度；而且，他們現在已有足夠的自信認為自己能夠維繫這套制度，以阻擋來自各方的敵人，因為這些敵人仍然存在——尤其是在軍方與文官官僚體系裡。不過，他們看起來已逐漸衰微。官僚體系雖然對於所謂的「黑暗影響力」多所埋怨——這是一種自利性的宣傳，用意在於暗示「良性影響力」是官僚的專利——卻也逐漸適應了這套新制度。[30]

就是在這種情境下，職業槍手刺殺國會議員的案件才能夠被解讀為一種歷史徵兆。議會民主贏取自由派知識分子的支持毫不費力，但他們並不足以維繫議會民主。全國各地那些凶猛無情、財力雄厚、活力旺盛又富有競爭力的眾多人口也必須願意把心力投注於這套制度。暹羅的這類階級人口為了成為國會議員而不惜互相殘殺，就顯示當時出現了一種全新的局勢。

《兩位槍手》這部電影反映了這種情勢。這部電影拒絕和國家謀殺站在一起，譴責私人謀殺行為——而且國家也無法強迫這部電影改變心意。這部電影向觀眾保證新的資產階級世界極為穩定。畢竟，資本家就算遭到謀害，他們的殺手也不是共產黨人、學生激進分子或者警察國家的使者，而只是其資本家同僚的員工。而且，片中還有絕對是刻意為大眾當中那些落敗的左派所設計的弦外之音：至少有部分資本家遭到殺害，而且殺害他們的殺手還是一名遭到美國帝國主義與不公正的社會體系所傷害致殘的受害者。這算是一種報復一九七六年十月六日屠殺案的夢想。

後記

在完成這篇文章的時候，我有一個泰國學生剛回到美國，而寄了一份描述最近一場刺殺事件的文章給我。這篇文章極為傑出，而且充滿詳實的細節，所以我忍不住將其稍加編輯而收錄於此。

在一九九〇年四月初，在曼谷東南部的春武里府，當地的著名昭魄羅萬尼查空先生（Phiphat Rotwanitchakorn；人稱「席亞華德」）遭到埋伏殺害，連同他的司機與保鏢（當地警局的一名隊長）也不幸遭殃。他知道自己成為刺殺目標已有一段時間，所以幾乎從不離開他那幢警衛森嚴的大豪宅。但在華裔泰籍家族祭拜祖先的清明節當天，他有個身為著名曼谷銀行家的好友因為服務對象是大富豪提加菲彭（Tejaphaiboon）家族，而邀請他到該家族位於春武里的私人墓園參加祭祖儀式。[31]他覺得自己必須要去，原因是這位朋友先前貸放了十億泰銖（四千萬美元）給他，讓他得以在春武里市區一件巨大貿易中心的工程投標案當中勝過同為昭魄的卡姆南波赫（Kamnan Poh；「卡姆南」意為公社首領）。由於擔憂自己的生命安全，「席亞華德」於是找來他的弟弟和幾個職業

30 軍方也是如此。自從差瑪南在一九七七年十月發動的突襲以來，後續的兩次政變都是一敗塗地。那兩次政變的領袖是一群富有野心的上校，被人泛稱為「少壯派」（Young Turks），但他們未能爭取到軍方一致支持他們的政變計畫。這些少壯派的問題是，他們的「政見」主張拯救國家，但不是拯救國家免於共產主義的危害，而是免於貪婪的巨大資本家危害。這些理想主義者的薪水不高，卻都住在市郊豪宅裡，所以這也是他們欠缺政治可信度的另一個原因。

31 華裔泰籍的提加菲彭家族擁有巨大的曼谷京華銀行。這個家族有兩名年輕一代的成員（其中一人曾任湄公河蒸餾酒集團董事長）在一九八六年成功進軍國會——這是該家族首度認為讓子孫輩參與選舉政治是值得的事情。羅萬尼查空先生的朋友被稱為「第八席亞」——意思是說他的七個哥哥也都是大財閥。

槍手搭另一輛車跟在他的車子後面。他甚至在回程上換車，希望藉此躲避敵人。不過，刺客分乘三輛車，先是撞上他弟弟的車而予以阻擋，接著一面追逐他的車子一面瘋狂掃射達五分鐘左右，結果他的車子因此停下，車上三人全部死亡。不過，為了確保他們真的死了，一名跛腳槍手（難道是索拉朋？）還下車並戴上面具，仔細檢視了那三具屍體，這時好奇的圍觀群眾已愈聚愈多。

「席亞華德」原本是當地一名昭魄手下一個不起眼的打手。他的老闆被殺以後，他就組織了自己的幫派，並且找了一位當地的政治領袖作為新的資助者。他的妹妹後來嫁給春武里一位知名國會議員的兒子。那位國會議員成為閣員之後，「席亞華德」就在選舉期間為他擔任「收票員」。隨著「席亞華德」的財富與權勢逐漸增長，他的敵人也愈來愈多。他專精於土地投資，命令他的幫派成員採取殘暴無情的手段，在被規劃為商業及工業區的地方迫使擁有土地的小農把土地賤賣給他。他還涉入一項推翻一名當地市長（也是一名政治領袖）的陰謀，從而把自己的黨羽安插到市政府當中。他和他的幫派對待當地警方的傲慢姿態，導致他在警局裡樹立了許多敵人。因此，後來卡姆南波赫在貿易中心工程標案當中落敗，為此深感氣憤而不再堅持以和為貴，許多想要除掉「席亞華德」的人就共同籌集了一百萬泰銖（四萬美元）以及許多槍枝，組成了對付他的聯合陣線。

刺殺事件過後一個月左右，警方逮捕了若干嫌犯，包括與死者同為昭魄的幾個競爭對手、一些政治人物與槍手，更重要的是還有特種警察部隊的四名成員——據說是實際上在現場開槍的凶手。[32]

雖然沒有任何報紙或雜誌敢這麼說，但一般傳言都認為這場刺殺行動背後的首腦是卡姆南波赫。然而，現在有誰敢碰他呢？刺殺案件過後才一個星期，他就在新設置的仙宿市（Saensuk；接近於度假城市芭達雅）所舉行的首屆市長選舉當中勝選，因此舉辦了一場一萬人的慶祝派對，來賓包括數名社會行動黨的閣員、其他知名國會議員、歌手以及電影明星。這場派對比春哈旺總理上任之時舉辦的派對還更加盛大奢華！面對記者針對「席亞華德」的死所提出的問題，卡姆南波赫的回答是：「在春武里，壞人必須要死。」不過，也許不是死得像「席亞華德」那麼轟轟烈烈。現在，遭到槍手殺害已然成了資產階級的特權。畢竟，誰會付一百萬泰銖雇用槍手去殺個窮人？

32 這個組織不受國家警察部門的控制，而是一個特殊準軍事單位，由陸軍負責督導。這是一個原本為了鎮壓泰國共產黨叛亂行為而成立的單位。

9

菲律賓的酋長式民主

Cacique Democracy in the Philippines

一九八七年三月九日，菲律賓總統柯拉蓉・艾奎諾（Corazón Aquino）撒了個深具啟發性的公開謊言。她在菲華商聯總會發表了一場活力充沛的演說，把自己突然出席這個組織的活動稱為「回家」，因為她的曾祖父就是個貧窮的移民，來自中國東南部的福建省。[1]由於菲律賓的經濟已近破產，又背負了兩百八十億美元的外債，[2]她迫切需要在馬尼拉的商業階級當中一個勢力龐大的區塊喚起團結精神與信心，因此發言內容有些渲染自然難免。不過，事實是本名為柯拉蓉・許環哥（Corazón Ccjuangco）的她，乃是身屬於菲律賓寡頭政治集團當中財力最雄厚而且權勢也最強大的一個家族。她的祖父，也就是她口中那個身無分文的移民所生下的兒子，梅勒奇奧・許環哥（Melecio Cojuangco），在一八七一年出生於呂宋中部的馬洛洛斯（Malolos）。他畢業自拉特朗聖若望學院（Colegio de San Juan de Letran）與師範學校，而且是丹轆省（Tarlac）的著名農場主，在一九〇七年以三十六歲的年齡

1《菲律賓星週報》（*Philippine Star Week*），一九八七年三月八—十四日。

2 她在一九八七年七月估計指出，往後六年的償債金額將耗掉四〇%的政府收入以及所有出口收入的二七%。一九八六年的經濟成長率為〇・一三%。《菲律賓每日詢問報》（*Philippine Daily Inquirer*），一九八七年七月二十八日。

當選進入菲律賓下議會——這是美國帝國主義者在那一年設立的準立法機構。[3]他的其中一個兒子（柯拉蓉的叔父）在一九四一年成為丹轆省省長，另一個兒子（柯拉蓉的父親荷西）則是該省最知名的國會議員。一八六七年[4]，他的孫子（柯拉蓉的堂弟）艾德瓦多．「丹丁」．許環哥（Eduardo “Danding” Cojuangco）在馬可仕的支持下成為丹轆省省長，從而成為馬可仕最惡名昭彰的親信之一。另一個孫子（柯拉蓉的弟弟）荷西．「佩平」．許環哥（José “Peping” Cojuangco），在當時是丹轆省的其中一名國會議員，現在又再度當選國會議員，而且是全國權勢最大的五、六名政治人物的其中之一。柯拉蓉嫁給曾任丹轆省省長與參議員的小班尼格諾．艾奎諾（Benigno Aquino, Jr.）之後，即與呂宋中部的另一個關鍵家族建立了關係。老班尼格諾．艾奎諾曾在美國時期晚期擔任參議員，並且因為與日本占領政權主動合作而得到了長久的惡名。目前，柯拉蓉的小叔阿加皮托．「巴茨」．艾奎諾（Agapito “Butz” Aquino）是參議員，另一個小叔保羅是人民力量黨（Lakas ng Bansa）的黨魁（在柯拉蓉的競選聯盟裡，是三個主要「政黨」的其中一個）；叔父赫米尼奧．艾奎諾（Herminio Aquino）是國會議員，還有艾米迪歐．「丁」．譚華哥（Emigdio “Ding” Tanjuatco；柯拉蓉的表親）以及泰芮希塔．艾奎諾奧雷塔（Teresita Aquino-Oreta；柯拉蓉的小姑）也是。[5]柯拉蓉的舅舅弗朗希斯科．「科蒙」．蘇穆隆（Francisco “Komong” Sumulong）是眾議院多數黨領袖。此外，柯拉蓉本身成為總統之前，也絕非她在選舉公報上自稱的單純家庭主婦。她在先前十三年來，都是許環哥家族控股公司的財務主管，那家公司控制了一個巨大的金融、農業暨都市不動產帝國。[6]

然而，艾奎諾總統在一九八七年三月九日說的那句話確實帶有一項合乎真實的關鍵，而此一關鍵即有助於我們理解現代菲律賓政治的特性。她的娘家姓當中的「-co」這個尾綴可見於國家寡頭政治集團當中的其他不少家族：昆哥（Cuenco）、譚華哥、提央哥（Tiangco）、奇歐哥（Chioco）等等。這個尾綴源自閩南語的「哥」，是對於年長男性的尊稱；由此也可看出她的家族源自華裔麥士蒂索人。這個族群在西班牙殖民政權下開始發達，後來又在美國時期把他們的財富與政治權力結合在一起。[7]正是這個群體的支配地位為菲律賓賦予了獨特性，使其不同於西班牙美洲殖民地（掌權的經常是麥士蒂索人，但不是華裔麥士蒂索人）以及東南亞其他地區（不管是華裔還是其他各種族裔的麥士蒂索人，都無從掌握政治權力；只有暹羅是個曖昧不明的例外）。但為什麼會這樣？

3《菲律賓每日詢問報》，一九八七年二月十二日；還有菲律賓史學家卡利南（Michael Cullinane）慷慨提供的資訊。他以進步黨（Progresistas）候選人的身分參選，這是那個時代與美國合作色彩最鮮明的政黨。前述的文章以不具說服力的說法指出，梅勒奇奧的祖父——一個名叫「馬丁」．許環哥的人物——才是這個家族朝代真正的外來移民創立者。

4 編按：此處應為作者誤植，事實上艾德瓦多．許環哥是在一九六七年十二月三十日開始擔任丹轆省省長，任期兩年，直到一九六九年十二月三十日卸任。

5 艾米迪歐是人民力量黨的秘書長。荷西．「佩平」．許環哥是另一個主要聯盟成員民主菲人－國民力量黨（PDP-Laban）的黨主席。

6《時代週刊》，一九八七年一月五日。

7 關於這個階級的權威性著作，至今仍是魏安國（Edgar Wickberg），《菲律賓生活中的華人，一八五〇－一八九八》（*The Chinese in Philippine Life, 1850-1898*；New Haven, Conn.: Yale University Press，1965）。

西班牙殖民、教會以及麥士蒂索人菁英

西班牙人在一五六〇年代征服菲律賓之時，腓力二世的帝國已臻於巔峰，而以他為名的菲律賓群島則是西班牙帝國最後的一項重大收穫。伊比利半島的精力都投注於歐洲與美洲，而極少數確實來到菲律賓的西班牙人，也沒有在這裡找到什麼東西能夠滿足他們的貪婪。這裡能夠令人迅速發財的一個具體來源並不是礦物，而是與帝制中國從事貿易。馬尼拉很快就成了「大帆船貿易」的轉口港，在這裡以墨西哥白銀換取中國的絲綢與瓷器，再藉著轉售賺取巨大利潤，先是運到太平洋對岸，最後運到歐洲。這門生意不需要太多的精明或勤奮；只需要身在馬尼拉，擁有適當的政治人脈，並且和湧向這座轉口港的中國商人與工匠建立好關係即可。[8]

由於菲律賓欠缺礦藏，而且在開墾許久之後都還欠缺以農場為基礎的商業性農業，因此西班牙人不僅都集中在馬尼拉地區，而且他們也沒有興趣大量利用本土人力或是由外地引進人口的勞動力。另一方面，由於西班牙人抵達前的菲律賓（相對於緬甸、暹羅、柬埔寨、越南或爪哇）沒有任何擁有強大軍事或官僚力量的國家組織，所以西班牙人不管是在一開始的征服還是後續的鞏固，都不需要太多的兵力。零星散置各地的小規模駐軍，大致上就已足夠。[9]因此，在地方上，西班牙在菲律賓的勢力皆是透過教會所中介，而且這種中介的程度是除了巴拉圭以外的美洲各地都比不上的。

堅決反宗教改革的神職人員相當幸運，因為這裡絕大多數的原住民人口都是「泛靈論者」。佛教與印度教都還沒傳到這裡來。伊斯蘭教雖然從當今的印尼傳入，但只在民答那峨島（Mindanao）

的部分地區以及鄰近的南部島嶼站穩了腳跟，所以伊斯蘭教就算無法受到壓制，那麼至少也可以將其限制在那些地方。[10]在此同時，基督教發動了一場龐大的勸誘改變信仰運動，造成當今的菲

8 關於大帆船貿易，見舒爾茲（William L. Schurz），《馬尼拉大帆船》（*The Manila Galleon*），重印版（New York: Dutton，1959）。此外，由於西班牙殖民者在美洲野蠻勒索殖民地的行為，令開明的神職人員與官員深感驚駭，所以在他們的施壓之下，馬德里試圖在菲律賓做出彌補，而（時斷時續地）禁止西班牙人定居於地方上。

9 探討西屬菲律賓的文獻相當多，但特別值得參考的有菲蘭（James L. Phelan），《菲律賓的西裔化：西班牙的目標與菲律賓人的反應，一五六五—一七〇〇》（*The Hispanization of the Philippines: Spanish Aims and Filipino Responses, 1565-1700*；Madison: University of Wisconsin Press，1959）；庫許納（Nicholas P. Cushner），《西班牙在菲律賓：從征服到革命》（*Spain in the Philippines: From Conquest to Revolution*；Quezon City: Ateneo de Manila University Press，1971）；雷納多・康斯坦丁諾（Renato Constantino），《菲律賓：重探過去》（*The Philippines: A Past Revisited*；Quezon City: Tala，1975），Parts 1 and 2；以及許多傑出的論文，收錄於麥考伊（Alfred W. McCoy）與德黑素斯（Ed. C. de Jesus）編，《菲律賓社會史：全球貿易與地方轉變》（*Philippine Social History: Global Trade and Local Transformations*；Quezon City: Ateneo de Manila University Press，1982）。

10 西班牙人依據他們在伊比利半島的經驗，而把這些東南亞穆斯林稱為「摩爾人」（Moors，〔*Moros*〕）。這個名稱經過四百年的使用，已經習以為常。今天尋求脫離菲律賓獨立的穆斯林，大體上集結為他們所謂的摩爾民族解放陣線（Moro National Liberation Front）。腓力二世要是地下有知，想必會頗感莞爾。關於「摩爾人」，最佳的歷史人類學文獻有以下幾本：高英（P.G. Gowing），《穆斯林菲律賓人——傳承與展望》（*Muslim Filipinos—Heritage and Horizon*；Quezon City: New Day，1979）；馬朱爾（Cesar Adib Majul），《菲律賓的穆斯林》（*Muslims in the Philippines*；Quezon City: University of the Philippines Press，1973），以及他的《菲律賓的當代穆斯林運動》（*The Contemporary Muslim Movement in the Philippines*；Berkeley: Mizan，1985）；還有喬治（T.J.S. George），《民答那峨的叛變：伊斯蘭教在菲律賓政治當中的崛起》（*Revolt in Mindanao: The Rise of Islam in Philippine Politics*；Oxford: Oxford University Press，1980）。關於摩爾人當中兩大民族語言群體的重要專著，有基佛（Thomas Kiefer），《陶蘇格人：菲律賓穆斯林社會的暴力與法律》（*The Tausug: Violence and Law in a Philippine Muslim Society*；New York: Holt, Rinehart & Winston，

律賓有九〇%的人口都是基督徒。[11]（亞洲的基督教化只有在二十世紀的朝鮮達到同等的成功。）這場運動最引人注意的特徵，就是其推行媒介不是西班牙語，而是為數好幾十種的當地語言。直到西班牙政權結束為止，熟悉殖民語言的當地人口都不超過五%。西班牙語從來沒有像在美洲那樣成為普遍的通用語，因此在一九〇〇年當時，菲律賓群島不同地區的農民和漁民都無法互相溝通，而且這種情形甚至直到今天都還多少存在：只有他們的統治者才有通行整個群島的共同語言。

神職人員支配的另外兩項特徵，也對菲律賓社會結構的演變具有持久的影響。一方面，爭執不合的各個教派在十六世紀由腓力二世分配於各座島嶼上，後來在卡洛斯三世的最後一位開明總督巴斯科（José Basco y Vargas；一七七一—八七）的敦促下，於十八世紀下半葉開創了商業性農業。最早的大農場就是由他們打造而成。不過，這些「企業集團」仍是宗教機構的財產，而不是家族財產。修士也許會任意和當地女性生育子女，卻不能夠和這些女性結婚，也不能把財產遺贈給那些孩子。後來，美國人在征服菲律賓之後剝奪了那些修士的土地，一如十八世紀的波旁王朝剝奪了耶穌會修士的土地；結果，這些土地就像成熟的芒果一樣落入了艾奎諾的直系祖先這類人士手中。[12]因此，菲律賓從來不曾真正有過歐洲後裔的克里奧人農場主階級。

另一方面，教會則是懷有將天朝基督教化的夢想，至少在早期是如此。從一開始，教會就熱切著手爭取那些被西班牙人稱為「生理人」（sangley）的人士信奉基督教。[13]他們爭取那些來來去去的父親通常沒什麼成效，但是爭取那些父親與當地母親生下的孩子卻是出奇成功。西班牙殖民地法律也幫上了一臂之力，因為這些兒童在法律中具有麥士蒂索人這種特定法律地位（後來這個字眼主要不是用於指稱西班牙人與「土著」的後裔，而是華人與當地女性生下的子女）。這些後代透過他們的母親而信奉基督教，有他們自己的公會組織（gremios），又被迫藉著獨特的穿著與髮型以避免政治變裝癖之譏，於是和他們內部通婚產下的子孫共同形成殖民社會裡的一個獨特階級。在某些案例當中，也許只有他們姓氏中的「-co」尾綴透露了他們先祖的天朝血統。

不過，如果不是因為英國帝國主義，他們也許只會是個背負污名的邊緣群體。馬德里加入七年戰爭之後，倫敦隨即做出各種回應，包括在一七六二年占領馬尼拉，並且在接下來的兩年持續掌控這座城市。當地的生理人由於不斷遭到伊比利半島的敲詐與鄙視，因此紛紛支持英國侵略者。不過，英國人撤離之後，就毫不在乎地拋下這些卑微的盟友，任由他們遭受先前的壓迫者處置。

1972）；以及伊雷多，《馬京達瑙，一八六〇—一八八八：布瓦揚的達托・烏托的職業生涯》（*Magindanao, 1860-1888: The Career of Dato Uto of Buayan*；Ithaca, NY: Cornell University, Southeast Asia Program Data Paper no. 32，1971）。

11 這方面的標準著作是德拉科斯塔（Horacio de la Costa），《菲律賓的耶穌會士，一五八一—一七六八》（*The Jesuits in the Philippines, 1581-1768*；Cambridge, Mass.: Harvard University Press，1961）。不過，另見傑拉德・安德森（Gerald H. Anderson）編，《菲律賓教會歷史研究》（*Studies in Philippine Church History*；Ithaca, NY: Cornell University Press，1969）；以及一部打破傳統的傑出著作：拉斐爾（Vicente L. Rafael），《訂立殖民契約：西班牙統治初期的泰加洛社會當中的翻譯與基督教歸化》（*Contracting Colonialism: Translation and Christian Conversion in Tagalog Society under Early Spanish Rule*；Ithaca, NY: Cornell University Press，1988）。

12 單是在馬尼拉的週邊地區，神職人員截至十九世紀末就已積聚了五十萬英畝以上的土地。關於這些發展的基本著作是丹尼斯・羅斯（Dennis Morrow Roth），《菲律賓的修士種植園》（*The Friar Estates of the Philippines*；Albuquerque: University of New Mexico Press，1977）。

13 此一名稱來自於閩南語，意為「生意人」。此處帶給我們這個民族主義時代的一個教訓是，西班牙人與福建人都還沒有「華人」的概念。他們在這方面遠遠落後了阿姆斯特丹的聯合東印度公司。這個十七世紀的巨型跨國公司推行了大量的刑罰、司法與「限制性」措施，以迫使其控制下的群體理解到他們終究是**華人**。

這些生理人大多數都遭到驅逐出境，而且後續的外來移民也受到法律禁止達將近一世紀之久。在驅逐措施所留下的真空當中，麥士蒂索人於是趁機崛起，接管了大部分的當地貿易，並且追隨修士的榜樣，開始經營起小規模的農場。[14]

不過，從世界史的角度來看，他們卻是比處境類似的美洲拉迪諾人（ladino）落後了幾個世代。這些麥士蒂索人在此時仍然沒有鄉下大亨，沒有律師，也沒幾個教士或者著名的外銷商人；更重要的是，他們當中沒有知識分子。教會秉持其典型的反動立場，控制了印刷業以及品質低劣至極的教育機構。因此，在一八一〇至四〇年間震撼了美洲的民族主義大動盪，直到一八八〇年代才在菲律賓群島出現。

儘管如此，十九世紀仍然令麥士蒂索人得益甚多。我們也許會預期西班牙人在失去美洲之後將會湧向菲律賓，但大帆船卻在一八一一年之後即不再出現。西班牙本身陷入無休無止的衝突，而且古巴不但比菲律賓近得多，物產也富饒許多。雖然陸續又有外人抵達，但其中重要的並不是西班牙人，而是盎格魯撒克遜人（英國與美國人），還有再度回歸的生理人，這時他們自然已是「華人」。馬尼拉在一八三四年對國際貿易完全開放，宿霧市（Cebu City）及其他小港也隨之跟進；對於中國移民的禁令也受到廢止。華人憑著他們的紀律、節儉與活力，很快就把麥士蒂索人擠出了島嶼間貿易以及小規模都市商業之外。另一方面，經濟在一八三四年之後的國際化，則是讓麥士蒂索人——他們這時在為數四百萬的人口當中已占有二十五萬以上——在鄉下獲得了新機會，與英、美兩國的貿易站合作。這些企業預見了菲律賓農業全面商業化的潛力，於是提供必要的資金與商業販售管道，使得麥士蒂索人首度成為真正的農場主。

最能展現盎格魯撒克遜人、麥士蒂索人與華人之間的這種互動，莫過於內格羅斯島（Negros）的現代史。今天，這座島嶼是菲律賓最主要的「糖島」。這裡在一八五七年受到英國人設立第一座糖廠的時候幾乎完全無人居住，但島上人口到了十九世紀末已增加將近十倍，而且共有兩百七十四座蒸汽糖廠。[15]如果說英國人提供了資本、跨海運輸以及市場，那麼就是來自班乃島（Panay）與宿霧島的麥士蒂索人在受到大量華人湧入宿霧與伊洛伊洛（Iloilo）等港口城市所帶來的威脅下，把種植與加工甘蔗所需的農民人力運到了內格羅斯島上。這些邊疆資本家依據西班牙人的模式，立刻就把自己轉變為新富階級那種豪奢式的「封建」農場主。因此，在一九八七年夏季期間，就在馬尼拉討論著土地改革之時，身為內格羅斯島西部的大甘蔗園主之一的女國會議員斯塔克（Hortensia Starke）才會向報紙表示：「你的土地就像是你最漂亮的衣服，能夠為你帶來好運。如果有人想要奪走你的土地，就是想要打擊你、脫掉你的衣服。」[16]

14 本段與後續幾段的敘述，摘自魏安國，《菲律賓生活中的華人》。

15 見斯坦伯格（David Steinberg），〈傳統與回應〉（Tradition and Response），收錄於布雷斯南（John Bresnan）編，《馬可仕時代及其後續》（*The Marcos Era and Beyond*：Princeton: Princeton University Press，1986），p. 44。這部文集也收錄有其他重要文章，包括阿爾斯（Wilfredo Arce）與阿巴德（Ricardo Abad）的〈社會情境〉（The Social Situation），以及維耶加斯（Bernardo Villegas）的〈經濟危機〉（The Economic Crisis）。

16《馬尼拉紀事報》（*The Manila Chronicle*），一九八七年七月十九日。她接著說：「放棄土地就是違背你從小以來受到教導的一切，就像是改變宗教一樣。」另一個跋扈的女性，身為椰子農場主的女國會議員羅布勒加（Maria Clara Lobregat），則是高聲抱怨：「土地長年以來都在那裡，你會對它產生感情。這樣就像是你的房子裡有很多房間，卻被要求要和別人分享那些房間。」

民族情感的增長

下一步是接受教育。在殖民地要獲得良好的教育並不容易，因為教會強烈反對任何自由主義思想從馬德里傳入，從而控制了大多數的當地學校。不過，隨著麥士蒂索人的財富逐漸增長，再加上經濟的國際化與汽船的出現，不少麥士蒂索少年因此得以前往歐洲念書。不久之後即被人稱為「受啟蒙者」(ilustrado)的他們，在一八八〇年代創造了這個殖民地第一群真正的知識分子，並且開始對愚昧的教權主義展開文化攻擊，後來也攻擊西班牙的政治支配。[17]另外也相當重要的一點是，由於他們上同樣的學校、讀同樣的書、為同樣的期刊寫作，並且互娶對方的姐妹與表親為妻，因此開始努力刻意打造一個泛菲律賓（除了摩爾人的區域以外）麥士蒂索人階級，把他們的前輩在各地形成的零散酋長群體結合起來。到了十九世紀末，就是這些人開始自稱為「菲律賓人」，儘管這個字眼在那之前都只是用來指稱西班牙克里奧人。[18]

他們現在雖然可能已經擁有財富和教育，卻還是沒有政治權力。十九世紀末的西班牙在經濟上太過孱弱，政治上又太過分裂，以致無法明智因應麥士蒂索人日益強烈的要求。壓迫是當時的常態，最後更在一八九六年處死既傑出又多才多藝的麥士蒂索人黎剎。他寫了兩部出類拔萃但遭到官方禁止的小說：《不許犯我》與《起義者》，書中都以西班牙文毫不留情地諷刺了教士的反動、世俗政權的治理不當，以及他本身所屬的那個階級經常表現出來的投機與貪婪。[19]

但不出意料，最後無可避免的起義不是源自受啟蒙者。一八九二年，出身馬尼拉工匠階級的貧窮家庭而自學有成的波尼費希歐，仿照共濟會的模式成立了一個祕密革命社團，並且為其取了一個琅琅上口的泰加洛語名稱：「Kataastaasang Kagalanggalang na Katipunan ng mga Anak ng Bayan」（最高也最可敬的人民之子社團；簡稱「卡蒂普南」）。[20]卡蒂普南的名稱本身就暗示了這個組織的範圍與限制。使用泰加洛語，而不是只有一小群菁英懂得的西班牙語，就顯示了波尼費希歐的用意在於吸引以及動員身為菲律賓土著的平民百姓。另一方面，泰加洛語在當時只受到呂宋島中部與南部的百姓使用，在民答那峨、米沙鄢（Visayas），甚至是通行伊洛卡諾語的呂宋島西北部都沒人

17 尤見德拉科斯塔，《民族主義的背景及其他論文》（*The Background of Nationalism and Other Essays*；Manila: Solidaridad，1965）；舒瑪克（John N. Schumacher），《宣傳運動：一八八〇—一八九五》（*The Propaganda Movement: 1880-1895*；Manila: Solidaridad，1973）；馬朱爾，《菲律賓革命的政治與憲政思想》（*Political and Constitutional Ideas of the Philippine Revolution*；Manila: University of the Philippines Press，1967）；以及康斯坦丁諾，《洞見與遠見》（*Insight and Foresight*；Quezon City: Foundation for Nationalist Studies，1977）。

18 「這些人」所涵蓋的群體，在沒有到過歐洲接受教育的這一端，包括了梅勒奇奧．許環哥。

19 這兩部小說有不少英文翻譯版本，最晚近的版本由索勒妲．拉克森—洛克辛（Soledad Lacson-Locsin）翻譯（Honolulu: University of Hawaii Press，1997與1998）。

20 關於卡蒂普南以及其所發起的革命，標準的民族主義文獻如下：阿貢西洛（Teodoro A. Agoncillo）的《百姓造反：波尼費希歐與卡蒂普南的故事》（*The Revolt of the Masses: The Story of Bonifacio and the Katipunan*；Quezon City: University of the Philippines，1956）；以及《馬洛洛斯：共和國的危機》（*Malolos: The Crisis of the Republic*；Quezon City: University of the Philippines，1960）。伊雷多精彩淋漓的《受難與革命：菲律賓群眾運動，一八四〇—一九一〇》（*Pasyón and Revolution: Popular Movements in the Philippines, 1840-1910*；Quezon City: Ateneo de Manila University Press，1979）削弱了阿貢西洛的論點，而且無疑是探討十九世紀末菲律賓歷史的著作當中最深刻也最追根究底的一部。另見卡勞（T.M. Kalaw），《菲律賓革命》（*The Philippine Revolution*；Kawilihan, Mandaluyong, Rizal: Jorge B. Vargas Filipiniana Foundation，1969）。

聽得懂。[21]一八九六年八月，波尼費希歐在馬尼拉發動了一場準備不足的起義，以致立刻遭到鎮壓。不過，這場運動迅速擴散到周圍省分，而且愈來愈多的領導人物都是年輕的麥士蒂索人。[22]西班牙人因為忙著因應在一八九五年二月爆發於古巴的革命運動，所以很快就放棄了這場鬥爭。一八九九年，菲律賓共和國在阿奎納多「將軍」的領導下宣告成立——阿奎納多是個年輕的軍事獨裁者，來自甲米地（Cavite）省（他在一八九七年藉由司法謀害了波尼費希歐）。[23]

不過，這個共和國相當脆弱，和玻利瓦（Simón Bolívar）創建的那個稍縱即逝的大哥倫比亞共和國（Gran Colombia）具有不少相似之處。這個共和國對於穆斯林居住的西南部沒有掌控力；米沙鄢群島部分地區看來很有可能自行獨立；就連在呂宋島，麥士蒂索人的領導也遭到質疑，而質疑他們的，通常是秉持著波尼費希歐理念的激進主義者，像是各種宗教遠見家與農民民粹主義者。[24]此外，麥士蒂索人將領本身（其中包括馬可仕與小班尼格諾．艾奎諾的祖父）也開始跟隨其美國祖先的做法，以獨立的軍事獨裁者自居。我們幾乎可以說，如果不是因為美國總統麥金利（William McKinley），菲律賓在二十世紀初就可能分裂成三個滿是軍事獨裁者的弱小國家，並且具有如同十九世紀的委內瑞拉或厄瓜多那樣的內部政治情勢。

不過，在赫斯特（William Randolph Hearst）的慫恿下，麥金利政府在一八九八年四月對西班牙開戰，聲稱同情菲律賓（以及古巴）的革命人士。一個星期之後，杜威上將就在馬尼拉灣摧毀了西班牙艦隊；於是，在十二月簽署的巴黎條約裡，菲律賓被賣給了美國。也從那時開始，「綏靖」取代了「同情」。到了一九〇一年，阿奎納多已經投降，其他大部分的酋長也都跟進，儘管部分地區的農民抵抗持續到了一九一〇年。

美國殖民與國家寡頭政治集團

美國殖民改變了一切。[25]首先，美國藉著鎮壓一切反抗運動——經常採取極為殘暴的手法——

21 遲至一九六〇年，在菲律賓採取美式獨立的十五年之後，同時也是該國決定把泰加洛語提升為全國正式通用語的三十年後，全國仍然只有不到四五％的人口懂得這個語言——僅比聲稱懂得英語的四〇％人口多了一點。見一九六〇年的人口普查資料，引用於高布斯（Onofre D. Corpuz），《菲律賓》（*The Philippines*：Englewood Cliffs, NJ: Prentice-Hall，1965），p. 77。

22 見米拉葛羅斯・古爾雷諾（Milagros C. Guerrero），〈革命期間呂宋島上的鄉下與都市菁英，一八九八—一九〇二〉（The Provincial and Municipal Elites of Luzon during the Revolution, 1898-1902），收錄於麥考伊與德黑素斯編，《菲律賓社會史》，pp. 155-90；以及華金（Nick Joaquín），《丹轆省的艾奎諾家族，三個世代的歷史》（*The Aquinos of Tarlac, An Essay on History as Three Generations*）無刪節版（Manila: Solar，1986），Part One。

23 阿貢西洛，《波尼費希歐的書寫與審判》（*The Writings and Trial of Andrés Bonifacio*：Manila: Manila Bonifacio Centennial Commission，1963）收錄了大部分相關文件的泰加洛語和英文翻譯版本。

24 見伊雷多在《受難與革命》當中經常令人揪心的記述。

25 同時期發生於古巴與菲律賓的反殖民運動，其間對比強烈的命運深具啟發性。在古巴，美國帝國主義宣稱與革命人士站在同一邊，而驅逐了西班牙人，建立其本身的軍事統治達四年之久，然後成立了一個半獨立的共和國，但經濟上仍然完全受到美國控制。這座島嶼的戰略價值遠低於金錢價值。菲律賓的狀況則是大體上相反。華府的策士對於美國海軍以帝國之姿首度環繞全球深感興奮，而認為馬尼拉灣這座絕佳的良港是理想的跨太平洋「裝煤站」，也是進入中國以及包抄日本的跳板。這些「基地」只能藉著殖民這種政治手段取得——而且還是從其他帝國主義強權對手的手上取得。自此之後，美國與菲律賓的關係就終究都是以軍事考量為焦點。關於美國干預背後的思維，有一項簡要的陳述，見帕梅羅伊（William J. Pomeroy），《美國新殖民主義：美國在菲律賓與亞洲的崛起》（*American Neocolonialism: Its Emergence in the Philippines and Asia*：New York: New World，1970），第一—二章。一八九七年，馬漢上校而確保了菲律賓群島的政治統一。[26]就連西班牙從來不曾完全控制過的穆斯林區域，也完全臣服於馬尼拉，從而可能失去了他們追求主權獨立的最後一次機會。第二，美國大幅改善了麥士蒂索人的經濟處境。美國政權決定徵收大部分由修道會持有的肥沃農業土地（約有四十萬英畝），然後拿來公開拍賣。早在西班牙時代末期就已是富裕農場主的麥士蒂索人，正是擁有足夠的財力和興趣能夠善用此一機會的群體，於是先前的教會財產大部分都落入了他們手中。更重要的是，在一九〇九年以後，藉著美菲貿易關稅調整法案（Payne-Aldrich Act）訂定的條件，菲律賓被劃入美國的關稅壁壘當中，因此他們的外銷農產品即可在不必課稅的情況下輕易進入全世界最大的國家市場——而且那裡的農產品價格經常高於世界其他地區的常態價格，尤其蔗糖更是如此。

不過，菲律賓統一最主要還是因為美國人的政治創新，創造出了一套堅實而且明顯可見的「國家寡頭政治」。關鍵的制度改變，是透過階段性創造出美國國會式的兩院制立法機關，而且至少在下議院當中採取單一選區勝者全拿的選舉制度。[27]事實證明這套新的代議制，完全合乎麥士蒂索人的抱負以及社會地理分布。他們的經濟基礎在農場農業，而不是在首都。此外，他們的鄉下領地也受到這個國家極為高度的語言多樣性所保護。他們也許全都懂得菁英的「全國性」語言（先是西班牙語，後來是美語），但也個別懂得泰加洛語、伊洛卡諾語、邦板牙語、宿霧語、伊隆哥語，以及其他十幾種語言。如此一來，在那個電視出現之前的時代，任何一個選區的競爭就都有效地被侷限於少數幾個地方酋長而已。不過，國會的設置既然保證可讓他們獲得國家層級的政治權力，那麼也會促使他們定期聚集於首都。在那裡，他們比以往的任何一個時候更能夠互相熟識，而且是在一個受到美國人嚴格仲裁的文明「競賽場」當中。他們也許不喜歡對方，卻參加相同的宴會、

（Alfred Mahan）被任命為麥金利的海軍顧問委員會成員，而有效推銷了他的帝國海權理論。美國時期有龐大的文獻，其中的經典著作是海登，《菲律賓——國家發展研究》（*The Philippines—A Study in National Development*，New York: Macmillan，1942）。彼得．史丹利（Peter W. Stanley）透徹又深富娛樂性的《成形中的國家：菲律賓與美國，一八九九—一九二一》（*A Nation in the Making: The Philippines and the United States, 1899-1921*，Cambridge, Mass.: Harvard University Press，1974），還有他後來編纂的《重新評價一座帝國：菲律賓—美國史的新觀點》（*Reappraising an Empire: New Perspectives on Philippine-American History*，Cambridge, Mass.: Harvard University Press，1984），是最佳的現代指南。另見諾曼．歐文（Norman G. Owen）編，《教父殖民主義：研究美國統治下的菲律賓》（*Compadre Colonialism: Studies on the Philippines under American Rule*，Ann Arbor: University of Michigan, Papers on South and Southeast Asia no. 3，1971）；以及弗倫德（Theodore Friend）無意間頗具揭示性的《夾在兩個帝國之間：菲律賓的苦難，一九二六—一九四六》（*Between Two Empires: The Ordeal of the Philippines, 1926-1946*，New Haven: Yale University Press，1965）。近來一部甚有助益的著作是薛墨（Daniel B. Schirmer）與沙羅姆（Stephen R. Shalom），《菲律賓讀本：殖民、獨裁與反抗的歷史》（*The Philippines Reader: A History of Colonialism, Dictatorship and Resistance*，Boston: Southend，1987），第一—二章。

26 見沃弗（Leon Wolff），《棕色小弟》（*Little Brown Brother*，London: Longman，1960）；以及羅素．羅斯（Russell Roth），《泥濘的光榮：美國在菲律賓的「印第安戰爭」，一八九九—一九三五》（*Muddy Glory: America's "Indian Wars" in the Philippines, 1899-1935*，West Hanover, Mass.: Christopher，1981）。新近受洗成為民族的「菲律賓人」頑強抵抗，結果美國為鎮壓行動付出的代價，是至少五千條美國人的性命以及六億仍然非常值錢的美元。也許是因為這樣的高昂代價，還有派往菲律賓的部隊所懷有的「印第安獵人」心態，所以美國人在菲律賓才會表現得那麼野蠻。菲律賓人死亡與受傷的人數比例為五比一，至少有兩萬人死於衝突當中，另外又有二十萬人死於戰爭導致的饑荒與疫病。「傑克」．史密斯將軍（"Jake" Smith）奉派平定頑強的薩馬島（Samar），他對部屬說：「我不要俘虜，我要你們盡情殺人放火；你們燒殺得愈痛快，我就愈高興。」他們的目標是要把薩馬島轉變為「一片淒涼的荒野」。第四十三步兵師的麥法蘭中士（Howard McFarlane）向緬因州費爾菲爾德（Fairfield）的《日報》（*Journal*）投書提到：「在【一九〇〇年】三月二十九日星期四，我的連隊當中有十八人殺了七十五個黑鬼大刀手和十個黑鬼砲手……我們如果發現有還沒死的，就用刺刀招呼他。」沃弗，《棕色小弟》，pp. 360與305。

27 但投票權高度受限，並且是以財產為基礎。即便在第二次世界大戰前夕，合格選民當中也只有一四%左右可以投票。

上同樣的教堂、住在相同的住宅區、在相同的時髦街道購物、和彼此的妻子外遇，並且安排彼此的子女通婚。他們首度形成了一個自知的統治階級。[28]

美國殖民的時機對於新興的寡頭政治集團以及其統治風格也具有深刻的形塑性影響。一九〇〇－一九三〇年間的美國，採行的是威爾遜領導下那個備受哀嘆的「國會制政府」。這個殖民母國沒有強大的中央集權職業官僚體系；官職在相當程度上仍是政治施恩的工具；腐敗的都市機器與貪贓的法庭鄉下集團仍然普及；而總統的權威除了在戰時以外，仍然處處受限。因此，二十世紀東南亞的其他現代殖民政權都是透過白人主導的巨大專制官僚體系運作，但美國在馬尼拉的主管當局則是在確認麥士蒂索人對於祖國懷有自利的忠心之後，只成立了最低限度的公務體系，並且迅速將其中大部分的職務都交給本土人士。一九〇三年，在這個公務體系總計五千五百個左右的職務當中，菲律賓人任職的比例還不到一半。到了身為民主黨員的法蘭西斯・哈里森（Francis Harrison）推行「菲律賓化」的總督任期在一九二一年結束之時，此一比例已上升到九〇％（職務總數僅有一萬四千）；到了一九三〇年代中期，美國人擔任公務員職務的比例僅有一％，而且大部分都是在教育領域當中。[29]（美國勢力依賴的是軍事支配與關稅。）和在美國一樣，公務員經常都是在國會議員贊助者的支持下才得以獲取職務，而且直到美國時期尾聲，國家的文官機器也都一直處於孱弱分裂的狀態。

新崛起的寡頭政治集團成員，立刻就理解到國會制度如何能夠增進他們的權力。早在哈里森擔任總督期間，美國人就默許了侵吞菲律賓中央銀行款項的行為。眾院議長老奧斯梅尼亞（Sergio Osmeña, Sr.）與他的黨羽自行拿取了幾乎免費的龐大貸款，用於興建蔗糖集散中心，而且毫不理會發行銀行後續的破產問題。整體而言，國會對於財務以及高階司法人員任命的控制，讓寡頭政治集團學到了這一課：只要法律是由他們制定以及管理，那麼「法治」就是對他們的財產與政治霸權最穩固的整體保證。（我們將會看到，就是馬可仕暫時中止「法治」，在一九七〇年代與八〇年代初才引起了寡頭政治集團當中一大部分成員的驚懼和敵意。）

美國的政治制度還有最後一個值得強調的特徵：也就是省級與地方層級選任職位的大幅增加——而且又沒有專制的區域官僚體系。麥士蒂索人的酋長很早就理解到，這些職位只要交到適當的人士手上，即可鞏固他們的地方政治勢力範圍。不出意料，所謂的適當人士就是他們的家人與朋友。兄弟、叔伯以及表親擔任高階職務，兒子與姪兒擔任低階職務。[30]這就是「政治家族朝代」的起源——包括艾奎諾家族和許環哥家族——而菲律賓政治也就是因此而與東南亞其他國家的政治顯得如此不同。

那曾是一段繁榮興盛的時光。不過，一九三〇年以後就開始出現了烏雲。隨著美國遭遇經濟大蕭條，工會與農場組織（這些組織反對菲律賓勞工與農產品的湧入）要求華府讓這座殖民地獨

28 這項改變有一段詳細陳述，見華金，《丹轆省的艾奎諾家族》，pp. 155-98。

29 見阿貢西洛，《菲律賓簡史》（*A Short History of the Philippines*；New York: Mentor，1969），p. 169；以及韋費爾（David Wurfel），〈菲律賓〉（The Philippines），收錄於凱亨編，《東南亞的政府與政治》（*Governments and Politics of Southeast Asia*）第二版（Ithaca, NY: Cornell University Press，1964），pp. 679-777，其中的pp. 689-90。

30 這類做法不一定能夠保證帶來和諧。這些酋長家族朝代的成員經常爭吵，也在地方選舉當中互相競爭。不過，統治者與在野領袖還有當朝與失勢者一旦都來自相同的家族，即可說寡頭政治確實已經成形。

立所施加的壓力也愈來愈大。那些酋長雖然不能公開這麼說，但獨立其實是他們最不樂見的發展，因為這樣將會危及他們的巨大財富來源：也就是通行美國市場的管道。此外，他們這時使用的語言已從西班牙語轉為英語，他們的子女也都在曼哈頓與波士頓就學。而且，像是高棉、緬甸與印尼，都把他們君主體制的殘跡巧妙轉變為「民族傳統」想像的基礎，但菲律賓卻沒有這種殘跡：麥士蒂索人沒有像吳哥、蒲甘或者婆羅浮屠這樣的古城可以利用。因此，他們在一九三五年乃是懷著極不情願的心態接受了自由邦的地位。唯一一項明顯可見的好處，就是設置了由菲律賓人擔任的行政首長。文質彬彬又討人喜歡的麥士蒂索人曼努埃爾．奎松（Manuel Quezon），成了自由邦的總統。[31]

日本占領以及後續時期

在六年後的一九四一年十二月，日本帝國的軍隊往南方展開攻擊。短短幾個星期內，大多數的美國人就都打包回家，包括麥克阿瑟將軍在內，而且他還帶了奎松總統與奧斯梅尼亞副總統和他一起走。[32]寡頭政治集團的其他成員則是爭先恐後地與侵略者合作。在這些通敵人士當中，最知名的就是柯拉蓉．艾奎諾的公公（他成了占領會議議長，以及「新菲律賓人服務組織」〔Kalibapi〕這個支持日本的「大眾組織」的總幹事）以及她的副總統的父親（老勞雷爾〔José Laurel, Sr.〕，在一九四三年成為由東京成立的傀儡共和國的總統）。[33]

不過，與侵略者合作也挽救不了以農場為基礎的出口經濟。日本不准對美國外銷商品，而在一九四二年之後，美國的轟炸機與戰艦也導致作物難以運往日本。隨著有時由社會主義與共產主義小黨領導的反日游擊隊在偏鄉地區開始擴張，通貨膨脹飆升，而且日本的索要也逐漸增加，備受珍視的「法治」因此開始瓦解。先前的佃農與無地勞工壯大了膽子，占據農場的土地，但不是種植甘蔗，而是種植他們日常生存所需的作物。許多人都拒絕繼續支付原本那極不合理的高昂地租，甚至敢於威脅收租的地方官。更重要的是，在許環哥家族與艾奎諾家族居住的呂宋中部，由於鄉下的貧窮與剝削現象極為嚴重，這類農民因此與游擊隊共同組成虎克軍，不但騷擾日本人，也刺殺他們接觸得到的這類通敵人士。[34]不意外，許多寡頭政治集團成員因此把農場拋給倒楣的

31 關於這一點的詳盡陳述，見弗倫德，《夾在兩個帝國之間》，第三—十一章。艾奎諾總統的公公所扮演的角色，以閒談式的筆法詳細記述於華金的《丹轆省的艾奎諾家族》，第三—五章。

32 麥克阿瑟與菲律賓具有長久的關係。他的父親亞瑟・麥克阿瑟將軍（Arthur MacArthur）是原本那支美國遠征軍的副指揮官，並且在一九〇〇年五月取代了他那可憎的上司歐提斯將軍（Elwell Otis）。他掌權至一九〇一年七月四日，才由「文人統治」取代了軍隊。麥克阿瑟家族在菲律賓群島也從事了可觀的商業投資。

33 關於這些國家惡棍的所作所為，有一些令人莞爾的記述，見雷納多與蕾提吉雅・康斯坦丁諾（Letizia Constantino），《菲律賓：延續過往》（*The Philippines: The Continuing Past*；Quezon City: Foundation for Nationalist Studies，1978）。關於日本占領的標準著作，至今仍是斯坦伯格的《第二次世界大戰的菲律賓通敵現象》（*Philippine Collaboration in World War II*；Ann Arbor: University of Michigan Press，1967）。但另見阿巴亞（Hernando J. Abaya），《背叛在菲律賓》（*Betrayal in the Philippines*；New York: A.A. Wyn，1946）；以及麥考伊的論文，收錄於他編纂的文集：《日本占領下的東南亞》（*Southeast Asia under Japanese Occupation*；New Haven: Yale University, Southeast Asia Studies, Monograph Series no. 22，1980）。

34 關於日本占領期間的農民反抗，以及反抗運動與社會主義還有共產主義中堅分子的關係，有一部經典文獻：科克弗列（Benedict J. Kerkvliet），《虎克軍起義》（*The Huk Rebellion*；Berkeley: University of California Press，1977）。另見拉奇卡（Eduardo Lachica），《虎克軍：菲律賓農業社會的反抗》（*The Huks: Philippine Agrarian Society in Revolt*；New York: Praeger，

地方官，並逃回馬尼拉，轉而利用他們豐富的經驗大發戰爭財。[35]

我們也許會以為美國人回歸之後將會懲罰那些通敵的寡頭政治集團成員。華府的高階官員確實提出了這樣的要求。不過，真正身在現場的解放者是麥克阿瑟，而他與那些戰前的寡頭政治集團成員則是具有密切的個人與生意關係，而且就像摩洛哥的利奧泰（Louis Hubert Gonzalve Lyautey）一樣，他也樂於在那些土著傭僕面前扮演權高勢大的總督角色。[36]奎松病逝之後，麥克阿瑟即在一九四六年安排選舉，讓他的麥士蒂索人老友（同時也是個著名的通敵者）羅哈斯（Manuel Roxas）在已獲得主權獨立的菲律賓共和國當選為首任總統。[37]

羅哈斯雖然只掌權兩年就和奎松一樣因病逝世，但那兩年卻是成果豐碩。他下令大赦所有「政治犯」（主要是因為通敵罪名而遭到監禁的寡頭政治集團成員），並且在一九四七年簽署協議，同意讓美國對於其二十三個（有大有小的）陸、海、空軍基地重拾控制權，效期長達九十九年（如同一九〇〇年當時的狀況，這也是華府最關注的事情）。[38]此外，一九三五年的憲法也經過修改，讓美國公民得以在剛獲得主權獨立的共和國中，擁有「平等」取用資源的權利（寡頭政治集團因此換來一段明定的期間內，可持續通行受到保護的美國市場。）[39]這項舉動還有一個額外的好處，因為這樣能夠保證《泰丁斯重建法案》（*Tydings Rehabilitation Act*）的施行。這項法案提撥六億兩千萬美元的款項，只要有美國人或菲律賓人能夠證明自己因為戰爭而損失了至少五百美元，即可獲得補償。[40]（由於當時菲律賓的人均年收入只有此一金額的四分之一，因此參議員泰丁斯的這項慷慨措施在菲律賓人當中的受益對象，主要都是那些酋長。）

下一個目標是完全恢復戰前的農業與政治秩序。不過，這項目標卻因為三個基本原因而難以達成。第一是獨立本身的代價：國內政治競爭因此失去了美國這個指導者，國家集中部署暴力的能力嚴重弱化，[41]還有不再擁有外部保證的國庫，以及遭受戰爭蹂躪而幾近破產的經濟。第二是

1971）；以及〈文檔——菲律賓的農民戰爭〉（Documents—The Peasant War in the Philippines），《菲律賓社會科學與人文學科評論》（*Philippine Social Sciences and Humanities Review*），23: 2-4（一九五八年六月—十二月），pp. 375-436。（原本寫於一九四六年的這些文檔，為土地集中、農民無地問題、佃租率，以及佃農遭到的剝削提供了珍貴的資料。）此外，《團結》（*Solidarity*），No. 102（1985）這期引人注目的特刊，主要內容也是針對虎克軍起義進行回顧性的探討。

35 舉例而言，見莫哈雷斯（Resil B. Mojares），《渴望成為總統的人：小奧斯梅尼亞與菲律賓政治》（*The Man Who Would be President: Serging Osmeña and Philippine Politics*；Cebu: Maria Cacao，1986）。這部絕佳的著作顯示了老奧斯梅尼亞以副總統身分流亡華府之時，他的兒子小奧斯梅尼亞如何藉著為馬尼拉的日本占領政權提供物資而大發其財。

36 見威廉．曼徹斯特（William Manchester）深富啟迪性的《美國凱撒：道格拉斯．麥克阿瑟，一八八〇—一九六四》（*American Caesar: Douglas MacArthur, 1880-1964*；Boston: Little, Brown，1978）。

37 奎松在一九四四年死於美國，總統職務由副總統老奧斯梅尼亞暫代。麥克阿瑟對奧斯梅尼亞毫無興趣，認為他老邁又疲累，而且個人風格太具西班牙色彩。

38 韋費爾，〈菲律賓〉，p. 761。

39 面對修憲所需的法定人數條件，羅哈斯唯一能夠達成目標的方法，就是對來自虎克軍支配地區卻持反對立場的國會議員們，冠上恐怖主義與選舉舞弊等罪名，藉此取消他們的議員資格。見科克弗列，《虎克軍起義》，pp. 150-51。

40 見弗倫德，《夾在兩個帝國之間》，pp. 258-60。

41 菲律賓陸軍的規模仍然相當小，而且帶有「二軍」的性質。換句話說，菲律賓陸軍其實就像是晚期殖民地世界到處可見的那種傭兵部隊，區隔不同種族，武裝和訓練的品質都相當低劣，而且只用於維持「內部安全」。（菲律賓獨立之後，部分原本的士官——例如阿敏（Idi Amin）、拉米扎納（Sangoulé Lamizana）、蘇哈托、博卡薩（Jean-Baptiste Bokassa）——在心不甘情不願的停戰當中成了上校與將軍。）與此形成對比的是工業化世界的「一軍」，包括蘇聯的軍隊在內。這種軍隊擁有自己的武裝、由軍事學院畢業生擔任軍官、具備高科技、擁有豐沛的資金，而且有能力對外發動可觀的攻擊。

出現了一群受到虎克軍撐腰壯膽的農民——至少在呂宋中部是如此——而由於虎克軍勢力在羅哈斯的操弄下無從參與憲政，所以也就沒有什麼理由妥協。第三是投票權的迅速擴張，原因是在當時那個天真的年代，身為聯合國會員國的資格使得菲律賓無法拒絕這樣的發展。

酋長式民主的全盛期

因此，菲律賓在羅哈斯人生中的最後一年中，首度出現該國現已惡名昭彰的「私人軍隊」。這些武裝幫派的成員大多來自馬尼拉與鄉下地區的流氓混混，在農場主的資助下四處威嚇非法占地者、農民協會與左翼政治領袖，目標在於恢復酋長不受競爭的統治。[42]「軍閥」一詞開始出現在當代菲律賓政治詞彙當中。不意外，新興的軍閥發現他們的私人軍隊對於現在已經沒有裁判監督的選舉政治也極有用處。一九四九年那場由羅哈斯的副總統埃爾皮迪奧・季里諾（Elpidio Quirino）勝選的總統選舉，[43]不僅和戰前一樣腐敗，而且還極度血腥又充滿詐欺：但不是因為中央管理的結果，而是因為國家權力與酋長野心在普選制與激烈階級對抗下的落差。[44]（當時的典型現象，就是拉克森家族朝代在西內格羅斯島這個蔗農天堂當中，被該國最知名的作家華金稱為「血腥領地」的勢力範圍。馬尼拉對於總督拉斐爾・拉克森〔Rafael Lacson〕手下那些凶殘的「特殊警察」以及「平民衛隊」根本無能為力。[45]）

這不是美國人預期的結果。此外，美國才剛「失去」中國，越南看來也將落入同樣的下場，鄰近的馬來亞與緬甸也都爆發了大規模的共產暴動。蘭斯代爾上校（Edward Lansdale）奉派透過季里諾的國防部長麥格塞塞（Ramon Magsaysay）恢復秩序——麥格塞塞是那個時代少數沒有酋長背景的知名政治人物。藉著僅僅一百萬美元的軍事及其他援助、對於菲律賓的孤立、虎克軍受限的呂宋基地，還有虎克軍領導者本身犯下的錯誤，[46]蘭斯代爾獲得了成功。到了一九五四年，虎克軍起義已被徹底擊潰；數以千計的貧窮呂宋農民紛紛遷往「空曠」的民答那峨島[47]（到了那裡之後，他們很快就和當地的穆斯林發生猛烈衝突）；麥格塞塞也當上了總統。[48]

42 在一九四八年引起虎克軍對國家公開起義最主要的原因，就是私人軍隊造成的破壞。關於這方面的詳實記述，見科克弗列，《虎克軍起義》，第五章。

43 他的敗選對手不是別人，正是同為寡頭政治集團成員的老勞雷爾，也就是戰時那個傀儡共和國的總統。

44 一般說來，私人軍隊大概都只有在這種情形下才會出現。這些軍隊在艾奎諾總統執政期間再度出現，就代表了國家軍隊的孱弱以及社會的極化。

45 也就是今天所謂的「義警隊」的近祖。見《丹轆省的艾奎諾家族》，pp. 221 ff。

46 不出意料，就連菲律賓的共產黨也不免受害於酋長政治。在一九四〇年代末期的共黨高層領導人物當中，阿萊漢德里諾（Casto Alejandrino）出身大地主家族，拉瓦兄弟則是出身地主階級的知識分子（他們的一個叔父曾是阿奎納多革命軍裡的上校）。他們終究與出身於佃農家族的虎克軍最高領導人塔魯克（Luis Taruc）發生嚴重爭吵（他的內祖父與外祖父都是卡蒂普南軍裡的士官）。出身良好者會比平民採取更激進左派的立場，其實不令人意外。這項資訊來自於近來一場非凡的集體訪談，由《團結》編輯何塞（F. Sionil José）訪問阿萊漢德里諾、赫蘇斯・拉瓦（Jesus Lava）、塔魯克以及騷羅（Fred Saulo），刊登於前述的一九八五年《團結》特刊。

47 見一名前中情局官員所寫的一部稍嫌天真但極有價值的著作：斯卡夫（Alvin Scaff），《菲律賓解決共產主義問題的方法》（*The Philippine Answer to Communism*，Stanford: Stanford University Press，1955），尤其是第三—六章。

48 邦納（Raymond Bonner）的《與獨裁者共舞：馬可仕夫婦與美國政策的成形》（*Walzing with a Dictator: The Marcoses and the Making of American Policy*，New York: Times，1987）所引用的解密文件，充分呈現了蘭斯代爾與麥格塞塞的關係。在一九五三年大選期間，蘭斯代爾堅持麥格塞塞所有的演說稿都必須由一名假扮為《基督教科學箴言報》（*Christian*

一九五四—七二年這段時期可以被視為菲律賓酋長式民主的全盛期。[49]寡頭政治集團在國內沒有遭遇重大的挑戰。進入美國市場的商品逐漸減少，原因是關稅壁壘在菲律賓獨立之後已慢慢上升；不過，這項挫折獲得了另一方面的彌補，因為他們現在已可完全運用國家的金融工具。他們打著促進經濟獨立與進口替代工業化的口號，藉此操弄匯率，發放獨占許可，貸放金額龐大、利率低廉，而且經常向不需償還的銀行貸款，國家預算更是恣意揮霍於政治分贓當中。[50]有些比較積極進取的家族朝代開始採取多角化發展，把觸角伸入都市不動產、飯店、公用事業、大眾媒體等等。但由相互競爭的酋長家族所擁有的新聞媒體，則是出名的自由。[51]寡頭政治集團所重新鞏固但分散的權力可充分見於一項事實——亦即這些新聞媒體雖然揭露了各種貪污濫權的形態（除了媒體本身業主的行為以外），但如同史學家暨政治學家高布斯所言：「菲律賓從來沒人聽過貪污起訴成功達到判刑的結果。」[52]柯拉蓉．艾奎諾的父親荷西．許環哥（José Cojuangco）在丹轆省占地一萬零三百公頃的路易斯塔農場（Hacienda Luisita）取得了七千公頃的土地，並且把管理這些土地的工作交給他活力充沛的女婿小班尼格諾．艾奎諾。[53]

不過，酋長式民主本身就含有腐敗的種子。而這些種子在一九六〇年代末期即開始明顯冒出芽來，以不受控制且寄生的方式掠奪國家與私人資源，導致菲律賓每況愈下。原本在一九五〇年代期間曾是東南亞最「先進」的資本主義社會，到了一九八〇年代卻已淪為最蕭條貧窮的一個。到了黃金時代結尾，全國五％的所得者就可能賺取了五〇％左右的總所得。另一方面，超過七〇％的國家收入都是來自於累退銷售稅與貨物稅，只有二七．五％來自所得稅——而且繳稅者主要都是外國企業。[54]再加上熱帶地區典型超過三％的天主教出生率（自從一八五〇年以來，此一出生率已造成菲律賓群島的人口增加了八倍），結果就是無特權人口的大規模貧窮化。[55]

Science Monitor）特派員的中情局探員撰寫。這個沉靜的美國人後來發現麥格塞塞竟敢在一個場合當中使用一名菲律賓寫手的稿子，就在盛怒當中走進他的辦公室一拳將他打昏（pp. 39-40）。

49 馬可仕與柯拉蓉的先生小班尼格諾・艾奎諾就是在這個時期成為全國知名人物。

50 見戈雷（Frank H. Golay），《菲律賓：公共政策與國家經濟發展》（*The Philippines: Public Policy and National Economic Development*，Ithaca, NY: Cornell University Press，1961）。另見布雷斯南編，《馬可仕時代》當中講述維耶加斯的章節，尤其是pp. 150-55。這位用意良善的經濟學家委婉指出：「如果要為這種帶有瑕疵的經濟政策尋求政治解釋，可以將其歸因為這個新興民主政體的缺陷，亦即權力仍然集中於先前的地主仕紳手中，而且他們在五〇與六〇年代轉變成了製造業的創業家。至於關稅、財政與貨幣改革都必須由其通過的菲律賓議會，則是受到特定團體所支配，而那些團體代表的正是被過度保護給寵壞了的工業部門。」

51 這項自由受到國際讚揚的象徵，就是善於扒糞的《菲律賓自由媒體》（*Philippine Free Press*）。但比較少為人知的是，經營這本週刊的洛克辛家族猛烈反對其員工組織工會，並以明目張膽的殘暴方法阻擋他們這麼做。

52 《菲律賓》，p. 86。

53 這點有一項帶有嘲諷色彩的記述，見華金，《丹轆省的艾奎諾家族》，pp. 273-86。路易斯塔是當今菲律賓最知名的農場，而且在土地改革之前仍是屬於許環哥家族所有。荷西從一家法國人出資而由西班牙人管理的公司手中買下這些土地，原因是那家公司對於持續不斷的「勞工騷亂」感到灰心。一九五〇年代中期，這裡的蔗糖集散中心服務了一千名甘蔗農場主，每年產量據估為一千八百萬披索。

54 比較高布斯，《菲律賓》，pp. 77與105。

55 這項進程不是由馬可仕時代所啟動，只是在那個時代受到加速。今天，七〇%的人口都生活在世界銀行以高傲姿態訂定的貧窮線以下。《菲律賓詢問報》在近期刊登的一篇文章（一九八八年一月十七日）針對曼谷與馬尼拉提供了頗具啟發性的比較人口統計資料。曼谷人口的出生率為二五‰，出生後死亡率為一七・二‰；馬尼拉的數據分別為六三・九‰與六九・五‰。

馬可仕：最高酋長

酋長式民主在獨立後的菲律賓也造成政治制度運作的世俗變化。寡頭政治集團愈來愈追隨毛澤東提出的「以兩條腿走路」的忠告。[56]馬尼拉是總統的居住地和國會的集會處所，而政治分贓資金不僅從這裡發出，許可和貸款在這裡獲得，教育機構在這裡大幅增加，國外輸入的娛樂也在這裡蓬勃發展。家族朝代開始把農場交給女婿和地方官，自己則是搬進舊首都外圍新建的豪華住宅區。福布斯公園村（Forbes Park）是這些華麗社區當中的第一座，至今也仍是最著名的一座，而且在東南亞社會學當中還是深具獨特性。在這個區域的其他地方，奢華住宅都與窮人的住處交雜而立。[57]不過，福布斯公園村這座黃金社區則是有武裝警衛巡邏，而且就算只是要通過此處的街道，也必須出示身分證件。

他們遷往馬尼拉的舉動，加上人口增加與戰後的投票權普及，共同促成了政治的金錢化。選舉已愈來愈不可能單純藉著哈腰鞠躬獲得勝選，就算是鄉下的選舉也是一樣。競選支出在一九六〇年代出現了指數性增長，一大原因是私人軍隊在這個時期又再度成長。相對於一九四〇年代晚期，現在這些武裝團體主要都是用於寡頭政治集團內部的競爭。[58]柯拉蓉·艾奎諾的丈夫在競選參議員期間，乘坐在黑色賓士轎車上，車旁圍繞著手持輕型步槍的保鏢，就是依循了一九六〇年代晚期的普遍做法。[59]小奧斯梅尼亞在一九六九年的總統大選敗給馬可仕之後，以令人嘆為觀止的方式，理直氣壯地埋怨道：「我們的武器、人手和金子都比人家少。」[60]在當時，菲律賓的謀殺率已高居世界前茅，每十萬人就有四十人遭到謀殺。

因此，風險緩慢升高，美國時期的約束力也逐漸消失。關鍵就落在總統身上，因為這個職位向來都具有擾亂酋長制民主的潛力。我們先前提過，這套體系的穩定性以及寡頭政治集團的團結性取決於國會，原因是國會為地方上所有相互競爭的家族朝代提供了相同的權力高層空間。不過，

56 編按：此為一九五〇年代中國共產黨所提出的社會主義建設方針；主張在重工業優先發展的前提下，農業與工業、中央與地方、城市與農村等建設需並行發展，如同兩條腿協調走路一般。

57 我記得在一九六〇年代晚期的雅加達，全身赤裸的貧民窟兒童會在泥地裡踢足球，距離一位最高法院法官的住宅只有三十碼。曼谷有些最富有的家族，其住宅距離與占屋居住者那些臭氣沖天而且污穢不已的聚居地之間，也只有短短幾步的路程。不過，這些地方也是朝著與馬尼拉相同的趨勢發展，而在市郊地區開發出貧富分隔的新社區。

58 關於這個體系的混亂狀態，最佳的結構性陳述至今仍是諾瓦克（Thomas Nowak）與史奈德（Kay Snyder），〈菲律賓的侍從式政治：融合還是不穩定？〉（Clientelist Politics in the Philippines: Integration or Instability?），《美國政治學評論》（*American Political Science Review*），68（一九七四年九月），pp. 1147-70；以及他們的〈菲律賓的經濟集中與政治變遷〉（Economic Concentration and Political Change in the Philippines），收錄於科克弗列編，《菲律賓的政治變遷：戒嚴前地方政治的研究》（*Political Change in the Philippines: Studies of Local Politics Preceding Martial Law*；Honolulu: University of Hawaii Press，1974），pp. 153-241。

59 《紐約時報》，一九六七年八月九日。這篇報導也描述了許環哥資助艾奎諾的政治生涯，還有受到嚴密守衛的家族宅邸（六幢加州式的平房住宅，環繞在一座巨大的游泳池周圍）——由此即可破除這位遭到刺殺的參議員在當前被創造出來的那種殉道者形象。

60 《紐約時報》，一九六九年十一月十六日。馬可仕在這場選戰裡浪擲別人的錢毫不手軟，以致通膨率增加了一八%，披索的黑市價值下跌五〇%，結果他不得不請求華府預先支付一億美元的軍事基地租金。同上，一九六九年十二月六日。對他這項請求無疑頗有助益的是，他曾在一九六八年的美國總統選戰期間向尼克森捐贈了一百萬美元（根據在一九六六至六九年間為馬可仕擔任執行秘書的薩拉斯〔Rafael Salas〕所言，引述於邦納，《與獨裁者共舞》，p. 141）。

只限一個人擔任的總統職位卻是無可分割，於是總統大位在獨立時期便成了一個獨特的獎賞。寡頭政治集團當中那些比較精明的老一輩成員，早就預見了可能的問題，便從美國那裡借用了總統任期以兩屆為限的法律規定——好讓這個職位能夠平和地由這個得天獨厚的圈子當中的成員輪流擔任。不過，遲早必定會有人設法打破規則而自立為終生的最高酋長。軍政府與一黨獨裁政權在一九六〇年代期間普及於第三世界的現象，使得這種打破規則的行為不至於顯得那麼引人側目：甚至可以用投機式的藉口賦予其正當性，並稱之為擺脫「西方」意識形態桎梏的徵象。

最後一項破壞穩定的因素是教育。如同先前提過的，教育機構在西班牙時期極為有限，唯一的「國語」又是西班牙語，但只有五％以內的本土人口懂得這個語言。而已世俗化的二十世紀美國帝國主義則是另一頭不同種類的巨獸。這個殖民政權對於盎格魯撒克遜人的世界霸權以及英語作為資本主義與現代性的語言懷有無比的自信，毫不費力就排除了西班牙語[61]並且大幅擴張英語學校體系，因此到了一九四〇年，菲律賓的識字率已達到全東南亞最高。[62]獨立之後，菲律賓的寡頭政治集團就和第三世界其他的寡頭政治集團一樣，也發現要建立自己的民族主義威信，最簡單的方法就是擴張廉價的學校教育。所以到了一九六〇年代初，大學學歷已不再由統治階級所獨占。

英語教育的大規模擴張產生了三個具有政治重要性的新式社會群體。其中最小的是一群激進知識分子，主要都是來自都市裡的資產階級與小資產階級，而且大部分都畢業自菲律賓大學。其中一人是密蘇阿里（Nur Misuari），他在一九六〇年代晚期於穆斯林聚居的西南部創立了摩爾民族解放陣線。更加知名的是西松（José Maria Sison），他脫離了在虎克軍之後衰敗不已的共產黨，創辦了他自己的共產黨，並且參考毛澤東的做法而成立了新人民軍。現在，這個組織已擴張至全國，也是寡頭政治集團的主要對手。[63]（英語的擴散，以及後來面對美國霸權而出現「街頭泰加洛語」擴散的民族主義回應，使得在寡頭政治集團底下從事遍及菲律賓群島各地的大眾溝通成為可能，而這是在波尼費希歐或虎克軍時期無法想像的事情。）

第二大的群體是一群抱持正統思想的原始技術官僚，其中也包括美國大學的畢業生。他們與激進知識分子來自大致相同的社會階級，但令他們感到憤怒的卻不是酋長式民主的不公義，而是其膚淺無知、貪污腐敗，以及科技方面的落伍。這個群體也深深厭惡自己的無力。馬可仕終於在一九七二年實施戒嚴而宣告他的新民主之後，這個群體就湧向他的旗下，認定自己的歷史時刻已然到來。這個群體對他的效忠持續到一九八〇年代初，而且長久以來一直是他受到華府的政策規

61 今天，菲律賓已經幾乎沒人懂得西班牙語，但伊比利文化的概念仍然帶有某種偽貴族光環。寡頭政治集團的年長成員喜歡被人冠以「Don」與「Doña」(譯注：西班牙語當中的「先生」和「女士」)的稱呼。在意識形態上，農場仍然沒有受到美國化。此外，絕大多數的兒童受洗之後取的仍是西班牙文名字，只是他們後來可能會被人另取美式或當地形式的綽號（例如安利爾〔Juan Enrile〕的綽號是「強尼」〔Johnny〕，小班尼格諾·艾奎諾的綽號則是「尼諾伊」〔Ninoy〕）。

62 韋費爾，《菲律賓》，pp. 691-2指出，到了一九二〇年代初期，花費在教育上的資金已達各層級政府年度支出的將近一半。在一九〇三至一九三九年間，識字率成長了一倍，從二〇%上升到四九%。到了一九三九年之時，全國人口已有將近二七%懂得英語，這個比例比任何一個本土語言都還要高，包括泰加洛語在內。

63 新人民軍的領導高層原本主要都是由菲律賓大學的畢業生構成，而且至今也仍是如此，儘管程度也許有所下降。這群領導人物似乎仍是以英語思考，因為黨內的許多關鍵文件都沒有泰加洛語版本。

劃者、世界銀行與國際貨幣基金，還有一切外國現代化人士信任的關鍵要素。

至於最大的群體——儘管實際上也許沒那麼大——則是都市的資產階級與小資產階級選民：中階公務人員、醫生、護士、老師、商人、商店老闆等等。這個群體的政治與道德觀點，也許可以比擬成美國在一八九〇—一九二〇年間的進步黨人（絕非平民黨人）。這個群體在一九六〇年代首度登上政治舞臺，發動政府誠實運動、都市更新運動、制裁黨機器與軍閥政治，並且在法律上解放城市與新發展的市郊地區。一如預期，這個群體的立場乃是反寡頭政治以及反庶民。如果不是因為他們受過英語教育，而且甘迺迪總統又大幅改變了美國移民法，這個群體說不定會在一九七〇與八〇年代的菲律賓政治當中扮演重大角色。不過，這些因素也為他們提供了相當誘人的選擇，於是到了一九八〇年代中期，遠遠超過一百萬名菲律賓人（主要來自這個階層）都遷往太平洋彼端，而且大多數人就此定居於美國。[64]這樣的資產階級出走，在短期內為寡頭政治集團削弱了一個重要的政治競爭對手，但就長期而言卻是導致其失去了一個重要的政治盟友——這也是艾奎諾政府的轉圜空間如此有限的一個原因。

早在一九七二年實施戒嚴之前就已開始自我鞏固的馬可仕政權，是個頗具啟發性的複雜混合體。[65]從某個觀點來看，馬可仕可以被視為酋長之王或者軍閥之王，因為他把舊秩序的毀滅性邏輯推向了自然的結論。原本數十群私人的「安全警衛」，變成了單獨一支私有化的國家保安隊；原本為數眾多的個人軍隊，變成了單獨一支個人陸軍；原本聽話的地方法官，變成了接受他指示的最高法院；原本許許多多的賄賂對象與腐敗的市鎮，現在只剩下一個腐敗的國家作為賄賂對象——一個由親信、殺手以及唯命是從的部屬所管理的國家。

但從另一個觀點來看，他又是個獨一無二的人物：一部分是因為他絕頂聰明，另一部分是因

64 可以說是「在革命之前」。相較之下，在「革命之後」移入美國的則是類似層級的古巴、中國與越南人口。和東南亞其他地區相互對比，能夠為人帶來不少啟發。印尼的蘇哈托政權遠比馬可仕政權還要血腥，對於人民的壓迫也更有效率，但移出的人口很少。荷蘭吸收人口的容量很有限，而且印尼在一九四五年以後也捨棄荷語而改採「印尼語」——兩者都不是世界語言。緬甸（直到一九六三年之前）與馬來西亞都採取英語教育，但自從一九五〇年代晚期以來，倫敦的政權對於來自殖民地的移民就懷有愈來愈深的敵意。

65 關於馬可仕政權**作為一個政權**，並沒有令人滿意的整體研究。不過，關於其首要性格與政策則是有不少深具助益的文獻。邦納的著作對於馬可仕與若干美國總統及殖民地總督的關係雖然不總是精確，但寫得很好，而且極為滑稽。除此之外，見：霍伊斯（Gary Hawes），《菲律賓國家與馬可仕政權：出口政治》（*The Philippine State and the Marcos Regime: The Politics of Export*：Ithaca, NY: Cornell University Press，1987）；羅森伯格（David A. Rosenberg）編，《馬可仕與菲律賓戒嚴》（*Marcos and Martial Law in the Philippines*：Ithaca, NY: Cornell University Press，1979）；麥考伊，《受審的教士》（*Priests on Trial*：Victoria: Penguin，1984）；羅納德．梅伊（R.J. May）與內曼索（Francisco Nemenzo）編，《馬可仕之後的菲律賓》（*The Philippines After Marcos*：New York: St. Marin's，1985）；貝約（Walden Bello）等，《發展上的大災難：世界銀行在菲律賓》（*Development Debacle: The World Bank in the Philippines*：San Francisco: Institute for Food Development Policy，1982）；貝約與賽維莉娜．里維拉（Severina Rivera）編，《壓迫的後勤補給：美援對於鞏固菲律賓戒嚴政權所扮演的角色》（*The Logistics of Repression: The Role of U.S. Assistance in Consolidating the Martial Law Regime in the Philippines*：Washington, DC: Friends of the Filipino People，1977）；羅德里格茲（Filemon Rodriguez），《馬可仕政權：對國家的強暴》（*The Marcos Regime: Rape of the Nation*：New York: Vintage，1985）；沙羅姆，《美國與菲律賓：新殖民主義研究》（*The U.S. and the Philippines: A Study of Neocolonialism*：Philadelphia: Institute for the Study of Human Issues，1981）；史陶佛（Robert B. Stauffer），〈政變的政治經濟學：跨國連結與菲律賓政治反應〉（The Political Economy of a Coup: Transnational Linkages and Philippine Political Response），《和平研究期刊》（*Journal of Peace Research*），11:3（一九七四），pp. 161-77；赫南德茲（Carolina G. Hernandez），〈軍方在當代菲律賓社會扮演的角色〉（The Role of the Military in Contemporary Philippine Society），《迪里曼評論》（*Diliman Review*：一九八四年一月—二月），pp. 16-24；以及前引由布雷斯南編纂的文集。

為他就和他那個荒謬的妻子一樣，也是出身於寡頭政治集團的底層邊緣。無論如何，在菲律賓的政治菁英當中，他率先看出了反轉傳統政治流動方向的可能性。他的前輩全都是依循麥士蒂索人的稱霸進程——從私人財富到國家權力，從掌控地方再到全國霸權。不過，馬可仕幾乎是從一九六五年當上總統開始，心態上就擺脫了十九世紀的思維，懂得在我們這個時代中，財富乃是為權力所服務，而且關鍵就在於國家。他可說是馬尼拉的拿破崙三世。

馬可仕的權力運用

他首先從向來不具政治重要性的軍隊著手。[66]軍隊的規模迅速擴張、預算翻倍成長，而且關鍵職務任命的軍官都是來自通行伊洛卡諾語的呂宋西北部，也就是馬可仕自己的故鄉。最後宣布實施戒嚴的決定——相關計畫早已預先準備了好幾個月——還是與軍方高層共同做出，而且同謀當中只有柯拉蓉的堂弟艾德瓦多．「丹丁」．許環哥和國防部長「強尼」．安利爾是文人。[67]接著是文官體系，尤其是先前提到的原始技術官僚這個充滿抱負的區塊。國家機器將挽救菲律賓免於馬可仕眼中的國家主要敵人——共產主義者與寡頭政治集團。

馬可仕還以另外兩種頗具啟發性的方式利用國家——而不是農場——的權力。第一種方式是與美國人打交道，第二種方式則是和其他的寡頭政治集團成員打交道。

他比包括菲律賓左派在內的任何人都還要清楚，菲律賓在華府眼中的地位，就像是倫敦眼中的賽普勒斯一樣。位於蘇比克灣與克拉克平原的巨大基地絲毫無關於防衛菲律賓，其作用完全在於維繫美國在環太平洋地區的帝國權力。難怪馬尼拉會把這些地方視為高價地產，因為可以藉著出租這些土地而收取愈來愈離譜的租金。[68]菲律賓軍隊也是如此。邦納的著作《與獨裁者共舞》充分記錄了馬可仕如何在賺取可觀的個人利潤下，把一個（非戰鬥部隊的）陸軍工兵營出租給美國總統詹森，因為詹森在一九六五年忙著雇用亞洲傭兵，藉此為美國干預越南的行動突顯出「國際出征」的形象。就傭兵的價格而言，馬可仕得到了亞洲僅次於南韓的最高價格。（在這方面，他那個惡名昭彰的太太幫了不少忙，只見她高調地打入華府高層的圈子裡，是自從光鮮亮麗的蔣宋美齡以來的東亞女子第一人。[69]）不僅如此，他還膽敢以一般人想像不到的方式，把美國人長

66 依循美國憲政慣例，上校以上的軍職人選都必須由國會同意。胸懷野心的軍官深知官場運作方式，於是紛紛設法與權高勢大的國會議員拉近關係，而那些國會議員也利用自己的職位之便，藉著安插自己偏好的侍從者而在軍中建立起自己的朋黨。到了選舉的時候，能有聽命於自己的地方指揮官，總是很方便的事情。對於菲律賓軍方最深入的研究，至今仍是赫南德茲，〈菲律賓軍方受到文人控制的程度，一九四六－一九七六〉（The Extent of Civilian Control of the Military in the Philippines, 1946-1976；Ph.D. thesis, State University of New York at Buffalo，1979）。其中尤其引人注意的部分，在於馬可仕如何藉著操弄預算、晉升人員以及教育意識形態以確保獨裁政權的成立。

67 邦納根據解密美國文件而提出的記述最為詳細。《與獨裁者共舞》，第五－六章。

68 蘇比克灣與克拉克平原是最有名的兩座基地，但整個美軍基地群還包括了極機密的聖米格爾（San Miguel）電子竊聽機構，以及極度開放的海約翰堡（Fort John Hay）享樂天堂。海約翰堡位於碧瑤（Baguio）這座熱門高山度假勝地外圍，嚴格說來屬於美國空軍所有，但實際上卻是掌握在馬尼拉的富人手中。這裡放眼所見幾乎全是游泳池、高球場、網球場、保齡球館、電影院、餐廳、舞廳等等。任何人只要能夠用美金付款，就可以享用這裡的各種設施。我在不久前走訪了這座「基地」，結果在幾個小時的漫步當中完全沒有遇到一個美國人，不管是軍人還是平民。我見到的只有數以百計富裕的菲律賓人在那裡盡情娛樂。

69 同上，第三章。

久以來習於對待菲律賓人的手法反過來用在美國人身上。根據邦納的敘述，馬可仕為尼克森每一次的總統競選活動都捐贈了一百萬美元——使用的當然是「國家的錢」——從而加入一小群第三世界暴君的行列（蔣介石、朴正熙、巴勒維、特魯希略〔Rafael Trujillo〕、蘇慕薩〔Anastasio Somoza〕），使他得以活躍在殖民母國的政治當中。[70]

至於寡頭政治集團，馬可仕則是直擊他們的要害——也就是「法治」。從一開始，馬可仕就利用自己不受限制的戒嚴權力提醒了所有夢想著取而代之的寡頭政治集團成員，讓他們知道財產不等於權力；因為他在戒嚴令的授權下只要大筆一揮，他們的財產就不再是財產。[71]洛佩茲家族朝代（根基在伊洛伊洛）大眾媒體帝國的地位倏然遭到剝奪，同時也被剝奪其作為馬尼拉主要電力供應商的控制權。[72]占地五百公頃的奧斯梅尼亞農場也在不久之後受到「土地改革」。[73]受害者完全無從申訴，因為司法體系已完全屈服，國會又滿是馬可仕的盟友與逢迎者。不過，馬可仕無意推翻既有的社會秩序。寡頭政治集團的成員只要隨風倒，揚棄政治而追求金錢利益，就大體上不會受到打擾。他那些惡名昭彰的「親信」，從社會學的角度來看，乃是一群素質參差不齊的人物，不只包括馬可仕與伊美黛的親戚，還包括受到他們喜愛的寡頭政治集團成員，以及不少的「新人」。

一開始，戒嚴政權擁有可觀——雖然可能相當受限——的社會基礎。這個政權主張反共、「改革」、「現代化」以及「治安」的修辭，吸引了那些自命為技術官僚而深感挫折的人士，還有大多數缺乏賦權的都市中產階級，甚至是部分的農民與都市貧窮人口。獲得絕對權力之後不久，馬可仕就宣布國家已從私人手中沒收了不下五十萬把槍枝，而提升了公共生活將不再那麼危險的希望。[74]有限的土地改革，在呂宋中部這個過往的虎克軍大本營成功創造出一個新的農民地主階級。[75]不過，隨著時間過去，戒嚴政權的貪婪與暴力愈來愈明白可見，這股支持力量也就逐漸消失。到了一九七〇年代晚期，技術官僚已然後繼無力，都市中產階級則是愈來愈意識到馬尼拉的衰敗、大學體系的崩壞、受到獨占的大眾媒體所帶有的奴性與荒謬，還有整個國家的經濟衰退。

70 同上，pp. 140-41。

71 最佳的記述是霍伊斯，《菲律賓國家》。

72 說得更精確一點，馬可仕奪取了梅拉科公司（Meralco）。這家控股公司持有巨大的洛佩茲集團，而此一集團則是掌控了馬尼拉電力公司、菲律賓的第二大銀行，還有石油管線、一家煉油廠，以及一家大型營造公司。

73 見莫哈雷斯，〈夢想持續不歇：奧斯梅尼亞的三個世代，一九〇六－一九九〇〉（The Dream Lives On and On: Three Generations of the Osmeñas, 1906-1990），收錄於麥考伊編，《家族爭雄的無政府狀態：菲律賓的國家與家族》（*An Anarchy of Families: State and Family in the Philippines*：Madison: University of Wisconsin, Center for Southeast Asian Studies，1993），pp. 312-46，出處在p. 316。

74 見諾博（Lena Garner Noble），〈馬可仕時代的政治〉（Politics in the Marcos Era），收錄於布雷斯南編，《菲律賓的危機》（*Crisis in the Philippines*），p. 85。武器掃蕩行動在菲律賓北部與中部地區雖然相當成功，在穆斯林聚居的南部卻是一敗塗地。摩爾民族解放陣線在戒嚴令頒布之後不久所發動的大規模叛亂，顯然就是因為他們擔憂穆斯林人口一旦遭到卸除武裝，將只能徹底任由馬尼拉與身居多數的基督徒所擺布。

75 見韋費爾，《今天的菲律賓農業政策：政策實行與政治衝擊》（*Philippine Agrarian Policy Today: Implementation and Political Impact*：Singapore: Institute of Southeast Asian Studies, Occasional Paper No. 46，1977）；以及瓦倫西亞（Ernesto M. Valencia），〈一九七二至一九八〇年的菲律賓土地改革：範圍、過程與實際狀況〉（Philippine Land Reform from 1972 to 1980: Scope, Process and Reality），收錄於特瑪利歐．里維拉（Temario Rivera）等編，《菲律賓的封建制度與資本主義》（*Feudalism and Capitalism in the Philippines*：Quezon City: Foundation for Nationalist Studies，1982）。關於近期的各種觀點，見《團結》（106-107【1986】）專門探討農業改革問題的特刊。

這個政權真正的受益者——除了馬可仕黑手黨本身以外[76]——是兩個軍事組織：國軍以及新人民軍。戒嚴令本身為前者賦予了前所未有的權力，但馬可仕也利用他喜好的軍官管理敵人遭到沒收的財產，以及公營公司和小鎮等等。上層軍官因此得以過著寡頭政治集團習以為常的那種生活。[77]軍事情報機構成了戒嚴政權明亮的眼睛以及暗中聆聽的耳朵；對於軍方濫權的法律節制全然消失；此外，現在也只有一個首領負責決定職務與晉升機會的分配。這位老酋長確實在領導階層當中塞滿了聽話的官員，全都來自他那個通行伊洛卡諾語的故鄉。不過，還是有許多官位可以分配給其他人。

另一方面，獨裁統治促成了共產主義游擊勢力的迅速成長以及地理擴散速度的減緩。他們不但在鄉下獲得逐漸擴張的支持，而同樣重要的另一項發展，則是他們循序漸進地將觸角伸入都市區域。戒嚴政權末年最引人注目的一項特徵，就是民族主義式的那種馬克思主義的語彙逐漸受到特定群體採用——這個群體包括資產階級知識分子當中為數不少的成員、教會階級體系裡的下層成員，以及整體的中產階級人口。[78]只有激進左派似乎提供了某種出路。

小班尼格諾·艾奎諾在一九八三年八月二十一日於馬尼拉的機場遭到明目張膽的刺殺之後，戒嚴政權即開始崩解的這段過程早已廣為人知，不需再予以詳述。比較重要的，是要瞭解後來取而代之的新政權。

站在「人民力量革命」的浪潮上

那名死者的遺孀其背後的支持聯盟原本又廣又深（儘管各個群體的深度不一）：那時候的她主要是柯拉蓉．艾奎諾，而不是柯拉蓉．許環哥。這個聯盟乃是奠基於一股激烈的情緒，也就是對於馬可仕以及他那個像豬小姐[79]一樣自戀的馬尼拉太太所感到的反感。此一聯盟涵蓋的成員，在

76 這個詞是經過考慮之後才使用的。在馬可仕治下唯一一部遭禁的好萊塢賣座電影就是《教父》。堪稱是只許州官放火，不准百姓點燈。

77 嬿美福布斯公園村的軍官住宅區是一座新建的高級住宅區，取了個令人莞爾的名稱，叫做「科林斯花園」（Corinthian Gardens）。在我不久之前造訪馬尼拉的旅程中，這裡是整座城市當中唯一一個我連搭計程車都不得進入的區域。

78 其中的民族主義相當重要。民族主義思想使得左派把馬可仕描述為美國走狗的說法變得頗受大眾喜愛。當然，左派的領導人物在私底下深知馬可仕其實是該國歷任總統當中最不聽話的一個。這項評價受到了邦納的著作證實，書中顯示馬可仕遠比和他打交道的美國總統精明得多。他把卡特手下那個好大喜功的迷你季辛吉——東亞暨太平洋事務助理國務卿郝爾布魯（Richard Holbrooke）——玩弄於鼓掌之間，在一九七一年為一項新的五年基地協議要求了五千萬美元。與馬可仕結識於一九六〇年代的老友雷根，則是把他那個昏庸的副總統送往馬尼拉向馬可仕表示：「我們熱愛你對於民主原則與民主程序的堅守。」中情局局長凱西（William J. Casey）在先前擔任美國進出口銀行董事長期間，曾強力通過該行有史以來最大筆的國外貸款（六億四千四百萬美元），以資助呂宋中部一項豪奢的核電計畫。（這筆貸款光是利息就占了菲律賓每年債務償付金額的一〇％左右，但這項計畫卻至今尚未完成。）馬可仕私底下向包商西屋公司收取了八千萬美元，於是這家公司也同時將工程估價提高了四倍。見《與獨裁者共舞》，pp. 307-9，以及265。

79 編按：豬小姐（Miss Piggy）是美國著名電視節目《大青蛙劇場》（*The Muppet Show*）裡的著名布偶角色。其角色設定為一位美麗迷人、自戀的時尚女性，但是脾氣不好，個性強悍。

右翼方面包括了胸懷抱負的國軍中階與低階軍官，以及終於對舊政權明顯可見的衰敗與其首領的種族偏袒而感到灰心；總是充滿希望的技術官僚與馬尼拉商業界裡不屬於馬可仕親信的區塊；教會裡幾乎所有的派別；中產階級；知識分子當中不屬於新人民軍的部分；各種自稱為「理念導向團體」的群體，他們自認為是新近獲得合法化的左派當中的先鋒；還有寡頭政治集團成員。

這個聯盟太過紛雜，以致難以長久持續。在「人民力量革命」的兩年後，這個聯盟的涵蓋範圍就變得遠遠狹隘許多，而且成員之間的關係也更加緊密。最早離開的是右翼與左翼人士。軍隊改革運動當中那些莽撞的活躍分子，藉著背叛馬可仕而在一九八六年二月[80]扮演了關鍵性的角色。對於他們而言，舊政權倒臺之後唯一真正可以容忍的後繼者只有軍政府，或是一個由軍方支配並且由他們領導的政府。不過，這個路線在國內得不到支持，對於當時剛促成海地獨裁者下臺而在電視上風光不已的華府而言，也絕對是不可接受的選項。此外，雷根政府當中那些冷酷的現實主義者深深明白菲律賓軍方的派系分裂情形遠遠太過嚴重，也太過無能、腐敗、自以為是又訓練不足，所以根本不是可以給予空白支票的料。[81]一連串可笑的紛擾，最後釀成霍納桑（Gregorio〔Gringo〕Honasan）在一九八七年八月二十八日發動暴力政變，更是證實了此一判斷的正確性。左翼方面的情形則是比較複雜。左翼陣營當中最有力的成員是新人民軍。這個組織深深受益於戒嚴政權，現在則是必須決定要如何因應各項勢力的新組合。究竟該正面反對艾奎諾政權，還是設法改變其內部平衡，這個議題在一九八六—八七年間受到了激烈辯論。由於種種難以一言道盡的複雜因素，他們在一九八七年初決定採行正面衝突，而此一決定的明智性至今仍無定論。[82]由此帶來的立即後果就是合法左派的崩解，以及「理念導向團體」的明顯弱化。到了霍納桑那場鬧劇之時，這些團體除了理念之外，幾乎已失去了一切。從這些發展當中，冒出了當今的艾奎諾聯盟這個不平衡也不和諧的真實組合：寡頭政治集團、都市中產階級，以及教會。

在新政權上臺的第一年裡，由於「人民力量革命」的活力還相當強大，所以聯盟中的年輕成員頗感樂觀。開放市場媒體的恢復、集會與結社的自由大幅放寬，還有親信獨占與買方壟斷雙雙瓦解，使得各個行業的中產階級都興奮不已。他們又可以再度完全做自己了。商業信心將會恢復，菲律賓將會踏上進步的道路。善良的美國人和他們站在同一邊。腳踏實地的技術官僚專業終將獲得應有的肯定與獎賞。知識分子（或者至少是大部分的知識分子）在這時覺得自己已經能夠脫離激進左派，因為他們在電視與廣播電臺還有新聞媒體當中找到了新家。

此外，艾奎諾總統的核心圈子不只包括樞機主教辛海棉[83]，還有幾個充滿理想的人權律師與

80 編按：這裡指的是發生於一九八六年二月二十二到二十五日的人民力量革命（People Power Revolution）。由於主要地點發生在首都馬尼拉的桑托斯大道，因此又被稱作桑托斯大道革命。加上柯拉蓉・艾奎諾呼籲群眾以黃絲帶紀念她那於一九八三年遭到政治刺殺的丈夫，所以該運動又被稱為黃色革命。

81 見內曼索的出色文章：〈政變季節：菲律賓政治受到的軍事干預〉（A Season of Coups: Military Intervention in Philippine Politics），《迪里曼評論》，34: 5-6（一九八六），pp. 1，16-25。

82 其中的核心判斷無疑是基於對華府的長期目標所做出的評估，而中美洲與南美洲的事態發展則是為這些評估提供了充分的支持。關於菲律賓左派的多形態文化，有一項極具參考價值的介紹，見蘭道夫・大衛（Randolph G. David）編，《馬克思主義在菲律賓》（*Marxism in the Philippines*，Quezon City: University of the Philippines, Third World Studies Center，1984）。

83 編按：辛海棉樞機主教（Cardinal Jaime Lachica Sin），生前是天主教馬尼拉教區的總主教，也是菲律賓人民力量革命的精神領袖之一。

左翼自由派的記者和學者。柯拉蓉本身也許是參考了現代列王記，因此竭盡全力在大眾面前呈現出端莊資產階級的形象。這時被人暱稱為「阿姨」（Tita）的她，是個勇敢、虔誠又樸素的家庭主婦，一心只為她的姪子與姪女著想。她身為荷西．許環哥那家控股公司的財務主管以及路易斯塔農場共同繼承人的那一面，則是大體上隱而不顯。當時菲律賓瀰漫著一股動人的自信，認為這個國家的問題都即將獲得明智的解決。她與新人民軍還有穆斯林叛亂者展開了談判；一場大型土地改革——不會影響中產階級，但號稱將會縮減新人民軍日益擴張的鄉下支持群眾——也即將推行；美國將會提供大筆資金支持憲政民主的恢復。此外，人民力量也將透過自由而誠正的選舉，為總統創造出一個抱持進步思想的立法夥伴，為中產階級提供領導國家這個夢想已久的機會。教會領導階層也同樣抱持這些希望，深信當前新的情勢將可讓教會再度達成意識形態的統一與組織上的紀律。[84]這個時代的口號是「民主空間」，最貼切的翻譯也許是：「中產階級在軍方、寡頭政治集團以及共產黨之間的迴旋空間。」

新政權的第二年打碎了大多數的這些幻象。與穆斯林還有共產黨領袖從事的談判，因為基本上相同的原因而破局：艾奎諾政權發現自己無法做出任何具有吸引力的讓步。在民族主義夢想的召喚下，即便是那些看來願意接受「自治」而非獨立的穆斯林領袖，也還是要求像美國殖民時期那樣的自治區。然而，自從蘭斯代爾—麥格塞塞政權開始把虎克軍的潛在與實際農民支持者遷移到民答那峨島以來，這座島嶼就出現迅速「基督教化」的發展，原因包括自願遷入的移民、土地投機者、伐木與礦業集團、大規模商業農業綜合企業等等。就算艾奎諾政府願意實現穆斯林的夢想——實際上當然沒有——要做到這一點也必須強制遷離這些數萬乃至數十萬的「基督徒」（但是要遷到什麼地方去呢？），不然就是任由他們在政治上遭受擁有充分理由感到氣憤的穆斯林任意處置。艾奎諾政權懷有自己的美國時期夢想——一個統一的菲律賓——而且由於軍隊和穆斯林交戰導致的人員死傷遠多於和共產黨人作戰，所以他們也一定不可能接受這種「軟弱」的表現。新人民軍也是如此。艾奎諾總統無法向共產黨人提供任何他們沒有的東西，或是軍方有可能會允許的東西。[85]

84 關於教會政治，見梅伊與內曼索編，《馬可仕之後的菲律賓》當中由休史密斯（Dennis Shoesmith）所寫的章節；還有楊布勒德（Robert Youngblood）的兩篇文章：〈教會對於菲律賓戒嚴令的反對〉（Church Opposition to Martial Law in the Philippines），《亞洲調查》，18（一九七八年五月），pp. 505-20；以及〈結構性帝國主義：天主教菲律賓主教團的分析〉（Structural Imperialism: An Analysis of the Catholic Bishops' Conference of the Philippines），《比較政治學》（*Comparative Political Studies*），13（一九八二年四月），pp. 29-56。另見《落地生根：對於菲律賓抗爭的神學與政治省思》（*Touching Ground, Taking Root: Theological and Political Reflections on the Philippine Struggle*；Quezon City: Socio-Pastoral Institute，1986），作者為艾迪希歐・德拉多雷（Edicio de la Torre），他是當代菲律賓神職人員當中最致力於社會運動而且思考也最周密的一位。

85 她的一項重要成功，是爭取到共黨同志暨神父巴爾韋格（Conrado Balweg）的「歸順」。這位富有魅力的激進（前）教士在馬可仕時代召集呂宋科迪勒拉區（Luzon Cordillera）遭受壓迫的高地少數族群，而組成了他自己的游擊部隊。長期以來把他宣傳為大眾英雄以及共黨與教會合作模範的新人民軍，過去就曾私下批評他的風流以及不時出現的「不聽話」表現，現在更是指責他為投機的反革命人士。軍方對他持續抱持不信任與不喜歡的態度，其中一大原因就是他「歸順」的條件——艾奎諾承諾設置一個真正「自治」的科迪勒拉區，而這項承諾似乎為出賣穆斯林聚居的西南部做了準備。頗具啟發性的是，一九八七年推出了一部以巴爾韋格為主角的賣座商業電影。現實中的巴爾韋格是個極度複雜的人物，但電影裡的他卻是馬尼拉開明中產階級的代表，英勇對抗軍方的野蠻與共產黨的狡詐——而且當然是為了人民而戰。

美國也幫不了多少忙。雷根政府忙著維繫自己的政權，以及十幾件「更重要」的棘手外交問題。由於雷根政府自己在財務方面的輕率莽撞，導致現在已沒什麼資源能夠提供給菲律賓，即便是軍事援助也是如此（美國的軍事援助金額一直很小，差不多就是該國希望提供給尼加拉瓜反抗軍的金額）。菲律賓版「馬歇爾計畫」的提議，才剛提出就隨即銷聲匿跡。另一方面，海外的中產階級也按兵不動。這個群體的成員雖然會定期帶著成堆的禮物回鄉分送親戚，卻認定資產階級在菲律賓的未來充滿太多的不確定性，所以不值得認真投注心力。[86]在新政權的第一年裡，曾有許多大鳴大放的言論提及關閉美軍基地；但到了第二年，已經明白可見那些基地將會繼續存在：艾奎諾政府覺得自己沒有本錢與華府對立，也不敢想像關閉那些基地將會流失多少的收入與工作機會。（在一九八〇年代，美軍仍是該國第二大雇主——僅次於菲律賓的國家機器。）此外，美國也確實提供了一項重要服務，也就是為政府提供明確的政治支持，反對各種可笑的政變嘗試。那些政變最後虎頭蛇尾的結局，就是霍納桑在一九八七年八月發起的攻擊行動。

不過，政權聯盟面對的關鍵問題卻是「民主的復興」，其代表事件有一九八七年五月十一日為了重啟參議院與眾議院而舉行的選舉，還有一九八八年一月十八日的省長、市長及其他地方首長選舉。中產階級的希望是這些選舉不只能夠為艾奎諾臨時政府提供穩固的憲政基礎，並且向軍方與共產黨人明確顯示大眾意志何在。此外，選舉也將把人民的力量轉譯為充足的體制力量，推行對於中產階級在未來要晉升領導者所必需的國內改革。

酋長爭取自身利益

統治聯盟當中的高階夥伴正是在此時展現了自己的權勢。在第一年裡，寡頭政治集團曾經有些不太自在的時刻。柯拉蓉本身也許相當明理，但她有些最親近的顧問卻不是這樣；目前仍然受到中產階級都市改革人士的意識形態所支配的大眾媒體，持續不斷鼓吹可望摧毀新人民軍鄉下權力基礎的土地改革。就連世界銀行，還有日本與美國高階官員，也都主張相同的邏輯。此外，總統在選舉結束之前握有全權，誰能確定她不會在一時脆弱之下做出致命的事情？

這項擔憂雖然可能缺乏根據，卻是真實存在。漸進改革地主委員會（Council of Landowners for Orderly Reform；共有五百名富豪成員）倉促成立，而將會員心甘情願地以鮮血簽署的決議書送交柯拉蓉，威脅將以公民不服從反抗大規模的土地改革。一項「獨立（糖島）內格羅斯島運動」就此出現，宣稱已準備要以武裝行動抵抗馬尼拉即將出現的不正義。[87]新聞媒體指稱律師「發瘋」了，把農業用地變更為「工商業」用地、把多餘的土地移轉給還在襁褓中的親戚，並且以偽造文書的手法把抵押貸款的日期提前等等。[88]

86 他們也沒有真正受到返國的鼓勵。菲律賓沒有什麼工作機會可以提供給他們，而且他們匯回國的款項又大幅減輕了政府面對的匯率危機。在一九七〇年代晚期與八〇年代初期大批湧入沙烏地阿拉伯與波斯灣的非中產階級菲律賓移民也是如此。菲律賓現在很有可能是全世界最大的人口淨出口國。

87《菲律賓每日詢問報》，一九八七年七月二十三日。

88《馬尼拉紀事報》，一九八七年七月二十三日。一個特別恐慌的酋長家族據報成立了四十家不同的傀儡公司，以便保在一九八六年當時所需要的，就和一九一六年以及一九四六年一樣，也是酋長式民主。選舉如果可以立刻而且自由地舉行，那麼寡頭政治集團便可望回到一九七二年之前對於「法治」的控制，而把所有人——包括中產階級、軍方、他們的佃農，還有「暴民」——放在他們該有的位置。一九八七年五月十一日舉行了國家層級的選舉，以便選出二十四名參議員與兩百名國會議員。選舉結果非常令人滿意。如同一項熟知狀況的菲律賓研究指出的：「在兩百位眾院議員當中，有一百三十位屬於所謂的『傳統政治家族』，另外還有三十九位則是這些家族的親戚。只有三十一位國會議員在一九七二年不曾有過參選記錄，而且和這些處於支配地位的舊家族無關……在二十四位當選的參議員當中，雖有幾個非傳統人物，但大多數參議員都是在一九七二年以前就已具有重要地位的政治家族當中的成員。」[89]甫當選的參議員約翰．奧斯梅尼亞（John Osmeña）——自由邦副總統老奧斯梅尼亞的孫子，也是一九六九年競選總統落敗的小奧斯梅尼亞的姪子——向新聞媒體表示：「家族裡只要有一個成員作惡就算是太多，但如果有十個成員為善也還算是太少。」[90]

這樣的結果廣泛受到解讀為柯拉蓉．艾奎諾的勝利，原因是二十四位當選的參議員候選人當中有二十三人都是打著支持她的旗號競選，而且也是她的選舉聯盟當中各個名義政黨的成員。[91]類似的情形也發生在下議院。[92]不過，這樣的結果也許比較應該說成是柯拉蓉．許環哥的勝利。前述的那項研究指出：「在身為主導家族成員或是與那些家族具有親屬關係的一百六十九位議員當中，有一百零二位來自於一九八六年之前的反馬可仕陣營，另外六十七位則是來自支持馬可仕的政黨或家族。」這是寡頭政治集團的權力重組。

比較精明的酋長並不是沒有看出某些新現實，包括總統本身如假包換的群眾魅力。（許多先前與馬可仕合作的人士都轉到了她的陣營。）國會終於在一九八七年夏末開議之後，宣稱將全力推行土地改革，而任命了「外人」擔任參眾兩院負責農業事務的委員會主席。但才過沒幾天，曾任軍方情報官員，但後來轉而支持「社會民主主義」的眾議院農業改革委員會主席希耶戈（Bonifacio Gillego）就感嘆指出，在其委員會的二十一名成員當中，有十七人都是地主——包括總統的弟弟荷西・許環哥、總統的叔父赫米尼奧・艾奎諾，以及內格羅斯島的悍婦斯塔克。[93]

住自己持有的土地。

89 大眾民主研究所（Institute of Popular Democracy）從事的調查，引述於《菲律賓每日詢問報》，一九八八年一月二十四日。（我變更了部分內容的字體，藉此強調新議會「捲土重來」的本質。）這項參考資料以及下一項都取自莫哈雷斯，〈夢想持續不歇〉，p. 312。

90 〈Sonny move vs. Barcenas explained〉，《日星日報》（*Sun Star Daily*），一九八七年十月二十九日。奧斯梅尼亞家族在戒嚴期間吃了不少苦頭。小奧斯梅尼亞在一九七一年惡名昭彰的米蘭達廣場事件當中身受重傷（屬於寡頭政治集團但反馬可仕的自由黨在馬尼拉市中心舉行選舉造勢活動，結果遭人投擲手榴彈；馬可仕宣稱攻擊事件是新人民軍所為，但一般都認為凶手是軍人，或是由馬可仕出錢雇用的囚犯）。發布戒嚴令之後，小奧斯梅尼亞即流亡加州，後來於一九八四年在那裡逝世。在加州，約翰・奧斯梅尼亞原本對馬可仕實施戒嚴的做法表示肯定，但終究還是走了自己的路，在艾奎諾刺殺案發生後才返回菲律賓。

91 副總統薩爾瓦多・「多伊」・勞雷爾（Salvador "Doy" Laurel）的聯合民族主義者民主組織（Unido）；荷西・「佩平」・許環哥的民主菲人–國民力量黨；保羅・艾奎諾的人民力量黨；以及參議員沙隆加（Jovito Salonga）的自由黨。只有自由黨是成立於戒嚴時代之前。

92 支持政府的聯盟在兩百個席次當中贏得了一百五十個席次。左派組織集結起來成立了新政治（New Politics）這個代表性的組織聯盟參加競選，結果只贏得兩個席次。

93 《馬尼拉紀事報》，一九八七年七月二十五日。

於一九八八年一月十八日展開的省級與地方選舉，又帶來了更完整的舊政權復辟。在那些選舉當中，共有十五萬名候選人以美國式的做法競逐將近一萬六千五百個席次——平均九人競爭一個職位。[94]由於那些選舉堪稱典範，因此值得特別加以評論。在某些地方，這些選舉代表了權力的重新鞏固。舉例而言，在宿霧島上，參議員約翰·奧斯梅尼亞的弟弟艾米利歐·「利托」·奧斯梅尼亞（Emilio “Lito” Osmeña）當選省長，而他的堂弟——小奧斯梅尼亞的兒子托馬斯（「湯米」）——則是擊敗了麥士蒂索人的昆哥家族朝代，當選宿霧市的市長。[95]稍微往北一點，在杜拉諾家族的領地，八十二歲的老杜拉諾（Ramon Durano, Sr.）在行事暴力的兒子赫蘇斯·「唐」·杜拉諾（Jesus “Don” Durano）資助下，與另一名兒子競選達瑙市的市長，結果成功當選。選舉結束後的那天晚上，落敗的候選人薩迪斯·「狄歐」·杜拉諾（Thaddeus “Deo” Durano）遭到家族內的刺客伏擊而身受重傷，被送進宿霧市的一處急診室。[96]那個老軍閥在戒嚴期間曾是馬可仕在宿霧島上的關鍵爪牙，這次則是代表民主菲人—國民力量黨參選：這是艾奎諾總統的弟弟荷西·許環哥的政黨，而且他也替姐姐成功收編了馬可仕的其他許多酋長。類似的勝利還出現在奧隆阿波（Olongapo）——位於蘇比克灣附近的市區——國會議員凱撒琳·高登（Katharine Gordon）的丈夫理查·高登（Richard Gordon）當選了市長；在西內格羅斯島，國會議員荷西·卡洛斯·拉克森（José Carlos Lacson）也迎來了新當選的省長小丹尼爾·拉克森（Daniel Lacson, Jr.）；此外還有其他許多的例子……

不過，並不是說那些舊家族朝代都完全無往不利。在接近於馬尼拉大都會區的部分地區，中產階級改革人士動員了平民大眾以及「次要」家族朝代，而得以打破過往的領地。勞雷爾家族在八打雁（Batangas）的組織崩解潰敗，使得滿心算計但笨拙無能的副總統薩爾瓦多・「多伊」・勞雷爾臉上無光。柯拉蓉的舅舅國會議員弗朗希斯科・「科蒙」・蘇穆隆在黎剎省建立的帝國，也徹底遭到摧毀。在邦板牙省，內波穆塞諾家族、拉札丁家族與林加德家族都紛紛失勢。在洛佩茲家族的伊洛伊洛領地，奧莉薇・洛佩茲—帕迪亞（Olive Lopez-Padilla）——她的父親是曾任副總統的費南多・洛佩茲（Fernando Lopez），哥哥則是國會議員艾柏蒂多・洛佩茲（Albertito Lopez）——雖然打著「把伊洛伊洛還給洛佩茲家族」這句深富暴發戶農場主色彩的口號出馬競選省長，卻還是以大敗收場。[97]在民答那峨島的卡加延德奧羅（Cagayan de Oro），被《馬尼拉公報》描述為「自從本世紀初始」就主掌了這個地區的佛蒂奇家族朝代，也同樣遭到了羞辱。[98]至於軍方的參與同樣也引人注意。在呂宋島東北部的卡加延河谷，身為霍納桑叛亂團體關鍵成員的前中校羅多佛・阿奎納多（Rodolfo Aguinaldo），以魔高一丈的手段威嚇了當地的酋長（杜帕亞家族與圖松家族），而奪

94《馬尼拉公報》（*Manila Bulletin*），一九八八年一月十八日。

95 奧斯梅尼亞家族的勝選，是家族朝代所能夠獲得的最佳結果：這個家族有一名成員在國家立法機構裡，又控制了省政府，而且還經營當地最大的商業中心。值得一提的是，敗給托馬斯的競選對手荷西・「小子」・昆哥（José "Boy" Cuenco）是參議院臨時議長安東尼諾・「東尼」・昆哥（Antonino "Tony" Cuenco）的弟弟，也是已故的前參議院議長馬利亞諾・昆哥（Mariano Cuenco）的孫子。

96《菲律賓每日詢問報》，一九八八年一月二十二日，以及《菲律賓星報》（*Philippine Star*），一九八八年一月二十三日。

97《菲律賓星報》，一九八八年一月二十二日，以及《菲律賓每日詢問報》，一九八八年一月二十一日。她指的自然是從馬可仕與伊美黛手中「還給」洛佩茲家族。

98《馬尼拉公報》，一九八八年一月二十一日。

得省長的職位。在馬可仕的老根據地北伊羅戈斯（Ilocos Norte），副省長職位由監禁在軍事監獄裡的前上校阿巴迪亞（Rolando Abadilla）贏得——他是個惡棍，曾是馬可仕治下令人聞之色變的大都會司令部情報安全組織首長，一般都懷疑他協助主導了柯拉蓉丈夫的刺殺行動，而且他也是一九八七年一月與四月的失敗政變當中的一大共謀。[99]

就連新人民軍也間接被拉進了其中。當時有眾多頗具可信度的報導指出，在新人民軍具有政治軍事優勢的許多地區，該組織都向候選人收取大筆費用以換取競選活動不受騷擾的特權，同時也對支持新人民軍的地方候選人提供非正式的支持。[100]不過，內戰並沒有真正終止。投票結束後的一兩天，斯塔克的比諾農場（Hacienda Bino）就遭人放火燒毀；而全國蔗農聯合會的高階官員羅哈斯（Enrique Rojas）所擁有的普里希瑪農場（Hacienda La Purisima），也差點落入相同的命運。[101]

賭場式政治

這些反覆無常的結果必須放在整體的架構下檢視，才能夠充分理解其意義。有幾個關鍵要點必須要記住：該國總數兩千七百六十萬的合格選民有不下於八一％都投了票。[102]平均每一千四百個選民選出一個公職，而每個職位的平均候選人數則是九位左右。在大多數地方，選舉的競爭都呈現出一種頗為新式的「激烈性」——在短短的競選期間，就有四十一位候選人遭到對手（不是新人民軍）刺殺。[103]從右派到左派的幾乎所有政治領袖，都以不同方式深淺不一地參與其中，並且認為自己能夠在一定程度上獲益。在全國各地，地方恩庇機器都取代了馬可仕時代的中央任命機制。

在任何一家營運良好的賭場裡，賭桌都是依據對賭場有利的統計數據進行管理。為了持續吸引顧客，業主必須不時讓賭客贏錢，有時甚至是大贏一場。贏錢是一項光耀奪目的證據，證明了賭客技藝過人而且備受上天眷顧；輸錢則是顯示了賭客的運氣不佳或者能力不足。不管怎麼樣，

99 關於阿巴迪亞的過往，見《菲律賓每日詢問報》，一九八八年一月二十二日；關於這個惡棍如何由國家出錢把他從馬尼拉的監獄帶上飛機飛往北伊羅戈斯的一處投票所，見《馬尼拉時報》（*Manila Times*），一九八八年一月十九日。柯拉蓉的顧問也許樂於見到阿奎納多「加入體制」——而且距離馬尼拉如此遙遠。即便是阿巴迪亞的案例（軍隊領導階層堅持不得讓他就職），也可能有助於證明投票實際上有多麼自由。

100 軍方洩漏了一份據說是新人民軍的傳單，內容警告指出：「候選人如欲在游擊區域從事競選活動，必須向我們取得安全通行證以保安全。菲律賓共產黨—新人民軍不為無通行證者負責。」奎松省的一名游擊隊領袖接受法新社訪問，證實了新人民軍向候選人收稅，並且聲稱那些錢將用於「推展革命」。據說這類「選舉通行證」每張售價介於一萬至三萬披索之間（約五百至一千五百美元）。軍方指稱約有一〇%的候選人（候選人總數大概有一萬五千人）付費購買了這種通行證。見《菲律賓每日詢問報》，一九八八年一月十八日。

101 《馬來亞》（*Malaya*），一九八八年一月二十一日。

102 《馬尼拉公報》，一九八八年一月二十一日。

103 政府宣稱選舉過程極度平和：總共只有一百二十四人死亡，試比較一九八七年五月十一日國會選舉造成的兩百零四人死亡，一九八六年總統選舉的兩百九十六人，一九八一年總統選舉的一百七十八人，一九八〇年地方選舉的四百一十一人，還有一九七一年國會選舉（在實施戒嚴之前）的五百三十四人。《馬來亞》，一九八八年一月十九日。不過，如同《菲律賓環球日報》（*Philippine Daily Globe*）在一九八八年一月二十日正確指出的，在一九八六與八一年的選戰當中，只有四名候選人遭到謀殺——其他絕大多數遭害的死者都是「小魚」。一九八八年一月的不同之處，在於整整有三分之一的死者都是候選人。

總之都要盡快再回到賭桌上。二十一點是如此，酋長式民主也是一樣。改革陣營在地方上獲得的每一場勝利，都承諾了一個又一個食利的未來；而每一次的失敗，則是代表了計算錯誤或者運氣不佳。不過，到了一週或是一年的結尾之時，莊家總是不會虧錢。

事實是，美國式的選舉仍然深具吸引力，即便是在這個地形破碎、民族語言充滿隔閡而且經濟破產的政體當中，即便與西班牙酋長政治結合，也一樣還是如此，或者也許應該說更是如此。選舉可讓權力在橫向方面分散，同時在縱向方面集中；而且前者又可為後者提供局部的掩飾。「任何人」都有可能當選：看看那沒有受到強迫的高投票率；看看那為數眾多的候選人（你也可以參選）；看看那些可惡的上校（寧可讓他們到各省去競選，而不要在首都策劃種種陰謀詭計）；看看勞雷爾家族與內波穆塞諾家族的衰落（雖然可能只是暫時而已）；看看新人民軍徵收的選舉稅，從特定角度而言可以等同是軍閥在選舉期間的勒索。[104]正因為選舉競爭是真的激烈又暴力，所以也就很容易受到說服而——以足球作為比喻——全心支持兵工廠隊或者切爾西隊，結果在這樣的過程中忘卻了這兩支隊伍其實都是甲組聯賽的球隊，而且球迷自己只是在看臺外圍看著球賽，而不是在場上踢球。

不過，當然不是所有人都喜歡觀賞運動賽事。一月十八日的選舉結束後不久，一名心懷好奇的記者前往許環哥家族的路易斯塔農場採訪其中的員工，他們絕大多數人都才剛把票投給了兵工廠隊。柯拉蓉當上總統對他們的生活有什麼改變？「我們以前都可以拿到免費的米和糖，現在變成要付錢。我們以前用庭院裡的幫浦就可以免費打水，現在則是要付錢用政府送來的水，原因是糖廠的糖蜜滲到了我們的井裡。」至於每日的工資呢？田地工人的工資提高了二・五〇披索（〇・

一二美元），糖廠工人的工資提高了八披索（〇．四〇美元）。就業程度呢？時機好的時候，通常一週可以工作兩天到四天。一名老翁談到自己搭公車到鄰省邦板牙從事額外的工作以謀求生存：一天的工資四十披索，車資就花去二十三披索，只剩下十七披索（〇．八五美元）。但儘管如此，這樣的工作還是聊勝於無。那名記者聽說有個工人接受一本國際雜誌採訪，指稱農場上的馬匹吃得比工人還要好，結果就受到管理階層「召見」。他後來不得不撤回這項誹謗言論。不過，接受那名記者訪問的其中一人指出：「他說的當然是真的。馬吃的是澳洲的穀物和雞蛋，我們卻連那個肉都幾乎沒得吃。」[105]這些受訪者全都拒絕透露姓名，不然就是要求報導引述他們的言論之時不要具名。

104 在一九八七年夏季期間，馬尼拉的自由派新聞媒體每天都以驚恐的姿態報導指出，一個由極端主義反共私法制裁團體組成的全國體系正在逐漸成長，其背後的資助者包括寡頭政治集團、中情局，以及譁眾取寵的美國前將軍辛格勞（John Singlaub）。一九八八年一月，在競選期間，這個廣泛的法西斯陣線卻在新聞報導當中幾乎消失得無影無蹤。不消說，這些團體並沒有解散。明顯可見的是，到了那個時候，大多數的團體已不再擔任辛格勞的打手，而是回歸為地方上的惡棍幫派，各自受到地方上的家族朝代招募以提升他們在地方上的權力，尤其是對選舉的影響力。這些幫派無疑是階級壓迫的工具，並且經常與地方軍警人員密切合作。他們在持續進行的內戰當中扮演了重要角色。不過，由他們的分散狀態以及只在地方上活躍的情形，即可看出那些酋長多麼充滿自信，絲毫不覺得有必要集結起來接受軍方保護。

105 《菲律賓每日詢問報》，一九八八年一月二十三日。其中的最後一句話顯然含糊不清，受訪者實際上的意思也許應該是：「我們卻幾乎什麼都沒得吃」，或是「我們卻連肉都幾乎沒得吃」。

10

第一個菲律賓人
The First Filipino

極少有國家會像菲律賓給予觀察者這麼深刻的歷史暈眩感。站在亞洲的角度來看，一八九六年反抗西班牙統治的武裝起義，在一八九八年獲得暫時性的勝利而成立獨立共和國的成果，使得這個國家成為亞洲區域其他一切反殖民運動的前瞻先驅。站在拉丁美洲的角度來看，菲律賓則是和古巴一樣，是西班牙帝國財產當中最後掙脫桎梏的地方，比其他殖民地晚了七十五年。經過三百五十年的西班牙統治之後，菲律賓雖然深受反宗教改革的天主教影響，卻是西班牙帝國裡唯一一個西班牙語從未廣泛通行的殖民地。不過，菲律賓也是亞洲唯一在十九世紀就設有大學的殖民地。在一八九〇年代，菲律賓只有不到三%的人口懂得「標準西班牙語」，但卻是西班牙文的讀者與寫作者把反抗殖民統治的運動從沒有希望的農民暴動轉變為革命。今天，由於美國帝國主義的推波助瀾，加上菲律賓人將自己視為「亞洲人」的這種新式自我認同，幾乎已不再有人（除了少數的學者以外）懂得當初的革命英雄用來彼此溝通以及和外界聯繫的這種語言——不僅如此，二十世紀之前的菲律賓歷史的書面檔案也是以這種語言寫成。所以，菲律賓人有如是被切除了腦葉一般。

革命世代的中心人物，是集詩人、小說家、眼科專家、史學家、醫師、辯論散文家、道德家以及政治夢想家於一身的荷西．黎剎。他在一八六一年出生於一個富裕的家庭，帶有中國人、日本人、西班牙人與泰加洛人的血統：比佛洛伊德晚了五年、比康拉德晚了四年、比契訶夫晚了一年；與泰戈爾同年，比馬克斯．韋伯早了三年，比孫逸仙早了五年，比甘地早了八年，並且比列寧早了九年。三十五年後，他被控以煽動一八九六年八月的波尼費希歐起義行動這項虛妄罪名而遭到逮捕，並且遭到一支由本土士兵組成但卻由西班牙軍官領導的行刑隊處決。他的處決地點在今天已經成了美麗的盧內塔公園，面對著馬尼拉灣的海岸線。（在西班牙世界的另一側，古巴民族主義英雄馬蒂則是在前一年死於作戰當中。）在黎剎遭到處決之時，列寧才剛被流放到西伯利亞，孫逸仙開始在中國以外從事中國民族主義的組織工作，甘地則是在南非進行反殖民運動的初期實驗。

黎剎接受了當時在殖民地能夠得到的最佳教育，僅由修道會提供，其中最著名的是道明會與耶穌會。這種教育後來雖然遭到他毫不留情的嘲諷，卻令他得以精通拉丁文（也稍微通曉希伯來文）、對於古典時代獲得紮實的知識，並且讓他認識了西方哲學，甚至是醫學。把愚昧無知的西班牙在菲律賓提供的教育，拿來和其他那些開明先進的帝國強權同樣在東南亞區域提供的教育相比，又會令人不禁感到暈眩：法屬印尼、荷屬東印度，還有英屬馬來亞與新加坡，都要等到第二次世界大戰後才有真正的大學。黎剎很早就展現了非凡的文學能力。他在十九歲那年參加了一場公開文學比賽，結果贏得首獎，擊敗了以母語寫作的西班牙參賽者。

他成長於現代政治開始傳入這座殖民地的時期。十九世紀的西班牙比其他帝國強權都更加深陷於內部衝突，不只是為了爭奪王位繼承權而不斷上演的卡洛斯戰爭，還有世俗自由主義與舊貴族神職人員秩序之間的衝突。自由主義在一八六八年光榮革命獲得短暫的勝利，把放蕩荒淫的伊莎貝拉二世逐出了馬德里，而這項勝利也為菲律賓這座遙遠的太平洋殖民地造成立即的影響。革命人士隨即宣布這項勝利所帶來的利益，也將延伸到各殖民地。對耶穌會重新發布的禁令，以及修道機構的關閉，似乎承諾將終結修道會在海外的反動權力。一八六九年，第一位「自由派」都督卡洛斯・馬利亞・德拉多雷（Carlos María de la Torre）抵達馬尼拉，據說當時群眾高喊著「自由萬歲！」迎接他。（這樣的情景在英屬印度或者法屬阿爾及利亞根本無法想像。）德拉多雷在他的兩年統治期間激怒了保守派的殖民地菁英，不只因為他施政為當地土著、麥士蒂索人與半島人賦予平等的法律權利，也因為他在馬尼拉出外巡視之時，經常身穿日常便服，也沒有武裝守衛隨侍在側。不過，光榮革命的崩解在馬尼拉引起了猛烈的反應，最終在一八七二年造成三名在俗教士（亦即非修道會的教士；其中一人是克里奧人，另外兩人是麥士蒂索人）被處以公開絞刑，他們遭到誣陷的罪名是策劃了甲米地省軍火庫的一場短暫叛變。

黎剎家族是此一反應的直接受害者。一八七一年，在荷西十歲的時候，他的母親遭控對一名鄰居下毒，而因此被迫步行二十英里前往監獄，被監禁了兩年才獲得釋放。他的哥哥帕西亞諾（Paciano）是伯戈斯神父（José Burgos）最喜愛的門徒——那些遭到絞刑處死的教士即是奉伯戈斯為領袖——也因此差點遭到逮捕，只好被迫放棄學業。面對這樣的情況，荷西在一八八二年於哥哥的支持下悄悄離開菲律賓，到相對自由的西班牙繼續接受醫學教育。

他接下來五年都待在歐洲，斷斷續續地唸書，但也四處旅遊——前往俾斯麥治下的德國與格萊斯頓治下的英國，還有奧匈帝國、義大利與法國——並且以他對於語言的狂熱與天賦而學會了法語、德語和英語。歐洲在兩個彼此相關的面向上對他造成了決定性的影響。最直接的一項影響，是他很快就理解了西班牙本身的落後，這是他那些抱持自由主義思想的西班牙朋友經常感嘆的事情。他因此得以置身在一種獨特的立場，還有他的年輕同胞在美國人抵達馬尼拉之後，通常沒有機會體驗的立場：也就是能夠和殖民母國站在相同的高度，以殖民母國在幾個世代以來嘲笑殖民地本土人口的那種姿態嘲笑殖民母國。更具深刻意義的是，他感受到了後來他描述為「el demonio de las comparaciones」的狀況——這句令人難忘的話語可以翻譯為「比較的幽靈」。他這句話的意思是指一種躁動不安的新式雙重意識，使得他從此以後再也不可能在體驗柏林的時候不同時想到馬尼拉，也不可能在體驗馬尼拉的時候不想到柏林。這正是民族主義的起源，因為民族主義就是依靠比較而存在。

他為《團結》這份在殖民母國由一小群致力爭取政治改革的「土著」所成立的宣傳刊物寫了幾年的文章，但成效令人洩氣。後來，就是這種幽靈促使他著手寫作《不許犯我》，也就是為他奠定不朽名聲的兩部小說傑作當中的第一部。他在柏林於一八八七年二月二十一日的午夜之前完成這部著作——在格萊斯頓的第一項《愛爾蘭自治法案》遭到否決的八個月之後，但比《奧邁耶的痴夢》（*Amayer's Folly*）出版的時間早了八年。當時他二十六歲。

《不許犯我》最令人震驚的兩項特徵，在於其規模與風格。其中的人物來自晚期殖民社會的每個階層，包括抱持自由主義思想的半島人都督，還有殖民社會的各個種族層級——克里奧人、麥士蒂索人、華人（「純」中國人），乃至菲律賓土著大眾。書中滿是道明會教士、心術不正的律師、備遭虐待的輔祭、貪污的員警、耶穌會教士、小鎮酋長、麥士蒂索人女學生、無知的半島人政客、拿錢辦事的惡棍、絕望的知識分子、趨炎附勢者、不誠實的記者、女演員、修女、掘墓人、工匠、賭徒、農民，以及市場婦女等等。（在他的筆下，就算是最邪惡的反派角色，也總是會有充滿柔情與痛苦掙扎的一面。）然而，這部小說的地理空間僅限於殖民地首都馬尼拉的周圍。作為書中許多角色出身處的西班牙，總是只隱身於幕後。這項限制向黎剎最早的讀者明白表示了「菲律賓」本身就是一個社會，儘管住在其中的人口還沒有一個共同的名稱。他是第一個想像了這個整體社會的人，所以今天才會被人稱為第一個菲律賓人。

這部小說的風格更加驚人，因為其中結合了兩種極為獨特而且乍看之下不可能結合的文類：通俗小說和諷刺小說。這部小說雖然充滿了四處流浪的旁支發展，主情節卻是純然的歌劇。這部小說的開場描寫了富裕、俊帥而且富含天真理想的麥士蒂索人伊巴拉（Crisóstomo Ibarra）在歐洲留學了很長一段時間之後返回家鄉，打算為他的家園與故土帶來現代化的發展，並且娶他青梅竹馬的戀人瑪麗亞・克拉拉（Maria Clara）為妻——這個美麗的麥士蒂索人女子，是富裕的菲律賓土著酋長桑帝亞哥・桑多斯（Santiago de los Santos）的女兒。伊巴拉一開始獲得充滿尊重與熱情的歡迎，但不久就漸漸烏雲罩頂。他發現自己的父親遭到殘暴的方濟各會修士達馬索神父（Damaso）陷害而死在獄中，遺體還被拋進了海裡。後來，他更發現達馬索其實是他準新娘的生父。另一方面，年輕的教區教士薩爾維神父（Salvi）暗中慾求瑪麗亞・克拉拉，並且掩蓋了自己謀殺手下一個少年輔祭的犯行。伊巴拉從一個殘忍的巴斯克政客口中逐漸得知了自己家族的邪惡起源，而那個政客則是在害慘了許多當地的農民之後上吊自殺。伊巴拉與塔希歐（Tasio）這位思想自由的當地哲學家交好，也結交抱持自由主義思想的當地酋長，甚至是都督本身，還有神祕的菲律賓土著反抗分子伊利亞斯（Elias）。（這兩人對於菲律賓是不是有可能出現政治改革，還是說革命動盪終究不可避免所進行的對話，至今仍是菲律賓進步論述與史學史的一部分。）在此同時，那些修士以及他們的地方盟友共謀破壞伊巴拉的婚姻以及他在家鄉成立一所現代學校的計畫。最後，薩爾維神父得知反抗分子計畫攻擊伊巴拉的城鎮，於是誣陷他是那項攻擊計畫的發起者以及金主。在一波反顛覆的逮捕、刑求以及處死行動當中，伊巴拉也遭到監禁，但獲得伊利亞斯的協助而得以逃脫，就此成為不法分子。瑪麗亞．克拉拉為了避免被迫嫁給一個無聊乏味而且自己絲毫不愛的半島人，於是選擇成為修女，並且以她生父與人通姦的證據強迫他幫助她立誓出家。不過，薩爾維神父卻設法讓自己在她隱居其中的修道院獲得任命為屬靈顧問，因此可憐的克拉拉恐將面對「無可言喻的可怕遭遇」。

讀者也許會認為這樣的情節和普契尼很像。然而，這樣的通俗劇情節當中不只穿插了對於殖民地鄉下社會的巧妙描寫，還有作者對於自己創作出來的對象無可遏抑的嘲笑——於是，《托斯卡》因此變成了哥雅的《狂想曲》。看看這部小說著名的開頭段落：

> 接近十月底，人稱帝亞哥老大的桑帝亞哥．桑多斯主辦了一場晚宴，雖然有違他以往的習慣而在當天下午才發布消息，卻已經成了所有人談論的話題，不只在岷倫洛區如此，還有在鄰近的其他區域，甚至連王城區也都是一樣。帝亞哥老大以慷慨聞名，而且大家也都知道，他家就和他的國家一樣，從來不會對任何東西關上大門，只要不是公事或者任何新穎大膽的觀念就不會。

這個消息就像一道電擊一樣，傳遍了社會寄生蟲的世界：上帝以其無盡的良善創造了這些人渣與害蟲，並且極為慈愛地【cariñosamente】繁殖於馬尼拉。其中有些人外出去買鞋油以便擦亮自己的靴子，另外有些人則是去買鈕扣和領巾，但他們全都滿心關注著該怎麼以熟稔的姿態向主人打招呼，藉此假裝自己是主人的老朋友，必要的時候再編理由解釋自己為什麼沒能早點來。

這場晚宴舉行於安洛格街的一棟屋子裡，而由於我們已記不得那棟屋子的門號，所以只好盡力詳細描述，好讓人能夠認得出來——問題是，那棟屋子已經在地震當中震垮了。我們不相信屋主會把那棟屋子拆掉，因為這種工作通常都是由上帝或大自然負責，而我們的政府也有許多工程計畫都和這些自然力量簽了約。[1]

或者，看看這部小說最後一章（「尾聲」）的開頭。這段文字緊接在陰鬱灰暗的故事結尾之後：

由於本書的許多角色仍然活著，而且相互之間都不知對方的下落，所以不可能寫下真正的尾聲。為了大眾著想，我們絕對會很樂於殺掉【mataríamos con gusto】本書所有的人物，從薩爾維神父開始，並以維多莉娜夫人作結，但這是不可能的事情……就讓他們活著吧：反正必須餵養他們的是國家，不是我們。

1《不許犯我》(Manila: Instituto Nacional de Historia，1978)。此處的英文版本是我自己翻譯而成。

這種作者玩弄讀者、角色與真實的手法——令人聯想起德阿西斯（Machado de Assis）在五年前出版的《布拉斯·庫巴斯的死後回憶錄》（*Memorias póstumas de Bras Cubas*）——在十九世紀的嚴肅小說當中相當罕見，因此為《不許犯我》賦予了一股特殊的魅力。許多企圖藉著把這部小說改編為舞台劇或者電影以宣揚民族主義的嘗試，都總是因為這項特點而無法成功。黎剎之所以會招惹那些與他不共戴天的死敵，而終究被他們送上刑場，無疑也是因為這種奚落嘲笑的態度。

今天的我們，絕對不可能像一八九七年抱有滿腔愛國心的馬尼拉年輕人那樣，把《不許犯我》視為有如一枚政治手榴彈。我們所有人的肩上都蹲踞著那個比較的幽靈。這部小說只是菲律賓人作者自古以來寫過的第二部小說，而第一部還只是一本無足輕重的實驗性垃圾作品。那麼，還有其他出自被殖民者之手的傑出殖民地小說嗎？美洲沒有，東南亞其他地區沒有，非洲則是要再過七十五年之後才有。那麼與殖民母國西班牙比較呢？有人說黎剎大量仿效加爾多斯（Benito Pérez Galdós），尤其是他在一八七六年出版的反教權小說《悲翡達夫人》（*Doña Perfecta*）。不過，黎剎的那部作品在規模與深度上都遠遠勝過《悲翡達夫人》，因此這種「仿效」的說法可信度極低。黎剎在他為數眾多的書信當中，從來不曾提過加爾多斯——而且加爾多斯對於殖民地問題的意見也完全屬於保守派。黎剎唯一熱切仰慕的一位西班牙作家根本不是小說家，而是才華洋溢的諷刺記者拉臘（José Mariano de Larra）——他在一八三七年自殺身亡，方當風華正茂的二十八歲。

至於和黎剎同一年出生的泰戈爾呢？在這兩人身上，我們可以看見深刻的對比。泰戈爾承繼了古老而龐大的孟加拉文學傳統，而且他大多數的小說都是以孟加拉文寫成，目標讀者是英屬印度當中為數眾多的孟加拉人口。黎剎的母語是泰加洛語，在多語的菲律賓群島上只是個小眾語言，使用者大概有兩百萬人，不但沒有散文書寫的傳統，能夠閱讀泰加洛文的人口可能也只有幾千人而已。他向我們說明了自己為什麼用西班牙文寫作，儘管他的同胞只有三％懂得這個語言；而他提出的說明就是這句話：「tú, que me lees, amigo o enemigo」——「閱讀我作品的你，不論是朋友還是敵人」。他不只為朋友書寫，也為敵人書寫，而這種情形在英屬印度必須再過一百年後，才會隨著魯西迪的著作而出現。

黎剎不可能知道這一點，但他選擇以西班牙文寫作將會付出巨大的代價。在他慷慨赴義五年後，貪婪而野蠻的美國帝國主義摧毀了獨立的菲律賓共和國，導致菲律賓的居民再度淪為被殖民者。美語成了真理與國際地位的新語言，並且透過日益擴張的學校體系予以推廣。到了第二次世界大戰前夕，美語（以些微的差距）成了菲律賓群島最多人懂的語言。西班牙語逐漸消失，到了菲律賓在一九四六年獲得形式上的獨立之時，已經幾乎沒有人看得懂西班牙文。不僅是黎剎自己的小說、散文、詩作以及政治文章，還包括一八八〇年代與一九九〇年代[2]那整個想像菲律賓民族的世代所留下的書寫，都從此變得無人能讀。今天，才華洋溢的反殖民宣傳者德爾皮拉爾、革命建構者馬比尼，以及遭到刺殺悲劇下場的共和國天才將軍盧納所寫下的大部分著作，都封存在西班牙文當中。

如此一來，就造成了一種詭異現象，亦即菲律賓人閱讀他們最尊崇的民族英雄所留下的著作，

2 編按：此處為原書誤植，應為「一八八〇年代與一八九〇年代」為正。

竟然都只能閱讀翻譯版——譯成當地方言，或是譯成美語。因此，也產生了翻譯的政治問題。把《不許犯我》譯入菲律賓大多數的主要語言，都必定失敗，不只是因為書中的許多西班牙人物以泰加洛語、宿霧語或伊洛卡諾語「說話」所形成的荒謬情景，也因為「敵人」讀者就此自動消失，而且麥士蒂索人與菲律賓土著說出蹩腳的西班牙語以及西班牙殖民者說出拙劣的泰加洛語這類充滿諷刺色彩的描寫，也根本無法翻譯。最重要的美語譯本，由嗜酒的反美外交官雷昂·瑪利亞·古爾雷諾（León María Guerrero）翻譯於一九六〇年代——至今仍是高中與大學的指定讀物——也帶有致命性的缺陷，原因是那部譯本標舉官方民族主義而對內容進行了不少刪改。涉及性事的描寫、反教權思想，以及其他一切被認為與當前這個國家有關的內容，都遭到毫不留情的刪除，目的就是要把黎剎塑造成一個死了很久而且索然無味的民族聖賢。

談到這裡，就不免要提到當前的譯本，出版時間大致上配合了黎剎遭害的一百週年。幾年前，朵琳·費南德茲（Doreen Fernandez）這位菲律賓數一數二傑出的學者，對於黎剎的著作遭到竄改的情形深感懊惱，於是著手找尋一位語文能力足以翻譯出可靠譯本的同胞。她後來終於找到這麼一位人選，就是索勒妲·拉克森－洛克辛：一位上層階級的老婦人，因為出生於本世紀初，所以黎剎的西班牙文——和一八八〇年代的馬德里西班牙文絕不相同——對她而言就像是第二母語一樣。這位老太太在去世之前完成了《不許犯我》以及更加殘暴的一八九一年續作《起義者》這兩部小說的新譯本。

在大多數的面向上，這個新譯本都遠勝先前的其他譯本，不但排版精美，並且附有充足卻又不至於淪為瑣碎的腳注。不過，野蠻的美國影響在這個譯本裡還是揮之不去，更遑論基本的意識轉變——這種意識轉變在黎剎遭到處死之後的一年左右，首度造就了「菲律賓人」的民族概念。

在黎剎的小說裡，「filipina」與「filipino」這兩個西班牙文詞語所代表的意義仍是其傳統意義，也就是克里奧人——在菲律賓出生的「純種」西班牙後裔。依照傳統的帝國慣例，這個階層就夾在半島人（出生於西班牙的西班牙人）與麥士蒂索人、華人以及菲律賓土著之間。黎剎的小說充滿了古典形式的民族主義，但這種民族主義的重點在於對「故土」的愛，而不在於種族：二十世紀那種帶有民族種族色彩的「菲律賓人」概念從來沒有出現。不過，到了一八九八年，也就是馬比尼開始寫作的時候——在黎剎遭到處死兩年後——這種原本的意義卻已消失。因此，當前這個譯本最根本的困難，就在於「filipino / filipina」這兩個詞語幾乎總是以時代錯置的「Filipino / Filipina」形態出現。舉例而言，「el bello sexo está representado por españolas peninsulares y filipinas」（「由半島人與克里奧西班牙女子作為代表的女性」）這句話，經過翻譯之後就成了這樣的荒謬結果：「由西班牙的半島淑女和菲律賓女子作為代表的女性。」

另一個問題是原文當中的政治和語言複雜性遭到簡化，而這點無疑是因為拉克森—洛克辛太太出生的時間不夠早，以致無緣接受西班牙時代的菁英學校教育。黎剎在書中安排了充滿種族歧視心態的方濟各會修士達馬索神父以鄙夷的語氣說出「cualquier bata de la escuela lo sabe」這句話，故意用泰加洛語的「bata」一詞取代西班牙語的「muchacho」，藉此顯示這名修士在殖民地生活多年之後，使用的語言已經在無意識中受到克里奧化的影響。不過，拉克森—洛克辛太太把這句話譯為「隨便一個學童都知道」，原文的那種效果即消失無蹤。黎剎在原文裡引用了備受喜愛的十九世紀泰加洛詩人巴拉塔斯（Francisco Balagtas）的三行詩句，但沒有將其譯為西班牙文，藉此製造出必要的跨文化不和諧感。不過，把這三行詩句譯為和前後其他文字相同的語言，就抹除了這種效果。另一方面，「Tasio el loco ó el filósofo」這個帶有諷刺意味的章節標題，在譯本裡縮減為「Tasio」；而且讀者看到譯本的「早晨預示了美好的一天」這個章節標題，也絕對不會想到原文採用的其實是義大利文。此外，黎剎經常以充滿譏諷的方式使用沒有翻譯的拉丁文，也使得譯者處理起來相當棘手。

有些先知在自己的國家裡備受尊崇，而黎剎就是其中之一。但在過去數十年來，他受到尊崇的條件都是在於他的不可親近。拉克森—洛克辛太太改變了這樣的情形，把這位偉人那悲傷而具有煽動性的嘲笑還給了他。這樣的做法確實存在著迫切的必要性——畢竟，當今還是有許多的「社會寄生蟲：上帝以其無盡的良善創造了這些人渣與害蟲，並且tan cariñosamente的繁殖於馬尼拉」。

11

難以想像
Hard to Imagine

在情勢艱困的一九五〇年代晚期，菲律賓國家的國內控制者展開了準備工作，打算為出生於一八六一年六月十九日的荷西·黎剎博士舉行一場盛大的百年誕辰紀念活動。黎剎不但是最偉大的民族烈士——他在一八九六年遭到崩解當中的西班牙殖民政權處死——也是一位才華洋溢的詩人、史學家、科學家、記者、語言學家、諷刺作家、政治運動家，最特別的莫過於他身為小說家的身分。長久以來，一般皆公認他所寫的兩部小說——《不許犯我》（在一八八七年出版於柏林）與《起義者》（在一八九一年出版於根特〔Ghent〕）——是菲律賓文學的傑作，而且在菲律賓民族主義的「覺醒」當中扮演了核心角色。不幸的是，這位「第一個菲律賓人」創作這些作品所選用的語言是西班牙文，也就是西班牙殖民晚期的通用語以及富有教養的人士所使用的語言。更加不幸的是，一八九九——一九四二年的美國殖民政權在不是全然有意的情況下，終究消除了當地人使用的西班牙語——除了少數富有的麥士蒂索人與克里奧人家庭之外——而以美語取而代之。由於公共教育在華府的支持下大幅擴張，美語因此成了比菲律賓的各種本土方言（稍微）更加普及的語言。[1]這些發展所帶來的一項結果，就是到了一九五〇年代，已不再有人能夠閱讀黎剎那兩部小說的原文。英文譯本確實存在，但都是殖民時期的產物，而且其中有些甚至是出自外國人的手筆。[2]因此，在獨立時代贊助一項選出最佳新譯本的有獎競賽，作為百年紀念活動的高潮，看起來顯然是相當合適的做法。

不過，這場競賽不僅是一項全國紀念活動。一九五〇年代中期，這位主角在出乎大多數人意料的情況下身陷於一項激烈政治爭議的中心。極端保守的天主教領導階層當中有些高階成員干預了菲律賓的投票制度，一群參議員與國會議員認為那樣的干預充滿偏狹心態，因此為了報復，而支持通過一項法案，把黎剎的兩部小說規定為所有學生的必要讀物，不論是國立還是私立學校的學生都一樣。教會因此落入狼狽的處境。這兩部小說裡的主要反派都是神職人員：殘暴的方濟各會士、好色的道明會士、權力飢渴的耶穌會士。這兩部小說都有一些極為精彩的段落，毫不留情地諷刺十九世紀的教會思想與牧靈做法當中愚昧無知的中世紀主義。教會領導階層雖然樂於紀念黎剎這位民族英雄，並且宣稱他在受刑前夕公開放棄了他原本抱持的共濟會與自然神論觀點，但是卻強烈反對教區學校的學生閱讀這位偉人大部分的著作。接下來發生了不少引人發噱的政治鬧劇，而最後的結果對於教會而言，一方面是戰術上的勝利，同時卻也是戰略上的失敗。學生不需要被強制閱讀這兩部小說，而能夠以其他比較不那麼具有煽動性的著作取代。不過，教會領導階層卻因此正中對手下懷，落入彷彿對於第一個菲律賓人的著作遂行查禁之舉的尷尬立場。

受到這項競賽激勵而著手翻譯新版本的其中一人，是時任菲律賓駐英國大使的雷昂．瑪利亞．古爾雷諾（一九一五—八二年）。[3]我後續會再談到他，此處只需指出他流暢的譯本非常成功，很快就在高中與大學的圖書館裡取代了其他先前的版本。如同朵琳．費南德茲所言，他的譯本已成為「目前唯一受到閱讀的譯本」。[4] 我們可以說，在當今的菲律賓年輕人與中年人當中，只要是實際上閱讀過這兩部小說的美語譯本的人，讀的幾乎全都是古爾雷諾的譯本。

我大概在二十年前首次讀了這個譯本。當時我還不懂西班牙文，而由於這個譯本的文字極為通順流暢，所以我也從來沒想過其中會有任何問題——包括我認識的人也都沒人想過。不過，我在五年前選擇對菲律賓民族主義進行研究之後，體認到自己必須學會西班牙文，於是決定自力閱讀《不許犯我》與《起義者》的原文，而以古爾雷諾的譯本作為輔助。這樣的一句句閱讀雖然充滿趣味，可同時也極為辛苦，但很快我便發現古爾雷諾的譯本，以整體且極為奇特的方式扭曲了原文。由於他本身學養俱佳，又精通西班牙文，所以如此整體的扭曲實在不太可能會是匆促行事或者能力不足的結果。那麼，究竟是什麼原因呢？我在本文當中希望提出的論點，就是這種扭曲

1 根據殖民時代的最後一次人口普查（一九三九），菲律賓的一千六百萬人口當中有二六・五％會說英語，二五・四％會說泰加洛語，但只有二・六％會說西班牙語。（貢薩雷斯〔Andrew B. Gonzales〕，《語言與民族主義：至今為止的菲律賓經驗》〔*Language and Nationalism: The Philippine Experience So Far*：Quezon City: Ateneo de Manila Press，1980〕，p. 62）。

2 其中最傑出也最著名的，是德比夏爾（Charles E. Derbyshire）與博可波（Jorge Bocobo）的譯本。

3 根據古爾雷諾自己後來的陳述，他在最後一刻才決定不以他的譯本報名參加競賽。他坦白承認自己是因為錢的緣故才做出這項決定。得獎作品的獎金只有一萬披索，但參賽者卻必須放棄版權。他後來把菲律賓境內的連載權賣給《馬尼拉時報》，國外連載權則是賣給倫敦的知名出版社朗文（Longmans）。見阿雷格列（Edilberto N. Alegre）與朵琳・費南德茲，《作家及其生活環境：第一代英文作家口述史》（*The Writer and his Milieu: An Oral History of the First Generation Writers in English*：Manila: De La Salle University Press，1984），pp. 79-80，85。

4 同上，p. 75。

主要源自於民族主義意識在一八九〇至一九五〇年代之間所出現的根本性變化，以及菲律賓獨立之後在馬尼拉斷斷續續興起的「官方民族主義」。[5]

要理解古爾雷諾的《不許犯我》譯本，就必須要注意他的引言所具有的幾個古怪特徵。[6]他首先把自己的譯本描述為一項「嘗試」，希望把這部小說變得「對於新一代通行英語的菲律賓人比較合乎胃口，並且除了他們以外，能夠在黎剎的百年誕辰紀念之際，在其他通行英語的民族當中讓這本書獲得更多的讀者」。他接著指出，先前的譯本全都不夠令人滿意。

> 以英語為母語的人士所翻譯的版本，不免對於菲律賓人的生活環境缺乏體會或瞭解。至於菲律賓人翻譯的版本，在我看來則是對原文過於尊崇，以致譯文顯得詰屈聱牙。這兩種譯本通常都充滿累贅的解釋性腳注，讀起來煩人又令人洩氣，儘管無疑對外國人有所幫助，甚至對於許多當代菲律賓人也有幫助，因為他們對於自己祖先的習俗早已一無所知。

在他自己新譯的版本當中，他堅稱自己試圖讓「讀者體驗『原作的易讀性』。黎剎如果用英文為當代的菲律賓人寫作，那麼他寫出來的《不許犯我》也許就會是這個樣子」。最後，他指出：

> 黎剎的寫作風格經常不太可能合乎現代人的胃口；此外，西班牙文又是一種比現代英文更花俏，也更情感濃郁的語言。因此，我又進一步自行作主，採取改述的方式，處理一些可能引起良好教養人士竊笑的段落，尤其是在好幾個世代以來，深受菲律賓多情人士所喜愛的那個

發生在瑪麗亞・克拉拉陽台上的愛情場景。

引言當中的這些評論看了不禁讓人難過。民族英雄的小說竟然必須受到修改，以便合乎年輕一代菲律賓人（高中生與大學生？）的「胃口」，原因是「他們對於自己祖先的習俗早已一無所知」——儘管那些祖先才不過活在七十年前而已。這部譯本的行文方式，將會讓人覺得黎剎彷彿是在一九五〇年代以古爾雷諾那一代人為對象而寫作。這部譯本將會以改述方式處理部分內容，以避免引起良好教養人士的竊笑，儘管這麼做不免會讓好幾個世代的菲律賓多情人士失望。由於古爾雷諾心目中會對小說部分內容竊笑的良好教養人士不太可能會是高中生，因此我們也許可以推測他認定的這些對象是外國人，尤其是美國與英國的讀者。古爾雷諾坦白承認自己對這部小說進行了刪改以及現代化的更動，但聲稱這是必要的民族主義手段，唯有如此才能讓黎剎長久存活在菲律賓年輕人的心中，並且維護他身為菲律賓人的榮耀，以免遭到盎格魯撒克遜人的嘲笑。這部分說得相當明確。然而，古爾雷諾實際上翻譯《不許犯我》所採取的各種處理方式，乍看之下卻和他號稱的這些目的幾乎毫無關係。

我們可以把古爾雷諾的翻譯策略當中的關鍵元素——在《不許犯我》的數百頁內容當中，都

5 如欲對賽頓華生所創的這個詞語獲得進一步瞭解，見拙作《想像的共同體：民族主義的起源與散布》，修訂版（London: Verso，1991），第六章。

6 荷西・黎剎，《失落的伊甸園》（*The Lost Eden*；即《不許犯我》），雷昂・瑪利亞・古爾雷諾譯（Bloomington: Indiana University Press，1961）。下一段所有的引文皆摘自譯者的引言（pp. ix-xviii）。後續摘自此一譯本的內容，都僅標示頁數。

可以看到他一貫地不斷運用這些方法[7]——概括為以下這七項原則（這些原則的名稱是我個人判斷而做出的選擇）。

去現代化

由於黎剎典型的大膽寫作風格，因此《不許犯我》的故事背景雖是設定在（不久之前的）過去，所以主要的行文時態是過去式，但他還是經常巧妙地轉換為現在式。然而，古爾雷諾卻把每一個這種現在式的文句都譯為過去式。舉例而言，在極為出色的開頭段落裡，黎剎以惡毒的語氣寫道：「Cual una sacudida eléctrica corrió la noticia en el mundo de los parásitos, moscas ó colados que Dios crió en su infinita bondad, y tan cariñosamente multiplica en Manila」（黎剎，一九七八，p. 1）。我們也許可以把這段話逐字譯為：「如同一道電擊，【桑帝亞哥・桑多斯舉辦宴會】的消息傳遍了寄生蟲、米蟲與不速之客的世界。上帝以其無盡的良善創造了【過去式】這類人物，並且極為慈愛的繁殖【現在式】於馬尼拉。」不過，古爾雷諾卻把最後一句譯為：「上帝以其無盡的智慧創造了這類人物，並且極為慈愛的繁殖【過去式】於馬尼拉」（p. 1；在此處以及後續的引文當中，字體強調皆是由我所加）。另一個簡單的例子，是黎剎深深挖苦「聖地牙哥」的富裕鎮民怎麼一方面壓榨窮人，同時又虔誠地花錢為他們繼承了財產的那些已故前輩舉行大赦與彌撒典禮。「A fé que la Justicia divina no parece tan exigente como la humana」（p. 73）。這句話的意思是：「實際上，神聖正義的要求看起來【現在式】比人間的正義寬鬆得多。」不過，古爾雷諾卻是譯成：「他們發現【過去式】，滿足神聖正義要比滿足人間正義容易得多」(p. 79)。

在每一個例子裡，古爾雷諾如此更改所造成的效果完全不是「更新」黎剎的小說，而是將其深深推入古老的過往。感覺起來彷彿是他希望藉此安撫自己，告訴自己說上帝已不再會以慈愛的態度在馬尼拉繁殖寄生蟲與米蟲，而且對於正義的要求也終於變得和人類一樣嚴格。

排除讀者

在整部小說當中，黎剎不時會轉過頭來對讀者說話。作者與讀者彷彿是鬼魂或天使，在作者的欣然邀請下無形地穿梭於修道院般的牢房、女士的閨房以及都督的宮殿當中，一起偷聽著發生在那些地方的事情。這種技巧能夠把時間推到一旁，而把讀者深深吸引入敘事當中，緊扣讀者的情感、挑起讀者的好奇心，並且為讀者提供惡毒的偷窺快感（在一個奇特的面向上，這種技巧預示了後來的電影）。一個簡單的例子，就是書中的一處場景轉換：先是達馬索神父把桑帝亞哥推進後者的書房裡祕密商談，接著是兩名道明會士興奮地策劃著陰謀。黎剎寫道：「Cpn. Tiago se puso inquieto, perdió el uso de la palabra, pero obedeció y siguió detras del colossal sacerdote, que cerró detras de sí la puerta. Mientras conferencian en secreto, averigüemos que se ha hecho de Fr. Sibyla.」(p. 45) 這段文字的意思是：「帝亞哥老大感到侷促不安，以致啞口無言，但還是聽話地跟著那個身形高大的教士走

7 他在翻譯《起義者》當中也採取了完全相同的策略，但為了方便起見，我在此處的分析僅限於《不許犯我》。

進門內，而教士也在他身後關上了門。就在他們祕密商談的同時，且讓我們來看看席比拉修士發生了什麼事情。」古爾雷諾的譯文是：「他使得帝亞哥老大深感不安，以致答不出話來，只能乖乖跟著身材魁梧的教士走進門內，而教士就在他身後關上了門。在此同時，在城市裡的另一個區域，博學的道明會士席比拉神父剛離開他的教區住宅……」(p. 48)。

另外一個比較複雜的例子出現在一開頭的章節裡。黎剎寫道：

> Pues no hay porteros ni criados que pidan ó pregunten por el billete de invitacion, subiremos, oh tú que me lees, amigo ó enemigo, si es que te atrane á tí los acordes de la orquesta, la luz ó el significativo clin-clan de la vajilla y de los cubiertos, y quieres ver cómo son las reunions allá en la Perla del Oriente. Con gusto y por comodidad mía te ahorraría á tí de la descripcion de la casa, pero esto es tan importante, pues nosotros los mortals en general somos como las tortugas: valemos y nos clasifican por nuestros conchas: por esto y otras cualidades más como tortugas son tambien los mortals de Filipinas.（p. 2）

這段話大致上的意思是：

> 既然沒有門房或僕人要求我們出示邀請函，我的讀者啊，不論你是敵人還是朋友，就讓我們上樓吧，不論吸引你的是管弦樂團演奏的曲調，還是燈光，或者引人遐想的杯盤碰撞聲，還是說你想看看東方明珠的派對都是怎麼舉行的。如果純粹只是為了我的方便，我會很樂於不

> 向你贅述這棟房屋的模樣。然而，這點卻是非常重要，因為我們凡人整體而言就像是海龜一樣；我們具有價值，而且是依據我們的殼區分等級。在這方面以及其他方面上，菲律賓的凡人也**像**【現在式】海龜一樣。

古爾雷諾卻是令人震驚地把這段美妙文字翻譯如下：

> 沒有門房或男僕會要求訪客出示邀請函，所以訪客必然能夠自由上樓，受到管弦樂的曲調以及引人遐想的餐具碰撞聲所吸引，而如果是外國人，也可能會感到好奇，想要知道在這座人稱東方明珠的城市裡，舉行的都是什麼樣的晚宴。男人就像海龜一樣，依據他們的殼受到分類並且賦予價值。在這方面以及其他方面上，**當時**的菲律賓居民就是海龜。(p.2)

經過這樣的翻譯之後，黎剎那風趣而意味深長的語調即告消失無蹤，作者與讀者之間因此立起一道無聲的牆，於是文本中所有迫切且當代的事物又再度被掃入了歷史裡。古爾雷諾之所以採取這樣的翻譯手法，想必不只是因為他對於這項可能性感到不安：也就是即便在獨立的菲律賓當中，其居民仍然可能以他們的殼而受到分類並且賦予價值。原文把這部小說的讀者呈現得極為令人費解：敵人還是朋友？所謂的「敵人」是誰？應該不可能是其他菲律賓人吧？應該不可能是西班牙人吧？畢竟，黎剎創作《不許犯我》是為了啟發菲律賓年輕人的民族主義意識，也是為了菲律賓人而寫！西班牙讀者為什麼會置身於「他們當中」？[8]

刪除泰加洛語

黎剎的西班牙文本妝點了泰加洛語的字眼和用語，有時候是純粹為了喜劇效果，有時候是為了讓讀者更深刻體會半島西班牙人、克里奧人、麥士蒂索人與菲律賓土著之間的衝突。不過，最常見的用處是單純反映當地語言自然而然滲入帝國口語當中的情形，就像維多利亞時代發展出來的英式印度語。舉例而言，殘暴的半島人方濟各會教士達馬索神父可能會說：「Cualquier bata de la escuela lo sabe!」(p. 16)。「Bata」是泰加洛語當中的兒童，不論男女，但在這裡明顯可見指的是「男孩」。古爾雷諾（p. 19）把這句話譯為：「隨便一個學童都知道！」彷彿黎剎寫的不是「bata」，而是西班牙文的「muchacho」。其他地方出現的泰加洛語詞彙，例如「salakot」（一種當地草帽）、「timsim」（一種煤油燈）、「paragos」（泰加洛雪橇），以及「sinigang」（一種當地食物），在譯本當中也都沒有保留原文——儘管這些詞語看在一九六〇年代初期的年輕菲律賓讀者眼中必然都是非常熟悉——而是分別譯為「本土草帽」、「油燈」、「本土雪橇」以及「本土菜餚」，彷彿其原文是西班牙文一樣。[9]同樣的，「naku!」、「aba!」與「susmariosep!」等泰加洛語感嘆詞——幾乎所有的角色都會在他們的西班牙語談話當中穿插這些詞語——都一致略去。[10]這樣的翻譯立場尤其令人難解，因為在一九六〇年代初期，就算是最美國化的菲律賓人，我們也很難想像他們會向對方說出「本土草帽」與「本土菜餚」這種話。此外，大多數的馬尼拉居民到了那個時候都已經相當熟悉某種形式的「泰加洛英語」，經常在口語中穿插以及融合這兩種語言的詞彙——所以《不許犯我》原文當中的麥士蒂索人語言在他們眼中看來想必帶有討人喜歡的「當代」色彩。[11]在譯本當中去除這些泰加洛語詞彙，同樣只是導致這位民族英雄更顯疏遠，而無助於拉近讀者與他的距離。

任意刪改

顯然古爾雷諾刪改了許多令他感到不自在的段落——影射政治或宗教事務的段落，還有髒話以及對於排泄功能的指涉。關於宗教方面有個很不錯的例子，是個語帶暗諷的段落。黎剎在其中討論了帝亞哥老大對於若干宗教聖像所懷有的迷信崇拜：

No había él visto por sus proprios ojitos á los Cristos todos en el sermon de las Siete Palabras mover y doblar la cabeza á compás y tres veces, provocando el llanto y los gritos de todas las mujeres y almas sensibles destinadas al cielo? Más? Nosotros mismos hemos visto al predicador enseñar al público, enel momento del descenso de la cruz, un pañuelo manchado de sangre, é íbamos ya á llorar piadosamente, cuando, para

8 黎剎必定預期自己的小說會落入殖民政權與他所痛恨的那些修士手中，也無疑對於他們可能會對他的尖銳諷刺感到坐立難安的情景引以為樂。

9 Pp. 32、44、47、80。

10 舉例而言，比較《不許犯我》和《失落的伊甸園》當中的這些部分：《不許犯我》，pp. 148、219與352；《失落的伊甸園》，pp. 167、250與405。

11 古爾雷諾在一九八一年回憶道：「我到《自由新聞》（*Free Press*）工作以後，才開始學泰加洛語。我的泰加洛語實在是七零八落。現在雖然不差，但是以前實在是爛透了！」阿雷格列與費南德茲，《作家及其生活環境》，pp. 85、86。

desgracia de nuestra alma, nos aseguró un sacristan que aquello era broma . . . era la sangre de una gallina, asada y comida *incontinenti* apesar de ser Viernes santo . . . y el sacristan estaba grueso.（p. 28）

這段文字大致上的意思是：

> 在關於【耶穌】十架七言的講道當中，他不是以自己那雙小眼睛親眼目睹所有的基督聖像活動起來，共同低下了頭，使得所有注定將會升上天堂的婦女以及情感纖細的人士忍不住落淚嚎哭？我們自己也看過傳道士在耶穌降架的那一刻，向大眾展示一條沾有血跡的手帕；接著，就在我們也即將流下虔誠的淚水之際，一個教堂司事卻向我們保證——這實在是我們靈性上的不幸——那只是一項惡作劇：那是一隻母雞的血，而儘管那天是耶穌受難日，那隻母雞還是遭到燒烤並且隨即吃得精光……而且那個教堂司事還是個胖子。

古爾雷諾譯得很簡單：「在耶穌受難日的十架七言講道當中，他不是以自己那雙小眼睛看到了耶穌的聖像三度一同抬頭再低頭，而使得教堂裡所有的婦女，以及所有注定將會獲得救贖的情感纖細人士，忍不住流淚並且發出虔誠的呼喊？」(p. 32)。由此看來，在古爾雷諾眼中，那個華裔麥士蒂索人的可信度遭到奚落是一回事，但他絕不能任由第一個菲律賓人以自己那諷刺的語調嘲笑神職人員對於菲律賓大眾的虔誠所進行的操弄——還有那種虔誠信仰本身。因此，他才會刪除黎剎後半段那句令人捧腹的挖苦文字。

黎剎經常會讓他筆下那些比較粗鄙的角色罵髒話，採用約定成俗的「p—」這種寫法。這個「p—」所代表的可能是麥士蒂索人咒罵用語「putangina」，其中結合了西班牙語的「puta」(婊子)以及泰加洛語的「inay」(母親)，所以意思是：「你媽是個婊子！」(這句髒話每天在馬尼拉的街頭上都可以聽到好幾十次，絕對是「每個學童都知道」。)另外還有一個更大的可能，則是「puñeta」——這個詞語極度粗鄙，以致馬德里皇家大學也不肯收錄在其標準西班牙文辭典當中——大概可以譯為「去打手槍吧！」不過，在每一個出現「p—」的地方，古爾雷諾如果不是直接刪掉，就是譯為「該死」，或是更強烈一點的「你去死」。[12]漫步在馬尼拉市區，最常見的一句塗鴉文字是：「Bawal umihi dito」，意為「這裡不准尿尿！」如同地中海國家，菲律賓的男性也習於隨處小解。整體而言，不論男性或女性都把小便完全視為理所當然。所以，黎剎描寫筆下角色小便的段落完全遭到譯者刪除，也就是相當奇特的事情。不過，更加引人注意的是古爾雷諾對於一個著名段落的處理方式。黎剎在這個段落裡描述了「聖地牙哥」古老公墓的破敗模樣，針對其中的骨骸與頭骨以譏嘲的語氣寫道：「Allí esperarán probablemente, no la resurreccion de los muertos, sino la llegada de los animales, que con sus líquidos les calienten y laven aquellas frías desnudeces」(p. 56)。意思是：「那些骨骸應該不是在這裡等待死者的復活，而是在等待動物前來，因為動物排出的液體將會為它們帶來溫暖，洗滌它們寒冷的赤裸狀態。」古爾雷諾對於如此尖銳的描寫顯然感到畏縮，因此將其翻譯如下：

12 比較《不許犯我》和《失落的伊甸園》當中的這些部分：《不許犯我》，pp. 217、218、220與294；《失落的伊甸園》，pp. 247-9與337。

「那些骨骸在那裡等待，不是等待死者復活，而是等著受到動物的注意，以便溫暖，同時洗滌它們的寒冷與赤裸」(p. 61)。經過這樣的翻譯之後，年輕的讀者腦中想像的情景就很可能不會是野豬撒下的一泡尿，而是一頭幼鹿伸出舌頭輕輕舔舐。

去在地化

《不許犯我》當中的場景幾乎全都是在「聖地牙哥」(當今的卡蘭巴〔Calamba〕，也是黎剎的故鄉)以及馬尼拉。場景設定在馬尼拉的章節，都充滿了對於街道、教堂、鄰里、咖啡廳、海濱步道、戲院等場所的指涉以及描述。當然，其中有些景物已在上個世紀消失，另外有些則是改了名稱以及使用目的。不過，絕大多數的景物對於曾在馬尼拉住過一段時間的人仍是熟悉可辨。這些地方與地名的密集度，乃是能夠讓讀者生動感受到自己深深被拉進小說裡的其中一項元素——就像狄更斯藉著詳細描寫倫敦的都市地理樣貌，而鮮活呈現出《孤雛淚》裡的比爾．賽克斯（Bill Sikes）與費金（Fagin）生活的世界，還有《老古玩店》裡的丹尼爾．奎爾普（Daniel Quilp）與小耐兒（Little Nell）的世界。因此，古爾雷諾把這些對於讀者而言仍然熟悉的地名刪掉了多達八〇%，實在是相當奇怪的事情。閱讀原本的西班牙文，我們可以輕易跟著黎剎筆下的主角與反派穿梭在這座首都當中，但如果是閱讀古爾雷諾的美語譯本，就幾乎不可能這麼做。此外，黎剎偶爾會提到他那個時期的知名音樂廳以及輕歌劇「明星」：查納奈（Chananay）、葉燕（Yeyeng）、瑪利亞尼多（Marianito）、卡瓦哈爾（Carvajal）等等。這些人物的作用，就像是在一本關於當代紐約的小說裡提到伍迪・艾倫、帕華洛帝與瑪丹娜一樣。這些人物不需要解釋，因為一八八〇年代的每個讀者都自然知道他們是誰。古爾雷諾刪掉了所有這些明星，只把他們統稱為「馬尼拉最知名的表演者」。[13]奇怪的是，以古爾雷諾的學識，想必知道巴爾札克、托爾斯泰與普魯斯特的小說裡所提到的演藝名人雖然在今天早已為人遺忘，對於讀者在他們描繪的世界裡感到身歷其境的逼真感卻是絲毫無礙——反倒還能夠加以強化。一九五〇年代的菲律賓年輕人雖然不會知道葉燕是「誰」，但一定看得出她的名字是泰加洛人的名字，而因此將她視為菲律賓人；卡瓦哈爾雖是西班牙文的名字，但其人卻是當代一位小有名氣的麥士蒂索人電影明星。保留黎剎提到的那些名字，應該有助於讓讀者對於一八八〇年代的社會環境更覺親近，而不是感到疏遠。

去歐洲化

黎剎的教養異常高雅，因為藉由他所受的耶穌會學校教育，他熟知拉丁文與古典世界。他也懂得西班牙文、英文、法文和德文，以及些微的義大利文與希伯來文。[14]他還廣泛閱讀了歐洲文學作品。因此，也無怪乎《不許犯我》當中會有許多沒有翻譯的古典引文（經常用於絕佳的諷刺

13 比較《不許犯我》和《失落的伊甸園》當中的這些部分：《不許犯我》，pp. 145、224與226；《失落的伊甸園》，pp. 164、257與259。

14 第七章（〈Idilio en una azotea〉）的副標題是沒有翻譯的希伯來文；第五十三章的義大利文標題是〈Il Buon Di Si Conosce da Mattina〉；第五十七章的標題是單純的〈Vae Victis!〉。

目的），還有對於著名歐洲大師的指涉，而且也會引用他們的文字。古爾雷諾對於所有這些指涉的處理方式，不是予以刪除，就是盡可能加以本土化。有時候，這種處理方式造成的效果相當詭異。舉例而言，黎剎描寫兩個道明會修士討論陰謀，其中年紀較大的修士指出：「Temo que no estemos empezando á bajar: Quos vult perdere Jupiter dementat prius」(p. 47)。意思是：「我擔心我們已經開始衰頹了。朱比特要讓人滅亡，必先使其瘋狂。」黎剎沒有翻譯其中的拉丁文，因為他認定他的讀者看得懂這句話。他也是藉此嘲笑道明會士，因為那兩個神職人員竟然以其引人發噱的無知指涉了羅馬天神，儘管天主教早期教父早就把歐里庇得斯（Euripides）筆下那神祕的希臘神靈轉變為基督教的神。古爾雷諾把這段文字裡的拉丁文還有其中的諷刺效果通通消除掉，而翻譯為：「上帝要讓人滅亡，必先使其瘋狂」(p. 50)。如此造成的結果，就是抹除了黎剎那文雅的嘲笑。

在另一個引人注意的段落裡，黎剎提到達馬索神父陰險的外貌「os acordareis de uno de aquellos tres monjes de que habla Heine en sus 'Dioses en el destierro,' que por el Equinoccio de Setiembre, allá en Tyrol pasaban á media noche en barco un lago, y cada vez depositaban en la mano del pobre barquero una moneda de plata, como el hielo fria, que le dejaba lleno de espanto」(p. 4)。[15]大致上的意思是：「會讓人聯想到海涅在他的《流亡的眾神》裡提到的三個僧人。遠在提洛爾，那些僧人會在秋分的午夜乘船橫渡一座湖泊，並且每次把一枚銀幣放在貧窮的船夫手中，冷冽如冰，令那名船夫深感恐懼。」古爾雷諾的翻譯是：「令人回想起德國故事裡的三個僧人，他們會在午夜橫渡一座提洛爾的湖泊，而且每次都會在驚恐不已的船夫手中放上一枚冷冽如冰的銀幣」(p. 5)。黎剎以諷刺的語氣寫下「la palanca del mundo」(p. 91)，明白指涉了阿基米德那著名的槓桿，但古爾雷諾卻把這項有學問的挖苦變得索然無味：「我理解到每天目睹鞭笞會耗盡同情心，並且扼殺個人尊嚴，**而個人尊嚴正是推動世界的力量**」（p. 99）。（讀者大可把此處的「推動」視為「感動人心」的意思。）黎剎把書中的主要女反派稱為「美杜莎」（pp. 262-3），古爾雷諾卻是單純只以她的名字孔索拉席翁女士（Doña Consolacion）稱呼她（pp. 299-300）。商博良（Jean-François Champollion；p. 217）成了「最知名的埃及古物學家」（p. 247）。黎剎把塔希歐這位富有智慧的老人描述為「filósofo」（p. 62）——也就是哲學家，菲律賓以這個詞語代表狄德羅的啟蒙理性與懷疑主義——在古爾雷諾筆下則是成了毫無脈絡可循的「學者」（p. 67）。除此之外，《達夫尼與克蘿伊》當中的克蘿伊，還有阿克泰翁、白雪公主、斯巴達國王列奧尼達、冥王布魯托、百眼巨人阿爾戈斯、被囚禁在迷宮中的阿莉阿德涅、克里特國王米諾斯、酒神巴克斯、女神阿斯塔蒂、「擁有眾多乳房的以弗所的黛安娜」，以及其他許許多多古典人物，在古爾雷諾的譯本當中都消失無蹤。[16]

這一切都帶有一種奇特的反諷色彩，因為我們後續將會看到，古爾雷諾乃是以自己的反美民族主義為傲，但他這種去歐洲化的翻譯所造成的效果，卻不是把黎剎菲律賓化，而反倒是為他賦予了美國化的色彩。

15 此處指涉的是海涅最後也最深奧的一組詩作：《流亡的眾神》（*Die Götter in Exil*）。

16 比較《不許犯我》和《失落的伊甸園》當中的這些部分：《不許犯我》，pp. 38（克蘿伊）、49（阿斯塔蒂與以弗所的黛安娜）、126（阿克泰翁）、168（Sigismund and Dornröschen【白雪公主】）、189（列奧尼達與布魯托）、298（阿爾戈斯）、351（阿莉阿德涅、米諾斯與巴克斯）；《失落的伊甸園》，pp. 41、52、137、191、214、341與404。

時代錯置

時代錯置最引人注目的例子，全都以不同的方式與一八八〇年代還有一九五〇年代期間存在於菲律賓的社會政治分類系統有關。從一開始，我們就可以從各種小細節當中感受到這一點。舉例而言，黎剎（p. 27）以嘲笑的語氣描寫了一個富人家裡的大天使米迦勒肖像，指稱那位天使長「embraza un escudo griego y blande en la diestra un kris joloano」，意思是「手臂上掛著一面希臘盾牌，右手揮舞著一把霍洛人短劍」。古爾雷諾的翻譯是：「一隻手臂上掛著一面希臘盾牌，另一手揮舞著一把馬來人短劍」（p. 31）。除了慣常的把現在式改為過去式這種疏遠性的更動之外，另一項明顯可見的轉變則是「霍洛人短劍」變為「馬來人短劍」。黎剎不覺得有必要改變「短劍」的字體加以強調，因為這個詞語（還有那種短劍）在菲律賓群島上乃是廣為人知，不論在當時還是現在都是如此。霍洛這座穆斯林城鎮，在當時是這種傳統武器最優秀的製造處，而且至今也仍然還是。古爾雷諾改變了「短劍」一詞的字體，使其顯得彷彿是某種「外來」的詞語和物品，需要向菲律賓年輕人加以解釋。「馬來人」一詞的使用更是奇怪。從一個角度來看，這個詞語可以是指涉馬來亞／馬來西亞與印尼的民族，而他們確實也製造短劍；這樣的解讀將會突顯這種武器的外來色彩——彷彿菲律賓人到了一九六〇年代就已不再知道這種武器。不過，另一種更有可能的解讀方式，則是從「種族」的角度而把這個詞語視為代表「馬來—玻里尼西亞族」，也就是據稱涵蓋了菲律賓人、占族（Chams）、馬來人與印尼人的人口種類。如果是這樣，那麼「馬來人」一詞在此處的作用就是抹除了菲律賓的穆斯林在過去以及現在都是一群宗教少數族群而且遭到在人口當中占九〇%的基督教多數族群所圍困的事實，從而強調了那種短劍「在本質上是屬於菲律賓的物品」。

我們如果檢視黎剎如何使用民族、種族與政治方面的術語，問題更是愈來愈多。整體而言，他採取的都是西班牙殖民後期的分類：半島人（在西班牙出生的西班牙人）、克里奧人（出生於菲律賓或拉丁美洲的西班牙人）、麥士蒂索人（各種混血兒，包括西班牙與菲律賓本土人口、西班牙人與華人、華人與菲律賓本土人口，以及其他種種組合所生下的後代）、生理人與華人（出生於菲律賓以外的華人），還有菲律賓土著（菲律賓群島的「印第安人」或原住民）。不過，他有時候對於「麥士蒂索人」與「克里奧人」的使用方式並不是前後完全一致，所以這兩個詞語有時似乎有所重疊，甚至指涉同一個族群。這種不一致性是一八八〇與九〇年代的典型特色，因為當時的政治、文化與社會變遷造成過往的階級體制變得問題重重。同樣必須記住的一點是，「菲律賓人」（filipino）一詞在當時才剛開始經歷一項重大轉變。對於該國的大多數人而言——大家都把這個國家稱為「Filipinas」或者「Las Filipinas」——「菲律賓人」一詞直到十九世紀末都還主要是克里奧人的同義詞，意指出生於菲律賓群島的純種西班牙人，而且總是遵循西班牙式的寫法而採取小寫的「f」。但另一方面，這個詞語也在幾乎不可察覺的情況下開始被向上流動的西班牙裔與華裔麥士蒂索人用來稱呼自己，而且他們也不時與傳統菲律賓克里奧人結盟，一同在政治上反抗控制了殖民地軍隊、行政與神職高層的半島人。在一九〇〇年之後——也就是在黎剎死後，而且一八九六—九八年間的反西班牙革命運動獲得成功之後——這個詞語迅速產生了一種以政治為主的意義，指的是「這個國家所有的子女」，不論他們的種族血緣為何。此外，這個詞語的開頭字母也改成大寫。但在黎剎的小說裡，這個詞語從來不曾以這種二十世紀的意義受到使用。

古爾雷諾對於這些詞語的處理方式尤其深具啟發性。第一，意指麥士蒂索人或克里奧人的「filipina」一詞（不曉得為什麼，黎剎極少使用這個形容詞或名詞的陽性形態），在古爾雷諾的譯本中都寫為「Filipina」，意為菲律賓的女性國民。克里奧人幾乎完全消失，而麥士蒂索人最常見的處理方式，則是採取盎格魯撒克遜人的種族歧視姿態而稱之為「雜種人」(half-breed)。舉例而言，黎剎針對華裔麥士蒂索人桑帝亞哥・桑多斯挖苦道（p. 29）：「si se criticaba á los mestizos sangleyes ó españoles, criticaba él tambien, acaso porque se creyese ya ibero puro」（「如果有人批評華裔或西班牙裔麥士蒂索人，他自己也會出言批評，也許是因為他早已認定自己是純種伊比利人」）。古爾雷諾的翻譯是（p. 33）：「他要是聽到批評華裔與西班牙裔雜種人的話，就也會開口附和，也許是因為他早已認為自己擁有純正的西班牙血統。」愚蠢又滿腹野心的維多莉娜夫人打算任命一名管理人員處理家中的財務事宜，黎剎（p. 239）指稱她「pensó en un administrador peninsular, no confiando en los filipinos」。其他暫且不論，此處的上下文明白顯示黎剎的意思是：「她想要來自伊比利半島的管理人員，因為她對克里奧人沒有信心。」然而，古爾雷諾卻把這句話變得現代化、民族化而且荒謬不已：「那個人員必須是來自西班牙的西班牙人，因為她對菲律賓人沒有信心」(p. 273)。在另一個地方，黎剎（p. 325）提到「pregunta una criolla」（「一個克里奧女孩問道」），古爾雷諾卻譯為：「一個雜種女孩插嘴說」(p. 373)。最引人注意的一項對比，也許是瑪麗亞・克拉拉的婚禮賓客名單所受到的描述。黎剎（p. 329）稱之為「únicamente españoles y chinos; el bello sexo está representado por españolas peninsulares y filipinas」（「完全只有西班牙人與華人；女性則是由半島人與菲律賓【克里奧】西班牙人為代表」），古爾雷諾則是譯為：「完全都是西班牙人與華人，女性只有當地的西班牙人與來自伊比利半島的西班牙人」(p. 379)。之所以引人注意，原因是古爾雷諾只有在這裡沒有錯譯「filipinas」一詞。然而，我們從此處的譯文還是可以看到一種典型的心態。在黎剎的原文裡，「filipinas」是修飾「españolas」的形容詞，所以「菲律賓西班牙人」是一項令人無法忍受而明顯可見的錯譯。此外，一九六〇年代的菲律賓年輕人如果讀到一場極為奢華的婚禮只邀請了菲律賓女性（卻沒有菲律賓男性），想必會覺得很奇怪。古爾雷諾巧妙的解決方法，就是一方面做出正確的翻譯，但又同時確保譯文不會讓人看出黎剎的原文裡有「filipinas」一詞！

※

在嘗試破解古爾雷諾的翻譯策略所帶有的意義之前，必須先談談他這個人本身。他出生於一九一五年，在美國從西班牙手中奪走菲律賓主權的十六年後。他逝世於一九八二年，在菲律賓（第二）共和國成立的三十六年後。他出身於馬尼拉的一個中產階級麥士蒂索人大家族，是少數得以贏得「受啟蒙者」這個頭銜的家族，原因是他們連續三代都產出了頗為卓越的知識分子與專業人士。[17]

17 以下這一段的家世資料取自威爾弗里多・古爾雷諾（W.M. Guerrero），《艾米塔的古爾雷諾家族》（*The Guerreros of Ermita*：Quezon City: New Day，1988），第三—四章，16-21，24-5，尤其是24；還有卡洛斯・季里諾（Carlos Quirino）為古爾雷諾的得獎黎剎傳記所寫的略帶挖苦的引言，《第一個菲律賓人》（*The First Filipino*：1963），pp. xv-xix；以及菲律賓外交部在一九六六年五月九日發布的一份生平新聞稿，series C，no. 52。

他的祖父雷昂・瑪利亞・古爾雷諾一世（一八五三—一九三五年），人稱「菲律賓植物學之父」，是一位知名的科學家、教育家、記者，以及愛國的保守派政治人物。身為聖托馬斯大學植物學教授的他，在埃米利奧・阿奎納多於一八九八年夏天宣布成立革命共和國之後開始活躍於政治上。他除了為阿奎納多的報紙《菲律賓共和報》（*La República Filipina*）寫作，也是革命議會的成員，並且服務於阿奎納多的第二批內閣，還協助領導菲律賓代表團與舒爾曼委員會（Schurman Commission）進行和平協商。美國人在一九〇七年成立了第一個殖民地議會之後，他以國民黨（Nacionalista Party）黨員身分代表布拉干省（Bulacan）第二選區擔任了一屆議員。他在此之後回歸學術生活，後來被選為馬尼拉高等學校（Liceo de Manila）的第一任校長。他的兒子瑟薩爾・古爾雷諾（Cesar Ma. Guerrero；一八八五—一九六一年）成了著名的神職人員，先後在林加延（Lingayen；一九二九—三七年）與聖費爾南多（San Fernando；一九四八—五七年）擔任主教。不過，他因為據傳與一九四二—四五年間的日本占領軍勾結而導致名聲受損，後來更因此遭控叛國罪名（由於教會領導高層的遊說，這項起訴終究獲得撤銷）。古爾雷諾一世的另一個兒子奧弗列多・古爾雷諾（Alfredo Ma. Guerrero），是一位富裕而廣受喜愛的醫生，也是我們這位翻譯者的父親。

這個家族的旁支也一樣重要。古爾雷諾一世的哥哥羅倫佐（一八三五—一九〇四年）是知名的職業藝術家，也是菲律賓最有名的畫家胡安・盧納（Juan Luna）與伊達爾戈（Resurrección Hidalgo）的老師。他的兒子費爾南多・古爾雷諾（Fernando Ma. Guerrero；一八七三—一九二九年）被人稱為「革命詩人」，至今仍以他的愛國詩作而為人稱道。他在革命期間於安東尼奧・盧納將軍的《獨立報》（*La Independencia*）當中擔任年輕的社內撰稿記者，後來在《文藝復興報》（*El*

Renacimiento）、《先鋒報》（*La Vanguardia*）、《祖國報》（*El Patria*）與《意見報》（*La Opinión*）等民族主義報社當中成為思想激進的編輯。他也在第一屆美國時期的議會出任議員。另一個兒子曼努埃爾·塞維里諾·古爾雷諾博士（Manuel Severino Guerrero；一八七七—一九一九年），在聖托馬斯大學教導醫學，也服務於《菲律賓共和報》與《意見報》，並且出版了一部活力充沛的短篇故事集，書名為《文學散文》（*Prosa Literaria*）。費爾南多的兒子威爾弗里多（Wilfrido）現仍在世，[18]是知名的劇作家、導演暨菲律賓大學教授。曼努埃爾的女兒艾凡赫琳娜（Evangelina）是西班牙文作家，以《心靈萬花筒》（*Kaleidoscopio Espiritual*）贏得一九三五年的祖貝爾獎（Zobel Prize）。自我們這位翻譯者以下各代的古爾雷諾家族成員，在家裡使用的語言都還是西班牙語；但在公共生活領域裡，前兩個世代則是與後續的世代之間存在著一項鮮明的斷裂：前兩代主要都以西班牙文寫作，但雷昂·瑪利亞·古爾雷諾與他的遠房堂哥威爾弗里多，則是幾乎都完全以美語出版著作。[19]

身為年輕的殖民地居民，而且又非常清楚自己出生於受啟蒙者世系，古爾雷諾看似注定將擁有傑出的職業生涯。他在一九三五年於馬尼拉雅典耀大學（Ateneo de Manila）取得文學士學位（最優等），接著又在一九三九年於菲律賓大學取得法學士學位（最優等）。一九四〇年，二十五歲的他已在雅典耀大學教導法學，並且在總檢察長的辦公室工作。他最早負責的一件工作，是為菲

18 編按：威爾弗里多·古爾雷諾生於一九一一年，但已於一九九五年逝世，享壽八十四歲。

19 受到朵琳·費南德茲詢問他認為自己的第一語言是什麼，古爾雷諾答道：「當然是英語」。費南德茲：「不再是西班牙語了嗎？」古爾雷諾：「我很熟悉西班牙語，但比不上英語。」阿雷格列與費南德茲，《作家及其生活環境》，p. 86。

律賓最高法院準備一項簡報，敦促法院駁回年輕的馬可仕針對一項謀殺案的定罪結果所提出的上訴（也許是因為首席法官老勞雷爾在年輕時也曾經反抗過類似的謀殺罪名，所以馬可仕贏得了上訴）。古爾雷諾在這段時期成為雷克托（Claro Recto）的門徒——他是一位富有的律師、國民黨政治人物，也是熱愛西班牙的文學家。這項關係對於古爾雷諾後來大部分的職業生涯造成了決定性的影響。古爾雷諾雖然曾在巴丹（Bataan）與科雷希多（Corregidor）和美國人並肩作戰，但卡洛斯．季里諾卻說他對美國感到幻滅，原因是美國未能保護他的國家。於是，他在日本的贊助下恢復主持他在美國時期廣受喜愛的一個每夜政治評論廣播節目——在節目裡使用「依納爵．沙勿略」這個化名（結合了聖依納爵．羅耀拉〔St. Ignatius of Loyola〕與聖沙勿略〔St. Francis Xavier〕這兩位耶穌會英雄人物的姓名）。雷克托在一九四三年於老勞雷爾的戰時共和國當上外交部長之後，年輕的古爾雷諾就加入了外交使團，而在一九四三至四五年間於新的菲律賓駐東京大使館擔任一等祕書。後來勞雷爾與雷克托都因為戰爭期間與日本人合作——就像古爾雷諾擔任神職人員的伯父瑟薩爾一樣——而遭到美國人（短暫）監禁，但這位年輕的評論家暨外交人員卻因為重要性不夠高而逃過了成為報復對象的命運。經過一小段時間的抑鬱之後，他在一九四七年重新振作，成為參議院的法律顧問，後來又加入了雷克托欣欣向榮的法律事務所。到了一九五四年，三十九歲的他已在精明的羅慕洛（Carlos Romulo）手下成為外交部副部長。他是「一九五〇年代成功人物」的一個絕佳例子，而且他看起來也沒有理由不會繼續向上攀升。不過，事情接下來的發展卻開始出了問題。

他以「亞洲人的亞洲」為主題發表了沒有事先經過許可的演說，結果惹惱了羅慕洛與美國大使館，也有不少人認為其中有些內容呼應了戰時日本宣傳的主題而憂心忡忡。這些演說的調性看起來極為合乎參議員雷克托的觀點——當時雷克托由於自身的原因而提倡一種中立並且隱含反美思想的外交立場，同時又和總統麥格塞塞激烈敵對。古爾雷諾於是被派往國外，在一九五四到一九六二年間擔任駐倫敦大使。

接下來又發生了更糟的事情。一九五九年十月，他在紐約以菲律賓聯合國代表團成員的身分參加一場外交午餐宴，結果在宴會上與華特・羅伯遜（Walter Robertson）發生爭執。羅伯遜是美國代表團的成員，也是杜勒斯（Foster Dulles）手下掌握大權而且抱持反動立場的遠東事務助理國務卿。據說古爾雷諾遭到激怒的原因，是羅伯遜以譏嘲的態度提及雷克托，又以一副紆尊降貴的姿態細數美國對於菲律賓的利他政策。羅伯遜在這場爭執的最後說道：「你非常無禮……知道嗎，你是第一個以這種態度對我說話的菲律賓人。」據說古爾雷諾這麼回答：「問題就在於你不習慣菲律賓人對美國人頂嘴。」[20]華府接著也明白表示往後的中央外交聚會不再歡迎古爾雷諾參加。他在一九六〇年成為國際糖業理事會的理事長，然後在一九六二年降級成為駐西班牙大使。另一方面，他的贊助者雷克托則是在一九六〇年底去世。在支持美國而且也獲得美國暗助的馬可仕掌權之後，古爾雷諾終究還是依附了上去，甚至在一九七五年出版了一本為戒嚴政權辯護的著作。這本書名原本取為《今日始於昨日》（*Today Began Yesterday*）的著作，對於他的名聲以及職業生涯都沒

20 見《馬尼拉時報》的報導，一九五九年十月二日。

什麼幫助。他後來開始酗酒，最終在鬱鬱不得志的情況下死於一九八二年。[21]

因此，古爾雷諾翻譯黎剎著作的情境也就相當重要。他為《失落的伊甸園》所寫的引言，日期標注為「一九五九年黎剎日【十二月三十日】」，距離他先前與羅伯遜的口角僅有三個月；至於他為《起義者》所寫的引言，時間則是在「一九六一年，黎剎誕生後一百週年的國際勞動節」，就在雷克托去世的幾個月後。看來他是有可能理解到自己已沒什麼希望能夠在高階政治當中扮演更進一步的角色，所以就像他家族裡的其他人一樣，轉向建立自己身為民族主義知識分子與文學家的名聲。實際上，他在譯完這兩部小說之後，就隨即以英文寫了一本得獎的黎剎傳記（他後來宣稱自己只用一個月就完成了這部傳記！）——還有一部西班牙文集，收錄了他的文章與演說，書名為《是與否》（*El Sí y el No*），後來在一九六三年贏得祖貝爾文學獎。

他把那麼多的精力投注在黎剎身上，而且達到的成就又是那麼奇怪，就是本文最後一節要討論的棘手問題。

※

有兩條自然浮現的探究路線，分別屬於不同層級，但不必然互相衝突。這兩條路線邀請我們從對立的觀點思考政治時間的流逝。

第一條路線是近乎普世性的時代更迭發展。在先前的時代裡，民族主義主要是發生在國家之外而且反對國家的一種群眾造反運動；在後來的時代裡，民族主義則是在新的舊國家裡被局部轉變為一種合法化的手段。在黎剎短短的三十五年人生裡，他在最後的十年間是想像以及動員菲律賓大眾民族主義以對抗兩個國家的中心人物：其中一個國家以馬尼拉為基地，是獨裁教士殖民的國家；另一個以馬德里為基地，由一半能分裂繁殖的自由─共和主義，而另一半是教士─君主的帝制國家所構成。這項任務需要推行一場同時包括解構與建構的艱困運動。這樣一場運動必須拆穿殖民國家及其反動教會盟友的面具，同時想像出一個深深不同於西班牙母國的菲律賓。小說這種文學類型（菲律賓的小說幾乎可以說是由黎剎所開創）正是分別以不同方法達成這兩種目的的理想工具。[22]小說可讓「菲律賓人」的想像成為一種有邊界的社會學現實，[23]其中涵蓋橫跨所有社會層級的數十種社會類型，相互從事著日常生活中「同步」的互動；但小說也能夠以無與倫比的仔細論述，讓讀者看見那種由剝削、殘暴、偽善、懦弱、狂熱、愚蠢、無知與貪腐堆積而成的環境，而殖民的宰制就是在這種環境中才有可能存在。換句話說，小說恰恰適合黎剎那傑出的諷刺天賦。就是在這種情境當中，我們才能夠看出《不許犯我》的某些修辭風格與手法，對於他想要

21 他在馬可仕的外交部長羅慕洛「委託」下，撰文反駁《紐約時報》刊登的一篇由流亡政治人物曼格拉浦斯（Raul Manglapus）所寫的反戒嚴令文章，後來再進一步擴充寫成這部著作。古爾雷諾在死前不久接受朵琳．費南德茲的訪談當中，以令人不忍卒睹的態度貶抑了自己的公共生涯。他擔任翻譯者、傳記作家、記者與散文家雖然獲得了極大的商業成功，卻在訪談中表示：「我不會說我自己是個作家。」此外，他也指控自己成了個俗不可耐的寫手，撰寫「愚蠢的公式化故事」，並且藉著「【為雷克托還有其他人】擔任代筆人謀生」（阿雷格列與費南德茲，《作家及其生活環境》，pp. 71-3）。

22 這項主題在拙作《想像的共同體》第二章有更詳盡的闡述。

23 閱讀這部小說的時候，我們能夠察覺到西班牙、香港、德國與美國的存在，但那些地方總是只存在於「幕後」。

達成的目的有多麼不可或缺，而古爾雷諾卻正是竭盡全力抹除這些特殊的手法。這部小說也許是出於必要而將背景設定在（近期的）過去，但作者熱切向讀者保證，上帝仍然持續秉持著慈愛的心在馬尼拉繁殖寄生蟲與不速之客。在殖民地的獨裁統治下，一般讀者絕對沒有機會直接目睹道明會修士或者總督祕密策劃陰謀的模樣；但作者可以帶著這些讀者——不論是朋友還是敵人——讓他們化為隱形，在旁偷聽這些見不得人的行為。所有人都知道，在冠冕堂皇的聲明與虔誠的講道背後，那些統治者還有他們的妻妾與情婦，一樣也會罵污穢的髒話，也會便溺，也會把泰加洛語用詞和他們經常文法錯誤的西班牙語混在一起，也會把拉丁文搞錯——而且他們就住在這條街上、把人送進那座監獄、在這間劇場觀賞低俗的歌舞表演、在那間修道院裡密謀詭計。黎剎的主要策略就是要以最具說服力也最具臨場感的社會寫實主義展現這一切：所以他才會寫下puñeta、susmariosep、Yeyeng、Pasay、salakot、Jolo等等字眼。此處的一切都是呼籲人民起身反抗的號召。

但在一九五〇年代的獨立菲律賓，這一切當中有多少是真的讓人能夠忍受得了？在一九四二至四五年間，這片土地在美國與日本這兩個殖民主的爭奪下已深受經濟、物質與道德方面的摧殘。這片土地在一九四八到五三年間經歷了二十世紀初始以來的第一場大型叛亂運動。菲律賓真正的自由遭到了美國軍事基地與美國強制要求的同等協約（Parity agreement）所束縛。不過，菲律賓的統治者是一八九〇年代麥士蒂索人革命菁英的後代，他們在美國殖民體系下獲得了龐大的財富與權力，又曾與日本占領政權合作，現在則是堅決想要當家作主。

對於這個國內與國際聲望都毫不穩固的後獨立時期權勢集團而言，黎剎——黎剎爺爺——看起來不但是朋友，也是敵人。他身上兼有西班牙、華裔與菲律賓土著的血統，而且出身優渥，所以他是他們的一員。他的英勇與自我犧牲絕對足以作為模範。在所有的菲律賓人當中，只有他能夠獲得西班牙與德國以他的名字為街道命名，也只有他的著作被譯成印度語、法語、印尼語、英語以及俄語。他的雕像可見於上百座菲律賓小鎮的廣場上。他是農民之間一個廣泛神祕教派的中心人物。因此，他是菲律賓民族主義真理的保證人——而且就特定意義上而言，甚至也是那個真理的卸責藉口。

但他同時也是敵人，因為他不像聖女貞德或者威廉．泰爾，他本身就是民族主義者，而且持續不停寫作。他寫下的大部分作品，到了一九五〇年代都終究不免令人感到惱怒，甚至具有顛覆性——看在他那位抱持民族主義的翻譯者眼中也是如此。黎剎譴責對於女性的壓迫：但雷克托隻手阻止了菲律賓在第一次世界大戰之後跟隨美國的腳步為女性賦予投票權。黎剎諷刺與外國勾結的麥士蒂索人農場主：但古爾雷諾成了國際糖業理事會的理事長，而且菲律賓議會也受到與外國勾結的糖業大亨所支配。黎剎毫不留情地嘲諷天主教領導階層：但在一九五〇年代，菲律賓樞機主教魯菲諾．桑多斯（Rufino Santos）卻與殖民時代的反動西班牙知識階層如出一轍；此外，古爾雷諾的伯父瑟薩爾主教也宛如《不許犯我》或《起義者》書中的人物。也許就是因為這些思慮，古爾雷諾才會在翻譯過程中刪改小說內容，並且藉著去現代化、排除讀者以及去在地化等手段，把黎剎的菲律賓和他自己那個時代的菲律賓盡可能拉開距離。

不過，除了這些狹隘的思慮之外，其他思慮可能更加深入也更為重要。單是獨立這項事實本身，就使得菲律賓群島上有出現官方民族主義的可能，從某個觀點來看甚至可以說是有這樣的必要性。這種民族主義是國家散發出來的結果，也是國家的防禦盔甲。這種民族主義不只展現在官方的紀念典禮當中，也展現在一種系統性的方案裡，主要——如果不是說完全的話——透過國家的學校體系施行，藉以創造一套官方民族主義歷史、一群官方民族主義英雄，以及一項官方民族主義文化，並且將其傳播於這個國家初期的年輕公民當中——當然這都是為了國家本身的利益鋪路。其中最首要的利益，就是向人民灌輸對於國家本身的信心、崇敬，以及順從。

我們可以看得出來，一位懷有社會激進思想、破舊立新、充滿嘲諷、關懷鄉土並且標舉道德的黎剎並無法被直接套用到這項方案當中。從官方民族主義的觀點來看，英雄應該受到崇敬，而不是仰慕；應該只供人民瞻仰，而不要讓人聆聽其言論——也不要閱讀其著作。難怪官方的黎剎是王城區的博物館裡那個一語不發的烈士蠟像，是那個手上拖著（闔上的）《不許犯我》與《起義者》的雕像，那個寫下〈我的訣別〉（Mi Último Adiós）這首輓歌的詩人。[24]如果說黎剎在這個面向足以作為模範，那麼他也一點都不獨特。跛腳的革命政治家馬比尼同樣有一座紀念他的博物館，而且被官方稱為「非凡的癱瘓者」，但他那些明晰而尖銳的西班牙文著作卻大部分都沒有被翻譯成英文或泰加洛語。安東尼奧．盧納這位革命共和國最富有創意的將軍，也有許多向他致敬的雕像，但那些雕像卻沒有註明他是遭到共和國總統阿奎納多下令刺殺；而且當代公民也無法閱讀他那些文筆傑出的信件與文章。波尼費希歐這位「偉大的平民」，在馬尼拉北部一個破舊髒亂的地區，有一尊引人注目的雕像紀念他，但基座上雖然刻了他的話語，那些話語卻是他為了蒙蔽西班牙殖民地安全單位而設計的密碼，所以一般大眾根本看不懂。[25]這些做法的效果全都是表達著：「以前是以前，現在是現在。」沒有關聯，只是模範而已。

雷昂．瑪利亞．古爾雷諾在其成年人生的大半時間裡，都是菲律賓國內一位忠實而且富有才智的僕人。我們不禁懷疑，在他對於黎剎著作的翻譯當中，這個國家的要求也許有意或無意地成了他的策略指南。

然而，把古爾雷諾譯本中的問題單純歸咎於後獨立菁英心裡有鬼，或是官方民族主義的要求，我認為還是沒有真正解決這些問題，因為這樣的解釋無法充分說明去歐洲化、去泰加洛化，尤其是時代錯置的現象。

這時候，我們必須把目光轉向美國帝國主義以及其所造成的後果。至少從本篇文章的觀點來看，其中最重要的後果，就是以美語取代西班牙語成為菲律賓群島的通用語，以及在根本上重塑了菲律賓人對於自己的概念。我從這裡開始，將會試著論述這些轉變實際上導致黎剎的「Filipinas」變得幾乎無法想像。

我們在先前提過，根據一九三九年的人口普查（在美國殖民的四十年之後），菲律賓人口只有不到三％聲稱自己通曉西班牙語，但有二六％以上表示自己通曉「英語」。這兩個數字都值得注意，也分別需要解釋。雖然確實有不少殖民地官員鄙視西班牙語（以及西班牙文化），卻不能夠說消除西班牙語是美國的帝國主義政策：畢竟，本質上可以算是美國殖民地的波多黎各，就至今仍然基本上是個通行西班牙語的社會。實際上，即便到了西班牙時期的結尾，菲律賓也只有五％

24 這就是為什麼安伯斯·歐坎波（Ambeth Ocampo）探討黎剎的那部極度風趣又樸實的著作（《黎剎的真實面貌》〔*Rizal without the Overcoat*，Manila: Anvil，1990〕）會如此令人耳目一新而且又值得重視。

25 我們在這裡是不是也察覺到了一種「宣福」情形，也就是善於辯論的革命領袖被輕易轉變成為靜默的**聖人**？

的人口精通西班牙語。[26]然而，鑒於黎剎那個世代的菁英分子都自在地把西班牙語當成他們的通用語，可見第一共和國如果得以存續下來，其教育機構必定會把西班牙語迅速擴散成為國語。美國之所以能夠在短時間內迅速獲得勝利，原因是殖民政權建立了菲律賓最早的現代國家學校體系（在一八九九年之後的第一代，註冊入學率提高了五倍），同時也使得英語能力成為獲取快速增加的官僚工作機會以及從事大多數職業的必要條件。因此，對於數以萬計充滿抱負而且致力追求向上流動的菲律賓人而言，英語就成了通往社會、政治與經濟晉升的門戶。[27]天主教學校也朝著相同的方向發展，只是速度比較緩慢。[28]另一方面，美語雖然取代了西班牙語成為殖民地的權力語言，但美語和當地方言卻具有相當不一樣的關係，尤其是泰加洛語。在數百年的伊比利半島支配之下，當地方言的許多詞彙和慣用語都滲入了西班牙語當中，尤其是當地的西班牙語又沒有受到一套標準化學校體系的「監督」。這點即可解釋《不許犯我》當中的人物為何經常脫口說出泰加洛語的詞彙，即便是西班牙人也不例外。然而，美國人卻因為太過新近、太過強大，待的時間也太短，所以根本來不及和泰加洛語有任何往來，而且美國人設立的學校也強化了這樣的立場。[29]所以，菲律賓才會廣為流傳一項謠言，指稱學童只要在教室裡使用自己的母語，就會遭到美國教師懲罰。[30]（在美國接受教育的古爾雷諾，會不會就是因為這個原因而在他的《不可犯我》譯本中刪去了所有的泰加洛語？）

不過，除了語言的改變之外，一項帝國主義規則更是帶來了更加廣泛的衝擊，而且這項規則幾乎在每個面向上都與先前的那個政權徹底相對。二十世紀初期的美國，是個巨大、富裕、高度工業化、世俗、共和又粗鄙的國家，而且在明確的限度內採取民主治理。[31]西班牙則是又小又窮、

26 這種背離西班牙帝國常態的意外現象，只有在巴拉圭看得到類似的情形，也就是瓜拉尼語（Guaraní）至今仍是與西班牙語並存的國家語言。這種現象的解釋是，在這兩個地區，由於當地特有的歷史因素，大部分的政治權力都長期掌握在神職人員手中；他們一方面想要爭取本土人口入教，同時也想要剝削他們。不同於其他大多數的西班牙人，這些神職人員認為自己有必要學習當地語言，以便能夠以當地人聽得懂的語言把上帝的真理傳達給他們。（至於頗為孱弱的世俗統治當局，也體認到要建立現代學校體系以推廣西班牙文所必須付出的代價，將遠遠超出這兩個資源相對貧乏的殖民地所能夠帶來的收入。）不過，由於西班牙殖民在菲律賓歷史悠久，而且神職人員又無所不在，因此當地語言深受伊比利半島的影響。有些語言學家估計認為，菲律賓的各大區域語言有多達四分之一的詞根都源自西班牙語。

27 統計數據深具揭示性。一九〇三年，在殖民地行政機構當中為數約五千五百的職位當中，菲律賓人只擔任了不到其中一半。到了一九二一年，為數一萬四千的這類工作當中，已有九〇%的任職者都是菲律賓人。到了一九三〇年代中期，此一百分比又進一步提高到九九%。見阿貢西洛，《菲律賓簡史》（New York: Mentor，1969），p. 169；以及韋費爾，〈菲律賓〉，收錄於喬治・凱亨編，《東南亞的政府與政治》（Ithaca, NY: Cornell University Press，1964），pp. 689-90。

28 決定性的轉折出現在一九二一年，當時梵蒂岡因為美國施壓而把菲律賓的西班牙耶穌會士轉調到印度，而把菲律賓交給紐約—馬里蘭省。見努恩（Martin Noone），《馬尼拉總主教歐多厄提其人其事》（*The Life and Times of Michael O'Doherty, Archbishop of Manila*；Quezon City: R.P. Garcia，1988），pp. 146 ff。因此，到了古爾雷諾在一九二〇年代初期就讀耶穌會著名的馬尼拉雅典耀大學之時，這所學校已是美國學校，而不像黎剎在半個世紀前就讀那裡之時是一所西班牙學校。

29 這種態度在獨立之後仍然持續了下來。印尼與暹羅的美國學者在一九五〇年代都忙著學習印尼語和泰語，但他們在菲律賓工作的同僚卻直到一九七〇年代才開始學習泰加洛語。

30 之所以說是謠言，原因是早在一九二七年，公立學校的教師就已有九九%左右都是菲律賓人！見韋費爾，《菲律賓政治：發展與衰敗》（*Filipino Politics: Development and Decay*；Ithaca, NY: Cornell University Press，1988），p. 9。

31 我們在此不妨提醒自己，女性直到一九一八年以後才獲得投票權，而數以百萬計的黑人遭到剝奪投票權的情形更是持續到了一九六〇年代。

以農業為主、重視告解、實施半君主制、注重古典修養，而且民主程度僅達最低限度的國家。在美國政權下，一度權高勢大的天主教會被推到了政治邊緣。美菲貿易關稅調整法案在一九〇九年通過之後，菲律賓即得以在美國保護主義的高牆內通行，從而首度產生了一個極度富裕的農場主寡頭政治集團。偏遠區域，尤其是民答那峨，則是被納入了一個新近整合的資本主義經濟。儘管投票權高度受限，但菲律賓還是產生了經由選舉而來的國家領導人。一套新的美國式教育體系成立，開始產出律師與工程師，而不再是神學家與古典學者。[32]此外，美國的統治也正值商業廣播與電影出現之時，而這樣的媒體至少對菲律賓的都市社會造成了重大影響。在考慮以上這一切的情況下，我們也許比較能夠瞭解古爾雷諾為什麼會對他的《不許犯我》譯本採取去歐洲化的處理手法，以及他為什麼會說那麼多菲律賓年輕人「對於自己祖先的習俗已一無所知」。連同阿克泰翁與克蘿伊、商博良與哲學家，一整個世界已經消失了——而且不只對於菲律賓年輕人是如此。在殖民母國本身當中，古典文化的殘跡也大體上都已消失。就這方面而言，一九五〇年代的華府與馬尼拉其實相差不大。

最後也最重要的一點，則是對於菲律賓與菲律賓社會的想像，在一八八〇年代開始出現根本性的改變，結果在短短兩個世代以後即告徹底完成。我們大可將這項改變單純描述成黎剎是愛國志士，而古爾雷諾則是民族主義者。[33]

舉例而言，非常引人注意的一點是，黎剎在遭到處死之前不久所寫下的那首優美詩作，對象並不是他的菲律賓同胞，而是他的「patria adorada」（敬愛的祖國）。實際上，詩中唯一提到的人只有他的家人，還有「dulce extranjera」（甜美的外國人），也就是他那位不幸的「愛爾蘭」妻子約瑟芬（Josephine）。也許我們不該對這種形式的題獻感到意外。黎剎的足跡遍及美國、西班牙、義大利、法國、德國、英國、比利時與香港，卻從來不曾到過伊羅戈斯、比科爾（Bicol）或者米沙鄢。他對民答那峨之所以能夠獲得有限的認識，也必須歸功於西班牙當局把他放逐到達畢丹。（就這方面而言，他完全屬於當代典型的受啟蒙者。）儘管如此，他卻深知「菲律賓」是什麼，而且菲律賓的地形也可見於地圖、報紙與書本當中。[34]菲律賓已經存在了三百五十年，[35]也是想像中一個令人深愛的對象——一個地方，一個「故鄉」。但在他的時代，如同我們先前指出過的，這個地方的各種不同居民還沒有一個整體的名稱：「filipinos」（菲律賓人）仍然主要是西班牙克里奧人。當然，他提到了「pueblo」——「人民」——但其輪廓仍然模糊不清，其中一大原因是他經常使用這個詞語指涉卡蘭巴或馬尼拉的當地居民。他真正畫出的界線，乃是布拉丁所謂的「克里奧愛國

32 古爾雷諾對於自己求學期間的回憶，頗能讓人看出這樣的轉變。「那個時候，文學士課程當中的文學課是最重要的一門課——在雅典耀是這樣。那門課理當是菁英課程……【但】我記得我們連一部莎劇都沒有仔細讀過……我們甚至沒有閱讀所謂的上個世紀的文學——更沒有讀（比較現代的文學）。我們甚至沒有接觸到海明威、福克納，連埃德娜・費伯（Edna Ferber）和薇拉・凱瑟（Willa Cather）也沒有……真是十足的文化沙漠！」阿雷格列與費南德茲，《作家及其生活環境》，pp. 72-3。

33 我在這些方面的思考深受布拉丁的巨著所激勵：《第一個美國：西班牙君主政體、克里奧愛國分子，以及自由主義國家，一四九二—一八六七》（Cambridge: Cabridge University Press，1991）。

34 關於這一點的一般性探討，見拙著《想像的共同體》第十章〈人口普查，地圖，博物館〉。

35 這個名稱據說是在一五二七—二九年間由艾瓦洛・德薩維德拉（Alvaro de Saavedra）所創，他是麥哲倫環球航行探險隊的成員。

主義」的那種典型界線——包括政治、道德與感情方面的界線。在這些界線的一側，是對於「敬愛的祖國」與正義深懷熱愛的人士，而另一側則是他們的敵人與壓迫者。所以，他完全不覺得以《起義者》紀念伯戈斯與薩莫拉（Jacinto Zamora）這兩位克里奧人以及馬利亞諾．戈麥斯（Mariano Gómez）這位華裔麥士蒂索人有什麼奇怪，因為他們三人在他眼中就是在一八七二年遭到殖民地政權以絞刑公開處死的愛國在俗教士。《不許犯我》當中的男女主角都是麥士蒂索人，對他來說也是再尋常也不過的事情。[36]在這兩部小說裡，愛國人士與壓迫者都普遍存在於殖民社會的每個傳統階層裡——包括克里奧人、麥士蒂索人、菲律賓土著，甚至是半島人。[37]

如同我們先前提過的，黎剎與他那個世代的革命人士達成的其中一項成就，就是逐漸想像出一種新的歷史人物：菲律賓人。至少就大部分的政治目的而言，菲律賓土著、麥士蒂索人還有克里奧人都消失於這個菲律賓人當中。半島人在一八九九年之後返回了西班牙，而他們要是留下來，即注定將成為「菲律賓公民」，而這又是一個新的想像。隨著時間過去，隨著民族主義擴散，隨著投票權逐漸普及，而且隨著菲律賓達成第二次的獨立，「菲律賓人」也愈來愈取代了「菲律賓」的地位而成為修辭與真實情感依附的對象。古爾雷諾就是這項巨大地下變動的產物。他為《不許犯我》所寫的引言，是以菲律賓人為對象，對於菲律賓則是連提都沒提到。[38]此外，這些菲律賓人現在大體上也都被視為民族種族上的整體。這樣的概念極為根深蒂固，不僅在古爾雷諾的心中如此，在他那個時代大多數受過教育的菲律賓人心中也是一樣，以致黎剎看待周圍世界的方式在他們眼中已顯得幾乎無法理解。要解開古爾雷諾的《不許犯我》譯本當中的時代錯置之謎，我猜關鍵就在於這種社會分類的轉變。在任何由西班牙文直譯而來的譯本當中，菲律賓年輕人必定一眼就會看出自己並不存在於這部小說裡。「菲律賓人」當然有出現在小說裡，但那些菲律賓人卻正是今天的菲律賓人所不是的那種人：亦即「血統純正」的西班牙克里奧人。這點連同盎格魯撒克遜人種族歧視的影響一起來看，也許有助於解釋古爾雷諾為什麼會把麥士蒂索人（殖民地人口的一種社會與法律類別）翻譯成「雜種人」，儘管就這樣的條件來看，黎剎和他自己也同樣算是「雜種人」。然而，第一個菲律賓人身為「雜種人」的情形，在一九五〇年代是可以想像的嗎？

我們也不該忘記另一項不同的轉變，在一九三〇年代涓滴而起，至今已成為一道浪潮：也就是無數的菲律賓居民永久遷移到這座群島的邊界之外的遙遠他方。先是到夏威夷與阿拉斯加；後來在甘迺迪政府修改美國移民法之後，又遷移到加州與美國本土的其他地方；最後在馬可仕與艾奎諾執政期間，更遷移到歐洲、南美洲、中東、香港、日本、新加坡——任何一個找得到希望的地方。這波巨大的人口外移潮造就了好幾十萬的人口，雖然都來自菲律賓，但卻已不再屬於其公民，也不再是故鄉地貌當中的成員。不過，他們卻深深依附於一種「認同」。對於這種認同，古爾雷諾必然完全能夠理解，但黎剎爺爺卻必定會認為非比尋常。

然而，如果說這樣的轉變已經完成，恐怕不免過於輕率。這很可能就是菲律賓歷史的書寫至

36 瑪麗亞．克拉拉實際上是半島人達馬索神父與帝亞哥老大那個應該是麥士蒂索人的妻子愛爾芭夫人（Pia Alba）通姦生下的孩子。

37 舉例而言，見《不許犯我》當中的自由派半島人學生桑多瓦爾。

38 這樣的沈默不語是不是預示了馬嘉柏皋總統（Diosdado Pangan Macapagal）在一九六二年提出的沙巴屬於菲律賓所有的主張，儘管沙巴絕對不是古菲律賓的一部分？

今仍然如此零碎的一個原因。在教育文化體育部所支持的標準歷史教科書當中，菲律賓兒童被教導自己的體內「有四〇%的馬來血統、三〇%的印尼血統、一〇%的尼格利陀人（Negrito）血統、一〇%的華人血統、五%的印度人血統、二%的阿拉伯人血統，以及三%的歐洲與美國人血統」。[39]此外，所有的菲律賓人都是來自外地：「阿埃塔人（Aeta）或尼格利陀人最早抵達菲律賓。」[40]相反地，前教育部長暨菲律賓大學校長高布斯則認為菲律賓人的初始人種是塔布人（Tabon Man）。這個人種在巴拉望出土的工具殘跡，據說至少可回溯到西元前六萬年。[41]忠實擁護西班牙的文人華金寫道：「在一五二一年以前，我們可以是除了菲律賓人以外的任何民族；在一五六五年以後，我們則只能夠是菲律賓人」[42]——這是西班牙征服造成的技術與文化革命所造成的結果。在某些著名的天主教史學家眼中，菲律賓歷史的真實進程則是機緣巧合地始於地球另一半的基督教誕生。[43]

在此也許可以提出一項猜測性的最後評論。布拉丁在他針對西班牙—美國思想的漫長演變所進行的研究當中，向讀者明白顯示了互相對立的衝動如何總是發揮著作用，而且隨著美洲的地方愛國主義發展出來並且受到轉變之後，這些對立又變得愈來愈激烈。數百年來，克里奧人與麥士蒂索人都想方設法要把蒙特蘇馬與他的引誘者科爾特斯，還有阿塔瓦爾帕與處死了他的皮薩羅等人，都主張為他們的共同祖先。今天，經過將近兩個世紀的民族主義之後，我聽說整個墨西哥只有一尊科爾特斯的雕像，而且是毫不起眼地藏在墨西哥市一個僻靜的區域。不過，現在用來公開讚揚阿茲特克與馬雅祖先的語言，卻是那個藏在視線之外的征服者所使用的語言。這種雙重抹除——一方面抹除了科爾特斯這個祖先，另一方面又抹除了馬雅語——令人覺得是菁英民族主義很可能會有的一項特徵，因為這些菁英深知自己的混合歷史與文化。我們這個時代的民族主義都懷有純粹的夢想，而難以懷著慈愛的心態欣賞「純粹的混合」這個矛盾詞語。也許這終究就是為什麼黎剎小說中，克里奧與麥士蒂索人的世界會在這麼短的時間內就變得如此難以想像——而且也無法翻譯。

後記

在先前引述朵琳．費南德茲的訪談當中，古爾雷諾特別自豪地提及（p. 76）自己成功翻譯了那個著名的場景，也就是仍然年輕而尚未轉為邪惡的孔索拉席翁女士與她的先生爭執著「Filipinas」該怎麼發音。他的成就所帶有的奇特本質，值得我們加以檢視。

39 見穆德（Niels Mulder），〈菲律賓教科書與民族自我形象〉（Philippine Textbooks and the National Self-Image），《菲律賓研究》（*Philippine Studies*），38: 1（1990），pp. 84-102，其中 p. 88 引用了卡摩納波騰希亞諾（N. Carmona-Potenciano）與巴塔德（T.T. Batrad），《我們的國家以及其人民》（*Our Country and its People*），vol. 1（Manila: Bookmark，1987），pp. 3-5。

40 同上，pp. 84-102。

41 見高布斯，《菲律賓民族的根源》（*The Roots of the Filipino Nation*，Quezon City: Aklahi Foundation，1989），pp. ix，2。

42 《文化與歷史》（*Culture and History*，Mandaluyong: Solar，1988），p. 14。

43 舉例而言，見舒瑪克，《革命神職人員：菲律賓神職人員與民族主義運動，一八五〇—一九〇三》（*Revolutionary Clergy: The Filipino Clergy and the Nationalist Movement, 1850-1903*，Quezon City: Ateneo de Manila Press，1981）；以及德拉科斯塔，《菲律賓的耶穌會士，一五八一—一七六八》（Cambridge, Mass.: Harvard University Press，1961）。

西班牙原文如下：

—Una de las bellas cualidades de esta señora era el procurar ignorar el tagalo, ó al menos aparentar no saberlo, hablándolo lo peor posible: así se daría aires de una verdadera *orofea*, como ellos solía decir. Y hacia bien! porque si martizaba el tagalo, el castellano no salía mejor librado ni en cuanto se refería á la gramática, ni á la pronunciación. Y sin embargo su marido, las sillas y los zapatos, cada cual había puesto de su parte cuanto podía para enseñarla! Una de las palabras que costaron más trabajo aun que à Champollion los geroglíficos, era la palabra *Filipinas*.

Cuéntase que al día siguente de su boda, hablando con su marido, que entonces era cabo, había dicho *Pilipinas*; el cabo creyó deber suyo corregirla y le dijo dándole un coscorron: "De Filipinas, mujer! no seas bruta. No sabes que se llama así á tu p— país por venir de Felipe?" La mujer, que soñaba en su luna de miel, quiso obedecer y dijo *Felepinas*. Al cabo le pareció que ya se acercaba, aumentó los coscorrones y la increpó . . . "Pero, mujer, no puedes pronunciar: Felipe? No lo olvides, sabe que el Rey Don Felipe . . . quinto . . . Dí Felipe, y añadele nas que en latin significa islas de indios, y tienes el nombre de tu rep— país!" La Consolación, lavandera entonces, palpándose el chichon ó los chichones, repitió empezando á perder la paciencia. "Fe . . . lipe, Felipe . . . nas, Felipenas, así *ba*?"

El cabo se quedó viendo visiones. Por qué resultó *Felipenas* en vez de *Felipinas*? Una de dos: ó se dice *Felipenas* ó hay de decir *Felipi*? Aquel día tuvo por prudente callarse; dejó á su mujer y fue á consultar cuidadosamente los impresos. Aquí su admiración llegó al colmo; restrégose los ojos: A ver . . . despacio! —*Filipinas* decían todos los impresos bien deletreados: ni él ni su mujer tenían razon.

“Cómo?” murmuraba, “puede mentir la Historia? No dice este libro que Alonso Saavedra había dado este nombre al país en obsequio al infante D. Felipe? Cómo se corrompió este nombre? Si será un indio el tal Alonso Saavedra . . . ?”

這段文字可以直譯如下：

這位女士所帶有的其中一項迷人特質，就是努力不懂泰加洛語，或者至少是假裝不懂，只要說起泰加洛語就會表現得盡可能蹩腳：這麼一來，她就可以讓自己呈現出一副正統「orofea」【歐洲人】——她總是這麼說——的氣質。也罷！如果說她折磨了泰加洛語，那麼從她口中說出的西班牙語不管在文法還是拼音方面也好不到哪裡去，儘管她的先生，還有他手邊的椅子以及腳上的靴子，都竭盡了全力教她！有一個字眼對她造成了極大的困擾，比起商博良解譯埃及象形文字還要辛苦，而這個字眼就是「Filipinas」。據說在她婚禮之後的次日，她和當時還是下士的丈夫聊天，結果說了「Pilipinas」。她的丈夫認定自己有義務糾正她，於是輕輕打了她一下，說：「妳這女人，是『Felipinas』啦！不要像個傻瓜一樣。你難道不知道他們是這麼稱呼妳這該死的國家嗎？是由『Felipe』（腓力）演變而來的。」當時仍陶醉在蜜月夢想中的她，想要遵從丈夫的教導，於是說了「Felepinas」。她的丈夫覺得她的發音比較接近了，於是又打得更大力，並且這麼罵道：「妳這個女人，妳難道不會說『Felipe』嗎？別忘了，你知道國王的名字啊，腓力……五世……說『Felipe』，然後加上『nas』，這是拉丁文，意思是『土著的群島』。這樣合起來，就是妳這該死的國家的名稱了！」

在當時還是洗衣婦的孔索拉席翁，小心翼翼地輕撫身上的紅腫之處，然後重複了這個字眼，努力壓抑著內心的不耐。「Fe……lipe，Felipe……nas，Felipenas，這樣對吧（*ba*）？」她的丈夫覺得頭昏腦脹。為什麼會變成「Felipenas」，而不是「Felipinas」？只有一種情形應該是對的：要不是「Felipenas」，不然就是必須把腓力說成「Felipi」？

為了避免出糗，他於是沒有再繼續說下去。離開他太太之後，他就立刻焦急地查詢了書本。一查之下，他更是感到震驚不已。他揉了揉眼睛。等一下……慢慢來……所有印刷良好的書都說是「Filipinas」：所以他和他太太都錯了。

「怎麼會這樣？」他喃喃自語：「歷史有可能會騙人嗎？這本書不是說阿隆索．薩維德拉為了向腓力親王致敬而為這個國家取了這個名稱嗎？這個名字怎麼變了？難道說這個阿隆索．薩維德拉是菲律賓土著嗎？」

另一方面，古爾雷諾的翻譯則是如下：

的確，這位女士所帶有的其中一項可愛特質，就是努力拋棄自己的泰加洛語，或者至少是假裝不懂，只要說起泰加洛語就會表現得盡可能蹩腳，從而為自己賦予正統「歐鄒倫」——她總是這麼說——的氣質。也罷，如果說她的泰加洛語是刻意講得不好，那麼她的西班牙語也好不到哪裡去，不管是文法還是發音都是如此，儘管她的先生藉著拳打腳踢的輔助而竭盡了全力教她。有個字眼對她造成了莫大的困擾，甚至比最著名的埃及學家解譯象形文字還要辛苦，而這個字眼就是「Philippines」。

據說在她婚禮之後的次日，她和當時還是下士的丈夫聊著天，而把那個字眼發音成：Pehleefens。她的丈夫覺得自己有義務糾正她，於是打了她一下，訓誡道：「女孩，是『Feeleepines』啦！不要那麼笨。你難道連自己這可惡的國家是以腓力國王的名字命名的都不知道嗎？」他的太太在當時還沉溺於蜜月的夢想當中，於是盡力順從了他，而把發音改為：Feeleefeens。

她的丈夫覺得她的發音比較接近了，於是又打了她幾下，然後責罵道：「你這女人，連『Philip』都不會說嗎？別忘了國王腓力……五世……。反正先說『Philip』，再加上『pines』，這是拉丁文，意思是『黑鬼群島』。只要這樣子說，就是你這可惡的國家的名字了！」

在當時還是洗衣婦的孔索拉席翁女士，小心翼翼地用手指輕撫自己被丈夫打了的地方，然後強忍不耐地跟著說：「Peeleep——Peeleep……pines——Peeleepines，對不對？」

「不是『p』開頭的『Peeleep』！」她的丈夫怒吼道：「是『f』開頭的『Feeleep』！」

「為什麼？你怎麼拼『Peeleep』？是『p』開頭還是『f』開頭？」

她的丈夫在那時候覺得改變話題會是比較明智的做法，後來才查閱了辭典。一查之下，他不禁深感驚奇。他揉了揉眼睛。等一下……慢慢來……可是確實沒錯。P-h-i-l-i-p-p-i-n-e-s；他和他太太都錯了：不是「p」開頭，也不是「f」開頭，而是「ph」。

怎麼會這樣？他喃喃自語。辭典怎麼可能會是錯的呢？還是說這本辭典是由某個愚笨的土著所寫的？

在這段文字裡，黎剎的嘲諷對象是孔索拉席翁那個**半島人**（西班牙裔西班牙人）丈夫的野蠻、無知以及愚蠢。他連這個殖民地的西班牙文名稱都搞不清楚，也搞錯了據說在十六世紀創造出這個名稱的人物：艾瓦洛．德薩維德拉。他認為這個名稱是為了向腓力五世（一六八三—一七四六年）致敬，也就是十八世紀波旁王朝的創始人。黎剎可以確定他的讀者一定知道腓力五世是個有氣無力的西班牙統治者，晚年死在愚癡當中。不過，這段文字裡還有一個次要主題，黎剎悄悄揭穿了孔索拉席翁硬要裝出「歐洲人」氣質的可悲樣貌，而安排她脫口而出「ba」這個泰加洛語當中的疑問助詞。這一切的樂趣，在古爾雷諾的版本當中都被抹除一空。

另一個次要的嘲諷目標是西班牙語這個語言，因為「Las Filipinas」這個名稱無法以「合乎邏輯」的方式從「Felipe」這個名字演變而來，不論這位下士和他年輕的太太如何努力要找出其中的「邏輯性」。但在古爾雷諾的版本裡，嘲諷目標卻變成了菲律賓人難以辨別「p」和「f」的發音。

不過，最具啟發性的是古爾雷諾略去最後一段的做法。就這方面來看，歷史是不會騙人的。在他刻意的選擇下，在四百五十年前為菲律賓取名的阿隆索／艾瓦洛．德薩維德拉——以及這個名稱所致敬的西班牙統治者（腓力親王，後來成為布勞岱爾筆下的哈布斯堡王朝反英雄腓力二世）——都如同我們今天所說的，「消失了」。就像科爾特斯一樣嗎？

第三部　東南亞：比較研究

SOUTHEAST ASIA: COMPARATIVE STUDIES

12

東南亞的選舉
Elections in Southeast Asia

一般性思考

「國家」層級的選舉——目的在於產生一個立法機關，其正式地位與管轄權都與既有的行政部門近乎相等——在東南亞是一種相當晚近的創新。[1]在本文探討的三個國家當中，這項創新出現的時間分別是：菲律賓在一九〇七年，荷屬東印度（當今的印尼）在一九一八年，暹羅（當今的泰國）則是一九三二年。在每一個案例當中，這樣的創新都是緊跟在政治危機之後，而且明顯可見是對於危機的回應：在菲律賓，這樣的危機是一八九六－一九〇八年間的反西班牙革命，以及美國以成本高昂的殘暴手段「平定」叛亂運動；荷屬東印度的危機，是第一次世界大戰結束後發生在荷蘭本身的一場短暫的革命暴動，還有伊斯蘭聯盟在爪哇引人注目的擴張；至於暹羅的危機，則是一九三二年六月二十日推翻君主專制的政變。

1 在受到殖民的區域，殖民地行政機關自然不可能是由選舉產生，也不會對新成立的立法機關負責。在沒有受到殖民的暹羅，君主在一九三二年之後理當只是單純的國家元首。後來隨著行政部門的民族化，問責制度才開始出現緩慢的發展。

這種模式極為類似於將選舉機制輸出至東南亞的那些地區——也就是西歐與美國——所能夠觀察到的選舉機制演變：換句話說，國家層級的立法機關以及投票權的擴張是跟隨在政治生活的某種民主化之後，而不是帶來這樣的民主化。在美國，我們只需想想女性投票權和民權運動。這兩項帶有許多選舉外政治活動的運動，分別是在一九二〇年通過憲法第十九條修正案以及一九六五年通過民權法案之後臻於高峰。在歐洲，我們還記得那些促成三級會議與俄國國會召開的社會騷動，以及英國在十九世紀初期對於天主教徒的政治解放。

這些先例明白證實了選舉主義的雙面性質。就正面性質而言，能夠在選舉當中投票的權利——就算是不盡然自由或者不具競爭性的選舉也沒關係——在現代時期被視為是完整公民身分最重要的象徵：這種權利代表了合法**地位**以及資格。因此，在政體朝著自我定義為民族國家的方向邁進之際，才會無可抗拒地致力推行成人普遍投票權。（這個面向究竟有多麼重要，只要思考以下這個假設性的問題即可感受得出來：想想看，如果有一條法律規定個人只要在一定期間內——例如十年——沒有行使投票權，就會從此喪失這種權利，將會引起多麼激烈的反應。）選舉主義的第二個關鍵正面性質，是為人民——尤其是社會弱勢——提供了這樣的承諾：在決定性的短暫歷史時刻，能夠在國家地理範圍內的所有相關抗爭地點施行法律。立法機關將會一舉達成許許多多的罷工、示威、曠工、強迫雇用、靜坐、遊行、刺殺以及禱告會所做不到的事情，原因是後者這些活動都不免只是地方性或區域性，也只能斷斷續續地發生，而且又缺乏法律效力。想想英國在一八五〇至一九五〇年間通過的一系列法律，如何禁止童工、保護女性工作者、保證最低工資、建立社會保障、把工會以及特定種類的罷工活動合法化——這些法律在西歐大部分地區都有類似的版本——就完全可以理解選舉政治的吸引力。此外，這些法律也不僅只是獲得訂立，也因為這些法律產生自選舉過程，而不是家長式行政長官給予的恩賜，因此大體上都被視為不可反轉。

另一方面，西歐對於選舉過程的信心也是奠基在一項一般性的假設上，亦即認為法律只要受到立法機關制定，就會以合理且公正的方式施行於全國。而這項假設本身則是衍生自既有的那種強大的中央集權官僚機構，承繼自專制時代，在法國大革命之後受到不同程度的現代化而成為公務機關。（美國是此一模式當中一個引人注目的例外，後續將會談到這點在菲律賓造成的後果。）

至於反面，只需想想一九六五年的民權法案：這項法案的目的不僅在於為數以百萬計的南方黑人賦予投票權，也在於終止靜坐抗議、自由遊行、暴動以及其他各種示威活動。「反正你們現在已經有投票權了嘛，」國會彷彿這麼說著。不過，正常投票在許多方面上其實都是一種很奇怪的活動。在法律規定或政府決定的一個特定日子當中的特定時段，在通常由地方當局設置的地點，跟著一群陌生人一起排隊，輪流進入一個僅可容納單人的空間，拉下拉桿或者在一張紙上做記號，然後以先前進入那個空間的那種平靜姿態離開——從頭到尾不會有人對你提出任何質問。投票幾乎可以說是唯一能夠在完全孤獨的情況下完成的政治行為，而且完全是一種象徵性的行為：因此，投票幾乎是和其他一切形態的個人政治參與全然相反。如果說投票帶有一般性的意義，那麼這種意義也是經過數學加總之後才會出現的結果。從這個觀點來看，我們可以輕易得出這項結論：在正常情況下，選舉主義的邏輯是趨向馴化（domestication）的方向：拉開距離、輪流行事、把每個人孤立開來。我們如果問這樣的馴化對誰有利，那麼就會立刻面對到「代表」的問題。

當然，選舉產生的立法機關成員在社經地位與性別組成上與選舉人大為不同，乃是一種惡名昭彰的現象：舉例而言，立法機關成員幾乎總是遠比一般選民來得富裕，教育水準也遠遠較高，而且也遠遠更有可能會是男性。造成這種巨大落差的原因早已廣為人知，無需在此贅述。在這裡要強調的是，選舉主義帶來的其中一項效果，就是把活躍而且經常性的政治參與侷限於專門人士——職業政治人物——而那些專門人士不但對於自己受到制度促成的寡頭壟斷懷有強烈的利益，而且他們絕大多數也都是來自特定的社會階層，主要是中產階級與上層中產階級。我們如果因此認為選舉制度是資產階級主導的政治所帶有的特色，就像君主專制制度是貴族霸權的特色那樣，那麼我們也許就能夠從比較性的角度省思現代東南亞的選舉主義。

暹羅

暹羅在一小群由軍方人員與平民組成的陰謀集團發動不流血政變而推翻君主專制之後，選舉才首度舉行。那些平民大多數都是政府官員，而促成那場陰謀的主要動力，則是高層官僚職位幾乎完全受到王室以及與王室帶有親屬關係的貴族家族當中的平庸子弟所霸占，尤其在軍隊裡更是如此。[2]不過，那個政變團體為自己賦予正當性的正式主張，則是民族主義以及開創憲政民主。

另一方面，暹羅在一九三〇年代的經濟與社會結構卻使得其中的第二項主張幾乎毫無意義。這個國家沒有遭到直接殖民的好運，以及拉瑪五世（一八六八—一九一〇年在位）採行的保守政策，保護了大部分的泰國農業人口不受資本主義的直接衝擊，所以一九三〇年代的非官僚資產階級主要都是華裔移民，就像當時仍然人數極少的勞工階級一樣。此外，識字率在當時也極為低落。一直要到一九二〇年代，才頒行義務初等教育的法律；但這項法律的執行相當鬆散，即便到了一九五〇年代末期，全國也只有五分之一的省分有半數以上的人口完成了初等學校教育。[3]也就是說，選舉主義的社會基礎其實還不存在。因此，投票權相當有限，而且早期的立法機關成員有一大部分都是經由任命而來。在這樣的情況下，難怪軍隊這個國家當中最強而有力的部門會立刻占據支配地位，而泰國政治直到一九七〇年代也一直都以軍事獨裁為常態，只是多多少少會稍加掩飾而已。

直到沙立元帥的獨裁統治時期（一九五八—六三）以及越戰展開，這種情形才開始出現改變。在世界銀行的推促下，泰國政府解散了許多缺乏效率的國有公司，對於外資的開放程度也遠比先前更大。由於曼谷與華府關係密切，因此獲得龐大的資金挹注，除了擴張軍力與警力並且為其購置裝備之外，更可用於基礎建設與通訊方面的發展。另一方面，高等教育機構的大量增加，則是造成學生人口在十年內成長為原本的五倍。於是，一個新的非政府中產階級因此出現，其中涵蓋了先前的華裔資產階級已經受到同化的子女以及泰族人，而勞工階級則是基本上都已成為泰人，而不再是華人。到了一九七〇年代初期，日本取代了美國的資本投資，於是一場非凡的經濟榮景

2 見巴特森（Benjamin A. Batson），《暹羅君主專制的終結》（*The End of the Absolute Monarchy in Siam*，Singapore: Oxford University Press，1984）；以及莫卡拉朋，《泰國革命史》（Bangkok: Thai Watana Panich，1972）。

3 哈維．史密斯等，《泰國區域手冊》（Washington, DC: U.S. Government Printing Office，1968），p. 161。

就此展開，並且在沒有受到多少干擾的情況下一路持續到一九九七年。[4]

資產階級民主的社會與經濟基礎雖然在這樣的狀況下悄悄建立起來，但政治結構卻在一九六〇年代後半期開始出現崩解的徵象。施行鐵腕統治的沙立在一九六三年酗酒致死，而他的兩個副手他儂與巴博，都沒有他那樣的果斷無情。隨著越戰深化而與美國愈來愈緊密的關係，造成泰國到了一九六八年已有將近五萬名美軍人員駐紮在其領土上。那些人員的存在——無可避免地帶來了聲勢浩大的賣淫產業、美亞混血兒的誕生、現代化販毒的散播——引起了愈來愈強烈的民族主義反應。美軍的進駐也促使北京與河內鼓勵原本一直頗為溫和的泰國共產黨展開一場鄉下游擊運動，結果泰國軍方發現這項運動愈來愈難以對付。被送往美國接受進修教育的泰國年輕人深受反越戰運動影響，這項運動甚至猛烈批評華府在東亞與東南亞扶植的傭兵式專制衛星政權。

在一九五〇年代晚期的繁榮時期，沙立輕易廢止了既有的憲法與國會，甚至也不再舉行表面工夫式的選舉。不過，到了一九六〇年代晚期，在這個強硬的統治者死後，他儂－巴博政府即藉著制定一部保守派憲法以及恢復選舉，以因應愈來愈大的內部與外部壓力。選舉結果呈現了那個時代的徵象：這兩個獨裁者雖然拼湊出一部選舉機器，並在區域性的軍方組織、警方還有內政部的支持下，於鄉下地區贏得了龐大的多數，但卻在曼谷徹底慘敗，因為這座首都在這時已是屬於新興的泰裔與華裔泰籍資產階級，還有大部分的勞工階級所有。後來，由於軍方與官僚集團之間的鬥爭對於這兩個獨裁者的國會多數造成了分裂威脅，因此他們採取的回應方式，就是在一九七一年十一月對於自己創造出來的結果發動了一場既嚴肅又可笑的「自我政變」——時間就在季辛吉密訪北京之後，以及尼克森正式訪問中國和毛澤東交好的前夕。華府竟然能夠如此對待所謂的赤色中國——泰國軍事領袖在一個世代以來一再向大眾堅稱赤色中國的威脅——而且又沒有事先通知其「親密盟友」暹羅，使得這個政權深感洩氣，同時也鼓舞了那些厭惡此一政權的人士。一九七三年秋季，一小群自由派學生與大學講師對於憲法和選舉的要求，便突然如滾雪球般發展成為一場驚人的起義行動，號召了五十萬人走上曼谷街頭——如此規模的激進政治參與，在泰國歷史上還沒有過近似規模的先例。[5]

大多數的學生領袖雖然都堅稱那些造成了獨裁政權突然垮臺以及他儂與巴博倉皇逃亡的示威活動，目標在於恢復憲法與選舉民主，我們卻沒有理由假設這是大多數抗議參與者的首要目標。在桑亞教授主持的那個從一九七三年十月中旬到一九七五年二月的過渡政權期間，泰國出現的政治參與不論在數量還是種類上都是空前絕後：媒體審查幾乎完全消失，令資產階級的編輯、送報人與讀者都欣喜不已；貨真價實的工會迅速成立，並且藉著罷工與遊行提出許多要求；農民聯盟也組成，推促各式各樣的土地改革；高中學生要求開除深受厭惡的校長；各方人士都堅持要求美軍撤離；如此種種不一而足。

最終在一九七五年初舉行的選舉，無疑是暹羅有史以來競爭最激烈的一次，而由此產生的國會，也首度有三個溫和左翼政黨贏得可觀的少數席次。也許同樣重要的——甚至就長期而言更加

4 這一段概述的過程，在先前的第七章〈戒斷症狀〉裡有詳盡的闡述與記載。

5 關於這一段以及後續三段所描述的活動，最佳的參考文獻是莫瑞爾與沙木達凡加，《泰國的政治衝突》（Cambridge, Mass.: Oelgeschlager, Gunn & Hain，1981）；以及格令，《泰國：社會與政治》（*Thailand: Society and Politics*，Ithaca, NY: Cornell University Press，1981）。

重要的一點——則是當時沒有執政黨在最高統帥部與內政部當中操弄選舉。大量的保守派與中間派政黨因此出現，而在一九七六年十月六日的血腥事件之前，那個由兩位政治人物領導的內閣，其基礎就是這些政黨組成的聯盟。這些條件造就了一種非常新穎的現象，也就是權力在曼谷以外的水平分散，而「大榮景」也在同時於全國許多地區產生了鄉下創業家這種新階級。對於這些人而言，資產階級選舉民主帶來了具體的效益。以前，這些人總是必須以客戶的身分與中央集權的官僚結構打交道，但現在只要獲得國會席次，他們即可略過官僚結構而直接參與政府決策。此外，要獲得國會席次不需要有良好的教育、不需要在首都有大量的人脈，也不需要是男性：只要有堅實的地方根基和強大的財力就行了。（曼谷各大銀行在這段時期大舉擴張至各省，也開啟了重要的借貸新機會。）只要善加運用自己手上的籌碼，即可將這一切轉換成一個內閣席位（這是以前根本無法想像的事情），然後再利用那個席位擴增自己的財務資源，並且進一步鞏固自己在鄉下的權力基礎。[6]

一九七五—七六年的國會政權確實有其成功之處，包括協商促成美軍撤離以及建立一大筆基金促進鄉下發展（這是對於鄉下議員新興的影響力所做出的回應），但是在核心的和解任務當中卻遭遇失敗。罷工與示威持續不斷，而且暴力程度還逐漸提高，原因是內閣不但無法推動有效的勞工或土地改革立法，也無法抑制這些騷動。印度支那的幾個舊政權在一九七五年春突然崩垮，引起王室、軍方與新興資產階級的恐慌。由此造成的結果，就是右翼勢力在一九七六年於國會體制外進行的動員，以及發生了愈來愈多職業槍手受雇刺殺學生運動人士、左翼政治人物還有勞工與農民領袖的案件。

政治的極化最後造成一九七六年十月六日的血腥事件，大部分的合法左派因此遁入地下，或是逃進叢林投入泰國共產黨的懷抱，要不然就是流亡國外。不過，十月六日以後成立的獨裁政權和一九五八—七三年間的那些獨裁政權非常不一樣。這個政權是軍方派系、王室家族以及右翼職業政治人物之間的複雜談判所造成的結果，不但根基薄弱，而且領導者還是一名抱持極端主義的文職法官，後來因為深深激怒軍方而不到一年就被軍方趕下臺。這是泰國歷史上首度有軍事政變被公開呈現為一場對於溫和與妥協立場的打擊，並且阻礙了分階段恢復國會政權的進程。

在這個節骨眼上，暹羅的政府卻碰到了一項幸運不已的發展。越南在一九七八年十二月入侵柬埔寨，以及後續的中越戰爭，促使北京與曼谷結盟以支持波布。曼谷要求的代價，就是中國共產黨撤除對泰國共產黨的支持（此外，泰國共產黨因為支持北京的反河內政策，而立刻喪失了位在越南支配的寮國與柬埔寨當中的安全基地）。在無可救藥的分裂狀態下，泰國左派因此士氣全失而陷入瓦解，同時差瑪南的政府又相當精明，懂得在這時宣布大赦，並且嚴格遵守大赦的條件。於是，到了一九八〇年，原先一九七〇年代後半的危機氛圍已徹底消失。曼谷不再需要擔憂左派的勢力，而且又擁有華府、北京與東京的穩固支持。

對於鬆了一口氣的泰國資產階級而言，這時正是恢復追求政治霸權的時機，主要方法是透過持續施壓要求恢復定期選舉，以及恢復由國會控制的國家行政機構。選舉在一九八〇年代舉行得

6 本段以及後續幾段的論點取自先前的第八章〈現代暹羅的謀殺與進步〉。

相當中規中矩，產生的國會沒有左派代表，而是深受鄉下創業家所支配。[7]這十年間雖有大半的時間都是由廷素拉暖將軍（Prem Tinsulanonda）擔任總理，他的內閣卻總是奠基在政黨的聯盟上。有三項政治上的新奇發展，最能展現出這套新選舉體系的地位有多麼牢固：（一）勢力龐大的將領變得熱切參與競選而進入國會服務（包括差瑪南本身，還有阿席特〔Athit Kamlangaek〕與差瓦立〔Chaowalit Yongjaiyut〕等人）。（二）一種新式的政治刺殺開始出現，對象不再是學生、工會人士以及農民協會的領導人，而是國會議員與有意擔任國會議員的人士。這些謀殺案件，通常都是由其他國會議員或者有意擔任國會議員的人士雇用槍手行凶——證明了國會席次的市場價值在一九八〇年代已大為飆升。（三）一九九一年五月針對蘇欽達將軍（Suchinda Kraprayoon）的政權所發起的巨大反抗運動，是由握著手機的資本家與國會政治人物（包括前高階軍官）所率領，而不是學生運動人士或工會人士。[8]他們的目標很明確：完全恢復以選舉為基礎的國會政權。因為他們知道這樣的政權最合乎他們的利益，而且他們也自信能夠支配這樣的政權。此外，他們也相當確信在當前的國際與國內情勢下，選舉終將能夠實現其和解承諾。

另一方面，由於資產階級選舉主義全面出現的時間，在歷史上遠遠落後於負責執行全國政策的中央集權官僚體系（始於上個世紀末〔編按：即十九世紀末〕），因此選舉主義的另一面將有可能會浮現：也就是說，在勞工、社會福利與土地法等領域當中有意義的立法，有一天可能會受到行政部門執行，而帶來無可逆轉的社會收益。就這方面而言，選舉民主在長期下確實帶有真正令人期待的前景。

菲律賓

菲律賓在一九〇七年由其美國征服者首度舉行國家層級的選舉。這項創新之舉的直接背景是亞洲的第一場現代革命，也就是在一八九六年為了反抗西班牙統治而發動的那場成功的起義運動，先是始於馬尼拉周邊地區，後來擴散至呂宋島大部分地區，也延伸到米沙鄢部分地區。這場運動雖然主要是由小鎮的顯要人物與鄉下仕紳領導，卻也獲得庶民階級的廣泛參與，而且除了成年男性以外，還有女性與青少年。因此，美國的反革命干預必須發動一場毫不留情的軍事行動，期間可能有多達二十五萬菲律賓人因此喪生。不過，殖民地的決策者打從一開始就體認到，要有穩定的殖民統治，就必須創造出一個熱切希望與征服者合作，並且促使大眾回歸正常生活的菲人政治領袖階級。[9]他們很快就認定必要的第一步是建立一個國家立法機關，代表的區域至少涵蓋

7 針對一九八〇年代泰國政治所提出的最佳整體論述，見歐奇（James Soren Ockey），〈商業領袖、幫派分子以及中產階級：泰國的社會團體與平民統治〉（Business Leaders, Gangsters, and the Middle Class: Societal Groups and Civilian Rule in Thailand，Ph.D. thesis, Cornell University，1992）。

8 一九九一年二月，泰國軍方當中畢業自軍事學院五班的那群富有野心的領袖，利用了軍隊裡對於春哈旺文人政府的若干政策所感到的憤怒，而發動了一場成功的政變。政變領袖蘇欽達把一名備受敬重的生意人暨前外交官立為總理，並且承諾自己不會擔任這個職務。後來他在一九九二年春季打破這項承諾，一場血腥的政治危機就隨之展開，最後導致他在五月底蒙羞下臺。文人政府獲得恢復，並且在一九九二年秋季經由選舉確立其正當性。

9 尤其見帕瑞迪斯（Ruby Paredes）、卡利南與麥考伊等人的精彩文章，收錄於帕瑞迪斯編，《菲律賓殖民民主》（*Philippine Colonial Democracy*，Quezon City: Ateneo de Manila Press，1989）；彼得．史丹利相當精妙的《成形中的國家：菲律賓與

一八九八年的革命共和國受到支持的地區。（南方的穆斯林在一開始就被排除在外。）

為此採取的選舉形態，自然是仿效美國本身的選舉方式，就算這種做法帶有詼諧的意味也沒關係。值得銘記在心的是，在二十世紀的頭十年裡，美國的選舉形式堪稱是所有工業強權當中最腐敗的。不僅女性沒有投票權，還有數以百萬計的非白人成年男性也是如此。決定投票資格的人頭稅與選區劃分不公的情形極為普遍，使得地方統治集團與都市政治機器得以從中獲益。在美國南方與西部地區，暴力涉入選舉政治的情形也遠比在先進的西歐還要嚴重。此外，那個時期的美國也頗為奇特，並沒有像英國、瑞典、德國或法國那樣出現國家層級的職業官僚體系。

在這樣的背景下，殖民時期的選舉制度出現了一種奇特的惡意（這種情形在重要的面向上令人不禁聯想起基伊〔V.O. Key〕在差不多同一個時期對於美國南方的政治所從事的經典研究）。[10]首先，投票資格的語言、財產與識字標準都訂得極高，以致遲至第二次世界大戰前夕，菲律賓的成年人口也只有一四%左右能夠享有投票權。這項機制把合法參與選舉的權利有效侷限在一小群懂得英語或西班牙語而且擁有可觀財產的人口當中。第二，美國採取的單一選區制，並且要求候選人必須在選區裡擁有法定住所的規定，與殖民地的民族語言異質性互相連結而產生了一種奇特的寡頭政治色彩。（西班牙語在菲律賓從來沒有像在拉丁美洲那樣成為通用語言，而英語在當時也才剛開始進駐菲律賓而已。）因此，酋長政治人物可以據守在高牆之後，而這樣的高牆不僅是由地方金權與恩庇侍從關係所構成，也是由語言構成。（這點讓人不禁想到奎松這位殖民地的老練政治人物，他對自己的公開演說在馬尼拉以北僅僅一百英里處就必須受到翻譯而深感沮喪。[11]）這套體系還有另一項穩定性的優勢，足以令人間接想起一九八〇年代的泰國選舉制度。這套體系使得權力分散於整個菲律賓群島，同時也向鄉下酋長保證了他們在馬尼拉多少能夠獲得平等的代表機會。最後的一項惡意，就是在這套寡頭政治的分權體系發展的同時，又未能創造出一套職業中央官僚體系。美國在通過《赫奇法》(*Hatch Act*)之前所採取的做法，[12]轉譯到菲律賓之後，產生了一部迅速菲人化(Filipinized)的國家機器，聽命於國會裡的寡頭政治集團，比起東南亞其他殖民地都還要更加腐敗也更不集權。

不過，政治機制本身並不足以促成殖民地政權的穩定。這套新興體系真正的黏著劑，是能夠在經濟上自由通行先進工業世界裡關稅最高的國家。其中的關鍵作物是蔗糖，這種作物可以在美國以遠高於世界市場的價格販售，而且能夠以極低的成本由一群有如農奴般深受剝削的勞工人口生產。因此，一群極度富有的鄉下蔗糖大亨即在美國時期迅速崛起。至於其他的酋長，則是因為

美國，一八九九—一九二一》(Cambridge, Mass.: Harvard University Press，1974)；以及格倫·梅伊(Glenn A. May)，《菲律賓的社會工程》(*Social Engineering in the Philippines*；Westport, Conn.: Greenwood Press，1980)。

10 基伊，《南方的州級與國家政治》(*Southern Politics in State and Nation*；New York: Vintage，1949)。

11 見貢薩雷斯，《語言與民族主義：至今為止的菲律賓經驗》(Quezon City: Ateneo de Manila University Press，1980)，p. 58，連同其中引述的參考文獻。

12 一九三九年的《赫奇法》是一部影響深遠的程度史無前例的法律，目的在於建立一套整體的擇優性國家公務體系，並且保護這套體系不受權高勢大而且肆無忌憚的政治人物所濫用。要瞭解美國的做法與歐洲北部的差距有多大，和菲律賓又是多麼近似，只需看看這部法律的規定：包括禁止在全國選舉當中威脅、恐嚇或者強制選民；禁止當時的一種現行慣例，也就是以特定種類的就業機會與失業救濟做為政治活動的獎賞或懲罰；以及禁止美國行政機關員工干預聯邦官職候選人的提名與選舉。

華府出售沒收自西班牙修士的四十萬英畝肥沃農地而得利。此外，他們對殖民地立法機關的掌控，也使得他們能夠透過像是迅速破產的菲律賓中央銀行這類機構而掠奪國家財庫。因此，三十五年的殖民地選舉所產生的國家層級立法機關，根本沒有制定出任何一項對菲律賓全國人口有益的法案。這一切都使得美國的穩定計畫獲得了高度成功。除了落後的馬來亞以外，菲律賓是一九三〇年代的東南亞重要殖民地中，唯一沒有重大民族主義運動的一個。

在第二次世界大戰期間以及戰後，菲律賓陷入了一場新的參與危機。在日本占領下，菲律賓的農場主農業失去了美國市場，選舉機制遭到凍結，而且不少武裝游擊團體也開始出現，其中最強大的一個（在呂宋）是由共產主義與社會主義運動人士所領導。此外，美國國會以其本身的原因而承諾在一九四六年實現的獨立，也已經不再能夠迴避。在聯合國的新世界裡，一個在一九四六年取得獨立的國家已不能禁止女性投票，而殖民期間的排他性投票權也已不再是體面或者可以容忍的做法。

這項危機的化解帶有兩個根本性的特徵，而選舉主義都是其中的核心要素。第一，酋長式寡頭政治集團認為，要恢復自己舊有的地位，唯一的方法是與美國密切合作。一方面，這點表示必須啟動戰爭損害補償的《泰丁斯重建法案》，於是這項法案也就隨著所謂的同等修正案通過而施行。[13]要通過這項菲律賓憲法修正案，需要在國會裡獲得四分之三的同意票，而當時的國會由於是在獨立後的不穩定狀況下選舉產生，因此首度有戰時造反作亂的左派當選為國會代表（這是菲律賓的左派唯一一次在國會裡獲得可觀的代表席次）。羅哈斯總統於是捏造選舉舞弊罪名取消這些議員的資格，從而造成一項極化過程，導致一九四八－五四年間的虎克軍叛亂。緊接在這項舉動之後，則是利用保安部隊及各種私人軍隊在那些於日本時期遭到主人拋棄的農場恢復秩序。藉著美國的大力協助而猛烈鎮壓虎克軍的做法，造成了民間部門長達一個世代的政治失能。[14]

第二個特徵是調整選舉制度以適應這個國家的獨立狀況：這個國家沒有整體性的官僚體系，也沒有真正職業化的軍隊，[15]對於警方與私人武裝惡棍的控制權又是分散於鄉下寡頭政治集團之間。戰爭造成的巨大破壞、隨著都市化成長而出現的人口穩定增加，還有投票權的正常化，使得舊式的酋長權力單靠本身已不再足夠。要維繫寡頭控制體系，需要遠比戰前更多的金錢與槍枝，於是國家財政又遭到更進一步的劫掠。而另一方面，美國選舉做法造成的其中一項影響卻帶來了意料之外的優勢：政府每個層級的選舉官職都出現了令人震驚的激增，到了一九八〇年代中期已達到每一千四百位選民就有一個選舉職務——這是在當代的暹羅完全無法想像的事情。這項發展沒有造成任何真實的民主化，而是把選舉參與轉變為一套地方恩庇機器的複雜網絡。當時有個笑話說，菲律賓每個人的親友當中都必定有人擔任某種選舉官職。

這套極為昂貴又惡性的體系所帶有的奇特之處，就是其目的在於鞏固酋長的霸權，而完全不

13 關於這一切，見先前的第九章〈酋長式民主〉，在pp. 308-10。

14 關於虎克軍起落的經典記述，見科克弗列，《虎克軍起義》(Berkeley: University of California Press，1977)。

15 一九四七年，華府為其位於菲律賓的二十三座陸海空軍基地安排了延長九十九年的使用期限。美國基本上等於是對馬尼拉說，美國將在無限期的未來負責菲律賓的國防，所以菲國不需要設置真正的軍隊。即便在獨立將近半個世紀之後的今天，菲律賓的軍隊不論在訓練、裝備還是組織上，也都仍然比不上東南亞的其他大國。此外，把所有高階軍事職位的晉升與任命都必須經由國會同意的這種美國做法強加於菲律賓，造成的結果即是鼓勵軍官團從事派系鬥爭以及尋求政治酬庸。

是表達了一九五〇年代開始擴張的那一小群都市資產階級所獲得的新政治權力。在一九六〇年代初期，那些都市資產階級確實曾經試圖改革選舉制度，而且改革方向令人聯想起美國在半個世紀前的進步運動。不過，這些努力沒有達到多少成果，而且美國移民法的修改也鼓勵了菲律賓愈來愈多的都市中產階級打包移民加州。到了一九六〇年代晚期出現的新一代社會運動人士，則是主要致力於國會以外的政治活動，而促成菲律賓共產黨—新人民軍（Communist Party of the Philippines—New People's Army，簡稱 CPP-NPA）這個非法武裝叛亂團體的組成以及後來的迅速擴張。另一方面，酋長式民主帶來的巨大代價（包括金錢與暴力方面）造成對國家愈來愈嚴重的掠奪，從而導致一九七二年的馬可仕獨裁統治。[16]

我們可以和暹羅在十年前的沙立—他儂—巴博獨裁政權下，做出一項頗具啟發性的比較。這三個軍人確實和馬可仕一樣都是賊，這點毋庸置疑。不過，他們的竊盜規模遠比馬可仕小得多，而且他們竊取的錢財也都保留在國內。他們的權力奠基在確立已久的國家軍隊階層體制（這是菲律賓從來沒有過的東西，先前已經提過原因）以及中央集權的官僚體系之上。因此，面對一個成功的華裔泰籍創業家階級逐漸擴張，他們一點都不覺得自己受到威脅（他們的私人財富即是從這群人身上獲得，而不是來自國家）。另一方面，馬可仕則是至死都是一個酋長，一個「親手」建立自身權力的政治人物，而他建構權力的基礎乃是恩庇關係，以及被他當成私人保安部隊的軍警機構。所以才會出現馬可仕的文人政權竟然遠比泰國陸軍元帥的軍事政權更加殘暴凶狠的矛盾現象；而且，就在泰國軍事政權正在迎接一場大榮景之際，「生意人」馬可仕卻藉著他的親信壟斷體系摧毀了菲律賓的經濟。

馬可仕的酋長式獨裁終於在一九八六年受到多股勢力的古怪聚合所推翻。諷刺的是，其中最首要的因素就是非法的CPP-NPA。這個組織完全運作於一切的選舉程序之外，卻建立了一套龐大而且全國性的參與性政治組織網絡，一路延伸到鄰里的層級。CPP-NPA的迅速成長令美國大感驚駭，最終背棄了馬可仕，將他送到夏威夷接受黃金級的監禁。[17]當然，最直接的因素是選舉本身。身為奎松的政治私生子，馬可仕無法實施像沙立那樣的專制統治。所以，他最後就於選舉當中慘敗。[18]從那時開始，他已疏離了非親信的大企業家、天主教會、殘餘的零散中產階級、知識分子、許多比較年輕的軍官、大部分的庶民部門，尤其是許多仍然權勢在握的酋長，他們都渴望恢復昔日那種寡頭政治權力水平分散的情形。諷刺的是，馬可仕藉著慣常的野蠻手法，實際上也許贏得了（嚴格來說）一九八六年的選舉，但正因為這項勝利是經由選舉而來，反倒終結了他的統治。由此引發的反應是一場軍事叛變，接著立即在馬尼拉爆發一場龐大的人民起義，突然間吸引了好幾十萬已經忍無可忍的公民參與其中：這項起義即是「人民力量」。

如同一九七三年十月十四日之後的曼谷，菲律賓政治也短暫變得比較開放並且富有參與性，

16 這點有一項簡潔而且具有堅實資料基礎的分析，見諾瓦克與史奈德，〈菲律賓的侍從式政治：融合還是不穩定？〉，《美國政治學評論》，68（一九七四年九月），pp. 1147-70。

17 這點有一項深富娛樂性的詳細記述，見邦納，《與獨裁者共舞》（New York: Times Books，1987），尤其是其中的最後三章。

18 後人不會忘記他在一九八五年底決定藉著提前舉行總統大選向美國證明自己在國內擁有的正當性。他認定「槍枝、惡棍與金錢」這項讓他在過去三十年來的選舉當中無往不利的策略，必然能夠再次奏效。不過，這時美國已經背棄了他，而且如同邦納指出的（同上），中情局也為了柯拉蓉．艾奎諾而展開行動。

程度為十九世紀末以來所僅見。不過，這樣的過渡期並未帶來政治的重新極化，也沒有帶來像是一九七六年十月六日那樣成功的右翼軍事政變（但並不是沒有這樣的嘗試）。軍方太過軟弱、太過分裂，也太過無能。此外，也沒有強大的文人官僚體系能夠提供支持力量。孱弱的菲律賓資產階級在多年來因為人口外移以及持續下滑的經濟而不斷失血。CPP-NPA因為深受內部問題所擾，而未能採取任何決定性的行動：況且，鄧小平與戈巴契夫主政的一九八六年也不是四人幫、布里茲涅夫（Leonid Brezhnev）當權以及在印度支那獲致眾多勝利的一九七六年。世界共產主義在當時已陷入迅速而無可逆轉的衰頹。因此，一九八六年的最終獲益者是各方酋長，他們在柯拉蓉·艾奎諾以及她的弟弟佩平·許環哥的領導下，大體上恢復了馬可仕時代之前那種以選舉為基礎的和解性國會體系。[19]最引人注目的莫過於這項對比：一邊是菲律賓選舉制度在一九八六年之後的恢復，另一邊是泰國選舉制度在同一個時期出現的轉變性質。此外，也難以想像未來能夠演化出一套體系，可以藉著廣泛的選舉參與產生出能夠真正施行於全國的正面立法。

印尼

在保守荷蘭殖民統治的最後二十年間，印尼確實存在某種形態的國家層級立法機關——即所謂的人民議會（Volksraad）。如同菲律賓國會，人民議會也是由殖民政權成立，並且打算舉行謹慎的選舉。不過，人民議會的選舉基礎又更小；議會當中有為數不少的成員都是荷蘭官員與農場主的代表；還有許多成員是任命而來；此外，人民議會根本沒有實質權力。因此，大眾民族主義與伊斯蘭教運動都不怎麼理會這個機構，而且人民議會連其本身所設定的微小目標也從來不曾有效實現過。到了日本占領時期，日本當局成立的人民議會權力又更小，而且成員完全由任命產生，不過其中倒是有不少成員都是荷蘭時期的人民運動領袖。[20]

在太平洋戰爭的最後一年，美軍已在菲律賓展開反擊，所以日本帝國在一九四五年八月中旬瓦解之後，菲律賓並沒有出現權力真空。然而在東印度群島卻不是如此，因為荷蘭人自己在一九四五年晚冬才剛從納粹占領之下獲得解放，所以有很長一段時間無力藉著軍事手段重新樹立權威。由此造成的結果，就是當地便自發地爆發出當時印尼所有人都迅速將其命名為「革命」的運動。

不過，這是一場特殊的革命。舉例而言，這場革命不是由單一有紀律的黨派所規劃或領導，因為其合法武裝部隊僅是一大群「badan perjuangan」（準軍事組織）當中的一部分；而且這些組織不僅政治立場各不相同，軍事訓練與裝備精良的程度也高低不一。這場革命高度分權，因此孱弱的全國領導階層根本無力阻止社會革命運動消滅深受痛恨的通敵統治階級，例如在一九四五－四六年間發生在亞齊與東蘇門答臘的情形。大多數人口在經濟大蕭條，尤其是日本占領期間承受的痛苦，粉碎了一度權力極大的殖民地官僚體系的聲望，而且那些官僚到了一九三〇年代已有九〇%都是由「土著」擔任。特別在一九四八－四九年間參與了一場實際上是游擊戰的反荷戰爭之

19 關於艾奎諾政權的波旁性質，見先前第九章比較詳細的探討。

20 日本人把東印度群島劃分為三個分別的地帶：第二十五軍占領的蘇門答臘、第十六軍占領的爪哇，以及海軍占領的「大東方」。每個區域都有其各自的準人民議會。

後，這樣的經驗使得印尼西部爭議區域的人口又進一步政治化，並且吸引了更廣泛的大眾參與。革命期間沒有舉行全國性的選舉，但蘇卡諾總統與副總統哈達頗為明智而謹慎，在他們為所謂的中央印尼民族委員會（Komité Nasional Indonesia Pusat）這個革命議會任命的成員當中納入了所有主要政治團體與準軍事組織的代表。他們之所以這麼做，其中一大原因是印尼缺乏單一強大的政黨，也沒有統一的軍隊，更沒有整體又權威性的官僚體系。而這個共和國如果要存續下去，就需要有這樣的參與。[21]

我們如果查看這個時期的政治照片——其中包括內閣部長穿著短褲與涼鞋的照片——必然不免會注意到中央印尼民族委員會成員的衣著與住宅和他們周圍的普通鎮民有多麼近似。這種情形與菲律賓華麗的國會所形成的對比乍看之下極為驚人，但我們接著就會想到，在殖民時期，荷蘭人與印尼華人完全支配了經濟生活：因為當時的土著或麥士蒂索人的農業大亨為數極少，而獨立的本土資產階級也才剛萌芽而已。因此，革命時期的領導權都掌握在年輕的前政治運動人士與軍人手中，而且他們的社會出身或者擁有的經濟資源都沒有顯著的差別。（前政治犯夏赫里爾在三十六歲那年成為總理；前私立高中教師蘇迪爾曼〔Sudirman〕在三十歲成為最高統帥。）

與荷蘭人達成的最後政治協議（一九四九年）令這個巨大的群島國家獲得了主權，但在財務、實體基礎建設以及現代部門經濟等方面都是一片荒蕪。這個國家沒有空軍也沒有海軍，而且東部的領土自從一九四二年以來就大體上都與西部斷絕了聯繫。就算重要政治人物或高階軍官有意抓權，獨裁專制的政治體系也因為這些實務上的原因而不可能出現。此外，與海牙達成的協議也規定，殖民當局在一九四六年之後於其藉由軍隊掌控的地區所成立的地方傀儡迷你國會，應與中央印尼民族委員會合併，形成一個比較大的獨立國會。由於那些傀儡迷你國會的許多成員都認為自己在自由選舉當中不可能當選，因此舉行選舉所需的必要立法也就一再遭到延宕，直到一九五五年才終於舉行了選舉——這是印尼有史以來唯一的國家層級自由選舉。

另一方面，由於民族主義運動與革命的參與傳統，再加上缺乏組織的龐大武裝團體難以復原，而且獨立協議帶來的立即結果又令人失望（例如荷蘭保有西伊利安〔West Irian〕，以及荷蘭企業資金可豁免國有化等等），有些省分因此爆發武裝叛亂，另外有些省分則是出現激進的國會外政治活動。

因此，後來舉行的選舉也就是刻意為了引導以及遏制這些力量與不滿而設計。我們確實可以說這些選舉成了東南亞在第二次世界大戰之後舉行過最公開也最具參與性的選舉：完全的成人普選權、充滿競爭的媒體、暴力與選區劃分不公的情形極少、對於金錢的強調也驚人的低，如此等等。參與選舉的政黨多達數十個，但開票結果可以看出選票主要集中於四大黨（馬斯友美黨〔Masyumi〕、伊斯蘭教士聯合會〔Nahdlatul Ulama〕、印尼民族黨以及印尼共產黨），各自都獲得數百萬選民的支持。[22]特別重要的是印尼共產黨所獲得的成功——這是東南亞唯一一個熱切參

21 見喬治・凱亨的經典著作《印尼的民族主義與革命》（Ithaca, NY: Cornell University Press，1952）；關於革命初期階段的詳盡討論，見拙著《革命時期的爪哇》（*Java in a Time of Revolution*；Ithaca, NY: Cornell University Press，1972）。

22 關於印尼選舉民主的關鍵研究，見菲斯（Herbert Feith），《印尼憲政民主的沒落》（*The Decline of Constitutional Democracy in Indonesia*；Ithaca, NY: Cornell University Press，1962）；他也對一九五五年選舉從事了傑出的仔細研究，見《一九五五年的印尼選舉》（*The Indonesian Elections of 1955*；Ithaca, NY: Cornell Modern Indonesia Project，1957）。

與選舉而且也獲得制度允許這麼做的共產黨。（該黨的得票比例和羅慕斯在一九九二年菲律賓總統大選險勝之時所得到的得票比例幾乎相同。）

然而，這項選舉上的成功卻帶來了反諷的結果。如同四大黨的其他三個政黨，共產黨也很快就發現，在廣大、落後而且識字率極低的印尼鄉下地區，也就是大多數選民的所在處，要拉高得票最有效率的方法，就是吸引村長以及當地顯要人物的支持。一旦爭取到了這些人物，政黨經常就能夠仰賴他們帶來村民的選票，而不需要在基層從事成本高昂的大規模拉票工作。（畢竟，投票是一項非常簡單的活動，而且個人必須付出的代價通常微乎其微。）不過，由於村長在村莊裡通常擁有或者控制最多的土地，所以要爭取他們的支持，選舉政見就不能對他們的利益造成威脅。此外，印尼共產黨在這些選舉還有一九五七年舉行於爪哇的省級選舉當中獲得的成功，使得該黨黨員開始對各層級的選舉官職開始產生攸關個人的利害關係。因此，難怪亨德利很早就談及印尼共產黨的「馴化」，而選舉就成為了馴化的中心。[23] 同樣的邏輯促使該黨的領導人解散了爪哇中部剩下的共產游擊隊，並且控制工會與農民組織的領袖，因為那些領袖的激進姿態危及了國會成功所仰賴的那種妥協。另一方面，印尼共產黨在選舉上的成功也令其競爭對手還有軍方高層深感擔憂。一部分就是因為這樣的恐懼，選舉政治才會隨著下列的發展而畫下句點：一九五七年的宣告戒嚴、一九五八年的大型區域暴動（以及馬斯友美黨因為涉入其中而遭禁），以及蘇卡諾與軍方領袖在一九五九年實施的指導式民主。[24]

蘇卡諾雖然因為他自己的理由而與軍方合作摧毀了國會政權，卻無意受制於軍方。他體認到必須要有能夠與軍方將領抗衡的政治平衡力，於是成功保護並且鼓勵現在剩下的三大黨繼續建立其政治基礎，藉此換取它們堅定支持他的個人權威，尤其是他的外交政策：**但其中不包括選舉**。政黨在沒有選舉之下的激烈競爭，帶來了出乎意料的後果，也就是指導式民主時期超乎尋常的大眾政治化以及動員，尤其是在蘇卡諾於一九六三年五月廢止戒嚴令之後。在三大黨當中，影響力與活動力都傾向於從政黨國會議員（儘管蘇卡諾任命的「Gotong-Royong」〔互助〕國會仍然持續開會）轉向那些政黨的大眾附屬機構——工會、青年與婦女團體、農民組織、知識分子協會等等——由他們背負重擔，日夜不休地爭取蘇卡諾的關愛，包括為他們保有那種關愛的那些組織性大眾的支持。

這種大眾動員伴隨著經濟的崩垮與惡性通膨，也因此而變得更加惡化，尤其在一九六三年之後更是如此，主要是因為荷蘭企業在一九五七年被輕率地國有化，結果就此遭到軍方的把持以及不當經營，更遑論資本主義強權對於蘇卡諾的積極外交政策以及他呵護共產黨人的傳言懷有敵意。於是，在十月一日所謂的政變之後，日益增長的政治歇斯底里情緒也就促成了後來軍方主導的左派大屠殺，共有五十萬人遭到殺害，另有好幾十萬人被監禁在殘忍的狀況下長達多年。

23 亨德利，〈蘇卡諾總統與共產黨人：馴化的政治〉（President Sukarno and the Communists: The Politics of Domestication），《美國政治學評論》，56（一九六二年十二月），pp. 915-26。

24 關於這一切的一部經典著作，見列夫（Daniel S. Lev），《過渡至指導式民主：印尼政治，一九五七—一九五九》（*The Transition to Guided Democracy: Indonesian Politics, 1957-1959*，Ithaca, NY: Cornell Modern Indonesia Project，1966）。關於他最近的一項評估，見他在〈論國會體系的瓦解〉（On the Fall of the Parliamentary System）當中鞭辟入裡的討論，收錄於布切埃爾（David Bourchier）與列格編，《印尼的民主，一九五〇年代與一九九〇年代》（*Democracy in Indonesia, 1950s and 1990s*，Clayton, Victoria: Monash University, Centre of Southeast Asian Studies，1994），pp. 38-42。

我們不需要在此浪費時間談論蘇哈托的「新秩序」軍事政權自從一九七一年開始定期舉行的選舉。那些選舉都受到精心操控，以便為政府的選舉機器「專業集團黨」（Golkar）提供表面上看來具有可信度的三分之二多數，並且產生一個消極的國會，沒有任何真正的代表性質。這個政權為其高度專制而且中央集權的性質賦予合理性的宣傳手法當中，比較有效的一項就是聲稱先前的政治體系鼓勵了激烈的社會衝突，以及既不穩定又分裂的政府。不過，在一九五〇年代的選舉政權與一九六〇年代初期的非選舉指導式民主體系之間，我們必須要注意到此處一項沒有提及的東西。沒有多少證據顯示選舉政權本身造就了激烈的社會衝突，但卻有許多證據顯示沒有選舉的指導式民主造成了這種現象。此外，自由民主也不是遭到共產黨人或甚至是所有政黨共同推翻；那個時期的內閣本身就極不穩定，根本無需談及軍方與軍方派系還有（在較低的程度上）蘇卡諾對於內閣的動搖——蘇卡諾即是在內閣和軍方之間控制了指導式民主政權。[25]

另一方面，指導式民主的奇特經驗也可讓我們以一種出乎意料的方式思考選舉主義的不同面向。選舉主義所鼓勵的那種既激烈又充滿競爭的政治動員，正是沒有選舉所造成的後果。沒有機制能夠定期的暫時裁決誰贏誰輸，於是對於權力和影響力的競逐終究只能由暴力強制的手段決定勝負。從這個角度來看，選舉主義的和解面向就帶有比較正面的色彩——因為這麼一來，我們即可提出這麼一個問題：在一九六四年如果舉行了自由選舉，那麼一九六五—六六年的血腥屠殺是不是就有可能避免？

由於新秩序政權靠著石油以及龐大的外國援助與投資而獲得經濟上的成功，印尼的社會結構因此在過去二十五年來出現了巨大改變。除了承繼自殖民時期的華裔印尼資產階級之外，印尼首度出現了可觀的資產階級——儘管這個資產階級的政治勢力仍然相當微弱，而且主要只集中在首都以及其他少數幾座大城市裡。我們是否應該因此將蘇哈托視為印尼的沙立？左派帶來的政治威脅既然早已遭到暴力的手段徹底消除，我們是否應該因此預期中產階級會在長期之下開始爭取非軍事化的真正選舉政權？這項前景絕非沒有可信度，但顯而易見的不可比較性也應該要注意。沙立統治的是一個小國家，在族裔和宗教方面大體上都具有同質性，也沒有遭遇殖民資本主義、日本軍事占領、爭取獨立的艱苦革命，或是大規模屠殺的蹂躪。他和他的小集團雖然支配了國家，軍方卻沒有形成一個統治種姓，其中一個原因是他們擁有承繼自專制統治的一套中央集權而且具備合理專業程度的文人官僚組織。那套官僚組織的權威並沒有像印尼那樣遭到通敵、通膨與革命等因素的致命性削弱。由於王室存續了下來，因此沙立即便得以遂行獨裁統治，也還是完全不可能像蘇卡諾或蘇哈托那樣終身壟斷領導權。此外，由於外來中國移民高度融入泰國社會，而且又沒有殖民地典型的種族化經濟階層體系，因此泰國資產階級開始崛起之後，並沒有像印尼那樣沿著種族與宗教的界線出現結構性的分野。

蘇哈托支配了一個高度中央集權的國家機制，而且大體上都是他自己在過去二十五年來創造出來的成果。不過，軍方介入這個國家機制的程度遠高於沙立的官僚組織。這個國家機制缺乏自信，也毫無自主傳統，更不像泰國公務體系那樣在根本上植基於法律。（頗為有用的一個做法，

25 關於這個問題最新的生動討論，尤見麥維（Ruth McVey）、菲斯、麥基、列夫、納蘇蒂安（Adnan Buyung Nasution）、菲利（Greg Fealy）、安東．盧卡斯（Anton Lucas）的論文，收錄於同上。

是比較司法在暹羅享有的威望，以及在印尼所遭到的鄙夷。）就這個意義上而言，印尼國家機制在後蘇哈托時代的未來充滿了不確定性，而且看起來遠比泰國公務體系更不可能演變為能夠承諾把西歐的選舉制度變得吸引人的那種結構。

結論

至少在表面上看來頗為諷刺的一點是，沒有遭到殖民的暹羅，開始舉行選舉的時間雖然遠遠落後於美屬菲律賓與荷屬東印度，今天卻擁有最接近於西式的資產階級民主。不過，此一諷刺性確實只存在於表面上而已。在選舉的雙面性當中，光明的那一面令人預期，選舉將會帶來令大部分選民滿意的實質政策結果。這點表示必須要有整體性的文人官僚組織，能夠推行選舉產生的政策：也就是要有一個強而有力的國家。有許多充分的歷史理由，能夠讓人認為要在大眾選舉主義擴散之後建立這樣的國家是很困難的事情。因此，暹羅在一位泰國君主建立現代官僚體系的半個世紀後才開始出現選舉，也許是幸運的事情。殖民國家雖然表面上採取專制統治，通常卻都相當孱弱，原因是這種國家受到遙遠的殖民母國的外部支配，也因為其內部存在著嚴格的種族階級體系。由於先前早已描述過的原因，菲律賓在現代時期擁有一個特別孱弱的國家，而選舉制度則是在本世紀（編按：二十世紀）初期即已建立。在印尼，晚期殖民地統治機制當中的龐大本土成員總是難以免於叛國的指控，在早期的革命當中也差點消失無蹤。就這個意義上而言，選舉的出現時間也早於強而有力而且全國性的公務組織，而為此付出的部分代價，就是在過去二十五年間實際上造成任何形式的人民代表都毫無效用。選舉如果沒有為可觀的社會群體帶來可見的正面政策結果，那麼我們就不該為這樣的情形感到意外：亦即選舉唯一具有意義的時刻，就是在罕見的有利歷史情境下，開票結果可以被解讀為對於統治者的批駁。現代東南亞最醒目的這種案例不是出現在本文分析的這三個國家裡，而是出現在緬甸：一九六〇與一九九〇年的選舉分別出現了巨大的批駁性結果。

選舉雙面性當中的陰暗面是和解性，也就是傾向於消除各種大眾參與措施的正當性。這就是為什麼在我們這個時代，像是新加坡的人民行動黨與印尼的新秩序這類獨裁政權都認為定期舉行選舉是有用的做法。因此，我們也就能夠輕易瞭解激進左派對於選舉所抱持的矛盾態度，以及義大利與印度主流馬克思主義政黨在國家層級以下的選舉當中所獲得的成功。那些政黨為這些成功付出的代價，就是領導階層融入政治階級當中，而且在激進運動中向來具有核心地位的大眾參與也因此遭到邊緣化。

13

共產主義之後的激進主義

Radicalism after Communism

讀者也許會認為「共產主義之後」是一種並不複雜的觀念、經驗，或者社會政治情況；但在我打算討論的兩個東南亞國家裡——也就是受到殖民的穆斯林印尼與沒有受到殖民的佛教泰國——「共產主義之後」卻帶有極為不同的意義，也因此影響了當代激進主義的想像。因此，為了替後續的討論打好基礎，必須先談談共產主義在這兩個國家當中的發展曲線。

荷屬東印度是除了蘇聯以外第一個擁有共產黨的亞洲「國家」。印尼共產黨成立於一九二〇年五月二十三日。在第一次世界大戰結束後相對較為自由的氛圍裡，印尼共產黨發展得相當快，尤其深受種植園農工、碼頭工人以及鐵路人員的歡迎。由於當時這座殖民地沒有大學，也很少有當地人前往荷蘭接受高等教育，因此該黨的領導者包括了自學而成的印尼人以及國中畢業生，還有少數的荷蘭激進人士，但他們很快就遭到殖民政權監禁或者驅逐出境。印尼共產黨的年輕領導者雖然經常與穆斯林政治顯要鬥嘴，該黨卻在穆斯林大眾當中輕易獲得眾多支持，而且在一九二六—二七年間發出千禧年起義的號召，也是在殖民地裡穆斯林色彩最深的兩個省分獲得最英勇的回應，儘管後果極為悲慘。[1] 荷蘭人沒有花多少力氣就鎮壓了這場叛亂，其中部分領袖遭到處決，另外還有許多人則是遭到放逐或者監禁。在殖民時期剩下的時間裡，這個黨差不多可以說是不存在了。直到印尼人所謂的「一九四五年革命」爆發之後，印尼共產黨才展開重建，而印尼共和國也是在日本占領政權垮臺且荷蘭人尚未回來之際宣告誕生。在一九四九年末，海牙終於同意移轉主權予之前那段艱苦鬥爭期間，那些受到釋放、重新回歸以及新生的共產黨人；而雖然這群共產黨人士扮演了重要的政治角色，但卻從來沒有達到支配地位。

不過，這時就已經可以看出世代之間的差異。許多老一輩的人士都精通荷語——有些人甚至參與過荷蘭境內的反納粹地下運動；他們出過國，或是被放逐到國外過，所以懷著明確的自我意識，將自己視為一項世界革命運動當中的一分子；他們許多人都有歐洲朋友，甚至有些人的妻子或愛人也是歐洲人；他們與懷有進步思想的當地華人密切合作；而且就他們的經驗而言，他們也是地上與地下的「活躍分子」、工會成員、宣傳者、罷工組織者，偶爾也是「恐怖分子」。他們過去更沒有國會與法治政治的經驗。但第二代卻成長於血腥的日本占領時期；他們通常只懂得最粗淺的荷語，從來沒到過國外，也沒有外國朋友；他們不喜歡華人（所以他們在一九五一年掌控了印尼共產黨之後，就不再接受華人入黨）；他們是熱切的民族主義者，也把自己的黨員身分擺在第一位，因為他們在共和國剛成立之時踏入政治，而當時這個共和國賴以自我治理的政權，即是建立在國會制度以及帶有各種附屬機構的政黨之上。

在革命進行到一半左右的時候，冷戰猛烈展開，造成共和國的內部政治愈來愈趨極化。由此造成的結果，即是在一九四八年秋季於爪哇發生了一場短暫但極度血腥的內戰。左派被穆斯林主導的政府貼上莫斯科使者的叛國標籤，遭到毫不留情的鎮壓。許多年紀較大的領袖都遭到處決或謀害，而且要不是荷蘭人在十二月發動了最後一場大型軍事行動壓制共和國，必然還會有更多人遭遇同樣的下場。不少第二代共產黨人從獄中逃出，而加入了短暫的游擊抗爭，儘管他們只扮演了相當邊緣的角色。等到戰鬥結束，涵蓋整個印尼的一個自由民主共和國在一九四九年底成立之時，這個世代就挺身接掌印尼共產黨，並且重建這個黨的黨員與名聲。

他們在這方面獲得了驚人的成功，但原因太過複雜，無法在此盡述。暫且只需要說，早在一九五五年的大選當中，也就是印尼唯一舉行過的一場自由選舉，印尼共產黨即已崛起為四大黨之一，獲得數百萬選民支持，並且在國會裡握有可觀的席次，能夠在治理核心代表該黨。印尼共產黨在選舉當中獲得成功的一項關鍵條件，就是該黨對於國內議題極度謹慎，同時對外採取強硬的民族主義立場，所以能夠和其他政黨建立有效的結盟關係，並且逐漸擺脫一九四八年的「叛國」形象。該黨獲得的選舉成功雖在實際上使其投身於和平合法的國會政治，多多少少像是陶里亞蒂（Palmiro Togliatti）領導下的義大利共產黨，卻無法公開承認這一點；因此，左傾的蘇卡諾總統在一九五九年與右翼為主的軍方領袖合作，將憲政民主取代為專制而且民粹—民族主義的指導式民主，從此不再舉行選舉，印尼共產黨的領袖們別無選擇，也只能支持這樣的做法。

在從一九五九年持續到一九六五年的指導式民主下，印尼共產黨的大眾附屬組織——青年、

1 編按：即發生於一九二六—二七年間，印尼人為對抗荷蘭殖民統治而發起的民族武裝起義。這場武裝運動主要是由印尼共產黨所組織與領導，但由於殖民政府調動大批警力鎮壓而導致起義失敗。最終有一萬多名受害者遭到逮捕，印尼共產黨勢力因此大減，轉而投入地下運動。

婦女、農民、種植園勞工等等的組織——仍然持續迅速成長，因為這些組織比參與國會的政黨本身更能夠適應無選舉的競爭政治。到了一九六五年，印尼共產黨的領袖已宣稱該黨擁有由兩千萬黨員組成的「家庭」，並且是社會主義集團以外全世界最大的一個共產家庭。不過，穆斯林與所謂的世俗民族主義者（資產階級）也同樣發展出類似的家庭，尤其是在惡性通膨出現而導致經濟每況愈下之後，從而造成愈來愈嚴重的極化。印尼共產黨緊抱著自己的合法性不放——而且反正他們也沒有槍枝。

該黨在民族主義經濟比較先進的行業當中使不上力，因為這些行業都受到深懷敵意的軍方所控制。該黨的領袖試圖彌補此一弱勢的做法，就是極力支持蘇卡諾的反西方外交政策以及對於「自由派」知識分子發動的文化鬥爭，結果這樣的舉動導致他們一直無法受到原諒。

印尼共產黨的尾聲始於一九六五年十月一日，當時有一小群軍官，在名義上由總統衛隊當中一個名不見經傳的中校所領導，刺殺了六名高階將領，並且占領首都的部分地區，但持續時間只有短短幾個小時。這場「政變」——如果稱得上是政變的話——迅速受到陸軍戰略預備隊的指揮官蘇哈托將軍所壓制，而他也接著利用那些午夜謀殺案引起的恐慌發動了一場消滅印尼共產黨的行動，指控該黨是政變背後的主使者。在一九六五年十月中旬到一九六六年一月底之間，印尼共產黨慘遭清剿。喪命人數至少有五十萬人，甚至可能多達一百萬，不是遭到軍隊殺害，就是遭到軍方提供武裝並且保護的穆斯林與世俗民族主義私刑團體所殺害。另外還有數十萬被認為與該黨有關的人士，也紛紛遭到監禁與刑求。印尼共產黨的領導階層幾乎完全遭到處決，而且大部分連表面的法律程序都沒有。

一九六六年三月，隨著蘇哈托取代蘇卡諾成為國家元首，印尼共產黨即被宣告為非法政黨，任何只要稍微帶有馬克思主義色彩的東西，也都一併被宣告為違法。印尼共產黨從此以後不曾再起，不只是因為獨裁政權的情報組織所具備的殘暴效率，也因為該黨的領袖在追隨者的眼中已經信譽掃地。那些領袖怎麼能夠放任這場慘劇發生，任由兩千萬支持者毫無防衛能力地面對敵人？更慘的是，為數眾多的激進分子為了保住性命，在蘇哈托的勞改營裡出賣自己的同志，有時甚至成為刑求者以及行刑人。

請注意時間點：一九六六年，當時毛澤東的文化大革命正在如火如荼地進行中，詹森領導下的美國剛開始捲入越戰，而剛在莫斯科上臺的布里茲涅夫政府則是展現了充分的自信與活力。當時也許可以說是世界共產主義成功的巔峰。

相互對比的歷史

共產主義在泰國的歷史比較短，而且也非常不一樣。沒有受到殖民的泰國遭到資本主義入侵的速度遠比荷屬東印度緩慢得多，而且泰國的資本主義也不是由巨大的農場綜合企業所支配。在位時間長而且富有智慧的拉瑪五世（朱拉隆功，一八六八—一九一〇年在位），採取了盡量不讓本土泰國社會受到攪擾的政策；於是，資本主義現代化的衝擊主要是由來自中國東南沿海地區的年輕男性移民所承擔。這些移民當中無法返回中國的人，大多數都娶了泰國女子為妻，而在拉瑪五世當政末期產生了第一批被泰國人稱為「lūk jin」的世代，也就是華裔泰國人。這些華裔泰國人有一小部分在社會經濟方面向上攀升，而成了泰國新興資產階級的核心，主要集中在王室首都曼谷以及鐵路沿線的小城鎮——當時國王為了戰略政治目的而開始興建鐵路。其他人則是形成泰國真正的勞工階級，而且一直持續到第二次世界大戰之後。

共產主義在泰國開始崛起，就是在這類移民及其子女，還有為了逃離法國對印度支那的殖民而湧入泰國的越南人當中——在一九三二年的不流血政變推翻君主專制的許久之後，並且正在太平洋戰爭爆發前夕。因此，泰國共產黨遲至一九四一年才成立，比荷屬東印度晚了一個世代，而且其支持者主要都是外來的少數族群，而不是「土著」；是都市居民，而不是半都市／半鄉村的人口；並且是趨向北方的中國，而不是西方的歐洲與蘇聯。在二戰後短暫的自由主義文人統治期間，泰國共產黨的影響力開始在為數不多的泰國知識分子之間擴散開來，甚至在泰國軍方於一九四七年完全攫取權力之前當選了一席國會議員。由於美國傾向於把泰國視為美國對抗亞洲共產主義的堡壘，因此在美國的強力敦促下，泰國共產黨被宣告為違法，而且此後一直都是如此。這點與同時期的印尼共產黨形成了極度鮮明的對比。另一方面，由於泰國共產黨規模很小，軍方支配的泰國統治集團又地位穩固，因此遭到逮捕的共產黨人在牢裡通常能夠獲得良好待遇，刑求與處決的情形更是極為罕見。

這種狀況在一九六〇年代出現了迅速改變，原因是越戰深化，導致美國在泰國的駐軍大幅擴張。亞洲的共產國家，尤其是中國與越南，認為自己絕對必須要支持泰國共產黨，於是他們也發揮了決定性的影響力，說服這個地下政黨移往鄉下邊緣地區，並且展開游擊抗爭。這項發展出現在一九六六年：就在印尼共產黨遭到剿滅之際。隨著越戰不斷拖延下去，泰國共產黨持續擴展其群眾基礎，同時也高度仰賴北京與河內提供的資金、武器、訓練以及意識形態指導。由於該黨的領導階層絕大多數都是華裔泰籍或甚至是「華人」，因此這樣的連結又特別深厚。另一方面，美國的進駐——美國在一九六八年共有四萬八千名軍事人員駐紮在泰國，更遑論美國對於基礎建設還有泰國軍方與警方所投注的龐大支出——也對泰國社會造成了改變，而且改變的速度遠比泰國先前經歷過的其他改變都還要快。一場巨大的經濟榮景就此展開，造成中產階級的迅速擴張，但華裔泰國人在其中仍然占有主要地位。隨之而來的發展，即是公共教育的大幅擴張，尤其是在大學層級，也許在不到十年內就增長了五倍。

一九七三年十月，以大學為基礎的小規模反獨裁抗議突然在首都迅速膨脹為巨大的群眾示威，結果因為軍方本身的內部分裂，以及年輕君王拉瑪九世的干預，獨裁政權於是瞬間垮臺。在一九七三年十月至一九七六年十月間，泰國擁有該國從古至今最公開而且民主的政治體系。壓抑已久的不滿——對於高壓的土地法、對於貪腐現象、對於罷工禁令、對於美國支配——在這時都公開爆發出來，於是相當快速的政治極化就此展開，把學生運動人士推向左派，而其他許多人則是因為擔憂越戰的發展狀況而趨向右翼。泰國共產黨就是在這個時期迅速將其地下影響力重新擴張到都市區域以及知識分子當中，而且是以一種在過去一個世代以來都不可能採用的方式。一九七五年，一波針對學生、勞工與農民組織領袖的刺殺潮，促成了軍事獨裁在一九七六年十月六日極度殘暴的捲土重來。這場鎮壓在曼谷市區的法政大學這所傳統上抱持進步思想的學校尤其嚴重，學生遭到公然開槍射殺、吊死，以及毆打致死。由此帶來的立即結果，就是大批的自由派與左派年輕人逃入鄉下，而受到泰國共產黨的歡迎與保護。

隨著印度支那在一九七五年春天的淪陷／解放、寮國君主制度遭到廢除（這點令保守的泰國王室大感恐慌），以及泰國共產黨的潛在領導骨幹大幅增加，中情局駐曼谷站的站長於是在一九七七年初提出悲觀的預測，認為泰國將會是被共產主義推倒的下一張骨牌。然而，他這項預測卻是大錯特錯。泰國共產黨在三年內就幾乎失去了一切，並且在泰國政治當中不再扮演任何重要角色——正好就在印尼共產黨遭遇剿滅命運的十五年後。為什麼？

關鍵因素是中國、越南與柬埔寨在一九七八年底爆發的三角戰爭。泰國共產黨年邁的華裔泰籍領導者決定支持鄧小平，於是在寮國深具影響力而且現在又掌控了柬埔寨的越南，就終止了與泰國共產黨的一切合作，並且封閉了所有的邊界避難所。人稱北京馬基維利的鄧小平接著前往曼谷，與泰國軍事領袖結盟對抗越南，交換條件則是終止對於泰國共產黨的一切協助，包括關閉設立在雲南的泰國人民之聲這個強而有力的廣播電臺。此舉對於泰國共產黨造成沉重打擊。該黨內部爆發了分歧，一邊是一九七六年逃難而來的那些受過大學教育的年輕人，另一邊則是老一輩的黨員。在此同時，軍方出現一批富有見地的新領導階層，決定向所有投降的反抗人士提供大赦——而且還說到做到。到了一九七九年底，泰國共產黨的成員開始大幅流失，再加上其國際孤立狀況，而徹底摧毀了該黨的聲望與政治前景。可以說是在一九八〇年嗎？就在雷根競選總統的選戰打得有聲有色之際，猶記得他的政見有一部分即是主張對抗以莫斯科為中心的那個強大得前所未見的「邪惡帝國」。

這一切當中有兩點需要強調。第一，印尼與泰國的「共產主義之後」都早在史達林的帝國崩潰之前就已展開，並且是早在任何人能夠想像這種崩潰發生之前。第二，這兩個國家的共產主義殘餘完全不同。

在印尼，在一九六五年十月一日之前追隨左派的人士極少接受過大學教育，而且他們所知的馬克思主義理論是一九五〇年代的馬列主義，還是比較簡單的史達林主義暨早期毛主義的形態。他們絕大多數都是本土印尼人，而不是屬於少數族群的華裔印尼人。他們的政治經驗是國會與準國會法律政治。他們是民族主義者，而且決心要擺脫敵人於一九四八年指控他們「叛國」的罪名。此外，他們在「共產主義之後」的人生——如果他們還有人生的話——就是經常在相當野蠻的情境下遭受刑求以及未經審判即遭到長期關押、婚姻與家庭遭到摧毀，並且持續遭到社會排擠、嚴密的軍方監督，獲釋之後也無從就業。

在泰國，共產主義招募到的許多最有能力的人員，尤其是在一九七五—七六年之後，都是泰國頂尖大學的學生。他們抱持的馬克思主義思想雖然有部分來自文化大革命的中國以及越南，但身為一九六〇年代產物的他們，也接觸了歐洲北部與美國的新左派馬克思主義，以及葛蘭西、阿圖塞以及法蘭克福學派的思想。他們經常都是瓊．拜雅與巴布．狄倫的擁護者，但這兩位歌手登上國際舞臺的時間太晚，以致於合法的印尼共產黨骨幹成員都來不及懂得欣賞他們的音樂。有許多人都是第二或第三代的華裔泰國人，誕生自一九五〇年代晚期以來受到同化而大幅成長的中產階級。如同外來移民的子女或孫子女常見的狀況，他們也堅決展現自己身為泰國人的愛國精神——這是他們挺身反抗泰國共產黨領導階層屈從北京的一大原因——但這樣的表現多少有些不太自在。他們對於國會政治只有極為短暫又粗淺的經驗，主要是受到國會外的政治運動以及身在地下反抗組織當中的生活所形塑。不過，他們在「共產主義之後」的生活大體上都頗為溫和而正常（儘管確實有不少人投向毒品的懷抱或是自殺身亡）。他們返鄉加入家族企業，或是回到原本的大學，或是前往海外求學，以歐洲、美國與澳洲為主，或是決定參與國會政治——泰國共產黨遭到消滅之後，國會政治才在一九八〇年代開始真正在泰國紮根。他們沒有遭到任何認真的追究，畢竟他們的父母是受過良好教育而且現在非常成功的資產階級。

泥濘裡的腳印

我們如果檢視這兩個國家的「共產主義之後的激進主義」，就必須把這些對比牢記在心中。但奇怪的是，另外也有些不全然可見的連接線把這兩者連結在一起，也就是民族主義、歷史，以及印刷。

先談印尼。印尼當今最廣為人知而且可能也是最重要的激進人物，是自學而成的傑出作家帕拉莫迪亞（一般人都稱他為「帕拉」）。他的小說與故事有數十種語言的譯本，而且他也是東南亞地區最有可能獲得諾貝爾獎的人物。帕拉的政治經歷相當獨特。出生於一九二六年的他，先是以民族主義革命分子的身分在一九四八—四九年間遭到荷蘭人監禁，接著因為替華人少數族群公開辯護而在一九五九—六〇年間遭到蘇卡諾政權監禁，最後又因為他在一九五〇年代晚期至一九六五年間，以直言不諱的姿態領導左派知識分子，而在一九六六—七八年間遭到蘇哈托獨裁政權監禁。今天，在印尼大屠殺過了將近三十年後，他的著作全部遭禁，而偷偷傳閱這些著作的學生也有人因此遭到判處長期徒刑。他遠遠最具影響力的作品，是他在一九七〇年代中期於布魯島

（Buru）這個偏遠的流放地，藉著向獄友口述而開始創作的一套四部曲。這套四部曲的粗略基礎是特托迪蘇里歐（Tirtoadisuryo）的人生——他是一位在當時鮮為人知的民族主義先鋒，是個出身爪哇貴族的年輕人，在本世紀頭十年間創辦了第一份民族主義報紙、協助提倡第一項反抗荷蘭殖民統治的激進運動，後來沒沒無聞地死在獄中。

從這四部小說的書名，即可多少看出其性質：《人類的大地》、《萬國之子》、《泥濘裡的腳印》、《玻璃屋》。[2] 前兩部宣告了某種在印尼文學裡前所未見的東西（而且一九六五年以前那個時代的印尼共產黨也必然會對此感到不以為然）：印尼的「這片大地」屬於一切熱愛它的人所有，不僅是持有護照的印尼公民，而且印尼民族主義的英勇鼻祖承繼了每個國家的解放民族主義者。第三部小說的書名所喚起的形象，則是所有那些在抗爭當中傾盡全力的人士——在一九一〇年代、一九四〇年代、一九六〇年代、一九九〇年代——他們唯一留下的，就是「泥濘裡的腳印」；至於第四部小說的書名，則是有如傅柯的邊沁式全景監獄那樣，比喻了當代的警察國家，原因是荷蘭殖民政權想要對殖民地裡的一切進行監控。

在這四部小說裡，作者描寫了年輕的激進主角努力吸收這個世界的知識，而他討教的對象不但包括法國人、荷蘭人、日本人，以及其他居住在爪哇的外國人，他也閱讀在世紀之交那些把整

2 全部都由米特拉出版社（Hasta Mitra）出版於雅加達的這四部小說，分別是《*Bumi Manusia*》（一九七九）、《*Anak Semua Bangsa*》（一九八〇）、《*Jejak Langkah*》（一九八五）以及《*Rumah Kaca*》（一九八八）。目前的英文譯本由威廉莫羅出版社（William Morrow）出版於紐約，書名分別取為《*This Earth of Mankind*》（一九九一）、《*Child of All Nations*》（一九九三）、《*Footsteps*》（一九九四）以及《*House of Glass*》（一九九六）。

個世界帶入這座殖民地城市當中的新奇報紙。不過，他卻注定陸續迎娶一連串在邊緣群體當中最為邊緣的女子：一名可憐的歐亞混血美女、一個從清朝末年的殘暴社會中逃出的中國移民，還有一個強悍的穆斯林女子，來自這座群島殖民地最偏遠的東側邊緣。更引人注目的是，在這四部小說裡占有首要地位的不是那位年輕的主角，而是他的第一個岳母：她在第一次月經來潮之後，就被她身為奴僕的爪哇父母賣給了一個酗酒好色的荷蘭農場主，但她卻完全主掌了自己的命運，克服重重困境，甚至挺身對抗殖民地的祕密警察。（帕拉採取了一項出人意料的傑出手法，把第四部小說的敘事者安排為荷蘭人指派來監控，並且不斷煩擾主角的高階本土情報官員。）

這四部小說的背景設定在一八九六—一九一六年，也就是「共產主義之前」，但內容仍然深切指向「共產主義之後」的印尼。在許多由農場主、副勳爵、殖民地官員、本土貴族與祕密警察從事的壓迫案例，以及農民、小商人、記者、婦女和少數族群的抗拒當中，都可以明白看出舊式馬克思主義的色彩。不過，自從一九四〇年代以來多多少少不可或缺的「我們」（激進印尼人）對抗「他們」（白人殖民者以及遭到印尼人排斥而與殖民者合作的華人企業家）的這條軸線——不論在印尼右派還是左派當中都是如此——卻已不復得見。比較陰險的人物經常都是未來的印尼人，而正派的男女主角不只是一群混雜了各種國籍的人物，而且也抱持許多不同的文化與政治立場。我們也許不該對這一切感到太意外，畢竟這四部小說的手稿在一九七〇年代末期完成之時，帕拉早已知道自己苦牢蹲了十二年之久，後來是在美國國會議員弗雷澤（Donald Fraser）與國際特赦組織的奔走下才得以獲釋，他也知道「實際上存在」的共產政權對於他的遭遇根本漠不關心。但監獄卻讓他看到了共產資歷和道德勇氣之間的鴻溝可以有多麼大。另一方面，他也是以字裡行間的隱喻，反對一個殘暴的獨裁政權——那個政權向國民主張自身正當性的方式，乃是宣稱印尼這個國家完全起源自原始純淨、千年之久而且名符其實屬於本土的過往當中，而「西方民主」與「各種形態的馬克思主義」都不適用於這個國家。

第二種形式的印尼激進主義可以用比較簡短的方式陳述。現年四十出頭的卡塔維查亞（Pipit Rochijat Kartawidjaja），比帕拉年輕了一個世代以上。他在柏林過著隨時可能遭遇危險的生活，因為他的護照早已因為他那些充滿煽動性又桀驁無禮的文章而遭到沒收，但他又拒絕放棄自己的公民身分而尋求庇護。他之所以還活著，部分原因是他與德國綠黨還有社會民主黨的活躍人士建立了密切的個人關係。他的父親在一九六五年是一座國有甘蔗園的虔誠穆斯林主管，結果遭到抱持共產主義立場的農場工人工會強力抨擊。當時就讀初中的他，自然因為力挺家人而加入了當地的一個反共青年團體，而這個團體後來也參與了大屠殺。屠殺凶手當中包括了卡塔維查亞的部分同班同學。他當時目睹的情景在腦海中一直揮之不去，但他一直不曉得該怎麼對那段經歷進行一致性的思考或者行動，直到他前往德國修習電機工程才出現了改變。他在那裡娶了一名印尼共產黨二級知識分子的女兒為妻——他這個岳父在屠殺期間恰好人不在印尼。不過，他和岳父的關係卻頗為冰冷。自從一九八〇年代初期開始，他就因為三件事情而在印尼的激進分子之間廣為知名。第一，他以雅加達的獨裁政權為對象寫了一系列出色的諷刺文章，其中最引人注目的特徵就是以超現實的方式混雜了該政權的官僚語言、街頭俚語、帶有反諷色彩的馬克思主義語彙、粗言穢語，以及些微純粹的詩意。這些文章的目標就是要去除這個政權以及其專制發展語言所帶有的神祕色彩。第二，他重新編寫爪哇語傳統與爪哇人傳統背後的一系列古代印度教爪哇傳說，或是重新加以想像。在這些著作裡，克里希納與阿周那有可能化身成新聞發布官員、變裝妓女、大學教授或者宗教神棍而平等交談。他的原則是：「無事不可說。」第三就只是他對於自己在高中經歷大屠殺——而且是身在凶手的陣營裡——所寫下的一份著名的獨特記述。他決心要讓那場屠殺永遠不會被人遺忘，而且要確保那場屠殺絕對不會在日後成為更多屠殺的基礎。他思索了當時是什麼樣的盲目認同促使他和他的同志走向那片屠宰場。這樣的思索，就表示必須打破一切區隔「我們」與「他們」的簡單壁壘。

這篇文章的標題為〈我是印尼共產黨員還是非印尼共產黨員？〉（Am I PKI or Non-PKI?）。[3]我只能藉著引用其中的兩個簡短段落，而設法讓讀者稍微感受這篇非凡文章的特色。第一，關於在流經他家鄉的布蘭塔斯河（Brantas River）順著河水漂流而下的那些也許是共產黨員的屍體，他寫道：「那些屍體通常都已看不出來是人。沒有頭，肚子也都被挖開。那種味道實在難以想像。為了確保不會沉到水下，那些屍體都被刻意綁在竹竿上，或是用竹竿刺穿。此外，那些屍體從諫義里區域順著布蘭塔斯河流下，而在後來達到黃金時代，亦即紛紛被堆疊在木筏上，而且上頭高高飄揚著印尼共產黨的旗幟。」第二，關於當地妓院的失業現象，他回憶指出：「剿滅共黨人員的行動展開之後，客人就不再前來尋求性慾的滿足。原因：大多數的客人——還有妓女也是——都害怕不已，因為妓院前方吊掛著許多男性共產黨員的生殖器官——就像掛著賣的香蕉一樣。」這樣的語言不論是對於經歷過那場慘劇而倖存下來的共產黨人，還是對於犯下那場暴行的政權與政治團體而言，看起來都同樣令人反感，因為在這樣的書寫之下，「我是劊子手或者不是劊子手？」這個問題就變得無法回答。不過，卡塔維查亞說話的對象不是他們，而是一個年輕的印尼。那個印尼有一天一定會展開激進的思考，而那一天一旦到來，那個印尼就也必須面對「共產主義」與「非共產主義」在「共產主義之後」這個世界時代當中的意義，而不是在印尼的時間裡的意義。

一種新的主體性

當代泰國的問題不在於驅除鬼魂，而也許在於召喚鬼魂。泰國共產黨不是轟轟烈烈地陣亡，而是悄無聲息地消失。此外，該黨的衰亡雖然比蘇聯解體還早，但兩者的時間還是相當接近，所以認真思索一者將不免必須隨即跟著思索另一者。在一九八〇年代與一九九〇年代初期，泰國的半民主體制中，充滿著既有活力又徹底腐敗的暴發戶資產階級，泰國的激進思想家都在其中過著自由而且通常相當舒適的生活，而不像他們的印尼同志那樣遭到殘酷無情的軍事政權所威嚇。他們大多數人都在大學、大眾媒體以及泰國國會裡獲得受人敬重的職務。他們思考的典型問題都是這類：泰國共產黨之所以消亡，真的是如其保守派敵人所言，因為該黨從來都不真正屬於泰國嗎？他們本身對於泰國共產黨的情感是不是天真的青春幻想所造成的結果？他們是不是徹底誤解了自己國家的文化與歷史？他們是否無能為力，只能等待著法蘭西斯・福山（Francis Fukuyama）[4]的名言實現，而跟隨著亞當・斯密與傑佛遜的那一列永無止盡的火車前進？

3 這篇文章首度譯為英文，是刊登在《印尼》，40（一九八五年十月），pp. 37-56。

4 編按：法蘭西斯・福山，日裔美籍政治經濟學者，有多部著名的政治經濟學作品，包括《歷史之終結與最後一人》（*The End of History and the Last Man*）、《政治秩序的起源》（*The Origins of Political Order*）、《跨越斷層》（*The Great Disruption*）、《身分政治》（*Identity*）等。

不該感到意外的是，最重要的激進思想家都是學者，而不是遭到流放或禁止的那些替代歷史的想像者；此外，他們也投注許多精力思考自己為什麼在政治上遭到擊敗，以及對手究竟有何長處。儘管如此，這樣的思考幾乎總是聚焦於歷史，雖然可能是採取非常不同的方式。且讓我簡短討論一九七〇年代的馬克思主義運動人士在過去十年間所寫的三部重要文本，其中兩人是華裔泰國人。

首先是謝克善（Seksan Prasertkul）的著作。他在一九七三年十月那段令人興奮的時期是著名的學生運動人士，後來在一九七三—七五年間又變得更激進，在越南與寮國短暫接受訓練，並且積極參與一九七六年後的武裝游擊鬥爭。謝克善和他那個世代的許多人一樣，也在一九八〇年代中期認定泰國共產黨的領導階層已深受一種「中國性」所傷害，以致於對「小瓶」及其北京同僚產生荒謬而且災難性的認同；更重要的是，泰國共產黨在幾乎想都沒想的情況下，就把泰國民族主義讓給了反動的佛教僧侶、右翼軍事領袖，尤其是對於傳統與大眾想像握有強大影響力的王室。他的觀點當中最根本的元素，就是對於暹羅歷史的建構，主張一連串無私而且富有遠見的君王拯救了暹羅免於帝國主義的侵害，並且引導暹羅踏上現代性的道路；而那一連串君王當中的第一位，就是拉瑪四世——尤．伯連納（Yul Brynner）曾以異想天開的詮釋方式扮演過他。謝克善藉由廣泛的精心研究，而寫出了一篇「馬克思主義」論文，但其中仍然徹底翻轉了右翼與左翼的傳統史學史。[5]舉例而言，他顯示出了十九世紀晚期與二十世紀初期那些通常遭到鄙視與邊緣化的「華人」與「華裔泰籍」資產階級遠遠不僅是一群買辦，而是最積極捍衛泰國經濟自主不受英國帝國主義侵害的人士，反倒是王室與貴族屈服於英國帝國主義，然後又和其密切合作。他以深具說服力的論點指出，自由化與現代化的主要推動力實際上是英國自由貿易帝國主義，這種帝國主義單方面而且漫不在乎地摧毀了舊王室秩序所奠基於其上的那種複雜的重商獨占體系；但另一方面，這種帝國主義也使得地方資產階級不再有理由能夠實踐其歷史政治任務，也就是摧毀舊制度。因此，舊社會秩序才會有一大部分存續至當代泰國，而且泰國歷史也才會有一項深切虛假而且令人迷惑的陳述。他認為泰國共產黨有幾個最大的缺點，就是鄙視認真的歷史研究，以及因為懶惰而採用史達林主義與毛主義的那種庸俗馬克思主義，結果導致在長期之下沒有能力建立自己的霸權。

第二部文本是頌猜的著作，他之所以有名，因為是一九七六年血腥政變後遭到以冒犯君主罪審判且定罪的「曼谷十八人」之一。身為華裔泰國人的頌猜比謝克善年輕許多，因此他在智識上發展成熟的時間，我們現在回顧起來可以稱之為傅柯的時代。所以，他對當代舊制度的激進攻擊來自於另一個方向。藉著針對十九世紀於曼谷生產的地圖，還有圍繞著這些地圖的制度與論述進行傑出的微觀研究，他因此能夠決定性地證明霸權保守文化當中的那種永恆「泰國」或「暹羅」，其實是一八七〇年代的發明。[6]歐洲帝國主義者帶來的麥卡托式地圖、以數學為基礎的勘測制度，以及對於連綿不斷而且不可見的邊界的想像，造成了一個傅柯式的「斷裂」時刻；在那個時刻之前，王朝的領域原本都是由其中心所界定，而且統治者認為自己的臣民是一群可以有無盡變化，

5 見謝克善，〈泰國國家轉變與經濟變化〉（The Transformation of the Thai State and Economic Change，Ph.D. thesis, Cornell University，1989）。

6 見其《圖繪暹羅：一個國家的地緣機體歷史》（*Siam Mapped: A History of the Geo-Body of a Nation*，Honolulu: University of Hawaii Press，1994）。

而且能夠受到不同方式剝削的徭役勞動者、步兵以及納稅人，他們的「國籍」是最不受人關注的問題。這就是為什麼「泰國」統治者的軍隊會有那麼多華人水手、馬來領航員，以及越南弓箭手。頌猜又更進一步證明指出，在一八七〇年代之後，新的王室測繪服務開始以歐洲人的方式，製作全然想像的歷史地圖，將他用諷刺語氣所稱的「泰國的地緣機體」推回到傳奇過往的迷霧當中。不消說，這是一項具有深切顛覆性的論點，因為這個論點意味了統治階層不是自從遠古時代以來就一直持續不斷地秉持英勇與愛國的精神捍衛著泰國，而是在一個多世紀之前才發明了這個泰國（而且發明這個泰國的方式強力支持了統治階層本身的霸權）。不過，頌猜的目標也在於為各個種類的替代歷史敘事開啟一個巨大空間，包括去中心化、在地化、平等主義以及大眾化的歷史敘事。這麼一來，即可為將來左派為了反霸權而挪用歷史主體性的做法清除障礙。

最後一部文本是卡辛（Kasian Tejapira）的著作。他是華裔泰國人，也是三人當中最年輕的一位，因為太年輕而不曾參與一九七三年十月的暴動，但在一九七〇年代晚期是一位堅定的地下馬克思主義者。和前兩人不同的是，在他的研究展開的時候，世界共產主義已多少踏上了自毀的道路。也許就是因為這樣，他深受班雅明（Walter Benjamin）影響的研究，才會以泰國馬克思主義在一九四〇與五〇年代那種充滿年輕活力、帶有諷刺意味的重振為目標。在所有的泰國知識分子當中，他率先仔細思考了形容詞（泰國）與名詞（馬克思主義）之間的歷史關係，而體認到一般認為馬克思主義能夠毫無阻力地適用在不同文化與不同語言當中的這種想像，其實是一種幻想。他也率先把馬克思主義想成是資本主義社會裡的一種文化商品，在不同時代裡各有能夠受到追溯的「需求」與「供給」。[7]他的著作極度繁複，不可能在此概述，但我們可以由其開頭的這段文字多少體會到其中的要旨：

對於二十世紀最後十年間這個後共產主義世界的英語讀者而言……探討在將近半個世紀前，出現於一個偏遠平靜的第三世界資本主義國家裡，但現已消亡的馬克思共產主義學說的化身，看起來似乎是沒有必要的做法；甚至連【這部文本的】「存在地位」都顯得令人懷疑。畢竟，在過去十年間，不僅馬克思共產主義的理論、實踐與組織都早已破產，也在泰國徹底崩解，就和世界上其他許多國家一樣。既然如此，為什麼還要針對這具政治屍體閱讀這麼一份冗長乏味的訃聞——更遑論是撰寫這麼一部著作呢？我的回答是，共產主義雖然已死，其鬼魂卻仍然揮之不去；這個死者和活人有過如此漫長而且激烈的交流，因此現在雖已離開，卻還是在其親密交流對象的文化靈魂上留下了深刻的印記；因此，只有藉著書寫、閱讀以及理解這個共產主義鬼故事，活人才能夠完全知覺到自己潛意識中的文化自我。

他在這部著作的最後下了這樣的結論：

泰國至今仍然存在著文化抗爭的殘餘元素，受到長期努力在阻礙中把共產主義與泰國文化結

7 見卡辛，〈馬克思主義的商品化：現代泰國激進文化的形成，一九二七—一九五八〉(*Commodifying Marxism: The Formation of Modern Thai Radical Culture, 1927-1958*，Ph.D. thesis, Cornell University，1992)。

合起來的那種嘗試所調和與形塑。只要泰國人仍然遭到獨裁統治與資本主義的現代戕害，就還是會有夠多的新興激進分子把那些元素重新組合成強而有力的文化武器，藉此爭取他們自己以及全人類的生存與尊嚴。

這三位泰國激進學者也許就是在這個時候遇上了帕拉與卡塔維查亞。他們各以不同的方式不斷書寫——絕非全然是為了他們的同胞——以便在天使逐漸遠去的腳步下撿拾值得珍藏的殘骸。現代的過往，包括曾是其中一個核心部分的共產主義，必須受到深刻的重新檢視、審訊，並且在可能的地方予以恢復；而我們則是在此一同時——套用薩雅吉・雷伊（Satyajit Ray）[8]的說法——聆聽著頭頂上的遙遠雷聲。

8 編按：薩雅吉・雷伊，印度裔孟加拉導演、作家、影評人。一生執導多部獲獎作品，包括被稱作「阿普三部曲」（The Apu Trilogy）的《大路之歌》（*Pather Panchali*）、《大河之歌》（*Aparajito*）與《大樹之歌》（*Apur Sansar*），以及《孤獨的女人》（*Charulata*）和《遙遠的雷鳴》（*Ashani Sanket*）。

14

人各為己
Sauve Qui Peut

一九九八年三月十一日，就在蘇哈托主導一場武力政變而把「國父」蘇卡諾趕下臺的整整三十二年後，這位印尼總統獲得人民協商會議（People's Consultative Assembly）這個傀儡國會以全票通過的結果，由他第七次擔任五年任期的總統，並在宣誓典禮上說了以下這句意味深長的話語：「我們以後將不會再享有以往超過四分之一個世紀以來的那種經濟成長。」[1]這種語言是新英格蘭的磨坊小鎮、賓州與比利時的煤炭與鋼鐵地帶、澳洲的鬼城以及美國西部地區的語言——在那些地方，資本主義曾經來過，但現在已經離開，只留下傷痕累累的地貌與毀壞的社會結構。這種語言會促使觀察者提出兩個關於「亞洲危機」的問題，但在針對其近因從事分析的眾多當代報紙與雜誌裡，卻極少看得到以下這兩個問題。第一個問題是：是什麼因素使得世界銀行在過去三十年間促成的「亞洲奇蹟」成為可能？第二個問題是：蘇哈托的預測是否不僅對於印尼正確，而且對於東南亞其他先進國家也是如此？[2]

1《曼谷郵報》，一九九八年三月十二日，p.5。
2 在本文探討的這個時期的大部分時間，緬甸與印度支那各國都擁有飽經戰要是有人在一九五〇年預測「奇蹟」將在一個世代內發生於這個區域，必定會被人認為是在做白日夢。遭到長達十年的軍事占領、戰爭以及革命所摧殘的印尼，識字率僅有一〇%。即便在十年後，印尼國家的收入比起一所大型美國大學也還是多不了多少。即便在殖民時期已相當疲軟的菲律賓經濟，後來又被日軍與美軍的交戰夷為廢墟；加上這個國家沒有將所有人團結在一起的國家語言，頂多只有通行於（也許）四分之一人口的美式英語。暹羅是個平靜的稻米出口國，到了一九六〇年都還沒有全國性的有效初等教育制度。馬來亞的錫與橡膠殖民經濟則是奄奄一息，而且這座殖民地又是大英帝國部隊對抗一場強烈而大膽的共產暴動的戰場。然後呢？

我們可以合理地主張那項「奇蹟」必須要有四個基本條件才有可能發生，而這些條件只存在於那一長串的沿海資本主義國家當中，從南韓往下延伸至印度洋的東緣。

第一個條件是冷戰在該區域的奇特發展進程。在二十世紀四分之三的時間裡，冷戰在世界各地都不像在這個區域那麼「熾熱」，而且在這裡倏然間迅速冷卻下來的情形也勝過其他地區，原因是北京與華府在一九七〇年代中期的和解。美國人唯一打過的兩場大戰都在這個區域：他們在朝鮮半島被迫接受一項代價高昂的對峙僵局，而在印度支那則是遭遇了慘痛而恥辱的戰敗。除了印尼以外，東南亞的每個重要國家都發生過長久且重大的共產暴動，而印尼則是在一九六〇年代初期，於法律上允許社會主義集團以外最大的共產黨存在。在所有這些國家當中，除了馬來西亞在當地的共產暴動期間仍是殖民地以外，美國都在政治、經濟、軍事與文化方面施行了規模龐大的干預。惡名昭彰的骨牌理論就是專為東南亞而發明。為了支撐那一排搖搖欲墜的骨牌，華府竭盡全力建立忠心、在資本主義方面繁榮、專制而且反共的政權——雖然通常都由軍方掌控，但並非全部都是如此。[3]這些國家中有許多都在安全方面仰賴美國，而且美國在部分國家當中也設有各式各樣的軍事設施。東南亞發生的災難只是促使華府進一步為其剩下的政治盟友投注更多的武力與資金。世界上沒有其他區域比這個和美國位於地球兩端的熱帶區域獲得更多的「援助」。

另一方面，由於華府與北京在印度支那「淪陷」之後組成對抗莫斯科的聯盟，因此從一九七〇年代晚期到蘇聯瓦解之前，東南亞國家只要有意為之，都可以繼續從華府的冷戰大撒幣中獲利，而不必面對任何重大的內部或外部困境（我們後續將會看到，菲律賓是個局部的例外）。這整個過程在世界其他地區都沒有出現過。

第二個讓奇蹟有可能發生的條件，是這個區域在地理上接近日本的這項偶然。東京在十九世紀末尾才加入帝國主義的行列，面對的情勢是北部邊緣有沙皇俄國，歐洲人在東南亞已牢牢扎根，在中國又具有主導地位，而美國則是在太平洋上迅速擴張——阿拉斯加、夏威夷、中途島、威克島、關島、菲律賓。自從在一八九五年取得臺灣並且在一九一〇年強占朝鮮開始，日本統治菁英

3　一九五〇年代期間，在毛澤東獲勝之後逃入緬甸的國民黨軍隊獲得中情局支持，而在該國種植罌粟的東北部掌控了面積可觀的區域。暹羅早在一九四八年就已成為美國盟友，也是東南亞公約組織的創始成員國，後來在越戰臻於高峰之際有數以萬計的美國軍人以及戰機進駐。吳廷琰治下的南越是美國創造的產物，西哈努克領導的柬埔寨中立政權在一九七〇年因為美國的默許而遭到推翻。寮國那幾個基礎薄弱的右翼政權，也斷斷續續受到美國資助。在蘇卡諾的印尼，發生於一九五七—五八年間的大規模區域暴動則是受到杜勒斯兄弟提供武裝與物資。菲律賓不只是東南亞公約組織的創始成員國，也是西太平洋區域許多最重要的美軍基地的所在處。

亂的社會主義或偽社會主義經濟。實施資本主義的汶萊與新加坡大體上都會受到忽略，因為前者基本上是石油酋長國，後者則是一座自治市。

就藉著經濟、政治與軍事手段尋求在東亞與東南亞創造國家霸權的區域，相當於美國在西半球的霸權。由此帶來的結果，就是在一九三七年展開的中日戰爭、在一九四一年底爆發的太平洋戰爭、在一九四二年征服東南亞大部分地區，以及在一九四五年八月遭到原子彈轟炸而投降。在戰後重建時期，過往的野心並未消失，但基本上轉為以經濟野心。華府因為確認自己在政治和軍事上宰制了日本，同時又一心想要把日本經濟建立為亞洲資本主義實力基石，所以也就沒有在日本面前放置任何真正的障礙。不過，在戰後初期的那幾年間，毛澤東的中國將日本政府拒於門外，南韓因為對日本殖民懷恨在心而同樣沒有給東京好臉色看。東南亞是日本唯一剩下的真正選項，尤其是歐洲強權現在又已經失去了他們在那裡建立的殖民堡壘。自從一九五〇年代開始，透過一系列為東南亞國家提供豐厚資金，以購買日本製品的戰爭賠償協議，東京的經濟地位因此迅速提升：首先是在二戰期間即為日本盟友的暹羅，接著則是在其他新成立的民族國家，儘管那些國家在先前受到日本軍事統治的回憶並不是太愉快。到了一九七〇年代初期，日本已成為該區域唯一最重要的外來投資者，包括在自然資源的採集（木材與石油等等），以及在工業與基礎建設的發展方面。這一切所表示的是，全世界只有東南亞這個區域獲得全球兩個最強大的資本主義國家經濟體，以整體上互相合作的方式，深度耕耘了四十年。後來，南韓與臺灣成為資本輸出大國之後，也跟著領頭羊的做法，於是本來東南亞就已從美國與日本輸入龐大的資本與科技，現在又獲得了進一步的提升。[4]

第三個讓奇蹟有可能發生的條件，說來諷刺，正是中國獲得成功的共產革命。毛澤東在全球資本主義秩序之外建立一個強大專制的社會主義經濟體的計畫，使得中國無法在東南亞扮演重要的經濟角色，也無法與東南亞競爭。[5]直到一九八〇年代中期，在「小瓶」的政權之下，這個先前的中央王國才挾著其龐大的內部市場，還有在中國共產黨鐵腕統治下貧窮至極，但人數無窮無盡的農民與勞工，開始吸引了來自美國、日本、歐洲共同體、臺灣，甚至是南韓的巨大投資。因此，中國到了一九九〇年代終於得以在製造業出口方面勝過東南亞，而且這樣的狀況看來可以確定將會無限期持續下去。事後回顧起來，因此可以說，東南亞奇蹟有一部分是亞洲最大強權隔絕於全球市場長達四十年這個不尋常現象所造成的結果。

最後一個條件與第三個條件間接相關。從鴉片戰爭到中日戰爭展開之前那段一再衰退的悲情百年期間，數以百萬計的年輕人——大多數都是男性，而且大多數都不識字——紛紛從福建與廣東的沿海區域出走，湧向對於勞動力需求孔急的東南亞歐洲殖民地以及暹羅。[6]直到世紀之交，這些（整體來說）語言彼此不通的人口——他們各自使用的語言包括閩南語、廣東話、客家語、海南話以及潮州話——都極少認為自己是中國人。他們的認同是基於宗族、故鄉的村莊或地區，以及語族。在良好的情況下，尤其是在信奉佛教的暹羅與信奉天主教的菲律賓，他們與當地人口通婚

4 頗具象徵性的一點是，豐田在一九八〇年代為馬來西亞生產了一款所謂的國民車，而韓國的現代汽車公司則是直到一九九〇年代中期才著手為印尼提供同樣的待遇——所幸並不成功。

5 這種自我孤立在很長一段時間中又受到美國策劃的貿易禁運所強化。

6 此一人口流動在一九三〇年代的經濟大蕭條期間出現減緩，原因是殖民強權緊縮了移民控制。後來，這樣的流動大致上結束於戰後獨立時代，唯一的例外是一群為數不多但相當重要的商界富裕人士，因為中國共產黨掌控中國而逃往國外：他們大多數都前往美國、臺灣、香港與新加坡，但也有一些人來到曼谷、馬尼拉與雅加達。

並且同化的情形相當常見，而在一段時間之後產生了一個獨特的麥士蒂索人社會階級。在不好的情況下，例如在（穆斯林）馬來亞與荷屬東印度，他們則是經常因為殖民地的決策而聚居在貧民窟裡。不過，在一九〇〇年之後，這種情形開始出現了改變。移民社群的根基愈來愈深，也愈來愈穩固，原因是當時開始有女性人口從廣東與福建前來，也開始設立學校教導兒童書寫中文以及說華語，而且中國民族主義本身也產生了若干新奇的影響。大部分的移民雖然長期以來都一直處於貧窮當中——舉例而言，他們一直到第二次世界大戰才構成了暹羅與馬來亞大部分的真正勞工階級——卻也有為數可觀的移民藉著勤奮工作的習慣以及離鄉背井所帶來的自由，而在職業階梯當中往上爬——包括做小生意、創業、從事專業工作，甚至進入官僚體系。在荷屬東印度，這些人尤其形成了一個可見的中間階層，介於殖民地行政機構與絕大多數都是農民的本土人口之間。

但在同一個時期，本土民族主義也開始出現於東南亞，最早在菲律賓，最晚則是在柬埔寨、寮國、馬來亞與新加坡。外來移民及其後代經常首度發現自己夾在兩個群體之間，一邊是種族歧視愈來愈嚴重的殖民政權（那些政權雖然鄙視他們，卻也為他們提供保護），另一邊是本土的民族主義者（這些人一方面鄙視他們，認為他們是外國人，而且又與殖民者合作；但另一方面卻又羨慕他們在經濟上的成功）。他們危殆的處境，後來又隨著歐洲帝國主義的瓦解以及各個前殖民地在戰後取得獨立而更加突顯。殖民地臣民的身分可以輕易獲得，但民族國家的現代公民身分卻不是如此。[7]他們必須做出困難的抉擇，而且這些困難又因為兩個敵對的中國各自出現在北京與臺北而更增複雜，因為這兩個中國都熱切爭取他們的效忠，卻又都沒有能力或甚至沒什麼意願為了保護他們而代表他們出面。不過，殖民的結束卻也為他們的經濟地位開啟了在太平洋戰爭之前無法想像的提升機會。

獨立之後的整體社會趨勢（儘管每個國家之間的差異相當大），都是可讓向上流動的「本土人口」在政治領域裡取得穩固的職位——特別是在迅速擴張的國家官僚體系裡，尤以軍方與警方為主。這種趨勢在印尼和馬來西亞最是明顯可見；但即便在擁有大量「華人」政治人物的暹羅，也極少有高階軍官或警官是華人後裔。[8]此外，國立大學對於「華人」採行公開或隱密的歧視政策，也被認為會限制華人在公務部門或甚至是部分職業當中的前途。這一切所造成的影響，就是鼓勵華裔人士把自己的精力與抱負投注於私人商業部門——不論合不合法。蘇哈托治下的印尼是這類傾向的極端案例。在一九六六年三月至一九九八年三月間，完全沒有已知是華人後裔的人士當上過內閣部長、高階公務員，或者陸、海、空軍的將領；即便在國會議員當中，也是少之又少。另一方面，據估計占人口五%的華人卻控制了七〇—八〇%的國內經濟，而且蘇哈托身邊最大的裙帶資本家也幾乎全都來自這個群體。這樣的「種族」分工促成國家官員大規模的競租行為、限制了活力充沛的「本土」企業家階級的成長，也使得遭到邊緣化的華人少數族群成為「奇蹟」背後真正的國內推動力。

在這些讓奇蹟有可能發生的條件當中，哪一個會存續到下個世紀初期呢？美國對冷戰東南亞

7 在當今印尼頗具揭示性的一點是，只有「華人」被稱為「公民」（Warga Negara Indonesia，簡稱ＷＮＩ），其他人都是土地之子／土地之女。

8 一九七〇年代中期，泰國國會議長是坎加納瓦（Prasit Kanjanawat）這位精明的律師暨生意人。報紙上的諷刺漫畫經常拿他濃重的「華人」口音開玩笑——但不帶惡意。我認為這樣的情形在那些前殖民地當中是無法想像的。

的奇特投資，曾一度促成了一九四八－七七年間的泰國將領暴政、菲律賓的馬可仕政權以及蘇哈托無窮無盡的新秩序，卻也已不復見。美國在菲律賓的基地已經撤除，現在該國對於前殖民主的重要性已經極低。暹羅也不再被視為對抗任何東西的堡壘。即便是面積巨大而且擁有兩億人口的印尼，現在也比較被視為是令人憂心的問題，而不是盟友。馬來西亞在位長久的首相馬哈地（Mahathir）大聲嚷嚷的反西方言論，在華府也根本沒有引起任何注意。

日本對這個區域懷有持久不衰的地緣政治興趣，但該國由一九八五年的《廣場協議》（*Plaza Accord*）所象徵的「歷史時刻」，以及一九八〇年代橫掃美國的反日恐懼，都已經過去了。在當前這個年代，東京一直努力要以高度活力擺脫一九八〇年代晚期破滅的泡沫，但大體上並不成功。該國沒有能力為東南亞金融危機提供多少協助，即是此一缺陷的證明。另一方面，中國的政治未來雖然充滿不確定性，但這個國家還是很有可能會很快在東亞與東南亞重拾以往的中心角色。中國擁有的資源遠遠超越東南亞的任何一個國家，而且在很長一段時間都會是世界市場上一個盛氣凌人的競爭者。因此，也許只有海外華人會是持久不衰的奇蹟要素，儘管此一要素也有其引人疑慮而且脆弱的面向。

※

不過，如果說造成「奇蹟」有可能發生的大部分條件都已經消逝或是即將消逝，卻也不必然表示這些國家沒有利用這段非凡成長的時期，為長期且比較自給自足的發展建立基礎。畢竟，德國與日本在遭遇軍事失敗、經濟崩潰以及敵人占領之後，都在一個漫長世代裡就從谷底反彈而成為主要經濟強權。一個比較接近的比較對象是民族主義強烈的南韓，這個國家利用美國支持的冷戰暴政所帶來的成長可能性，以及該國本身對於其強大鄰國所懷有的歷史恐懼，而創造了一個生產出世界級製造產品的工業社會：我們有充分理由認為這個國家將會從金融危機當中迅速恢復，而在不久之後重拾該國先前在全球經濟裡扮演的角色。因此，我們針對東南亞所應該提出的核心問題，就是這個區域在「奇蹟」時代獲得的資源與資產，有多少會被用來為那些促成奇蹟發生的條件大幅消退之後的日子預做準備。

就算只是從事表面性而且概略式的討論，這個問題也有三個明顯可見的領域可供探究：如何發展一批技術精良並且受過良好教育的勞動力，而能夠提高國家的附加價值；如何運用國內儲蓄與投資；以及如何保護國家環境與自然資源。這三個領域當然緊密相連，而其中對未來最重要的就是第一個領域。

我們也許可以思考沒有受到殖民的暹羅。這個國家直到金融危機前夕，都一直受到世界銀行吹捧為所有具有前瞻性的「第三世界」國家可以仿效的對象，原因是該國在過去三十年來擁有極高的成長率。在一九八〇年代末期，該國的高中年齡人口當中僅有二八%實際上就讀了任何種類的高中。[9]根據可靠的估計，該國的勞動力到了二〇〇〇年將有七〇%都只有初等教育以下的教

9 傑拉德・譚，《東南亞國協：經濟發展與合作》(Singapore: Times Academic Press，1996)，p. 111。

育程度。[10]高等教育機構產生的工程師人才，還不及暹羅所需的一半。泰國的職業學校比較為人所知的是學生之間的野蠻鬥毆，而不是學校裡教導的進階工業技術。至於絕大多數都還是由國家所擁有的大學，其水準也只能說是「參差不齊」——而且這麼說還算客氣了——原因是其中的教授與講師薪資都非常低，所以他們都投注許多時間在學校外面兼職或者從事投機活動。除此之外，還有一種在資本主義東南亞各地都看得到的現象：也就是許多上層階級與中產階級的父母都決定盡可能避開國立教育體系，而把自己的子女送到當地的「國際」高中，然後再依據自身的收入層級而讓他們前往美國、英國、加拿大與澳洲就讀大學。這些年輕人當中有些從此不再回國，而且回國的人士也極少願意進入國家教育體系服務。

相較於馬來西亞，菲律賓的大學年齡年輕人身在學校裡的比例是前者的三倍（三八%相較於七%），[11]但他們大多數人就讀的都是品質低劣的文憑工廠，根本學不到什麼東西。這兩個國家都沒有實際上具備工業導向的「職業」教育體系。這兩個國家也都經歷了大量的年輕人才外流，一大原因是英語殖民主義所留下的那些具有銷路的遺緒。在馬來西亞，傑出的年輕「華人」在教育及其他領域遭遇歧視的狀況下，有為數可觀的人口都紛紛離開。馬可仕對菲律賓造成的貧窮化，促成了「本土」菲律賓人大量外移到世界各地從事女傭、護士、酒保、妓女、司機等等的工作，而且這些人有許多都擁有本土的大學學位。（他們匯寄回國的金錢，是菲律賓外匯收入的單一最大貢獻來源。）印尼的處境又更糟。教育問題因為專制政權而更加突顯，因為那些政權通常把學生視為極不穩定的危險群體，並且比較是利用教育體系灌輸政治效忠思想，而不是用來刺激富有創造力的年輕頭腦。[12]

造成這些教育政策缺陷的一個關鍵因素是，許多年來，工業發展的主要投資者都來自於該區域之外，尤其是美國、德國、日本、韓國以及臺灣。所有這些投資者尋求的都是低薪、聽話而且沒有組織工會的勞工，其中日、韓、臺更是要尋求海外平臺，以便能夠在低關稅的狀況下進入美國與歐洲市場。這類投資者極少會有興趣或者資源，在其本身的立即需求範圍外提供職業訓練。此外，這些投資者設立的製造廠對於國內經濟與社會的連結也非常薄弱，通常是以飛地的方式營運。實際上，外國人與貧窮的本土人口從事了出口發展成長當中大部分的實質工作。不過，這種狀況的持續總是必須依賴低薪低技術的勞動力；只要有任何明顯的改善，就會促使投資者移往更貧窮的國家，例如越南。然而，直到金融危機前夕，東南亞區域的政府都只要看到國民生產毛額持續上升，就無意對未來進行認真的結構性思考。

正因為出口導向的經濟成長深受外部投資推動，國內投資者——尤其是擁有良好政治人脈的

10 佐摩（Jomo K. Sundaram）等，《東南亞受到誤解的奇蹟：泰國、馬來西亞與印尼的工業政策與經濟發展》（*Southeast Asia's Misunderstood Miracle: Industrial Policy and Economic Development in Thailand, Malaysia and Indonesia*，Boulder, Col.: Westviews Press，1997），p. 83。這部在金融危機發生前夕付印的著作，研究得極為深入，並且針對「奇蹟」的脆弱性提出了具有先見之明的警告。

11 這些數字取自傑拉德・譚，《東南亞國協》，pp. 101與104。菲律賓的數字看來高得令人難以置信。

12 我那個極度聰明的小印尼養子，在他鄉下那座故鄉城鎮裡最好的高中接受了教育，但他在十七歲抵達美國之時，卻完全沒有基本地理知識，也沒有基本世界史的知識，只對他自己國家的歷史擁有極度扭曲的理解。整體而言，國家的出國留學獎學金所採取的發放標準，在很高的程度上都不是依據學業成績，而是依據家族人脈、族裔背景以及政治忠誠度。

國內投資者——於是都把自己的活動集中在受到保護的經濟部門：銀行、不動產、營造，以及自然資源開採。金融危機發生之時，印尼有超過兩百家銀行，其中大部分都憑著政治關係從事不太正當的營運活動，而且幾乎全都背負了龐大的債務。曼谷大都會據估計有七十萬間閒置的住宅與辦公室。馬來西亞政府下令興建全世界最高的大樓，結果卻發現其中的空間大部分都無法出租。蘇哈托政權對飛機製造業投注了數十億美元，結果製造出來的產品卻因為沒有通過美國聯邦航空總署的安全認證，所以至今仍然幾乎找不到客戶。就這樣，中看不中用的東西接連不斷出現。在奇蹟長期持續的鼓勵下，不只統治菁英將其高比例的儲蓄投入各種不具生產力的投機和競租活動，連新興的中產階級也是如此。

這些也許可以被稱為「自然」的傾向，在一九八〇年代中期之後受到日本刻意壓低的利率以及東南亞區域普遍存在的低利率所鼓勵。東南亞金融業者可以輕易在東亞借得幾乎不限金額的低利貸款，然後再於國內市場以高利率貸放出去。美國在受到高估的當地貨幣釘住美元的條件下施壓要求「自由化」，以及世界銀行堅決推廣當地證券交易所的做法，更是進一步突顯了這些投機傾向。

在東南亞的資本主義國家當中，事實證明只有印尼和馬來西亞擁有可觀的礦物資源。這些國家在一九五〇年代起步之時，全都擁有廣大、茂盛而且多樣的森林，以及魚群豐富的沿海水域。然而今天，菲律賓已淪為全世界環境破壞程度最嚴重的國家之一。暹羅的森林已幾乎完全消失（禁止國內伐木的禁令在過去十年間才頒布，而且至今執行力道仍然相當薄弱），肆無忌憚的泰國伐木業者更把觸角伸向緬甸與寮國這兩個貧窮的鄰國。去年在婆羅洲與蘇門答臘摧殘了數十萬公頃森林的大火[13]——也毒害了馬來西亞、印尼與泰國南部的居民所呼吸的空氣——是與蘇哈托家族有關係的財團貪得無饜之下所造成的結果，因為那些財團為了闢建占地廣大的農場，發現直接放火驅除居民、動物與叢林是比較簡單的做法。[14]高科技而且身處高位的日本、韓國以及其他捕魚企業都不惜損害貧窮地方的生計，而嚴重耗竭了海洋環境。在「奇蹟」時期的大部分期間，印尼與馬來西亞都擁有巨大石油或天然氣礦藏的優勢，也享有石油輸出國組織在不同時間點強制訂定的價格。不過，這些礦藏畢竟有限，往後的開採規模也不可能再達到一九七〇與八〇年代的水準。這可以說是賓州北部的翻版嗎？

我們也許不該太過悲觀；不過，實在很難不斷定「奇蹟年代」遭到了東南亞領袖以短視、揮霍、甚至是不愛國的方式所濫用。

13 編按：此處作者指的是一九九七—九八年婆羅洲森林大火，為當代少數有名的森林大火事件之一。發生原因不僅與當年降水量少的聖嬰現象有關，為了供應全球市場對木材的需求，印尼政府還大量開放伐木業進駐森林區。此舉也迫使當地原住民為了生計遷徙，並用傳統的刀耕火種砍伐更多的樹以開闢耕區，從而加劇了起火因子發生的機率。這場大火最終造成高達九百萬美元的損失，三分之一數量的紅毛猩猩與其他森林物種的消失。而類似的森林大火在婆羅門洲、蘇門答臘島每隔幾年就會發生，也因此成為近年東南亞霾害的主要原因。

14 主要的作惡者「鮑伯」·哈桑（Mohammad “Bob” Hassan，又名鄭建盛）至少在名義上是穆斯林，而且具有「華人」血統。他累積億萬財富的手段，起初是從事伐木，後來則是藉著一個裙帶企業聯盟壟斷了膠合板國際貿易的一大部分（在一九九〇年代初期為七八％）。在蘇哈托連任總統之後公布的新內閣當中，他被延攬為貿易部長，是三十二年來首位「華人」部長。

※

我們還必須針對東南亞奇蹟當中四個主要國家的政治發展曲線，進行比較性檢視，以便評估金融危機在這四個國家裡分別可能造成的後果。這四個國家所處的光譜，是菲律賓在一端，接著是馬來西亞與暹羅，最後是位於另一端的印尼。

在「奇蹟」年間的大部分時期，菲律賓都被視為可憐的例外：在其他國家狂奔之際，菲律賓是唯一陷入貧窮的資本主義民族國家——也是唯一的前美國殖民地。然而，在金融危機期間，菲律賓貨幣的表現卻勝過泰國的泰銖、馬來西亞的令吉以及印尼的印尼盾；此外，菲律賓甚至也逐步擺脫——而不是落入——國際貨幣基金組織的掌握。怎麼會出現這樣的發展呢？

答案在於馬可仕政權的性質，以及該政權在一九八六年二月垮臺的原因與時機。馬可仕除了是文人政治人物以外，在東南亞「熾熱」的冷戰期間乃是一名典型的暴君。他在一九六五年首次當選為總統，就在詹森開始派遣大規模美國部隊進入越南之際。菲律賓的美軍基地，尤其是蘇比克灣的海軍基地，以及位於克拉克平原的巨大空軍基地，在越戰中占有中心地位。馬可仕為這些設施收取了高額租金，也出租菲律賓部隊到越南執行任務，對於貯存在菲律賓領土上的核武器不發一語，而且還高調支持美國的戰爭活動。為了答謝他，可能也是因為馬可仕以個人身分對尼克森最近兩次參選總統的競選陣營捐贈了大筆款項，所以華府也就對他在一九七二年——在他的合法總統任期接近尾聲之際——所建立的竊盜統治式的獨裁政權視而不見。在一九七二至一九八六年間，馬可仕夫婦及其裙帶親友完全依賴美國的持續支持，對於不是非常強健的菲律賓經濟進行系統性的劫掠，從而促成了南方穆斯林一場嚴重的分離叛亂運動，也激起了一場毛主義式的起義，後來擴散到幾乎全國各地。不過，到了一九八〇年代初始之際，冷戰在東南亞的「熾熱」階段已然結束，於是雷根白宮裡比較冷靜的決策人士就體認到馬可仕獨裁政權不能持續下去：因為這個政權在政治與經濟上摧殘了菲律賓，又對美國毫無益處。[15]因此，中情局積極參與了反對馬可仕的大眾動員，而且終究也是美國的軍機把這對深受厭惡的夫妻從他們的宮殿載運到夏威夷接受黃金級的監禁。柯拉蓉·艾奎諾——她的丈夫在一九八三年結束美國流亡生活返回菲律賓，但才剛落地就遭到馬可仕的爪牙刺殺——接任總統，而立刻恢復了馬可仕執政前的酋長式民主體系。後來極右派軍國主義者企圖推翻她的政府，華府就立即進行了果斷的干預（尤其是在一九八九年十二月）。

因此，在一九八六年，也就是「奇蹟」臻於高峰之際，菲律賓實際上是陷入了破產；但也正因如此，菲律賓得以避免被納入冷戰體系。一方面，艾奎諾被迫接受國際貨幣基金組織的放鬆管制、自由化以及撙節做法（這些做法到了她的繼任者羅慕斯任內仍然持續採行），但她有充分理由可以把一切怪罪在令人厭惡的前任總統頭上。另一方面，由於許多的複雜原因——包括皮納圖博火山爆發而導致克拉克空軍基地被埋在火山灰之下——美國開始撤出該國的軍事設施，並在一

15 在一九七〇至一九八七年間，製造業在整體就業當中所占的比例實際上出現下滑——從一二％下降到一〇％。在一九八〇到一九八五年間，菲律賓在若干領域都出現了負成長，工業是二·三％，製造業是一·八％，營造業則是六·九％。傑拉德·譚，《東南亞國協》，p. 75。

九九一年完全撤離。[16]隨著馬可仕垮臺，共產暴動失去了動力，從而出現分裂，並且逐漸散去。此外，菲律賓政府也終於和穆斯林反抗者的主要團體達成某種協議。目前這種寡頭式但存有競爭空間的政治體系看來頗為穩定，也沒有強烈的理由讓人認為菲律賓不會依照其在一九九〇年代期間達成的和緩步調持續前進。總結來說，菲律賓在金融危機當中遭遇的傷害最小，原因是該國在十年前就已破產，從來不曾經歷過「泡沫」，而且自從一九八〇年代以來就擁有一套「標準化」的半民主—半寡頭式的後冷戰文人主政的政治體系。

相較之下，馬來西亞與暹羅遭到的衝擊就比較大。在「熾熱」的冷戰期間，馬來西亞在不少重要面向上都是一個異數。這個國家在一九六三年才宣告成立，當時英國政府匆忙安排了馬來亞、新加坡還有婆羅洲區域當中的砂拉越與沙巴這幾個地方合併，但後來新加坡在一九六五年脫離而自行獨立。[17]馬來亞半島本身是直到殖民國家殲滅了強大的當地共產運動之後才獲得獨立（在一九五七年）。馬來西亞承繼了殖民政權嚴酷的反顛覆法律和鐵腕的保安官僚（後來又加以改進），但叛亂運動本身沒有存續下來。一部分是由於這個原因，而另一部分則是由於倫敦堅持不撤離東南亞（至少在哈羅德·威爾遜擔任首相任內是如此），華府對馬來西亞的干預因此比東南亞區域的其他地方都還要少。馬來西亞自從建國以來，就一直受到一個永久性的專制政府統治，但其永久性的基礎和冷戰無關，而是因為馬來族裔群體（占五二%的人口）面對龐大的「華人」（三五%）與占比較小的「土著」少數族群（一〇%），而集體決心壟斷實質政治權力。由於這樣，所以所有的總理都是馬來人，也是文人，而且從來沒有一位總理遭到公開暴力而被驅趕下臺。[18]另一方面，馬來人領袖也頗有智慧，懂得讓華人與土著人口享有受控制的附屬性政治參與。政府在形式上向來都是由三個不同族裔的政黨所組成的執政聯盟，而且也向來都有少數族群人士擔任部長。馬來人企業家通常在受保護的部門裡享有國家資助的巨大優惠待遇，但這樣的待遇從來不至於太過度，所以不會徹底疏離事業興盛、充滿活力，且由少數族群所構成的商業階級。由此造成的結果，即是非凡的政治穩定性，多年來鼓勵了大量的外來投資。石油與天然氣帶來的可觀收入，也為政府財政提供了穩定的基礎。投機熱以及愛好推行引人注目的大型開發案等這類風潮，雖在一九九〇年代傳入馬來西亞，而且貪腐情形也迅速增加，但這個國家卻因為兩個古怪的因素而得以不受到嚴重的傷害。第一個因素是該國與富裕的新加坡——與柔佛州（Johore）只隔著一條窄窄的水道——之間一種奇特的，既競爭又共生的關係。這個以「華人」占絕大多數的城市國家，至今受到李光耀的獨裁控制已有四十年之久，總是對於自己被夾在兩個信奉伊斯蘭教、通行馬來語並

16 可以補充指出的是，隨著美國在菲律賓的龐大存在——向來總是軍事大於經濟——畫下句點，該國因此開始與周遭比較富裕的鄰國有了更直接的往來，尤其是隔海不遠的臺灣。

17 倫敦刻意排除殼牌公司在其中營運的汶萊——這個面積僅有五千七百八十平方公里的區域由兩塊飛地組成，周圍完全受到砂拉越包圍（就陸地上而言）。新加坡在位長久的獨裁者李光耀原本之所以同意這項合併，原因是他認為自己需要協助以對抗新加坡的左翼反對陣營。到了一九六四年，他已消滅了這個反對陣營，而開始幻想自己在吉隆坡是個重要人物；在那個時候，馬來政治菁英即以多多少少禮貌性的態度把他踢了出去。

18 在一九六九年五月的選舉當中，執政聯盟的得票狀況相當差，尤其是在雪蘭莪（Selangor）這個都會州，以致吉隆坡爆發了政治操控的反華人暴動。將近兩百人遭到殺害，政府宣布戒嚴，結果全國在接下來將近兩年的時間裡都受到國家行動委員會（National Operations Council）的獨裁統治。總理阿布都拉曼（Tunku Abdul Rahman）喪失了一切實質權力，而不得不在一九七〇年辭職。自此以後，害怕一九六九年五月事件重演的恐懼，就對華人的野心構成了一項強而有力的約束。

且具有反華暴力近代史的國家之間頗感緊張。因此，新加坡完全有理由為吉隆坡提供協助，而新加坡的財富也使其能夠這麼做——至少在一定程度上是如此。第二個因素頗為奇怪，是馬來人領導階層本身的小鎮鄉下氣質、他們對於公開強調馬來／伊斯蘭價值觀所感到的必要性，甚至可以說還有他們在印尼大哥面前所感到的自卑情結。[19]

馬來西亞在長期的未來所遭遇的主要困難，應該會是其教育體系的落後，以及許多馬來人的食利心態——原因是他們在一個世代以來都享有從政府撒錢行為當中獲益的特權，其模式令人聯想到類似於科威特這樣的地方。[20]就短期而言，還必須觀察其永久性政府因應經濟危機的方式，究竟是會強化其專制控制，還是會允許更多的民主參與以及真正的公共問責。[21]

相較下，暹羅則是幾乎從東南亞冷戰的「熾熱」階段一開始就成了美國的前線國家。早在一九三二年，一個軍民集團就推翻了專制的君主政權；自從一九三〇年代晚期以降，該集團當中由鑾披汶元帥領導的軍方成員地位逐漸上升，後來帶著暹羅以日本盟友的身分參與了太平洋戰爭。軍方雖然因為日本戰敗而導致信譽暫時受損，卻在一九四七年藉著政變重新掌權，並且隨即與華府建立結盟關係。戰略情報局（中情局前身）的傳奇前局長「瘋狂比爾」·多諾凡（"Wild Bill" Donovan）被艾森豪任命為駐曼谷大使，乃是那個時期的典型做法。在強人沙立及其追隨者的政權（一九五八—七三年）統治下，美國的支配又進一步增強。在越戰臻於巔峰之際，將近有五萬名美國軍人駐紮在泰國領土，而且該國更是布滿了眾多的軍事基地。美軍對印度支那的陸上、空中與海上攻擊皆是從這些基地發動。在此同時，美國也為了軍事設施、鄉下發展與教育等目的而對暹羅投注了極為龐大的資金，而且日本在一九六〇年代晚期也逐漸成為一個強大的投資者。

由此帶來的社會改變，在一九七〇年代中期產生了一個龐大的新興中產階級，也在一九六五年以後促成逐漸成長的共產暴動。這些發展，再加上對於美國聯盟日益成長的抗拒，促成了一九七三年十月發生於曼谷的那場出乎意料而且史無前例的群眾動員，結果在泰王拉瑪九世的暗助之下把獨裁者趕下臺。一部自由派憲法受到頒布，並且舉行了暹羅史上最公平的選舉。到了一九七六年三月，美國軍事力量已受到驅除，並且與北京開展了友好關係。不過，共產黨在同年於印度支那獲得的勝利，卻促成了猛烈的國內極化，最後造成一九七六年十月六日的血腥政變，造成數以千計充滿理想的激進學生逃往共產黨把持的鄉下地區。

在這樣的情況下，看來完全有可能會出現一個極度右翼的軍方主導政權。不過，如同我們先前看過的，亞洲的冷戰在當時已迅速冷卻下來。一九七七年十月，極端主義者又遭到才智出眾的

19 這個奠基在選舉上的政權所帶有的穩定性，取決於這些領袖對於馬來人的抱負以及虔誠精神的培育。印尼與馬來西亞雖然使用相同的語言（其差異相當於英語和美語的差別），馬來族人口在印尼卻僅是一小撮少數族群（集中於蘇門答臘的東部沿海地區），而且印尼語是受到絕大多數人使用的第二語言。印尼引以為傲的反歐洲殖民革命歷史，促使印尼人對於馬來半島那些沒有這種記錄的「小弟弟」懷有某種輕微的鄙視。印尼在殖民之前的紀念碑比馬來西亞的宏偉許多，當代文化比較具有世界性，而且現代藝術家、作家與公共知識分子也遠遠比較出色。

20 馬來西亞的人口不多是一項重要因素。該國人口（目前）約有兩千萬，是暹羅人口規模的三三%、菲律賓的二八%、印尼的一〇%。部分由於食利主義引起的勞動力短缺，在過去十年間鼓勵了大量的合法與非法外籍勞工從孟加拉與印尼湧入。隨著馬國公民失業率提高，許多的這些外籍勞工將會被遣返回國。至於馬國公民有多麼願意回頭從事勞力工作，則是還需要觀察。

21 年邁而且脾氣暴躁的馬哈地剩下的時間很可能已經不多。他可能的繼任者，是比他年輕了一個世代而且現任財政部長的安華（Anwar Ibrahim）。他針對金融危機發表的一些公開言論，以其明智並且自我批評的語調而引人注意。

差瑪南將軍所領導的另一場政變推翻，他不但為加入共產陣營的學生提供大赦，並且特地和北京與河內建立良好的關係。[22] 差瑪南富有彈性的政策又幸運地受到一九七八—七九年間的中國—柬埔寨—越南三角戰爭所進一步推進。效忠北京的泰國共產黨因為這場戰爭不僅喪失了位於印度支那的後方撤退區，也喪失了新近招募到的那些懷有強烈民族主義思想的學生。到了一九八〇年，泰國共產黨已淪為無足輕重的小黨，連同其他可見的左派組織也是如此。

因此，在一九八〇年代初始，暹羅在中國、日本與美國的支持下，基本上已脫離了冷戰階段。這十年間的大部分時間雖然都是由一名將軍擔任總理，他的內閣卻是由鬆散的保守派政黨組成的聯盟。經濟「奇蹟」提供了豐厚資源，因此能夠以前所未有的規模進行買票，於是大企業與鄉下顯要的政治力量也就在損及軍方與官僚體系的情況下穩定提高。軍隊在一九九一年又短暫奪權——不是以傳統的「紅色恐慌」為由，而是以文人政治人物的貪腐為藉口——但後來就在一九九二年的「血腥五月」那場巨大的中產階級動員當中被趕下臺。[23]

此一事件帶來的一項珍貴結果，就是一場要求根本憲政改革的運動——以便削減腐敗官僚的集中權力、抑制買票、強化黨紀，以及提高問責性。泰銖在一九九七年七月的大貶值，使得那些最強力抗拒改革的團體失去了可信度。在大部分面向都帶有進步特色的新憲法，在最近才剛頒布。金融危機本身沒有造成政治動盪，甚至也沒有引起大型示威，只有導致一個腐敗的文人內閣垮臺，由另一個也沒有正直到哪裡去的內閣取而代之。此外，由於「華人」在長期以來成功融入了幾乎所有的社會階層，因此至今還沒有出現遷怒華人的種族歧視現象。泰國政治菁英藉著跟隨國際風向而倒的做法成功自我維繫了一個半世紀，對於遵循國際貨幣基金組織的要求也毫無埋怨——他們期待自己會因為這樣的做法，在失業率既上升而物價又同時飆漲的情況下獲得獎賞，而且這樣的期待可能沒錯。由於先前概述過的原因，暹羅看起來可能永遠不會再出現這樣的奇蹟，但我們有充分理由可以認為這個國家的後冷戰政治秩序擁有足夠的彈性和穩固的根基，可以確保在不久的未來達成有限的復甦。

不過，印尼卻完全是另一回事。印尼的經濟在一九六四—六五年間實際上陷入了崩潰，這是惡性通膨、軍方對於龐大國有化部門的腐敗管理方式，以及蘇卡諾的自我支配主義政策所造成的結果。由此經濟崩潰所促成的心理氛圍，造就了一九六五年十月至一九六六年一月間，對於合法而且沒有武裝的印尼共產黨及其盟友所發動的大屠殺——至少有五十萬人因此喪生，另有數十萬人未經審判即遭到長年監禁，並且經常遭受刑求。[24]令華府深感頭痛的激進民粹主義總統蘇卡諾，在不久之後即遭到推翻。在美軍於印度支那陷入泥沼，而且蘇聯軍力又似乎迅速增長的同時，社

22 鄧小平前往曼谷從事了一場成功的訪問，不但得以和該國將領親近，還出席了王儲（短暫）出家的剃度儀式。對於把曼谷的統治者視為封建主義者、買辦以及法西斯美國傀儡的反抗陣營而言，這項成功並不容易解釋。

23 這個新時代的代表性事件，就是「國家維護和平委員會」（National Peace-Keeping Council）發布的第一項聲明——指稱曼谷證券交易所在次日將會照常開市。另一個時代象徵，則是在一九九二年五月暴動期間，抗爭人士可以看到自己出現在CNN上，而且能夠透過手機而繞過軍方對於通訊的控制。不過，電視播出國家維護和平委員會領袖蘇欽達將軍與當時擔任群眾運動領導者的前將軍彰隆（Chamlong Srimuang）跪伏在泰王面前的影像，則是令人見到了一抹古老的色彩。

24 遲至一九七八年，還是有數十萬人被關在印尼的苦牢裡，包括該國傑出的作家帕拉莫迪亞。等待行刑達二十年以上的共黨領袖，直到一九八〇年代晚期仍然持續受到處決。

會主義國家集團以外最大的共產黨便遭到血腥的殲滅，使得屠殺行動的主使者蘇哈托將軍立即贏得了美國的支持。一九六六年春，印尼的第一個「熾熱」冷戰政權就在這個恐怖事件之後成立。

這個獨裁政權在成立初年對美國唯命是從，也因此獲得豐厚的獎賞。一群在美國受訓的新古典經濟學家負責主導經濟，終結了惡性通膨、將許多國有化企業轉為私有或是歸還給原本的外國業主，並且鼓勵外國投資印尼的製造業以及開採該國豐富的自然資源。一項祕密協議允許美國核子潛艇穿越印尼水域而不必浮上水面遭受蘇聯衛星的追蹤。華府對此的回報，則是成立「支持印尼的政府間組織」（Intergovernmental Group for Indonesia）這個由美國、日本以及歐洲首要資本國家組成的巨大聯盟，在接下來的二十五年間為印尼的「發展」預算注入龐大而穩定的資金。這些政策對於新近大發石油財的印尼來說，不但效果受到石油輸出國組織在一九七三年的漲價決策大幅強化，也是蘇哈托得以鞏固權力以及一九七〇年代至九〇年代初期的印尼奇蹟得以出現的兩大關鍵基礎。華府對印尼極為滿意，以致蘇哈托在一九七五年十二月決定侵略以及占領東帝汶這一小塊前葡萄牙殖民地之後，福特與卡特的政府都對於這項事實視而不見：這場侵略行動有九〇％都是以美國武器進行，因此嚴重違反了兩國在一九五八年簽署的雙邊武器協議。此外，他們還在國際論壇上為雅加達辯護，並且祕密提供OV-10攻擊機這項越戰期間的致命武器，而有效摧殘了東帝汶的反抗勢力以及其鄉下環境與社會。（超過二十萬名東帝汶人在一九七五至七九年間死於非命，約占所有人口的三分之一。）

隨著時間過去，蘇哈托政權逐漸以嚴重且長期影響的方式，改變了其內部性質。他在早年原本是統治集團的那群將領當中的首要人物，權力基本上來自軍方，而且他的權威乃是奠基在恐懼以及美國安排的經濟穩定所帶來的有益效果之上。在那段期間，以富有著稱的人士都是高階軍官，最惡名昭彰的是蘇多渥將軍（Ibnu Sutowo）。他長期擔任國營石油公司帕塔米納的總裁，卻在石油輸出國組織於一九七五年臻於成功高峰之際讓這家公司破產。不過，後來蘇哈托開始疏遠他的同袍，建立了他個人的獨裁政權，當今的雅加達居民都將其戲稱為「我們的鐵達尼號」。他採取的手段主要有兩種。

一方面，他藉著那個讓他能夠完全掌控立法機關與人民協商會議（這個組織負責推舉總統，並且為國家政策設定大體上的綱要）的巨大官僚體系，而把一套選舉制度以及一個國家政黨發展到極致。他相當精明，成立並且資助了兩個名義上的反對黨，一個為虔誠的穆斯林而設，而另一個則是為基督徒以及其他害怕這類穆斯林的人士而設。[25]藉著這些機制，以及他從外國與國內來源所得到的無窮無盡的資金，他因此得以一再舉行表面上的「自由選舉」，並且讓自己在不受反對的情況下一再獲得任命為總統。[26]

另一方面，他開始利用印尼備受厭惡的華人少數族群確保自己對於國內財富的控制。蘇哈托在其政權初期切斷了「赤色中國」的外交關係、關閉中文學校與報紙、強迫華人把名字改成聽起來像是穆斯林或爪哇人的名字，並且把「tjina」與「cina」等字眼（其意思基本上是「死中國佬」）

25 這種做法帶有雙重效益，一方面在結構上避免出現單一的反對陣營，另一方面也能夠令外界對於獨裁政權的批評使不上力。

26 雅加達因此出現了另一個廣為流傳的笑話：蘇卡諾為自己冠上終生總統的頭銜，蘇哈托則是活多久就讓自己當多久的總統。

合法化成為這群人口的正式名稱。[27]他後來似乎意識到在政治文化上壓迫華人，以及強迫華人集中居住，還可以有其他的功用。一方面，華人因此以先前從來不曾有過的方式完全被排除於正式政治權力之外。[28]另一方面，「華人少數族群」因此被鼓勵把心力集中在商業上，而且其中一小群菁英在蘇哈托的個人保護之下獲得提升至超級大亨的地位。在這種「分而治之」(divide et impera)的體制下，我們可以說華人擁有經濟權力但沒有政治權力，而本土印尼人（他們當中有可能會出現蘇哈托的競爭對手或者繼承人）則是能夠擔任政治職務，但沒有集中的獨立財源。

「宮殿大亨」也是為蘇哈托家族建立龐大財富的使者，而且那批財富的規模，連全盛期的馬可仕夫妻也瞠乎其後。[29]他們的超級大亨地位，仰賴的是藉著政治手段重新集體壟斷以及重新獨占經濟當中的關鍵部門，尤其是銀行業、進口業，以及自然資源的開採。蘇哈托的「皇家子女」以及其他親戚，都獲得那些大亨的公司龐大的持股，在大亨經營的銀行也可享有無限制的借貸，而且還可以對特定的出口商品（例如丁香）與進口商品（例如塑膠）享有衍生性獨占權。[30]上層立下的模範，在「奇蹟」年間往下擴散，於是印尼經常和奈及利亞還有中國一同被列為全世界最腐敗的三個國家；因此，發展程度在一九六〇年與南韓相當的印尼，過了三十年後卻已遭到南韓徹底超越。

時間的流逝也必然有其社會與政治影響。在全世界不是君主的國家元首當中，蘇哈托的在位時間僅次於卡斯楚還有多哥（Togo）這個小國的艾雅德瑪（Gnassingbe Eyadema）。[31]多年來，他都可以仰賴一九六五—六六年那場大屠殺的記憶而讓印尼大眾在政治上保持沉默。不過，現在只剩下四十五歲以上的人口還對那起事件懷有記憶，而大多數的印尼人都在這個年紀以下。他的政權至今仍然藉著訴諸共產主義的「潛伏」或「復發」而為其本身的壓迫賦予正當性，但這種過時的冷戰修辭毫無說服力。現在領導軍方的將領，在大屠殺當時都還是嘴上無毛的軍校學生，而且比他們的總統年輕了整整一個世代。[32]在一九九〇年代初始，一群新世代而且人數遠遠更多的工廠勞工——其中許多都是女性——已然出現，並且以愈來愈大膽的姿態透過罷工以及其他抗爭形式

27 他的政權所採取的一項較為精明的做法，就是改變該國的拼音系統，表面上是為了調適馬來西亞的拼音系統，實際上卻是要藉著拼寫法的不同而把蘇哈托的統治和先前的一切劃分開來。

28 在反殖民革命（一九四五—四九年）、半自由民主時期（一九四九—五九年），以及蘇卡諾的專制民粹指導式民主（一九五九—六五年）期間，華人在內閣當中幾乎總是有其代表，在幾乎所有政黨的領導階層裡也都占有一席之地。引人注目的例外是一九五一年之後的共產黨。當時該黨的領導人，一位名叫陳粦如（Tan Ling Djie）的麥士蒂索華人，在一九五一年遭到能力傑出而且突然竄起的「本土」年輕人趕走。自此之後直到該黨於一九六五年遭到鎮壓為止，其中央委員會都沒有華人成員。

29 一般經常受到引用的數字是三百億美元上下。舉例而言，見《紐約時報》，一九九八年一月十六日。

30 蘇哈托的子女所懷有的傲慢心態，可見於他的小兒子湯米笑著買下藍寶堅尼豪華賽車製造公司這個典型的例子。這類豪奢的「投資」在鄰近的馬來西亞絕對是無可想像的事情。

31 至少就形式上而言是如此。新加坡的李光耀現年七十四歲（編按：已於二〇一五年過世），比蘇哈托小了兩歲（編按：已於二〇〇八年過世）。在一九五九年成為總理，直到一九九〇年才卸下這個職務。不過，他仍然是執政黨的領導者，也是「內閣資政」，新加坡境內一切重要的事務還是都由他決定。緬甸的尼溫將軍現年八十七歲（編按：已於二〇〇二年過世），在掌權二十六年後於一九八八年正式從政治上退休，據說對於具有政治重要性的政策問題仍然握有最終決定權。引人好奇的是，他在淡出世人日光外將近十年之後，卻在一九九七年九月倏然出現，短暫拜訪了深受金融危機所苦的蘇哈托。他們談了什麼？也許是他們年輕時身為少不更事的軍人而受到昭和天皇的皇軍訓練的共同回憶？（順帶一提，馬來西亞的馬哈地已經七十二歲，菲律賓的羅慕斯則是七十歲。）

32 他們是在於東帝汶形塑出他們的作戰經驗。

顛覆蘇哈托政權對於勞工的集體控制。誕生自經濟奇蹟的新興中產階級在早期所懷有的感激，現在對於亞洲資本國家當中這個僅存的冷戰政權所表現出來的貪婪與壓迫已愈來愈感到沮喪與厭惡——原因之一是他們看到其他各國都已在政治上減壓。

印尼盾的災難性暴貶，遠比東南亞區域其他那些估值過高的貨幣都還要嚴重。而此一現象帶來的後果，就是包括印尼人與外國人在內的所有人都注意到，這是印尼現代史上第二度同時出現經濟危機與政治危機這種具有密切關係的狀況。典型的是，儘管經濟陷入破產，「發展之父」蘇哈托的政治機器還是確保了他與他那個為人怪異，但曾在德國受訓的航空工程師愛徒哈比比，以全票連任副總統的結果。[33]蘇哈托那作風強勢的女兒「杜杜」（Tutut）被任命為社會事務部長，他最喜愛的華人大亨擔任貿易部長，而他的女婿則是陸軍最菁英的戰略司令部的總司令。[34]多年的壓迫，以及對於兩個政黨還有數十個社會組織所進行的操弄，似乎破壞了這些組織推動目標明確的社會運動的能力——而南韓、菲律賓與暹羅正是靠著這樣的社會運動擺脫其冷戰政治體制。這種情形所造成的結果，就是印尼人口至今為止面對金融危機之苦，主要的反應都是對華人發起暴動攻擊，以及劫掠他們的財產——通常都是在鄉下城鎮。這類暴動造成的影響，就是導致經濟情勢更加惡化。

蘇哈托深知自己現在已被世界上所有的帝國強權視為一大問題，而不再是個有用的盟友。他知道在大屠殺之時還只是學生的柯林頓，一心想要把他趕下臺。不過，隨著他的鐵達尼號逐漸下沉，他一定還是會死守在船上不走。他太老、太守舊，也太過驕傲，絕不會願意打包下臺。[35]新秩序是由他建立，也是為了他自己而建立；一旦沒有他，就無法存續下去。但是有他，新秩序也一樣注定失敗。然而，沒人知道在他之後能夠出現什麼樣的發展，而這種與日俱增的不確定性只是更進一步加深國家未來將會遭到永久損害的恐懼，也將進一步提高暴力與混亂擴散的可能性。在天上或者地下，蘇卡諾想必看得樂不可支。

33 我們可以從以下這則軼事稍微窺見哈比比腦子裡的想法：他在幾年前受到恩師任命領導一個國家資助的伊斯蘭教知識分子協會（Association of Islamic Intellectuals），而在紐約一場虔誠候選成員的會議當中語驚四座，指稱先知穆罕默德只是一部「電視機」，負責播送阿拉的衛星廣播內容。

34 當初蘇哈托在一九六六年推翻蘇卡諾之時，就是擔任這個職務。

35 他在一九三〇年代晚期畢業自中爪哇的一所私立穆斯林高中，接著加入了殖民地的傭兵軍隊（荷蘭皇家東印度軍〔Royal Netherlands Indies Army〕），而晉升至中士階級。印尼遭到日本占領之後，他轉而擔任日本的警察，後來又加入日本人為了迎接同盟國的進攻而成立的本土輔助部隊。反殖民革命在一九四五年秋季爆發之時，他投入國民軍擔任低階軍官。一九五〇年代中期，他在爪哇中部成為軍事指揮官，但後來因為貪污遭到解職。不過，他在一九六一年東山再起，成為陸軍戰略司令部的第一位總司令。他是他那個世代極少數不曾到國外接受訓練的高階軍人。他不是一個會樂於隱退到佛羅里達、夏威夷或者蔚藍海岸的人。

15

多數與少數
Majorities and Minorities

我們很容易忘記少數乃是隨著多數而來——而且在東南亞更是極為晚近的發展。這個區域的本土語言都沒有能夠代表這兩種概念的傳統字眼。這兩種概念誕生自政治與文化革命，而那樣的革命，則是殖民國家的成熟與大眾民族主義對於殖民國家的反抗，這兩種發展所共同帶來的結果。殖民國家徹底改變了治理的結構與目標，大眾民族主義則是徹底改變了治理的正當性。

不同於東南亞的各種前身，晚期殖民國家在地圖上以及法律上把自己想像成一個握有主權的國家，處於精確劃定的地理邊界內，而此一邊界則是受到國際法的外部批准。因此，晚期殖民國家才會如此執迷於條約、公約、治外法權以及邊界委員會。對於國際法的這種順服——最典型的例子莫過於無人居住的南極洲也同樣受到嚴肅的劃界——還有另一個面向，就是一種內部專制，一種國家權利，其延伸的深度與廣度遠遠超越先前的任何東南亞領域。（弗尼瓦爾這位最傑出的東南亞比較主義者提到「製造巨靈」〔fashioning of Leviathan〕不是沒有原因。）此外，這種源自十七與十八世紀歐洲君主專制的國家權利，在十九世紀晚期殖民統治下的東南亞，受到高度發展的繁複官僚體系、無可匹敵的軍事力量，以及工業資本主義那永遠躁動不休的活力所共同支持。

正如殖民國家向君主政體的歐洲祖先借取了許多經驗，二十世紀的民族主義也向其敵人借取了許多經驗，而標舉的名義正是先前席捲歐洲與美洲的那種相同的學說。人民在新近受到想像為一個反對殖民統治者的政治實體的情況下，將藉著「承認」這項關鍵機制，而承繼他們的立即權利，同時也臣服於現在經過更新的國際法所具備的形態。從看到每個主權民族國家都爭相加入聯合國以及其盟約、議定書、附屬組織和語言，就充分表現出這樣的矛盾。

另一方面，「東南亞殖民國家」這個形式的抽象概念則是掩藏了結構、能力與目標等各方面的極度多樣性。葡萄牙人這個最早來到東南亞的歐洲征服者，在十七世紀就已遭到荷蘭人邊緣化，自此以後就只占有偏遠的小小帝汶當中的一半。直到今天，葡萄牙就像愛爾蘭一樣，仍然是歐洲的第三世界國家。西班牙這個從十七世紀就開始陷入衰退的帝國強權，則是在十九世紀結束之前被逐出了東南亞；該國對於菲律賓那種古老的前工業化統治，留下的遺緒和其他殖民強權都頗為不同。在另一個極端，巨大的工業強權——英國、法國、美國與日本——則是直到十九與二十世紀才挾著強大的勢力來到東南亞。不過，它們來得雖晚，卻造成了龐大又迅速的改變。而小小的荷蘭則介於這兩個極端之間。

此外，如同眾所周知的，歐洲殖民國家和這個區域先前即已存在的政治實體毫不相符。那些國家的名稱就深具揭示性：以十六世紀西班牙君王腓力二世為名的菲律賓，除了少數幾個新的穆斯林蘇丹國以外，並不含有任何大型國家，而那些蘇丹國則是不斷對西班牙造成困擾，直到該國撤離東南亞為止；「印尼」與「印度支那」這兩個偽古典複合詞是現代的發明[1]，其地圖領域分別涵蓋了各式各樣令人嘆為觀止的傳統王國與公國，有些全部涵蓋在內，有些只有局部；馬來西亞的名稱「Malaysia」結尾的「-ia」透露了這個名稱的現代性，來自於英國的最後一場帝國車庫大拍賣。即便是像緬甸與越南這類殖民地，看起來雖然最像是強大而且中央集權的前歐洲國家的直接後代，實際上卻也和那些國家相距非常遙遠。龐大的英屬緬甸，在其存續期間的大部分時期都是英屬印度的一個附屬成分，甚至原本有可能變為一個東部的喀什米爾。兩個通行越南語的大型國家出現在印度支那想必不是太困難的事情，就像兩個通行馬來語的國家出現在南方的半島上一樣。同樣地，暹羅雖然有幸逃過遭到殖民的命運，卻發現自己承繼了相互競爭的歐洲強權在彼此之間留下來當作緩衝區的土地，不論這些土地在先前屬於哪些古國的領域。

鑒於這樣的環境條件，二十世紀的東南亞民族主義運動在反抗巨靈的過程中因此面對了巨大的困難。今天的我們絕不該忘記這一點，尤其是那些運動的領導者大半都早已離世。他們的對手握有各方面的優勢——金錢、武器、科學知識、外部支持等等。那些統治者唯一的重大弱點，就是他們因為自己的種族歧視措施，而成了能見度極高的少數，也許是東南亞歷史上第一批少數族群。關鍵在於他們是**自我宣稱**的（白人）少數族群，在世紀之交從那些多數統治已成為政治正當性常態的殖民母國來到這裡，而且那種常態也透過報紙與教室而迅速擴散到了亞洲。因此，即便在他們自己的眼裡，他們也無可避免地失去了正當性。這點比其他一切更能夠解釋為什麼在二十世紀，世界各地的殖民地極少受到堅定的帝國信念誓死捍衛到底。

1 譯注：印尼（Indonesia）是由「indo」（印度的）與「nesia」（太平洋的群島）這兩個詞語結合而成，印度支那則是由「indo」與「china」（中國）這兩個詞語結合而成。

許多民族主義者都相當清楚這項弱點——尤其是那些在歐洲本身待過一些時間的人——而從他們的觀點來看，核心的問題就在於創造一個政治多數，一個為數龐大的「我們」。這項抗爭的性質、時機以及深度，遠比其他因素更加決定了第二次世界大戰戰後的民族國家對於其來自殖民統治的邊界當中的新少數所採取的政策。

我們從一開始就應該要指出，歐洲人自然而然是最早以這種「多數−少數」的方式進行思考的人。在東南亞的統治者當中，他們最早舉行了這樣的人口普查：其中的基本分類架構不是納稅人或者受到徵召的兵員，而是族裔群體。[2]許多這類族裔群體實際上隨著歐洲人想像的改變而在後續的人口普查當中「消失」，但幾乎所有的族裔群體確實最早都是首要存在於歐洲人的心目中。正由於這個原因，歐洲人很早就試圖建立以自己為中心的「多數聯盟」，對抗那些他們擔心在多數條件上真正具有實力能夠與他們一較高下的群體。

要具備成為聯盟夥伴的價值，就必須要擁有一定程度的規模、權勢、現代性與團結性。基督教化的群體是早期的最佳例子，原因就是他們的歷史可以追溯到族裔時代之前。十七與十八世紀的殖民者對於被殖民人口的分類通常是根據宗教，而不是族裔，因為當時的敵人都是從宗教的角度認定。隨著殖民統治者本身愈來愈不再是那麼虔誠的基督徒，過去被視為基督徒的群體就改成以族裔分類。典型的例子有荷屬東印度的摩鹿加人（Moluccans）與英屬緬甸的克倫人（Karens）。

今天，我們也許會在族裔上被歸類為摩鹿加人與克倫人的人口當中，發現有一大部分都根本不是基督徒，但他們大體上都不可見。重要的群體是受到基督教化，接著又接受了教育、受到偏好，並且受雇於殖民地軍隊與警力當中的那些人。他們被用來對付其他以類似方法想像出來的族裔群體：尤其是受到假設居於多數的緬甸人與爪哇人。到了二十世紀，隨著政治類別的整體世俗化，他們受到強調的特質就不再是基督教信仰，而是他們身為摩鹿加人以及克倫人的身分。信奉基督教的性質也可以運用在潛在的多數當中——例如在越南——或是用來創造出超越族裔的多數——例如在菲律賓，南方的穆斯林摩爾人對於西班牙統治者而言就一直是個有用的恐嚇工具。在每個案例裡，基督教信仰都在統治聯盟當中獲得一席之地，儘管只是從屬的地位。

第二種影響重大的聯盟建構策略，則是創造「華人少數族群」。在這方面，早期的模範是印尼的荷蘭人。藉著比較十六世紀與十七世紀初的聯合東印度公司和本土的記錄，可以知道被當地的宮廷單純視為貴族官員的權勢人物，卻遭到聯合東印度公司譴責為「實際上是華人」。該公司隨即為這些「華人」發展出一套不同的法律體系（明顯可見，他們並不曉得自己被賦予這樣的身分，因為他們根本看不懂中文字，而且就算他們懂得任何非本土的語言，使用的也是彼此互相聽不懂的大陸語言）。隨著聯合東印度公司的力量日益壯大，華人也愈來愈受到隔離，包括法律地位、特定的服裝與髮型要求、居住地點、旅行的可能性等等。到了十九世紀，這些政策已在爪哇產生出一群不通行中文的華裔少數族群，一方面愈來愈與任何本土聯盟脫鉤，而另一方面也愈來愈緊密依附於巴達維亞。菲律賓的西班牙政策也以不同手段達成類似的目的。華人直到二十世紀都能夠輕易融入暹羅的統治階級，包括王室在內，由這點就可以明白看出殖民族裔政治實際上有多麼違反自然。在尚未受到殖民的十九世紀馬來亞，富裕的華人與馬來統治者之間的緊密關係又是另

2 關於進一步的細節，見拙著〈東南亞的人口普查與政治〉，《起源》，26（一九九七年四月），pp. 55-76。

一個例子。

在殖民主義的多數遊戲當中最後受到招募的族裔，則是那些僅有象徵性以及準法律重要性的群體。我們可以把他們集體視為山區部落、刀耕火種的游耕農民、「石器時代人口」等等。這些群體不論在實際上還是在人口普查裡，通常都為數甚少、地理位置偏遠，而且也缺乏有價值的經濟資源。

在十九世紀與二十世紀大部分時間，他們整體上都備受忽略，因為他們不值得認真管理所必須付出的代價。這類群體的例子包括馬來亞的原住民、荷屬東印度的巴布亞人，還有呂宋的高山部落。他們如果受到白人動員，通常也都是在最後一刻，為的是抵抗身為多數的民族主義者。在地圖上屬於新幾內亞一半的西伊利安，就是個典型的案例。當地人口在地面上分布稀疏，又分散成數以百計的小社群，各自通行彼此聽不懂的語言，直到二十世紀才被納入荷屬東印度，然後就在沒有惡意的情況下受到忽略，直到印尼民族主義革命即將成功前夕才再度獲得重視。在那之後，荷蘭人就以他們全部屬於一個非印尼的新族裔群體（美拉尼西亞人、巴布亞人、伊利安人等等）為由，而把他們納入荷蘭聯盟當中。他們也許是荷屬東印度的成員，卻不是印尼的成員。

在一九五〇至一九六三年間，荷蘭人慌亂地著手創造一個伊利安族裔群體——最終更成為民族主義群體——並且獲得了一定程度的成功。諷刺的是，他們賴以獲得成功的媒介竟是印尼語！英國人對緬甸的邊緣族裔，還有法國人對印度支那的高地民族，則是以沒有那麼極端而且古怪的形態採取了類似的策略。此外，也不是只有荷蘭人在民族獨立之後嘗試利用這些邊緣族裔。美國人就自私地利用高地民族對抗越南共產黨部隊，也利用信奉基督教的摩鹿加人對抗蘇卡諾政權；

國際石油公司在獨立後的緬甸煽動了族裔暴動，利比亞與馬來西亞的權謀人士也為菲律賓南部的穆斯林兄弟提供協助——前提是這麼做合乎他們的利益。

當然，另外還有階級。在東南亞的大部分地區，白人少數族群都成效不一地嘗試拉攏那些潛在多數中生活舒適的上層階級盟友，而採取的手法，則是讓他們當上地主或者官僚。不過，他們並不是完全可被信任的。在菲律賓，有些最活躍的早期民族主義者，就是富裕的華裔麥士蒂索人地主階級當中的成員。另一方面，馬來亞的舊貴族則是幾乎全部投入了白人的陣營。

接下來只需再指出這一點：殖民族裔政治在其最後的時日也呈現出一種重要的特定制度形貌。立法機構在專制殖民國家的外殼當中不情不願地開始形成之時，白人少數族群經常不只為自己安排過多的席次，也設置族裔保障席次，並以各種方式操弄選舉制度，以便達成他們要求的結果。他們為這些做法辯護所提出的論點，總是指稱那些族裔群體雖然經常人數少又四處分散，但既是族裔群體，就需要有獨特而受到保障的代表席次。虛幻的聯盟建構之所以會出現，主要是因為這些受到認知的族裔群體所產生的代表幾乎從來不是真正選出的結果，而是由殖民政權本身指定，通常都是從那些群體當中地位最優越、立場最保守，而且最與政權合作的成員當中挑出。

在長期之下，殖民族裔政治無法單靠人口普查與法律所維繫，而是需要有其本身的文化，但這種文化向來具有高度的易變性。幾乎在所有地方，新的人口普查分類都是受到政治道德的地理所維繫。可能身居多數的人口——緬甸人、越南人、爪哇人——都被歸類為缺乏男子氣概、狡詐、具有攻擊性、敗德，而且封建。至於聯盟夥伴——也就是少數族群——則是被歸類為正直、勇敢、誠實、真誠，以及忠心。這些刻板形象經過一而再，再而三的反覆強調後，終究產生了影響。那些少數族群經常不只開始將新的多數視為敗德、缺乏男子氣概或者狡詐，更是真心認為自己正直、勇敢、誠實，而且忠心——最後這點尤其可嘆。因此，對於新發現的族裔所賦予的虛幻特質，很快就在迅速變遷的政治環境當中扎下了極深的根基。

這些類別實際上有多麼易變，只要想想那些殖民地在地圖上的特定涵蓋範圍即可看得出來。緬甸大有可能被完全併入印度，而要是真的如此，緬甸人就會像普什圖人（Pathans）或俾路支人（Baluchis）那樣成為少數族群的聯盟夥伴，因此也無疑會被描述為正直、勇敢而忠心。高棉人如果不是被併入印度支那，想必不會被憐憫為一個消極又單純的安逸族群，而是會被詆毀為波布的原型。在馬來亞，馬來人對於英國人則是扮演了克倫人與高棉人的角色；在砂拉越，他們對於白人拉惹布魯克王朝則是扮演了緬甸人與越南人的角色。

再一次，華人又是個值得仿效的對象。有些東南亞華人雖然直到一八九〇年代才理解歐洲人自從十七世紀就開始堅持的是什麼——亦即他們**終究**是華人——他們在獨立後的東南亞當中的處境卻可預見於他們在殖民期間的命運。遭到隔離、擁有職業上的專精技能，並且習於在統治聯盟當中扮演低階夥伴的角色，他們慌亂地嘗試調適於民族主義政權，只要在有可能的情況下，就會在自己為國際資本扮演中間人的日常角色中，援引外部強權的支持（諸如中華人民共和國、臺灣、美國、日本、英國）。

我們以比較性的眼光檢視民族主義的興起之時，必須把殖民時期的情境銘記在心，因為殖民經驗深深形塑了民族主義。這個區域的印尼與馬來西亞這兩個通行馬來語的國家，就提供了迥異的案例。在一個案例裡，我們必須記住荷屬東印度是全世界唯一一個主要透過亞洲語言治理的重要殖民地（荷蘭人對於自己的語言所具備的聲望太沒信心，又太過小氣，不願付出讓荷語成為普及全島的治理語言所需的教育投資）。於是，治理用的馬來語即可在一九二〇年代不費工夫地轉變為印尼語，而且早就已經擁有遍及整個殖民地的使用者。這個殖民地的廣大面積以及群島性質——到了一八七〇年代，即便是多達數百萬的爪哇人也成了少數人口——加上極度保守的殖民政策，使得民族主義者很早就體認到自己必須盡可能建立最廣泛的聯盟。他們的意識形態雖然嚴重分歧——穆斯林、世俗民族主義者，以及共產主義者——卻一再試圖找出妥協的方法，並且盡量大力招募，對於各個族裔群體都一視同仁。年輕的華人知識分子與政治人物也參與其中，主要是以各類民族主義者的身分，而不是華人的身分。積極的招募行為，甚至也把受到統治階級偏好的基督徒摩鹿加人視為對象，儘管成效不佳。如果說民族主義運動有不是白人的敵人，那麼只剩下在荷蘭人多數當中構成關鍵臣屬成員的通敵貴族。階級對這個殖民地所造成的分裂，遠勝於其他任何衝突。反殖民革命的經驗只是更加深了這些傾向而已。引人注目的是，在印尼唯一舉行過的自由選舉當中（一九五五年），所有新興的族裔政黨都選得很差，而四大意識形態政黨的招募對象則是遍及所有族裔群體。後獨立時期的族裔對抗升溫之後，雖然有一部分受到美國利用，但由此引發的武裝暴動，除了追求分離主義的（基督徒）南摩鹿加共和國這個例外，其他全都是各族裔群體為了追求改善自己在印尼內部的地位而發動。在每個案例裡，政府都獲得這些族裔群體當中真正的全國領袖所支持。今天，印尼政治的基本性質仍是階級衝突，族裔政治在其中只扮演了次要角色。要清楚看出這個面向，只需檢視兩個最明顯的例外：也就是印尼對西伊利安還有東帝汶這個前葡萄牙殖民地所採取的國家政策。印尼人當中的所有族裔群體都認為伊利安是母國的一部分，而且伊利安人也是他們的印尼同胞。由於他們都清楚意識到自己同時身為族裔群體成員以及國家成員的雙重身分，所以不認為伊利安人有什麼理由不能和他們一樣安然擁有這樣的雙重身分。一九六〇年代曾有一場貨真價實的人民運動，要求解放伊利安的印尼同胞，讓他們擺脫荷蘭殖民控制；主權在一九六三年移轉之後，印尼各地許多充滿理想的人士都自願為當地人口服務。即便到了今天，移入西伊利安的人口也都來自許多不同地區，尤其是蘇拉威西與摩鹿加。不過，隨著軍方在一九六五年之後掌權——由於種種主要出自偶然的因素，這個軍方現在乃是以爪哇人為首，但他們都認為自己是印尼人——伊利安菁英（他們在荷蘭人的鼓勵下，認為自己是初生的巴布亞國族的領袖）與位於雅加達的政權之間無可避免的衝突已愈來愈受到族裔觀點看待。在這座島嶼發現珍貴的礦產資源之後，實際上代表階級利益的印尼政權更是因此把西伊利安視同其他所有那些能夠帶來龐大利益的地區。同樣地，蘇哈托政權在一九七五年侵略東帝汶，以及在那之後對於東帝汶的殘暴占領，也沒有什麼族裔動機——而且我認為至今仍是如此。這個政權認為東帝汶獨立革命陣線這個左派獨立政權對其權力造成威脅，於是決心加以消滅，不論對當地人口造成多大的代價都在所不惜。的確，蘇哈托政權表現出來的冷酷無情可能超乎預期，而這正是因為該政權不認為東帝汶人是印尼人。

馬來西亞則是提供了一個與此形成強烈對比的案例，因為族裔完全支配了該國的政治。在人口稀疏的馬來半島上，由於繁盛的錫礦與橡膠種植園需要龐大的勞動力，英國殖民當局因此在一八七〇—一九三〇年間輸入了好幾十萬的華人（來自中國東南部）與印度人（來自馬德拉斯行政區）。輸入的人口極多，以致到了戰前時期結束之際，外來移民的人數已超越了馬來半島與新加坡的本土人口。於是，殖民政權為了建立其二十世紀的政府所招募的人員，不只有本土馬來人的上層階級，也包括整體的馬來少數族群。因此，所謂的馬來民族主義比印尼民族主義晚了兩個世代才出現；其目標主要是針對當地的華人，而不是白人；而且馬來語也呈現為一種族裔式而不是超越族裔式的政治溝通工具。在每一個階段當中，英國人都與他們的當地夥伴密切合作，迅速建立以族裔為基礎的法律和政治行政階級體制。馬來西亞獨立後的政府所做的一切，幾乎全都直接跟隨英國的殖民政策。英國人獲得的重大成功出現在戰爭剛結束的時期，當時他們面對了馬來亞共產黨（Malayan Communist Party）的武裝暴動。由於政治結構的原因——也就是隨著種植園與礦場勞工的引進而產生的族裔組合——這個政黨因此大量招募華人，但並不認為自己是個族裔性的政黨，也極力爭取馬來農民以及內陸山區的原住民「部落」。英國人善用這個機會，宣稱這些暴動主要是族裔性的活動，並且在對抗這些暴動的過程中把族裔政治發揮到極致。其中最重要的一項做法，就是對一大部分的華人社群褫奪公權，並且對那些保守且樂於和英國人合作的馬來領導階層，進一步強化他們的地位。自從馬來西亞在一九五七年藉著舒適安逸的協商而獲得晚來的獨立之後，政治就一直在結構上沿著族裔界線劃分；任何想要打破這種模式的認真嘗試，都遭到毫不留情的壓制。

不過，由此造成的結果，實際上並沒有我們可能會預期的那麼糟。馬來西亞的政治殺戮遠少於印尼，甚至就人口比例而言也是如此。近乎多數的華人族群太過龐大、經濟重要性太高，也擁有太多的國際人脈，因此無法真正受到攻擊。馬來人多數政治使得馬來政治領袖堅稱馬來西亞東部那些非馬來人的原住民（達雅族、卡達山人〔Kadazan〕等）都是馬來人，並且鼓勵原住民的馬來化，目的不是要壓迫或者壓制這些族群，而是要把他們吸納進入想像而來的馬來多數族裔。這樣的做法確實對這些受吸納者的認同造成了威脅，但至少背後的用意在地方上是良善的，而且應該能夠由這些群體當中比較明智的領袖加以利用。

華人的狀況則是比較複雜。說來矛盾，馬來西亞雖然奉行極端形式的族裔政治，華人卻是維繫這種政治的必要元素——而且不只是因為經濟上的理由。強烈的階級衝突在馬來人社群當中早已明顯可見，因為馬來人菁英在過去二十年間為了追求自己的富裕而犧牲了所有人的利益。如果沒有華人的威脅，這些衝突必然會成為馬來西亞政治當中的關鍵裂隙；因此，華人以一種反向的方式成為當前這種權力結構持續下去的必要條件。儘管如此，延續當前的這種政治安排，也會以一種狹隘的馬來人方式強化國家的安全機制；而且還會阻礙馬來半島上出現真正的公民社會。

介於這兩個極端案例之間，一個是緬甸（和印尼比較接近），另一個是菲律賓（和馬來西亞比較接近）。如同在馬來西亞，英國人在緬甸也實行了異常複雜而且無情的族裔政治形態。殖民地議會含有從有限選民（主要是土著與華人）當中挑出的指定少數族群代表。緬甸的許多地區都被劃定為所謂的「表列區」，受到仰光直接而且權威性的統治，不屬於立法體系之內。這些區域居住著被英國人認定為欽族（Chin）、克欽族（Kachin）與撣族（Shan）的人口，建立聯盟的做法乃是藉著吸收忠心的傳統領袖而達成——幾乎總是來自保守而且享有特權的區塊。內部安全體系的人員如果是來自地方，那麼這些人就絕大多數都是招募自人口普查當中的少數族群，尤其是克倫人（信奉基督教的克倫人）。殖民地軍隊的組成也是依照族裔界線區分。

如同在印尼，緬甸起源於都會中心的民族主義運動也在動員一個政治多數上面臨巨大的困難，但仍然盡力積極為之。非常引人注意的是，殖民時期沒有族裔性的反殖民政黨或組織。此一反對勢力最後的組織形態是反法西斯人民自由同盟（Anti-Fascist People's Freedom League），其中的成員涵蓋了每個主要少數群體，包括土著與華人。同樣地，在一九四五年之後的時代，主要反對陣營也吸收了所有主要族裔群體的成員。如同在印尼，緬甸也出現了創造雙重認同——連同其中無可避免的模稜兩可性質——的嘗試；一個人可以是阿拉干人（Arakanese）、孟族（Mon）或緬族，同時又是緬甸人；就像一個人可以是米南佳保人（Minangkabau）、峇里人或爪哇人，但同時也是印尼人。只要這種民族主義把目標對準本土原住民，這些對象就包括了英國聯盟、緬甸官僚、信奉基督教的克倫人員警，與撣族貴族的邊緣成員。

不過，緬甸卻在兩個核心面向上與印尼不同。一方面，緬甸擁有一個族裔想像上真正的多數人群體：人口普查當中的緬族人數比其他所有族裔群體的人數加總起來還多，因此緬甸語也就沒辦法像印尼語那麼明確地超越族裔。另一方面，緬甸也沒有那麼幸運，因為它不是一群漂浮於海洋上的群島。緬甸與印度、東巴基斯坦（後來的孟加拉）、中國以及泰國接壤，並與這些鄰國都有橫跨國界的少數族群。這些鄰國各因不同的理由，以不同的方式參與緬甸政治，做法包括向緬甸政治場域當中的競爭者提供避難所、資金、武器或者政治支持。

另外也必須記住的一點是，戰後獨立的緬甸國家極為孱弱。緬甸民族英雄翁山（Aung San）在一九四七年遭到一個緬甸政治對手刺殺之後不到一年，緬甸的國力就已淪為僅能勉強捍衛首都本身的程度。引人注目的是，反對勢力根本不是以族裔為主，而是來自兩個多重族裔的共產政黨，還有來自信奉基督教的克倫人軍事人員，他們暫時獲得英國軍方的祕密支持，而對自己在英國人離開之後的未來深感擔憂。這些群體全都想要取得中央的權力，而不是與權力脫鉤。這些叛亂活動雖然在一九五〇年代有其他武裝團體加入，包括部分帶有族裔標籤的武裝團體、奠基於毒品之上的軍閥，還有從中華人民共和國逃難而來的國民黨殘餘軍事人員，但原本的動力還是存在。政府以及其敵人都致力於尋求多族裔聯盟。只有一九六〇年經由選舉上臺的吳努政府犯下了明顯的排他性錯誤，也就是試圖把佛教訂為國教。一九六二年之後的尼溫（Ne Win）軍事政權就矯正了這項錯誤。

如同在印尼，緬甸當中比較深沉的衝突仍是階級衝突。經常有人說一九六二年發動的激進國有化計畫是以土著及華人少數為目標，但實際上這項攻擊行動卻是以整體的後殖民中產階級為對象，包括各個緬族群體。軍事政權企圖在農民與勞工當中建立一個跨越族裔界線的強大階級支持基礎，卻發現自己必須對抗許多受到英國資助並且一度獲得表列區（Scheduled Areas）保護的族裔菁英。不出意料，這些菁英捍衛自身立場的方式，都是把自己界定為對抗緬族支配的族裔認同捍衛者。

相對於緬甸，菲律賓是個引人注目的對比。這個國家的族裔語言群體遠多於緬甸，但族裔在菲律賓政治當中只扮演了次要角色。要解釋這種狀況，必須把兩個因素銘記在心。第一，超過三百年的天主教殖民以及福音傳道，到了第二次世界大戰已經造就了一群九〇%都信奉基督教的人口——不論就什麼定義來看都是極為龐大的多數。第二，由於複雜得無法在此探討的原因，殖民統治產生了一個強大的華裔麥士蒂索人大農場主上層階級，不但和其他族裔語言群體通婚，在支配該國的政治與經濟生活方面也懷有共同的利益。實際上，東南亞只有菲律賓存在這麼一個強大又團結的地主上層階級。正因為這個階級所握有的權力，以及在菲律賓天主教當中獲得龐大多數支持的能力，因此在美國從西班牙人以及反西班牙革命人士手中奪下這座殖民地之後不到五十年，即可輕易從美國人手上取得政治獨立。同樣的這些因素，也使得上層階級不覺得有必要與南部的穆斯林少數族群建立關係緊密的聯盟。引人注目的是，這些少數人口不是以族裔身分遭到惡待，而是以異教徒的身分。不意外，這樣的情形終究造成了東南亞現代史上少數的一項貨真價實的分離主義運動。

我們可以從以上的敘述得出什麼結論呢？首先，族裔政治的根源在於現代時期，而不是古代歷史當中，而且其形貌大體上取決於殖民政策。（不曾遭受殖民的暹羅擁有東南亞區域最不激烈的族裔化政治，肯定不是偶然的結果。）第二，族裔和宗教還有階級這些比較深層的力量，具有錯綜複雜的關係。從這個角度來看，我們也許可以把少數群體大致上區分為三個類型，各自具有不同的問題與未來。

在所謂的外來少數群體當中，最顯著的例子就是華人。現在絕大多數的華人都集中在都會中心，以及地方經濟中比較高度發展的部門；而他們的未來，則與資本主義以及資本主義社會的階級結構密不可分。在信奉天主教的菲律賓與信奉佛教的暹羅，華人都進行了必要的文化調適，因此在這些社會的上層與中產階級當中成為完全融入其中的成員。由於英國與荷蘭的殖民政策，這種融合在印尼與馬來西亞則是遠遠沒有那麼完全，但華人在這兩個國家裡，對既有政經秩序的運作都是絕對必要的元素，並且持續握有超乎其人數比例的經濟權力。這兩個國家最重要的差異，是印尼的人口因素排除了華人的族裔主張，而同樣的因素在馬來西亞則是鼓勵了華人成為多數的希望。在整個東南亞，華人認同只有在這個大國是一項核心政治議題。不意外，華人處境最糟的地方就是在印度支那與緬甸的社會主義國家裡，但主要不是因為他們的族裔性質，而是因為他們的階級位置。

對於值得結盟的本土少數族群所從事的分類，涵蓋了人口規模和政經成熟度皆足以在國家層級的聯盟政治當中扮演可觀角色的族裔語言群體。不過，這些性質卻通常表示這些群體內部全都存在著階級分裂，有時還有宗教分裂。這些性質也總是表示一個群體的文化和一個世紀前幾乎毫無關係，所以其認同乃是一種現代的認同，不論怎麼受到意識形態化都是一樣。不論我們思考的對象是克欽族、伊洛卡諾人還是米南佳保人，他們積極參與國家層級的政治都已有很長的時間，也參與了許多不同聯盟，並且在大部分的意識形態陣營與社會階級當中都擁有代表。我們很難想像有什麼形式的國家政權能夠把他們排除在外。不同政權只會影響他們的族裔性被呈現於什麼類型的階層當中。另一方面，我們也應該要預期他們的顯著性會隨著時間，以及國家體系當中可能的參與者數量而有所不同。參與者的數量愈多（印尼），彈性聯盟政治的可能性就愈寬廣；參與者數量愈少（馬來西亞、緬甸），不對稱僵化狀態的可能性就愈大。這些群體全都習於一定程度的雙語，因為他們都高度參與了現代教育體系與現代政治。他們的未來看起來不會太黑暗；而且他們也的確受到需要——在政治上、意識形態上、教育上，甚至還經常包括在經濟上。

在這個類別之外的群體，則是因為人數太少、地理位置距離政治中心太遠、在國家經濟當中僅具有邊緣地位，而且又欠缺西方教育，因此對於任何想像得到的多數群體都不具重要性。這些群體在殖民地民族主義政治當中通常沒有扮演任何角色，因此也就難以在獨立後的民族主義政權裡主張任何地位。最常見的情形是，他們的內部階層化程度很低，職業多元性也是一樣。他們的成員極少就學於國立大學或者升階到國家軍隊的軍官團裡。儘管全國性的共產政黨在某些案例中培養他們，但結果通常只是導致他們遭遇強烈壓迫而已。因此，他們很難在每個陣營裡占有一席之地，更遑論是占有重要地位。

在大部分的情況下，他們卑微的願望只是希望能夠不受侵擾，或是對外界做出平靜而緩慢的調適。但這個外界——不只是民族國家，更重要的是全球權力的強大引擎——卻不肯放過他們。他們也許坐擁外界覬覦的珍貴礦藏或森林資源；他們的餬口農業也許被國際官僚與國家計畫官員視為有害生態；人口壓力可能把低地居民趕到他們的山上避難處；或者他們也可能不幸地住在敵對國家或敵對世界集團之間敏感的邊界上。與世隔離使得他們不熟悉私有財產的儀式、政治的聯盟，甚至是現代自我防衛所需的組織方法。諷刺的是，他們通常不是族裔群體，但卻可能必須採取族裔群體的思考與行為方式才能生存下去（就像美洲印第安人或美洲原住民這種族裔群體也必須在近期受到想像出來，才能夠捍衛一批遭到滅絕威脅的異質群體）。然而，踏上族裔道路——也就是參與民族國家當中的族裔性多數政治與經濟——所必須付出的代價卻也不容低估。這樣的代價經常是必須成為基督徒（在暹羅或印尼）或者穆斯林（在馬來西亞）。而這種轉變幾乎總是會導致他們失去原本享有的文化自主與自給自足的獨立性。最能彰顯此一矛盾的例子，莫過於在過去二十年間，出現伊利安人與東帝汶人這兩個族裔認同——而且還帶有成為民族認同的潛力。這些認同與美洲印第安人帶有相似之處，原因是這兩種認同在試圖保衛非族裔性的地方認同之時，卻也阻擋並湮沒了那樣的認同。在不幸的狀況下，這類認同可能會引來刻意的壓迫，而不只是惡意的漠視，但這類認同也開啟了發展出必要政經談判力量的道路。也許這是時序來到二十世紀末的唯一出路。

第四部　還剩下什麼？

WHAT IS LEFT?

16

不幸的國家
El Malhadado País

第一部分

未來，原住民將不會再被稱為印第安人與土著；他們是秘魯的子女和公民，也將以秘魯人的名稱為人所知。

——聖馬丁（José de San Martín）

我來到翡冷翠以便暫時忘卻秘魯與秘魯人民，結果你看，那個不幸的國家卻在今天早晨以最出人意料的方式出現在我面前。

——尤薩

文明的記錄必然同時也是野蠻的記錄。

——班雅明

在過去兩百年間的好一段時期中，敘述民族在原則上看起來似乎是一件直截了當的事情。成群的歷史學家，或優或劣，在民俗學家、社會學家、統計學家、文學評論家、考古學家，當然還有國家的幫助下，生產出為數龐大的作品，協助既有或者未來的公民想像他們政治社群的傳記與未來。他們採用的方法、取徑、資料庫與政治觀點可能有各式各樣的不同，但這些「歷史學家」通常都把自己書寫的文本理解為「文明記錄」，或者進步的故事——不論那樣的進步過程有多麼迂迴曲折——原因在於民族總是不受質疑地被視為是歷史上真實的與道德上善的。有各式各樣的政治以及其他理由可讓我們確信這類著作將會持續不斷推出，因為這是民族國家的要求，而且在一般的公共場域裡，民族國家的正當性仍然廣泛受到承認，甚至是堅持。

儘管如此，至少書寫的工作已愈來愈困難。這種工作已愈來愈由寫手團隊以及委員會完成。明確的「敘事線」也愈來愈受到長期統計分析所模糊，其中不乏世界史、女性主義理論、高等教育下的馬克思主義，以及認同政治等等的干預。今天，已極少有真正具備實力的歷史學家會自行認真扛起敘述民族的工作：其中一大原因是這類人士通常省思了班雅明那句苦澀的格言。實際上，在我們這個世紀的黃昏時刻由團隊撰寫的民族歷史並沒有引起太多的熱忱，甚至似乎引發了某種不安。

但無論如何，歷史學家都非常清楚自己注定將由年輕的後繼者以及歷史時間的洪流本身所取代。他們要留存在後代的記憶裡，最有希望的做法就是從歷史不斷移動的營地悄悄挪向文學的安定棲所，追隨修昔底德、塔西佗、吉朋、米什萊與布克哈特（Jacob Burckhardt）的腳步。不過，在這些被封為正典的棲所當中，他們的同伴也包括了傑出的小說家。他們的著作如果是完成於現在仍與我們同在的民族主義時代，就會發現自己面對了強大的競爭。

在《想像的共同體》當中，我主張「小說作為熱門商品」在歷史上的出現，和民族性的崛起息息相關。民族與小說都是產生自一種同時性，而那種同時性之所以有可能出現，則是因為源自時鐘並且出自人造的「同質而空洞的時間」，以及從此以後受到特定理解的社會，也就是將其理解為有邊界並且處於歷史之內的實體。這一切使得人類能夠想像龐大、跨世代而且劃定了鮮明界線的共同體，由大部分都互不相識的人口組成，並且將這些共同體理解為持續不斷地滑向一個無窮無盡的未來。小說做為一種文學形態的新奇之處，在於能夠同步代表這種有邊界並且處於歷史之內的「帶有未來的社會」。（民族史將會以一種歷時性敘事為這種同步性提供增補。）

今天，這種論點在我看來並非全然錯誤，但是卻帶來了這項沒有明言的假設：由於民族性與小說之間存在著深刻原初的近似關係，因此這兩者對於彼此而言永遠都會足夠——民族將會繼續為小說提供也許沒有明言的自然架構，而小說也會永遠有能力在不同層次上呈現民族的現實與真相。這是一項在十九世紀與二十世紀初相當容易做出的假設。巴爾札克的《人間喜劇》（如果可以這麼說的話，這部小說其實應該稱為「法國喜劇」）、左拉為數龐大的作品，甚至是普魯斯特的作品，都為他們那個時代的法國提供了無可比擬的記述；美國的梅爾維爾與馬克．吐溫，英國的狄更斯、艾略特與勞倫斯，德國與奧地利的湯瑪斯．曼與穆齊爾，俄國的托爾斯泰、屠格涅夫、杜斯妥也夫斯基與岡察洛夫，還有日本的谷崎潤一郎也都可以說是如此。[1]這種能力至今仍可明白見於亞洲與非洲某些近期剛去除殖民化的地區。

1「他們那個時代」應該以相當寬鬆的方式解讀。舉例而言，《戰爭與和平》雖然出版於一八六〇年代晚期，故事背景卻是設定在托爾斯泰出生的一八二八年之前的俄國——也就是他父親的時代。

不過，這些近似性在本世紀下半葉卻明顯出現了緊張關係。小說那個比較古老而且頗為統一的世界已透過一套龐大的利基行銷過程而逐漸崩解：哥德式小說、犯罪小說、諜報小說、色情小說、科幻小說、「機場」小說[2]以及嚴格的歷史小說，各自都有其本身的形式慣例與讀者，而且那些讀者不必然與作者是同一個民族的同胞。在光譜的另一端，早期現代主義的創新當中有個極為重要的面向，就是嘗試超越或者打亂「同質而空洞的時間」。從民族的角度來看，世事也改變得相當迅速。在一九四五年，（自我認知的）無國家民族無疑比擁有國家的民族來得多，但今天已不再是如此。擁有國家的民族——民族國家——已愈來愈不再需要小說。這點最明確的徵象，就是兩個在一百年前幾乎無人所知但現在已無所不在的機構：資訊部與文化部。對於民族的呈現已愈來愈受到這兩個機構督導，而視覺與聽覺媒體的工作，則是由國家專門人員與廣告商等處理。過往的傑出小說要獲得大眾欣賞，已愈來愈必須經歷各種時代錯亂的屈辱，包括被好萊塢搬上大銀幕、被BBC製作成迷你影集，[3]或是透過標準化的全國課程對青少年強迫灌食。

除了以上這一切之外，由於本書其他部分討論過的原因，十九世紀的民族主義當中以普世進步為基礎的烏托邦元素，至少有一部分已經因為我們這個世紀的艱困時期而變得愈來愈不具可信度；而這種情形也對一流的小說家造成了影響。這不表示其他原初烏托邦元素不會強力存續下來，但這些元素卻都受到充滿困惑的眼光所看待，而這是上個世紀的傑出小說家不曾覺得有必要因應的情形。

把薩默（Doris Sommer）的《基礎小說》（*Foundational Fictions*）反覆讀過幾遍之後，我突然想到，要檢視世紀末的作家可能會怎麼嘗試看待民族，最合適的地方就是拉丁美洲。[4]西半球含有許多全世界最古老的民族國家，而且幾乎全都是對抗歐洲帝國中心的革命抗爭所造成的結果。不過，美國與海地這兩個最古老的民族國家——前者已崛起成為世界霸權，後者則是淪落為赤貧狀態——都是太特殊的案例，不適合直接用來和該區域裡的其他國家比較。然而，其他的國家（除了巴西以外）則是都擁有相同的主要語言和宗教，也都有國內嚴重暴力衝突的相似歷史。這個區域產生了幾位本世紀最卓越的作家，但我們卻很難指出這個區域有哪個民族國家的當前狀況能夠令人真心感到樂觀。

薩默善加利用了以上這一切——尤其是拉丁美洲的許多西班牙語民族國家所提供的無與倫比的比較機會——而對民族與小說的關係在一百多年來的命運進行思考。她的詮釋極為複雜，我雖然從中獲益良多，卻無法在此充分傳達她的觀點。其中一部分的論點始於這項觀察：這個區域相

2 編按：機場小說（airport novel）是一種透過其社會功能定義的當代小說，篇幅上通常是中長篇但節奏飛快，至於小說內容涵蓋主題廣泛。這種小說常見於機場報攤，目的是提供旅客於搭乘、候機、轉機期間可以迅速閱讀，而功能上較接近於工業化時期提供鐵路旅客閱讀的鐵路小說（railway station novel），或是車站報攤提供的八卦雜誌。

3 這種時代錯亂有兩個方向的影響。一方面，我們可以觀察到對於正確「時代」服裝與布景的執迷，一再突顯珍・奧斯汀小說的「攝政時期性質」，而這是被她的小說逗笑的讀者極少想到的事情。（「這些書是傑出的歷史小說！」）另一方面，藉著以知名演員扮演《艾瑪》當中的伍德豪斯先生與他那個迷人的女兒，卻也不免造成現代化與庸俗化的效果。（「X或Y飾演這個或那個角色表現得多好。」）在這兩個方向上，造成的影響都是盡可能消除小說內容的尖銳性或者與讀者的相關性。

4 《基礎小說》（Berkeley: University of California Press，1992）。

當不尋常，因為小說是在國家正式成立之後才開始受到重視。[5]因此，小說在剛興起之時，主要都被人視為和一個特定的時代有關，也就是這個區域在多年來飽受革命戰爭以及因此帶來的強人領袖所蹂躪之後，終於出現致力於秩序和進步的那個時代。薩默把十九世紀公認的「經典作品」解讀為各式各樣的嘗試——其中有些比較成功，有些則否——目的在於吸引公民讀者支持民族團結的計畫。達成這項目標的主要手段，就是讓這些讀者在情感上關注書中男女主角在感情路上遭遇的苦難以及得到的幸福，而且那些角色各自的特點都代表了後殖民社會裡最激烈的衝突：區域、實體環境、經濟、階級以及種族之間的衝突。在這類小說裡，情慾被民族化，而民族主義本身也被情慾化。情侶追求幸福的過程中所遭遇的阻礙，被理解為民族追求福祉所遭遇的阻礙；而情侶獲得的幸福，或者至少是幸福的前景，則是被視為預示了民族的烏托邦未來。[6]薩默最後一部分的論點認為，這種帶有民族建構特質的優質小說持續受到生產的可能性，將會隨著「統一與發展的前景」逐漸消退而變得愈來愈低。「魔幻寫實」悲觀主義在長期之下的興起，不僅是對於十九世紀民族主義的「天真樂觀」心態崩垮之後所做出的回應，也是在回應二十世紀的拉丁美洲馬克思主義運動，企圖為民族進步創造出一個新形式所遭遇的失敗。然而，結果卻發現「魔幻寫實」不是唯一的可能性，甚至可能也不是最具啟發性的一個。

我在幾年前第一次閱讀尤薩的《敘事人》這部了不起的小說之時，立刻就感覺到自己又再次遇上了比較的幽靈；因為這部小說讓我立刻聯想起印尼的小說大師，帕拉莫迪亞的布魯島四部曲，在比較長期之下，則是令我聯想起菲律賓民族英雄黎剎的傑出西班牙文小說（他的作品是拉丁美洲從沒經歷過的那種充滿煽動性的前獨立小說）。之所以會有這樣的聯想，原因是在一九七〇年代那段看不到盡頭的漫長時期，於布魯島這座印尼惡魔島上，以口述方式給獄友的布魯島四部曲可以說是一項認真至極的非凡嘗試，因為他企圖「在瘟疫蔓延時」書寫民族，而且採取的書寫方式也是反對／後於「魔幻寫實」。[7]（本章不適合詳細探討帕拉莫迪亞，但是有必要以幾句描述性的文字銜接「東南亞」與「拉丁美洲」之間的空間／時間。）前三部曲採取第一人稱的敘事觀點，帶有古典歐洲成長小說的許多標誌性特色，和薩默研究的那種民族小說也有不少相似處。[8]

5 法蘭柯（Jean Franco）如果說得沒錯，那麼第一本真正的拉丁美洲小說遲至一八一六年才出現，也就是利薩爾迪（José Joaquín Fernández de Lizardi）的《癩皮鸚鵡》（*El Periquillo Sarniento*）。見她的《西班牙美洲文學入門》（*An Introduction to Spanish-American Literature*，Cambridge: Cambridge University Press，1969），p. 34。

6 薩默最具啟發性的另外一項論點，就是婚姻這個被視為是烏托邦預兆的主題，通常會在這些小說中塑造一種在本世紀已大體上不復得見的男女主角：男主角具有引人注目的女性化與情慾化特色，女主角則是熱心公益、獨立又「活躍」。

7 除了帕拉莫迪亞以外，印尼在獨立之後還產生了兩位極為傑出的小說家，而且這兩人都可以說是和「魔幻寫實」具有緊密關係。西瑪杜邦（Iwan Simatupang）是信奉基督教的巴塔克人，雖然英年早逝，卻在印尼獨立後不到十年的一九五九年就寫出了令人震驚的《紅色有多紅》（*Merahnya Merah*）。峇里人威查雅（Putu Wijaya）的寫作生涯橫跨了蘇哈托的新秩序，則是書寫了為數龐大的小說、短篇故事以及其他虛構作品，而且都是採取「魔幻寫實」風格。其中最近似於阿斯圖里亞斯（Miguel Ángel Asturias）的作品是駭人的《勇氣》（*Nyali*）。

8 當然帶有當地的色彩。如同我在《想像的共同體》（London: Verso，1991）指出的，男主角先後娶了一個神經衰弱的歐亞混血美女、一個激進的中國祕密移民，還有一個來自荷屬東印度的最東端，精熟武器的穆斯林公主。奇特的是，黎剎的《不許犯我》也與民族小說差別不大。形式上，故事主線是麥士蒂索人男主角伊巴拉與瑪麗亞・克拉拉這名和他同是麥士蒂索人的青梅竹馬之間的愛情悲劇。不過，民族活力來自於他和他在革命運動中的菲律賓土著替身伊利亞斯之間的關係，而最後伊利亞斯也為他犧牲了自己的性命。

這三部曲向讀者展示了一個生活優渥而且受過高度教育的爪哇青年，如何在各色的外國與本土老師教導下，於二十世紀初期逐漸發展出民族意識與良心；而且這樣的經驗又如何引導他發起民族主義運動。不過，第四部曲卻令讀者大感意外。原來他們先前閱讀的一切，都來自於殖民地祕密警察的檔案，尤其是一名隱身於大眾目光之外的高階本土警官。這名在《玻璃屋》裡擔任敘事者的本土警官，任務就是要不斷追迫主角，設法終結對方的性命，並且令他在政治上徹底被人遺忘。在小說當中，他被描寫為對自己的迫害對象深感著迷與執迷。實際上，他因為深深的著迷與執迷而不時公開提及自己擅改了檔案裡的文件，所以那些文件內容已不再能夠確信是全然的真相。[9] 最後，帕拉莫迪亞的民族讀者（那些小說雖然遭禁，但仍然在半祕密的情況下受到流通）得知本土人士在殖民時期根本不准成為祕密警察的高階警官。本土人士擔任這樣的職務，是在五十年後才有可能的事情。《玻璃屋》裡的檔案保管人暨檔案竄改者，同時也是終極的敘事者，乃是一個反烏托邦的時代錯亂人物。但他負責敘事，而他敘事的範圍不是別的，正是民族。

在本章接下來的篇幅完全投注於詳述以及思索《敘事人》之前，我認為有必要先從事以上這些稍微偏離主題的探討，因為這些探討能夠讓人看到從東南亞遙望世紀末的拉丁美洲／西班牙／祕魯民族主義經典作品所見到的樣貌。不消說，我對西班牙文的理解有限（我懂的西班牙文都來自黎剎），而我對拉丁美洲與祕魯的理解又更少。必須強調的是，以下的內容乃是關於《敘事人》，而不是關於尤薩的整體作品，也不是關於他的人生，儘管這部小說含有許多明顯可見屬於自傳性的元素。

最後再補充兩句：祕魯為數一千六百萬左右的人口居住在一個面積為義大利四倍的國家。聖馬丁那項著名的解放／徹底驅除承諾，即是向秘魯的子女和公民提出。

第二部分

在這部小說一開頭，敘事者（我們也許可以稱他為「尤薩」，但我以下將會稱他為「N」）身在佛羅倫斯。他來到這裡，是為了暫時忘卻他那個「不幸／被打入地獄」的國家秘魯，還有他的秘魯同胞。[10]不過，他的目光卻受到小巷裡的一個櫥窗吸引，其中展示的物品包括了三、四張照片，「突然讓我回想起秘魯叢林的景象。寬廣的河流、繁茂的樹木、簡陋的獨木舟、立在高椿上的孱弱小屋，以及一簇簇的男男女女，半裸的身上塗了顏料，在表面光滑的照片上雙眼直勾勾地盯著我看」(p. 7)。這些由一個現已不在人世的義大利人拍得「毫無煽動意圖也毫無審美觀」的照片（p. 8），呈現出來的是瑪奇根加人（Machiguenga），他們是秘魯亞馬遜雨林裡的一個偏遠部落，「直到幾年前還過著幾乎完全與文明隔絕的生活，以一、兩個家庭為單位四散居住。到了我們這

9 關於這個主題以及其他許多主題的精妙分析，見謝永平（Pheng Cheah），〈虛幻的民族性：現代哲學的自由觀以及後殖民當中的自由經驗〉（Spectral Nationality: The Idea of Freedom in Modern Philosophy and the Experience of Freedom in Postcoloniality，Ph.D. thesis, Cornell University，1998）。

10 我在以下所談的都是一九九一年版的《敘事人》（Barcelona: Biblioteca de Bolsillo，1991），儘管這部小說最早出版於一九八七年。引文的翻譯都是由我自行為之，但我參考了蓮恩（Helen Lane）翻譯的英文版本《*The Storyteller*》（London: Faber & Faber，1991）。

個時代，他們才開始在照片拍攝的地方聚居在一起，但有許多人仍然待在叢林裡」(p. 8)。在其中兩張照片當中，N認出了他在三年前走訪過的新光明（Nueva Luz）與新世界（Nuevo Mundo）這兩個新聚落。當時他會到那裡去，是被暑期語言學院（Summer Institute of Linguistics）這個充滿爭議的美國新教徒傳教組織所邀請。不過，令他感到著迷的一張照片，顯示一群如癡如醉的瑪奇根加人在薄暮時分圍成一個圓圈，圓圈中央站著一名大半遮掩於陰影中的男子，正比手畫腳地對著那群人說話。他隨即理解到這個男子是西班牙文當中所謂的「hablador」：說書人，喋喋不休的人，演說者，學舌人，小說家？（我們後續再探究這個問題。）

在第二章裡，N帶領我們回到一九五〇年代初期，當時身為聖馬可斯大學（University of San Marcos）新鮮人的他，和祖拉塔斯（Saúl Zuratas）成了朋友。祖拉塔斯因為右臉有個很大的紫色胎記，所以被人取了個綽號，叫做馬斯卡利塔（Mascarita；意為「面具臉」）。我們得知他的父親是薩洛蒙（Don Salomón），一個在一九三〇年代移民到秘魯的波蘭猶太人。薩洛蒙和一個信奉天主教但識不得幾個字的克里奧女子同居了一段時間，後來隨著祖拉塔斯誕生而與對方成婚。在此之後，薩洛蒙為了家人而改信天主教，但「從未獲得接受」。這位父親在太太因罹癌早夭之後，就帶著兒子搬到了利馬。接著，薩洛蒙又回頭信奉猶太教，並且經常帶著他那個煩悶至極的小兒子到城裡的猶太會堂。這對相依為命的父子住在爸爸的小店鋪裡，還養了「un lorito hablador」——一隻會說話的鸚鵡，名叫葛雷格·桑薩（p. 12）。我們從書中得知祖拉塔斯最崇敬的作家是卡夫卡，而且把《變形記》整本背了起來。

祖拉塔斯在一個假日拜訪了一個住在秘魯雨林邊緣的親戚之後，就對於那些在傳教士、採礦者、伐木者以及民族國家步步進逼之下而遭遇滅絕危機的小型原住民部落愈來愈感興趣：後來更發現他對於存活至今的瑪奇根加人尤其感興趣。他和那個時代大多數的大學生（包括N在內）不同，對於馬克思主義政治毫無興趣，因此一開始就致力於修讀人類學。第二章的大部分內容描述了N與祖拉塔斯針對後者的叢林經驗所進行的討論。祖拉塔斯說：「在亞馬遜發生的狀況根本是犯罪……你只要暫時替他們設身處地想一想就好。他們能去哪裡？他們好幾百年來不斷被趕出自己生活的土地，每一次都更深入內陸，且愈來愈深入。令人意想不到的是，雖然遭遇那麼多災難，他們卻沒有消失……這樣難道不值得你向他們致敬嗎？」（p. 22）N回憶道：「有時候……我會故意激他。那麼，他到底想要怎麼樣？為了一小群現在還活在石器時代的部落，為了不要改變他們的生活方式和信仰，整個秘魯就不該開發亞馬遜雨林嗎？一千六百萬的秘魯人口應該要捨棄這個國家四分之三的自然資源，好讓那七、八萬人的亞馬遜原住民繼續過著用弓箭互射、縮小頭顱，還有崇拜大蟒蛇的生活？……馬斯卡利塔，不可能這樣，國家必須要發展。馬克思不是說進步必定會滴著血而來嗎？說來雖然令人難過，但還是必須要接受。我們別無選擇。如果為一千六百萬秘魯人追求發展和工業化的代價，就是那幾千個赤身裸體的原住民必須剪頭髮、清除身上的刺青，變成麥士蒂索人——或者用民族學家最厭惡的那個字眼，受到文化涵化（acculturated）——那麼也是沒有辦法的事情。」（pp. 23-4）祖拉塔斯是不是認為他的印第安人比較高等？「高等？沒有。小兄弟，我從來沒有這麼說過，也不這麼認為……也許比較低等吧，如果是從嬰兒死亡率、女性地位、多配偶或單配偶制、手工藝和工業等面向來看。不要以為我把他們理想化了。一點也沒有……*mi viejo*（我的老友），他們有很多事物會讓人深感震驚，這點我並不否認。」（pp. 26-7）祖拉塔斯接著指出，有些部落會殺害帶有先天缺陷的嬰兒，因為他們知道那些嬰兒可能活不下來。「『Compadre（朋友），我絕對通不過他們的檢驗，他們一定會殺了我……人家說斯巴達人也會這麼做，對不對？像葛雷格．桑薩這樣的小妖怪，都會被人從泰格特斯山頂上丟下來，對不對？』他笑著說。」（p. 27）「『可是他們會接納那些出過意外但是活了下來的人……我們沒有權利殺了他們。』」（p. 28）他問N是不是真的想要把他們變成「『殭屍以及毫無主體性的人，就像利馬街道上那些受到半涵化的原住民那樣』」（p. 28）。

隨著時間過去，我們也愈來愈能夠明白看出，祖拉塔斯雖然為了讓父親開心而取得人類學的學士學位，但卻絲毫無意成為學者。這兩個大學同學在聖馬可斯大學的最後幾年慢慢漸行漸遠。

第三章一開頭的內容如下（為了感受這段文字的力量，我們應該先看原本的西班牙文）。

> Después, los hombres de la tierra echaron a andar, derecho hacía el sol que caía. Antes, permanecían quietos ellos también. El sol, su ojo del cielo, estaba fijo. Desvelado, siempre abierto, mirándonos, entibiaba el mundo. Su luz, aunqué fuertísima, Tasurinchi la podía resistir. No había daño, no había viento, no había lluvia. Las mujeres parían niños puros. Si Tasurinchi quería comer, hundía la mano en el río y sacaba, coleteando, un sábalo; o, disparando la flecha sin apuntar, daba unos pasos por el monte y pronto se tropezaba con una pavita, una pérdiz o un trompetero flechados. Nunca faltaba qué comer. No había guerra. Los ríos desbordaban de peces y los bosques de animales. Los machcos no existían. Los hombres de la tierra eran fuertes, sabios, serenos y unidos. Estaban quietos y sin rabía. Antes que después.（p. 30）

【後來，大地上的人開始行走，直直朝著下落的太陽走去。以前，他們都是待在原地不動。太陽，也就是他們在天空中的眼睛，同樣固定不動。完全清醒，總是圓睜著，看著我們，溫暖著世界。太陽的光非常強，但是塔蘇林奇承受得了。沒有傷害，沒有風，沒有雨。婦女產下純潔的孩子。塔蘇林奇如果想要吃，就把手伸進河裡，抓出一條不停甩著尾巴的鮒魚；或者他會毫不瞄準地射出一枝箭，然後朝著森林裡走上幾步，不久就會看到一隻小小的野生火雞、一隻鷓鴣，或是一隻喇叭鳥，被他的箭射中而掉在地上。食物從來不虞匱乏，也沒有戰爭。河裡滿是魚兒，森林裡滿是動物。麥斯可人並不存在。大地上的人身體強壯、充滿智慧、平靜而團結。他們愛好和平，內心沒有憤怒。在後來以前。】

這個篇幅極長的章節，就以這種敘事者不明的方式繼續進行下去，而讀者在過程中則是逐漸沉浸於瑪奇根加人的宇宙觀、歷史、恐怖遭遇以及日常生活當中。文中不時會出現他們的世界遭到「不幸／被打入地獄的秘魯」這項黑暗外部力量侵入的影像：舉例而言，其中提及「樹木流血」的可怕時期（讀者可以解讀為一九〇〇—一八年間那段短暫的橡膠熱），還有「白長老」，明顯可見就是傳教士。可是，講述這個章節的人是誰呢？直到末尾，我們才受到告知這個人必定是什麼樣的人：

Apenas asomaba su ojo del sol en el cielo se ponían bajo techo, diciéndose unos a otros: “Es hora de descansar”, “Es hora de prender las fagotas”. “Es hora de sentarse a escuchar al que habla”. Así lo hacían:

descansaban con el sol o se reunían a oír al hablador hasta que empezaba a oscurecer.（p. 62）

【太陽的眼睛一出現在天空中，他們就聚集在同一個屋簷下，相互說著：「休息的時候到了。」「該是為薪柴點火的時候了。」「該是坐下來專心聆聽說話者的時候了。」這就是他們所做的事情。他們隨著太陽而歇息，或是聚集起來聆聽hablador說話，直到天色開始變暗為止。】

藉著第四章，N再度掌控了我們。他提到在一九五八年中期，就在他要離國前往西班牙讀書前夕，在一架載運暑期語言學院傳教士前往亞馬遜雨林的小飛機上，他的朋友為他安排了一個座位。他想到這個學院引起的爭議，許多人都將其視為美國、新教以及英語帝國主義的使者。[11] 這趟旅程讓N留下了無可忘懷的印象，即便他在二十五年後身在佛羅倫斯，也還是存留著強烈的記憶。「這也是秘魯，而我在這時才完全意識到這個秘魯：一個尚未受到馴服的世界。」（p.71）原住民受到的剝削令他深感驚恐，但「不論基於什麼政治立場的秘魯政府，有可能承認部落在叢林裡的治外法權嗎？顯然不可能。既然如此，為什麼不改變Viracocha（這是瑪奇根加語，我們可以暫時說這個詞語意指「秘魯人」嗎？），促使他們改變對待原住民的方式？」（p. 76）他和胥尼爾夫婦這對富有同情心的年輕傳教士夫妻進行了一場關鍵性的會面，聽到他們以駭人的話語描述「殘破的瑪奇根加人淪落於……多麼深沉的卑微與悲觀當中」（p. 80）。胥尼爾先生描述了他們無窮無盡的逃竄，逃離印加、逃離西班牙征服者、逃離天主教傳教士、逃離資本主義的各種形態。他們沒有酋長，而且除了核心家庭之外也沒有別的組織。他們沒有永久的個人名字。他們只會數到四，再往上的數量就僅以「許多」概稱。自殺的情形經常出現。他花了整整一年的時間才得以和他們接觸，而且他最後之所以能夠和他們接觸，原因是他決定赤身裸體去找他們。N還記得自己對於胥尼爾夫婦願意過著和瑪奇根加人幾乎一樣的生活深感仰慕，儘管他們擁有水上飛機、收音機、現代醫藥以及《聖經》的後援。

在這場談話接近尾聲之際，他們才談到「hablador」的話題。胥尼爾夫婦說他們從沒見過這種人。瑪奇根加人通常都會迴避關於這個主題的問題，但只要一旦提到，總是懷著最高的敬意。這種人不是巫醫，也不是薩滿祭司。該怎麼翻譯指涉這種人的瑪奇根加詞語呢？胥尼爾夫婦猶豫地討論了一會兒，然後才決定使用「hablador」一詞。這個名稱「界定了這種人。他們負責說話，他們的嘴巴是把這個為了生存而被迫四處分散的社會連結起來的鏈子。幸虧有hablador這種人，父

11 薩默在她探討《敘事人》的絕佳文章裡大量引用了史托（David Stoll），《捕人的漁夫還是帝國的創建者？拉丁美洲的威克理夫聖經翻譯者》（*Fishers of Men or Founders of Empire? The Wycliffe Bible Translators in Latin America*，London: Zed Press，1982），以便探討這個組織在《敘事人》以外的現實狀況。這個組織由卡德納斯（Lázaro Cárdenas）的好友暨傳記作家彼得·湯森（Peter Townsend）成立於美國反共初期的一九五〇年代，因其在低度開發國家——尤其是拉丁美洲——的傳教工作而獲得美國國際開發署與中情局的大力支持。到了一九七〇年代中期，這個組織在墨西哥、瓜地馬拉、宏都拉斯、巴拿馬、蘇利南、哥倫比亞、厄瓜多、秘魯、玻利維亞與巴西都已多多少少成為政府的正式分支機構。「沒有一個跨國組織在印第安人當中的影響力能夠超越威克理夫。這個組織對於印第安人的語言和效忠對象、後勤系統與官方人脈的掌握無人能比。」不過，在不久之後，「每個政府就都面臨了同一種令人不安的現象：愈來愈明白可見而且激進的印第安人組織。這樣的趨勢是若干中間人在大體上沒有意識到的情況下促成的結果，包括暑期語言學院在內。對於識字、貿易語言以及群體內聯繫的提倡，幫助了分散社群的成員把自己認同為一體的族裔」。在一九七六到一九八一年間，暑期語言學院被趕出了巴西、墨西哥、巴拿馬、厄瓜多以及秘魯。見薩默的〈轉向：說書人的叛變〉（About-Face: The Talker Turns），《邊界》（*Boundary*），2, 23:1（一九九六年春），pp. 91-133，在pp. 101-2。

親才能夠獲知兒子的消息，兄弟獲知姐妹的消息；也因為有這種人，他們才全都能夠得知部落成員的去世、誕生，以及其他各種事項」（pp. 90-91）。最後，胥尼爾先生說：「除此之外……我覺得hablador不只帶來消息，也會講述過去的事情。他可能也是社群的記憶，發揮類似於中世紀吟遊詩人的功能。」（p. 91）

N回到利馬之後，與祖拉塔斯見了最後一次面。他向祖拉塔斯說明自己對於hablador的概念深覺感動。「他們具體證明了說故事可以不只是單純的娛樂……而是某種原始的東西，可供一個民族的生存所仰賴。」（p. 92）

祖拉塔斯對於hablador毫無興趣的反應令N頗感意外。「他說他從沒聽過這種說書人……我一聽就知道他在說謊。」（p. 93）通常開朗隨和並且善良的祖拉塔斯，這時突然猛烈批評起暑期語言學院。「你那些傳道的語言學家，他們是最可惡的一群。他們鑽到那些部落裡面，從內部摧毀他們，就像恙蟲一樣。這群人滲透他們的精神、他們的信仰、他們的潛意識、他們生活方式的根源。其他人則是竊取他們的生存空間、剝削他們，或者把他們趕到內陸更深處。最糟的情形也就是殺了他們。你的那些語言學家手段高明得多，他們想要用另一種方法殺了他們。把《聖經》翻譯為瑪奇根加語！想想看！他們的目標是要完全抹除他們的文化、他們的神明、他們的制度，甚至也要破壞他們的夢想。就像他們對自己國家裡的紅人（redskins）還有其他人所做的那樣。」（pp. 93-4）「要尊重他們，唯一的方法就是不要接近他們，不要碰他們。我們的文化太強大，攻擊性太重，不管碰到什麼都會把對方吞噬殆盡。」（p. 97）亞馬遜雨林的情形也許還不算太遲。「把印加人變成一群行屍走肉和奴隸的那種巨大創傷，在那裡還沒發生。」（p. 98）

N記述指出，他後來在西班牙與巴黎就讀研究所的期間（約在一九五八—六三年間），曾經為了自己針對瑪奇根加人的hablador所從事的歷史研究寫信請祖拉塔斯提供幫助，但都完全沒有回音。他在馬德里請教了退休的道明會士，也詳讀了舊日的旅人記述，但是都沒有獲得多少進展。一九六三年，祖拉塔斯的人類學教授經過巴黎，對他說薩洛蒙決定要死在以色列，所以帶著兒子移民到了那裡去，因此祖拉塔斯也就沒有完成論文。不過，N對此並不信服：「我不認為祖拉塔斯有那麼容易成為猶太人，因為他的全副身心都屬於秘魯的一部分，對於秘魯的問題大感痛苦與憤怒——至少對於其中一個問題是如此——因此不可能像換衣服那樣一夕之間拋下一切。」（p. 105）

第五章有點像是第三章的延伸。在這一章裡，敘事者又變回那個不知名的瑪奇根加人hablador。但這次不太一樣，因為現在的敘事令人意外地開始描述起這種制度的起源。這種制度始自帕恰卡穆耶（Pachakamue）這個第一位女性的弟弟，他擁有藉著命名而創造以及轉變人類與動物的能力，甚至在無意的狀況下也能夠產生這樣的效果。他造成了許多混亂，以致第一位女性的丈夫亞貢特洛（Yagontoro）殺了他，並且割下他的舌頭埋進土裡，以為這樣就可以讓世界恢復平靜。

Pero, a poco de estar andado, se sintió pesado. Y por qué, además, tan torpe? Asustado, notó que sus pies eran patas, sus manos, antenas; sus brazos, alas. En vez de hombre que anda, era ya carachupa, como su nombre indica. Debajo del bosque, atragantándose de tierra, a través de los dos virotes, la lengua de

Pachakamue habría dicho: "Yagontoro." Y Yagontoro se había vuelto, pues, yagontoro.（p. 130）

【但是他走沒多遠，就覺得行動遲緩了下來。為什麼動作感覺這麼緩慢？驚駭不已的他，看著自己的腿變成昆蟲的腿，手變成觸鬚，手臂變成翅膀。現在的他已不再是個行走著的人，而是變成了犰狳，就像他的名字一樣。在森林底下，帕恰卡穆耶的舌頭在兩枝鏢的穿刺之下，於泥土當中說了一聲：「亞貢特洛。」結果亞貢特洛就變成了一頭犰狳。】[12]

也許只有在《變形記》的這項叢林化而且麥士蒂索式的概述當中，讀者才會確信那個hablador必定是祖拉塔斯。

在第六章，N把時序快轉二十五年到一九八一年。在幫忙攝製一個名為「巴別塔」的電視節目之時，他得知暑期語言學院已即將離開秘魯。於是，他決定為此製作一部關於瑪奇根加人的節目。「這個主題一直盤繞在」他的心頭上。在此同時，終於有人針對他們從事了許多深入的人類學研究——N提到美國、秘魯以及其他國家的若干「真實」調查人員[13]——但奇怪的是，這些作者都完全沒有提到hablador這種人物。提及這種人物的一切資料，似乎都在一九五〇年代左右即告斷絕。他們是不是凋零了？然而，一九三〇與四〇年代的道明會士提到他們的頻率還相當高。

回到亞馬遜雨林之後，N發現胥尼爾夫婦正準備離開，對於自己長期以來努力的結果頗感滿意。現存的瑪奇根加人也許有五千人，其中半數現在都定居在永久村落，設有學校與農業合作社。在他們漫長的歷史當中，他們現在首度有了酋長——原因是他們現在「需要權力當局」(p. 157)。N思索指出，他們擁有「《聖經》、雙語學校、福音領袖、私有財產，也懂得金錢的價值，還會交易無疑是西方的服裝」。可是這樣對嗎？還是說瑪奇根加人「從原本自由自立的『野蠻人』，已經開始轉變成『殭屍』……就像馬斯卡利塔說的那樣？」（p. 157）

「他們已不再是那一小撮頑強而悲劇性的群體，遭到社會裂解成一個個小家庭，四處奔逃，總是不斷逃離【huyendo, huyendo siempre】白人、麥士蒂索人、山地人以及其他部落，等待著自己個人以及整個社群無可避免地滅絕，也堅忍地接受這一點，卻從不放棄他們的語言、他們的神明、他們的習俗。這個社會散落在廣大潮溼的森林深處，由幾個巡迴說書人充當循環的樹汁；想到這個社會即將在不久之後消失，我就不禁感到一陣無可抑制的憂鬱。」（p. 158）

12 譯注：亞貢特洛（Yagontoro）這個名字意為犰狳。

13 他明確提及卡塞維茨赫納（France-Marie Casevitz-Renard：法國人）、強森．艾倫（Johnson Allen：北美人）、白爾（Gerhard Baer：瑞士人）、巴里亞勒斯神父（Joaquín Barriales：西班牙人），以及坎瑟可（Camino Díez Canseco）與格瓦拉（Victor J. Guevara：秘魯人）。卡塞維茨赫納在一九七二年開始發表探討瑪奇根加人的文章，第一篇是〈瑪奇根加人〉（Les Matsiguenga），《美洲社會科學期刊》（*Journal de la Société des Américanistes*），61（一九七二），pp. 215-53；艾倫．強森（Allen Johnson：不是強森．艾倫）在一九七五年發表〈瑪奇根加社群裡的時間配置〉（Time Allocation in a Machiguenga Community），《民族學》（*Ethnology*），14（一九七五），pp. 301-10；白爾在一九七六年發表的其中一篇文章是〈神話透露的事情：以秘魯東部的瑪奇根加人為例〉（Was Mythen Aussagen: Das Beispiel der Matsigenka, Ost-Peru），《*Paideuma*》，22（一九七六），pp. 189-98，後來又在一九八四年出版《秘魯東部瑪奇根加人的宗教》（*Die Religion der Matsigenka Ost-Peru*：Basel: Wepf）；至於巴里亞勒斯神父，我只找到了《瑪奇根加人》（*Matsigenka*：S.A. Victoria: Heraclio Fournier，1977）；坎瑟可的文章在一九七七年開始出現，第一篇是〈安地斯山脈的克丘亞人和秘魯山區的皮洛人與瑪奇根加人之間的以物易物、劫掠與交流〉（Trueque, Correrías e Intercambio entre los Quechuas Andinos y los Piros y Machiguengas de la Montaña Peruana），《秘魯亞馬遜》（*Amazonia Peruana*），1: 2（一九七七），pp. 123-40。（這也許是第一本專門探討秘魯亞馬遜雨林的學術期刊。）關於格瓦拉，我至今沒有找到任何著作。

但是N觀察到，就連受到同化的瑪奇根加人，也是一聽到這個話題就否認hablador這種人的存在，不然就是沉默不語。胥尼爾夫婦告訴他，他們和瑪奇根加人一同生活了二十五年，還是對那些說書人幾乎一無所知。「那是一種非常祕密，非常私密的東西。」（p. 169）胥尼爾先生描述了兩次相遇的經歷，第一次也許是在一九七一年。他當時聽不懂hablador說了什麼，而在長達幾個小時的說書過程中疲累得沉沉睡去。第二個hablador非常奇怪：可能是個白子，臉上有個巨大的紫色胎記，帶有極度強烈的敵意，說書之時總是背對著這個年輕的傳教士。再一次，胥尼爾又陷入疲累而且糊里糊塗的睡眠裡。N指出，他就是在這個時候意識到瑪奇根加人並不是在隱藏hablador這種抽象的制度，而是因為hablador要求他們不要把他透露給外界知道。

回到首都之後，N發現薩洛蒙根本沒有去以色列，而是在一九六〇年十月二十三日逝世於利馬，並且埋葬在那裡。至於他兒子的下落，則是似乎沒人知道。「可是我知道，我心想，我什麼都知道。」（p. 182）

在第七章，敘事者又最後一次由hablador擔任。其中如夢似幻的敘事和先前一樣愈來愈個人化。Hablador短暫以「葛雷格－塔蘇林奇」的身分出現，發現自己變成了一隻馬丘科伊蟬（machucoy cicada）。他描述自己怎麼在看似偶然的情況下——沒有受到死藤水或者「seripigari」（薩滿祭司）的幫助——變成了一個hablador。長久以來，他都一直是個「eschuchador」（聆聽者），最後終於發現別人在他背後稱呼他為說書人。不過，這一章的核心是個很長的段落，內容講述了猶太人以及他們的神明「塔蘇林奇－耶和華」。這個段落的一開頭是這麼寫的：

El pueblo que anda es ahora el mío. Antes, yo andaba con otro pueblo y creía que era el mío. No había nacido aún. Nací de verdad desde que ando como machiguenga. Eso otro pueblo se quedó allá, atrás. Tenía su historia, también. Era pequeño y vivía muy lejos de aquí, en un lugar que había sido suyo ya no lo era, sino de otros.（p. 207）

【現在行走著的這些人是我的同胞。以前，我和另一群人一起行走，而以為他們是我的同胞。我當時尚未出生。我以瑪奇根加人的身分行走之時，才算是真正出生。另外那群人待在那裡，留了下來。那群人也有他們自己的故事。那是一個小族群，住在遠離這裡的一個地方。那裡曾經屬於他們所有，但現在已不再是如此，而是屬於別人了。】

接下來的故事提及這群人當中誕生了一個男孩，他長大之後聲稱自己是塔蘇林奇的氣息、塔蘇林奇的兒子以及塔蘇林奇本身的三位一體。他把幾條鯰魚和一顆小小的木薯變得數量非常多。大家都認為他是hablador，而且許多人也都揚棄了那個民族的習俗與禁忌。薩滿祭司擔心這個民族將會消失，於是他們殺了那個人，結果這個民族在此之後遭遇了許多災難。不過，他們並沒有消失。塔蘇林奇—耶和華的同胞並不好戰，也從來沒有打贏過戰爭。他們散落於世界上所有的森林裡。他們藉著遷徙、逃亡以及行走而生存下來。比他們人數更多更強大的民族，都已經消失無蹤，遭到了世人遺忘。這個民族之所以生存下來，原因是他們切實遵循自己的習俗與禁忌。「大家都希望把所有人變得一模一樣，希望別人忘卻自己的習俗、殺害自己的薩滿祭司、違反自己的禁忌，再轉而模仿他們。」（p. 211）所以，忠於自己的義務，才是正確的行為，「這是我從你那裡

學到的事」。「我們要消失無蹤嗎？再說一次，不要。」(p. 211)

這段敘事的結尾是一則故事，講述hablador發現一隻母鸚鵡想要殺死牠其中一隻雛鳥，原因是那隻雛鳥天生畸形，一條腿呈扭曲狀，爪子也沒有發育出來。他把母鳥趕走，而把那隻小鸚鵡養著當成同伴。

Duerme aquí, dentro de mi cushma. Como no puedo llamarlo padre, ni pariente, ni Tasurinchi, lo llamo con una palabra que inventé para él. Un ruido de loros, pues. A ver, imítenlo. Despertémoslo, llamémoslo. Él lo aprendió y lo repite muy bien: Mas-ca-ri-ta, Mas-ca-ri-ta, Mas-ca-ri-ta. . . (p. 224)

【他睡在這裡，在我的庫希瑪長袍裡。由於我不能稱呼他為父親、親屬或者塔蘇林奇，所以我就用我自己為他發明的名字稱呼他。那就用個鸚鵡的叫聲好了。我想想，試著模仿看看。我來喚醒他吧，來叫叫他。他學會了，模仿得很好。馬斯—卡—利—塔，馬斯—卡—利—塔，馬斯—卡—利—塔。……】

最後一章把讀者帶回身在佛羅倫斯的N。他納悶著瑪奇根加人經歷了一九八〇年代湧入亞馬遜雨林的毒品泛濫、秘魯共產黨光明之路（Sendero Luminoso），以及殘暴軍事壓迫之後，是不是存活了下來。「我的那個前友人、前猶太人、前白人、前西方人的祖拉塔斯，是不是行走在他們之間？」他心裡想著（p. 230）。在一九六〇年代，其他充滿理想的秘魯年輕人都紛紛往外走，但祖拉塔斯的做法卻與別人不同，刻意掩藏自己的足跡和用意。「他決定徹底改變自己的膚色、自己的名字、自己的習慣、自己的傳統、自己的神明……他離開利馬，就打定主意不再回來，要永遠成為另外一個人。」(p. 232) N猜想他因為身為猶太人，所以認同四處遊蕩而且遭受迫害的小群體民族。他的胎記也使得他成為秘魯社會邊緣人當中的邊緣人。不過，真正的奧祕不在這一點上，而是在於他進一步轉變為hablador。「把他自己轉變為hablador，更是把原本僅是難以置信的事情變得絕不可能。」(p. 233)

因為要能夠採取hablador的說話方式，就表示能夠感受並且活在那個文化的核心當中；能夠沉浸在其奧祕裡；能夠深入其歷史與神話的骨幹，為其祖先的禁忌、形象、渴望與恐懼賦予具體樣貌。也就是以最深刻的方式成為根基深厚的瑪奇根加人……我的朋友祖拉塔斯捨棄了自己的一切，為了在亞馬遜叢林裡穿梭至今達二十年以上的時間，而可能成為那一長串外界不可見的遊蕩故事講述者【contadores de historias】的傳統，永久冒著風雨奔走：這是我的腦子裡不時冒出的回憶，而且就像我在星空下一片陰暗的新光明村當中首度得知這點的那一天，這項回憶也打開了我的心胸，力道比愛或恐懼都還要強大。(p. 234)

N在這個故事的結尾，描述自己望著窗外的佛羅倫斯，看著這座觀光城市在夜裡尋常的混亂狀態。離開房間是沒有用的，因為「不管我逃到哪裡去，設法逃離炎熱、蚊子、心靈的亢奮，我都還是會繼續在耳邊聽到那永不止息、劈啪作響、古老恆久的瑪奇根加人hablador」。(p. 235)

第三部分

至於「歷史上」的瑪奇根加人呢？[14]他們的起源據信可以追溯至數千年前。他們只斷斷續續臣服於印加人當中最強大的統治者，而且因為他們生活在與世隔絕、橫跨安地斯山脈亞馬遜叢林裡，所以在西班牙帝國主義時代幾乎完全不為人所知。即便是「瑪奇根加」這個字面意思為「人類」的當代名稱，也是在七十五年前左右才普及於外人之間。關於他們的一份最早期但作者不知名的文本，出現在一八六五年，其中指稱「他們之間沒有任何社群紐帶的蹤跡。每個家庭都孤立生活，頂多是偶爾和其他幾個家庭共同生活，也只有在戰時才會選出一個酋長」。[15]他們與世隔絕的狀況在一八六〇年代逐漸結束，因為當時開始有外人——其中許多都來自巴西與玻利維亞——湧入亞馬遜叢林找尋金雞納樹皮，原因是這種樹皮當中所含的奎寧，是亞洲（東南亞）與非洲的英國及法國等帝國主義者需求量大的退熱藥。在十九世紀的最後二十年間，秘魯國家機器愈來愈重視東部國界的確立與防衛，因此開始資助探險家，而其中最惡名昭彰的一個，就是曾經被韋納．荷索（Werner Herzog）拍成電影的菲茨卡拉爾（Fermín Fitzcarrald）。

不過，現代性的風暴一直到本世紀的頭二十年間才對瑪奇根加人造成影響，因為當時秘魯的橡膠業突然大為繁榮——但還是比不上東南亞與非洲殖民地的產量。亞馬遜雨林大規模的割膠活動對於勞動力所出現的瞬間需求，造就了「correría」這種可怕的制度，相當於極大規模的奴隸劫奪行動。愛好和平而且勤奮的瑪奇根加人成了受到喜愛的目標之一。傳教士後來估計認為，他們的人口在奴工體系下，大概減少了六〇％——在那個「唯一具有效力的法律就是點四四口徑法律

【溫徹斯特步槍】」[16]的地區——並伴隨著凌虐、謀殺、放火燒屋、綁架婦孺，而且前所未見的疾病也開始廣為散播。[17]亞馬遜原住民就是在這段時期開始被秘魯人視為國家發展的工具，或是必

14 我不敢妄稱對這個族群有任何瞭解，因此以下的內容皆是參考自：（一）羅森格倫（Dan Rosengren），《因觀者而異：秘魯亞馬遜的瑪奇根加人當中的領導以及權力和支配的社會建構》（*In the Eyes of the Beholder: Leadership and the Social Construction of Power and Dominance among the Matsigenka of the Peruvian Amazon*：Göteborg: Göteborgs Etnografiska Museum，1987），《民族學研究》（*Etnologiska Studier*）vol. 37；（二）班尼特（Beverly Yvonne Bennett），〈疾病與秩序：瑪奇根加人與華奇帕勒人的文化轉型〉（Illness and Order: Cultural Transformation among the Machiguenga and Huachipairi：Ph.D. thesis, Cornell University，1991）；以及（三）《世界文化百科全書》（*Encyclopedia of World Cultures*：New York: G.K. Hall，1994）當中的瑪奇根加人條目，vol. 7（南美洲），pp. 230-32。我也簡單參閱了以下這些道明會傳教士留下的文本：瑟尼塔戈亞修士神父（Vicente de Cenitagoya），《瑪奇根加人》（*Los Machiguengas*：Lima: Sanmarti y Cia，1943）；費雷洛神父（Andrés Ferrero），《瑪奇根加人：秘魯東南部的叢林部落》（*Los Machiguengas: Tribu selvática del sur-oriente peruano*：Salamanca: "Calatrava" Libreros，1966）；以及前引巴里亞勒斯神父的《瑪奇根加人》。《敘事人》第五章敘述的帕恰卡穆耶與亞貢特洛的故事，取自瑟尼塔戈亞那部著作的pp. 185-9。

15 引用於羅森格倫，《因觀者而異》，p. 3。

16 同上，p. 31。

17 瑪奇根加人的命運大致上都沒有受到關注。不過，在秘魯北部的普圖馬約河（Putumayo River）沿岸，當地原住民因為橡膠熱所遭到同樣的殘暴對待，卻爆發為最早期的一項關於「少數部落」的重大國際醜聞。其中姑且可說是個楷模的人物，是搞不清楚狀況的愛爾蘭愛國志士凱塞門（Roger Casement）。他本來就因為揭發神聖羅馬帝國皇帝利奧波德二世的政權，在尚未受到比利時占據的剛果所施行的殘暴行為而舉世聞名，後來又在一九一二年針對他的前輩——美國冒險旅行家哈登伯格（W.E. Hardenburg）——稱之為「惡魔的樂園」的普圖馬約河發表一份報告，而更被譽為受威脅少數族群的捍衛者。凱塞門曾在一九〇九至一九一三年間擔任英國駐里約熱內盧領事。他依據哈登伯格的報告進行後續追蹤，而在尋求切入點之時，發現罪魁禍首是阿拉尼亞（Juan Araña）。這位秘魯企業家雖然資金短缺，但在利馬具有「穩固」的政治地位，而在英國資助者的支持下再度把自己併入「秘魯亞馬遜公司」（Peruvian

須受到消滅的障礙。道明會士在一九〇〇年左右認真展開傳教工作，至少有部分瑪奇根加人逃向他們尋求保護。不過，橡膠熱的結束並沒有讓奴隸剝削跟著結束——在橡膠之後，緊接而來的是甘蔗園，然後是採礦，最後是伐木。（奴隸制據說半祕密地存續至一九六〇年代。）

瑪奇根加人在一九六〇年代出現了兩項重要變化。一方面，在當時據稱是「全世界最大的新教傳教組織」[18]的暑期語言學院，進駐於他們之間，於是除了其他活動之外，也促使瑪奇根加人在一九七〇與八〇年代受到大量的現代人類學研究。[19]另一方面，貝勞德（Fernando Belaúnde Terry）在其第一屆總統任期間（一九六四—六八年）為亞馬遜雨林賦予了秘魯最後邊疆的地位，只要予以開闢，即可讓這個不幸的國家免於貧窮與人口過剩。這是國家機器首度積極提倡新農場主形式的殖民。在貝勞德遭到推翻之後，阿爾瓦拉多（Juan Velasco Alvarado）的激進軍事政權試圖逆轉這項政策，其中部分做法是為亞馬遜原住民設置「保護區」，區內的土地不可讓與。但貝勞德在一九八〇年重新掌權之後，又再度恢復強力資本主義發展的政策，要求瑪奇根加人接受涵化、學校教育（在一定程度上）、西班牙化，從而成為一群定居的勞動力。

到了一九八〇年代晚期，各方對於他們的人數所提出的估計介於五千到一萬兩千之間。其中可能有半數已經被聚集在七座統一稱為「土著社區」（Comunidades Nativas）的聚落裡，由政府強制成立一個初步的政治組織，但沒有獲得公眾信任。[20]由於資本主義殖民活動造成獵物和魚類大幅減少，因此傳統的謀生方式變得愈來愈困難，游耕田地也愈來愈不容易找到。傳統的巫醫薩滿也逐漸消失。[21]儘管如此，人口估計的巨幅差異顯示有些瑪奇根加人仍然「huyendo, huyendo siempre」（不斷逃離），尋求著生計、和平與自主。

接下來，只需再指出對於我們此處的討論目的而言具有決定性的一點。《敘事人》對於瑪奇根加人的現代史所提出的陳述大致上相當精確，對於他們的傳統宇宙觀、「社會秩序」、習俗以及生活方式的描述，也都與學術研究相當吻合：唯獨一個引人注目的例外。如同N隨口提到的，這些專業記述當中都完全沒有提到hablador的制度。[22]

Amazonian Company）。凱塞門也發現阿拉尼亞雇用了大量的（英國）巴貝多黑人做為工頭、刑求者與行刑者。凱塞門主張市政府必須對普圖馬約河上的暴行負起責任，而因此持續獲得關注，後來更在一九一一年獲得喬治「溫莎」五世授予一個古怪的爵位，表揚他維護英國體面的貢獻。他在五年後被剝奪了這項不盡光彩的榮譽，因為在一九一六年的復活節起義之後，他被以叛國罪受審。他在一九一六年八月三日遭到處死。關於這一切，見哈登伯格，《普圖馬約河：惡魔的樂園》（*The Putumayo: The Devil's Paradise*，London: T. Fisher Unwin，1912）；索耶（Roger Sawyer），《凱塞門：瑕疵英雄》（*Casement: The Flawed Hero*，London: Routlege & Kegan Paul，1984），第七—九章；以及英格利斯（Brian Inglis），《凱塞門》（*Roger Casement*，London: Hodder & Stoughton，1973），Part III。

18 引自班尼特，〈疾病與秩序〉，p. 113。

19 羅森格倫與班尼特的著作當中所附的大量參考書目，顯示「科學」出版品在一九七〇年代初期之後出現了瞬間的大幅增加。

20 見羅森格倫深具啟發性的記述，《因觀者而異》，pp. 176-85。

21 這是班尼特的結論，〈疾病與秩序〉，p. 155。

22 我無法參閱所有這些記述，但羅森格倫與班尼特的著作極為詳盡，列出的書目也包羅極廣，因此hablador要是曾經出現在他們任何一位專業同僚的著作裡，實在無法想像他們會沒有注意到。此外，N雖然聲稱道明會士的筆下經常提及hablador這種人，但他們卻完全沒有出現在前注14提到的那三份由道明會士書寫的文本當中。

第四部分

尤薩提出hablador的用意為何？這個字眼的尋常意義是「說話者」、「喋喋不休的人」、「滿口胡言的人」以及「長舌人」——是一種絲毫不需認真看待的人。這部小說藉著描述祖拉塔斯的「lorito hablador」而向我們提醒了這個字眼的這種輕浮意味——因為那是一隻「會說話」的小鸚鵡，但是並不懂得自己所說的話。薩默指出，通常以認真態度指稱說書人或敘事者的字眼是「narrador」、「curentista」與「cuentero」。因此，「hablador」似乎是個刻意創造的半新詞，而且與此搭配的做法是把常見的「oyentes」（聽者，聽眾）一詞取代為「escuchadores」（也許可以說是聆聽者、專注聆聽者）。[23]

尤薩心中所想的無疑是「Erzähler」（敘事者）。班雅明曾經極為著名地將這種人物拿來和小說家還有記者互相對照（小說家與記者即是尤薩的兩個主要職業）。[24]這個人物的樣貌值得在此重述一下：「Erzähler的名稱對我們而言雖然相當熟悉，卻絕不是一種當代的人物。他早已距離我們相當遙遠，而且還持續愈來愈疏遠……說故事的技藝即將消失。」[25]「藉由口傳的經驗，即是所有Erzähler所汲取的來源。」[26]班雅明指稱這種人物在歐洲中世紀時期來自於兩個群體，一個是像水手這樣的流動人員，講述的故事是他們在遠方的經歷；另一個群體是定居人口，例如耕作土地的農夫，熟知當地的傳統與傳說。他接著指出：「這一切都指向每一則真實故事的本質。真實故事公開或隱密地帶有某種有用的東西……在每個案例當中，Erzähler都是個能夠為聽者／專注聆聽者提供忠告的人。不過，如果說『提供忠告』在當今開始帶有過時的感覺，那麼原因就是經驗的可溝通性已逐漸衰退。於是，我們對自己和別人都不再能夠提供忠告。」這項過程「逐漸把Erzähler從活生生的言說領域當中移除，同時又讓人能夠在這個逐漸消失的東西裡看見一種新的美」。[27]

關於小說，班雅明指稱小說的關鍵特色就是依賴書本以及印刷術的發明。「小說之所以不同於其他各種散文文學形態——諸如童話、傳說，甚至是短篇小說——就在於小說不是來自口述傳統，也不通往口述傳統……Erzähler 講述的內容都是來自經驗——包括他自己的經驗或是別人報告的經驗。然後，他再把這些經驗變成聽他說故事的那些人的經驗。小說家則是把自己隔離了起來。小說的誕生地是獨處之中的個人，已不再能夠以值得仿效的方式表達自己最沉重的擔憂。小說家得不到忠告，也無法向別人提供忠告。寫小說就是在人類生活的再現當中，把不可通約的事物推到極致。在人生的豐富當中，以及透過此一豐富的再現，小說為生者深沉的困惑提供了證據。」[28]（我們很快就會看到這段描述有多麼適合《敘事人》。）

23 薩默，〈轉向〉，p. 113。我對於《敘事人》的省思與她不同，但我從她的著作當中得到了許多收穫。

24 儘管可能令讀者感到氣惱，但我還是會盡可能避免使用英文的「story-reller」（說書人）這個咄咄逼人的老套詞語。

25 見〈說故事的人——論尼古拉．列斯克夫的作品〉（Der Erzähler -Betrachtungen zum Werk Nikolai Lesskows），收錄於班雅明（Walter Benjamin），《啟迪》（*Illuminationen*，Frankfurt-am-Main: Suhrkamp，1961），pp. 409-56，在 p. 409。（以下的翻譯引文是我把英文譯本經過修改而成，原始譯文來自班雅明，《*Illuminations*》，左恩〔Harry Zohn〕譯【New York: Schocken，1969】，pp. 83-109。）這樣的消失與瑪奇根加人的消失平行發生。

26 同上，p. 410。

27 同上，p. 412。頗具啟發性的是，左恩把「Hörer」譯為「讀者」，「fühlbar macht」譯為「讓人能看見」。

28 同上，pp. 413-14。

關於新聞報導，班雅明指出：「每個早晨都為我們帶來全球的新聞，但我們在值得注意的故事這一點上仍然相當匱乏。這是因為我們現在得知的一切事件都會受到解釋。換句話說，現在發生的一切幾乎都對說故事無益；一切幾乎都只是對於資訊有益。」此外，「資訊的價值只存在於資訊仍新的那一刻。在那一刻，資訊必須徹底臣服於那個時刻，並且在不浪費任何時間的情況下向那個時刻解釋自己。Erzählung 則是不一樣，不會耗費自己，而是會保存自己受到濃縮的力量，就算經過很長一段時間之後也還是能夠釋放出那股力量」。[29]

班雅明對於 Erzähler 的陳述當中還有另一項元素，就是死亡的核心重要性。「就像一個人在生命即將結束之時，會有一連串的影像在他眼前一閃而過——由他本身的觀點構成，而他就是在自己沒有知覺到的情況下懷著這些觀點邂逅了自己——所以無可忘懷的特質也會突然出現在他的表情與眼神當中，從而為一切與他有關的事物賦予權威。即便是最貧窮的可憐蟲，在瀕死之際也會對身邊的生者握有這樣的權威。這種權威存在於故事的源頭當中。死亡批准了 Erzähler 能夠講述的一切。他的權威是向死亡借來的。」[30] 我們也許可以把這點記在心裡：小說家或記者所無法取得的，正是這種權威。

班雅明的省思可讓我們更明白看見《敘事人》的核心怪異性——這是一部關於「故事」的小說，也是關於一名「愛上」一位 Erzähler 的敘事者，同時也是關於一名小說家愛上 Erzähler 這種概念的故事。小說中很早就暗示了祖拉塔斯擁有成為 Erzähler 的能力，也就是 N 告訴我們馬斯卡利塔「崇敬」卡夫卡，而且把《變形記》整本背了起來。（班雅明的文章探討的是列斯克夫〔Nikolai Lesskows〕[31] 筆下那些無與倫比的故事，但套用在卡夫卡身上也毫無問題。）然而，只有在「我的那個前友人、前猶太人、前白人、前西方人……決定徹底改變自己的膚色、自己的名字、自己的習慣、自己的傳統、自己的神明」之時，這項能力才能夠成為（想像的）真實。根據這段與班雅明的文字相距不遠的敘述，成為hablador所代表的意義，就是「能夠感受並且活在那個文化的核心當中；能夠沉浸在其奧祕裡；能夠深入其歷史與神話的骨幹，為其祖先的禁忌、形象、渴望與恐懼賦予具體樣貌。也就是以最深刻的方式成為根基深厚的瑪奇根加人。」不過，實際上還不只如此。祖拉塔斯被呈現為不僅是以中世紀農夫那樣的方式紮下了根基（或者，也可以說他採取了和傳統瑪奇根加人hablador一樣的方式——假設那種人物確實存在的話），而且還向瑪奇根加人帶來了遙遠地區的故事，將那些故事交織於聽眾的慣用語和經驗當中。這些故事首先自然是取自卡夫卡，後來則是取自猶太人長期以來的內心歷史，還有耶穌基督這位史上第一個「前猶太人」的恆久追隨者對於猶太人的迫害。此外，他在每個時刻都是如同班雅明針對Erzähler所指出的，是個「正直之人」，藉著故事為人提供良好的忠告。

N提及「這個社會散落在廣大潮溼的森林深處，由幾個巡迴說書人充當循環的樹汁；想到這個社會即將在不久之後消失，我就不禁感到一陣無可抑制的憂鬱」，即是強調祖拉塔斯「的權威是向死亡借來的」。這樣的情形彷彿是說，hablador的聲音為垂死掙扎的社群發出了最後的遺言，

29 同上，pp. 415-16。
30 同上，pp. 420-21。
31 編按：尼古拉・列斯克夫，俄國小說家、記者，政治立場上為自由主義，且對當時保守的東正教會多有批評，以致於作家生涯不得志。著有《莫桑斯克的馬克白夫人》（*Lady Macbeth of the Mtsensk District*）等多部小說與短篇故事集。

從而能夠以小說家絕對無法比擬的方式緊緊攫住「聽者」的注意力。另一方面，這種權威也來自於祖拉塔斯無可逆轉地從「秘魯」消失的情形，還有N那項令他自己為之屏息的知覺，意識到自己早就已經聽到了他那個老朋友的遺言。

在這個時候，我們就不免必須面對這個問題：到底有沒有可能出現以Erzähler／Hablador為主題的小說？在N與祖拉塔斯的最後一次談話裡，N描述了自己為什麼深受hablador的概念所感動。「他們具體證明了說故事【此處的原文是「contar historias」】可以不只是單純的娛樂……而是某種原始的東西，可供一個pueblo【民族】的生存所仰賴。」他之所以覺得感動，原因是這正是小說看來做不到的事情，不管一個國家的文學稽查者希望小說具有多麼高的正典地位。小說在龐大而且不斷擴增的印刷市場中，默默地和其他成千上萬的小說互相競爭。而作者與讀者在這個市場裡幾乎從來不會遇見對方，唯一的例外是在想像之中。此外，小說家的「pueblo」首先是民族這個想像的共同體，一點都不原始，而且其日常生活中的循環樹汁並不是小說，而是報紙、廣播、電子媒體以及其他的「資訊」供應者。因此，以「比愛或恐懼都還要強大」的力量「打開」人的「心胸」的東西，乃是對於不可得之事物的渴求。[32]

對於這種不可得所感到的這種渴求，很可能是起源於美洲——但隨著民族國家的觸角伸展到世界各地，現在這種渴求已不再有個區域性的家。因為美洲產生了最早的民族國家，而造成此一可能性的條件，即是美洲作為海外歐洲移民殖民地的地位，在極為廣大的地區中以超乎尋常的暴力，把若干人口群體結合起來，其中包括白人外來移民，還有各式各樣的原住民（只要是沒有遭到滅絕的原住民，都一律被打壓至毫無尊嚴的狀態），而且在許多例子當中也包括了為數龐大的非洲奴隸——更遑論他們的混血後代。這些社會沒有任何歷史先例，但又在長達數百年的時間裡受到看不見的殖民母國在好幾千英里之外予以控制。列斯克夫的故事就像果戈里（Nikolai Gogol）[33]的故事一樣，至今還是能夠間接向我們傳達他們所遇到或者聽聞的Erzähler所講述的故事，原因是他們全都不是來自巨大的沙皇帝國，而是來自沙皇帝國裡的那群古老而且仍然龐大的俄語人口（此外，那個帝國也不是被理解為一個民族）。他們不需要腹語師的技藝。不過，侵占美洲的歐洲征服者不是傳統的農民；而且他們在數百年來以極為成功的殘忍手段把自己的習慣、宗教、經濟生活以及語言強加在那個地區的人口身上，也在這個成功的基礎上創造了階層落差極大的種族階級體系，以致那個半球無法產生列斯克夫那種親密的詭異故事：是薇拉・佩特羅夫納（Vera Petrovna）向我述說有四匹馬在一八三四年的寒冬中被人發現直立著凍死在窩瓦河中央的故事。[34]（這類句子中順暢無縫的英文，並不真的深深扭曲了原俄文中某種順暢無縫的特性。）

不過，西班牙語、英語和葡萄牙語卻總是無法在美洲達成這種順暢無縫的性質，原因是這些

32「實際上，『接下來發生了什麼事？』這個問題對於所有的故事都適用。另一方面，小說家只能藉著寫下『完』而邀請讀者預先理解生命的意義，並且在此界線之外就不可能再踏出任何一步。」「讀者之所以會受到小說吸引，就是希望藉著閱讀死亡而為自己顫抖的生命提供溫暖。」同上，pp. 427-8。原文那種充滿惡意的文字順序似乎無法翻譯：「Das was den Leser zum Roman zieht, ist die Hoffnung, sein fröstelndes Leben an einem Tod von dem er liest, zu wärmen.」

33 編按：尼古拉・果戈里，俄國小說家、劇作家，對俄羅斯文學，特別對俄羅斯民族主義文學、現實主義文學產生過深遠的影響。諷刺是他創作的重要手法之一，是普希金之後的俄羅斯文壇指標作家。著有諷刺喜劇《欽差大臣》（*The Government Inspector*）、小說《死魂靈》（*Dead Souls*）。

34「魔幻寫實」之於列斯克夫與果戈里，就像是腹語師之於祖母一樣，極少帶有名家的光環。

語言來自於征服，所以其源頭帶有明顯可見的污點；也因為存活下來的原住民社群所講述的故事，必須在印刷當中透過翻譯這個曖昧的程序呈現出來。敵人的手在每一個地方都留下了印記，不管那個敵人是以人類學家、傳教士、教區教士、官僚、文學家還是麥士蒂索人掮客的形式出現。[35]最深切知覺到這種情況的，就是身為非hablador的小說家尤薩。因此，才會需要小說家發揮獨創性。這麼說吧：我們如果能夠想像奔逃的瑪奇根加人有真實的hablador這種人物，就也能夠想像他們講述的故事受到公然或者暗中錄音。不過，這些錄音帶的內容一旦抄錄下來，對於那個書寫者的第一群讀者而言——也就是秘魯的西班牙文閱讀大眾——將會完全無法理解。所以，這麼做確實具有真實性，但是卻完全沒有可讀性。這就是為什麼小說中首先需要安排一位通曉雙語的秘魯人——或是前秘魯人——擔任中間人，也就是祖拉塔斯。不過，單有這個中間人絕對不夠。小說家為自己設立了一項更加艱鉅的任務。我們可以這麼描述這項任務：為hablador發明一個具有說服力的聲音，一方面盡可能遠離任何一個自我想像為秘魯人的人士，同時又深切削弱自己的真實性，因為這就是卓越的模仿作品所帶有的微妙特色。

要達成這項艱鉅任務，主要有兩種技術手段。第一，同時也是最明顯的手段，就是hablador的故事都在沒有宣稱是翻譯的情況下以西班牙文寫出。第二，同時也是遠遠更加重要的手段，則是採取和列斯克夫不同的做法，完全欠缺任何「薇拉．佩特羅夫納」的身影。Hablador開口講述之時，他的故事都來自於無處。在小說裡，N從來沒有聲稱自己「報告」了hablador所說的話。[36]實際上，這部小說的結構本身就排除了這種可能性。N最後一次見到祖拉塔斯是在二十年前的利馬，在祖拉塔斯成為hablador之前；當然，這兩個年輕人所說的也是學生式的西班牙語。這些手法宣告／坦承了某種對於小說而言必要的詐偽。不過，就在同一個時間，作家使出渾身解數，在長達許多頁的篇幅當中召喚出極度仿真的瑪奇根加人形象（huyendo, huyendo siempre），而這些描寫的目標讀者乃是促使他們奔逃的秘魯人。這兩種互不相容的意圖，在小說的最後一句話以極為巧妙的方式短暫結合在一起。N在這最後一句話當中指出：「dondequiera que me refugie tratando de aplacar el calor, los mosquitos, la exaltación de mi espíritu, seguiré oyendo, cercano, sin pausas, crepitante, inmemorial, a ese hablador machiguenga.」這句話的用詞經過精心挑選。N到義大利是為了一項無足輕重的目的，也就是要躲避高溫和蚊子，而不是要huyendo（逃離）滅絕的恐懼；他是個冷靜而疏

35 在東南亞殖民地，早期的翻譯都是由懷有業餘古文物與民族學興趣的傳教士以及煩悶的官員所出版。後來，職業民族學家，甚至是若干作家，也參與了這樣的翻譯工作。最後，在後殖民時代出現了國家人類學家與國家文人，有時則是這兩者的結合。我在《鏡中：美國時期的暹羅文學與政治》（Bangkok: Duang Kamon，1985）這部一九六〇年代與七〇年代的泰國短篇故事集當中協助翻譯了部分內容，其中有兩篇故事以「少數民族」為主題，並且對於這樣的人口抱持超乎同情的態度。其中一篇故事講述海洋民族位在海岸線上的一座偏遠貧窮的村莊當中所發生的悲劇，實際上是一則寓言，隱喻了當代曼谷充滿暴力的國家政治。另外一篇故事是一首半田園詩，由一名年輕的赫蒙人男子口述。這名男子以天真的姿態把自己的族人稱為「苗族」，而這乃是曼谷官場使用的貶義用語。一九九〇年代，一位才華洋溢的年輕爪哇作家對於東帝汶人遭到雅加達征服者踐踏的命運深感煎熬，於是依據自己認識的東帝汶人而出版了一系列關於他們的故事。鑒於受到占領的東帝汶當中的「美洲」狀態，這位身為征服者姪子的年輕人明智地選擇採用了一種爪哇形式的魔幻寫實。見阿吉達瑪（Seno Gumira Adjidarma），《眼睛的證詞》（*Saksi Mata*，Yogyakarta: Bentang，1994）。這本書有英文譯本，名為《目擊者》（*Eyewitness*，New York: Harper Collins International，1995）。

36 如同先前提過的，在小說中有名字的人物當中，只有胥尼爾先生據說實際上聆聽過hablador說話（兩次），但他在這兩次機會當中都聽不懂對方講述的內容。他無法把自己的耳朵所接收到的內容轉變為良好的忠告而傳達給別人。

離的oyente（聽者），不是如癡如醉的escuchador（專注聆聽者）；而祖拉塔斯這個hablador也不真的是瑪奇根加人（暫且不提他是尤薩創造出來的人物）。然而，N說自己聽到的聲音就在耳邊，劈啪作響，而且古老恆久。這是Erzähler令人無法理解的聲音。

※

我們還必須思考小說家較為廣泛的意圖與野心。不知該說是幸或不幸，他對於這一點似乎表達得毫不模糊。在一九九三年十月的一場訪談中，薩默問他之所以把祖拉塔斯設定為猶太人，是不是因為他注意到瑪奇根加人——以及其他將近滅絕的少數族群——與猶太人的歷史命運之間的平行之處。他的回答明顯令她感到意外。「其實是他們之間兩極化的差異，他說。他們重新喚起了十九世紀那種英勇的民族主義鞏固計畫所意在調和的社會與地理差異，而這樣的計畫乃是承繼自殖民時期。印第安人與猶太人共同代表了秘魯的極限，就像《綠房子》（*La casa verde*）這部小說勉強綁縛在一起的兩個地理歷史極限：一個是秘魯北部塵土飛揚的皮烏拉（Piura），另一個是安地斯山脈南側霧氣瀰漫的叢林。原始又貧窮的亞馬遜印第安人，以及住在都市裡而且通常相當富有的猶太人，分處於該國人口的兩個極端，他解釋道。而這部小說就是嘗試要以最具包容性與最寬大的方式談論秘魯——藉著聚焦於其人口極端。」[37]

《敘事人》是一部民族主義小說，這點毫無疑問。值得注意的問題是，其中的民族主義如何「施行」——套用目前的流行說法——尤其是基於尤薩提到的「十九世紀那種英勇的民族主義鞏固計畫」。

要探究這個問題，我們也許可以先檢視薩默所謂的那一對「情侶」：祖拉塔斯與N。他們密不可分的命運邀請（秘魯）讀者深入國家地位的情慾面向。祖拉塔斯絕對不是一個住在都市的富裕猶太人。薩洛蒙是下層中產階級的外來移民，而他與一名非猶太女子生下的這個兒子，從某些觀點來看更是根本不算猶太人。他不信猶太教，從沒離開過秘魯，對於不屬於秘魯的一切事物也都毫無興趣（除了卡夫卡這位Erzähler以外）。最後，N說他的一切性質都成為過去，是前友人、前猶太人、前白人等等——**唯一的例外是他不是前秘魯人**。他在學生時期與N從事的辯論當中，完全算不上是個「一般」的都會人權運動人士。他可以把印加人現存的後代稱為「行屍走肉」與「殭屍」，認為他們已經崩壞得無可救藥，現在只剩下同化才是合理的選擇，而且他為瑪奇根加人辯護的語氣，也可以稱為是微型民族主義或者土著主義。因此，我們一開始也許會想像他在小說裡將會成為為本土民族爭取權利的社運人士，幫助他們在政治上組織起來，在過程中建立地方、國家以及國際性的聯盟，從而把他們自己融入以及涵化於非瑪奇根加人的世界。不過，這樣的預期在小說中自然沒有實現。

N對於這位未來的hablador所懷有的迷戀完全沒有獲得回報——他在一九五八年以後寫給祖

37 這項解釋密切對應薩默那本開創性的著作——尤薩必定讀過——因此我們不能排除其中也許帶有客套或者開對方玩笑的可能性。不過，這項解釋也符合我先前引用班雅明的那句話：「寫小說就是在人類生活的再現當中把不可通約的事物推到極致。」另一方面：我們必須要站在什麼立場上，才能夠把瑪奇根加人視為秘魯人，視為秘魯的「人口極端」呢？（《綠房子》當然是尤薩較早的一部著作。）

拉塔斯的信都沒有收到回音。祖拉塔斯的熱情只完全針對一個致力於奔逃遠離利馬的小小民族；而要實現這份愛，條件就是捨棄秘魯。乍看之下，這種情形和十九世紀的英勇民族主義計畫中，那種正典小說裡的融合之愛完全不同。另一方面，正因為祖拉塔斯土生土長於秘魯，也因為瑪奇根加人生活在秘魯的空間裡，而不是在巴西或哥倫比亞——也就是說，從聖馬丁的烏托邦式觀點來看，他們是「秘魯人」以及「秘魯的子女」——所以他才注定要愛上他們。N在一開始剛聽聞祖拉塔斯移民以色列之時所感到的懷疑顯然相當中肯：「他的全副身心都屬於秘魯的一部分，對於秘魯的問題太感痛苦與憤怒——至少對於其中一個問題是如此——不可能像換衣服那樣一夕之間拋下一切。」

至於N呢？他正是一個富有（至少沒有財務煩惱）的都會型人物，在馬德里與巴黎唸書，對於暑期語言學院的「老美」傳教士懷有好感，並且在但丁的故鄉試圖「忘卻」他那個「不幸／被打入地獄」的國家。然而，他也是西班牙征服者與第二解放者明顯可見的後裔。他在一九五八年指出：「我們搭乘一架小小的水上飛機，在有些地方則是以土著獨木舟航行於狹窄的河道上，頭上遮蔽著極度濃密的枝葉，即便在白日當中也陰暗得有如夜晚。大自然的力量與孤獨——高大無比的樹木、平滑如鏡的潟湖、一成不變的河流——令人想到一個新創造的世界，還沒有人類出現，是個植物與動物的天堂。相對之下，我們抵達那些部落之後，即發現自己面對了史前時代，面對了我們遙遠的祖先那種基本而原始的生活：他們是獵人、採集者、弓箭手、流浪者、不理智的人（los irracionales）、魔法師，以及泛靈論信仰者。**這也是秘魯**【también, eso era la Perú】，而我在這時候才完全意識到這個秘魯：一個 todavia sin domar【尚未受到馴服？／等待接受馴服？】的世界。」[38]在學生時期與祖拉塔斯的討論當中，N也採取標準的自由派民族主義論點，主張「史前史」終究不免會融入「歷史」當中，只希望是以平和的方式為之；而此一發展為的就是名叫秘魯的這項英勇計畫。[39]進步具有其本身的「力量與孤獨」，而身為一名良好的秘魯人所能夠致力做到的，就是懷著真心與善意盡量減輕涵化的衝擊，並且努力抗拒過往的殭屍化影響。這麼一來，與尤薩的訪談內容不盡相同的是，「秘魯」的社會與地理極端不是以富有的都會猶太人與原始的土著作為代表，而是都會自由派民族主義知識分子，以及懷著堅忍的態度逃離他們的那些人，一直逃到以滅絕為終點的道路盡頭。

這部小說漫長的時間範圍，從一九五〇年代初期到一九八〇年代末期，呈現出一項想像中的演化／轉變，但主要不是關於祖拉塔斯，而是關於他沒放在心上的那個愛人，直到他和小說家「能夠在這個逐漸消失的東西裡看見一種新的美」為止。不過，這種美取決於消失，而不是殭屍化。祖拉塔斯就是這種消失當中的一部分。馬斯卡利塔不會有兒子或女兒，他那隻殘障的小鸚鵡也是如此——一如葛雷格．桑薩以及他的創造者。[40]

38《敘事人》，p. 71。

39 所謂的「極端」看來不僅限於地理或社會經濟方面，而是也延伸到人類歷史的兩端。

40 尤薩描述過自己對那些願意為了一項概念而犧牲一切的人懷有驚駭與著迷。對於在這些方面沒有個人傾向的人來說，這也許是正常的情形。然而真正了不起的是，他能夠憑藉自己的創意能力而在部分小說作品中幻化出這樣的人。一個絕佳的例子，是《狂人瑪依塔》(*Historia de Mayta*，1984)的主角瑪依塔——一位注定沒有好下場、無能又膽小的同性戀地下馬克思主義者。

既然如此，祖拉塔斯在深沉的層次上除了是mascarita（面具臉）、peruano（秘魯人）、hablador以外，為什麼又被創造為一個猶太人／前猶太人呢？尤薩指稱他在撰寫《敘事人》的時候，心中所想的是猶太人與瑪奇根加人之間的對比，而不是相似之處，無疑在一定程度上是認真的。不過，那種對比實際上不是他接著說明的那樣。猶太人的滅絕在今天已比過去數百年來都還要難以想像。富裕而且聲量龐大的以色列是中東最強大的國家，而身為世界霸權的美國，還有歐洲，則是為以色列的生存提供了無條件的保障。（這種無條件性質的現代起源，就是歐洲猶太人在一九四〇年代近乎遭到歐洲希特勒手下的那些歐洲特務所滅絕。）不過，對於瑪奇根加人而言，他們就像世界各地其他數以百計的小型「少數部落」一樣，根本毫無保障，而且默默滅絕必然是有可能的結果。

在小說中某些地方讓人感覺像是刻意扯進來的猶太人主題，看起來很可能具有驅邪的目的。在我們這個苦難的世紀結束之際，大概有三千五百年的猶太人歷史已成了「文化克服重重困難而存續下來」這種勝利的一般性比喻。唯有當代的猶太人能夠提供這種「良好的忠告」，對象不僅是瑪奇根加人，也包括尤薩的本國讀者以及國際讀者。在秘魯總統藤森的時代，對於一個僅是秘魯人的面具臉hablador而言，則是根本沒有這樣的可能性。就在這個關頭上，我們理解到「前猶太人」這個字謎對於作者所帶有的矛盾重要性。在這個字謎當中，「猶太人」代表「克服重重困難的希望」；「前」這個字眼不會抵銷「猶太人」，但是會在旁邊開啟一個空間，能夠容納地方性的絕望：祖拉塔斯，注定沒有好下場的救世主。

最後，我們必須要瞭解，祖拉塔斯就是因為身為當地克里奧人與波蘭猶太移民的混血後代，透過他的母親而得以在秘魯立定根基，同時又透過父親而得以從秘魯解脫，所以他才能夠成為想像中的中間人，同時迷醉了N與瑪奇根加人，否則瑪奇根加人在這部小說裡並無其他接觸對象。在我們當今這個時代裡，以腹語代替遭受迫害與壓迫的少數族群發聲已成了無法容忍的事情（而且不僅是在道德上如此）。馬斯卡利塔是作者在文化主張法庭裡的不在場證明。

正是在這個關頭上，我們可以察覺二十世紀末的《敘事人》與薩默書寫得深具說服力的那些十九世紀正典小說之間最深刻的差異。後者大部分都是創作於民族主義的未完成歷史那條拋物曲線的初期。在那個時候，還完全有可能如薇依（Simone Weil）[41]所說的那樣，認為自己只要往前走就是往上走。那個時候還沒有每一份文明的記錄同時也是野蠻的記錄這樣的概念。不過，《敘事人》卻思考了班雅明這句矛盾話語的真理，同時考慮其中所有的條件。我們可以說這部小說「施行」了超越以及逃離的不可能性。也許這就是民族小說、民族的敘事在我們這個時代能夠適切書寫、改寫、再改寫的唯一方法。

在小說一開頭，N把他想要逃離卻沒有成功的秘魯稱為他的「malhadado país」。「Malhadado」一詞不僅可以解讀為「不幸」，也可以解讀為「命運不佳」、「受詛咒」，甚至是「被打入地獄」。把這個形容詞與「國家」一詞並置在一起，即可令人感受到悲劇的音色與羞恥的語意。我們必須經

41 編按：西蒙・薇依，法籍猶太裔宗教思想家、神祕主義者、社會運動人士。生前以反對法西斯政權聞名，死後他的思想仍持續影響戰後的歐洲，著有《紮根：人類責任宣言》（*The Need for Roots: Prelude towards a Declaration of Duties towards Mankind*）。

過學習，才能夠對此習以為常。

17

民族之善
The Goodness of Nations

如果想要明白看出民族主義與宗教會在什麼地方分道揚鑣，那麼只需把「不論對錯，這都是我的國家」這句話改為「不論對錯，這都是我的宗教」就行了。後面這句話是一句無法想像的矛盾話語。穆斯林心目中的伊斯蘭教、基督徒心目中的基督教，或是印度教徒心目中的印度教，怎麼有可能會錯呢？

然而，我們絕不該只從表面上看待這項對比。如果民族至少就假設上而言可以有錯，那麼這種錯誤也是暫時的，而且總是相對於先驗的正確或良善而言。因此，問題乃是——這是在宗教的恆久之善外順道提出的問題——這種正確的源頭究竟是什麼，而且前提是民族不論受到多麼崇高的想像，都是存在於歷史內：天堂或地獄裡都沒有民族的位置。以下，我將試著概述保證存在的民族良善會存在於哪三個互相關聯的地點。

尚未出生者

關於這三個地點當中的第一個，最能予以充分闡釋的莫過於韋伯一場演說當中一個奇怪的段落。他在一八九五年於弗萊堡大學接任一項職務，而發表了這場著名的就職演說。[1]

這場演說的大部分內容都在感嘆他的新國家——德國——當下的狀態。韋伯疲憊地環顧四周，認為容克貴族地主（Junker）這個統治階級已經完蛋了。「Sie haben ihre Arbeit geleistet und liegen heute im ökonomische Todeskampf.」【他們採取了他們的做法，而現在已陷入一場經濟的死亡掙扎當中。】整個德國資產階級都沒有任何足以令人期待之處。「Nur allzu offenkundig sehnt ein Teil des Grossbürgertums nach dem Erscheinen eines neuen Cäsar, der sie schirme—nach unten gegen aufsteigende Volksklassen—nach oben gegen sozialpolitische Anwandlungen, deren ihnen die deutsche Dynastien verdächtig sind.」【上層資產階級的一個區塊毫不羞恥地渴望著出現一個能夠保護他們的新凱撒——對下是壓制日益崛起的庶民階級，對上則是抵禦他們猜測德國王朝所懷有的社會政治衝動。】另一個區塊「ist längst versunken in jene politische Spiessbürgerei, aus welcher die breiten Schichten des Kleinbürgertums noch niemals erwacht sind」【已淪入政治庸俗主義，小資產階級當中的廣泛階層從來都不曾從這種政治庸俗主義當中覺醒過來】。至於無產階級，他則是認為他們完全不成熟：「weil es für eine grosse Nation nichts vernichtenderes giebt, als die Leitung durch ein *politisch* unerzogenes *Spiessbürgertum*, und weil das deutsche Proletariat diesen Charakter noch nicht verloren hat, *deshalb* sind wir seine politischen Gegner.」【由於對一個大國而言，最有害的情形就是在**政治上**遭到沒受過教育的**庸俗主義**所領導，又由於德國的無產階級尚未擺脫這種庸俗主義的性質，我們**因此**在政治上與這個階級敵對。】[2] 我們也許會從這項分析而輕易斷定德國民族——除了這位博學的年輕教授本身——錯得一場糊塗。不過，韋伯卻也提出了另一段語調完全不同而且乍看之下非常古怪的內容。這個段落值得完整引用於此：[3]

Und—um ein etwas phantastisches Bild zu brauchen—vermöchten wir nach Jahrtausenden dem Grab zu entsteigen, so wären es die fernen Spuren unsres eignen Wesens, nach denen wir im Antlitz des Zukunftsgeschlechts forschen würden. Auch unsre höchsten und letzten irdischen Ideale sind wandelbar und vergänglich. Wir können sie der Zukunft nicht aufzwingen wollen. Aber wir können wollen, dass sie in unserer Art die Art ihrer eignen Ahnen erkennt. Wir, mit unsrer Arbeit und unsrem Wesen, wollen die Vorfahren des Zukunftsgeschlechts sein.

【如果——使用一個帶點幻想性的意象——我們可以在幾千年後從墳墓裡爬出來，那麼我們將會在未來種族的面相中尋求我們在遙遠以前的存在蹤跡。即便是我們最崇高而且終極的人世理想，也是短暫而且易於改變。我們不可能盼望把這些理想強加於未來。不過，我們可以希望未來會在我們的本質當中認出祖先的本質。藉著我們的努力與我們的存有，我們希望成為未來種族的先輩。】

1 演說原文可見於蒙森（Wolfgang J. Mommsen）與艾登霍夫（Rita Aldenhoff）編，《馬克斯．韋伯：農工問題、民族國家與經濟政策文集暨演說集，一八九二—一八九九》（*Max Weber: Landarbeiterfrage, Nationalstaat und Volkswirtschaftspolitik, Schriften und Reden, 1892-1899*：Tübingen: J.C.B. Mohr，1993），vol. 2，pp. 545-74。有一份堪用但不盡細膩的英文譯本，收錄於特里博（Keith Tribe）編，《閱讀韋伯》（*Reading Weber*：London and New York: Routledge，1989），pp. 188-220。

2 字體強調為韋伯所加。

3 這個關鍵段落出現在德文版的 p. 559。

在這個帶有千禧年語調的段落裡，我們可以看出某種呼應宗教衝動的元素。這位嚴肅的宗教比較社會學家以狂喜的姿態想像了一大群的德國人，在數千年後的未來，傲然想像著……韋伯！此外，這些尚未出生的德國人似乎把義務強加在一八九五年這位已經想像自己死了的想像者身上。他和他那群世紀末的德國聽眾有責任迎合未來的期待。同樣引人注目的是，經過幾千年後，這些未來的德國人已不再有任何社會或政治屬性。他們不是容克，不是資產階級，也不是無產階級。他們不渴望凱撒，甚至也不致力追求「我們最崇高而且終極的人世理想」。我們可以說此處的時態是「未來完美」。[4]正是因為這些數以百萬計的未來德國人尚未出生，所以他們的良善才得以獲得保證。

如果把韋伯的這些話視為僅僅是他在莊重保守而又明智的智識生涯中，因為一時興奮過頭而突發狂語，那麼這樣的看法不免過於輕率。這種修辭比喻其實每天都可見於每個民族的政體中，只是說法沒有那麼古怪又充滿詩意而已。畢竟，我們就是以尚未出生者的名義被要求努力工作、繳稅以及做出其他可觀的犧牲——以便保留歷史傳承、減少國債、保護環境、捍衛邊界，而且在必要的情況下也要為尚未出生的後代犧牲性命，儘管我們完全無法為他們任何一個人賦予確定的個人姓名。我們如果是美國人，並不會把這些尚未出生者想像成當前縈繞在我們腦海中的石油富豪、福利詐騙者、不負責任的父親、美國中部的反文化人士、種族歧視狂熱分子，以及市中心貧民區的幫派分子。他們除了身為美國人以外，完全沒有社會輪廓；就是這種單一色彩的純淨性保證了他們的良善，讓他們得以把義務強加在我們身上。這樣的義務假如是來自一大群目前實際上活著的美國人——為了韋伯著想，暫且假設他們存活在一九九五年——我們也許會深感排斥。

我們可以從另一個角度看待韋伯的這個想像。這位偉大的社會學家天外飛來一筆的這段話，其背後的道德感受顯然是對於一八九五年的德國感到羞愧。我們如果問這樣的羞愧是在什麼人面前感受到的，答案顯得相當清楚：是在未來的世代面前。這樣的羞愧正相對於他所懷抱的千禧年希望——亦即盼望未來的種族將會「在我們的本質當中認出其祖先的本質」。這種立場不是德國人所獨有。舉例而言，當初就有許多不是徵兵年齡男性的美國人，強力反對華府在印度支那可恥又殘暴的干預行動，指稱那樣的作為「讓我對我的國家感到羞恥」。[5]我們只有在良善與天真面前才會感受到的這種政治羞恥，使我們在那些將在我們之後才出現的未來人口面前不禁低下頭來。

死者

在紐哈芬這座破敗的新英格蘭城鎮上方，聳立著東岩（East Rock）這道壯觀的峭壁，上方有一個巨大——而且一點都不荒謬——的紀念碑，紀念國家死者的當地代表。紀念碑基座的四面銘刻了許多成年男子與少年的姓名，他們分別喪生於四場非常不同的昔日戰爭：英勇的獨立戰爭，對抗喬治三世治下的英國；一八一二年與相同的敵人發生的那些不英勇的小規模戰鬥；一八四八

4 譯注：此處的原文為「Future Perfect」，帶有雙關意義，一方面指文法時態上的「未來完成式」，另一方面也指那些未來的世代具有「完美」的特性。後續提到的「過去完美」也有相同的雙關意義。

5 這樣的話語帶有某種非常怡人的特性；讓人忍不住想要宣揚這句口號：羞恥萬歲！

年對墨西哥發動的那場不盡正派的帝國主義行動；還有一八六一—六五年間那場造成巨大傷痛的南北戰爭。令人驚嘆的是，這個紀念碑把所有這些死者都視為完全平等，絲毫沒有針對他們的生命是斷送在光榮還是可恥的戰場上而做出區別。因此，他們的犧牲和歷史上的是非對錯完全分割開來。而且，這樣的分割乃是以一種高雅的方式達成，亦即將他們全部定位成為國犧牲的人物。於是，國家死者可以說是付出了代價，清償了一切的道德債務。國家死者絕不是殺手。想像一下，要是有個好管閒事的學者經過多年的仔細研究之後，提議在紀念碑上的每個姓名後面加上他們殺死的敵人人數以及姓名，紐哈芬的市民會有什麼樣的反應。畢竟，美國的紫心動章就像英國的維多利亞十字動章一樣，通常不是頒給殺敵有功的軍人，而是戰死的軍人。越戰紀念碑邀請大眾前去落淚弔祭將近六萬名死於印度支那的美國人，而不是哀悼遭到他們殺害的三百多萬名男女老少。

民族主義的民族誌學者也注意到紐哈芬紀念碑記錄國家死者所採用的銘刻風格——只要到其他國家的國家公墓與紀念碑看看，就會發現這樣的風格完全正常。乍看之下，記錄實際個人姓名的做法似乎為每一位陣亡將士保留了某種殘餘的個體性。不過，我們馬上就會察覺到這種做法與韋伯那個千禧年時刻的關聯，因為這些姓名都被剝除了一切具體的社會學意義，頂多是可以從某些姓名謹慎推測其祖先可能來自愛爾蘭、義大利或者蘇格蘭。沒有階級，沒有宗教，沒有年齡，沒有政治立場。（若是轉譯為德文，則可以說他們不是容克，不是資產階級，也不是無產階級。）此外，也沒有先後次序：所以才會採用一般電話簿那樣的字母排序。死者已然成為「純淨的美國人」，而就是在這樣的純淨當中，良善才能夠穩固存在。

紐哈芬必定還是有少數居民知道其中某幾個名字紀念了他們家族的先輩。不過，鑒於紀念碑上的死者最晚離世的時間——一八六五年——距今已是那麼多年前，這些後代絕對不可能對他們懷有親身的回憶。至於絕大多數前來參觀這個紀念碑的遊客，則是把這些姓名視為可以互換的符號，代表他們現在共有的特質。今天來到東岩的朝聖者，就處於韋伯口中那種未來德國人的地位；他們獲邀從他們的（集體）祖先所具備的本質當中，試著認出自己的本質。

透過這種方式，我們即可看到無數多的國家死者與國家未出生者如何相互映照，並且為無可消除的民族之善提供了最確切的保證。正是因為他們都虛幻縹緲，使得他們成為過去完美、未來完美的美國人。

生者

接下來，我們應該要問現存的生者是不是也能夠幫助確保國家的正確性。近來兩篇探討美國與印度的優秀論文提出了這一點的可能性。

在〈幼稚公民理論〉當中，伯爾蘭首先講述了傑出的激進黑人作家奧黛・羅德（Audré Lorde）人生中一個頗具揭示性的經歷。[6]羅德憶述了她的父母在一九四七年帶她和姐姐菲莉絲所從事的一場以華府為目的地的國家朝聖之旅。她的父母刻意不告訴孩子們之所以會從事這趟旅程，原因

6 伯爾蘭的這篇論文最輕易可見之處，是在埃萊與蘇尼編，《成為國民》（New York and Oxford: Oxford University Press，1996），pp. 495-508。

是菲莉絲身為黑人女孩，以致不得和她的高三同學一起參加學校舉行的一場國家首都之旅。然而，到了華府之後，他們一家人還是發現自己被當成不完全的美國人對待。他們可以到餐廳裡點購冰淇淋，卻不准在現場吃。羅德回憶道，她在那一刻感到一陣噁心反胃，其中一大原因是她在不久之前才剛針對巴丹的英雄（Heroes of Bataan）寫了一首天真的愛國詩作。[7]但伯爾蘭寫道，就在那一刻，這個黑人小女孩決定自己要「寫信給總統，為國家提供再一次避免破壞她對國家渴望的機會」。

再一次機會，再一次機會——這是美國文化最吵嚷的一個基本用語。然而，韋伯不也是因為出於噁心反胃，才會寫下那段文字，以便為德國提供再一次機會，避免破壞他對德國的渴望？此外，我們大多數人不也是不顧一切地希望為我們的國家提供再一次機會？

接下來，伯爾蘭的論文以比較輕鬆的語調分析了格朗寧（Matt Groening）廣受喜愛的諷刺電視影集《辛普森家庭》當中的一集。這一集的標題是〈花枝走訪華盛頓〉，明顯可見是在諧仿《華府風雲》（*Mr. Smith Goes to Washington*）這部深受喜愛而且充滿天真氣息的二戰愛國電影。這一集的故事講述小小年紀的花枝．辛普森獲選前往華府參加一場兒童作文比賽，比賽題目是「我愛美國的原因」。她在她那毫無文化修養的爸爸荷馬、沒大腦的媽媽美枝，還有憤世嫉俗的屁孩哥哥霸子三人的陪伴下來到國家首都。不過，她對於華府與美國的良善所懷有的天真信念卻在這裡遭到粉碎，原因是她無意間看到狡詐的國會議員收取了一個開發商的賄賂，而那個開發商正打算染指她在當地非常喜愛的一座自然公園。麗莎撕掉她原本的作文，以「華府爛透了」為題重寫一篇，結果立刻在這場被霸子稱為「愛國大比拚」的比賽當中落敗。不過，一名神仙教母卻在這時以聯調局探員的樣貌倏然現身，逮捕了那個國會議員，結果那個國會議員就立刻變成了重生的基督徒。花枝因此斷定「這套體制畢竟有效」，所以美國其實可以「安啦」。

格朗寧假設那些被他逗笑的觀眾深信這套體制通常沒什麼效果，而且美國一點都不「安啦」。既然如此，他為什麼必須要呈現出這麼一個愛國人士，尤其又是個頭腦簡單而易受哄騙的小女孩？也許是因為他也希望讓觀眾覺得他為美國提供了再一次機會。花枝證明了他的良善用意。[8]

儘管如此，花枝・辛普森保證民族之善的能力卻不免受到時間限制。我們可以想像在數十年後的某一天，她也許會在上午首度成為公民選民，然後在下午去墮胎門診報到。她畢竟是一個可以代換的成員。她在目前暫時代表一般的國家兒童，不只在性方面天真無邪，也還被成人政治參與的日常骯髒面向所污染。這個國家兒童在美國乃是美國人。不過，這個兒童同樣會出現在每個國家的民族想像裡，每一個都帶有些微不同的當地特色，有如是即將來臨的未出生者的先驅。

奧特爾（Joseph Alter）針對近來在印度北部興起的一場帶有好戰性質的「男性守貞」運動，撰寫了一篇深富啟發性的論文，並且在其中為民族之善提出了一個比較模糊曖昧的現存保證。[9]這

7 日本帝國軍隊在一九四二年初攻占菲律賓這座美國殖民地之時，最後一個大型美菲軍事抵抗據點就是巴丹堡壘。一九四二年四月，在這座殖民地的高階美軍將領麥克阿瑟將軍夾著尾巴逃往澳洲之後，這座堡壘就隨之投降。

8 花枝在今天有可能由一個成年男性加以取代嗎？可能頗具揭示性的一點是，她最接近的競爭者是電影《阿甘正傳》的主角阿甘。阿甘懷抱的那種可人的「安啦」愛國精神乃是基於他的心智遲緩。

9 奧特爾，〈印度北部的守貞、性現象，以及性別轉變為民族主義的情形〉（Celibacy, Sexuality, and the Transformation of Gender into Nationalism in North India），發表於威斯康辛大學與馬凱特大學（Marquette University）國際研究中心在一九九三年二月資助舉辦的「亞洲的族裔與文化民族主義的各種層面」研討會（Dimensions of Ethnic and Cultural

場運動的發言人高聲譴責了該國的印度少年（男性）在道德與身體方面的頹廢——他們如果不是淪入庸俗市儈，那麼至少也是放縱於享樂、自慰、反宗教、游手好閒、憤世嫉俗、自戀以及貪慾當中。這樣的衰敗被歸因於該國政治階級的貪腐、消費資本主義，以及「好萊塢」與西方反道德觀念毫不留情的入侵。此一衰敗的實際發生地就在年輕男性的身體當中。根據一項源自古老印度教的生物形上學，精液不僅是生殖必須的一種物質，也是其主人內在深處的生命原則。精液不該浪擲於自慰、夢遺或甚至性交當中，而是應該受到珍惜與保存，以維繫道德、靈性以及身體健康。這就是為什麼守貞的復興，會被宣稱為在每一個層次上恢復印度男子氣概的必要基礎。

我們不可能不注意到這種情形與較早以前的歐洲之間的相似之處。莫斯（George Mosse）以及其他許多人的著作，都顯示了十九世紀晚期的歐洲政治人物、道德家、科學家與宗教領袖，都對於民族退化的恐懼有近乎深沉的執迷。這樣的恐懼經常可見於他們對自身民族的男性少年所懷有的關注當中。[10]他們當時提出的弊病，和奧特爾那個時代的印度北部並沒有太大的不同：享樂主義、自慰、男女不分、反宗教、神經衰弱、變態、物質崇拜，有時甚至也包括（西方）資本主義。貝登堡的童子軍和德國的漂鳥（Wandervogel）運動，即是世紀之交眾多嘗試當中的兩個例子，試圖轉變先前世代那種較為天真的強調，強調年輕的義大利、年輕的愛爾蘭等等。這些後來的運動幾乎全都宣告了性自制、生理與飲食養生以及男性兄弟情誼的必要性；此外，這些運動也全都像印度守貞倡導者那樣，取材自男性禁慾的古老當地傳統。[11]如果有人忍不住認為印度教對於男性健康所提出的「精液」理論帶有些許異國色彩，那麼我們可以想想在美國當地的慣用語當中，「健康」對於美國那充滿焦慮而且終究富有政治性的自我呈現已具有多高的核心重要性。（男性）觀賞運動之所以如此深受著迷，部分原因就是運動場上無窮無盡的年輕男性所展現出來的健美肉體，可以讓人視為代表了民族的活力與不衰敗。另一方面，美國醫學會的統計數據所揭示的國家致命疾病——癌症、心臟病、阿茲海默症、愛滋病——則是盡可能排除在人類的公眾目光之外。[12]

印度北部的守貞運動還有另一個引人注目的面向，就是那些年輕的追隨者之所以決心保守貞節，主要不是為了自己個人的救贖，而是為了母國印度——而且這種現象一點都不傳統。那群為數眾多而且紛亂無序的年輕印度男性，就是在這個母國的磁力之下，而自行構成一道秩序井然的力場（不論在哪種意義上都是如此）。比喻上而言，就是這個母國使得他們全都面朝同一個方向，面向著她，而不是往右、往左，或者回頭看：接近於她，卻又從不加入她，也不與她融合為一。[13]在「正常」的核心家庭裡，年輕男性唯一不得懷著性眼光看待的女性，而且所有家庭成員

Nationalism in Asia〉。另見他的〈摔角手的身體：印度北部的身分認同與意識形態〉（The Wrestler's Body: Identity and Ideology in North India，Berkeley: University of California Press，1992），尤其是第五—六章、第八章與第十章。

10 莫斯，《民族主義與性：現代歐洲的中產階級道德與性常態》（*Nationalism and Sexuality: Middle-Class Morality and Sexual Norms in Modern Europe*，Madison: University of Wisconsin Press，1985）。另見派克（Andrew Parker）、魯索（Mary Russo）、薩默與葉格（Patricia Yaeger）編，《民族主義與性》（*Nationalisms and Sexualities*，New York and London: Routledge，1992），尤其是賽菊寇（Eve Kosofsky Sedgwick）與科文（Seth Koven）所寫的章節。

11 此處有些處方來自於我們本身這個充滿焦慮的的世紀末時代。最古怪的一件事情，莫過於「celibacy」（守貞）這個古老字眼在最近被人從美國的精神閣樓當中取出，整理擦亮之後，再不盡自在地展示於國家起居室裡。

12 廣大的電視觀眾絕對不會看到雷根遭到阿茲海默症所苦、小羅斯福因為罹患小兒麻痺而瘦小如柴的腿，或是萬寶路牛仔（Marlboro Man）接受化療的模樣。

13 在印度南部，「母鄉泰米爾」也受到類似的禁慾效忠，甚至偶爾有人做出自我犧牲獻祭的舉動。見拉馬斯瓦米

都以不互相競爭、無條件而且充滿感恩的忠心圍繞在她身邊的那個人，就是母親（他們不能希望有一天能夠對她取而代之，因為這會是父親不幸的命運）。以大寫字母寫成的母鄉——母國印度、母國義大利、母國阿根廷——有權要求同樣禁慾俯首的忠誠。我們全都知道國家公民以什麼樣的比喻理解他們相互之間的關係：他們是安提戈涅（Antigone）的兄弟姐妹，而不是丈夫與妻子、父母與子女、男友與女友，更遑論是女友與女友。[14]在這樣的公民兄弟關係當中，與性有關的一切都受到去除。我們立足凝望，不是望著彼此的身體，也不是望著彼此的眼睛，而是望向前方。

這種想像方式可讓我們看出民族之善的最後一個來源：一種兄弟關係的可能性，而且這種兄弟關係受到某種政治亂倫的禁忌所框架。[15]根據報導，在波斯灣戰爭期間，有些美軍飛行員在炸彈或機身上寫了這句意味深長的話語：「海珊，彎下腰吧。」看起來也許沒什麼大不了，但我們只要稍微想想，就會意識到即便是最偏激最厭惡柯林頓的美國人，也絕不可能在車上貼著寫有「比爾，彎下腰吧」的保桿貼紙。就算只是想像中的政治強暴，也完全被排除於國家公民的禁慾想像之外。

這一切當中帶有某種價值——儘管看來相當奇怪。我們在花枝身上，在墨西哥侵略行動那些可以受到代換的死者當中，在年輕的韋伯教授所懷有的幻想當中，在政治羞恥當中，還有在未來完美當中，都能夠察覺到同樣的這種價值。以上這一切都以各自不同但彼此相關的方式顯示出，為什麼不管一個國家的政府犯下什麼樣的罪行，也不管這個國家在那個時期的公民是不是支持那樣的罪行，我們都認為自己的國家終究是良善的。在當前這個艱困的千禧年時期，這樣的良善是否能夠以有益的方式予以揚棄？

（Sumathi Ramaswamy），《口舌的激情：泰米爾印度的語言奉獻，一八九一—一九七〇》（*Passions of the Tongue: Lnaguage Devotion in Tamil India, 1891-1970*，Berkeley: University of California Press，1997），尤其是p. 1與第三章（〈語言的女性化，把泰米爾稱為女神、母親、少女〉〔Feminizing Language, Tamil as Goddess, Mother, Maiden〕）。

14 要看出這一點，只需想一想：不管是德國總理柯爾、巴西總統卡多索還是埃及總統穆巴拉克，都絕不可能在電視上把他們的國民稱為「我的孩子」。

15 印度北部的陰影籠罩著華府。在美國的制度當中，最能代表禁慾而且全心守貞的兄弟關係，自然就是軍隊。軍隊中的傳統規則（除了某些沒有受到強調的例外）就要求所有人的目光都望向前方。不論男女的同性戀士兵都會引起目光偏向旁邊或者下垂這種令人不安的可能性。女性士兵帶有一種恆久的可能性，也就是可能會把公開的兄弟姐妹轉變為私底下的愛人。我們距離底比斯的同性戀將軍伊巴密濃達（Epaminondas）已經超過了兩千五百年之久。

致謝
Acknowledgements

我很感謝各書與期刊的出版社惠允重新刊印下列文章：

〈民族主義、認同，以及連續性的邏輯〉一文，大致以《世界政治》（*Cosmopolitics*）一書中的同名文章為底，由布魯斯．羅賓（Bruce Robbins）和謝永平（Pheng Cheah）合編（University of Minnesota, 1998）。

〈複製品、光環，以及晚期民族主義想像〉一文是改寫自下列期刊中的一篇文章，《*Qui Parle*》，7: 1（一九九三年秋／冬）。

〈長途民族主義〉是由兩篇文章合併改寫而成。第一篇以〈出走〉（Exodus）為名，在《思辨探究》（*Critical Inquiry*），20（一九九四年冬）發表，而第二篇叫〈長途民族主義：世界資本主義與認同政治的興起〉（Long-Distance Nationalism: World Capitalism and the Rise of Identity Politics），在阿姆斯特丹大學的亞洲研究中心發表。

〈黑暗時代與光明時代〉一文原發表於《對東南亞往昔的感知》（*Perceptions of the Past in Southeast Asia*），由安東尼．里德（Anthony Reid）和大衛．馬爾（David Marr）合編（Hong Kong: Heinemann, 1979）；後獲准重印於拙著《語言與權力：探索印尼的政治文化》（*Language and Power: Exploring*

Political Cultures in Indonesia, Ithaca, NY: Cornell University Press, 1990）。

〈職業夢想〉是一篇基於一九八四年在東南亞暑期研究所報告過的文章，首次發表在拙著《語言與權力：探索印尼的政治文化》（*Language and Power: Exploring Political Cultures in Indonesia*; Ithaca, NY: Cornell University Press, 1990）。

〈雅加達鞋子裡的砂礫〉、〈第一個菲律賓人〉和〈人各為己〉等三篇，各自首次發表於《倫敦書評》（*London Review of Books*），17: 21（一九九五年十一月二日）、19: 20（一九九七年十月十六日）和 20:8（一九九八年四月十六日）。

〈戒斷症狀〉首次發表於《關心亞洲問題學者公報》（*Bulletin of Concerned Asian Scholars*），9: 3（一九七七年七月—九月）。

〈現代暹羅的謀殺與進步〉、〈菲律賓的酋長式民主〉和〈共產主義後的激進主義〉等三篇，各自首次發表於《新左翼評論》（*New Left Review*），nos. 181（一九九〇年五月—六月）、169（一九八八年五月—六月）和 202（一九九三年十一月—十二月）。

〈東南亞的選舉〉最初發表於《東南亞的選舉政治》（*The Politics of Elections in Southeast Asia*），由羅伯．泰勒（Robert Taylor）主編，一九九六年由威爾遜國際學者中心出版社（Woodrow Wilson Center Press）與劍橋大學出版社聯合出版。

〈多數與少數〉是改寫自我為《東南亞部落族群與少數人種》（*Southeast Asian Tribal Groups and Ethnic Minorities*）一書所作的導論，該書由傑森．克雷（Jason Clay）主編（Cambridge, Mass.: Cultural Survival, 1987）。

〈民族之善〉是改寫自即將出版的《宗教與民族主義》（*Religion and Nationalism*），由彼得・范德維爾（Peter van der Veer）主編（Princeton: Princeton University Press, 1998）。

U

V

W

X

Z

S

Q

R

O

P

H

I

J

K

索引
Index

Beyond

世界的啟迪

比較的幽靈：民族主義、東南亞與全球

The Spectre of Comparisons: Nationalism, Southeast Asia, and the World

作者	班納迪克・安德森（Benedict Richard O' Gorman Anderson）
譯者	陳信宏
副總編輯	洪仕翰
責任編輯	謝嘉豪、張惠菁、陳怡潔
行銷總監	陳雅雯
行銷企劃	趙鴻祐、張偉豪、張詠晶
封面設計	鄭宇斌
內頁排版	宸遠彩藝

出版	衛城出版 / 遠足文化事業股份有限公司
發行	遠足文化事業股份有限公司
地址	231 新北市新店區民權路 108-2 號 8 樓
電話	02-22181417
傳真	02-22180727
客服專線	0800-221029
法律顧問	華陽法律事務所　蘇文生律師
印刷	呈靖彩藝有限公司
初版	2024 年 5 月
定價	750 元

ISBN：9786267052242（紙本）
9786267052266（PDF）
9786267052273（EPUB）

國家圖書館出版品預行編目(CIP)資料

比較的幽靈：民族主義、東南亞與全球／班納迪克．安德森(Benedict Richard O'Gorman Anderson)作；陳信宏譯. -- 初版. -- 新北市：衛城出版：遠足文化事業股份有限公司發行, 2024.05
面；公分. -- (Beyond)
譯自：The spectre of comparisons : nationalism, Southeast Asia, and the world.

ISBN 978-626-7052-24-2 (平裝)

1. 民族主義　2. 區域研究　3. 東南亞

571.11　　111001737